U0067478

兒童偏差行為

（第三版）

梁培勇／策劃主編

梁培勇、張如穎、薛惠琪、李筱蓉、陳韻如
吳文娟、鄭欣宜、許美雲、劉美蓉 ／著

目 次

註：本目次僅列出各章名稱，某些章節將疾患名稱列出，以方便讀者查詢

作者簡介

⭐ **梁培勇**（策劃主編，第一章至第四章，以及全書校閱）

現職：國立臺北教育大學心理與諮商學系教授

經歷：國立臺北教育大學心理與諮商學系系主任

中原大學心理學系副教授

學歷：國立臺灣大學心理學博士

⭐ **張如穎**（第五章）

現職：如穎心理成長中心心理治療所院長

中山醫學大學心理學系兼任講師

經歷：臺中市臨床心理師公會第二屆理事長

中山醫學大學語言治療與聽力學系兼任講師

中山醫學大學心理學系兼任講師

亞洲大學心理學系兼任講師

國立臺中教育大學諮商與應用心理學系兼任講師

中山醫學大學附設醫院復健科臨床心理師

學歷：中原大學心理學碩士

⭐ **薛惠琪**（第六章、第十二章）

現職：高雄市立凱旋醫院臨床心理師

經歷：高雄長庚醫院助理臨床心理師

屏東戒治所臨床心理師

樹德科技大學幼兒保育系兼任講師

學歷：中原大學心理學碩士

★ 李筱蓉（第七章、第十四章）

現職：宇寧身心診所臨床心理師

國立臺北教育大學心理與諮商學系兼任講師

經歷：林口長庚醫院兒童心智科臨床心理師

學歷：國立臺灣大學心理學碩士

★ 陳韻如（第八章）

現職：中原大學心理學系助理教授

經歷：芯明心理治療所顧問臨床心理師

心園心理治療所主任臨床心理師

林口長庚醫院兒童心智科臨床心理師

學歷：國立臺灣大學心理學博士

★ 吳文娟（第九章）

現職：臺北市立啟明學校實習輔導處臨床心理師

經歷：衛生福利部草屯療養院臨床心理科臨床心理師

南投縣政府教育局身心障礙教育專業團隊巡迴治療師

學歷：中原大學心理學碩士

★ 鄭欣宜（第十章、第十三章）

現職：芯明心理治療所所長

桃園市政府警察局心理輔導諮詢委員

桃園市政府家庭暴力暨性侵害防治中心特約心理師

經歷：心園心理治療所主任臨床心理師

林口長庚醫院兒童心智科資深臨床心理師

國立臺灣大學兼任輔導老師

國立臺北教育大學心理與諮商學系兼任講師

學歷：國立臺灣大學心理學研究所臨床心理學組碩士

★ 許美雲（第十一章）

現職：宇寧身心診所臨床心理師

經歷：林口長庚醫院兒童心智科臨床心理師

中原大學心理學系、特殊教育學系兼任講師

長庚技術學院幼兒保育系兼任講師

學歷：中原大學心理學碩士

★ 劉美蓉（第十五章）

現職：黃雅芬兒童心智診所臨床心理師

中山醫學大學心理學系兼任助理教授

東吳大學心理學系兼任助理教授

臺中監獄家暴處遇外聘臨床心理師

司法院列冊程序監理人

經歷：臺中女子監獄家暴處遇外聘臨床心理師

慈惠醫護管理專科學校幼保科專任講師兼輔導老師

玉里榮民醫院臨床心理科臨床心理師

高雄市立小港醫院精神科臨床心理師

臺中市立復健醫院精神科臨床心理師

學歷：國立臺灣大學心理學研究所臨床心理學博士

新資訊與舊系統、理論與實務的整合

（吳序）

　　培勇告訴我他的《兒童偏差行為》一書因DSM-5的公布而做了修訂，囑我再次為該書寫序，於是我又有「先睹」的機會與感受當時寫聯想的心情（參見初版的序），這十年培勇在兒童行為偏差與療癒領域的深耕遍及全國，近一、二年身體情況並不好的條件下，仍執行對同仁們的承諾，巡迴指導實務工作，令我非常感動、非常佩服。這本書的改版也是這份專業精神的表現：將新的學術與實務的發展整合在原有的知識（與實務）系統裡，提供同仁們更有效的工作指南。

　　在上述的感動與佩服之下，我細讀了前四章（後面的各章是DSM-5的相關描述），注意到以下的特點，試寫下來供讀者們參考：

1. 作者除了將新資料整合進入原有的觀念系統裡，並且在全書最後呈現出這些文獻，提供讀者方便回到這些文獻，也尊重讀者對這些文獻可能有不同的詮釋。

2. 第一章末引用 Brems（2008）的建議，呈現「適合成為一個兒童心理師的個人正向特質」，讓我想起大四時上臨床心理學課，楊思根老師提供的課本也有類似的「適合成為一個臨床心理師的特質」。記得看完這些「特質」時曾經受到嚴重的打擊，心裡想的是「大部分的特質我都沒有啊！是否該放棄這條路？！」課程結束時雖然知道這些特質是可以學習，是可能要用一輩子來學習的，但是心中仍然不安靜。四十五年後的現在，我的確還在學習，只是更肯定這些特質是可以經由不斷提醒自己而有所進步。Brems羅列的這二十三項，我以為可以整理成「尊重自己、接受自己」，並連

接到「尊重孩子、接受孩子（含其親人）」的系列學習：

(1) 「自尊自重」是「自我覺察與追求自我探索」的基礎，而這兩項會引發「對個人的自我忠實」與「願意尋求諮詢」。

(2) 這兩項也是「開放心胸面對價值觀、行為和生命」的基礎，而加起來的三項特質會有利於學習「不會強迫對方接受自己的價值觀、標準和信念」、「具備文化和性別方面的敏銳度」以及「能夠覺察到表現出偏差所造成的打擊」；有這些學習為材料，也就比較容易學會「使用非攻擊性且無性別和種族偏見的語言」。

(3) 學習「具備理解象徵和隱喻的知識」，可以結合有關兒童發展的知識，「覺察到兒童的認知層次和限制」，而這份覺察能強化「對兒童的尊重與接受」，也強化上一小節的各項特質與學習的效能。

(4) 有了上述的準備，應較能表現「同理心與願意傾聽」以及「能夠忍受曖昧和嘗試」，也就更容易「尊重孩子、接受孩子」以及「尊重和接納兒童的父母」；另一方面，「個人風格和治療風格是協調一致」的感受也會增加。

我以為整理成系列的學習計畫可以鼓勵自己按部就班的前進，所以就野人獻曝了。

3. 第二章的重點是發展心理病理學的介紹與詮釋。偏差行為的原因是「多元而非單一的」、「兒童與環境相互影響的」，以及「涉及連續和非連續發展的」，這三個基本向度都包含了生物因素、心理因素，以及系統因素，三者交互作用於兒童的成長與發展；最後可以歸結於整合的觀點中。這一章內容是較偏向理念或理論的介紹，而較具體的實徵研究與臨床應用則在第三章。

4. 第三章不只是討論「偏差行為的危險因子」，我以為較完整的章名應該是「偏差行為的危險因子、保護因子，以及其於臨床工作上的實務操作」。於此章本書作者分享了他三十多年的實務經驗之結晶智慧，值得細讀，再進而延伸至第四章「衡鑑」的了解與操作。

5. 第四章在「診斷系統」之前的主標題與次標題合成了臨床工作時的觀念架

構，我以為先將粗體字標明的各層次標題看清楚之後，再細看每項標題之下的內容，比較容易融合成一整體的實務工作操作指南。「診斷系統」一節不只是說明了 DSM-IV 與 DSM-5 的異同，更重要的是說明如此之分類系統對應回臨床上兒童的各種偏差現象時，可能發生的錯誤診斷與迷失了某些重要的細節。兒童行為偏差的病理現象由於同時包含「多元而非單一的（發展）」、「兒童與環境互動的（發展）」，以及「涉及連續與非連續的（發展）」，長久以來在學術領域與實務工作上的分類眾說紛紜，包括過去的 ICD 與 DSM 診斷系統都無法讓所有研究者與工作者完全接受，這次DSM-5 大幅改變原有的診斷分類系統，本書作者以為仍須注意其不足之處。

吳英璋
台灣大學心理學系榮譽教授

許序

　　梁教授和與他臨床工作中有緣分相聚的夥伴們，在2004年合力寫出《兒童偏差行為》一書；2013年5月美國精神醫學會出版了《精神疾病診斷與統計手冊（第五版）》（DSM-5），他們為了因應DSM-5的出版，讓書中的各種診斷要求更能配合時代潮流，又再度修訂出第三版，誠屬難能可貴。因為臨床判斷是臨床心理師能力的一個基本重要指標，所以判斷準則的改變勢必也會影響臨床心理師的判斷；職是之故，若能盡快讓臨床心理師熟悉DSM-5和DSM-IV之間的異同的確是當務之急！

　　臨床工作將近三十年來，梁教授思考的重點一直是放在理論與實務如何結合。正因為他這種省思與豐富的實務經驗，所以此書的前面四章不只是整理西方的文獻，更是融合他過去的實務經驗，並對相關的理論與兒童心理疾病的心理病理知識，進行反思之後提出個人的看法。例如，他對「問題」與「偏差行為」間的關聯性及實務上的需要有其見解。他認為有些問題雖然不見得符合疾患診斷，但是一個大問題不僅影響兒童的發展，且會造成周遭的人之困擾；如果大人們認為兒童的問題因不符合診斷，就認為不是太嚴重，那以後的負向後效就會變大。因此，他分別從身體發展、語言發展、認知發展、社會發展、情緒發展和道德發展的六個層面，提出衡鑑與診斷的面向，除了統整過去的文獻，也說明了實務的運用性。

　　正因梁教授的長期實務經驗心得，他於書中的第一章強調孩子的「問題」是很多的，但這些「問題」並不表徵孩子的心理是生病的。的確，若依照流行病學的調查，大部分孩子的心理是沒病的，不過於成長的過程中總會出現狀況。所以，要判斷一位孩子是否有「心理疾病」就有賴大人的標準為何，以及是否

考慮到「發展中」的因素，這些判斷則需清楚的知識，而這正是此書的目的。此外，梁教授將其實際的臨床工作心得發展出「發展概念示意圖」（詳見本書第三章），這個圖正好提供欲往兒童臨床心理學方向發展的人之基石，亦即考慮孩子的問題是多系統及多元的思維，而不能「單向」思維。

　　這本書就架在這個示意圖上，將臨床上常見的兒童心理疾病依著案例、症狀描述（主要症狀與相關症狀）、診斷標準、盛行率、病因的心理學觀點、病程的可能變化及心理治療的方向架構撰寫，希望能提供教育工作者、醫療實務工作者及相關科系的學生，有一良好的兒童臨床心理學之中文教科書。

許文耀

政治大學心理學系教授兼系主任

　　當年決定以「兒童臨床心理學」作為自己努力奮鬥的志業之後，一直希望讓後學者不要像自己一樣在這條路上跌跌撞撞的摸索。在此願心的督促下，集合了一些和筆者有緣分的臨床心理師，一起在 2004 年合作出版了本書的第一版。五年後，筆者有感於兒童偏差行為方面的國內外研究資料日益豐富，內容應該要再進一步強化和補充，因而在上述的願心持續召喚下，原班人馬於 2009 年出版了本書的第二版。2013 年 5 月，由美國精神醫學會所出版的《精神疾病診斷與統計手冊（第五版）》（DSM-5）問世，因為 DSM 是本書相當重要的診斷系統依據，然而此次 DSM-5 的修改幅度相當大，筆者認為為了配合世界潮流的改變，以及讓台灣的兒童臨床心理學知識能夠不落人後，因此又積極要求作者們以最新的 DSM-5 為基礎修訂各章的內容。非常感激本書的作者群在各自忙碌於臨床實務工作或博士班課業時，還要忍受筆者經常性的催稿，不負所託的完成使命。

　　這本書分成兩大部分，首先是和兒童偏差行為有關的觀念，包括偏差行為的定義、心理病理、危險因子、衡鑑和診斷系統等基礎知識與經驗分享；然後再分別介紹各種台灣比較常見的兒童和青少年偏差行為。我們希望藉由文章中各種案例的呈現，配合相關的資料讓讀者了解各種偏差行為的現象，以及可能處理的方向。對於熟悉醫療系統診斷類別的心理師而言，相信不但可以溫故知新，還能夠當成案頭上的參考書；對於熟悉教育診斷類別的教育工作者而言，則非常希望能夠讓大家從中思考「醫療診斷系統」和「特殊教育診斷系統」的優缺點，並能夠截長補短在實際的教育第一線工作上發揮。

　　本書第三版完稿的時間，適逢引領我走入此領域的恩師台大心理系程小危博士逝世二十週年；謹以此書懷念當年與程老師相處和學習的時光！

梁培勇

國立台北教育大學心理與諮商學系教授

Chapter 1
偏差行為概說

○─ 梁培勇

案例

「男生，四歲，媽媽送他去幼兒園後離開去上班，就開始哭鬧吵著要媽媽。」

「女生，五歲，家裡有客人來的時候就躲在大人後面，當大人要她和客人打招呼，就變得更畏縮甚至哭了出來！」

「女生，七歲，每天晚上在家做學校功課時總是拖拖拉拉，往往都要父母在旁邊督促到半夜才能完成功課。」

「男生，八歲，上課時總是喜歡搶答老師問的問題，如果別人先回答，下課時就會去找那個人麻煩。」

「男生，十一歲，晚上都在上網玩遊戲、和網友聊天，父母甚至發現他會上色情網站。」

「女生，從十二歲開始，喜歡在上課時間畫漫畫，內容都是非常浪漫的兩性交往。」

以上案例所提兒童，究竟是否出現所謂的偏差行為呢？或者他們根本沒有問題？抑或是的確有問題但是還不到疾患的程度？還是很單純的只是發展過程中的自然現象？

🌴 疾患 VS. 問題

　　「有問題」和「問題演變成偏差行為」兩者是不同的。日常生活中孩子總是會出現一些讓大人覺得「不好」的行為現象，一般的通俗說法是有「問題」（problem）。「問題」可以是因為環境變動或者心情不好而短暫的出現，也可能是已經變成發展的結果而長期出現；但是「問題」不一定就是偏差行為。本書所稱的偏差行為（abnormal behavior），主要是指符合醫療診斷系統（參閱第四章）所要求條件的「問題」現象，專業上會將這種「問題」稱為「疾患」（disorder）。本書希望介紹常見於兒童和青少年的各種不同類別的疾患，並由其中了解各種疾患的現象、原因和如何處理的簡要原則與方法。要達到診斷成某種疾患，條件是兒童的問題現象必須符合醫療診斷準則上面所要求的症狀內容（請參閱第四章；其實，診斷準則上所列出的症狀，就是在生活中俗稱的「問題」）。然而，在真實生活中兒童所出現的各種狀況，其中的問題行為雖然很多，但真正要符合疾患的診斷要求者其實比例並不高。因此，本書也希望讀者在學習各種診斷類別的疾患意義時，也能夠不斷思考，究竟該如何面對兒童尚未符合醫療診斷準則上所謂偏差行為定義要求的疾患，以及問題和疾患之間的異同。提醒讀者，「偏差」的英文是 abnormal（有些中文翻譯成「變態」、「異常」），其意義是 ab-normal，也就是「偏離正常」（away from normal）的意思，因此，判斷是否為「偏差」一定要具備什麼是「正常」的知識，否則很容易會做出錯誤的判斷。

🌴 偏差行為的定義

　　偏差行為現象的存在幾乎是與人類的歷史相同的久遠，從遠古時代就可以看到偏差行為的存在（不過，當時的人們只有「人」的概念，並沒有將人區分成所謂的成人、青少年和兒童）；然而，究竟要如何界定偏差行為，卻依然是一件令人覺得困擾和挑戰的事情。根據美國精神醫學會（American Psychiatric

Association, APA）最新出版的《精神疾病診斷與統計手冊》（*Diagnostic and Statistical Manual of Mental Disorders*，簡稱 DSM，目前是第五版，DSM-5）的定義，所謂「心理疾患」（mental disorder）指的是「一種臨床上的症候群（syndrome），其特徵是造成個體非常顯著地困擾（significant disturbance），而此困擾表現在個體的認知（cognition）、情緒調節（emotional regulation）或行為（behavior）等方面，所反應的意義是與心理（psychological）、生物（biological）或發展（developmental）歷程有關的潛在心理功能失去其應有之功能（dysfunction）」（APA, 2013, p. 20）。

　　長久以來，學者一直試著要找出可以「放諸四海皆準」的偏差行為定義，但是仍然無法出現一個面面俱到，既符合實務工作要求，又合乎科學實徵要求的定義。不過，從十九世紀末葉開始，前人對於如何判斷人類（主要指成人）是否有偏差行為的努力中，還是可以給我們一些判斷兒童是否出現偏差行為的參照標準，並且刺激我們思考如何判斷兒童是否有偏差行為。Kring、Johnson、Davison 與 Neale（2013）認為所謂的偏差行為應該包括以下特徵：(1)存在於個人內在（within the individual）；(2)會導致個人的痛苦、不舒服（personal distress）或失能（disability）；(3)並非個人所屬文化對某些特定事件所期待的個人反應；(4)並非因為社會本身發生異常（deviance）或與社會發生衝突（conflict）所致。並且衍生出以下有關判斷是否出現偏差行為的考慮向度。

一、痛苦和不舒服

　　第一種判斷的向度是「個體本身覺得痛苦、不舒服」。身體因為生病所造成的痛苦，相信大家都會一致同意這種狀態是不舒服的，所以需要加以改變；根據這種邏輯，當個體出現心理生病（偏差行為）的情況時，應該也會出現不舒服的感覺。例如許多偏差行為的症狀是緊張、焦慮、害怕或總是不由自主的憂鬱哭泣，無庸置疑地我們都會假定這些的確都會讓個體感受到不舒服。然而，有些偏差行為的類別，例如行為規範障礙症（conduct disorder，其症狀簡言之是攻擊、暴力、說謊和偷竊，參閱第六章），通常是造成別人的不舒服，而且自己不但不會覺得不舒服，反而還會從中獲得快樂的感覺。因此，只注意到當

事人本身的感覺是否痛苦或不舒服，並不足以涵蓋所有的偏差行為類型。

　　另一方面，心理上不舒服或痛苦是相當主觀的感覺，未必像身體生病般有比較客觀的指標評估（例如細菌或病毒的存在），因此很容易偽裝；或者因為個體本身的容忍度不同，而有主觀上的差異，因此很難找出確實的客觀標準可以遵循。

二、失能

　　第二種判斷的向度是個體失去某種或某些諸如人際互動、情緒表達或認知記憶等心智能力。一般來說，若是諸如心臟或腎臟等身體某些器官失去其應有的運作功能，通常都會讓個體覺得不舒服，這是很容易理解的例子；不過此處更強調的是，假設沒有遺傳基因、神經系統運作或各種身體器官等生物方面（biologically）的問題，但個體卻失去其應有的某些心智能力。例如有些自閉症類群障礙症（Autism Spectrum Disorders，請參閱第十一章）的孩子外表看起來和一般孩子無異，但他們卻無法合宜的表達出自己的情緒。當然，上述所謂「假設沒有生物方面的問題」，有可能是目前的科學技術還找不出來，而非真的沒有生物方面的問題。此外，心智能力的表現也常常會因為個體為了達到某些目的而偽裝做假，例如犯法之後為了逃避法律的制裁，有些被告會假裝失去某種心智能力。

三、違背社會規範

　　是否「違背社會規範」（violation of social norm）是第三種判斷的向度。所謂的社會規範不一定是指成文的法律，也包括風俗、習慣或者價值觀，其形成的過程通常很緩慢，但是一旦成為社會規範也不容易產生變動。因此，在相同的時空環境下，當某人表現出違背此環境所設定的社會規範的行為時，通常都會遭來異樣的眼光，彷彿大家都覺得某人真的是有偏差行為的人。然而，如果此社會規範是亙古不變的準則，如此的想法大致不會有什麼差錯，但是社會規範卻往往是相對而非絕對的。在過去資訊交換流通並非很順暢的時代，相同時空環境下的社會規範並不會有很大的變動，但是現代的社會被稱之為資訊流

通快速的 3C 時代，可以想像其所謂的社會規範也會受到許多挑戰，甚至產生社會規範本質上的變化，此時要用哪一種社會規範來判斷呢？換句話說，某種行為在甲社會的規範下會被認為是偏差行為，但是到了乙社會，因為規範的標準不同，反而不被認為是偏差行為了。

　　另一方面，時間軌跡所形成的社會變遷也會使不同時代的社會規範有所不同。想想看，在五十年前男生留長髮戴耳環，會被一般人認為如何呢？婆婆成長於物資不是很豐盛的戰爭年代，看見成長於戰後物資豐饒的媳婦不想犧牲身材而將剩菜倒掉，心裡對媳婦的看法會是如何呢？此外，地域之間的隔閡也會使不同地區的社會規範有所差異；社會化過程中對於兩性的要求準則差異，也會造成性別規範的不同；不同場合也會有各自運作的規矩，又該以何種為主判斷呢？更何況還會有文化之間的差異，甚至相同社會下的次文化差異。凡此種種現象都是在強調社會規範本身的相對性，也因為這個相對性，讓「違背社會規範」的觀點無法成為判斷的唯一準則。

四、會造成傷害的功能失常 ⭐

　　「會造成傷害的功能失常」（harmful dysfunction）是第四種判斷偏差行為的向度。個體在生活中必須面對許多諸如學業、職業或人際關係等挑戰，一般正常人都能夠採取恰當的行為因應這些挑戰，但是有偏差行為的個體卻可能因為其偏差行為的各種症狀，導致無法發揮其原來的功能，以致於陷入惡性循環，使得所處的狀況變得愈來愈差。

　　然而，如何判斷個體的功能是正常或失常呢？尤其是對於必須生活在被大人（家長或老師）督導下的兒童而言，往往還涉及到大人的價值觀所延伸出來的「對兒童的期待」。以學校考試分數為例說明，可能兒童目前的能力只能達到 80 分的程度，但是父母親卻要求兒童必須考 100 分，所以當兒童只考 80 分的時候，就會被父母親判斷她努力不夠，沒有發揮其「應有」的水準而認為她失常。另一方面，有些偏差行為只會在特定情境下出現，例如畏懼症（phobia，參閱第七章），只要個體不要面臨她所害怕的情境，基本上她的功能也都不會有不正常的時候。其次，所謂會造成傷害要如何定義也是不容易的，最簡單的

例子是割腕；父母、老師和同儕等旁觀者，大概都會認為割腕已經造成傷害，但是行為當事人卻往往依賴此造成流血的行為，來定義自己在精神上或心理上是否存在。因此，要以功能失常作為判斷偏差行為的絕對標準也有其困難之處。

除了以上四種向度之外，若將兒童仍然持續在發展的特性考慮進來，則另外兩個向度也值得注意。

一、偏離常態分配

許多父母非常關心自己的孩子是否身心方面都很正常，由於兒童仍在快速發展，因此能夠表現出兒童身體是否健康的統計數據——例如身高和體重——常常是父母會參考的指標，倘若孩子「偏離統計上的常態分配（normal distribution）」，父母就會擔心孩子是否有問題。在探討人類的行為時，許多心理學的理論都會假定個體存在著某些內在的特質，例如某種能力、個性或智力，並且假定我們可以透過測量的方法，測量出每個人在此特質上的「量」，而此「量」在統計上通常也假設將會呈現常態分配的狀態。於是我們認為，若某人在此常態分配中的位置偏離平均數比較遠（例如超過正負兩個標準差），則某人就比較會被認為在此項特質上有所偏差（Kring, Davison, Neale, & Johnson, 2007; Weis, 2014）。

如此的做法看起來頗合理，但也存在著爭議性。首先，是否所有的內在特質都的確是常態分配？其實充其量只不過是學者的假設性想法，並沒有足夠的證據支持。其次，統計上常態分配的意義，通常是表示此特質基本上是屬於連續性的向度，因此代表正常和偏差之間的差別只有量的差異，那麼究竟該如何明確的認定區分正常和偏差的臨界點呢？譬如考試及格分數在大學部的學生通常設定是 60 分，但是研究所的及格分數就變成 70 分；背後的邏輯大概只是主觀的認為研究生的水準應該要比較好而已。第三，常態分配有兩個方向可以延伸，以智力測驗的分數為例，我們通常無異議的會將低於平均數的表現認為比較不好，而低到某個水準就稱之為「智能不足」（intellectual disability，參閱第十二章），並視為是偏差表現的一種，但是我們卻很少會將高於平均數很多的

人，甚至高到一般稱為「資賦優異」者，看成是一種偏差的表現。如此的觀點，似乎並非單純以「量」的方向就可以說明，往往還伴隨著其他價值判斷的因素在其中。

二、不符合預期的反應

　　兒童甫一出生就開始步入被社會化的過程，逐漸學習許多在某種脈絡或氛圍之下，通常大家都已經預期何種反應常是比較恰當合宜的，這也是所謂從「生物人」學習變成「社會人」的過程。因此「不符合預期的反應」（unexpected response）的意思就是個體在某種脈絡或氛圍之下出現與這些預期不相同的反應。有些時候我們會把這種不符合預期的反應視為是一種創造力或幽默，或許是讚嘆一番，或許是一笑置之；但是，如果這種不符合預期的反應讓人覺得怪異或奇特，例如突然表現出與該脈絡或氛圍完全不搭調的行為或話題，恐怕大家都會覺得這個人有問題。例如當家裡有客人拜訪時，社會所預期的反應是孩子應該要跟客人打招呼問好；因此，當孩子一看到客人就躲進房間，父母稍微提醒或強迫孩子出來打招呼時，孩子不但拒絕，甚至開始哭泣抗議，一般父母可能會覺得孩子此種不符合預期的反應是有問題的（Kring et al., 2007）。

　　綜觀這些用來探討是否出現偏差行為的參考向度，都是本書所要探討的問題。除了希望指出不同年齡和性別的兒童，其所謂正常或不正常的行為要如何判斷之外，更希望能夠找出產生偏差行為的可能原因和相關影響因素，並且預測這些偏差行為的可能長期變化，以及評估治療已經發生的偏差行為，或預防偏差行為產生的有效方法為何。在判斷兒童是否出現偏差行為的時候，相較於成人，兒童的偏差行為有其明顯的特色值得多加注意（Mash & Wolfe, 2013）。

一、誰才是真的有問題？

　　首先，當兒童來求助時，通常不容易判斷究竟是誰有問題，因為他們都是被周遭的大人認為有問題才被大人帶來求助的（換言之，是被動的），但是，萬一大人用來判斷兒童有問題的「標準」有所偏頗，那麼究竟是誰有問題呢？

因為孩子的成長過程簡言之，就是從趨樂避苦、要求立即滿足的「生物人」，學習變成能夠等待、忍耐和遵守規範的「社會人」。這個過程是漫長的，且隨著年齡的增加（嚴格說應該是社會化的過程），「生物人」現象表現的愈來愈少，「社會人」現象表現的愈來愈多；這並非說變成「社會人」就沒有「生物人」的特性，而是愈來愈會壓抑和隱藏（通俗一點講，成長就是讓一個孩子的城府愈來愈深）。在「生物人」和「社會人」相互消長的過程中，「生物人」兒童是不會認為自己有問題的；想要吃東西，太慢給他就會哭鬧，想要玩鞦韆，因為鞦韆上有人，需要等一下，他就乾脆直接把正在玩鞦韆的人推倒然後自己上去玩，這些因為都是外在環境不能立即滿足他。可是這些現象看在社會化執行者（也就是大人）的眼裡，鐵定會被視為是有問題的孩子，因為他們居然連最基本的「規矩」都沒有辦法遵守。

問題是大人所認定的規矩是什麼？通常不與一般的社會規範衝突，應該是許多大人可以接受的底限，但是除此之外，大人還加了許多他們對於孩子的「期待」。譬如正面的說，功課必須要分數多高以上，才藝必須多學習哪些內容，一天至少要花多少時間閱讀等等；反面來看則是不准上網超過一小時，放學必須馬上回家不能在外面閒蕩，不准吃含有添加防腐劑的食物等等。不管是正面或反面，只要孩子做不到，就趕緊循循善誘、苦口婆心一番；如果還是做不到，就只好「家法」伺候；倘若仍然不行，大人就會開始認為孩子不受教有問題。因此，關鍵點在於大人對兒童的「期待標準」如果是不合理的，那麼根據此一標準判斷兒童有無問題就相當值得商榷了。

二、發展因素的考慮

其次，許多兒童的問題現象，是因為沒有表現出應該有的發展能力。然而，此現象有可能只是發展上的過渡現象，其實不必刻意處理，等兒童年紀稍長之後這些現象就會消失（典型的例子是一歲的孩子出現尿床現象，會被認為是正常的，因為他們與排泄有關的相關生理構造都尚未成熟，等到年齡大一點，相關生理構造成熟之後，尿床現象也就會自然消失了）。但是，此現象也可能已經是發展上的最後狀態，倘若不及時發現與處理，便會繼續演變成更麻煩的

問題（例如發展遲緩）。因此，關鍵在於大人是否有足夠的「兒童心理學」相關知識，可以幫助他們判斷究竟是發展的過渡狀態抑或已經是發展的最後狀態。不過，即使擁有充分的相關知識，知道有所謂「追趕式成長」（catch up growth，亦即有些時候個體的發展會原因不明的比較慢，但之後會出現趕上發展的情形，也就是將原來落後的發展現象迎頭趕上）的概念和現象，許多大人也不敢放心的等待兒童自己出現「追趕式成長」，畢竟此現象有點「結果論」的意義，且此概念是統計上的發現，任何單一的個體倘若出現發展比較慢的情形，也無法在事先知道究竟是否會發生「追趕式成長」。

再者，許多所謂兒童的問題，其實並非真的已經是問題，而只是大多數兒童到了某種年齡之後很容易出現的現象，其中最常被注意到的，就是兒童進入青春期變成青少年之後，相對於以往的兒童階段，許多青少年會比較有自己的意見，而不見得會像過去一樣聽話，於是很多大人就會開始擔心是否出現了偏差行為。其他還有孩子到了兩、三歲左右，會很喜歡吸手指頭，或者把許多地上撿到的東西往嘴裡送；幼兒園年齡的孩子喜歡吐口水、摸自己的性器官；小學生開始會講髒話等等，都是很容易被認為是出現了偏差行為的現象。

以上這些考慮，癥結在於兒童很少自己認為自己有問題，通常都是生活周遭的大人認為兒童有問題，才可能主動求助（但是對於兒童而言仍然是被動求助），因此，大人用來判斷兒童出現偏差行為的「標準」，才是最重要的決定因素。生活中處處可見大人正在判斷，或者已經判斷了哪個孩子有問題，在缺乏偏差行為一致定義的情形下，他們是怎麼做到的？他們的「標準」如何而來？最「包裹式」的講法，就是他們是根據自己的「價值觀」做判斷。因此，我們希望大人在判斷兒童是否出現偏差行為的時候，應該要警惕到這點，因為如果自己的「價值觀」出現問題，那麼再怎麼正常的孩子，在這種偏頗的價值觀中都會被認為是有問題的。

從以上的複雜敘述可知，究竟應該如何判斷兒童是否有偏差行為，其實要考慮的因素很多，並非是一件容易的事情。為了能夠有效且客觀的辨別偏差行為，本書傾向於採取醫療體系所使用的診斷系統（詳見第四章），這些診斷系

統主要是以「症狀」為考慮的依據，當兒童出現的症狀符合診斷系統上的診斷標準時，我們就認為該兒童出現了偏差行為。如此的做法只是為了「相對」地減少價值觀的影響（所以稱為「相對」，是因為即使有所謂的症狀描述，主觀價值觀的判斷仍然存在，只是希望能夠減少一些），方便對於兒童的偏差行為有比較「客觀」的了解。此外，本章一開始就提醒讀者「問題」和「疾患」的不同，而上述的「症狀」其實就是「問題」，換言之，偏差行為其實就是某些問題的組合。在本書第五章以後，讀者將會發現，真的能符合醫療體系診斷系統要求的偏差行為不一定很多，生活中其實最常見到的是兒童的問題行為而非疾患；但是，即使問題還未到疾患的層次，還是需要加以介入處理不是嗎？

如果讀者是教育體系的工作者或學生，相信多少都知道所謂的《特殊教育法》；根據 2014 年 6 月 18 日所修正公布的《特殊教育法》，相較於過去，增加了腦性麻痺類，將兒童的身心障礙類別區分成十三類，分別是智能障礙、視覺障礙、聽覺障礙、語言障礙、肢體障礙、腦性麻痺、身體病弱、情緒行為障礙、學習障礙、多重障礙、自閉症、發展遲緩和其他障礙。如果將視覺障礙、聽覺障礙、肢體障礙、腦性麻痺和身體病弱等與生理器官或功能有關的類別扣除掉，可以比較教育體系所使用的偏差行為類別，相對於醫療體系的診斷類別（參閱第四章），其實顯得比較簡略。它的影響會發生在當學生需要接受「特殊教育」時，把心理病理學（psychopathology）上完全不同的孩子安排在相同的特殊班級，很可能造成教師教學上很大的困擾，也會因而剝奪某些孩子的發展潛力。例如一般醫療體系所稱的「憂鬱症」和「注意力不足／過動症」，在心理病理學的本質上相差很多，但在教育體系內卻都被稱為「情緒行為障礙」，而安排在相同的班級內上課。如果讀者是有經驗的教育工作者，想必已經可以體會在教學上的困難；如果讀者尚未有實務經驗，在讀完本書與「憂鬱症」和「注意力不足／過動症」有關的章節後，可自行思考將他們安排在同一班上課時，可能遭遇到的困難。

此外，《特殊教育法》仍然將自閉症歸為身心障礙的其中一類，此名稱與 2013 年所出版的 DSM-5 也有差異（參閱第四章的介紹）。因為 DSM-5 增設「自閉症類群障礙症」（autism spectrum disorder）類別，將大家過去耳熟能詳

的自閉症、亞斯伯格症等，全部不做區分，統稱為自閉症類群障礙症；如此改變的利弊如何尚待觀察，不過值得在此先提醒讀者注意有如此的變化。

兒童偏差行為受重視的歷史因素

一、偏差行為的歷史觀點

　　人們注意到人類會有偏差行為已經有很長的歷史，對於為何會產生偏差行為的看法，最早是從宗教的觀點出發，認為人會做出不可思議的行為是因為神靈（spirit）附身的關係，所以治療的方式自然也就採取宗教的儀式處理。到了西元前四、五世紀左右，目前被尊為西方醫學之父的 Hippocrates 提出了「四流液說」，認為身體內有四種流液，分別是血液、黏液、黑膽汁和黃膽汁，當此四種流液失去平衡狀態時，個體就會出現身體或心理方面的疾病。從當代的知識來看，Hippocrates 的說法實在不值一提，但若考慮到當時神靈附身說法的氛圍，這已經是相當進步的看法了（Kring et al., 2013）。

　　Hippocrates 開創以理性思考取代神靈附身的概念，也帶動後來的學者採取理性的角度探討偏差行為；然而，到了西元四世紀，當天主教成為所謂的國教之後，從宗教的角度看偏差行為再度成為最主流的觀點。如此的變化一方面扼殺了理性思考，另一方面也使得出現偏差行為的人們，淪為魔鬼、巫師之流，被以許多不人道的做法處理。一直要到十六世紀的文藝復興時期，才開始又有人認為偏差行為是一種生病的狀態，採取理性重新探討偏差行為的做法才又復甦，並且試著從生理的角度切入治療偏差行為；然而，侷限於當時的醫學仍然沒有如同現代般發達，並沒有引起很大的重視。到了十九世紀後期，Freud 開始從潛意識的角度討論人的心靈結構和運作，並認為偏差行為可以從心理的角度探討之後，才開始比較有系統地從科學的角度探討偏差行為。

二、「兒童」概念的演變

　　現代人理所當然的將人的一生分成嬰兒期、幼兒期、兒童期到老年期，認

為每個不同時期的人都有其不同的地方，這大致上都是我們所受到的教育對我們的影響。然而，在人類的歷史上並不是一開始就有「兒童」的觀念，人就是人，只有大人和「小大人」的區分；相較於前者，後者除了在力氣、體型方面顯得比較小需要大人照顧，以及尚未具備繁殖後代的能力之外，其餘（例如感覺、思考等無法直接觀察得到的內在心理狀態）都和大人一樣。因此，早期的學者（例如哲學家）對於人類的好奇和探討，很少區分出大人或兒童有何差異。

又因為人類歷史的過程中，一直到二十世紀才有比較良好的醫療水準，這對「兒童」概念的出現也有影響。在醫療不發達的時代，生產過程是相當危險的，不但產婦的生命會受到威脅，嬰兒出生之後的存活率也不是很高；即使順利生產，在成長過程也會因為各種疾病的影響而喪失生命。因此，為人父母者通常都不太敢愛自己孩子，因為如果對自己的孩子注入太多感情，萬一孩子的生命短暫，會讓父母後續的調適過程緩慢且難過，甚至也連帶影響自己的健康，反而無法照顧仍然存活著的其他孩子。換言之，父母為了保護自己不會因為孩子的死亡而難過或影響生活，相對於現代，會選擇比較疏離的方式和孩子接觸。

再者，人類的歷史充滿了為了生存而必須努力工作以求溫飽的事實，孩子們在很小的時候就必須開始自己付出勞力。當孩子可以存活成長時，對於父母來說等於多了一份可以增加生存機會的勞動力；長期演變下來，這樣的現象變成孩子是父母的一項「財產」。財產是屬於私人的，所以可以買賣（例如賣給別人當奴隸），可以依照擁有者隨意處置（例如吃、住等生理需求的安排），於是就會逐漸出現「虐待」的現象。換言之，在醫療和經濟都還不是很好的時代，兒童的生活是很淒慘的，也不會有人去注意他們有沒有偏差行為，孩子不聽話就訴諸棍棒狠狠地打一頓，或者就乾脆把他給賣了！一直到醫療和經濟逐漸發展至一定的水準之後，人們對於「兒童」及兒童的偏差行為才開始重視。

依照 Wicks-Nelson 與 Israel（2006）的看法，兒童偏差行為受到重視至少有以下人物或事件的影響。

(一) Freud 的影響

在原本強調偏差行為的產生是因為生理因素造成的時代，Freud 的看法改

變了這種觀點。在他和深信偏差行為與心理因素有關的 Joseph Breuer 學習的時期，Freud 相信童年時期的心理經驗對於成人未來心理健康的影響很大，只要能夠讓成年的病人有機會說出其童年時期的經驗，往往就能緩和病人的偏差症狀。經由如此的經驗和探索，Freud 終其一生建構了一個相當令人注目的理論——「心理分析」（psychoanalysis）。簡言之，此理論強調童年時期被壓抑到潛意識的許多衝突，是造成偏差行為產生的原因。Freud 的觀點引發了大家對兒童的研究興趣，也促使後來「客體關係」（object relations）理論的興起。

(二) 行為學派的影響

「心理學」一直想脫離哲學的陰影變成科學，因此，很難用科學方法驗證的 Freud 觀點自然就會被質疑。其中最戮力於「心理學應該是科學」的，是所謂的「行為學派」（behaviorism），他們相信可以直接被觀察和測量的現象才是心理學必須努力的方向，因此非常強調後天學習的重要性。「行為學派」認為人類所有的行為都是學習而得，偏差行為自然也不例外，例如被尊稱為「行為學派」始祖的 Watson 就以「古典制約」（classical conditioning）觀點，證明兒童的害怕其實是後天學習的結果。Skinner 也是另外一位「行為學派」的代表人物，他提出「操作制約」（operant conditioning）的概念說明學習的歷程，並將之引申為「行為改變技術」（behavior modification）應用在兒童偏差行為的處理。「行為學派」的觀點引發了後人以學習的觀點探討兒童偏差行為的努力。

三、精神病人的處遇

精神疾病是一種比較嚴重的偏差行為類別，在處遇時通常會被隔離安排在醫院或收容所中接受長期治療；早期的治療過程在所謂人權的維護方面頗受爭議，因為常會用束縛病人的方式處理。這種現象被一位名為 Clifford Beers 的病人出院後出書描述（Wicks-Nelson & Israel, 2006），並指控這些治療方式的不適當，於是引發社會對於精神病人及精神疾病的探討，也間接促使大家重視兒童偏差行為。

四、對兒童的科學研究 ⭐

如前所述，當兒童的概念逐漸興起並受到重視之後，也正是科學逐漸擺脫哲學的時代，心理學家開始以科學的方式探討兒童的種種現象，而逐漸使得「發展心理學」（developmental psychology）這個研究領域出現。一旦大量以兒童為研究對象，自然就會注意到兒童也會出現偏差行為；因此，一方面探討正常兒童的發展過程變化，另一方面也討論為何會有偏差行為出現，此二者的研究結果彼此相輔相成地挑戰和驗證彼此之間的努力。

🎋 兒童偏差行為的服務團隊

當兒童出現偏差行為之後，如何介入處理是後續相當重要的工作，而此工作往往需要許多不同專業共同努力。以醫療單位為例，最基本的組合是兒童精神科醫師和臨床心理師，在現有的醫療法律規定下，前者負責診斷與開立藥物處方，有時也會進行心理治療；後者則負責心理衡鑑（參閱第四章）與心理治療。如果兒童的偏差行為涉及到語言方面的問題，就加入語言治療師參與處理；如果又涉及到肢體方面的問題，職能治療師和物理治療師就扮演相當重要的角色；倘若兒童的偏差行為導致無法在普通班接受教育，在學校就需要特殊教育老師的參與。整個過程往往需要相關單位之間的協調和社會福利或救助，此時社工師即可發揮其專業的功能。

除了各種不同的專業人員之外，偏差行為的處理還需要家長或其他生活中諸如老師等人的共同參與，其中家長扮演的是「雙重角色」，其一是「共同個案」（co-client），其二是「共同治療者」（co-therapist）。「共同個案」意指家長在兒童出現偏差行為的過程也有責任，例如不良的親子互動、管教理念與方式的不當等，因此在處理兒童的偏差行為時，專業人員也必須幫助家長改變，所以不單純只是將兒童視為個案而已，還要將家長也列入服務個案時的共同對象。「共同治療者」意指專業人員的工作之一是設計處理治療的方案，而此方案往往也包括家長在家應該要如何執行的過程，所以家長是在家執行方案的治

療者，故稱之為「共同治療者」。這兩種角色都有賴專業人員與家長建立起良好的「聯盟」關係，方能彼此相互配合而達到更好的治療效果。

　　在初接觸本書之時，也許讀者已經開始思考「我適不適合當一個好的兒童工作者」。以心理師為例，Brems（2008）提出下列適合成為一位兒童心理師的個人正向特質，或許可以讓大家有一些參考的方向可循：

- 接受並非每個兒童都是「可愛的」（lovable）
- 不會害怕兒童
- 自尊（self-respect）和自重（self-esteem）
- 自我覺察（self-awareness）與追求自我探索（willingness for self-exploration）
- 以開放心胸（open-mindedness）的取向面對價值觀、行為和生命
- 不會強迫對方接受自己的價值觀、標準和信念
- 具備文化和性別方面的敏銳度（sensitivity）
- 能夠覺察到表現出偏差所造成的打擊
- 使用非攻擊性且無性別和種族偏見的語言
- 尊重兒童的需求（needs）和願望（wishes）
- 尊重兒童的隱私（privacy）和祕密（confidentiality）
- 接受兒童所認定的重要（child's definition of what is important）
- 覺察到兒童的認知層次和限制
- 能夠適應兒童所表現出來的功能風格（style of functioning）和層次
- 具備理解象徵（symbolism）和隱喻（metaphor）的知識
- 同理心與願意傾聽
- 能夠忍受曖昧（ambiguity）和各種嘗試（tentativeness）
- 對個人的自我忠實（truthfulness to one's self）
- 個人風格和治療風格是協調一致的（compatibility）
- 會注意自己的儀容
- 穿著能夠避免受到攻擊或傷害

● 尊重和接納兒童的父母

● 願意尋求諮詢（consultation）

Chapter 2
偏差行為產生的原因

梁培勇

　　兒童為什麼會出現偏差行為一直是令學者們感到興趣的議題，從邏輯上來看，如果可以找出造成偏差行為的原因，就比較有可能對症下藥，或者採取合宜的方法處理偏差行為。本書第一章雖然沒有很明確地定義偏差行為，只是提出一些考慮是否為偏差行為的思考角度，但是其中相當強調兒童仍然處於發展過程的事實。換句話說，要討論偏差行為產生的原因，就不得不注意到發展因素的重要性。

發展與偏差行為

發展的意義與重要性

　　發展心理學是心理學所研究的領域之一，主要在探討個體從受精卵、胚胎、出生到死亡這段過程的各種變化，並提出產生這些變化的可能影響因素。圖 2-1 闡述了發展的意義（引自吳英璋，1978，頁 387-388），茲說明如下：

1. 從出生到現在的整個發展過程可以大致分為生理的成長與心理的發展。

2. 生理的成長與心理的發展均有其自然的時間順序，如甲$_1$→甲$_2$→甲$_3$→甲$_4$；乙$_1$→乙$_2$→乙$_3$→乙$_4$→乙$_5$。這個順序是一定的，不會倒置的。

3. 任何一項生理結構的出現（甲$_1$、甲$_2$、甲$_3$、甲$_4$，以此四者代表生理結構，

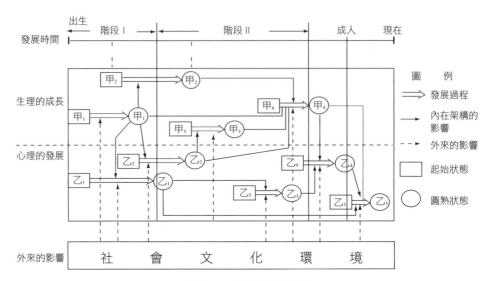

圖 2-1｜發展的意義

資料來源：吳英璋（1978，頁 387-388）

但並不以為生理結構僅有四類）與任何一項心理架構的出現（乙$_1$、乙$_2$、乙$_3$、乙$_5$，以此五者代表心理架構，但並不以為心理架構僅有五類）均為發展過程中的必然現象。亦即其出現與否並不受社會文化環境的影響，也不受於此刻之前的個人的發展狀況的影響；可以說是時間到了，它就出現。

4. 某項生理結構或某項心理架構出現之後，能達到何種成熟程度，則受社會文化環境的影響，也受於此刻之前的發展狀況的影響。如圖中甲$_1$→甲$_1$，甲$_1$的圓熟程度即受社會文化環境的影響；乙$_1$→乙$_1$的圓熟程度發展時間受甲$_1$與社會文化環境兩方面的影響；由此類推，甲$_1$→甲$_4$，甲$_4$的圓熟程度受甲$_2$、甲$_3$、甲$_1$、乙$_2$與社會文化環境等五方面的影響；乙$_5$→甲$_4$，乙$_5$的圓熟度則受乙$_5$、乙$_1$、乙$_4$與社會文化環境等四方面的影響。某一生理結構或心理架構的出現與否是自然的且一定依序出現的，但其出現之後，成長或發展得成熟的情況，則受此刻之前的發展狀況的影響。可見發展整個過程雖有階段性，但階段與階段之間仍是連貫的。

5. 某一生理結構或心理架構出現之後，達到成熟的最佳時間乃固定的。如甲$_2$

→甲₂ 的最佳成熟時間為 t_1 至 t_2，在 t_1 之前，甲₂ 尚未出現，任何想促成甲₂ 的努力都是無效的；在 t_2 之後，則 甲₂ 已趨於穩定，很難再有什麼變化了。t_1 至 t_2 這段時間即被稱為 甲₂→甲₂ 的臨界時期（critical period）。最常被用來作例子的，是小孩的語言發展，一般認為其臨界時期在二歲至五歲之間。

6. 階段的劃分係取決於某一生理結構或心理架構出現後，是否使整個人的行為組型產生明顯的重組。如圖中階段 I 的劃分可能因乙₂ 的出現造成明顯的行為組型重組；階段 II 的劃分，則可能因乙₄ 的出現。然而在階段 I 之前，仍有 甲₁→甲₁、甲₂→甲₂、乙₁→乙₁ 的變化在進行著；階段 I 與階段 II 亦如是。這又再度指稱「發展乃一連續的變化過程。」

7. 生理的成長較易達到一種界限，於此界限之後，其變化甚少；如圖中的「成人」界限所示，達到成人之後，生理方面即不再有新的結構出現。而心理的發展較無法明顯訂出一界限。當環境對個體的要求有所更改時，學習即將發生，也可能因而再造成個人行為組型的重組。「大器晚成」便可能指的是這晚到的行為組型重組。

換言之，遺傳的藍圖首先決定發展的方向和次序，但所發展的結果是否可以達到圓熟狀態，還有賴於環境是否提供相對應的刺激，以及個體內其他發展狀態的相互配合與否，因此，每一種發展狀態之間以及環境的影響都是環環相扣的。至於這些發展結果的內容，在第三章中的「發展概念示意圖」（圖3-1，頁34）會再補充說明。

🎋 發展心理病理學

心理病理學主要是從心理學的觀點，探討偏差行為產生的原因，可以分成病症（symptoms）、病因（etiology）和病程（course）三個部分。病症指出該偏差行為的現象是什麼；病因則強調原因的探討，所以相同的偏差行為，在解釋其原因時，會出現不同的心理學理論之看法；病程則重視偏差行為出現之後，隨時間的增加所可能產生的變化，例如偏差行為的本質是否有變化，如從甲問

題現象轉變成乙問題現象，或者甲問題現象只是隨著時間而程度加重，並不會轉換成其他的問題現象。由於偏差行為的探討是先從成人的問題現象開始，因此早期並不重視發展因素所扮演的角色，但是在思考兒童偏差行為的心理病理學時，就不得不將發展的因素納入考慮，於是就產生了「發展心理病理學」（developmental psychopathology）的理論觀點，其目前也回過頭來影響成人心理病理學的探討。

簡言之，發展心理病理學認為在思考發展的結果時（不論是適應或不適應，後者即出現偏差行為），都必須關照到發展的過程、脈絡（context），以及多元且相互影響的各種事件所造成之影響。在這樣的想法之下，發展心理病理學是一門跨領域的學問，包括了生物、行為、認知、情緒、演化和家庭系統，因此認為產生偏差行為的原因，應該是「多元而非單一的」、「兒童與環境相互影響的」以及「涉及到連續和非連續發展的」（Cicchetti, 2006）。茲分述如下。

一、多元決定觀 ⭐

從前述圖 2-1 的說明可知，發展一定會受到遺傳、環境和二者的交互作用之影響，且每個發展時期的發展狀態都會成為下一個發展時期的基礎，並影響下一個發展時期的結果。因此，當兒童在某個時間點出現偏差行為時，可能必須納入探討原因的影響來源包括：(1)過去發展的結果已經出狀況，累積到這個時間點才出問題；(2)目前時間點的某些因素出了問題，例如兒童不願意努力學習學業功課，可能是因為缺乏學習動機，而學習動機的缺乏可能來自：①受到遺傳的限制而智力不佳；②過去學習的基礎不好，使得兒童無法理解目前的學習進度，而更加不願意學習；③可能是因為兒童出現了新的興趣，使得他將時間都花在此新興趣上面，相對就會剝奪學習學業的時間；④也可能是最近兒童因為搬家而轉學，使得他目前的心態停留在處理過去熟悉的人際關係，以及努力要去適應新的環境結交新的朋友，以致於無法集中心力在學業學習上面。除了上述原因各自可能成立之外，更有可能是出現兩個以上，因此，考慮偏差行為的原因時，一定要注意多元而非單一因素。

二、兒童與環境相互影響

　　兒童不可能隔絕於環境而生存，從嬰兒時期開始就必須要有能力引發環境（具體言之就是父母親或主要照顧者）的注意，才能滿足各種身心方面的需求，所以並非是「被動」的受到環境影響。相對的，環境也扮演很重要的社會執行者的角色，有責任也有義務要將兒童培養成一個社會人；因此，社會化意味著環境「主動」且不斷地出現對兒童的「要求」，當兒童不服從這些要求時，就必須有後續的方法強制執行。兒童和環境就是透過如此這般的相互影響，各自有「主動」和「被動」的角色，而發展成兒童目前的狀態。筆者過去有一位個案的父親說的話，相當貼切地表達了兒童和環境相互影響的觀點：「不必你們這些專家提醒，我也知道不要打孩子啊！可是如果我用講的他會聽，我就不會打他了呀！」換句話說，如果體罰是造成兒童目前出現偏差行為的原因，則此一原因絕對不是驟然出現，而是親子互動的產物；親代管教子代的方式會影響子代的發展，子代因應親代管教方式的結果，也會回過頭來影響親代是否要修正其管教方式。故在探討偏差行為的原因時，不能太偏重或者只注重兒童或環境本身，務必要注意二者之間的相互影響。

三、連續和非連續的發展

　　所謂「連續」（continuous）的發展指的是發展的結果是逐漸累積的「量變」（quantitative change），亦即假定個體內存在某種「能力」（例如：身體的活動量），而發展的過程就是此「能力」的逐漸增加（例如：活動量增加）。所以偏差行為就是指此「能力」出了問題（例如：活動量大到符合「注意力不足／過動症」的診斷要求，請參閱第五章）。換句話說，正常和偏差是在同一個測量「向度」上面，則正常和偏差的「量」之分界點要訂在哪裡，就會變成相當重要卻又很難不引起爭議的問題。以「智能不足」為例，智力測驗的結果在 70 分（含）以下者就是智能障礙，但是智力測驗 71 分卻變成是正常，二者的差距只有 1 分，但是在診斷或教育的安排上卻會有非常大的不同。

　　所謂「非連續」（discontinuous）的發展指的是發展的結果是突然出現的

「質變」（qualitative change），亦即「能力」本身並非「量」的累積而是「質」的差異。發展心理學中的「階段」（stage）觀點就是「質變」的意義，例如在 Piaget 的認知發展理論中，雖然一樣是認知方面的能力，但是諸如感覺動作期（sensory-motor stage）、準備運作期（pre-operation stage）、具體運作期（concrete operation stage）和形式運作期（formal operation stage）等不同的階段，其認知運作的過程和內涵卻大不相同。如果偏差行為是因為「質變」而出現，這意味著兒童有兩條不同的發展路徑（developmental pathways）：一條是正常的路徑；另一條則是往偏差的方向前進。當兒童本來是正常後來卻出現偏差行為時，是什麼因素導致發展路徑的轉換？倘若是兩條不同的路徑，經過治療之後的偏差行為有可能再度回到正常的路徑嗎？抑或永遠都必須走向偏差行為的不歸路，無法出現令人感動的「浪子回頭金不換」？

不論是哪一種看法或許都不是絕對的，某些偏差行為的症狀（例如：緊張、焦慮和憂鬱）其實正常人多少也會有，只是「量」沒有強烈到被認為是偏差。相對地，「自閉症類群障礙症」兒童給人的感覺就是和一般兒童「不同」，因為很難用一般和兒童互動的方式與他們接觸。所以「連續」和「非連續」的議題，仍然有待未來持續的探討。

這些多元決定因素相互影響之後所產生的發展各個層面的變化，就形成所謂的「發展路徑」。由此觀之，發展路徑的形成並非單純的線性關係，而是受到許多因素共同的影響，於是在探討偏差行為出現的原因時，就出現所謂的「殊途同歸」（equifinality）和「分道揚鑣」（multifinality）兩種發展路徑的意義。前者指的是若有一群最後的發展路徑都是出現某種心理疾病類別的兒童，並不表示他們的發展路徑起點都完全相同，亦即得到相同類別心理疾病的個體，可能其產生的原因都不一樣；後者則指若有一群起點相同（例如都具備某種心理疾病類別的危險因子，請參閱第三章）的兒童，未來可能有人仍然維持正常的發展結果，也可能有人會出現心理疾病，且是各種不同的心理疾病（Cicchetti, 2006）。

✿ 研究變項的轉變

　　傳統將變項區分成「自變項」（independent variable）和「依變項」（dependent variable）來探討二者之間因果關係的研究方法，也因為發展心理病理學強調「多元決定觀」而有所改變。除了上述 Cicchetti（2006）所強調的三點發展心理病理學的重要觀念之外，在進行發展心理病理學的研究時，也強調所謂的「中介」（mediator）和「調節」（moderator）兩種變項的意義（Mash & Wolfe, 2013）。中介變項指的是「產生機制」（generative mechanism），其意義是在說明自變項「為何」（why）會影響依變項，以及自變項會「如何」（how）影響依變項，亦即在自變項和依變項之間可能會存在某種變項，使得自變項因此而發揮影響力並造成依變項的改變（Davis & Cummings, 2006）。舉例而言，許多學者都觀察到當母親有憂鬱症（自變項）的時候，其子女出現各種行為問題（依變項）的機會比較高；經過長期的持續研究探討之後，發現並不是母親的憂鬱症讓其子女容易出現問題，而是母親的憂鬱症會影響其母職功能使表現變差，母職功能的不佳才是讓其子女容易出現問題的主要因素。

　　調節變項則在強調自變項是「何時」（when）才會影響依變項，亦即在自變項和依變項之間可能會存在某種變項，使得自變項因此而開始影響依變項的變化（Davis & Cummings, 2006）。舉例來說，研究者從青少年自陳式報告（self report）中得到他們受到身體虐待的時間多寡（自變項），以及是否出現諸如焦慮或憂鬱等內向性問題（依變項）的資料；研究者假設自變項會影響依變項，但發現研究結果並沒有支持此假設。後來將性別變項當成調節變項之後，就發現此假設在女性的資料得到支持（McGee, Wolfe, & Wilson, 1997）。

✿ 偏差行為的原因

　　如前所述，雖然發展心理病理學在考量偏差行為的原因時並非那麼單純，但我們還是可以廣泛地將造成偏差行為的原因，分別從生物（biological）、心

理（psychological）和系統（system）等不同觀點加以說明（Mash & Wolfe, 2013; Wicks-Nelson & Israel, 2006）。值得提醒的是，每一種觀點都會從某種單一的角度提出看法，但也都不排除其他觀點的看法。

一、生物因素的影響

　　西元前希臘時代Hippocrates提出的「四流液說」（請參閱第一章），可以說是從生物的觀點看偏差行為的濫觴。簡言之，此觀點認為即使不是身體生病的偏差行為，也依然可以在諸如遺傳或神經系統等生物機制中找到相對應的原因，茲分別敘述如下。

(一) 遺傳

　　上一代的很多特性都是透過基因傳遞到下一代，倘若其中有一些基因或染色體出現問題，就會導致偏差行為的出現，例如：唐氏症（Down syndrome）、亨丁頓氏舞蹈症（Huntington chorea，Huntington是發現者姓名，症狀是患者會出現舞蹈似的動作、智力逐漸退化和精神疾病）和戴薩克斯症（Tay-Sachs disease，Tay-Sachs是兩位發現者的姓名，其症狀是患者的神經系統會持續萎縮衰敗，導致其心智能力、動作和視力也跟著逐漸退化，通常在三歲前死亡）。這些都是罕見的遺傳疾病，也都會使患者出現某些偏差行為。

　　除了上述已明確找到是哪一個或哪些基因或染色體導致的偏差行為之外，在統計上也可以看出某些偏差行為的類別，例如精神疾病，倘若父系或母系的祖先或長輩曾經罹患過精神疾病，則個體罹患精神疾病的可能性，遠高於那些祖先或長輩沒有罹患精神疾病的人。這也是間接指出偏差行為和遺傳等生物因素有關的證據理由。

(二) 神經系統

　　大腦是中樞神經系統最重要的地方，每個部分都相對應負責個體的認知、情緒和行為等功能；因此，如果有大腦的某個部分受到損傷或發生病變，則其相對應的功能就會受到影響，於是就有可能出現偏差行為。大腦損傷的原因可

能是在胎兒時期，懷孕母親營養不良、抽菸（尼古丁）、喝酒或「垂直性感染」（即懷孕母親本身有諸如吸毒、愛滋病等現象，導致胎兒一出生就會出現與母親相同的身體問題），抑或是生產過程不順利（胎位不正或嬰兒頭圍太大）導致腦部缺氧，或者是出生後，兒童的成長過程出現疾病或意外事故，使得某些大腦部分的本質受到傷害。

　　當大腦發號司令之後，必須藉由遍布全身的神經系統傳達。由於神經系統是由許多神經元構成，神經元與神經元之間的聯結並非如電線般是直接的，而是經由突觸（synapse，指兩個神經元之間的縫隙）聯繫，亦即上一個神經元的軸突（axon）會釋放所謂的神經傳導素（neurotransmitters）到突觸，然後由下一個神經元的樹狀突（dendrite）在突觸中將神經傳導素吸收進來，再依次將訊息傳遞出去到後面的神經元。如果神經傳導素出現問題，例如：釋放量太多或太少、吸收過程有瑕疵等，就會使神經系統的運作不順利，導致偏差行為的出現。神經傳導素的種類很多，包括：血清張力素（serotonin）、正腎上腺素（norepinephrine）、多巴胺（dopamine）和乙醯膽鹼（acetylcholine）等等，至於為何會出現這種神經傳導素方面的異常，仍然有待努力探究。

二、心理因素的影響 ★

(一) 心理動力觀點

　　Freud 是第一位嘗試以「心理」的概念探討偏差行為的學者，也終其一生努力地建構「心理分析」理論，來說明正常和偏差行為的原因，因篇幅所限，此處無法詳細介紹他的理論，僅能簡單扼要地摘述其重點。Freud 不排斥環境的重要性，但更強調內在心靈的運作過程。首先他提出關鍵的心理運作過程「潛意識」（unconscious），這是無法被理性所覺察得到的；其次，他提出心靈的基本結構：本我（id）、自我（ego）和超我（superego）。

　　本我之中充滿著心理能量（energy），且整個運作過程都是在潛意識中進行，其運作的原則是立即要求得到滿足的「享樂原則」（pleasure principle）。自我和超我都是由本我中分化出來的，且必須借重本我中的能量才能運作；自我主要是在意識中運作，其運作原則是在本我與外在環境的現實中調和彼此的

「務實原則」（reality principle，一般中文書籍大都翻譯成現實原則，因為中文的「現實」還有勢利的隱含意義，故筆者認為「務實」較能符合原意），成熟的自我可以運用其理性和認知的能力達到此一目的。在自我調和本我與環境的過程中，逐漸產生了將外在環境價值觀融合進來的超我，採取「道德原則」（moral principle）為其運作法則。本我、自我和超我三者各有其運作的目標，也因此產生會被壓抑到潛意識中的衝突，而這些在潛意識中的衝突會影響心理功能，進而造成偏差行為的發生。

Freud 認為，這些潛意識的衝突內容與所謂的「性心理」（psychosexual）發展階段有關：出生的第一年是「口腔期」（oral stage），快樂的來源是口腔，且是嬰兒非常依賴的，因此潛意識的主題與口腔的快樂追求和人際的依賴有關；出生後的第二年和第三年是「肛門期」（anal stage），此階段排泄物的忍耐和釋放是快樂的來源，而此時也正是幼兒接受大小便訓練的時候，因此潛意識的內容大都圍繞在與大小便訓練有關的事件；「性蕾期」（phallic stage）的時間大約在出生後第四年到第六年，性器官是快樂的最大來源，所謂「戀母情結」（Oedipus complex）和「戀父情結」（Electra complex）就是發生在此階段，所以潛意識衝突的內容大致都是跟父母親有關；進入小學年齡之後，快樂的來源並沒有明顯地以某種器官為中心，故稱之為「潛伏期」（latency stage）。上述以前三個階段的潛意識衝突最為重要，處理偏差行為有賴於找出這些潛意識的衝突並解決之。

Freud 的觀念引發後續許多人的追隨，或是繼承 Freud，或是修正 Freud 的某些想法，目前常被提及的是所謂的「客體關係」（object relations）理論。簡言之，「客體關係」即在探討「主體」（subject）和「客體」之間的動力關係，且強調此動力關係會沉澱在「主體」之內，變成所謂的「人格」（personality）而影響個體的各種表現；換言之，偏差行為的產生是因成長過程中的「客體關係」不好所致。「客體關係」理論非常多樣化，不同理論間的差異在於對「主體」和「客體」的看法不同，例如有些理論認為的「主體」是「自我」（ego，例如：Malanie Klein）；有些則認為是「自體」（self，例如：Heinz Kohut）；有些理論認為「客體」包括所有外在環境中的人和物；有些則只重視人。

(二) 行為學派和社會學習觀點

行為學派主要是從學習的觀點說明偏差行為的產生（請參閱第一章），最早出現的是「古典制約」（classical conditioning），其意義簡言之，亦即「無條件刺激」（unconditioned stimulus）引發「無條件反應」（unconditioned response），當某個中性的「條件刺激」（conditioned stimulus）與「無條件刺激」配對出現時間夠久，則「條件刺激」就會引發「無條件反應」。通常偏差行為是因為經由古典制約學習所產生，最重要的代表研究是「Little Albert」的實驗。

Watson 與 Rayner（1920）為了證明害怕的情緒是經由古典制約學習而得，以才十一個月大的嬰兒 Little Albert 為實驗對象，說明古典制約的過程。他們認為害怕是「無條件反應」，所以首先要找到會引發 Little Albert 害怕的「無條件刺激」（很大的噪音聲響），然後將原本不會讓 Little Albert 感到害怕的老鼠當成「條件刺激」。當老鼠和噪音配對一起出現幾次之後，Little Albert 就變成開始害怕老鼠了（老鼠是「條件刺激」，「條件刺激」引發了「無條件反應」，而「無條件反應」是害怕），並且會將對老鼠的害怕類化到與老鼠有關的其他屬性上面，例如：害怕「白色」（因為是白老鼠）；害怕耶誕老公公的面具（因為有鬍子，和老鼠的毛類似）。因此，害怕的確是經過學習之後的結果。

「操作制約」（operant conditioning）是行為學派的另一個代表，其意義簡言之，是「某行為的結果會決定該行為將來出現的可能性，如果結果是好的，則該行為將來出現的可能性就會提高；如果結果是不好的，則該行為將來出現的可能性就會下降」。換言之，依照此種定義，任何一種行為如果出現的次數多，都是因為該行為出現後可以得到好的結果所致，所以，偏差行為的產生也是因為偏差行為出現之後可以得到好的結果所造成，只不過該行為被認為是偏差行為而已，因此也是經由操作學習而來。例如兒童都很希望得到大人的「注意」，但是當他表現出比較好的行為時，通常不太容易得到大人的「注意」，反而是在出現某些偏差行為之後，就可以很快得到大人的「注意」（因為大人常常都認為兒童表現好是「應該」的，表現不好才要提醒他）。

　　行為學派強調的學習往往需要行為當事人本身經歷過某些經驗才能產生學習，例如凡是害怕火的個體都曾經有被火燒傷過的經驗，但是現象界卻並非如此（倘若所有的學習都需要親身經驗，那麼兒童成長過程的意外死亡率一定很高），所以無法解釋人類行為的複雜性。因此，Bandura 提出社會學習的概念，認為學習不一定要親身經歷某些經驗才能產生，純粹只是觀察別人的行為和行為結果之間的關係，也可以達到學習的效果。例如讓兒童觀看內容具有攻擊行為、但不會因攻擊行為而得到不好結果的影片之後，兒童本身出現攻擊行為的現象明顯地提高許多；故偏差行為的產生可能是因為在生活中觀察學習而來。

(三) 認知觀點

　　Bandura 的社會學習理論強調觀察學習，於是衍生出所觀察到的內容究竟存放在哪裡的問題，此時「認知」的因素就必須扮演重要的角色，而此觀點目前也相當受到重視。認知觀點認為，人類的行為和情緒都是認知的產物，亦即個體的認知運作結果會決定個體後續的行為和情緒，倘若認知的運作有所偏頗，則偏差行為就比較容易出現。從早期 George Kelly 的「個人建構理論」（personal construct theory）、Albert Ellis 的「理性情緒行為治療法」（rational emotive behavior therapy）到 Aaron T. Beck 特別用來處理憂鬱症患者的「認知治療」（cognitive therapy），大致都是屬於此種主張的理論。

　　所謂認知方面的偏頗，依據 Kendall（2006）的看法可以分成四種：認知結構〔cognitive structure，又稱「基模」（schema），指記憶系統的組織架構〕、認知歷程（cognitive processes，例如：如何覺知和解釋外在訊息）、認知內容（cognitive content，例如：在記憶系統中所保存的與自我有關的訊息）和認知產物（cognitive products，指認知結構、內容和歷程整體運作後的最終結果）。其中任何一種或以上的認知出現問題，自然就會導致偏差行為的產生。

　　除了以上各種心理因素的看法之外，許多人格心理學（personality psychology）的理論，也都會根據其理論內容推導出偏差行為產生的原因，例如 Rogers 認為，當個體的「自我」（self）和「有機體」（organism）不貫串（incongruence）時，就會出現偏差行為。由於不同的人格理論對於偏差行為的產生各有其不同的看法，所以在偏差行為的治療方面也就衍生出不同的做法，讀者可以在本書後面章節介紹各種偏差行為的種類時自行了解。

三、系統因素的影響 ⭐

如同前述發展心理病理學中所強調「兒童和環境的相互影響」，兒童絕不是一個人單獨成長，而是嵌在諸如家庭、同儕、學校、社區和各種社會組織系統中成長；且兒童在這些系統中也不是單方面受到系統的影響而已，他們本身的行為舉止也一樣會對系統造成影響，因此兒童與系統之間是相互影響、彼此糾結在一起的。在系統的概念下，最常被提及的就是所謂「家庭治療」（family therapy，或譯為家族治療）的系統理論。簡言之，家庭是一個思考單位，家庭中任何一個成員出現偏差行為，都不是因為個人的緣故，而是整個家庭系統的運作出現問題所致。

四、整合觀點 ⭐

相對於上述的各種觀點，目前比較普遍且受重視的看法，是將生物、心理、認知和環境觀點加以整合的「素質壓力模式」（diathesis-stress model）（Hankin & Abela, 2005）。整合觀點強調，出現偏差行為的傾向（素質）和來自生活和環境中的困擾（壓力），其二者之間的交互作用。簡言之，「素質」是個體在某個年齡時所發展出來的各種能力之總和；理論上，發展是不斷產生變化的動態過程，因此素質是假定時間暫停時，個體在某個時間點的靜態能力總和，是該時間點的發展結果。倘若其發展路徑所形成的素質導致傾向於容易出現偏差行為，則表示個體的素質不佳。如果將遺傳的影響視為素質，可以確定的是它的確和偏差行為的產生有關，例如：有些人就是傾向於身體容易過敏、傾向於遇見困難時採取負面思考、傾向於依賴別人，或者傾向於不能接受環境嚴厲的對待；而這些身體素質的傾向都比較容易導致偏差行為的產生。「壓力」則是指來自環境的有害或令人不愉快的刺激〔嚴格來說應該稱之為「壓力源」（stressors）〕，它可以是對生物性功能產生不良影響的空氣污染或營養不良等

等，也可以是生活中所遭遇到的各種引起挫折和困難的生活事件。

　　「素質壓力模式」認為，在「素質」相近的條件下，遭遇到比較大的「壓力」之個體較容易出現偏差行為；而在「壓力」相近的條件下，「素質」比較弱的個體較容易出現偏差行為。因此，偏差行為是否會產生，取決於「素質」和「壓力」兩個條件都要出現的交互作用，而非單純的由某個因素所造成。此模式也是目前廣為人所接受的一種觀點，提醒心理專業人員不要忽略了其他非心理因素的重要性。

Chapter 3 偏差行為的危險因子

梁培勇

　　尋求現象發生的因果關係是科學活動一項非常重要的任務,而將此一任務放在偏差行為的探討上就顯得更加重要;若能夠明確地了解引發偏差行為的原因,則自然可以事先做好預防工作,避免偏差行為的出現,也就能夠節省花費在後續處理偏差行為的時間和金錢。

　　傳統上在研究偏差行為的原因時,大都會事先找出那些已經出現問題的人,然後再蒐集在這些當事人身上究竟曾經發生過什麼事情,並試圖採取統計方面的合宜方法分析這些資料,找出過去這些事情與偏差行為之間的可能因果關係。然而,因為是蒐集過去的資料,所以不得不採取「回溯式」(retrospective)的方法,但很顯然會出現記憶混淆或干擾的麻煩,例如當事人的記憶模糊、記憶扭曲、增刪記憶等。如果能夠採取「前瞻式」(prospective)的研究法,亦即在研究仍然在進行時蒐集此時此刻的資料,就可以避免與記憶有關的上述問題;但是,在還不知道哪些人會出現偏差行為的條件下,只好像捕魚一樣的撒下漁網,大量徵求受試者,長期蒐集這些人的各種資料。如果運氣不是那麼不好,這群受試者總是會有人出現偏差行為,於是就能夠以這些人為主要研究對象,仔細挖掘其中可能的因果關係;倘若這群人並沒有出現任何偏差行為,那麼整個研究過程就像是在做白工,無法得到有用的資料。

　　不過,更嚴重的問題在於,這種前瞻式類型的研究往往需要長期追蹤進行,勢必要花費相當大的人力和金錢,而且還會有許多受試者可能會因為搬家

或死亡等各種私人的因素，無法持續參與研究的進行，導致資料的不完整和浪費。另一方面，究竟要蒐集哪些資料也不是一個容易決定的事情，所以只好鉅細靡遺的什麼資料都蒐集。對於研究者而言，這種做法恐怕不得不稱之為一場豪賭。

因果關係與相關

　　因果關係的研究在進行時如此的困難，於是可否從統計學中的「相關」概念著手成為另外一條可以思考的路。以「相關」來思考偏差行為為何會產生的研究軌跡可以分成幾個不同的做法，首先是先找出已經有某種偏差行為的人，再採取「回溯式」的方法蒐集可以得到的各種變項資料；運用統計的技巧可以找出各種與該偏差行為達到顯著相關的變項。於是這些變項就形成「危險因子」（risk factor）的概念，而擁有這些危險因子的個體就稱之為「高危險群」（high risk group），若一個孩子出現了危險因子，則這個孩子將來出現某種偏差行為的機率就比較高。在這樣的觀念下，研究者就不必大樣本的蒐集資料（因為不代表這些樣本一定會出現問題），而只要找出高危險群，仔細且密切的針對這些高危險群持續地蒐集資料，就比較有可能蒐集到「前瞻式」的資料，有助於因果關係的探討。

　　因此接下來的研究思路，就是要先找出已經有某種偏差行為的高危險群，然後持續追蹤這群人，定期以「前瞻式」的方式蒐集他們的各種變項資料。邏輯上來說，高危險群的個體在追蹤幾年後應該都比較容易出現該偏差行為，但是追蹤研究的結果往往還是會發現，有些高危險群的個體並沒有出現該偏差行為。於是研究者就根據此結果將這群受試者分成「出現該偏差行為」和「未出現該偏差行為」兩組，然後比較兩組所得到的前瞻式資料，找出是否有哪些變項的資料在統計上有差異，於是將這些變項稱之為「保護因子」（protective factor）。也就是說，兩組的相同點是均有該偏差行為的危險因子，但相異點則是後者因為出現了保護因子，所以並未出現該偏差行為。換言之，相對於危險因子的概念是保護因子；危險因子指的是此變項的出現會提高偏差行為出現的可

能性，保護因子則是指即使在危險因子存在的情形下，此變項的出現會減少偏差行為出現的可能性。

邏輯上來說，在危險因子多且保護因子少的狀況下更容易發生偏差行為，因此接下來的研究思路就變成先找到「危險因子多且保護因子少」的一批人，然後再持續進行追蹤，定期蒐集前瞻式的變項資料。相對於前述的研究，我們可以預期幾年後這群人出現偏差行為的可能性一定更高。但是，研究結果還是發現，即使在這樣的情形之下仍然有些人沒有出現偏差行為，使得學者不得不從先天性的素質（diathesis，也有人翻譯為「體質」）概念來解釋這種情形，也就是說，在不良的外在條件下（危險因子多且保護因子少），素質好的人還是有可能不會出現問題；這樣的素質概念就被稱之為堅韌度（resilience，也有人翻譯成「復原力」、「抵抗性」）。相反地，在不是很嚴重的不良條件下（沒有危險因子存在，或者雖然有危險因子但是也存在著保護因子），有些人還是出現了問題，這種素質就被稱為脆弱性（vulnerability）。

值得提醒的是，上述研究所謂的危險因子、保護因子等變項，因為是從統計上的相關法尋找出來的，所以通常侷限在某種診斷類別；亦即診斷類別 A 的相關法研究，可以找到 A 類別的危險因子和保護因子，而診斷類別 B 的相關法研究，也可以找到 B 類別的危險因子和保護因子，但通常 A 類別和 B 類別的危險因子和保護因子未必會完全相同。目前在發展心理病理學（請參閱第二章）領域所做的研究，基本上就是遵從這樣的理念，希望能夠逐漸找出各種不同診斷類別的偏差行為的危險因子和保護因子（目前的研究仍以探討危險因子較多）。倘若不同診斷類別的危險因子有所重複，則重複性愈高的危險因子就更值得在進行預防推廣工作時加以重視，因為避免該危險因子的出現，可以同時預防不同診斷類別的偏差行為出現。因此，當發展心理病理學的研究成果累積到一定程度時，研究者自然能夠從中逐漸沉澱出重複性比較高的危險因子、保護因子、堅韌度以及脆弱性的相關知識。

此外，這些知識的累積還可以提供一個非常實用的思考方向，亦即在針對這些已經出現偏差行為的兒童進行實際的處遇（treatment）時，不管治療師採取的是哪一種學門（例如教育、心理或社工等等領域）或理論派別，都可以遵

循一個相同的處遇方向，那就是增加個體的保護因子和減少危險因子，以及加強個體的堅韌度和減少其脆弱性。

實際臨床工作心得

　　從前述可知，如此嚴謹的研究做法非常耗時耗力，對於實務工作者而言，幾乎是很難在忙碌的工作中實行；然而，臨床工作最大的特色就是在處理每一個案時，等於是在進行一次的「個案研究」（case study），因此雖然不是非常符合科學所要求的嚴謹程度，但是也能夠給予實務工作者很大的參考價值。職是之故，以下，筆者根據自己的實務經驗，從中整理出所觀察到的危險因子和讀者分享之。

　　圖3-1中的六角形代表的是發展的六個層面，分別是身體發展、語言發展、認知發展、社會發展、情緒發展和道德發展；六個層面一方面各自展現其發展歷程，另一方面彼此之間也會相互影響，而此多重的相互影響過程就逐漸沉澱出個體的性格（即六角形中央的橢圓形部分）。個體的發展除了先天遺傳藍圖架構好的內容之外，也會不斷受到外在環境的影響；圖中包圍在六角形外面的長方形，就代表著外在環境，並將外在環境以父母、同儕、學校和大眾傳播媒

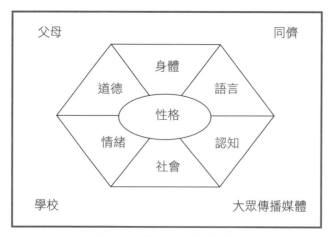

圖 3-1│發展概念示意圖

體等四個方面代表之。以下分別說明六角形內的內容,並化整為零地將外圍長
方形的內容配合進來呈現。

一、身體發展 ⭐

　　在身體方面的危險因子大致包括了體型、外貌、先天性疾病和青春期,茲
分述如下。

　　兒童正處於逐漸形成自我概念的過程中,而自我概念往往源自人際互動中
他人對自己的回饋。人際間的互動一般是以可觀察得到的外表為基礎,如果體
型與一般人不同,很容易就會在人群中被發現,也很自然的會變成一般人互動
時的焦點。最典型的例子是請大家先回憶一下過去的同學和朋友,或許你會發
現有些人你可以在腦海中浮現出他或她的樣子,但是可能一直記不起他或她的
名字,然而卻記得他或她的綽號;仔細想想這些綽號,有很大的機會是跟他或
她的體型有關,諸如:「大箍仔」(台語)、「矮仔猴」(台語)、「竹
竿」、「航空母艦」等等。這些綽號常反映出當時的體型,也會表現在他人對
自己的回饋而形成自我概念的元素。若兒童不滿意自己的體型,很容易會因為
厭惡這些綽號而和同儕產生摩擦,甚至進一步變成嚴重的衝突,於是在人際關
係方面就容易變成被嘲弄、譏笑的對象;同時也開始對於自我概念產生不利的
衝擊,相對地也就比較容易出現偏差行為。

　　與體型相同,外貌也是可以直接觀察得到的外表。在外貌方面,長得比較
英俊漂亮的孩子,常是大人眼光的焦點,在生活中得到大人籠統的正面回饋之
機會也比較多,因為大人常會有外貌姣好就會很有成就的刻板印象。所謂「籠
統的正面回饋」是指沒有具體描述出兒童值得稱讚的行為舉止,例如:「某某
都會在玩完玩具之後把玩具收拾好」就是具體的描述出某某做了哪些事情,所
以得到大人的稱讚。外貌姣好的孩子得到的稱讚常常是屬於「看!某某長得這
麼漂亮,將來一定不得了」、「某某一副聰明樣,以後一定很會賺錢」。自我
概念本來就會有不同的層次(例如:學業能力、人際關係能力、表達能力等),
愈是層次具體的回饋,愈能幫助孩子更準確的認識自己,也才能逐漸學習到每
個人都有各種不同的層面,而且在這個層面表現不錯,並不代表在其他層面也

會不錯；如果回饋的層次很籠統，孩子就會將這些回饋擴散到整個人，形成一種自己什麼都很棒的錯誤概念，等遇到了其實不是很好的層次經驗時，不是很容易就貶低自己，就是為了維護原本錯誤的完美自我概念而怪罪別人。

在成長的過程中，和同儕出現衝突是經常可見的經驗，尋求大人協助處理衝突，也是孩子常用的處理衝突方式之一；外貌姣好的孩子在大人出面協助處理的過程中，也很容易因為外貌而得到比較多大人的偏袒，造成同儕認為大人處理不公平而排斥他（她）們的現象。長久下來，使得這些孩子變成比較會和大人相處，而不容易和同儕相處；關鍵在於同儕經驗對於兒童發展過程是非常重要的，一旦不易和同儕相處，出現偏差行為的可能性自然就會增加。

先天性疾病指的是與生俱來的生理方面之疾病，常見的包括：心臟病、糖尿病、唇顎裂等。嬰兒出現先天性疾病之後，對父母最大的衝擊就是因為無法給予嬰兒健康的身體所產生的罪惡感，而此罪惡感影響最大的就是父母親的管教態度。先天性的疾病會限制孩子成長過程的活動，尤其是兒童最喜歡的戶外活動（例如：和其他小朋友一起玩遊戲）。一方面，父母必須把關，不讓孩子參與可能危害生命安全的活動，這對「生物人兒童」而言，自然會對父母產生許多負面情緒，於是親子之間的關係就會顯得比較緊張，但是因為父母親罪惡感的無形影響，會比較容忍孩子在表達負面情緒時所採取的負面方式（例如：耍賴、攻擊、發脾氣等），使得兒童在成長過程中，無法有效地學習恰當的表達情緒方法。另一方面，發展過程本來就亟需參與同儕之間的互動，透過朋友之間的力量，逐漸學習許多有利於發展的能力。而兒童的朋友概念，剛開始一定會很重視彼此之間要有共同的「交集」（指是否擁有共同的生活經驗），若與同儕互動的機會減少，自然會造成和同儕在生活經驗的內容上交集變小，導致在和同儕的人際互動過程中更加困難。因此，出現先天性疾病的兒童，很容易因為情緒表達方式的負面，加上人際關係的不良而出現偏差行為。

除了罪惡感之外，家中出現先天性疾病的子女，也會使得家庭所面臨的壓力大增。首先是經濟壓力，因為治療疾病勢必要花費一筆不小的醫療費用（甚至還得持續相當長的時間），於是產生連帶效應：家庭的生活品質、父母本身的生涯規劃、其他正常子女的照顧等等。簡言之，會因為金錢的因素使得家人

無法逐漸改善家庭的生活品質。有些先天性疾病還需要父母親花非常多的時間照顧，因此，父或母其中一方往往要辭去工作，而辭去工作的大人，也會因為此生病子女的影響，改變了自己原有的生涯規劃，導致生活中缺乏成就感。如果家中還有其他身體正常的子女，父母一方面要花比較多時間照顧生病子女，相對的照顧正常子女的時間就會減少；另一方面，有時候父母也會要求正常手足要多照顧有先天性疾病的孩子，也容易讓正常手足對於生病子女和父母親產生極大的不滿，導致家人之間的互動顯得不平衡和緊張。有先天性疾病的兒童也會感受到這些家庭壓力，於是在自我概念的形成過程中，很容易出現自我指責的情形而出現偏差行為。

　　兒童進入青春期之後，也是屬於容易出現偏差行為的高危險群，理由之一是跟性教育有關。身體的巨大變化是青春期最重要的特點之一，兒童面對此變化的基礎是性方面的知識，倘若知識不足，就會對自己的身體變化產生許多的懷疑，甚至出現罪惡感，例如女生的身材變化與生理期的出現，男生開始出現鬍子以及夢遺的現象，倘若沒有相對應的性知識，很容易造成心理的惶恐。

　　一般來說，目前學校的性教育應該要比過去進步很多，但的確還是有邀請相關女性生理期用品的廠商到校說明，而讓男生不必參加的現象發生，這多少都表現出學校系統對於性教育的尷尬態度。另一方面，女生通常青春期的時間都比男生來得早，如果某位女生又是屬於女生中比較早進入青春期者，則她在人際關係方面的壓力會更大，很容易因為身材的變化變成男生嘲弄的對象。

　　Erikson（1968）提出的人生八大階段中，所謂「自我認同」的危機也是從青春期開始，而這也是使得青春期變成危險因子的重要原因。當一個人相對而言最不容易產生變化的身體，也開始出現劇烈變化的情形之下，個體會連帶著思考自己的內在究竟會出現何種變化，於是「我是誰」、「我要往哪裡去」等等比較抽象的自我認識和了解，就會變成個體相當重要的課題。這股源於自我內在的張力，會不斷衝擊個體在生活中做探索，然而，外在與升學有關的制度（不論是過去的聯考，還是目前的基本學力測驗），在青春期的生命中彷彿轉變成另一股外在的約束力；當內在的張力遇見巨大的外在約束力時，會讓青少年覺得相當苦悶。於是有些人透過名人故事或傳記尋找認同的對象；有些人則

乾脆放棄自己的內在張力，採取認同約束力的做法，直接朝向升學制度邁進；另外一些人則捨棄內在的探索，直接以社會所塑造出來的偶像（例如：演藝人員或政治工作者）為認同對象。不論採取哪一種做法，都無法在短時間之內解決自己的認同問題，更遑論其中還有一些是錯誤的認同；因此，在這兩股力量的拉扯之下，青少年就會顯得比較不穩定，出現偏差行為的機會無形中也增加了。

二、語言發展

　　人類和動物最大的差別即在於人類有語言的能力，而且這種能力幾乎是所有的人都會出現。因此，如果兒童語言方面的能力出現狀況，除了少數是所謂的「構音」問題之外，通常都會是屬於比較嚴重的情形，例如：學習障礙、自閉症類群障礙症、發展遲緩或精神疾病，所以語言方面的問題，很可能是其他偏差行為的危險因子。

　　語言的出現至少必須要相關的身體構造配合，因此遇見語言方面有狀況的兒童，最好先建議父母帶孩子到醫院的相關科別（例如：耳鼻喉科、神經科等）作詳細的檢查，排除掉可能的身體方面之問題後，再來考慮是否有心理方面的問題。倘若兒童真的沒有生理方面的問題，接下來就要考慮環境的問題，例如是否家長缺乏提供文化刺激給孩子等。排除環境因素之後，可以從「語音」、「語義」、「語法」和「語用」等方向思考孩子的語言現象。其中語音方面的問題最單純，可以轉介到語言治療師接受治療；如果是後面三者有問題，例如語義的了解不正確、語法的使用不對，或者語用的表現與氛圍不搭配等，都可能要注意是前述比較嚴重的問題。

三、認知發展

　　在認知發展方面，Piaget 所提出來的理論是許多實務工作者比較熟悉的，諸如感覺動作期、準備運作期、具體運作期和形式運作期等概念，侷限於篇幅，且相信讀者過去都多少接觸過此理論，此處不再贅述，筆者將重點放在認知能力的表現即學校功課上。

　　許多老師都有一種印象，亦即功課不好的孩子比較容易出問題，也就是說，認知發展方面的危險因子是學業成績不佳，其原由可能是與自信心有關。自信心是成就感的累積，沒有成就感的孩子就不容易有自信心，關鍵在於孩子生活中成就感的來源太狹隘。基於社會價值觀仍然普遍受到「萬般皆下品、唯有讀書高」的影響，似乎我們對於孩子的成就感就只侷限在學校的學業表現，凡是與學業成就無關的內容，諸如打電動、人際關係等，即便孩子表現得很好，也不容易得到大人的肯定。

　　學業成績不好可能是認知發展比較慢所致，因為一般的教科書是以大多數孩子的平均認知能力為基礎來編排，所以不利於認知發展比較慢的孩子。原則上，上了小學之後，兒童的認知發展大都進入前面曾提及的「具體運作期」，可是還是存在著個別差異，也就是說有些孩子可能發展上比較慢，他們在了解教科書的能力就跟著比較慢。然而，學校的教學有進度方面的要求，且在團體的上課過程中，老師也不見得都能夠注意到這些發展比較慢的孩子，於是他們在學習上就會有困難。而教科書的安排是前後銜接的，基礎不好就更不容易了解後面的教材，所以學業表現也就不會好，如此累積，愈到高年級，功課就愈跟不上，當然就不會有在學業上得到成就感的機會，出現偏差行為的可能性也就跟著提高了。

四、社會發展

　　在社會發展方面的危險因子，簡言之，就是人際關係不佳，不論是因為攻擊性太強，或者是過度的害羞、退縮，都很容易使得兒童將來出現偏差行為；此處先提出一個與人際關係有關且值得思考的現象。

　　人類的第一個人際關係是嬰兒與母親的關係，目前最常被提及的理論是Bowlby（1969）的「依戀」現象（attachment，一般中文書籍翻譯成「依附」，但是筆者認為，「依附」一詞無法掌握原始理論所欲強調的情緒層面，「依戀」的「戀」字比較能傳達此詞的情緒意義。本書除了配合某些診斷類別的通用翻譯採用依附一詞之外，其餘皆翻譯成依戀）。大約出現在嬰兒六個月大到兩歲左右。自從Ainsworth、Blehar、Waters與Walls（1978）根據Bowlby的依

戀理論，設計出所謂的「陌生人情境」（stranger situation）實驗方法，將依戀的品質區分成「安全型依戀」和「不安全型依戀」之後，許多研究都發現「不安全型依戀」的孩子將來長大以後，出現偏差行為的可能性很大；換句話說，「不安全型依戀」是出現偏差行為的危險因子。而決定嬰兒依戀品質的重要因素，是主要照顧者（也是依戀過程中的依戀對象）在照顧嬰兒的過程中所表現出來的「敏感度」（sensitivity）和「應答性」（responsiveness）。由於嬰兒尚未發展出語言能力，所以是透過非語言的動作、姿勢和表情來表達其內在需要，並期望環境（通常是指主要照顧者）能夠了解並且滿足此需要。因此「敏感度」和「應答性」就是指主要照顧者對於嬰兒所傳遞出來的非語言訊息，能否一方面很敏銳的接收到這些訊息，另一方面還能夠正確解讀訊息的內容，做出最合宜的反應。如果「敏感度」和「應答性」都很好，嬰兒就容易變成「安全型依戀」的品質，反之則是「不安全型依戀」的品質。

台灣目前的家庭型態，尤其是都會地區，常可發現年輕的夫妻都必須出外工作，在生完孩子之後，往往因為經濟方面的負擔，其中一方無法辭去工作專心照顧孩子，而必須將嬰兒帶回老家給祖父母（或外祖父母，也可能是其他親戚，為方便行文，下文一律以祖父母稱之）撫養，或者就近在住家附近委託保母照顧；此一委託照顧的現象，大都是持續到孩子要讀幼兒園或小學階段，才回到父母親身邊。換句話說，在依戀現象最重要的時段裡，父母親不是嬰兒的主要照顧者，也不是嬰兒的依戀對象。關鍵是在孩子並非由父母親以自己的時間照顧的情形下，無法掌握主要照顧者的「敏感度」和「應答性」，再加上有些時候會有非預料的情形發生，例如：祖父母的身體狀況不佳、保母因故不能繼續照顧孩子等，使得主要照顧者不得不換人（這種依戀對象的轉換，往往也是讓依戀品質不佳的原因）。從社會變遷的角度思考，不得不擔心這種委託照顧的現象，是否會讓未來社會的新生代之依戀品質，傾向於變成可能是偏差行為發生的危險因子的「不安全型依戀」。根據筆者的臨床經驗，許多出現偏差行為的個案，的確有很高的比例在成長過程中不是親生父母帶大，而且經常變換主要照顧者的情形也不少，或許可以間接佐證上述的這種擔心。

筆者在實際臨床工作中還發現，即便是遠離了依戀對象的兒童，在生活中

遇見挫折或壓力時，他們最想找的社會支持提供者仍然不是目前生活在一起的父母親，反而還是念念不忘在依戀階段時候的依戀對象。這種現象往往會讓親生父母親感覺氣餒和失望，進而在沒有意識到的情形下，更加嚴厲的對待子女。然而，當年的依戀對象可能已經找不到，所以兒童往往會把這些挫折和困難壓抑在心中，久不處理，因而可能繼續惡化成更嚴重的問題，或者轉換成其他的偏差行為。

　　除了從依戀的立場說明之外，上述委託照顧的現象，也可以換個角度從管教方式不一致來看。通常願意答應照顧孫子的祖父母，年齡大都接近退休或已經退休，因此可以騰出比較多的時間和孫子在一起，對於孫子的種種行為也比較能夠包容，例如吃飯的時候允許孫子邊吃邊玩，也願意拿著碗筷飯菜跟在孫子後面追著要餵他吃東西。以照顧別人孩子為職業的保母，一般來說，在和孩子相處時也比較有耐心和寬容，因此給孩子的感覺也會比較溫暖。所以，整體而言，和祖父母或保母生活在一起時，孩子會覺得日子過得比較輕鬆愉快。

　　對孩子而言，回到父母親身邊之後，日子會變得比較難過。因為通常父母親還是剛開始在社會中奮鬥的「菜鳥」，在基層工作中一方面要應付許多的工作要求，另一方面也必須在工作上力求表現與繼續充實自己才有升遷機會；他們常常覺得時間不夠用，總是希望孩子能夠少干擾他們，無形之中對於孩子的要求會比較多且嚴格，例如吃飯時間到，他們會要求孩子動作快，不要拖拖拉拉，相對於過去輕鬆愉快的場面，孩子真是情何以堪！這種主要照顧者管教方式的轉變，尤其從輕鬆變成嚴厲，都需要孩子花時間去調整和配合，倘若父母親無法調整自己的步調，孩子自然會感受到相當大的壓力，也就比較容易出現偏差行為。

　　許多研究都相當強調，人際關係的好壞是偏差行為是否出現的危險因子，若孩子的人際關係不好，許多人都會很快的聯想到是社交技巧不好所致。然而，孩子人際關係的基礎，是在於他是否與其他同儕有共同的「交集」，亦即在生活中是否有相同的經驗，如果缺乏交集就不容易和同儕互動，人際關係自然也不會很好。孩子之所以和同儕缺乏交集，問題常在於大人對於交集的內容有意見，例如孩子們都喜歡打電動玩具或網上遊戲，大人們總是認為這種活動會傷

害眼睛的健康，或者容易讓孩子上癮而影響到學業成績，基於這些理由就不希望孩子從事這些活動；其好處固然是保護了眼睛的健康，或者孩子真的會花比較多的時間在功課上面，但是所付出的代價可能就是和同儕缺乏交集而不易交到朋友。

五、情緒發展

「情緒」這個主題在研究上相當具有挑戰性，因為它是非常主觀的內在經驗，很難客觀的測量，因此在情緒發展方面，此處強調的是「氣質」（temperament），因為可以將氣質看成是情緒經驗的基礎，其意義是個體與生俱來的行為傾向，且從嬰兒時期開始就表現出來。在經過長久的縱貫性研究之後，Thomas 和 Chess（1977）兩位學者提出了決定氣質的九個指標，包括：活動量大小（activity level）、規律性（regularity）、趨避性（approach/withdrawal to new stimuli）、適應性（adaptability）、反應閾（level of stimulation necessary to evoke a response）、反應強度（intensity of reaction）、情緒本質（mood）、分散度（distractibility），以及注意力廣度和堅持度（attention span and persistence）。根據這九個指標的表現，可以將氣質區分成「磨娘精」（difficult）、「慢吞吞」（slow to warm up）和「好養飼」（easy）三種氣質（徐澄清，1977）。

在此以「磨娘精」型的氣質為例（因為這是偏差行為出現的危險因子），說明上述九個指標的意義。自嬰兒時期開始，其活動量非常大，飲食和睡眠的規律性很差（例如有時候四小時喝一次奶，有時候六小時也不需要喝奶），遇到新刺激時都採取逃避方式面對，且要較長的時間才能適應新環境；只要環境出現些微的刺激就會引發反應（例如睡著了之後，一點點聲音就會將他吵醒），且反應強度很強（例如肚子餓了，會以驚人的音量大哭）；長相讓其他人覺得不願意和他親近（此即情緒本質）；注意力很容易被外在刺激吸引而分散，注意力的廣度和堅持度並非中庸（廣度不是太寬就是太窄，堅持度不是太強就是太弱）。從以上的描述，相信任何人在照顧「磨娘精」型的嬰兒時，都不會有太多成就感，且容易被引發許多負面的情緒，親子關係很自然的就會比較容易

緊張（傳統所謂親子「八字不合」的科學新解？）；帶著如此的氣質長大，也會讓生活中的同儕覺得很難相處而使得人際關係不佳，導致偏差行為的產生。

六、道德發展 ⭐

　　心理學中所謂的「道德」，並非一般仁義道德中的「道德」涵義，而是指「判斷事情對錯的標準」，因此道德發展強調的是個體從小到大的發展過程中，「判斷事情對錯的標準」是如何變化的。早期的主要理論是由 Piaget 提出，後來最常被提及與重視的理論則是由 Kohlberg 所提出的道德發展理論，他將道德發展分成三個層次（level）：前道德規範層次（pre-conventional）、道德規範層次（conventional）和後道德規範層次（post-conventional）；每個層次都可再分成兩個階段（stage），茲依照筆者對此理論的體會分述如下（下文中的階段名稱係筆者自行命名，讀者可對照一般教科書對這些階段的說明閱讀）。

(一) 前道德規範層次

❖ 階段一：權威期

　　此時個體判斷事情對錯的標準是以權威的意見為主，權威說對就是對，權威說錯就是錯，還沒有屬於自己的判斷標準。最常見到的例子就是當小朋友看到有人在學校走廊上跑步時，常會大喊：「不可以跑，老師說走廊上不可以跑！」在家裡看見有人一邊吃飯一邊看電視的時候，也會大叫：「爸爸說吃飯要在餐桌上吃！」

❖ 階段二：後果期

　　此時個體判斷事情對錯的標準與該事情對自己產生的後果有關，如果後果對自己的物質性或肉體性方面產生好的效果，這件事情就會被認為是對的，反之就是錯的。舉例來說，我家隔壁鄰居姓趙，趙家的孩子很喜歡到我家來玩，我父親常會拿出糖果逗他：「你姓梁還是姓趙？」這孩子會說：「姓趙！」這時，我父親就會說：「姓趙的沒有糖吃，你姓梁還是姓趙？」孩子就會馬上改口說：「姓梁！」然後拿著糖果滿足的享受。

(二) 道德規範層次

❖ 階段三：和諧期

　　和諧期的內容和後果期很像，但是後果期強調的是物質性或肉體性的結果，和諧期則重視事情對人際關係結果好壞的影響，而非考慮事情的本質。其意義是「如果事情的結果對我所認同的團體之人際關係是促進作用的話，這件事情就是對的；反之，如果是破壞作用的話，就是錯的」。其中，「我所認同的團體之人際關係」是值得提醒的，因為我們在生活中的相同時段內，其實是屬於不同的團體，例如是機構團體的一員、是朋友的一員，也是家庭的一份子。倘若事情的發生過程無法兼顧所有自己所屬的團體，就會以自己目前最認同的團體為優先考慮。更重要的是，在個體發展過程中，朋友團體的重要性愈來愈大（尤其是在青春期左右），因此許多青少年常會擔心破壞朋友之間的和諧，而做出自己一個人時絕對不會去做的事情，例如大家決定要去飆車，如果自己不去，就會擔心變成害群之馬而被朋友排斥。

❖ 階段四：法律期

　　法律期在判斷對錯時的概念非常清楚，因為一切都以白紙黑字的法律為依據，凡是合法的就是對的，不合法的當然就不對。因為這樣的判斷標準，自然使得此階段的個體很重視原則，黑白分明（套用廣告詞：「人生是黑白的，不是彩色的」），非常難以忍受「和稀泥」、「牆頭草」等沒有原則的人物。

(三) 後道德規範層次

❖ 階段五：契約期

　　要了解契約期的概念，可以將它與法律期對照，因為法律期拘泥於法律條文上的字義，契約期則是以法律背後的立法精神為依據。簡言之，設置法律的根本是契約的概念，只要契約的意義存在，即使表面上與法律的要求不同，個體仍然必須依照契約行事。

❖ 階段六：良心期

　　此時的個體已經領悟出「放諸四海皆準」的是非觀點；由於在後來的研究

上，Kohlberg 很難在樣本中找到此階段的個體，所以後來這個階段就很少再被提及。

除了上述的簡要說明之外，Kohlberg 的道德發展還有幾項重點值得一提。首先，Kohlberg 強調的是「道德判斷」而非「道德行為」，前者只是影響後者出現的因素之一，其他還有諸如情緒、環境等因素，都會影響道德行為的是否發生和內容。其次，「階段」的意義原本指的是質變的、互斥的，亦即個體在一個時間點只能屬於一個階段，不能同時出現在兩個階段，但是 Kohlberg 的實際研究結果無法合乎此要求，所以改以比例來判斷個體的道德發展階段，因此，個體可能同時擁有不同階段的道德判斷標準（Kohlberg 採用「兩難式問題」蒐集資料，分析受試者的答案後給予歸類和評分，發現受試者的答案並非單純屬於一個階段，故以比例高低來決定受試者的道德發展階段）。第三，Kohlberg 認為個體大致上都在做自己認為對的事情，因此，人與人之間的衝突主要來自彼此所處的道德發展階段不同所致。由於人們傾向於執行或堅持自己認為對的事情和行為，倘若兒童所處的道德發展階段與同儕相差太多，則判斷事情對錯的標準和同儕之間的差別也相對較大，就很容易因此和同儕產生衝突；此即道德發展層面會出現的危險因子。第四，個體的道德發展階段並非都會來到最後的契約期階段（相對於 Piaget 的認知發展理論，除非是智能方面有嚴重的問題，否則大多數的個體最後都會發展出最高的「形式運作期」階段），因為「道德判斷」除了會受到認知發展的影響之外，生活經驗的內容（例如：戰爭、災難，或者「含著金湯匙」長大）也扮演著重要的角色。

依據筆者的觀察，小學低年級以前的兒童大致是處於「權威期」和「後果期」，中年級開始出現「和諧期」，國中階段「法律期」開始萌芽，到了大學高年級以後才開始出現「契約期」的想法；不過，大多數的社會成年人，則是以「和諧期」的道德發展階段最多。換句話說，「和諧期」的家長在養兒育女的過程中，勢必會遭遇到子女道德發展的不同階段，倘若親子雙方無法理解對方的發展階段，又一意孤行的做自己認為對的事情，親子之間的衝突就很容易發生了。

「和諧期」的家長遇到「權威期」的子女時，雙方大致會相安無事，因為家長就是權威，子女一定會聽從家長的安排。當孩子出現「後果期」的想法之後，親子之間的衝突會增加，因為「和諧期」的家長處處「以和為貴」，凡事總以家人之間的和諧為考慮的重點，於是就會讓孩子覺得失去原本可以享受的物質性或肉體性的好處，對「後果期」的孩子而言，這是不對的事情，因此自然會反抗不從，例如當「和諧期」的媽媽要求孩子和家人分享時，很多「後果期」的孩子會說：「為什麼我的點心要分弟弟吃？他吃了我就少了一半啊！」

孩子長大到小學中年級之後也進入「和諧期」，而且一開始認同的團體也會和家長一樣是家庭，但是當孩子進入青春期之後，認同的主要團體是他的同儕朋友，此時親子雙方雖然都是在「和諧期」，但是會因為所認同的團體不同而出現衝突，例如當家庭活動與子女的朋友活動相互衝突時，子女通常會選擇和朋友在一起，於是會常常聽到家長感嘆的說：「唉！翅膀硬了，就不要父母了！」

出現「法律期」思考之後的青少年和「和諧期」父母之間的衝突最為頻繁，這個例子最是傳神：「我爸和我媽在客廳講話，我聽見他們正在說二嬸的不是。電話鈴聲響，媽媽接電話，剛好是二嬸打來的，你知道我媽媽怎麼說嗎？居然是『是二嬸啊！好久沒到家裡來玩了，為什麼都不來呢？』真是噁心、沒有原則、虛偽，實在太過分了！你叫我怎麼聽她的話呢？」

以上這些從道德發展過程的角度分析的親子互動，就是要表達一個很重要的觀點，亦即親子之間的衝突常常是偏差行為出現的重要危險因子之一，而衝突的發生往往源自彼此處於不同的道德發展階段。我們不可能硬將孩子拉到大人所處的階段和他們溝通，只好提醒大人回到子女所處的道德發展階段思考，或許比較能夠了解孩子，減少彼此的衝突機會。

結語

筆者從事兒童偏差行為的心理治療工作已經接近三十年，擔任兒童心理治療的督導工作也近二十多年，許多新進的心理師常會問我一些工作上的問題，

以及應該如何讓自己更進步。本章的內容幾乎是以筆者實際的臨床經驗之心得為主，在接個案的時候，筆者大致是以「發展概念示意圖」為架構，引導自己進行資料的蒐集和整理〔其他相關概念請參閱拙作《遊戲治療：理論與實務》（第二版），2006，心理出版社〕；但願化成文字呈現在此書之後，可以給有志於兒童心理治療或諮商工作的心理師一些幫助，更希望從中讓其他心理師能夠多整理自己的經驗和大家分享。

Chapter 4
衡鑑與診斷

梁培勇

　　當大人抱怨孩子有「問題」〔參閱第一章，專業上稱之為主訴（chief complaint）〕而帶孩子到專業機構求助時，專業人員就必須蒐集資料，然後根據這些資料決定這個孩子究竟是已經有了「疾患」，抑或還只是處於有「問題」的狀態而已；甚至還有可能是孩子根本沒有「問題」，單純只是大人本身對孩子的要求不恰當而以為孩子有「問題」！心理衡鑑（psychological assessment）的目的是希望專業人員能夠更精確地「描述」這些主訴，例如主訴現象的出現頻率、強度、嚴重度、出現的時間長短及持續多久；以及可否給予主訴一個「診斷」（diagnosis）類別，且在判斷孩子的確有偏差行為或問題時，還希望更進一步地提出有效的解決方法。

心理衡鑑

　　簡言之，所謂的「心理衡鑑」就是透過標準化的程序蒐集資料以及解讀資料所代表的意義。一般人常將心理測驗和心理衡鑑混淆在一起，其實它們是不一樣的（心理測驗只是心理衡鑑用來蒐集資料的方法之一）。心理衡鑑是一連串問題解決的過程，就像偵探遇見案件要想辦法破案一樣，必須先針對被害人的背景蒐集各種相關資料，根據所蒐集的資料形成對案情的某些假設，然後再根據這些假設蒐集更多的資料，來驗證這些假設是否正確且值得繼續運作；抑

或是必須放棄這些假設另外成立新的假設，然後再進行一遍前述的過程。心理衡鑑的整個過程就和偵探破案的過程相似，先蒐集初步的資料形成對個案的假設，再根據假設蒐集進一步的資料驗證假設是否正確，若符合則繼續運作這個假設，若不符合則必須修正或提出新的假設，如此反覆進行才能判斷個案是否有偏差行為，並提出可能的原因和介入處理的方法。

一、心理衡鑑內容

因為心理衡鑑的對象是兒童，所以蒐集資料的對象除了兒童本身，最常和兒童接觸的父母親、老師或其他生活中的「重要他人」（significant others），都是提供相關資料的對象。至於要蒐集哪些資料？有哪些蒐集資料的方法？依照 Brems（2008）的看法，最好能夠蒐集到下面幾項資料，以下分別敘述之。

(一) 主訴問題

首先是問題行為的界定，亦即孩子究竟出現了哪些行為現象，使得家長決定要帶孩子到專業機構求助。通常兒童並不會主動到專業機構求助，而是其周遭的大人認為他們表現了一些讓大人無法接受或不知道該如何處理的現象，才會帶著孩子來求助，因此專業人員應該仔細去了解大人所擔心的現象是什麼，才能有效的判斷是否真的是偏差行為，或者單純只是大人本身的價值判斷太高所致。所以諸如該現象出現的頻率（frequency）、強度（intensity）、持續時間（duration）、從什麼時候開始出現、大人曾經嘗試過哪些處理方法，以及為何此時決定要到專業機構尋求協助等訊息，都是應該要蒐集的資料。

(二) 曾接受的處置及專業建議

一般來說，許多大人對於自己的孩子出現狀況，都還存在著「家醜不可外揚」的心態，再加上大人對自己的管教信念出現挑戰（自己不會教才使得孩子出問題），所以當孩子出現令大人擔心的行為時，大人通常會先參考書籍或者從自己的成長經驗中尋求可能的解決方法。一旦發現還是無法改善孩子的狀況，接著考慮的是向親朋好友請教，此時會得到各種建議，包括宗教、祕方、偏方

或者社會上相關機構的諮商輔導諮詢服務，甚至也會建議到諸如醫院或心理治療診所或諮商中心等專業機構尋求協助。這段過程對父母親而言是相當煎熬的，因為每一次得到建議都會產生新的希望，但是如果孩子的狀況沒有改善，也都會帶來更多的失望。因此，蒐集這些資料有助於專業人員了解父母親在諸如管教方式、教育理念和親子互動等方面的心路歷程，對於未來處理個案以及和父母親的溝通上是很大的助力。

(三) 發展和醫療史

發展是逐漸累積的過程，早期的發展結果自然也會影響晚期的發展結果。生理的發育是心理各種能力發展的基礎，因此從個案仍然是胎兒時期的懷孕過程到生產過程，都會影響最基本的生理功能，故在這段時期內是否出現任何異常現象，也是必須要蒐集的資料。出生之後的各種粗大／精細動作、認知、語言和生活自理等能力的發展，是否符合正常發展的要求；亦即所謂的發展里程碑是否逐步的出現，而且功能是否正常。再者，成長過程中是否出現哪些嚴重的身體疾病，是否曾經住院等資料也很重要，因為這些不尋常的經驗也會是影響發展的重要因素。

(四) 家族史

首先是了解生活在一起的家庭成員以及家人之間的互動關係，因為整個家庭氣氛會影響個案對主要生活環境的主觀看法，例如父母是否公平、關係是否和諧等，都可能是影響個案狀況的因素。此外，了解父母學歷、職業，也可以讓專業人員推論父母對個案的期待和教育理念，有助於未來與父母的溝通和對個案的處理。再者，遺傳因素在偏差行為的產生方面也扮演重要角色，因此了解父系和母系家族是否有人曾經罹患精神疾病，也有助於偏差行為的判斷。

(五) 生活養育史

在第三章中曾經說明依戀的重要性，因此了解個案的主要照顧者以及是否有變化就顯得非常重要。此外，如同第二章曾經說明主要照顧者的管教方式是

否一致也會影響個案的發展，因此也有必要加以了解。

(六) 就學史

學校是兒童生活中非常重要的一部分，也是影響發展過程的關鍵因素之一，舉凡學業表現、師生關係和同學關係，都會是資料蒐集的重點，也可和個案在家庭中的表現加以對照。再者，是否曾經轉學，轉學的原因又是什麼也很重要，因為轉學的經驗會讓孩子體會到許多悲歡離合的感受，有時會是引發偏差行為的可能因素之一。此外，大部分的孩子都會上幼兒園，了解個案就讀幼兒園的性質，例如雙語教學或單純國語，傳統的大班式教學還是強調創造、表達能力的小班安排等等，都透露出父母親的教育理念和對個案的期待。

(七) 對案主的行為觀察

前述的各種資料，幾乎都是從帶兒童來求助的大人處獲得，但是這些資料（尤其是主訴問題）是否完全正確，抑或它們只是代表大人片面的主觀觀察？若專業人員直接和個案接觸，就能夠以自己和個案互動的心得，檢驗大人所提供的資料內容。行為觀察的目的，一方面是針對主訴問題進行確認（如果主訴問題是可以直接觀察得到的行為現象），另一方面則是驗證由專業人員的假設（根據大人所提供的資料形成）所推論出來的可能行為現象是否出現。倘若行為觀察和大人所提供資料之間不一致，通常就表示還需要後續更豐富的資料再做最後的判斷。至於觀察的內容為何，請參閱後文中兒童的「心智狀態檢查」。

(八) 家庭配合程度

一旦心理衡鑑的結果確認個案的確有偏差行為，則進入治療程序往往是後續的進一步工作。由於兒童的能力有限，未必能夠自己單獨到機構接受治療，往往還需要大人接送，因此，必須了解大人解決問題的動機，是否願意配合改變自己，以及能否固定接送個案等，以免未來治療過程出現不必要的中斷，而帶給個案更大的傷害。

二、心理衡鑑方法 ⭐

至於蒐集資料的方法至少包括以下各項（Brems, 2008）：

(一) 晤談與觀察

"Interview"中文翻譯成晤談，往往讓我們望文生義解釋成「透過談話的過程蒐集資料」，所以相當重視晤談的語言內容。對於具備主動求助動機且語言能力比較成熟的成人而言，如此的解釋和做法或許無可厚非；但是對缺乏成熟語言能力和求助動機的兒童來說，只注意兒童所提供出來的語言內容其實相當危險，例如專業人員如何確認兒童講出來的話都是值得相信的。Interview，拆開來看是 inter-view，意思是「相互看」，所以晤談不應該只侷限於語言的內容，還要注意觀察，且不是只有專業人員在觀察兒童，兒童也正在觀察你（同時也受到他對你的觀察的解釋意義之影響）。因此，晤談和觀察其實是一體兩面密不可分的概念。

單純和兒童進行語言為主的晤談，常常會讓兒童覺得枯燥無聊，因而無法持續比較長的時間而影響資料蒐集的過程。因此，若能夠準備一些玩具和兒童互動（例如：手偶、黏土、玩具兵軍隊等），一方面可以避免枯燥無聊的問題，延長晤談進行的時間，另一方面也可以透過兒童操作玩具的過程蒐集到更豐富的資料內容。

(二) 心智狀態檢查

直接和兒童接觸進行晤談和觀察的代表性方式是「心智狀態檢查」（mental status exam），其內容雖然能夠以下列各項標題逐一說明，但是在實際執行的時候很難區分現在在做哪一項檢查，通常都是整體且同時在進行（Brems, 2008）。

1. **外觀**（appearance）**和身體活動**（physical activity）

外觀指個案的身高、體重、體型、髮型、穿著和清潔衛生表現等；身體活動則是注意觀察個案所表現出來的行為舉止、習慣或是否合乎情境的要求等等。

其重要性在於一方面了解個案與同年齡的兒童相較是否顯得特殊，譬如是否有可能會影響人際關係好壞的顯著身體特徵（如：顏面傷殘、器官位置結構和肢體行動不良）；另一方面，這些資料也可以顯示家長照顧子女的勤惰和理念，有助於和家長之間的溝通。

2. 情緒（mood）和心情（affect）

和個案互動時也要注意其是否表現出某些顯著的情緒（例如是否顯得相當的害怕、焦慮、生氣、悲傷、羞愧、冷淡或易怒）、情緒出現後的持續時間，以及情緒之間的波動和轉換。此外，也要評估其情緒表達內容的範疇多寡，以及與當下情境之間的適當性。

3. 感覺（sensorium）和知覺（perception）

此部分最重要的是評估個案的定向感（orientation），包括知道今天是幾年幾月幾日、自己的生日等「時間」方面的定向感；知道自己現在在什麼地方、住的地方的地址等「空間」方面的定向感；以及知道自己的名字、知道帶他來的某人是誰等「人」方面的定向感。此外，也要了解個案的感覺功能是否正常，例如冷熱的區分，以及是否有幻覺（指未出現任何與視覺或聽覺有關的物理刺激，但是個案卻說他看到或聽到某些東西）。

4. 認知功能（cognitive functioning）

在和個案談話的過程中，專業人員要將注意力放在個案的說話能力和語言表現上面，以了解個案的智力與思考的複雜度和形式，與語言使用的流暢程度，也要評估其思考過程符合現實感的程度，以及是否有妄想的情形發生。

5. 健康（health）與發展（development）

主要是要了解個案的身體健康、曾經有的疾病，以及發展過程的各個里程碑是否都有如期出現，抑或有哪些可能有問題。尤其要注意個案是否有某些因為父母親垂直遺傳或影響的疾病，例如「胎兒酒精光譜疾患」（fetal alcohol spectrum disorder）。

6. 行為（behavior）

在晤談和觀察過程中，一個很重要的觀察重點是注意個案是否出現某些可一般化的行為模式（general patterns of conduct），例如：個案的活動量大小、

活動持續時間長短、玩玩具的方式、遇到挫折之後的反應、可否有延宕滿足的能力，以及是否能夠在要求下停止活動。此外，也要注意個案表情是否冷漠、有無反應，會不會分心、退縮或一直要求（demanding）。在過程中有無出現任何自我傷害（self-destructive behavior）的行為。如前所述，倘若可以使用玩具和個案互動，就可以很自然的觀察個案操作玩具的過程而得到這些資料。

7. 人際關係（interpersonal relations）

兒童的談話通常會出現和人際關係有關的內容，此時要盡量從其中（亦即必要時可以引發這些話題）評估出兒童與家人之間的關係（親子關係和手足關係）、同儕關係（同學和朋友），以及與其他成人之間的關係（老師或生活中其他的大人）。

8. 自我概念（self-concept）

從觀察兒童以及和兒童談話的過程中，可以適時地引發和兒童自我概念有關的問題，藉此了解兒童的價值觀、理想和目標等自我認同的內容，以及兒童對自己的評價。

9. 因應策略（coping strategy）和防衛（psychological defenses）

當談話內容涉及生活中所遭遇到的困難和問題時，就可以趁機蒐集兒童面對挫折時的因應能力，包括其因應的方法、效果和彈性等等。同時也要評估再遭遇挫折時是否出現防衛，如果有，是屬於哪一種防衛機制（如投射、反向等等）？且是在何種狀況下使用？

三、心理測驗

經過前述的心理衡鑑過程之後，專業人員通常都會依據自己的專業訓練為基礎，解讀已經蒐集到的資料，並且對於個案的狀況形成某種程度的了解；倘若此時對於個案是否真的出現偏差行為的判斷上，仍然存在著某種懷疑，必須再以其他資料加以佐證時，選擇合宜的心理測驗（psychological testing）蒐集資料，是經常會採取的適當做法。在判斷偏差行為的過程中，這也是筆者認為比較合理的做法，因為目前許多專業機構幾乎都是兒童一來就安排各種心理測驗；從正面的角度看，這樣的安排可以在比較短的時間內得到豐富的資料。然而，

從負面的立場而言，缺乏前述心理衡鑑過程的資料，往往無法對個案形成合宜的工作模式（working model），因此，也就無法有效地整合這些資料（甚至還不一定會用到所有心理測驗的資料）；再者，這種做法可能會因為忽略兒童本身並非全部都是自願性個案（所以可能在進行測驗的過程胡亂回答），而得到不值得採信的資料，反而不利於偏差行為的判斷。

如果需要以心理測驗進行心理衡鑑，首先必須挑選合乎工作模式的測驗，才能有效地得到想要得到的資料。其次，好的心理測驗必備的信度和效度也要落在可以接受的範圍，同時也要有完整的施測標準程序、計分和解釋的手冊。至於心理測驗的種類，本書後面的章節多少都會提及，此處不另作說明。

診斷系統

經過心理衡鑑的資料蒐集和解讀之後，假定兒童真的被判斷有偏差行為，接下來的工作就是給予此偏差行為一個診斷。要做好診斷的工作就必須先要有一套良好的分類系統，才能夠讓偏差行為在此分類系統上有一個恰當的位置。良好的分類系統必須符合以下的要求標準（Wicks-Nelson & Israel, 2006）：首先是每種分類的定義要清楚，例如以症狀來分類，則對於每一種症狀的描述必須清晰易懂；其次是「真實存在」，亦即每種類別都要在現象界中發現得到；第三是信度和效度，前者指不同的人來做分類都可以得到相同的結果，後者則強調所有的偏差行為都可以被分到某個類別（完備性），而且類別之間必須互斥，亦即不可以相同的症狀被分類到不同的類別；最後是要有臨床功能，即此分類有助於了解偏差行為的原因和處理。

目前與兒童偏差行為有關的分類系統，大致可分為實徵取向（empirical approach）與臨床推定（clinically derived）兩種分類（Wicks-Nelson & Israel, 2006），茲分述如下。

一、實徵取向分類

實徵取向分類的代表人物是 Achenbach，其特色是採取統計的方法找出彼

此有關聯的偏差行為模式〔稱之為症候群（syndromes）〕。Achenbach（1991a）首先編製由家長填答的「兒童行為檢核表」〔Child Behavior Checklist，簡稱CBCL。當 CBCL 是由老師填答時，稱為 TRF（Teacher's Rating Form）〕，內容包括許多兒童日常生活中會出現的問題；再根據此檢核表的結果進行因素分析，得到某些症候群；之後，Achenbach（1991b）又以 CBCL 為基礎，設計出讓十一歲到十八歲年齡者自己填答的 YSR（Youth Self-Report）量表，也採取因素分析的方式得到某些症候群。根據以上 Achenbach 團隊的努力與資料累積，Achenbach 與 Rescorla（2001）已經將它發展成「阿肯巴克實證衡鑑系統」（Achenbach System of Empirically Based Assessment, ASEBA），台灣也已經由陳怡群、黃惠玲和趙家琛修訂成適用於十八個月到十八歲的中文版（2009）。

　　根據 ASEBA 的結果，出現的症候群包括八類，分別是：(1)內性型症候群組（internalizing syndromes），包括「退縮」（withdrawn）、「身體抱怨」（somatic complaints）和「焦慮／憂鬱」（anxious/depressed）等三種症候群；(2)混合症候群組（mixed syndromes），包括「社交問題」（social problems）、「思考問題」（thought problems）和「注意力問題」（attention problems）等三種症候群，以及(3)外性型症候群組（externalizing syndromes），包括「犯罪行為」（delinquent behavior）和「攻擊行為」（aggressive behavior）等兩種症候群（Achenbach & Rescorla, 2001）。

　　Achenbach 的實徵取向分類做法大致開始於 1980 年代左右，當時臨床推定分類的做法已經行之有年，Achenbach 想要挑戰他認為過分主觀的臨床推定分類系統，才推動比較客觀的運用統計方式的分類系統。然而，他的做法一開始就排除臨床推定分類系統中的智能障礙和自閉症，亦即這些孩子不列入其診斷系統中，使得這種做法無法達到前述診斷系統必須符合完備性的要求標準。其次，僅僅列出八種症候群是否足以涵蓋各種偏差行為的類型，也是常常被質疑的問題。

二、臨床推定分類

　　臨床推定分類的基礎建立在臨床實務工作者之間的共識，亦即對於某些症

狀常會一起出現的看法一致；目前常用的臨床推定分類系統分別是，由聯合國世界衛生組織（World Health Organization, WHO） 推廣的「國際疾病分類」（International Classification of Diseases，簡稱 ICD，目前是第十版，ICD-10），和由美國精神醫學會（American Psychiatric Association，APA）所推動的《精神疾病診斷與統計手冊》（*Diagnostic and Statistical Manual of Mental Disorders*，簡稱 DSM，目前是第五版，DSM-5）。從 ICD-10 和 DSM-5 這樣的名稱可以知道，所謂的共識其實具有時間性，亦即並非永遠的一成不變；這一方面是科技的進步讓我們對於疾病的了解更加深入所致，另一方面也代表著共識本身的不穩定性（此即臨床推定分類被詬病的問題）。目前台灣的醫療系統採用 DSM 的比例較多，故本書介紹的重點是 DSM-5，第五章之後的章節也是在介紹 DSM-5 中兒童比較常出現的診斷類別。

　　DSM 源自 1883 年德國 Kraeplin 的分類系統，主要在說明成人精神疾病的分類，1952 年的 DSM-I 和 1968 年的 DSM-II 承襲此一傳承，對於兒童及青少年的偏差行為甚少提及，一直到 1980 年的 DSM-III 和 1987 年的 DSM-III-R〔R 指修正（Revised），是 DSM-III 的修正版〕才特別獨立出一章介紹兒童和青少年的偏差行為，1994 年的 DSM-IV 和 2000 年的 DSM-IV-TR（TR 是 Text Revised，指文字修正）也繼續保留此獨立章節（Kring, Johnson, Davison, & Neale, 2013）。然而就如同以上所說，「所謂的共識其實具有時間性」，因此在 1999 年美國精神醫學會就已經成立了關於 DSM-5 的研究小組和各種議題，經過十多年的努力，終於在 2013 年 5 月發行了最新版的 DSM-5；其中跟兒童和青少年有關的最重要更動，是基於各種研究所得的結果，又打散了此獨特專屬於兒童和青少年的診斷章節，不分年齡將所有心理疾病放在相同的標準之下進行診斷工作（APA, 2013）。

(一) DSM-IV 和 DSM-5 的重要差異

　　為了不斷改善 DSM 系統的問題，在 DSM-IV 正式出版五年後，美國精神醫學會在 1999 年就設立了 DSM-5 工作小組，歷經十四年的努力終於在 2013 年出版了 DSM-5，除了代表第幾版的數字符號顯而易見的從羅馬數字改成和 ICD

一樣的阿拉伯數字外，當然也希望能夠提高 DSM-IV 的各種有效性；以下簡單說明 DSM-IV 和 DSM-5 二者的差異。

1. 五軸改成三種評估方向

DSM-IV 認為在評估個體的偏差行為時，應該要包括五個軸（axis），第一軸是「臨床疾患」（clinical disorders），臨床工作者必須指出個體是否存在任何的疾患。第二軸是「發展和人格疾患」（developmental and personality disorders）則要標明個體是否出現與智能障礙（mental retardation）和人格疾患（personality disorder）有關的問題。簡言之，第一軸和第二軸是以個體所出現的症狀為主，也是 DSM-IV 分類系統中的最重要依據。要完整的做好評估工作，除了這兩個軸之外，還要加上其他的軸。第三軸「一般醫學狀況」（general medical condition）要記載個體除了前兩軸的症狀之外，是否還有其他諸如身體疾病或腦傷等其他值得注意的醫學狀況，簡言之，就是有無身體或生理方面的疾病，因為這也可能會涉及到前兩軸的症狀表現。第四軸是「心理社會和環境問題」（psychosocial and environmental problems）要記錄的評估內容是個體是否有「心理社會」和「環境」方面的問題，例如最近是否有家人過世，或者家人相處方面的問題，其重要性在於評量後續治療工作所需要的「支持」（support）是否存在。第五軸是「整體功能評分表」（global assessment of functioning scale）要評估個體的整體適應功能，主要目的是在衡量「預後」（prognosis，簡言之，經過治療之後的預期效果如何）的效果。

根據症狀的相似性作為診斷分類的重要依據，一直是醫學上的重要傳統做法，DSM 雖然是以精神疾病的分類診斷為主要的焦點，但基本上仍然遵循著此一傳統的醫學做法。然而，DSM-IV 最重要的診斷類別是落在第一軸和第二軸，可是後續的研究卻仍然發現其信度和效度都不是很好。因此，DSM-5 希望除了傳統症狀的考量之外，宜再考量是否出現共病（comorbidity）和是否有相似病因（similarity etiology）作為診斷類別的分類依據。不再明確地在診斷系統中強調「軸」的概念，但仍然保留原來 DSM-IV 所強調的評估時應該要注意的五軸方向，因此將 DSM-IV 的前面三軸合併成「精神和醫學診斷」（psychiatric and medical diagnosis）；保留 DSM-IV 的第四軸「心理社會和環境問題」的評估方

向，但不另外設計 DSM-5 的編碼，直接採用 ICD-9-CM V 或 ICD-10 Z 的碼號；將原來 DSM-IV 的第五軸「整體功能評分表」取消，直接採用聯合國世界衛生組織所發展的「失能評估量表」（World Health Organization Disability Assessment Schedule, WHODAS）——請參閱 DSM-5「衡鑑測量」（Assessment Measures）——由臨床實務工作者依據此量表進行評分工作（APA, 2013）。

2. 取消原有專屬嬰兒、兒童和青少年的診斷類別

DSM-IV 根據第一軸和第二軸所建立出來的診斷分類系統中，特別將「通常初診斷於嬰兒、兒童和青少年的偏差行為」獨立成第二章（參閱表 4-1，包括許多大類別，每個大類別還有一些小類別，表中僅列出本書會特別介紹的類別），其意義是提醒專業工作者，若是要對十八歲以前的個體進行診斷時，應該要優先考慮表 4-1 中的各種診斷類別；只有在表 4-1 中的各種診斷類別無法適用時，才能夠考慮以成人為主的其他診斷類別進行診斷（亦即 DSM-IV 第三章以後的診斷類別）。然而，這樣的做法所隱含的意義是十八歲之前的診斷類別，可能在隨著個體年齡的增長至滿十八歲之後，是否要加以更動；抑或是十八歲以上仍然會出現表 4-1 的診斷類別。若是前者，則代表診斷系統本身的不連續性，其意義是直接指出目前對於心理疾病的病程（指疾病本身的變化，參閱第三章）研究不足，例如十八歲以前診斷為自閉症類群障礙症或注意力不足／過動症，滿十八歲以後若仍是自閉症類群障礙症或注意力不足／過動症，則其心理病理學方面的意義是否相同；若是後者，則代表表 4-1 宣稱之「初診斷於嬰兒、兒童和青少年的診斷類別」根本不成立，因為不是只有十八歲以前才出現此種心理疾病！

基於近年來關於心理病理學研究的發現，DSM-5 在安排診斷類別的次序，已經將發展（development）因素和全生涯（lifespan）考慮進來，亦即先說明在生命早期就容易出現的心理疾病，然後依序是青少年時期、青年，最後是老年。於是決定將原來 DSM-IV 的第二章整個取消掉，亦即不分年齡，個體的診斷類別之診斷一開始就要考慮所有的類別（APA, 2013）。如此的改變是否恰當尚需後續研究結果而定，但是對於已經習慣 DSM-IV 的實務工作者而言的確會很不習慣。因此，從 DSM-IV 的立場來看，若能夠了解原來屬於第二章的診斷類別

表 4-1 │ DSM-IV「通常初診斷於嬰兒、兒童和青少年的診斷類別」

智能障礙（mental retardation）
學習疾患（learning disorders）
運動技能疾患（motor skill disorders）
溝通疾患（communication disorders）
廣泛性發展疾患（pervasive developmental disorders）例如：自閉症（autism）、亞斯
　　伯格症（Asperger's disorder）
注意力缺陷及決裂性行為疾患（attention deficit and disruptive behavior disorders）例
　　如：注意力缺失／過動疾患（ADHD）、行為規範障礙疾患（conduct disorder）
　　和對立性反抗疾患（oppositional defiant disorder）
嬰兒期或兒童早期之餵食及飲食疾患（feeding and eating disorders of infancy and early
　　childhood，注意：不包括厭食疾患和暴食疾患）
抽動疾患（tic disorders）
排泄疾患（elimination disorders）
嬰兒期、兒童期和青春期之其他疾患（other disorders of infancy, childhood or adoles-
　　cence）例如：選擇性緘默疾患（selective mutism）、分離焦慮疾患（separation
　　anxiety disorder）

究竟分散到DSM-5的哪些診斷類別，對於學習DSM-5應該有提綱挈領的功能。
茲將本書所提的診斷類別整理成表 4-2。

3. 新診斷類別

　　從表 4-2 可以看到DSM-5 出現了一些新的診斷類別，包括了神經發展障礙
症（Neurodevelopmental Disorders）和侵擾行為、衝動控制及行為規範障礙症
（Disruptive, Impulse-Control, and Conduct Disorders）兩個大類；以及整體發展
遲緩（Global Developmental Delay）、社交（語用）溝通障礙症（Social [Prag-
matic] Communication Disorder）、暫時性抽蓄症（Provisional Tic Disorder）、
侵擾性情緒失調症（Disruptive Mood Dysregulation Disorder）、經期前情緒低
落症（Premenstrual Dysphoric Disorder）、儲物症（Hoarding Disorder）、摳皮
症（Excoriation [Skin-Picking] Disorder）、失抑制社會交往症（Disinhibited So-
cial Engagement Disorder）和嗜食症（Binge-Eating Disorder）等小類。其中與
本書要介紹的兒童偏差行為有關且最重要的是神經發展障礙症和侵擾行為、衝
動控制及行為規範障礙症這兩個大類，因為 DSM-IV 的第二章「通常初診斷於

嬰兒、兒童和青少年的診斷類別」裡面的診斷類別幾乎都被涵蓋進來，因此也會是兒童心理師最可能遇到的診斷類別。

表 4-2 │ DSM-IV 與 DSM-5 的對照關係（僅列出與本書有關之疾患類別）

神經發展障礙症（Neurodevelopmental Disorders）	
DSM-5	DSM-IV-TR
智能不足（智能發展遲緩症） • **整體發展遲緩** （Global Developmental Delay）	原名：智能不足（第二軸）
溝通障礙症 • 語言障礙症 • 言語發音障礙症 • 兒童期初發型語暢障礙症（口吃） • **社交（語用）溝通障礙症**（Social [Pragmatic] Communication Disorder） • 非特定性溝通障礙症	原名：語言表達疾患、接受性—表達性混合語言疾患 原名：音韻疾患 原名：口吃
自閉症類群障礙症 （Autism Spectrum Disorder）	原名：廣泛性發展疾患
注意力不足／過動症	原名：注意力缺失及決裂性行為疾患 原隸屬：第一軸—— 通常初診斷於嬰兒期、兒童期或青春期的疾患
特定性學習障礙 • 閱讀障礙 • 書寫障礙 • 數學障礙	原名：學習疾患 原名：閱讀障礙 原名：文字表達疾患 原名：數學障礙
動作障礙症 • 動作協調發展障礙症 • 重複動作障礙症	原名：運動技能疾患 原隸屬：第一軸—— 通常初診斷於嬰兒期、兒童期或青春期的疾患之其他疾患
抽搐症 • 妥瑞氏疾患 • 持續（慢性）動作或發聲抽搐症 • **暫時性抽搐症**（Provisional Tic Disorder）	原名：慢性運動性或發聲性抽動疾患
其他神經發展障礙症	

（續下表）

雙相情緒及其相關障礙症（Bipolar and Related Disorders） （原隸屬：第一軸——情感性疾患）	
DSM-5	**DSM-IV-TR**
第一型雙相情緒障礙症	
第二型雙相情緒障礙症	
循環型情緒障礙症	

憂鬱症（Depressive Disorders） （原隸屬：第一軸——情感性疾患）	
DSM-5	**DSM-IV-TR**
侵擾性情緒失調症（Disruptive Mood Dysregulation Disorder）	
重鬱症	原名：重鬱疾患
持續性憂鬱症（輕鬱症）	原名：低落性情感疾患
經期前情緒低落症（Premenstrual Dysphoric Disorder）	

焦慮症	
DSM-5	**DSM-IV-TR**
分離焦慮症	原隸屬：第一軸—— 通常初診斷於嬰兒期、兒童期或青春期之其他疾患
選擇性緘默症	原隸屬：第一軸—— 通常初診斷於嬰兒期、兒童期或青春期之其他疾患
特定畏懼症	
社交焦慮症（社交畏懼症）	原名：社會畏懼症（社會焦慮疾患）
恐慌症	
特定場所畏懼症	原名：無恐慌性疾患病史之懼曠症
廣泛性焦慮症	

強迫症及相關障礙症（Obsessive-Compulsive and Related Disorders） （原隸屬：第一軸——焦慮性疾患）	
DSM-5	**DSM-IV-TR**
強迫症	原隸屬：第一軸——焦慮性疾患
身體臆形症	原隸屬：第一軸——身體型疾患
儲物症（Hoarding Disorder）	
拔毛症	原隸屬：第一軸——他處未分類之衝動控制疾患

（續下表）

摳皮症（Excoriation [Skin-Picking] Disorder）	
創傷和壓力相關障礙症（Trauma-and Stressor-Related Disorders）	
DSM-5	**DSM-IV-TR**
反應性依附障礙症	原隸屬：第一軸—— 通常初診斷於嬰兒期、兒童期或青春期之其他疾患
失抑制社會交往症（Disinhibited So-cial Engagement Disorder）	參考第九章
創傷後壓力症	原隸屬：第一軸——焦慮性疾患
急性壓力症	原隸屬：第一軸——焦慮性疾患
餵食及飲食障礙症（Feeding and Eating Disorders ） **（原隸屬：第一軸——通常初診斷於嬰兒期、兒童期或青春期的疾患）**	
DSM-5	**DSM-IV-TR**
異食症	原隸屬：第一軸—— 通常初診斷於嬰兒期、兒童期或青春期的疾患—— 嬰兒期或兒童早期之餵食及飲食性疾患
反芻症	原隸屬：第一軸—— 通常初診斷於嬰兒期、兒童期或青春期的疾患—— 嬰兒期或兒童早期之餵食及飲食性疾患
迴避／節制型攝食症	原隸屬：第一軸—— 通常初診斷於嬰兒期、兒童期或青春期的疾患—— 嬰兒期或兒童早期之餵食及飲食性疾患 原名：嬰兒期或兒童早期之餵食性疾患
厭食症	原隸屬：第一軸——飲食性疾患
暴食症	原隸屬：第一軸——飲食性疾患
嗜食症（Binge-Eating Disorder）	
侵擾行為、衝動控制及行為規範障礙症 **（Disruptive, Impulse-Control, and Conduct Disorders）**	
DSM-5	**DSM-IV-TR**
對立反抗症	原隸屬：第一軸—— 通常初診斷於嬰兒期、兒童期或青春期的疾患—— 注意力缺失及決裂性行為疾患
間歇暴怒障礙症	原隸屬：第一軸——他處未分類之衝動控制疾患
行為規範障礙症	原隸屬：第一軸—— 通常初診斷於嬰兒期、兒童期或青春期的疾患—— 注意力缺失及決裂性行為疾患

（續下表）

反社會型人格障礙症	原隸屬：第二軸——人格疾患
病態縱火症	原隸屬：第一軸——他處未分類之衝動控制疾患
病態竊盜症	原隸屬：第一軸——他處未分類之衝動控制疾患

註：[a] 標註灰底者為原 DSM-IV-TR 中屬於十八歲以下優先考量的範圍。
　　[b] 粗體加底線者為 DSM-5 新增的類別。
（感謝國立台北教育大學心理與諮商研究所郭怡君小姐協助製作本表）

　　與本書有關的其他小類中，整體發展遲緩值得特別提醒，因為目前如果遇到兒童在某個發展層面落後正常發展兩個標準差（通常也會因為該層面的落後，跟著影響到其他層面；請參閱第三章），在 DSM-IV 中很容易被診斷成「其他類」（not otherwise specified），然後常會以「發展遲緩」（developmental delay）稱呼之；DSM-5 將此現象直接歸為「整體發展遲緩」診斷類別，換言之，發展遲緩已經從形容詞變成診斷名詞。其次，在溝通障礙症中所出現社交（語用）溝通障礙症也值得強調，因為此疾患與整併後的自閉症類群障礙症有很重要的鑑別意義。

　　藉由 DSM-5 所提出的「神經發展障礙症」，筆者要提出另外一個非常值得深思的問題，亦即偏差行為的主要症狀和次要（或稱伴隨）症狀，何者才是兒童心理師要處理的重點？所謂主要症狀是指在診斷準則中所列舉出來的症狀（例如第 76 頁注意力不足／過動症的診斷準則），次要症狀則是指個體一旦被診斷是符合某種類別的疾患，他或她很容易會因為此疾患導致生活中的其他問題出現。從「神經發展障礙症」的名稱可以了解，DSM-5 認為相關心理病理學的研究愈來愈強調生物因素的重要性，亦即醫師的角色愈來愈重要。因此，倘若主要症狀是神經發展過程中出了問題所致，那麼不是醫師的兒童心理師（當然，也包括其他領域的兒童工作者）要如何面對個案呢？因為邏輯上診斷準則所列出來的症狀就是我們兒童工作者要處理的內容，但是我們又不能以藥物或其他醫師角色才能採取的措施讓兒童個案產生改變；在督導兒童心理師的過程中，筆者常常會接觸到有這類疑惑的兒童心理師，由於病因而產生不知所措的無力感，以及對自己能力出現懷疑的無能感。其實，依照筆者的經驗，此時若能以次要症狀為處理的重點，則只要次要症狀得到改善，就能打破主要症狀和次要

症狀之間的惡性循環，不但能夠改善次要症狀，甚至其主要症狀也能夠得到緩解。

　　侵擾行為、衝動控制及行為規範障礙症是 DSM-5 很巨大的改革之一，因為它將原本分散在 DSM-IV 不同類別的疾患變成在相同一個大類之下。其原因主要是前述 DSM-5 認為診斷分類應該要考慮到共病與相似病因這兩個因素，換言之，DSM-5 期待經由這樣的整併可以減少共病問題，因為它們都是與個體自我控制有關的現象；而且從安排的順序，也可以看出其發展的可能時程變化。不過，DSM-5 將「反社會型人格障礙症」同時放在「侵擾行為、衝動控制及行為規範障礙症」和「人格障礙症」兩個大類中，不符合前文曾提及好的診斷系統宜具備互斥性的原則。

4. 診斷類別的整併與調整

　　在表 4-2 也可以看到 DSM-5 將原本 DSM-IV 的一些診斷類別重新整併或調整，其中將情感性疾患（Mood Disorders）拆解成雙相情緒及其相關障礙症（Bipolar and Related Disorders）和憂鬱症（Depressive Disorders）兩個大類（參閱第十章）。將原來焦慮症中的強迫症獨立成一個大類並改名為強迫症及相關障礙症（Obsessive-Compulsive and Related Disorders）；創傷後壓力疾患與急性壓力疾患也被抽離出來變成大類並改名為創傷和壓力相關障礙症（Trauma-and Stressor-Related Disorders，參閱第九章）。將原本專屬成人的飲食疾患，和原本專屬嬰幼兒的餵食及餵食性疾患合併成餵食及飲食障礙症（Feeding and Eating Disorders）大類（參閱第十四章）。此外，DSM-IV 的「廣泛性發展疾患」則更名為「自閉症類群障礙症」（參閱第十一章），不再去區分大家比較熟悉的所謂的自閉症或亞斯伯格症等等。

5. 類別（category）和向度（dimension）並存

　　長久以來診斷分類系統一直都是以類別為主要的考量，因為基本上類別是互斥的、全有全無的，一個個體基本上就屬於一個類別，個別差異就表現在類別的不同。而前文所述之實徵取向就是以向度作為診斷依據的範例，基本上即是透過因素分析的方法將症狀分成不同的連續性向度，個體都能在此向度上找到一個位置，個別差異則表現在相同向度的不同位置。大約從 1990 年代開始，

關於類別和向度這二者診斷依據，究竟是要二分還是可以同時並存使用，一直是學者很重要的討論議題（Widiger & Gore, 2012）。目前 DSM-5 的做法傾向二者並存的使用方式，不過，在順序上首先還是先依類別的概念進行診斷，若個案不符合各種診斷類別，就視為沒有疾患而中止診斷程序；若個案合乎某種診斷類別，則為了避免忽略個別差異，以及誤以為個案出現所有症狀的錯誤，緊接著就要進行「嚴重性評估」（severity rating），期望透過此評估過程，可以表現出個案在診斷準則中各種症狀的有無和嚴重程度，藉此了解每個個案的實際症狀。值得提醒的是，DSM-5 的嚴重性評估工具並非是所有的診斷類別都適合使用的單一工具，而是針對不同的診斷類別分別設計出不同的評估工具，其目的就是希望能夠讓實務工作者更正確的認識和了解個案的狀況（APA, 2013）。

(二) DSM-5 解決了關於 DSM-IV 的質疑嗎？

在本書的第二版中，曾經提到關於DSM-IV的幾個質疑，分別是：(1)問題和疾患的判斷困難；(2)診斷的信度和效度不佳；(3)忽略個別差異；(4)脫離情境和脈絡的診斷；(5)共病現象；(6)標籤（label）的爭議。這些質疑，有些是診斷工作本身的必然性，例如「標籤的爭議」並非是 DSM 系統專屬的，只要心理衡鑑的最後結果得到某種診斷名稱，就會出現標籤的現象。給予標籤的好處是：可以直接從標籤的名稱望文生義，迅速摘要式地了解個案的問題是什麼，有助於專業人員之間的溝通，以及進行研究時選擇同質性高的受試者，避免研究上的干擾（Mash & Wolfe, 2013）。給予標籤的缺點之一是污名化（stigmatization），影響他人對標籤者的印象和互動方式，並進一步產生標籤效應（labeling effect，意指被貼上標籤的人會因而影響自己的行為舉止和自我概念，使得當事人的行為會逐漸符合此一標籤的內容）。但這種印象往往是社會文化對於心理疾病污名化的結果，必須透過更多的努力和更長的時間才可能逐漸化解。缺點之二是容易前後套疊、因果不分；亦即診斷名稱本身並無法回答產生偏差行為的原因，但是一般人很容易將診斷名稱視為原因，例如常會聽到如此的對話：「他為什麼會不看人？不理人？」「因為他是自閉症類群障礙症！」不看人、

不理人是自閉症類群障礙症的症狀之一，確實的原因還在努力探討中，但是一般人很容易就會將標籤作為原因說明之。

有些質疑則必須再假以一段時日之後，才能知道 DSM-5 是否能夠有所改善，例如「診斷的信度和效度不佳」和「共病現象」。就前者來說，如果以診斷的大類別來看，DSM-IV 的信度和效度還可以被接受，但是若以相同大類下的小類別分開計算，DSM-IV 的信度和效度就相當令人質疑了。從學術的立場而言，缺乏良好的信度和效度是非常嚴重的問題。然而目前尚無法確認DSM-5的新改變可否改善信度和效度，必須再等一段時間出現更多的相關研究之後才能釐清。對後者而言，DSM-5 算是還滿令人期待能夠有所改善的，因為上文中已經強調DSM-5 認為診斷分類必須考慮到是否出現共病和是否有相似病因。當個體所出現的症狀同時符合兩種以上的診斷標準時，就稱之為共病。以身體的疾病為例，一個人可能同時得到心臟病和糖尿病，因為他所出現的症狀中，有些是屬於心臟病的症狀，有些則是糖尿病的症狀。通常身體同時出現兩種以上的疾病時，我們比較不會質疑醫生的診斷有問題，因為身體疾病的症狀經過長久的研究和臨床經驗，除非出現過去不曾看過的新疾病〔例如 2003 年出現的「嚴重急性呼吸道症候群」（Severe Acute Respiratory Syndrome, SARS）〕，否則幾乎都已經確認各種疾病會出現的症狀。然而，偏差行為的診斷系統尚未如同身體疾病的診斷般完備（否則 DSM 診斷系統也不必常常修訂），所以共病現象的出現往往會成為被質疑的主要現象。因為它可能真的表示個體如同身體疾病般出現兩種疾患，所以是兩種分別獨立存在的診斷；它也可能強調這兩種疾患雖然是獨立的診斷，但是這兩種疾患彼此之間是有關聯的，例如先出現某種偏差行為，而此偏差行為是另一個偏差行為的前身或危險因子；它也可能表示該診斷系統將此兩種偏差行為視為獨立的兩個診斷名稱是錯誤的，應該要有另一個同時可以包括這兩種偏差行為症狀的新的診斷名稱（Wicks-Nelson & Israel, 2006）。

有些質疑則是很難找到更優秀的方式取代，而不得不繼續沿用，例如「脫離情境和脈絡的診斷」，亦即診斷時只問症狀是否出現而沒有考慮到當時個體所處的情境和脈絡。例如「注意力不足／過動症」中，活動量是很重要的指標，

但是在上體育課的時候活動量本來就會比較大；又如在大災難之後的脈絡下，短時間之內的適應過程中很容易出現諸如憂鬱、悲傷等反應，而這些反應可能就會被視為是症狀。通常專業人員是透過晤談的方式澄清症狀和情境之間的關係，但是難免會有掛一漏萬的情形發生；此外，就現實面而言，目前診斷工作仍然是以精神科醫師為主，去過醫院的讀者都很清楚，在醫院等待醫師看診的時間比真正被醫師看診的時間要長好多倍。倘若醫師真的針對症狀所出現的情境和脈絡蒐集資料再進行診斷，那麼一天能夠看到的病人實在是非常有限。

筆者認為從實務工作的角度來看，「問題和疾患的判斷困難」以及「忽略個別差異」是比較嚴重的問題，因為 DSM-5 仍然跟 DSM-IV 一樣，在進行診斷工作時，通常會要求兩個條件，其一是個案必須出現診斷標準中所列出症狀的某個數量以上（例如三個或六個）；其二是每個症狀出現後的持續時間必須多久（例如持續三個月或半年）。如此的做法會導致本書第一章所謂的「問題」或「疾患」的爭議，因為「問題」常是「疾患」的診斷症狀，但是因為「問題」的數量或持續時間不符合診斷的要求，所以不會被認為是「疾患」。然而，對於經常必須和兒童相處的父母或老師來說，「問題」出現一個就可能已經夠頭大了，結果帶他們去專業機構求助時（尤其是醫院），卻會因為數量或持續時間的不符合診斷標準，而未必會被認為是「疾患」，或者得到一個「疑似某種疾患」的診斷。此外，有時候專業機構會因為人力不足等現實問題，而無法繼續提供專業上的服務和協助，很容易造成大人對專業機構的不諒解。換言之，如果可能的話，專業機構應該盡力協助大人共同來處理「問題」，否則在求助無門的情形下，假以時日，「問題」終於（持續時間符合診斷標準）或者惡化（因數量增加而符合診斷標準）變成「疾患」，專業機構才願意加以協助，那麼自然會增加後續治療處理上的困難，同時也在無形之中增加很多社會成本。

因為在症狀數量上有所要求，所以很容易出現一種直覺方面的謬誤，亦即兩個具有相同診斷的個體會被認為是具有相同的症狀而忽略了個別差異。例如某種診斷類別列出了編號一到十號的症狀內容，但只要出現四項症狀即符合診斷要求，張三和李四的偏差行為都是該診斷，張三出現的是第一、二、三、七和八號症狀，李四則出現第一、四、五、七和九號症狀，如果沒有仔細閱讀詳

細資料，單純只從診斷名稱來看，就會以為兩個人的症狀相同，甚至還會直接認定兩個人都有一到十號的症狀。

結語

本書的第一章到第四章旨在說明與偏差行為有關的相關概念，因為偏差行為的疾患類別很多，本書限於篇幅無法一一介紹；因此，從第五章開始，將由目前在醫療、教育體系，以及自行開業的第一線兒童臨床心理師，分別介紹目前在台灣實際臨床工作上比較常見的兒童和青少年偏差行為的類別和內容，依序是「注意力不足／過動症」（第五章），「行為規範障礙症」、「對立反抗症」和「反社會型人格障礙症」（第六章），「焦慮症」和「強迫症及相關障礙症」（第七章），「分離焦慮症」和「選擇性緘默症」（第八章），「創傷及壓力相關障礙症」（第九章），「憂鬱症」、「雙相情緒及其相關障礙症」（第十章），「自閉症類群障礙症」（第十一章），「智能發展障礙症」（第十二章），「溝通障礙症與學習障礙症」（第十三章）和「餵食及飲食障礙症」（第十四章）。第十五章「兒童虐待與疏忽」（abuse and trauma）是在提醒當代生活中愈來愈常見的兒童虐待現象，以及天災人禍的情形下，兒童遭遇創傷之後的一些現象，希望能夠幫助讀者有效掌握可能的個案。每一章的安排都盡量多呈現「案例」說明，讓讀者了解各種診斷類別的「症狀」（包括主要症狀以及次要症狀）、「診斷準則」、「共病及鑑別診斷」、「盛行率」、「病程」、「病因」、「心理衡鑑」和「治療」的方向與方法。如果該診斷類別有常用的心理衡鑑工具（例如心理測驗），也會在文中加以介紹說明。

不論是介紹哪一種常見的偏差行為內容，再度提醒讀者：要常常思考第一章一再強調的「問題」和「疾患」；因為您會發現判斷是否是「疾患」而列出的各種「症狀」，其實就已經是被一般人所認為的「問題」了。

Chapter 5

注意力不足／過動症

～○ 張如穎

案例一

　　年齡五歲的彥文，正就讀幼兒園大班，老師對於他在上課期間的注意力不集中、自我控制能力差感到相當困擾，曾多次與母親討論解決或協助彥文改變行為的方法，但是彥文的行為始終沒有改變，仍然持續困擾家人、同學與老師。

　　彥文自兩個月大時就已經是精力充沛，非常好動，需要很少的睡眠，平均每日睡眠時間不到四小時；除了睡眠時間較短之外，彥文並無其他發展上的困難。母親認為可能因為彥文過於好動與精力過盛，保母均不願意照顧，兩歲前共換過十位保母。兩歲至今，幼兒園分別以彥文常身體不適、活動量過高、無法靜坐於座位、老師過度懲罰等理由拒絕他繼續上學，導致彥文共轉換過四所幼兒園。

　　目前彥文在學校的行為表現與學習成效都不理想，老師向父母反映彥文經常有上課發呆、不專心、容易受到無關刺激的影響而分心、離開座位到處遊蕩、上課時不斷地說話、發出怪聲音，以及不遵守上課教室規定等行為問題。除了上課時的困擾之外，彥文也經常遺失心愛的玩具、找不到喜愛的玩具，或忘記把外套帶回家與找不到自己的衣物。

在日常生活方面，彥文很容易遺忘父母或老師交代的事，他總是無法一次完成父母或老師所交代兩項以上的指令或工作，經常是漏掉一件或部分的事，或者一件事總是要他人一再提醒或重複做很多次才能完成，因而讓師長覺得他做事總是拖泥帶水、拖拖拉拉、缺乏效率。彥文給人的另一個印象是，他上課時經常在座位上扭來扭去、動來動去、東張西望、東摸西摸，有的時候會一直跟旁邊的同學說話，或一直說笑話、逗同學，或愛管閒事干擾同學上課；日常生活中極缺乏耐性與不耐等待，上課時經常搶話說，或老師尚未點到他的名字即自行說出問題的答案或發表意見；在家裡寫功課時，常表現的相當急躁、草率，錯誤百出，需要父母親一再提醒、督促或反覆擦拭、修正後才能完成功課。在人際互動方面，彥文與同學遊戲時行為相當粗魯與衝動，經常急於完成想做的事而無法輪流或等待，或是常常有未經思考的衝動行為或語言（口語攻擊或挑釁）干擾他人的活動或影響他人談話，因而造成頻繁的人際衝突。

案例二

八歲的英傑，目前就讀小學三年級，他總是上課不專心又多話，學習效果相當差，學業成績不理想，與同學遊戲時，行為粗魯而且情緒控制差，經常與人發生衝突。

英傑自幼兒園小班起就出現上課無法靜坐、活動量過高的情形；幼兒園大班時，除了上課發呆、做白日夢、離開座位在教室遊走、東摸西摸、在座位上扭來扭去無法靜坐等行為問題更加明顯之外，也開始出現口語以及肢體的攻擊行為。上小學後，老師曾多次反映英傑在上課時不專心、上課經常在座位上扭來扭去、東張西望、東摸西摸，或上課時突如其來的回答老師的問題、批評同學的答案、突然的發出怪聲音，或突然的丟橡皮擦、對周遭同學搔癢，對上課秩序形成嚴重干擾。

英傑總是會忘記重要的事務，包括經常性的遺失或忘記帶文具、聯絡簿、外套、衣物、書本等重要物品；做功課時或讀書時，經常出現寫字漏筆畫、跳格或跳行等困擾，他在寫功課時，經常是倉促、潦草、東摸西摸

而不專心，或是拖拖拉拉地邊寫邊玩，完成功課的時間經常拖了兩三個小時還沒做完，常需要大人在旁督促與修正才能完成。

在日常生活與自我照顧方面，英傑相當散漫與隨性，他的房間及物品相當混亂，缺乏整理與整潔，在學校抽屜裡的東西也是相當混亂，有過期的食物、兩週前用過的衛生紙、課本、作業本、考試卷、飲用過而未清洗的牛奶盒等。英傑的各科成績不穩定，有時考試成績七、八十分，有時考試成績不及格，學業表現也不理想。在人際互動方面，英傑行事風格較急躁粗魯、衝動，又愛管閒事，經常急於完成想做的事而無法輪流、等待或表現的極不耐煩，經常發生推擠同儕、插隊或搶話的行為，而遭致同儕的抱怨與老師的懲罰，也經常因為一些小事或未經思考的衝動行為或語言（口語攻擊或挑釁）而爆發激烈的衝突，也曾因為一時的衝動行為而造成自己或他人受傷。此外，英傑總是不聽話、違反師長的要求，或與母親或老師唱反調，他的反抗性相當強，與老師和父母的關係緊張，衝突事件每天都出現。

由於英傑經常出現犯錯、遺失物品、反抗行為或違反上課常規等行為問題，使父母或老師經常對英傑施以罰站、罰寫功課、下課不准離開教室、打手心等不同程度的處罰，但懲罰的成效不佳，其行為問題依然明顯。而師長對於英傑不斷犯錯，與無法修正其錯誤行為，也感到困擾、生氣與挫折。

🌱 診斷的演進

過去這一百年來，隨著科技的進步、生物醫學的發展、社會文化的變遷、義務教育的普及、團體生活的時間增加等，兒童在團體或上課時的表現，更加受到關注。由於部分兒童遵從常規的表現不佳，干擾老師的班級經營，引起許多專家研究兒童行為問題的興趣，這也促使學者開始研究注意力不足／過動症（Attention Deficit/Hyperactivity Disorder, ADHD）。

對於 ADHD 這個疾病的診斷與看法，從二十世紀初至今有多次的變革與重大的改變。1902 年英國醫師 George Still 是第一位提出「過動症狀」這個概念的學者，在他觀察與研究的這一群男孩中，有「道德控制上的缺陷」（defective moral control）與「自治力差」（poor inhibitory volition）的問題，這些男孩的行為常表現出注意力不集中、衝動、過動、目無法紀、攻擊性強等行為問題（Mash & Wolfe, 2007）。

1917 到 1918 年間，學者對於 ADHD 提出另一種新的看法，他們認為 ADHD 是由於腦傷或腦部感染所造成的，因為 ADHD 的行為模式與當時的腦膜炎患者所遺留下的症狀相當類似。這種歸類方式概括地包含了找不到腦傷的臨床證據卻出現行為問題的兒童、無臨床證據支持卻伴隨心智發展遲緩的兒童，這種對兒童行為問題的歸類與看法導引出 1940 至 1950 年經常使用的一個專有名詞，稱之為「細微的腦部損傷與功能障礙」（Minimal Brain Damage and Minimal Brain Dysfunction, MBD）（Kessler, 1980; Mash & Wolfe, 2007）。這個名詞提供了一種相當便利的方式，讓臨床工作人員將兒童行為問題的成因，導向生理因素。

到了 1950 年代後期，ADHD 被視為一種運動機能亢進（hyperkinesis）所引起的症狀，這個理論認為在神經機制中，由於過濾神經刺激傳入大腦的機能受損或不足，才會造成兒童出現活動量過高的行為，這種解釋 ADHD 成因的理論導引了臨床的判斷，使得活動量過高（hyperactivity）成為 ADHD 的主要臨床表徵，也促成了一個新的歸類，稱之為兒童過動症候群（Hyperactive Child Syndrome）。

1970 年代 Douglas 從臨床的行為觀察與歸納，提出了新的主張，他認為 ADHD 兒童的主要表徵，除了有過動的障礙之外，應該還包括了注意力與衝動控制的障礙。在 Douglas 提出這個理論之後，很快地為大眾所接受，其影響力廣泛而深遠，持續至今，也影響了 DSM 診斷系統對 ADHD 這個疾病的定義。近年來，ADHD 兒童的行為問題受到相當多的關注，也累積了許多的研究，這些研究結果進一步發現，兒童的「自我管理」（self-regulation）與「行為的抑制能力」（inhibiting behavior）的失調，在 ADHD 症狀的成因上扮演相當重要

的角色（Barkley, 1997, 1998a; Douglas, 1972; Douglas & Peters, 1978; Mash & Wolfe, 2007; Wicks-Nelson & Israel, 2002）。

🌴 診斷與分類

　　為了建立 ADHD 的分類規範，DSM-5（APA, 2013）以注意力不集中、過動與衝動性的行為這兩個軸向，作為描述的基礎。第一個軸向所描述的問題以注意力的表現為核心，包括了注意力不集中、不專心、行為或生活失序；第二個軸向所描述的問題以活動量與衝動控制為核心，包括了活動量過高、行為過度衝動、缺乏抑制等（診斷準則如表 5-1）。基於個體在這兩個軸向上表現的程度不同，ADHD 可分為混合型（Combined presentation）、注意力不集中型（Predominately Inattentive presentation）以及過動與衝動型（Predominately Hyperactivity/Impulsive presentation）等三種表現型態：

1. ADHD 混合型：過去六個月，個體呈現症狀同時符合診斷準則 A 與 B 中六項或六項以上的症狀。
2. ADHD 注意力不集中型：過去六個月，個體呈現診斷準則A中六項或六項以上的症狀。
3. ADHD 過動與衝動型：過去六個月，個體呈現診斷準則B中六項或六項以上的症狀。

🌴 主要症狀及相關症狀

　　ADHD是一種相當常見且初發於十二歲以下兒童的神經行為功能障礙，也是一種學齡期相當常見的慢性疾病，這個疾病的主要臨床症狀包括了：注意力不集中（inattention）、過動（hyperactivity）與衝動性的行為（impulsivity）。對這類兒童來說，要在一段時間內持續專注在一件事情上是相當困難的事，他們很容易受到一些小小聲響或視覺刺激的干擾，而忘記原本正在進行的工作，就如同案例中英傑的上課不專心，以及無法專心做完功課就是這種情形。第二

表 5-1 │ 注意力不足／過動症之症狀與診斷準則

A.下列注意力不集中的症狀有六項或六項以上，持續出現至少六個月，其症狀困擾已
  達適應不良且與其發展水準不相稱的程度：

注意力不集中

1. 經常無法仔細注意細節，在學校課業、日常工作或活動上經常粗心犯錯。
2. 完成課業或日常工作時，持續維持注意力有困難。例如：無法專心上課或寫作業。
3. 別人對他說話時，經常看似不專心聆聽。
4. 經常無法依照指示完成功課、日常的家事或任務。
5. 在規劃工作及活動時經常遇到困難。
6. 經常逃避或不喜歡從事需要持續花費心力或全神貫注的工作，例如：抄寫聯絡
   簿、寫作業、複習功課。
7. 經常遺失工作上或學業上的重要物品，例如：課本、作業本、文具用品、雨具、
   衣物。
8. 經常容易受到外界刺激干擾而分心。
9. 日常生活上經常容易遺忘事物。

B.下列過動／衝動的症狀有六項或六項以上，持續出現至少六個月，其症狀困擾已達
  適應不良且與其發展水準不相稱的程度：

過動與衝動性的行為

1. 經常手忙腳亂，無法靜坐或坐在位子上時扭動不安。
2. 在需要安靜坐在座位的場合中，無故離開座位。
3. 經常是過度奔跑與攀爬，其行為表現不符合當時場所的規範（在青少年或成人，
   其主觀感受是靜不下來的）。
4. 要安靜的遊玩或從事休閒活動經常是有困難的。
5. 好像是裝了馬達似的，經常處於過度活躍的狀態，不停地四處活動。
6. 經常是多話的，讓人覺得很愛講話。
7. 經常在問題還沒說完時，就搶著說答案。
8. 經常無法輪流等待。
9. 經常打斷他人的談話或干擾他人正在從事的活動、工作或遊戲。

資料來源：引自 APA (2013)

個特徵是活動量過高，他們經常是精力旺盛、停不下來、東奔西跑、東摸西摸，
這對父母的養育和老師的管教形成相當嚴重的困擾，就像是彥文的坐不住、不
停的活動，需要很少的時間睡眠與休息。第三個特徵是行為衝動，此類兒童經
常是行動派，他們常在一個想法出現後，就立即行動，並不會進一步思考行為

可能帶來的後果，所以經常闖禍，就像是英傑，行事總是急躁粗魯而且衝動，經常無法輪流、等待，會插隊或搶話，也曾因為一時的衝動行為而造成自己或他人受傷。因此，罹患此疾病的兒童，可能面臨到相當多生活上的困擾，包括學習成就低落、與家人和同儕的人際關係不佳、反覆犯錯、情緒低落與低自尊（APA, 2000）。

一、主要症狀

(一) 注意力不集中

　　注意力不集中的兒童，在需要持續花費心力的工作或遊戲情境，其表現經常不如人，而注意力不集中的表現，也隨著年齡有不同的面貌（如表 5-2）。在老師與家長對 ADHD 兒童的觀察中，經常會覺得這些兒童比較不容易專注，他們可能經常從一個遊戲快速地轉換到另一個遊戲、很容易分心、常常不注意別人正在告訴他們的事、漫不經心、經常遺失物品、在比較無趣的情境或作業中很容易失去耐性。然而，這些兒童有些表現卻相當令人困惑，他們有時表現的十分不專心，有的時候卻顯得非常專注，例如在看電視、看卡通或玩電動玩具時，都能相當專注，也能持續這些活動相當長的時間，亦即 ADHD 兒童對某一項活動有相當高的興趣或動機時，他們的注意力是可以集中、也可以持續的。許多研究指出，ADHD 兒童注意力不集中的問題，很容易在重複性高、無趣的、日常生活性的工作上出現，例如：日常的家事、抄寫聯絡簿、寫功課等（Wicks-Nelson & Israel, 2000）。正式的觀察中，罹患 ADHD 的兒童與青少年

表 5-2 │ 症狀與年齡之間的關係

	學齡前期	學齡期	青少年期	成年期
注意力不集中的表現	幼兒持續遊玩時間少於 3 分鐘	忘東忘西 容易分心 持續工作時間少於 10 分鐘	相較於同儕，更無法持續專注工作 無法仔細注意細節 忘記約會或約定 專注時間少於20-30分鐘	忘記約會或約定 無法事前準備或規劃需要長期完成的事物

資料來源：引自 Weis, R. (2014)

在課業上比學習障礙和一般兒童花費較少的心思（Barkley, 1998a）。

(二) 過動

過動指的是個人的活動或行為出現的頻率過高，行為反應的強度過強，且行為或活動的時間持續的過久。過動是ADHD兒童最常被抱怨的行為問題。父母與老師在談論ADHD兒童時，經常會說他們總是愛說話、動來動去、跑進跑出、靜不下來，像是不需要休息似的，這些兒童好像就是災難的代名詞，只要他們走到哪裡，災難、闖禍、打破東西、打翻飲料等困擾就會接踵而至。他們總是不停地玩或扭動不安，遊戲時經常急躁且粗魯，有時還會意外地造成同學受傷；他們與同學的關係不睦，常被同學排擠，無法融入同儕的生活圈。從ADHD兒童的動作與行為的內容和品質來分析，其行動經常是隨便與精力過剩的，動作品質粗糙，行為內容雜亂無章，缺乏目標導向的行為。ADHD兒童似乎在行為與想法之間的協調上出現問題，常常會覺得行為的結果超乎其想像，或不自覺地犯錯，或事後才覺得其行為不妥。

在活動量的評估上，我們需要客觀而且可靠的資料來源。過動的行為應該是在不同情境下均會表現出活動量過高的情形，因此在評估活動量時，除了臨床的觀察與評估之外，經常也需要統整來自父母、老師的行為觀察資料。只有當過動的行為是跨情境地出現時，才能確認其行為是過動，否則其活動量過高的問題可能只是單純地反映了特殊情境中的線索所誘發的行為。關於ADHD症狀的呈現，如果以全有或全無的觀點來判斷，便顯得過於武斷。許多研究都認為ADHD的症狀會因情境的不同，而在程度上會有所變動（Zentall, 1985）。其症狀在重複性高、較無趣或相當熟悉的作業情境下，會比從事新奇工作、在新奇的環境中或不斷提供新鮮刺激的情境，表現得更加明顯（Barkley, 1997）。此外，環境的要求若是強調紀律與規則時，ADHD的症狀表現會比兒童自由玩耍時來得更加明顯（Luk, 1985）。而且，個體所處環境人數的多少也會影響症狀的表現，通常ADHD的症狀在團體中會比一對一的情境中更容易出現（Douglas, 1983）。活動量過高的現象，隨著年齡與發展的成熟也呈現不同的風貌，大部分小學高年級的ADHD兒童或青春期的ADHD青少年在活動量的表現上，

並沒有像小學低年級兒童般地表現出肢體或動作上的過動，或離開座位等明顯的躁動行為，取而代之的是較多的抖腳、以手指輕敲桌面、主觀感覺靜不下來或多話的行為。

(三) 衝動性的行為

衝動性指的是行為抑制能力的缺損，其表現是急躁、缺乏深思熟慮的行為。這些兒童比較缺乏耐性，對於需要等待的事件，容易表現出不耐煩與不願意等待，比較缺乏按部就班的行為，並且經常會想辦法抄近路、走捷徑、插隊或無法輪流等待玩遊戲。此外，他們常常是急著想要完成一件事，但在做事之前缺乏整體的思考與規劃，在還沒有想清楚問題的處理或解決步驟之前，就已經開始著手處理事情，往往造成錯誤百出或反覆地一再犯錯。這些兒童即使在從事一些具有危險性的行為時，也仍然是一副漫不經心與欠缺思考的樣子，常常因此而發生意外。由於ADHD兒童行為較衝動，在參與需要等待與耐心的遊戲或活動時，更容易暴露其衝動控制困難的缺點；他們傾向於在等待時會打斷別人的遊戲、缺乏協商的能力、會突發的干擾或破壞遊戲的進行，或者在遊戲過程中容易出現粗俗或口語的攻擊。對老師、父母與同儕而言，ADHD兒童的行為常常是缺乏控制、自制力不佳、粗心、不負責任、不成熟、懶惰、不易溝通、頑固不化的。

關於衝動性症狀的表現，有行為方面與認知方面等兩種不同形式表現（Milich & Kramer, 1984）：

1. 認知上的衝動性：表現以思考的不周密、雜亂的思緒、漏洞百出的決定與計畫等，因而經常需要他人的協助或督促，才能建構或完成其工作與計畫。

2. 行為上的衝動性：表現包括在課堂上想到就說話，行為不顧危險或沒有考慮行為可能付出的代價就付諸行動。這些兒童行事風格相當即興，缺乏行為抑制的能力，即使一再提醒某些行為可能造成的嚴重後果，他們仍然是一再重複地犯下相同的錯誤。

二、相關症狀

　　罹患 ADHD 的兒童除了受到主要症狀的影響之外，他們在認知功能、生活、學習、工作與人際關係上，也面臨了許多的困擾，以下將逐一介紹ADHD兒童經常出現的困擾。

(一) 認知上的缺陷

1. 智能表現的優勢與劣勢

　　大部分ADHD兒童的智力屬於正常範圍，其中，一部分兒童的智力還比一般兒童高。這些兒童所遭遇到的困難不在於智力的高低，而在於無法將其智力整合，運用在日常生活或學業上，導致他們在智力測驗的得分略低 7 至 15 分。學業成就表現也比一般兒童差，且隨著年級增加，學業成就的差距更大。例如在「魏氏兒童智力測驗」中，有些分測驗需應用到心理運算的能力，這正好挑戰了 ADHD 兒童受到缺損的能力，導致 ADHD 兒童在智力測驗得分有略微偏低分的傾向。此外，測驗得分偏低的另一個可能原因是，ADHD 兒童在接受測驗時的行為表現不佳，例如ADHD兒童在需要持續性注意力的分測驗中，因專注力有限，其測驗表現不如一般兒童，或是因為ADHD兒童在測驗進行中，忽略指導語的要求，因而在測驗得分上偏低。從這些現象便知道，測驗得分低並不一定代表其智力受損或較不聰明，那可能反映出的是較不專心或不了解測驗的要求，所以在對ADHD兒童實施智力測驗以及解釋其智力測驗的分數時，就應該格外的小心，需要將其測驗過程中的行為觀察加入分析，小心推論，才不致於得到過於武斷且錯誤百出的結論（黃惠玲、王雅琴、郭乃文，1994；Mash & Wolfe, 2007）。

2. 學習時的表現

　　不論 ADHD 兒童是否同時罹患學習疾患，大部分 ADHD 兒童在學校課業的表現都不理想。他們在作業的表現、學業成就，以及學校的生活或考試成績上都不易得到一般分數或高分，常常因為學習上的問題而被安置在資源班中。ADHD兒童如果沒有得到良好的治療與照顧，他們要完成高中以上的學業是相

小明！等等我，我追不上你啦！

(小明的大腦)

(小明)

當困難的。這些兒童在學習上面所遇到的困難，可能在小學一年級之前就已經出現，其學習上的雜亂無章和缺乏系統化與一致性的穩定學習能力，都讓他們在學習的歷程中，遭遇到一般兒童沒有遇到的許多困境（Barkley, 1996; Mariani & Barkley, 1997）。

3. 語言功能上的損害

　　大約 30% 至 60% 的 ADHD 兒童有語言溝通與表達方面的困難（Cohen et al., 2000），這些困難在日常生活的語言表達上特別容易遇到。ADHD 兒童比一般罹患語言表達障礙的兒童，具有更高比例的溝通和表達上的困難。由於 ADHD 兒童經常表現了過度的表達與不停的說話，使得他們較不能聆聽別人說話，也由於 ADHD 兒童不斷地產生新的話題與對話，因而容易打斷他人的談話。關於 ADHD 語言能力的研究亦發現，這些兒童說話時，使用代名詞與連接詞的比率過低，他們在連結對話時較不明確，使聽者經常需要結合他們其他的對話內容，來猜測這些兒童要表達的主題，以致於聽者較不容易了解其談話內容（Tannock, Purvis, & Schacher, 1993）。

(二) 健康問題與意外事件

雖然有研究發現ADHD兒童可能經常罹患上呼吸道的感染、氣喘、過敏症以及經常性尿床的問題，但這些研究尚未獲得一致性的結論，因此目前關於ADHD兒童健康方面的問題仍不是非常清楚（Barkley, 1998b; Daly et al., 1996; Szatmari, Offord, & Boyle, 1989）。但是另一個值得關切的醫療問題是，ADHD兒童在門診、住院以及急診的出現比例比一般兒童來得高，以九歲兒童為例，ADHD兒童在醫療費用的支付上是其他同年齡兒童的兩倍（Leibson, Katusic, Barbaresi, Ransom, & O'Brien, 2001）。

ADHD兒童在睡眠方面的問題，包括整體睡眠時間過短、拒絕上床睡覺、睡覺時翻來覆去、不斷地說話、唱歌或發出怪聲音等困擾，雖然目前我們對於睡眠困擾的原因尚不清楚，但是這些困擾卻相當值得進一步追蹤與研究（Gruber, Sadeh, & Raviv, 2000; Wilens, Biederman, & Spencer, 1994）。此外，一些研究也發現，罹患ADHD可能是青少年時期開始抽菸、濫用藥物、危險性行為，以及多重性伴侶等行為的重要危險因子；這些研究指出了一個現象，就是隨著兒童的成長進入青春期或成年，過動與衝動行為將衍生出不負責任的行為模式（Barkley, Fischer, & Fletcher, 1997; Biederman et al., 1997; Milberger, Biederman, Faraone, Chen, & Jones, 1997; Milberger, Biederman, Faraone, Guite, & Tsuang, 1997）。

由於ADHD兒童行為衝動、缺乏三思、行為抑制能力不足、做事缺乏計畫又喜愛尋求刺激，這些行為的結果讓他們經常遊走在危險的邊緣，也相當容易發生意外，導致他們比一般兒童高出兩倍的機率面臨嚴重的意外傷害，諸如骨折、外傷、嚴重的燒灼傷、中毒或頭部外傷（Barkley, 1998b）。年輕的ADHD青少年，在使用交通工具時，由於本身的衝動與危險行為，經常讓他們成為危險駕駛，也使他們經常置身於面臨嚴重傷害的危險當中。

(三) 人際互動上的困難

ADHD兒童在家庭與學校等社會功能上的損害是相當常見的現象，這些兒

童在人際互動時經常面臨社會能力不足的缺憾，這是導致ADHD兒童步入青春期時，衍生出行為規範障礙症（Conduct Disorder）或憂鬱症（Depression）的重要危險因子（Greene et al, 1996; Greene, Biederman, Faraone, Sienna, & Garcia-Jetton, 1997）。

ADHD兒童經常留給他人的印象為不聽從指示或要求，總是表現得具有敵意、愛爭辯、突然的暴怒，以及總是無法預期他們可能帶來的災難，這樣的結果使他們不斷地與大人們或同儕發生衝突。群體生活中有許多規則與需要眾人共同遵守的規約，然而ADHD兒童總是無法依照這樣的規則與他人互動，並且似乎無法從過去錯誤的互動中學到教訓，以作為修正行為的基礎。

1. 家庭互動的問題

ADHD兒童的家庭面臨了許多嚴峻的挑戰，包括了過度情緒化的互動、負面的批評、緊張的親子關係、過度地使用懲罰／體罰、兒童的不順從行為、手足間頻繁的衝突、父母對兒童的過度控制等。

研究顯示，對家中有ADHD兒童的父母而言，他們可能經歷了相當高的挫敗感，母親可能因教養ADHD兒童，而面臨相當大的社會壓力，導致憂鬱問題的發生。有相當高比例的ADHD兒童與母親的嚴重衝突從學齡前期開始，這樣的問題一直持續到青春期都沒有明顯的改善；家庭內的衝突雖然在父子之間的情形不如母子間的嚴重，但是ADHD兒童與父親的衝突仍然比其他手足與父親間的衝突要高（Johnston & Mash, 2001）。

另一個值得注意的現象是兒童早期的母子衝突，這是一個相當有效的預測因子，它可以用來預測八至十年之後，青春期青少年與雙親的衝突，同時也可用來預測此類兒童在遊戲情境中的不順從行為、家庭以外的偷竊行為，以及學校或教室裡的不服管教行為（Whalen & Henker, 1999）。

2. 同儕間的問題

ADHD兒童在情緒上的不穩定、敵意與攻擊行為，經常是導致同儕衝突與負面名聲的主要原因（Melnick & Hinshaw, 2000）。他們在同儕互動時，施與受的行為、合作性互動以及分享的行為比率相當低，此現象可能與他們比較愛管閒事、頑固、社交技巧不佳又缺乏社會互動的敏感度有關。他們在社會互動

上是積極與主動的，但他們總是「狀況外」。

　　ADHD 兒童的行為較不遵循別人的步調與社會的習俗，這導致他們在回應互動的時機、方式與內容上，總是無法配合同儕的期待，致使互動的結果惡化了同儕對他們的看法（黃蘭雯，2000）。即使如此，ADHD 兒童的看法卻全然與其他兒童的看法不同，他們經常覺得自己積極主動且樂於助人，雖然偶爾會犯一些小錯，但是他們並不是故意的。所以，ADHD 兒童在看待互動事件時，著重的重點在於自己所提供的協助，較不在意他人的感受，也因此，ADHD 兒童對於他們為別人所帶來的困擾卻是渾然不知，這也使他們無法理解為何別人總是會對他們有負面的評價，或總是會以負面的方式來評價或對待他們。

共病

　　ADHD 除了主要症狀難以處理之外，另一個現象是，這個疾病經常與其他的心理疾病共同出現。大約有 80% 的 ADHD 兒童同時也被診斷有其他的心理疾病（Jensen, Martin, & Cantwell, 1997; Pliszka, Liotti, & Woldorff, 2000），這些常見的共同診斷包括學習障礙（Learning Disorder，請參閱第十三章）、對立反抗症（Oppositional Defiant Disorder, ODD，請參閱第六章）、行為規範障礙症（Conduct Disorder, CD，請參閱第六章）、焦慮症（Anxiety Disorder，請參閱第七章）與憂鬱症（Depressive Disorder，請參閱第十章）、自閉症類群障礙症（Autism Spectrum Disorder, ASD，請參閱第十一章）和妥瑞氏症（Tourette's disorder, TD）。

一、學習障礙

　　許多 ADHD 兒童同時也有學習上的障礙，他們在學習語言或課業的技巧上，經常遇到不可預期的困難，學習困難的領域常包含閱讀與數學的能力（Tannock & Brown, 2000）。從 ADHD 兒童學習歷程的觀察中發現，這些兒童在運筆、動作協調能力上都呈現不同程度的障礙，只是這些現象目前尚未獲得深入的研究。

　　根據流行病學的調查報告，相當多 ADHD 同時也有學習障礙的問題，學習障礙與 ADHD 的共病性約為 9% 至 11%，若以臨床個案為對象的研究顯示，其共病性的比例更高，大約在 20% 至 50% 之間（Anastopoulos & Barkley, 1992; Faraone, Biederman, & Kiely, 1996; Robins, 1992）。若是將學習障礙定義為學業表現顯著低於其預期水準時，則 80% 的 ADHD 到了小學高年級之後，都會面臨學習障礙的困擾（Cantwell & Baker, 1992）。若是以較嚴格的定義來詮釋學習障礙，亦即以數學、閱讀等能力表現的顯著低於智力水準或成就測驗成績時，則 ADHD 兒童同時罹患學習障礙的比率降為 25%（Barkley, 1998b; Semrud-Clikeman et al., 1992）。

二、對立反抗症與行為規範障礙症 ⭐

　　ADHD 兒童經常在社會互動上面臨嚴峻的挑戰，他們留給他人的印象是不聽話、不順從、令人厭惡、好爭辯。其行為困擾經常落入 DSM-5 對立反抗症的診斷範疇，這樣的情形如果沒有及時的治療與介入，惡化的結果可能會導向伴隨著攻擊行為、違反校規、違反法律、恐嚇、詐欺等行為規範障礙症。ADHD 族群中大約有 35% 至 70% 的兒童同時也被診斷為對立反抗症，而有 30% 至 50% 的兒童也同時被診斷為行為規範障礙症（Harty, Miller, Newcorn, & Halperin, 2009; Johnston & Ohan, 1999）。雖然這三個疾病有部分的重疊與相似性，但這並不代表這三個疾病是同一種疾病的不同面向。從各國的流行病學研究與臨床研究都明白地指出，這三種疾病各有其特定的行為問題，而且各疾病之間都各自有其明確的症狀與行為特徵（Pillow, Pelham, Hoza, Molina, & Stultz, 1998）。ADHD 的主要障礙來自認知功能的損害與神經發展上的異常，而行為規範障礙症則主要由家庭功能失調和心理社會因素中的不利因子所導致。此外，另一個更重要的差異是 ADHD、對立反抗症、行為規範障礙症都有獨立診斷成立的個案，也有合併診斷的情形出現，當兒童有合併診斷時，其表現出攻擊性、說謊、欺騙與偷竊的情形則更加嚴重（Barkley, 1998a）。

　　ADHD 合併其他「侵擾行為、衝動控制及行為規範障礙症」一起出現的情形，與兒童的家庭有相當密切的關係。研究指出，在這些家庭中，常見的問題

是父母親可能也有反社會的行為問題、婚姻衝突、親子溝通不良、緊張的親子關係，或母親承受過大的壓力。從臨床研究得知，ADHD與對立反抗行為／行為規範障礙的關聯密切，其間的因果或從屬關係值得玩味。我們都相信ADHD的過動與衝動行為是比較早出現的，而這些行為問題的嚴重性，可有效的預測將來品行問題的出現，反之則不成立（Loeber, Green, Keenan, & Lahey, 1995），而且當這些兒童覺得環境對他愈是具有敵意時，他們與同儕的衝突，或受到同儕拒絕的情形就更加明顯。從診斷準則的角度來看，ADHD經常在行為規範障礙問題產生之前就已經出現，可能因為ADHD在兒童早年就出現，其症狀極可能影響親子互動，將兒童推向對立反抗行為與後續的行為規範障礙的方向發展。

三、焦慮症與憂鬱症

　　大約25%的ADHD兒童同時也面臨過度焦慮的困擾（Tannock, 2000），通常是因為這些兒童過動與衝動的行為，導致他們經常犯錯而遭遇來自他人的懲罰。對ADHD兒童而言，他們無法確定自己的行為是否為正確的、是不受責難或懲罰的，因而導致他們經常面臨無所適從，面對事情總是猶豫不決，不易做出正確判斷。也因為在他們過去的經驗中，他們的判斷並不是十分的可靠，又沒有一套很好的方法來克制其衝動，所以經常陷入無所適從的困境，此時，如果環境中的回饋是嚴厲的懲罰，其焦慮的感受就更為明顯。由於ADHD兒童心中常有不知所措與不確定感，這使他們經常經歷了擔心、害怕、緊張與身體不適等焦慮的症狀。這樣的焦慮問題年紀愈小的男生愈是明顯，症狀的表現隨著時間與年齡的增長而減緩，到了青春期之後，嚴重的焦慮問題漸獲改善。其中，具有衝動行為的ADHD兒童，若同時罹患嚴重的焦慮問題，隨著年齡的增長，其焦慮的問題會抑制其原有的衝動行為，使這些兒童的衝動行為表現下降，因而也比較少出現行為規範問題（Pliszka, 1992）。

　　ADHD兒童同時也罹患憂鬱症的比例略低於焦慮症，其患病率約為20%，而ADHD兒童同時罹患憂鬱症的問題也比一般兒童罹患憂鬱症的比例要高（Willcutt, Pennington, Chhabildas, Friedman, & Alexander, 1999）。這些ADHD兒童或青少年往往面臨了不知所措、無助與無望，他們缺乏自信、自尊心不足，

即使簡單的日常生活事件的處理，都會讓他們覺得相當受挫。而這些天天不斷重演的挫敗與責備導致了低落的情感、自責，影響了睡眠的品質、飲食的胃口、思考的清晰度，讓這些兒童陷入無法掙脫的情緒低潮之中（Mick, Santangelo, Wypij, & Biederman, 2000）。從環境的觀點來看，家庭功能的失調、母親所承受的壓力與母親的憂鬱情緒等因素，都與個體罹患情感性疾患有著密不可分的關係。從個體與環境互動的觀點來看，如果個體與環境互動的結果得到的總是不認同、責備與負面的回饋，則個體在這樣的互動中，很難發展出正向的自我概念，個體只能不斷地往負面的自我方向發展，這種種對自我否定的態度與看法，不利於正向積極態度的建立，加上ADHD不容易從錯誤的經驗當中學習改善，因而加深其發展出他們所面臨的災難是全面性與不可改變的想法，更加劇了他們憂鬱的情緒與思考方式（Melnick & Hinshaw, 2000）。

四、自閉症類群障礙症 ⭐

有愈來愈多的研究發現，罹患自閉症類群障礙症兒童的行為表現也同時符合 ADHD 的診斷，因此，2013 年出版的 DSM-5 移除了原先 ADHD 診斷準則中排除廣泛性發展障礙（Pervasive Developmental Disorder）的條款，使得自閉症類群障礙症正式成為 ADHD 的共病疾患。研究顯示，大約 30% 至 50% 的自閉症類群障礙症兒童，同時也被診斷為 ADHD，這些兒童經常表現出具有易怒、攻擊性以及過動等行為特徵，其行為問題的嚴重程度，比單純罹患ADHD兒童來得更加的嚴重與混亂（Davis & Kollins, 2012）。關於此類共病性兒童的介入，在藥物治療的研究顯示，常用的中樞神經興奮性藥物對於此類共病性兒童的治療效果，只有在減低兒童的活動量與衝動行為方面看到成效，在其他行為方面諸如易怒、社會退縮、僵化行為、不適切的口語表達等行為問題，均未能看到顯著效果（Davis & Kollins, 2012; RUPP, 2005）；然而，透過行為治療、親職技巧訓練與社交技巧訓練，均能有效地改善其行為與情緒方面的困擾（Davis & Kollins, 2012; Dawson & Burner, 2011; Knight, Rooney, & Chronis-Tuscano, 2008）。

五、妥瑞氏症

妥瑞氏症（TD）是一種與遺傳有關的器質性疾病，這個疾病是神經學上的問題而不是精神病學方面的問題，其症狀表現是以突發的、快速的、重複發生的動作抽搐或異常的發聲，可能的行為表現有不自主的眨眼、軀幹或四肢的不自主抽動或抖動，部分個體可能伴隨著突發性的出現一些不雅的口語（穢語）。在共病性方面，有一半以上的 TD 兒童同時也患有 ADHD 的問題，而大約 40% 以上的 TD 兒童同時患有強迫症（OCD）（Kaplan & Sadock, 1998a）。

在 TD 的症狀與行為的改善方面，包括了藥物治療、行為治療、認知行為治療、放鬆訓練以及心理衛生教育。通常對於症狀干擾較為嚴重的個案，會透過藥物治療來改善其症狀；而行為治療或認知行為治療的介入目標，在於預防症狀所造成的社會孤立、憂鬱的情緒，以及引發進一步的人際衝突；心理衛生教育的角色在於教育個案調適並適應症狀對生活的影響，同時也教育個案的家庭、學校或社區環境，了解個案的行為並非其個人所願意，個案是受症狀影響的受害者，並藉由環境的力量，協助個案適應家庭、學校與社區之生活（Kaplan & Sadock, 1998a; Matthews, Matthews, & Leibowitz, 2001）。

大部分罹患 TD 的兒童症狀輕微，其症狀的困擾也未達到需要藥物治療的程度，相對地，心理方面的協助、行為治療的介入、教育策略的調整，對這些 TD 兒童來說，卻更有幫助。

在行為治療方面，透過正增強、增強互斥行為、增強替代行為、代幣制度等行為改變技巧的應用，可有效協助 TD 兒童增加其衝動控制、自我管理、自我監控症狀的能力，以及增進其正向的人際互動技巧等能力，有效協助其行為的改善。

近來有愈來愈多的臨床實務工作者，應用認知行為治療來改變 TD 兒童的行為與習慣，以協助患童改善症狀帶來的困擾。其使用的方法包括自我覺察、症狀表現的覺察、放鬆訓練、冥想訓練等。

在筆者的實務經驗中，配合藥物治療下，應用生理回饋的技術導引 TD 兒童學習判別當下的生理激發狀態，再配合使用 The Journey to Wild Divine 這一

套裝置所提供的遊戲訓練軟體，進行放鬆訓練協助 TD 兒童學習放鬆的技巧，能有效協助兒童放鬆其緊繃身心狀態，降低 TD 症狀的出現率與持續時間。

盛行率

根據美國疾病管制與預防中心（Centers for Disease Control and Prevention, CDC）的調查，在美國四歲至十七歲的兒童罹患 ADHD 的盛行率從 2003 年的 7.8% 上升至 2011 年的 11%，其中，男生的盛行率是 13.2%，女生的盛行率約為 5.6%（Visser et al., 2014）。就年齡的分布來看，依據臨床個案的資料分析，從學齡期至青少年期的男生，隨著年齡的增加，ADHD 出現的比率逐漸減少。由於 ADHD 診斷的成立與否，與資料的提供者有相當密切的關聯性，許多的臨床診斷都相當依賴父母或老師所提供的資料，而實驗室的檢測尚未能有效的預測與鑑別，因此在流行病學的調查上也面臨相當的困境，因而造成許多研究對於 ADHD 盛行率有不同的意見報告。

目前關於台灣整體 ADHD 的盛行率並不清楚，不過，有一些研究針對部分城市的小學兒童進行盛行率的調查可供參考，例如：有一項以高雄地區小學生為對象的研究，顯示 ADHD 盛行率為 9.9%，男生罹患比例為 14.9%，女生為 4.5%，男生為女生的 3.3 倍（Wang, Chong, Chou, & Yang, 1993）；2002 年台北市某小學七歲至十二歲 ADHD 兒童盛行率為 8.4%，2003 年台中市某小學 ADHD 盛行率為 6.3%（侯伯勳、林志堅、遲景上，2003；臧汝芬、吳光顯、劉秋平，2002）。

相關病理學觀點

ADHD 疾患成因的研究相當廣泛，許多研究都指向生理因素的影響占有相當大的成分，其中，腦部受創與神經功能障礙一直被認為是過動問題的主要成因，因而在 1950 至 1960 年代對 ADHD 的病理假設是「細微的腦部損傷與功能障礙」，這樣的看法相當盛行，而後續相關的研究也積極找尋腦部損傷與功能

障礙的臨床證據。由於ADHD是一種慢性、成因複雜的腦部疾病，而且被認為是個人認知功能的發展與環境交互作用的結果。因此，單從任何一個因素來說明 ADHD 的成因都有失偏頗，有學者試著將各階段與環境及發展因素加以整合，並藉由圖 5-1 說明各因素在不同階段對 ADHD 症狀形成的影響（Mash & Wolfe, 2007）。圖 5-1 表示 ADHD 症狀的產生，可能源自於遺傳、母體懷孕時期。由於胎兒受到藥物的干擾、產程不順利等因素，導致個體在大腦的部分功能受損或發育速度落後，其影響隨著年齡與肢體的發育而逐漸明顯，並且開始出現不適切行為的抑制能力不足、缺乏自我的調節與管理的能力、認知功能的表現低落等現象，進而衍生出注意力持續度不佳、行為舉止衝動與活動量過高等行為問題。這些症狀不僅影響了個體的學習與行為表現，也對個體所存在的環境帶來相當負面的影響，致使個體在人際互動的發展上趨於劣勢。若是ADHD 兒童與環境的互動未能及時建立一個緩衝的空間，則互動的結果會將ADHD 兒童與環境推向一種負面的惡性循環，惡化了 ADHD 兒童的同儕人際關係、師生互動以及親子關係，最後將使得ADHD兒童對環境做出負面或敵意的歸因，因而衍生出更為嚴重的行為問題或疾病。以下將逐一討論各種理論觀點對 ADHD 成因的看法。

一、基因、遺傳的影響

與ADHD個案接觸的經驗中，我們不難發現他們的父親、母親或其他的近親當中，也有人與個案有相同的困擾，這不免也讓人懷疑ADHD是否有基因與遺傳的可能性。近年來愈來愈多的研究都支持這樣的看法，他們認為ADHD的問題透過基因在親屬間的傳遞是有證據可支持的；同時研究也發現ADHD的家族中，患有ADHD或其他心理疾病的比率都比一般人高。一些更精細的研究也發現，在 ADHD 個案的一等親家族成員中，有 10% 到 30% 的機率同時也是ADHD的患者，而且父母如果有ADHD，則其子女罹患ADHD的可能性更高。而雙生子的研究，則更進一步地提供了遺傳的證據，其遺傳的比例為 80%。綜合上述的研究結果，更加支持了注意力不集中、過動與衝動症狀是具有遺傳性的（Barkley, 1998a）。

圖 5-1 │ ADHD 可能的發展途徑

資料來源：引自 Mash & Wolfe (2007)

二、懷孕、生產與早年的發展

由於許多研究都認為 ADHD 的發生與神經系統的發育或損傷有關，因此母

親懷孕期間的健康狀態，以及嬰兒出生後的養育情形都受到廣泛的注意。懷孕和生產可能造成損傷的原因，包括了懷孕期是否受到病毒的攻擊、產程是否順利、生產過程是否造成胎兒缺氧、出生體重不足、營養不良、神經上的損傷、嬰兒期的疾病等，都成為廣泛的研究與觀察方向（Milberger, Biederman, Faraone, Chen, & Jones, 1996; Milberger, Biederman, Faraone, Guite, & Tsuang, 1997）。另有研究指出，早產與出生體重不足的嬰兒，是未來罹患注意力不集中、過動或衝動的高危險群（Schothorst & van Engeland, 1996; Sykes et al., 1997）。而且，母親於懷孕期間吸菸、喝酒與藥物濫用等行為，都可能讓兒童陷入腦部受傷的危險當中。

三、腦部功能與神經生理學

關於大腦的運作，許多研究都將焦點指向大腦額葉（frontal lobe），因為從一些額葉損傷患者的行為觀察中，都發現他們與 ADHD 患者的表現十分相似。而且過去許多神經心理學的研究也指出，額葉與個體的注意力、執行功能以及運動功能有相當密切的關聯。

在腦容量的研究方面，Castellanos 與同事研究 ADHD 組和控制組的腦容量隨著時間的變化情形，該研究在二至三年的時間裡，藉由功能性磁振造影（fMRI）儀器重複對控制組與 ADHD 組進行腦部的影像掃描，其研究有以下的發現（Castellanos et al., 2002; Pihl & Nantel-Vivier, 2005）：

1. 在 ADHD 組的腦部影像掃描上，不論是男生或女生，其腦容量均比控制組小。

2. 針對接受藥物治療與未接受藥物治療的 ADHD 兒童比較，發現兒童接受藥物治療後，其腦容量與控制組兒童相近，這個結果和許多中樞神經興奮劑的藥物研究相近，認為藥物會刺激 ADHD 兒童額葉皮質紋狀體（frontal-striatal）部位的代謝正常化，才會使 ADHD 兒童在接受藥物治療後，其腦容量趨近於一般兒童。

3. 在縱貫性的研究中，也發現腦容量較控制組兒童小的 ADHD 兒童，若其症狀仍持續而明顯，其腦容量並不會隨著時間而產生變化，這間接地反駁了

ADHD 是一種腦部發育遲緩的說法。

在腦部的結構與功能方面，研究指出，在結構上，ADHD 患者的右腦額葉、尾核（caudate nucleus）與蒼白球（globus pallidus）比一般人小，而且這些部位的結構異常與 ADHD 的行為抑制能力不佳，有相當密切的關係（Barkley, 1998b; Casey et al., 1997; Tannock, 1998）。此外，在腦部功能掃描的檢查中也發現，ADHD症狀與額葉皮質紋狀體功能的異常有關，ADHD兒童在這些部位的血流量較低，且該部位葡萄糖的代謝量也比一般兒童低，這些證據顯示 ADHD 兒童的額葉功能表現較一般兒童差（Hechtman, 1991; Taylor, 1994; Zametkin & Rapport, 1986）。

在腦部的生化平衡與神經傳導物質方面，許多的研究者假設ADHD的症狀與腦內生物化學機制的不平衡有關，大部分的研究都注意到正腎上腺素（norepinephrine）、多巴胺（dopamine），以及血清素（serotonin）所扮演的角色（Hechtman, 1991; Taylor, 1994）。最近的研究認為正腎上腺素的失調，與注意力不集中的症狀表現有關，多巴胺不足則與ADHD兒童活動量過高、衝動控制不佳的關聯性較高，而血清素異常的現象則與ADHD伴隨攻擊行為的出現有關（Anastopoulos & Shaffer, 2001; Halperin et al., 1997; Pliszka, McCracken, & Maas, 1996）。

在電生理學方面的研究也發現，患有過動症狀的ADHD兒童有異常的電生理反應（Hechtman, 1991; Taylor, 1994）。研究發現 ADHD 兒童在心跳速率、皮膚導電度（skin conductance level, SCL）、腦波（EEG）都有反應較低的情形（Barkley, 1998a），但目前的研究尚無法對此一現象與ADHD之間的關聯作明確的分析與解釋，然而，從這樣的研究資料得知，個體的相關部位對於環境刺激做出較低的反應。

在探討腦部功能與ADHD的關係時，有許多直接證據與間接證據支持神經生理的因素與 ADHD 的形成，有相當程度的相關。

直接證據的相關研究包括：

1. 研究指出 ADHD 兒童相較於一般兒童，在心理生理功能的檢查（psychophysiological examination）有明顯的功能不足，例如腦波、皮膚導電度都

顯示 ADHD 兒童的生理反應過低。

2. 在測量大腦活動的警覺性測驗（Vigilance test）中，發現 ADHD 兒童對於刺激的反應強度過低，同時也發現他們在反應的抑制上是有缺損的（Frank, Lazar, & Seiden, 1992; Pliszka, Liotti, & Woldorff, 2000）。

3. ADHD 兒童在腦前額區（prefrontal area）以及連結邊緣系統（limbic system）區域的血流量比一般兒童低（Lou, Henriksen, Bruhn, Borner, & Neilson, 1989）。

間接證據方面：間接支持 ADHD 與神經生理損傷的證據是指，未經直接測量腦部結構或功能，而將已知的腦部位置功能與個人所遭遇的事件整合，並加以推論的結果，這包括了：

1. 生產過程與產後，個體腦部所遭遇到可能的傷害。

2. 環境中毒的因素。

3. 語言與學習上的困難。

4. 神經發展上不成熟的表徵，例如：動作不靈活、平衡感不佳與動作協調性差，以及異常的反射反應。

四、心理病理學的觀點

關於 ADHD，目前大都已獲得相當一致的看法，而這個疾病的成因，研究提出相當多的看法，也展現了相當廣泛的研究興趣，但是，目前我們對於 ADHD 的成因仍然沒有一致性的結論。有些理論認為 ADHD 有一些基本能力的缺陷，除了先前所談的注意力不集中、過動與衝動之外，最近的理論傾向於將 ADHD 的能力缺損視為在執行功能、動機、自我管理與抑制能力的缺陷。

(一) 執行功能的缺損

執行功能（executive function），指的是個人為了要達成目標，而維持著問題解決的思考方式的能力，執行功能包括了（Welsh & Pennington, 1988）：

1. 認知歷程：包括了工作記憶、心理運算、計畫和參與、思考的彈性，以及組織策略的使用。

2. 語言歷程：諸如口語的流暢性、溝通能力，以及發表自主的意見。

3. 動作歷程：體力上的分配、遵守禁止的指令、反應的抑制、動作協調與排序。

4. 情緒歷程：個人警覺的調整，以及成熟的道德推理。

ADHD 兒童經常會在上述的執行功能中，呈現一項或以上的功能缺損，其中以反應抑制能力的缺損尤其明顯（Pennington & Ozonoff, 1996）。

一些研究認為，ADHD 症狀的產生與多項基本認知功能的缺損有關，其中執行功能受損是目前獲得比較有力支持的看法（Pennington & Ozonoff, 1996; Tannock, 1998）。執行功能包括了計畫與組織能力、行為的抑制能力、策略的轉換、自我調適等。透過適當的心理測驗，能有效地評估執行功能的表現，這些工具包括「相似圖形配對測驗」（MFFT）與「信號暫停測驗」。這些測驗在進行的過程中，會要求受試者抑制某些反應，ADHD 兒童在這樣的測驗中表現顯著比一般兒童差；測驗結果顯示 ADHD 兒童是比較衝動的，而且在抑制或協調其行為或活動的能力上是有缺損的。

(二) 動機上的缺陷

動機理論認為 ADHD 兒童需要相當強或相當明顯的增強物，若是將這些兒童安排在缺乏增強物的單調情境下，其表現就會明顯變差，此外，ADHD 兒童比較喜歡立即的增強，而不願意延遲等待較大的增強物。曾經有學者提出這樣的看法，認為 ADHD 對於增強較不具敏感性，導致增強物的用量會不斷的增加，或者需要一再改變為更明顯或更具吸引力的增強物，才能有效控制 ADHD 兒童（Barkley, 1990）。如果這樣的現象推導出的理論是對的，那麼弱勢的增強或不穩定的增強，便可解釋個人為何無法持續專心、持續工作、順從他人的要求或指示；因為他們對於增強較不敏感，因此來自活動當中、日常生活中、遊戲中所得到的樂趣或增強，並無法有效達到增強其行為的效果，致使 ADHD 兒童產生對於工作不專注、東摸西摸、漫不經心的現象。

關於動機缺陷的解釋，Aman、Robert 與 Pennington（1998）的研究提出了一些反駁的證據。他們對一些 ADHD 男童進行一系列的作業測試，測試結果發

現，這些男童在作業表現上並不穩定，他們在部分的作業表現相當差，但部分作業的表現還可達到一般兒童的水準，而且 ADHD 兒童對於自己的表現不佳感到失望，如果給予機會，他們都願意立刻修正其錯誤。這個研究結果反駁了ADHD 是動機缺陷所導致的，因為 ADHD 的行為若是由於動機缺損所造成的，那麼動機問題的呈現應該是一致性與整體性的表現，然而這樣的假設與研究結果相距甚遠。

(三) 自我管理與行為抑制的缺損

探討 ADHD 的成因時，Douglas（1988）所提出的自我管理理論是目前最常被引用的理論，她使用這個包含高層次訊息處理的概念，來解釋 ADHD 的過動、衝動與注意力不集中等各個面向的症狀。Douglas 認為 ADHD 的自我管理能力的缺損是在於「抑制能力」、「調節警覺（arousal）能力」，以及「抑制導致不適切行為結果的反應」上有問題，這樣的看法讓行為的抑制能力成為解釋 ADHD 行為成因的重要概念。Quay（1997）以腦部功能為基礎，提出了一個神經生理學的模式，來解釋 ADHD 行為的成因。這個模式將人類的神經系統簡約的分為兩種主要機制，一種為「行為促進系統」（behavioral activation system, BAS），另一種是「行為抑制系統」（behavioral inhibition system, BIS），此二種神經機制的系統彼此互相拮抗。所謂行為促進系統，是對酬賞敏感的機制，它對於增強的出現有較敏銳的反應，是一種促使行為出現的神經機制。行為抑制系統則是一種對於新奇的環境刺激、沒有酬賞的行為、可能導致受處罰的行為等，產生抑制行為的神經反應，這個機制也與焦慮的反應有較高的關聯性，是一種阻止行為出現的神經機制。Quay 認為 ADHD 行為問題的成因在於行為抑制的神經系統的反應不足，造成行為抑制反應的缺損，因而導致個體無法有效抑制不應該出現的行為。

Barkley（1998a）廣泛地將行為抑制系統、執行功能與自我管理能力等概念統整成為一個行為管理的模型（見圖 5-2）。依據行為管理的模型，Barkley對於執行功能的運作有另一番的詮釋，他認為這些執行功能提供個體調整與管控其行為的能力，其重新詮釋的執行功能分述如下：

1. 工作記憶：工作記憶讓我們能夠將訊息短暫保留，並考慮如何進一步處理這些資訊。

2. 內在語言：內在語言將心像（mental representation）或內在思考系統化的呈現，作為指引行為的藍圖。

3. 情緒與動機的自我管理：這個機制主要用於監控個人的情緒與動機，並確保情緒與動機能做適當的調整。

4. 重整（reconstitution）：主要功能在於分析與統整個人的經驗，創造新的想法與作為。

　　這個行為管理的模型特別是針對具有過動與衝動行為的 ADHD 有絕佳的解釋。Barkley 指出這個模型的核心機制是「行為的抑制能力」，這個能力對於執行功能的表現占有絕對重要的影響，並透過這些執行功能的機制達到影響動作控制的目的。行為的抑制包含了三種能力，第一種抑制能力是阻斷在一些情境下可能出現的反應；第二種抑制能力是阻斷正在執行的行為。第一與第二種抑

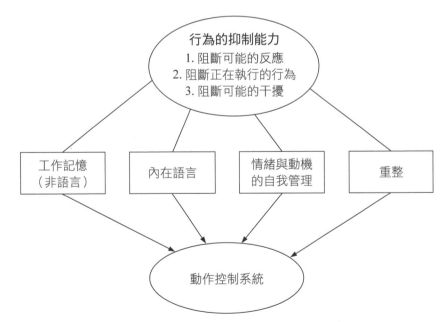

圖 5-2 │ Barkley 提出的 ADHD 模型

資料來源：引自 Wicks-Nelson & Israel (2002)

制能力運作的目的，是使自我管理能力運作時，能持續有效的運用執行功能，而發揮個人的能力；第三種抑制能力是確保執行功能能有效運作，使其不會受到其他事件的干擾。透過這三種行為抑制功能的發揮，其執行功能才能有效的運行，發揮其管理與執行的效能。從這個模型中便能了解，一旦抑制能力受損時，自我管理的能力便會受到嚴重的干擾，失去有效控管行為的能力（Wicks-Nelson & Israel, 2002）。

(四) 家庭與環境的影響

　　雖然心理、社會等環境因素並不是導致ADHD發生的直接因素，但是心理與環境變項在疾病和症狀的發展與變化方向上，占有相當重要的影響（Johnston & Mash, 2001; Whalen & Henker, 1999）。

　　研究顯示，家庭中的負面互動對於ADHD兒童的行為問題有相當重要的影響，這些負面的互動包括不適當的教養方式、管教態度不一致、婚姻不和諧、對子女的漠視與冷淡、獨斷專制的教養方式，以及對孩子的過度批判等。此外，家庭功能的失調、單親家庭、夫妻間的緊張關係等因素，都可能使家庭或父母失去原有照顧、教育、輔導孩子的功能，因而導致其症狀惡化（Campbell, 1995; Woodward, Taylor, Dowdney, 1998）。

　　親子互動過程中，父母親的角色相當重要，然而ADHD兒童的行為問題的確對父母形成相當大的困擾與壓力，這嚴重干擾了ADHD兒童與父母親密的親子互動，而促成負面的親子關係。在ADHD的高危險群中，若是家庭衝突頻繁者，容易促使兒童的行為發生偏差，惡化這些兒童過動與衝動的行為問題，而達到臨床診斷的標準。此外，家庭功能出現問題時，往往在管理兒童的規則上也較不穩定，當ADHD兒童的衝動與過動行為出現時，由於家庭氣氛的變異過大，在管理上也經常出現漏洞或不一致，此結果更令兒童無所適從，結局是使兒童的行為更加難以管理。

　　在疾病與症狀的變化和發展過程中，家庭衝突、管教方式的不一致、過度的使用懲罰都對ADHD兒童留下負面的影響。許多時候，家庭的不穩定，對家庭中的每個成員來說，都承受了相當大的壓力，如果父母對於ADHD兒童所造

成的困擾，以較為嚴厲或採取更高壓的方式管教，這樣的結果只會對兒童造成更大的傷害，並形成新的管教危機。因為這樣的管教方式只會升高親子間的對立，促使兒童產生更強烈的反抗行為，無疑地，這樣的互動結果，便孕育出兒童的對立反抗行為，而且親子互動不佳，只是讓兒童陷入另一個人際孤立的環境，讓兒童失去援助與支援系統。當這樣的情形出現後，行為規範問題的危機也逐漸浮現，如果惡性互動的循環不能及時的被制止，充滿怒氣的 ADHD 兒童只能以更為具有攻擊性與報復性的舉動，回應這個世界對他的懲罰與敵意，最終將發展為更棘手的心理疾病與社會問題。

病程的發展與相關變化

　　ADHD 是一個慢性的行為障礙疾患，其症狀在十二歲之前就已出現，而隨著年齡的增長，兒童在許多方面都有顯著的變化。ADHD 的症狀隨著兒童的成長走過學齡前期、學齡期、青春期、成人期，而在人生的不同階段，其症狀的表現也有所差異。雖然許多學者對這個疾病有相當深入的探討，但是直到近期，才有許多針對學齡期兒童進行的深入研究，而且研究中仍以男生的資料占絕大部分。因為兒童步入小學後，他們必須開始學習持續專心上課、遵守上課的規範、學習人際互動的禮儀，以及規律的作息方式，這些規矩對於 ADHD 兒童來說無疑是一個艱鉅的挑戰，因此，ADHD 兒童很容易在入學的第一年，行為問題就會顯現。雖然 ADHD 的行為問題大量地被發現的時間是在小學的階段，但是其症狀早在學齡前期就已經存在，因此，清楚地了解學齡前期 ADHD 兒童的行為特質和方式，更有助於了解這個疾病的發展與變化方向。此外，追蹤確診為 ADHD 個案的後續變化，包括青春期以及成人期的行為特質，整合這些資料便能清楚描繪出 ADHD 的病程發展與變化，如此將能有效協助臨床工作人員對個案行為的預測，提供有效的預防方法，作為修正治療與介入策略的參考。

一、學齡前期

　　ADHD 幼兒的行為不易掌控，活動量過高以及行為衝動的特性，在學齡前

階段都能找到蛛絲馬跡。大概在三至四歲時，這些幼兒就逐漸開始出現活動量過高與衝動行為，他們經常表現出缺乏合作性的遊戲或行為，傾向於不順從、不易管教，可能開始會在教室內遊走、多話，干擾與打斷其他幼兒正在進行的活動。當此時期幼兒的行為模式持續地表現過動、衝動與對立行為達到一年或以上時，他們是 ADHD 的可能性就相當高了。

也有研究指出具有過動與攻擊性的學齡兒童，他們早年在幼兒時期大部分屬於難以教養的氣質類型（磨娘精型，difficult temperament，參閱第三章），這些幼兒的行為往往是不加思索地突然做某些事，或突然改變其要求，因而經常在幾個活動或遊戲之間不停的轉換、經常抱怨生活無趣、對於日常生活的瑣事常顯得相當抗拒與強烈的反抗，且汲汲於追尋立即可得到的酬賞。此時期幼兒的父母開始覺得孩子難以教養，因為這些幼兒開始出現與父母對立或反抗要求的行為，而其攻擊性或不合作的行為，經常引來老師或同儕的抱怨，更增加了父母在管教上的困擾，也加深了父母在對此幼兒行為管理上的挫敗感與無奈。研究顯示，學齡前期的幼兒，其注意力不集中與靜不下來的行為，與一般幼兒是有明顯差異的，只是在行為問題出現的順序上，衝動與過動的行為比注意力不集中的問題要早出現（Barkley, 1998a; Campbell, 1990, 1995; McGee, Williams, & Feehan, 1992）。

二、學齡期

五到七歲時期，注意力不集中的症狀隨著入學而變得顯而易見，因為上課時，兒童必須持續地專注於老師的上課內容，也必須持續表現目標導向的行為，這些要求對 ADHD 兒童而言，簡直是不可能的任務。因此，到了六歲進入小學以後，90% 的 ADHD 兒童都會被發現，這些兒童的行為問題如果持續地出現，ADHD 兒童將面臨人際互動上的挫折與不被諒解，面臨來自同儕的排斥、學業成就低落、學習遭遇困難，隨之而來的是不斷地懲罰與糾正，如此發展的結果，學校成了懲罰的代名詞，而學業表現不佳與行為問題所導致的負面回饋，使兒童更加排斥學校的生活。惡性循環的結果，致使兒童與學校關係疏離，ADHD 兒童發展出負面的自我概念，大大地影響其學習動機，間接地也促發了對立反

抗行為與敵意的發展，進而演變成更為嚴重的問題，包括攻擊行為、反覆的說謊與嚴重的社會人際互動的問題，甚至嚴重違反校規或犯罪問題。

三、青春期 🌟*

ADHD的症狀與行為問題隨著年齡的成長呈現不同的變化，許多ADHD兒童並不因為長大了，其行為問題就消失，有的甚至在步入青春期之後，行為問題反而更加嚴重。在主要症狀方面，從兒童時期到青春期，過動的問題逐漸減緩或消失，甚至不再被診斷為 ADHD，然而其他的症狀或問題行為卻依然存在，大約30% 至 80% 的 ADHD 或相關的問題，到了青春期仍然是相當明顯的，包括了學業上的問題、學校表現不佳、一再地違反校規、品行問題、反社會行為、吸菸與藥物濫用、違法行為、自尊心低落與情緒困擾等仍都持續影響著這些青少年（Barkley, 1998a; Fischer, Barkley, Fletcher, & Smalish, 1993; Slomkowski, Klein, & Mannuzza, 1995）。

四、成年期 🌟*

研究顯示，ADHD 兒童長大後，約有 50% 到 60% 的成人他們的主要症狀會終生存在，或者仍然有社會關係方面的損害、憂鬱、焦慮、低自尊、反社會行為、藥物濫用、教育或職業方面的損害（Barkley, 1990; Mannuzza, Klein, Bessler, Malloy, & La-Padula, 1993, 1998; Shaw et al., 2012）。這些 ADHD 成人的行為表現是經常覺得生活無聊或無趣、總是靜不下來、持續尋找新奇的事物或刺激，並且常會面臨到工作的不穩定與工作上的困難，其工作職位通常不高，在人際關係上也不和諧。這些成人較可能會有危險的性行為，可能會有多重性伴侶的問題，或進行沒有避孕措施的性行為，而導致年紀很輕就做父親，或者染上性病（Barkley, 1998a; Hansen, Weiss, & Last, 1999）。雖然如此，患有ADHD並不等同於低成就或與犯罪連結，也有一些人有卓越的事業與成就，例如影星羅賓·威廉斯與綜藝節目主持人吳宗憲，從他們的成長與兒時的回憶來看，他們都很可能在兒童時期被診斷為ADHD，然而，在他們的家人與個人的努力之下，最後終能成就一番大事業。

🎋 診斷與衡鑑

不論接受心理衡鑑的原因是為了診斷，或是為了治療，一些判斷ADHD的基本準則是相當重要且值得深入了解的，這些準則是（APA, 2000; Wicks-Nelson & Israel, 2002）：

1. 由於ADHD的症狀與問題廣泛地包含了生理、心理與社會層面，因此在衡鑑的時候就必須對個案進行廣泛的資料蒐集，包括主要症狀、相關行為問題、家庭功能、人際關係與生理功能檢查。

2. 由於ADHD的症狀表現可能與情境有密切關聯，因此在衡鑑時必須對於不同情境的表現加以評估，例如：在家中、學校、安親班與才藝班的行為。

3. 由於ADHD與發展的現象有關，蒐集發展史就顯得相當重要，而且衡鑑時兒童年齡不同，其對照的標準也就不同，因此，發展上的變化是極需要密切注意的。

4. 由於ADHD經常與其他心理疾病共同出現，因此診斷時應小心評估其他共同出現的症狀，以有效區辨。

5. 對於六至十二歲兒童，若出現注意力不集中、活動量過高、行為衝動自制力差、學業成績表現差、嚴重行為問題時，臨床工作人員都應小心考慮，評估其ADHD的可能。

6. 進行ADHD的衡鑑時，需要由父母、老師或主要照顧者提供與ADHD兒童主要症狀有關的直接觀察、評估資料、發病年齡、症狀持續的時間，以及功能受損的情形。

7. 許多心理測驗並不一定與ADHD的診斷有直接的關聯，但是對於評估其他共同出現的診斷或行為問題，有相當的幫助，因此，心理測驗在使用上，應特別注意其使用的目的，例如：鑑別學習障礙、智能不足。

上述的臨床評估參考要點並不是唯一的作業方式，只是希望在面對ADHD時能夠以更完整的方式來了解兒童，以獲得最佳的判斷。以下分別探討在ADHD的臨床心理衡鑑時，可用以蒐集資料的方法。

一、會談與行為觀察 ★

在評估ADHD兒童時，父母親常是兒童問題的重要資訊來源，我們經常透過與父母會談的方式來了解兒童的問題有哪些。會談的進行應保持彈性，會談的目的並不是要獲得準確的常模參照資料，而是為了獲得與兒童有關的生長史、疾病史、家庭成員及互動史、就學的經歷與學校生活史、行為問題的內容與嚴重度，以及兒童的優缺點等資訊，習慣上，這些資料的取得比較是採用非結構性的會談方式進行。然而，為了在資料的統整與盡可能符合標準化的考量下，會談也可以採取半結構式的方式來進行，這樣所獲得的資料將更具結構性，也可作為進一步研究的依據。不論在診斷的需求或是建立治療的方向上，親子互動都扮演相當重要的角色，所以，會談期間對於親子互動特別需要深入了解，也需要仔細詢問各種情境，例如家庭生活或休閒生活時，父母親如何教養或如何與個案互動，這些生活化的資訊都能讓臨床工作者對個案有深入的了解。

會談的另一位重要主角就是我們的個案，會談的內容或時間長度，可能會因為兒童的年齡不同而有所差異。對於年紀較小的兒童，會談只是用來讓彼此認識、初步建立關係，以及觀察兒童的外觀與行為。臨床工作者在解釋兒童行為觀察的現象時要格外謹慎，因為ADHD兒童在會談或評估時的行為表現，通常都比一般時候表現得還要好，所以在應用行為觀察資料形成臨床印象或假設時，應小心避免以偏蓋全的錯誤。對於年齡比較大的兒童或青春期的ADHD少年，他們較具有談論其能力上的缺陷、家庭互動的問題、學校成績或人際關係等困擾的能力，因此，可以透過會談了解其主觀看法與感受。

與老師接觸以獲得資料的重要性僅次於家長，因為兒童在學校的時間相當長，老師有許多的機會觀察與了解個案，特別是在上課時的表現、學習的成效、學業成就表現、同儕人際關係等，老師都能提供相當豐富而有用的資訊。然而，要與老師面對面的會談通常是比較困難的，若是能與老師透過電話會談則是另一個有效的溝通管道，這樣能夠讓臨床工作者清楚地了解個案的學校表現，並澄清許多疑問。此外，平常老師向父母反映個案問題的內容、老師在聯絡簿上的記錄與留言，都是可以得到老師訊息的管道。

另一方面，直接的行為觀察是最有用的衡鑑工具，這個方法對於衡鑑ADHD兒童在主要症狀、教室常規、同儕互動、學習表現、親子互動、手足關係等方面都能提供相當豐富的資料，這不僅有助於診斷，對於建立治療計畫亦是不可或缺的資料，但是實際執行上卻有相當的困難，而且也耗費太多的時間與精力，屬於一個相當昂貴的衡鑑方法。

在臨床的執行上，直接的觀察資料，可從執行心理測驗或會談的過程當中取得質性資料，例如智力測驗或注意力測驗過程中，可觀察到個案的不專注、過動或衝動症狀，包括四處走動、搖動椅子、離開座位或突然的站立等，而會談的過程也可以觀察到親子互動的方式（蔡明富，2000）。

二、行為的評估量表

評估ADHD時，由父母或老師所填寫的行為評量表，是一個相當方便也相當受歡迎的工具，這些量表提供了個案的主要症狀與一般兒童比較的參照，協助在評估個案的症狀或行為問題的嚴重程度時，有一個參考的架構。量表的使用，不僅可以協助我們在短時間內了解個案的問題，同時也對於與ADHD經常一同發生的症狀或行為問題，提供了一個初步篩選的資料（周文君、王雅琴、陳永成，1993）。臨床或研究上經常用來廣泛地評估各種行為問題的量表是「兒童行為檢核表」（Child Behavior Checklist, CBCL）（Achenbach, 1991a）。另外，也有一些量表是針對某些特殊的行為問題、學校行為表現或行為困擾而設計的，例如：「ADHD評量表IV」（ADHD Rating Scale IV）（DuPaul et al., 1998）。而Conners所發展的父母親與教師版的行為評量表在ADHD的初步篩選時，是一個相當簡便與經常被使用的工具（Conners, Sitarenios, Parker, & Epstein, 1998）。雖然有許多品質優良的量表，但是在使用量表時，仍然需小心檢查各量表的適用性、信度與效度，如此所獲得的資料才能作為輔助臨床判斷的有利工具。

另外，從父母照顧ADHD兒童所承受的壓力這個觀點來看，在針對ADHD個案進行心理衡鑑時，個案的家庭功能和父母親承受的壓力與情緒狀態，都可能是資料蒐集的方向，因此，一些親職功能的評量表，或是與成人情緒或壓力

有關的評量，也是相當需要使用的工具，這些量表包括了「親職壓力量表」（Parenting Stress Index）（Abidin, 1983）[1]、「貝克憂鬱量表」（BDI-II）（Beck, Rush, Shaw, & Emery, 1979）[2]等。

三、臨床使用的測驗工具 ⭐

對於 ADHD 的衡鑑，實際執行的臨床檢查能提供客觀的證據以支持診斷。一般而言，對於個案的持續性注意力與衝動性，可以透過實驗室的檢查或評估，得到相當客觀的數據，由於這些在衡鑑上使用的測驗，對於標準化的施測與解釋都有相當嚴格的控管，因此，測驗所得到的資料具有相當的客觀性與說服力。

(一) 注意力的評估

在實驗室的檢查中，持續性注意力是以「持續性操作測驗」（Continuous Performance Test, CPT）來完成檢查的目的。目前有許多種持續性操作測驗的版本，其基本的概念都是讓受試者在一系列的刺激中辨別目標刺激，當目標刺激出現後，受試者需按鍵作答。依據受試者作答的情形可區分為錯誤作答（commission）、忽略（omission）等不同的得分型態。錯誤作答指的是受試者對於非目標刺激按鍵作答的次數，這樣的作答反應與不專心（inattention）和警覺性（vigilance）不足有關，也反映出個人的抑制能力不足。一些以 ADHD 為對象的研究顯示，ADHD 兒童在「持續性操作測驗」的得分當中，錯誤作答的得分明顯高於一般兒童，而他們的反應時間也都比一般兒童長（Losier, McGrath, & Klein, 1996; Taylor, 1995）。但是，如果個體的注意力問題是因持續性注意力缺陷所致，那麼隨著持續性操作測驗作業的增加，其得分或表現應會更差，然而，許多研究的結果並沒有一致性的支持此一看法，因此，注意力不集中是否確實是由持續性注意力的缺陷所致，仍待更多後續的研究區辨（Taylor, 1995; Vander Meere, Wekking, & Sergeant, 1991）。

---

1 「親職壓力量表」中文版由心理出版社發行。
2 「貝克憂鬱量表」中文版由中國行為科學社發行。

關於持續性注意力的測量，以相同原理設計的「持續性操作測驗」版本有許多種，包括 Conners 版的持續性操作測驗（Conners, 1995）、Test of Variable of Attention（TOVA）（Greenberg & Waldman, 1993）以及 Gordon Diagnostic System（Gordon, 1983）。這類測驗之所以會廣泛地受到使用，與其能有效地區分 ADHD 與一般兒童在持續性注意力的表現有相當大的關聯。

(二) 衝動控制的評估

ADHD 兒童的行為表現是衝動的、不經思考的，這樣的行為往往與個體抑制行為的能力有關，因此在臨床上評估兒童抑制其衝動行為的能力，也是評估 ADHD 兒童症狀的一項重要指標。

關於衝動性的評估，需要透過客觀而量化的方式進行，在實驗室的檢查中，有許多方式可以評量個體的衝動性行為，檢驗出 ADHD 的衝動控制障礙，常用的心理評量工具是「相似圖形配對測驗」（Matching Familiar Figure Test, MFFT）與「信號暫停測驗」（Stop-Signal Test）。

MFFT 的施測，是呈現一個標準的測驗圖卡和六張與標準圖卡僅有極小差異的圖卡，受試者需在這六張圖卡中找出與標準圖卡相同的卡片。在這個測驗中，受試者的反應速度與錯誤分數即為衝動性的指標分數，研究顯示，在這些指標分數中，ADHD 兒童與一般兒童在錯誤的得分差異達顯著，也就是說，「相似圖形配對測驗」的錯誤分數能有效地鑑別 ADHD 兒童與一般兒童在衝動控制上的差異（Whalen, 1989; Wicks-Nelson & Israel, 2000）。

另一個在臨床上經常使用的測驗工具是「信號暫停測驗」。這個測驗是在螢幕上出現✕或○的符號，當受試者看到其中一個符號出現時，須自兩個按鍵中按下對應的按鍵作答，而當某個特定的訊號出現時，受試者必須暫時做出「不按鍵」的反應，也就是說，受試者有的時候必須抑制其原有的反應模式。在一些關於「信號暫停測驗」的研究中也發現，ADHD 兒童在「信號暫停測驗」中的表現，顯著低於一般兒童的測驗表現。綜合了這些研究結果，顯示在 ADHD 這個疾病中，動作反應的抑制能力扮演了相當重要的角色（Oosterlaan, Logan, & Sergeant, 1998; Schachar & Logan, 1990）。

(三) 其他臨床常用測驗

　　智力測驗對於 ADHD 而言，並不是一個常規性的診斷測驗，但是在協助釐清 ADHD 個案是否同時也罹患學習障礙或智能不足等問題上，智力測驗能提供清楚、客觀與可供比較的分數，並且可依智力測驗結果，作為修正其學業成就的期待標準。雖然智力測驗對 ADHD 並不能提供診斷性的意見，但是 ADHD 兒童在智力測驗上仍有其特有的得分組型，例如在「魏氏兒童智力量表」（WISC-III）中，ADHD 兒童的測驗得分剖面圖裡，經常能看到鋸齒型的得分方式，亦即各分測驗間的得分經常是高低起伏相當明顯與不穩定的。

　　其他可用以評估 ADHD 的測驗，包括有 Leiter Performance Test- Revised 中的持續性注意力測驗、NEPPSY 測驗中的注意力／執行功能的指數等，都能有效區分 ADHD 與一般兒童的表現。

治療

　　ADHD 的治療，因為治療方向與目的之不同，有許多的介入策略與治療方法，這些方法包括藥物治療、個別諮商與心理治療、親職技巧訓練、課業輔導、行為治療、認知治療、生理回饋訓練與社交技巧訓練等。一般而言，對於 ADHD 主要症狀的治療，藥物治療與行為治療是最常被考慮使用的治療方法。然而，由於 ADHD 兒童除了表現出主要症狀之外，在心理社會功能上也經常伴隨著各種形式的困擾與障礙，因此在治療的選擇上，除了主要症狀，其他衍生的情緒或行為問題也需要併入考慮。所以，治療的實施往往不是只採用單一種治療模式，很多時候會因為個案的需要，併用數種不同的治療方法，以達到維護當事人最大利益的目的。在 ADHD 的治療上，治療的目的並不在於治癒疾病，治療的方向與概念主要在於症狀的控制，減緩症狀對個人或環境所形成的干擾和損害，協助個案適應環境要求，與症狀和平共存，而且以發展適切與有效的因應策略，克服症狀所帶來的困擾，增進心理健康為治療的終極目標。

一、藥物治療

　　ADHD的症狀治療，藥物的使用行之有年，使用藥物的概念是，ADHD出現的原因是因為神經化學物質的不平衡所導致，因此透過藥物的幫助可達到症狀改善的目的。雖然至今我們對於造成ADHD確切的神經化學機制尚不清楚，對於藥物如何作用而達成症狀改善的機轉也不明瞭，但是在臨床上仍有多種的藥物都曾用來治療 ADHD（如表5-3）。就目前的研究所知，中樞神經興奮劑與抗憂鬱劑這兩類的藥物對於緩解 ADHD 症狀是比較具有效果的。

表 5-3｜常用於治療 ADHD 的藥物

中樞神經興奮劑：治療的第一首選
Ritalin（Methylphenidate）
Concerta（Methylphenidate）
Dexedrine（Dextroamphetamine）
Cylert（Pemoline）
Adderall（Combined Amphetamine and Dextroamphetamine）
抗憂鬱劑：治療時第一考慮的替代性藥物
Tricyclics（例如 Desipramine, Imipramine）
其他種類的抗憂鬱劑
較少使用的藥物
抗驚厥劑
降血壓藥
抗精神病藥物

資料來源：引自 Wicks-Nelson & Israel (2002)

　　在這些眾多的藥物中，經常被使用的藥物為利他能（Ritalin）、專思達（Concerta）、Dexedrine、Cylert，其中利他能和專思達是最常被使用與最為廣泛研究的藥物。研究估計，有75% 的 ADHD 兒童，在接受興奮劑藥物治療的情況下，他們在實驗室的情境、結構性較強的環境（例如：教室），或是一些原本很容易誘發ADHD症狀的情境中，他們注意力不集中的情形獲得改善，而且衝動與過動的行為也可獲得有效控制。因此，家長、老師與專業人員都應協

助兒童，建立正確與規律的服藥習慣，協助讓兒童不排斥服用藥物，讓服藥成為一種生活習慣，就像是看東西要戴眼鏡、走路要穿鞋一樣，讓兒童知道服用藥物就像是一種生活上的輔助工具，使用它能讓生活變得更加方便與舒服（Wicks-Nelson & Israel, 2002）。

雖然興奮劑有許多令人稱羨的作用，但是在興奮劑的使用上並不完全令人滿意，藥物治療的效果仍具相當大的爭議。首先，如果 ADHD 的成因是因為神經化學上的不平衡所導致，那麼為何興奮劑對於 20% 至 30% 的患童無明顯的療效，而且當兒童同時患有憂鬱或焦慮的問題時，他們對於興奮劑的反應不佳，反而對於抗憂鬱劑有較佳的反應？而且即使藥物可改善症狀，但是藥物的效果還是短暫的、暫時性的改變，缺乏長期治療的效果。

其次，許多興奮劑的治療都伴隨著嚴重的副作用，常見的副作用有失眠、食慾減低、噁心、胃部不適、頭痛、煩躁、生長遲滯等，雖然這些副作用在停藥後二至三週內會減緩或消失，生長的問題也會在停藥後恢復，而且研究也認為這個藥物是相當安全的。但是這類藥物抑制兒童成長的副作用，確實是一個不容忽視的問題，為了避免持續抑制孩童的生長，醫師通常會建議在假日、寒暑假期間以及週間教室課程較少的日子裡，停止服用藥物，以減低藥物對生長所帶來的抑制效應，也因此形成了上學才吃藥，放假就不吃藥的藥物假期（drug holidays）現象（Kaplan & Sadock, 1998b; Katic & Steingard, 2001）。

另一個值得注意的現象是，由於興奮性的藥物作用相當快速，而且能在短時間內改善症狀的干擾，因而頗受一些美國家長與老師的肯定，然而過去這十年來，興奮性的藥物治療用量顯著升高，在美國約有 130 萬名兒童使用此藥物，大約是占總兒童人口 3% 的兒童常態性的服用此藥物，而且利他能在北美地區的使用量就為全球用量的五倍。這樣的現象相當令人懷疑，這個藥物在美國已受到濫用，而 ADHD 也可能遭到過度診斷，使利他能成為一種廣為使用的專心工具，又稱為專心丸或數學藥丸（math pill）。

不論利他能這個藥物的爭議、副作用，或使用的限制，就目前的情形來說，中樞神經興奮性藥物對 ADHD 的治療仍是最具症狀改善的藥物。即便如此，藥物也僅能改善主要症狀，而對於此疾病所衍生的社會與人際互動等各方

面的問題，仍無法有效提供協助，因此，在治療的考慮上，仍應合併採用親職管理訓練、行為治療與教育性的介入等服務（Mash & Wolfe, 2007）。

二、行為治療

　　儘管藥物治療能在短期內改善個案的症狀，卻仍有一些 ADHD 兒童對於藥物並無明顯的反應，或是一些兒童無法忍受藥物帶來的副作用而停止服藥。即使 ADHD 兒童服用藥物，這些兒童在行為、學業、社會關係、常規的服從，以及人際互動等方面，仍然面臨相當多的困難，這些難題的解決，經常會需要透過行為治療，協助個案建立合適的行為或技巧。許多研究都指出，行為治療是藥物以外最佳的替代性治療方法。行為治療強調對於有效控制注意力、增強衝動控制行為、規則的服從、學業上的努力，以及社會互動等行為結果的重要性。對 ADHD 兒童來說，持續一段時間提供明顯與效力強的增強物，才能有效改善其行為問題，建立適當的行為模式。進行增強的過程中，除了提供代幣或點數來兌換各種增強物之外，適時提供社會性的增強，例如口語上的讚賞與公開表揚，都是效果非常良好的增強方式。

　　對於部分 ADHD 兒童，只提供正增強是不夠的，那並不能有效地改善其行為問題，因此適時地以負面的結果或讓個案付出其行為應有的代價，或使用暫時隔離法，來改善偏差行為，也是一種可替代的行為改變方式。原則上，行為問題的改善應該盡可能採用正增強的方式來執行，對於 ADHD 兒童來說才會有更佳的效果。因為透過正增強建立適當行為與累積其正向與成功的經驗，對於個案而言，才更有可能願意接受新的挑戰，也才有可能改善其偏差的行為。畢竟透過負面的結果回應，或者過度使用懲罰都會產生負面的情緒效應，這對 ADHD 兒童來說，並不是一個最佳的訓練法則與方向。

　　行為治療的實施，在執行的場所上應有所選擇，通常在醫院或資源班的執行會較為順利。因為任何一個行為治療方案的設計與實施，都需要考慮執行時可能面臨的困難、變異與干擾因素，因此治療的開始通常需要選擇較為單純與可控制的情境，等到治療效果呈現時，再逐漸將這樣的改變由治療的情境類化到一般的生活環境當中，達到改善日常生活行為，消除生活困擾的目標。

在協助ADHD兒童改變行為的過程，往往需要兒童、心理師、家長、老師等各種角色的通力合作。在治療的過程中，不同階段往往有不同的工作重點，而每一個角色在不同階段所扮演的角色可能不同，其工作內容也皆有不同。依據筆者的經驗，可將ADHD兒童的行為治療分為五個階段，以下分別說明各階段的治療重點與工作內容。

(一) 治療起始期

起始期通常會在幾種情形下開始：(1)父母親帶兒童前往心理師的門診，希望能透過適當的心理測驗與衡鑑，了解兒童問題行為的原因；(2)疑似ADHD兒童被轉介至心理師處，進行鑑別診斷；(3)已做過各種心理測驗，也已診斷為ADHD的兒童，在父母的陪伴下，前往心理師的門診，希望能改善其各項的ADHD症狀與行為問題。

此階段的主要角色有ADHD兒童與心理師，此時，心理師需要主動地與兒童建立關係，使用的方法可以是會談、遊戲、角色扮演或是各種的互動方式，其目標是建立兒童對心理師的信任感，以及一致性的互動模式。例如以行為取向的遊戲治療介入時，在起始期心理師會選擇適合兒童年齡的遊戲，一方面透過遊戲與兒童建立關係，一方面在遊戲進行中與兒童討論並訂定遊戲規則，進而搭配代幣制度，增強兒童遵守規則的行為，同時也建立兒童與心理師互動的一致性——即遵守心理師的規則，ADHD兒童一定會得到他想要的好結果。

在兒童與心理師的關係穩定，以及互動的規則建立之後，心理師將邀請ADHD兒童的照顧者參與遊戲，照顧者在心理師的指導之下，一邊與ADHD兒童進行遊戲，一邊建立照顧者與ADHD兒童的互動規則。在遊戲進行的過程中，心理師逐步將兒童與心理師互動的規則移植到ADHD兒童與照顧者上，照顧者在心理師的指導與修正下，學習如何應用正增強的技巧，增強ADHD兒童與照顧者的互動。當ADHD兒童與照顧者間的互動趨於穩定之後，此項遊戲將成為照顧者與ADHD兒童的家庭作業，如此，將有機會把治療室內所建立的規則延伸至家庭情境中，為將來的行為改變奠定穩定的基礎。

此時期除了建立與ADHD兒童穩定的互動機制之外，另有兩項重要的任

務。首先，心理師需與照顧者密切的討論，透過增強物調查表的使用，蒐集ADHD兒童喜愛的各種增強物的資訊，以作為未來發展行為改變方案之基礎。其次，照顧者需持續填寫二至四週的異常行為觀察紀錄，藉此，可充分蒐集ADHD兒童的行為問題，以建立該兒童的行為問題資料庫，再依據行為問題的嚴重程度與發生頻率，將所有的行為問題作適當的分類與排序。

(二) 治療初期

在改變ADHD兒童的行為時，首先會面臨同存增強（concurrent schedules of reinforcement）的問題，也就是兒童行為的改變與否，與兒童從事這個行為是否可以立即獲得增強物、增強物的數量、對增強物的喜好程度，以及從事該行為時所需要付出的努力多寡有關，因此，在行為改變的初期，大量的運用正增強是必經的過程。

承接治療起始期ADHD兒童與心理師或照顧者所建構的互動經驗，ADHD兒童的順從性會隨著遊戲與互動時間的增加而增長。此時期，心理師除了持續修正照顧者行為的介入技巧與執行方式之外，更重要的是，心理師需要開始著手規劃下一階段的工作。所以，心理師需要與照顧者密切討論先前所歸納的行為問題，並針對每一個行為問題發展出適當的替代行為或互斥行為，並藉由增強互斥行為的行為改變技術，改善原本的行為問題。其執行的程序將依據先前行為問題的排序，從問題行為嚴重度最輕微的行為開始，以每週增加一至三個新的互斥行為的速度，加入代幣方案中，並藉著每週固定的討論，持續修正照顧者的執行程序，如此將能有效的將行為治療的方法與程序，延伸至家庭中，並協助照顧者改善ADHD兒童在家庭生活中所造成的干擾與困擾。

在此時期，有一個相當重要的觀念，就是協助孩子獲得「成功的經驗」，因為任何成功的行為改變，都是建立在過去的成功經驗上。成功的經驗可以改變ADHD兒童的信念，提升「我能感」（mastery feeling），讓他認為他可以做得到，他可能會成功，達到目標並非遙不可及。所以，當ADHD兒童與照顧者或心理師形成愈多成功的互動經驗之後，他愈願意去嘗試及面對挑戰。

因此，在家庭行為改變方案開始執行的最初二週，照顧者需盡可能協助

ADHD 兒童達成預定目標而獲得增強物。此時的執行重點不在於 ADHD 兒童的行為改變有多明顯，或 ADHD 兒童是否確實順從要求了，相反地，心理師所扮演的角色是協助照顧者如何「放水」，讓 ADHD 兒童達成目標又不留痕跡；心理師要協助照顧者降低原本對 ADHD 兒童要求的標準，讓 ADHD 兒童能輕易地達成目標。如此，方能讓 ADHD 兒童形成一種信念——「改變行為並不是一件做不到的事」，兒童才會跟隨照顧者的腳步，逐步改善其行為問題，這樣的做法不僅可以改善兒童的行為問題，更能增進兒童的「我能感」，引導兒童投入於行為改變方案之中。

(三) 治療中期

隨著治療初期的兩週行為改變方案成功執行之後，第三週至第八週的執行重點在於修正兒童的行為問題，此時，心理師與照顧者每週的會談都會將目標集中在兒童的偏差行為上，並於每次修訂行為改變方案時，逐步增加生活規則及提升欲改變行為的難度。由於行為改變方案中，行為的規範與難度的提升，都需要維持在 ADHD 兒童稍加努力即可達成目標的難度水準下，配合著過去的成功經驗，ADHD 兒童將願意持續跟隨著照顧者的腳步，改變其偏差行為。

在此階段，心理師仍需間歇性地與 ADHD 兒童維持遊戲或互動，並在互動過程中，檢視 ADHD 兒童對於代幣制度與增強機制的順從度，以作為修正行為改變方案的參考，並維持 ADHD 兒童與心理師的密切互動。一方面，心理師與照顧者合作的重點，在於如何調整規則與執行的難度，因為調整行為改變方案的難度，應避免短期內快速提高難度，而削弱了兒童參與行為改變方案的動機。另一方面，心理師應開始蒐集 ADHD 兒童在學校的偏差行為，並參照治療起始期對行為問題的蒐集與排序方式，將 ADHD 兒童在學校的行為問題分類，並發展出替代行為列表。

在協助 ADHD 兒童改善偏差行為時，常常需要提醒照顧者，ADHD 兒童的生活經驗中，接受懲罰、責備、他人的不同意等等，幾乎是天天都在發生，由於環境中的懲罰與負面的回饋往往會帶來負面的情緒效應，導致 ADHD 兒童長期累積過多的負面情緒，對環境或同儕的敵意與負面歸因，因而誘發 ADHD

兒童較為激烈的回應、攻擊行為，以及對周遭人的敵意反應。由於此類的敵意與攻擊行為多數與生活中的懲罰或負面的對待有關，要改善 ADHD 兒童與周遭他人的惡劣互動關係，便需要先改善負面情緒與敵意，這正是行為改變方案中會大量使用正增強、增強替代行為、增強互斥行為、區別增強低頻率反應（differential reinforcement of the low rates，簡稱 DRL）、區別增強零反應（differential reinforcement of zero responding，簡稱 DRO）、區別增強互斥反應（differential reinforcement of incompatible responding，簡稱 DRI）等技巧的原因，因為透過這些技巧可以成功改變一些不適當的行為，同時又可以避免使用懲罰所帶來的負面情緒作用。依循這樣的邏輯思考所發展的行為改變方案，經常會大量的使用正增強，並且，當行為改變者在正增強的使用率增加後，ADHD 兒童的負面情緒或攻擊行為的出現率會減少。相反的，部分行為改變方案的執行者，經常會在方案執行不久之後，便加入了扣／減點數的規則，如此，將大大降低正增強所帶來的效益，也落入懲罰引發負面情緒的循環之中。

(四) 治療後期

ADHD 兒童經歷治療中期的介入之後，行為問題的改善趨於穩定，其行為的改變也由治療室內的改變，成功地類化至家庭，藉著這樣的成功經驗，心理師便能再將行為改變的觸角延伸至學校。在開始將治療效果延伸至學校之前，首先會面臨的問題是，孩子是否能成功地自主管理，而這正是一個「內在控制」與「外在控制」的重要概念。

所謂「內在控制」，指的是個體的行為受其內在的標準所掌控，個體能有效地克制其內在的衝動，並以適當的方式展現其行為，而行為的表現亦可依據自己內心所訂定的規則與規範執行，其內在的想法與外在行為之間的連結密切。而「外在控制」指的是，個體的行為表現，受外在的酬賞或懲罰所控制，因此，個體行為的控制權，完全由外在的酬賞系統所掌控，個體內在的掌控能力不佳。

在從事 ADHD 兒童行為改變時，發展個體的「內在控制」是相當重要的一環，因為能夠成功的建立 ADHD 兒童「內在控制」的能力，才能有效協助兒童將外在的行為標準，內化成兒童的內在標準，形成「內在控制」的力量，使兒

童能更有效的改善其行為，重新獲得對自己的掌控感。

在實際的執行上，心理師會逐步引導照顧者，修正其行為改變方案，於執行規則中加入一項「一致率」的指標，並要求ADHD兒童依據行為改變方案的規則進行自我評分，而後，每天在固定的時間，比對ADHD兒童與照顧者的評分結果，兩者的評分差異若是落在一致率的誤差範圍之內，則可依據照顧者的計分進行兌換增強物，若是計分結果超出誤差範圍，則當天的執行即宣告失敗，ADHD兒童將失去兌換增強物的機會。這樣的設計，是為了讓ADHD兒童能學習自我控制，有效率地依照先前訂定的規則執行，並且趨近照顧者的執行標準，如此，兒童方能跟上照顧者的腳步，提升其自我管理的能力。

所謂一致率是指評分者間的一致性，假設一致率訂定為70%，這表示容許照顧者與ADHD兒童的計分差異可達30%。其計算方式如下例：照顧者計分為50點，兒童計分為38點，其計算方式為：

1. 計算照顧者計分的容許區間，即 $50 \times 0.3 = 15$，再以 50 ± 15 作為計算區間的依據，便可計算出有效的得分區間為 35 至 65。
2. 兒童的計分為 38 點，落在計分的容許區間內，當日執行代幣的點數為有效。
3. 依據照顧者所記點數，進行兌換增強物。

(五) 治療結束期

隨著行為改變方案的有效執行，ADHD兒童的行為問題逐步獲得改善之後，行為規範的增強給予方式將由持續性增強（continuous reinforcement）轉變為間歇性增強（intermittent reinforcement），藉此將能使ADHD兒童適當行為維持在穩定的出現率，進而逐步撤除（fading）ADHD兒童對於方案的依賴。

三、團體治療 🌟

ADHD兒童常常因為其衝動控制的問題，造成頻繁的人際衝突，也因此而逐漸被排除在主流的同儕互動之外，此時，ADHD兒童將因為缺少互動的機會，而減緩其社會互動技巧的成長，長此以往，ADHD兒童的人際互動亦顯得

更為魯莽與格格不入。為了避免 ADHD 兒童在人際關係的發展趨於不利的地位，通常會藉由人際關係導向的團體治療，協助案主發展社會互動的能力。

在團體治療的過程中，心理師會導入許多人際互動訓練的方案，並將人際互動的事件嵌在遊戲之中，ADHD 兒童配合遊戲的進行，必須與其他的團體成員維持互動，藉此過程，心理師便有機會引導 ADHD 兒童學習以適當的方式與同儕互動。以下介紹筆者依據其經驗，所發展的團體治療主題與內容的片段。

(一) 學習人際互動禮儀

在團體分組或尋找組員的過程中，ADHD 兒童需要學習禮貌的邀請或接受他人的拒絕，同時也藉此機會提供 ADHD 兒童適當的回饋，讓 ADHD 兒童了解經常無法找到同伴的原因，可能與其平常的不恰當行為、容易發脾氣、說話不禮貌等有關，引導 ADHD 兒童修正其口語表達方式。

(二) 學習輪流與等待

在遊戲或競賽的進行過程中，心理師將提供有限的媒材，創造出一個資源有限的環境，讓 ADHD 兒童有機會練習輪流使用與借用媒材，以及耐心等待他人將媒材用畢，再與其協商借用媒材。

(三) 學習面對輸贏的結果

在競賽的遊戲過程中，每一位兒童都希望能獲得比賽的勝利，ADHD 兒童在獲得勝利的過程中，有比較高的機會出現較為粗魯、缺乏控制、干預他人或違反遊戲規則等行為，進而造成人際衝突。在團體進行的過程中，透過競爭性的遊戲，心理師可以在遊戲中適當的操控，引導 ADHD 兒童學習抑制衝動與情緒，並遵守團體規範全程參與競賽活動，接受競賽的結果；此外，心理師亦可透過適當的操控，製造 ADHD 兒童輸掉比賽或失去進階比賽的機會，藉此協助 ADHD 兒童學習面對與接受比賽輸贏的結果。

(四) 學習團隊合作

在團體的進行中，心理師導引兒童以二至三人為單位進行分組，並藉著競賽性的遊戲，使小組成員需學習摒除濃厚的個人主義、學習與他人合作、學習觀察組員的優勢能力、支援組員、學習工作分配、學習團隊合作，共同努力以獲得勝利。

(五) 學習溝通協商與妥協

心理師在帶領團體的過程中，常常會拋出二至三個競賽主題，由參賽的個人或組別相互討論，並決定競賽遊戲、相關的競賽規則，以及獎賞與懲罰的規定。由於在競賽的過程中，各組成員可能各有其擅長的項目，因此，在討論與決定競賽項目時，就需要溝通、協商，討論出一個多數人可以接受，而且能讓少數人參與的結果，這相當需要溝通、協商與妥協的能力。在溝通的過程中，常常會出現參與的同組組員意見不一致或參賽的個人之間僵持不下，以及出現激烈討論的過程。心理師則會在團體成員討論但無法獲得共識，或無法妥協的情形下，適時的引導成員或拋出問題解決的方法，讓成員們繼續討論，以獲得最後的共識，展開比賽。透過這些競賽性的遊戲，參與的成員們一次又一次的經歷提議、討論、協商、破裂、再提議、再討論、再協商、妥協，達成共識，共同參賽，面對競賽的結果，讓成員們在團體進行的過程中，有機會反覆的演練溝通與協商的技巧，並經歷一次又一次的妥協，以提升其人際互動技能。

(六) 學習專心聆聽他人說話

團體進行過程中，透過代幣制度的執行以及輪流邀請成員的自我介紹、分享學校生活、假日生活、各人喜好事物等過程，讓成員有機會練習表達能力；同時，聆聽他人自我介紹的成員，也需要專注於成員的報告，並記憶他人所分享的資訊，才能在心理師隨機點選的時候，可以完整地報告成員所分享的資訊，讓自己獲得更高的積分。另外，在團體的作業中，心理師會提出各種不同的作業，每一個作業可能包含三至十個不同的步驟或階段，心理師會在作業開始前，

詳細敘述每一個步驟所需要完成的作業要求之後，再交由成員獨立完成。學員必須在心理師解說每一個步驟時，仔細聆聽每一個步驟的要求，才有機會在最短的時間內完成心理師所交付的作業。在這個過程中，團體成員需學習排除干擾、專注於聆聽他人所分享的資訊，詳細了解每一個步驟進行的程序，透過反覆演練，學員才有機會提升個人在團體情境中抵抗分心並專注於事件的能力。

四、生理回饋

應用生理回饋技術於改善ADHD兒童的焦慮問題，基本上都是行為治療理論的一種應用，也是一種再學習的歷程。大約25%的ADHD兒童同時也面臨過度焦慮的困擾，因此，改善ADHD兒童焦慮的問題在協助方案中，亦是一個相當重要的主題。心理師透過生理回饋儀器的協助，便能從 ADHD 兒童的呼吸心跳變異率（heart rate variability, HRV）、皮膚導電度變化（skin conductance level, SCL），以及末梢血液流量（blood volume amplitude, BVA）等生理數值的變化，研判 ADHD 兒童的生理激發狀態（physical arousal）。藉著儀器的輔助，配合放鬆訓練的導引，心理師便能協助ADHD兒童學習以較為和緩、放鬆的方式面對問題，以改善焦慮現象所帶來的困擾。

將生理回饋與放鬆訓練應用於ADHD兒童時，常遭遇到的問題是這類儀器與軟體多半是透過曲線圖來呈現各種生理資訊，在應用上，往往不利於教導兒童判讀，也不利於訓練的進行。The Journey to Wild Divine 是一套應用生理回饋技術的裝置，其裝置的體積小，方便攜帶，在軟體介面上，除了提供傳統的各項生理資訊的曲線圖之外，更提供了多元而豐富的遊戲訓練軟體，大幅提升了兒童參與放鬆訓練的動機，也可以有效地提升放鬆訓練的成效。

五、親職管理效能訓練

作為好動、行為衝動、順從性差，天天接收學校老師、同學，或其他家長抱怨的ADHD兒童的父母，真的是一件相當辛苦又耗費心力的工作。許多父母都用盡各種方法與策略，用鼓勵的、用騙的、用說的、用警告的、用打的、用罵的都試過了，即使再怎麼嚴厲的處罰，似乎效果都不大。這樣的結果往往讓

父母跌入無助、無奈、憂鬱或憤怒的情緒深淵中而不可自拔。當父母陷入如此困境中，這種情緒會散播到家庭的每個成員身上，而形成一種負向的循環。為了解除家庭所面臨的這種困境，「親職管理效能訓練」（parent management training, PMT）提供了相當多有效的策略、技巧與方案，協助父母處理個案的對立反抗行為、父母養育 ADHD 兒童過程中所面臨的情緒衝擊，以及協助父母發展有效策略，使個案的問題行為獲得控制、避免不斷的惡化，此外，也協助父母發展有效的問題處理技巧，以保護其他家庭成員，避免成員也受到負面情緒的影響。

親職管理效能訓練，對於學齡前與學齡期兒童具有較佳的行為改變效果，因為學齡前與學齡階段，家庭與學校都是具有高度結構化的情境，所以，針對父母的訓練方案，協助父母使用行為管理的技巧，能夠發揮較大的效用（黃裕惠，1997）。這個訓練的初期經常對父母進行 ADHD 疾病的衛生教育，包括其可能的生理病因，消除父母親對於個案問題是因為他們管教失當所致的罪惡感，之後再教導父母親關於行為改變技術的基本知識，並引導父母練習經常使用立即、有效的增強物來增進個案的正向行為，以及要求父母練習原諒個案，以一個寬容的態度來面對個案，試著讓父母發覺與欣賞個案的正向表現與優點，逐步修正父母對個案的看法。此外，也讓父母練習事先計畫如何改變個案的行為問題，並且也試著以疾病的觀點來看待個案，了解個案的行為問題，並不是個案故意或不願意自制的結果，讓父母能了解個案也是症狀的受害者，增強父母協助個案的動機。

在治療者的指導下，父母親需學習行為改變技術的技巧，包括行為觀察與記錄、指定目標行為、建立基準線、選擇替代行為、在正確的時機增強個案的正向行為等，有效的運用正增強以及增強替代行為，來改善不當行為的出現，並透過訓練父母建立居家的代幣制度，使辛苦建立的正向行為能持續出現，且建立新的與良好的行為習慣。此外，父母也需學習將家庭訓練的成效，逐漸地轉移至學校，透過與老師密切的聯繫與合作，將學校的優良與正向行為表現，納入原有的行為改變與代幣制度方案中，讓學校與家庭的行為管理規則趨於一致，提供一個簡便的行為遵循規範，以利於兒童遵行。

　　另一方面，父母也應了解，當兒童行為逐步改善時，這是父母與個案共同努力的結果，個案必須花費相當大的心力才能達成父母與他們所訂定的共同目標，藉此增進父母對個案有同理的了解。治療者也可以鼓勵父母每天都能撥出一些時間陪個案，與個案分享當天所發生的事件，討論對事件的看法與感受，或參與個案的遊戲或活動，增進親子間的正向互動。透過這樣的過程使個案能得到最大的成就與最少的失敗經驗，協助其建立正向的自我概念，與願意接受挑戰和嘗試新生活的勇氣。許多的研究結果都認為，親職管理效能訓練能有效地降低 ADHD 兒童的對立與反抗行為，也能有效地建立正向行為。特別是這個治療方法是具有長期療效的，對個案的情緒與行為都有顯著的改善，而如果能同時合併藥物治療，則對於 ADHD 的主要症狀與相關行為問題都能有非常令人滿意的改變（Barkley, 1998a; Kazdin, 1993）。

六、教育性的介入

　　在學校或教室的處理策略，基本上與親職管理效能訓練相當類似，只是執行者由父母轉變為老師，然而由於情境的轉變，在策略上也有所更動。在教室裡，老師除了提供正向的回饋來增進個案的正向表現之外，由於個案受到症狀的影響，有時仍會在上課時出現分心、干擾上課秩序等行為，為了不影響老師的班級經營，以及全班同學的權益，建立實用性的班規，適時對個案的干擾行為使用一些處罰，對於 ADHD 兒童有相當強的約束力，例如扣除代幣的點數、取消個案的部分權力，或短時間的暫時隔離等，都是可以考慮採用的方法（吳麗寬，1999；Pfiffner & Barkley, 1998）。在教學方法上，改變引導技巧與教學方式通常都能增進個案的學習成就，例如建立對 ADHD 兒童合理的期待與其可能達成的目標、上課時增加視覺線索或圖像輔助、在教學與學習時提供線索引導其做出正確反應並給予立即的鼓勵、讓個案成為幫手／小老師協助解決難題或解答／說問題等。另外，在桌上放置圖片或卡片，作為個案離開座位前先舉手問老師或上課要說話時先舉手等視覺線索的提醒，都能有效改善其行為問題。以學校為出發點的行為改變方案，除了改善個案的行為問題之外，往往對其學業成就和學習成效都有明顯的助益（DuPaul & Eckert, 1997）。

七、多重模式與整合性介入模式 ⭐*

　　許多研究都一致地指出，興奮劑的藥物治療對於ADHD兒童的行為問題，短期內有明顯的改善，但是不可諱言的，藥物治療仍有其不足之處也有一些負作用。雖然行為治療或親職管理效能訓練能成功地改善兒童的行為，但這樣的方法在改變的效率上較不理想，而且執行的過程中，對於照顧者來說形成相當大的負擔。由於沒有任何一種單獨的治療兼具短期或長期的治療效果，或對主要症狀或相關問題都能有效改善，因此，對於各層面治療的考量，合併兩種或整合多種治療方法是一個未來的趨勢。

　　有些ADHD兒童在接受藥物治療之後，其症狀獲得改善，負面行為的出現率下降，但是這種藥物所改善的行為或症狀，並沒有改變他人對這些兒童的負面評價，而且藥物帶來的改變對於同儕的接納和社會人際互動行為的改善都沒有明顯的變化，這樣的現象可能是因為藥物只能使負面行為出現的機率下降，但沒有辦法增進個人的社會互動能力，導致單純的使用藥物治療對於同儕的接納，以及個人的負面名聲並沒有顯著的幫助。因此，適時地對ADHD兒童實施社交技巧訓練，改善社會互動能力，提升人際互動技巧，在改善ADHD的同儕問題上，扮演相當重要的角色（黃蘭雯，2000；Mash & Wolfe, 2007）。

　　在ADHD治療方法上的探討，採用多種模式的治療，以及各種療法之間效能的比較，一直受到相當大的關注與研究。美國國家精神衛生研究院（NIMH）即針對此主題進行關於ADHD兒童採用多重模式治療的研究（Multimodal Treatment Study of Children with ADHD, MTA Study），治療的方法分類為：積極的行為治療、單獨使用興奮劑的藥物治療、整合性介入（合併使用藥物治療與行為治療）、一般社區型照護。研究結果發現長期治療的效果中，整合性介入比單獨使用興奮劑的藥物治療對ADHD症狀的改善更為明顯，而且整合性介入的長期結果可以降低興奮劑的藥物使用劑量（Conners et al., 2001; The MTA Cooperative Group, 1999; Shaw et al., 2012; Swanson et al., 2001）。然而，此研究結果在八年的後續追蹤研究時，出現了戲劇性的變化，原本研究中各組的改變效果在八年的長期追蹤後消失，因此關於 MTA 研究，仍有許多的爭論（Molina et

al., 2009;Shaw et al., 2012）。

一項關於ADHD治療的長期效果研究，分析了自1980年至2010年所進行的各類ADHD治療共351篇論文，並將這些研究結果依據治療成效的順序區分為藥物濫用與成癮行為、學業表現、反社會行為、社交與人際關係、職業功能、自尊、駕駛行為、法律與社會服務的使用、肥胖等九大類；研究結果顯示，接受治療的ADHD族群，在上述九大類行為的長期成效表現雖未能達到一般族群的水準，但其表現均優於未接受治療的ADHD族群（Shaw et al., 2012）。

八、集中火力的治療——夏令營式的治療方案

ADHD的治療進展，常讓人覺得緩不濟急，許多家長與老師都希望能加快改善ADHD兒童各方面的問題，因此一些更為積極與集中火力方式的治療方案便孕育而生。Willian Pelham 於 1996 年發展了一個示範性的方案，採取夏令營式的積極性治療，該方案針對五至十五歲ADHD兒童實施為期八週360小時的治療，這樣的治療時數，相當於進行七年的傳統治療。在這個夏令營當中，包含了持續的藥物治療、親職管理效能訓練與教育性的治療等統整的治療教育活動，這些兒童參加治療就好像參加夏令營的活動，但活動內容包含教室課程與娛樂活動。透過這樣的治療服務，有兩個最大的優點：第一是這個方案提供了相當豐富的機會，讓ADHD兒童有機會學習適切的同儕互動，建立合適的社會人際互動規範；第二，在遊戲與課程或活動期間，提供了機會讓兒童重拾過去一年的學業，透過再學習的機會，補足以往的不足。參與這個方案的兒童，經過父母與專業人員的評估發現，他們在整體社會互動、社交技巧、人際關係、學業成就都有明顯進步，而在主要症狀、行為問題的嚴重度上也都有令人滿意的改善（Pelham et al., 2000）。

九、家庭諮商與支持性團體

先前已談過 ADHD 兒童的家庭面臨嚴峻的挑戰，對於父母來說，教養ADHD 兒童是相當辛苦與充滿挫折的，除了面對 ADHD 兒童的問題，手足的抱怨與抗議，以及來自學校與社會的壓力，常常讓照顧者心力交瘁。照顧者的

辛苦、心情與經驗，如果能夠透過家庭諮商的服務，對於家庭成員互動、婚姻關係，以及壓力的調適，都有相當大的幫助。而支持性團體的成立，能系統化地提供正確的知識、教育與治療的技巧，對照顧者而言更是提供一個豐富的經驗交換與分享的空間，讓不同年齡層兒童的家長能藉著經驗的分享，提供多元的處理問題經驗的傳承，同時對照顧者也具有情緒支持與互相打氣的效用，更因為有同伴支持的力量與經驗分享，使照顧者更具能力協助他們的孩子面對未來的挑戰（Mash & Wolfe, 2007）。

Chapter 6
行為規範障礙症與
對立反抗症

薛惠琪

案例

案例一

　　小宇是個國小三年級的學生，媽媽常常接到學校老師打來的電話，述說小宇在學校跟老師頂嘴、罵老師、打同學等事件；在家中，小宇常因媽媽無法立即滿足其要求而生氣大罵；做錯事時，經常怪罪是別人害他的。小宇在家不聽從父母的話，在學校也無法遵守校規。

案例二

　　小麗已國中畢業，在學校時就不喜歡讀書，常與朋友至網咖徹夜不歸，回到家中媽媽念她幾句，即大聲回罵、頂嘴，甚至摔東西；每次與媽媽吵架後，就離家數日找不到人，與朋友在外遊蕩，缺錢即回家偷家人錢，並在朋友唆使下，與朋友一起偷機車、夜遊、飆車及打架。爸爸的打罵、媽媽的嘮叨、法院的保護管束與感化教育，都無法讓小麗改變。

　　前述案例都是出現行為問題，無法維持適當的人際關係，也無法依循社會規範。這些都是行為規範障礙症與對立反抗症之特徵，關於其主要症狀與相關

症狀、DSM-5 的診斷準則、鑑別診斷、共病、盛行率、病因的心理學觀點、病程的可能變化、衡鑑、治療的方向等，本章將有詳細的介紹。

前言

在每個孩子成長的過程中，都曾有過不乖、不聽父母的話、頂嘴或是說謊等行為，但是這些行為總是會隨著年齡成長，度過特定的發展階段就好了（三歲與青春期的孩子常出現前述行為），雖可能為父母帶來困擾而需費心管教，但不致嚴重影響孩子的生活與社會適應功能。若是孩子的行為問題之嚴重程度已影響其無法遵守校規與社會規範，進而無法適應與回歸學校生活，則需考慮是否為行為規範障礙症或對立反抗症之相關症狀，並給予適當的協助與治療。

在提及有關行為問題的孩子時，常被使用的名詞包括有：disobedient（不服從）、aggressive（攻擊）、antisocial（反社會）、challenging behavior（挑戰行為）、oppositional（對立性）、defiant（違抗）、delinquent（違法），以及 conduct problems（行為規範問題）等（The Royal College of Psychiatrists），在 DSM 系統則將其稱為 conduct disorder，本章以「行為規範障礙症」來指稱 conduct disorder。

主要症狀與相關症狀

一、主要症狀

對立反抗症的個案主要出現的問題是反抗大人的規定、不聽大人的話、易與大人或權威作對，甚至做出言語或肢體上傷害別人的行為；行為規範障礙症者，除出現前述症狀外，更易出現攻擊行為，且有偷竊、對人行為粗暴或做出違法行為等現象。

二、相關症狀

　　由於上述主要症狀之影響，個案在人際互動上常遭遇很多問題，例如無法維持長久穩定的人際關係、缺乏適當的社交技巧，或常攻擊同儕而被同儕排斥等問題。

　　根據許多研究發現，行為規範障礙症與對立反抗症之個案，其智能發展較同齡者落後，尤其是語言表達能力較不好，因此無法以語言適當表達自己的情緒，而會以較衝動的方式表達，出現自我控制的問題。再加上學習無法跟上同儕，留級與逃學是可預見的結果。

　　前述種種現象，經長年累積後，個案之自尊心必會受損、自我概念偏差，因而將別人與其互動的意圖做出負向的歸因。若家庭中無法提供適當的管教與缺乏家庭凝聚力，甚至家中成員之互動狀況不好，極易引發個案做出自傷、藥物濫用或不當性行為等傷己又傷人之事。

🎋 DSM-5 診斷準則

　　DSM-5 將情緒自我控制和行為自我控制的問題歸類於「侵擾行為、衝動控制及行為規範障礙症」（Disruptive, Impulse-Control, and Conduct Disorders）大類。雖然其他疾患也會有情緒和行為調節的問題，但「侵擾行為、衝動控制及行為規範障礙症」的行為問題是特別會去侵犯別人的權益，或者是與社會常規、權威人士發生明顯的衝突；因此 DSM-5 亦將諸如病態縱火症、病態偷竊症和反社會型人格障礙症歸屬於此類別（請參閱第四章）。行為規範障礙症與對立反抗症是「侵擾行為、衝動控制及行為規範障礙症」其中的兩種疾患（APA, 2013），它們的診斷準則如下（引自台灣精神醫學會編譯，2014；APA, 2013）。

一、行為規範障礙症的主要診斷準則

A.違反他人基本權利或年齡相稱的主要社會常規或規定，成為重複且持續的行為模式，於過去十二個月中，至少出現下列類別中十五項準則中的三項，而

於出現的準則項目中，在過去六個月裡至少有一項是存在的：

攻擊人及動物

1. 經常霸凌、威脅或恐嚇他人。

2. 經常引發打架。

3. 曾使用可嚴重傷人的武器（如：棍子、磚塊、破瓶子、刀、槍）。

4. 曾對他人施加冷酷的身體凌虐。

5. 曾對動物施加冷酷的身體凌虐。

6. 曾直接對受害者進行竊取（如：街頭搶劫、搶錢包、勒索、持械搶劫）。

7. 曾逼迫他人進行性行為。

毀壞所有物

8. 故意縱火，意圖造成嚴重破壞。

9. 故意毀壞他人所有物（縱火除外）。

欺騙或偷竊

10. 闖入別人的房子、建物或汽車。

11. 經常說謊以取得財物或好處，或者逃避義務（即指欺瞞別人）。

12. 曾在未直接面對受害者的情境下，竊取值錢的物件（如：未破壞門窗或闖入的順手牽羊；偽造）。

重大違規

13. 不顧父母的禁止，經常深夜在外；十三歲之前就有此行為。

14. 在與父母或父母代理人同住時，曾逃家至少二次，或是曾有一次長期逃家不歸。

15. 十三歲之前開始經常逃學。

B. 此行為困擾引起臨床上顯著社交、學業或職業功能減損。

C. 若滿十八歲，應未達反社會人格障礙的診斷準則。

　　註明是否有：兒童期初發型：在滿十歲之前至少出現一項行為規範障礙症症狀；青少年期初發型，在滿十歲之前未曾出現行為規範障礙症之症狀；非特定的初發型，符合行為規範障礙症診斷準則，但資訊不足以決定第一個症狀是否出現於滿十歲之前或之後。

特別註明：有利社會情緒不足：要符合此項註記，個人在多重關係和情境中，應超過十二個月持續出現至少二項下列特徵。這些特徵反映個體在此期間的人際及情緒功能，而非在某些情境下偶發。故評估此註記準則需有多重資訊來源，除個人自述外，需要有熟知患者長時間的他人的報告（如：父母、老師、同事、親戚、同儕）。

1. 缺乏懊悔或罪惡感：做錯事不覺得不好或愧疚（排除只有在被捕及／或面對懲罰時的懊悔）。個人通常對於負面行為後果表現得毫不在乎。舉例來說，傷害別人後毫不懊悔，或不在乎違規後果。

2. 冷酷無情——缺乏同理心：不顧也不在意他人感受。個人被描述為冷漠、不關心他人，即使導致他人非常大的傷害，也較在意本身行動對自己所造成的作用，而非對別人的作用。

3. 不在意表現：毫不在意學校、職場或其他重要活動中表現不佳／問題重重。縱使期望清楚，也毫不努力去做好，並且總是將其不佳的表現怪罪於他人。

4. 情感表淺或缺乏：對他人不顯露感覺或表達情緒；除了表淺、不誠懇或表面的形式（如：行動與表現的情緒相矛盾；可以很快的將情緒「開」或「關」），或是用表情以獲得好處（如：展現感情以操控或威嚇別人）以外。

註明目前的嚴重度：

1. 輕度：行為問題超過診斷準則很少，且行為問題造成他人傷害的程度尚屬輕微（如：說謊、逃學、天黑後未經許可逗留家外、其他違規）。

2. 中度：行為問題數目及對他人的影響，介於輕度與重度之間（如：未直接面對受害者的情境下的竊取、故意破壞）。

3. 重度：超過診斷準則所需的行為問題數目很多，或者造成他人相當大的傷害（如：強迫性交、冷酷的身體凌虐、使用武器、直接對受害者進行竊取、破壞門窗或闖入）。

二、對立反抗症的主要診斷準則 ⭐

A.生氣／易怒情緒、好爭辯／反抗行為或具報復心的行為模式至少持續六個月，
　呈現下列任何類別的症狀至少四項，且至少在與一位非手足者互動中顯現：

生氣／易怒情緒

　1. 經常發脾氣。

　2. 經常是難以取悅的或易受激怒的。

　3. 經常是生氣的與憤慨的。

好爭辯／反抗行為

　4. 經常與權威者爭辯，或於兒童及青少年則是與成人爭辯。

　5. 經常違抗或拒絕服從權威者的要求或遵守規則。

　6. 經常故意去惹惱別人。

　7. 經常將自己的過錯或不當行為怪罪於他人。

有報復心的

　8. 過去六個月中至少有二次懷恨或報復的行為。

註：需以這些行為之持續與頻率區辨某一行為屬正常範圍或者是症狀；除非
　　另有症狀（準則A8）註明，對未滿五歲以下的兒童而言，行為至少在六
　　個月期間的大多數日子裡發生。對滿五歲者而言，這些行為應至少在六
　　個月期間每週發生一次；雖然這些頻率的準則提供症狀最低準則的指
　　引，其他因素亦應考量。例如：行為頻率與強度是否在個案發展程度、
　　性別及文化常模之外。

B.這些行為困擾與個人或他人在其緊密的社交場合（如：家庭、同儕團體、同
　事）中的苦惱或是負面影響社交、教育、職業或其他重要領域功能有關。

C.這些行為不是僅出現於精神疾病、物質使用障礙症、憂鬱症或雙相情緒障礙
　症，此準則也不符合侵擾性情緒失調症。

註明目前的嚴重度：

　1. 輕度：症狀只侷限於一種情境（如：在家時、在學校、在工作場所、與同
　　　儕一起）。

2. 中度：一些症狀出現於至少二種情境。

3. 重度：一些症狀出現於三種或更多種情境。

🎋 鑑別診斷

在 DSM-5（APA, 2013）中提及，對立反抗症與行為規範障礙症都與行為規範問題有關，且都會與大人或其他權威人士（例如：老師、工作的督導者）發生衝突，但是對立反抗症的行為較行為規範障礙症不嚴重，且不會有對人或動物攻擊、破壞物品或是欺騙偷竊。此外，對立反抗症有情緒調節的問題（例如：易怒情緒），而行為規範障礙症之診斷準則並無此問題。當符合兩個診斷標準時，可同時給予對立反抗症與行為規範障礙症兩個診斷（APA, 2013）。

注意力不足／過動症（請參閱第五章）常與對立反抗症共病。當需要額外給對立反抗症診斷時，很重要的是需確認個案不能遵從他人的要求，並不是在他被要求需持續努力注意或是要求他一直坐著的情境下所出現之行為。雖然注意力不足／過動症個案之活動量大和衝動行為常具有侵擾性，但他的行為並沒有違反社會規範或別人的權益，因而不符合行為規範障礙症之診斷準則。當符合兩個診斷標準時，可同時給予注意力不足／過動症與行為規範障礙症兩個診斷（APA, 2013）。

憂鬱症與雙相情緒障礙症（請參閱第十章）通常與負向情感和易怒有關。如果症狀是在雙相情緒障礙症的病程內，則不能給對立反抗症之診斷。對立反抗症與侵擾性情緒失調症共同會有的症狀是長期負向的情緒與脾氣暴躁，但是侵擾性情緒失調症之脾氣暴躁的嚴重度、頻次及持續時間較對立反抗症嚴重。因此，只有少數對立反抗症的兒童或青少年，同時被診斷有侵擾性情緒失調症。當情緒障礙已嚴重到足以符合侵擾性情緒失調症之診斷時，即使個案符合對立反抗症之診斷準則，也不需要給對立反抗症的診斷。憂鬱症與雙相情緒障礙症與行為規範障礙症之鑑別診斷需視病程而定，行為規範障礙症個案不管是在過去或現在，其所出現之攻擊或非攻擊的行為規範問題，並沒有伴隨情緒障礙。當符合兩個診斷標準時，可同時給予雙相情緒障礙症與行為規範障礙症兩個診

斷（APA, 2013）。

　　間歇暴怒障礙症也是跟憤怒的出現頻率有關。但是，符合此診斷的個案會出現嚴重的攻擊他人的行為，此行為不是對立反抗症的診斷準則（APA, 2013）。間歇暴怒障礙症與行為規範障礙症都有較高比率會出現攻擊行為，但是間歇暴怒障礙症是有限的衝動性攻擊行為，而不是有計畫性的，且其攻擊行為的目的也不是為了獲得一些東西（例如：錢、權力、恐嚇）；此外，間歇暴怒障礙症並未包含行為規範障礙症的非攻擊症狀。當同時符合間歇暴怒障礙症與行為規範障礙症兩個診斷準則時，只有在重複出現衝動性攻擊行為且有理由給予獨立的臨床意義時，才能給間歇暴怒障礙症之診斷（APA, 2013）。

　　智能發展障礙症（請參閱第十二章）的個案，只有在與相同心智年齡與相同智能發展障礙症嚴重程度者相比較時，明顯出現更多對立反抗行為時，才能給對立反抗症（APA, 2013）。此外，對立反抗症需與因語言理解能力受損（例如：耳聾）而無法遵從指令者，進行鑑別診斷。對立反抗症亦需與因害怕負面評價的社交焦慮症個案出現之反抗行為進行鑑別診斷。

　　如果臨床上顯著的行為規範問題並未符合其他特定疾患之診斷準則，但卻是很清楚的知道與發生社會情境壓力有關，且在壓力源解除後的六個月其行為規範問題仍未解決，則需考慮適應障礙症（伴隨行為規範問題，或是情緒與行為規範混合之障礙）。只有在重複且持續出現行為規範問題，且會造成其社會、學業或職業功能受損，才能給行為規範障礙症的診斷（APA, 2013）。

共病

　　對立反抗症個案有較高比率會出現注意力不足／過動症（請參閱第五章）。而對立反抗症個案也常會演變成行為規範障礙症，較常見於兒童期初發者。對立反抗症個案有較高風險會得到焦慮症或雙相情緒障礙症（請參閱第七章與第十章），這現象可能歸因於易怒的情緒症狀。青少年或成人之對立反抗症個案，有較高的比率會有物質使用障礙症（APA, 2013）。

　　行為規範障礙症的個案常會伴隨出現注意力不足／過動症（請參閱第五

章）與對立反抗症，且伴隨出現此共病現象的個案之預後較差。具有反社會型人格障礙症之人格特質者，常會侵犯別人的基本權益或是違反符合其年齡的社會規範，因而導致他們的行為模式常符合行為規範障礙症的診斷準則。行為規範障礙症也可能同時出現下列一種或更多種的心理疾病：特定的學習障礙、焦慮症（請參閱第七章）、憂鬱症或雙相情緒障礙症（請參閱第十章）及物質相關及成癮障礙症。學業成就表現（尤其是閱讀和其他語文技巧）通常會在其年齡和智力水準所期待的水準之下，且通常會證實其有特定的學習障礙或溝通障礙症等額外的診斷（APA, 2013）。

另外，關於對立反抗症之鑑別診斷，還需考慮是否個案之對立性行為是某些年齡發展階段之典型特徵，正值兒童早期與青少年期的孩子常因此階段之身心發展所需而出現對立性行為。此外，還需考慮個案是否是因語言理解能力受損而出現對立性行為。至於智能發展障礙症（請參閱第十二章）個案伴隨出現之對立性行為，則需在考慮與其年齡、性別及障礙程度相符合之智能發展障礙症個案相比較下，仍出現較明顯嚴重的對立性行為時，才考慮診斷為對立反抗症。

關於共病性與合併可能出現的問題，在陳信昭與陳碧玲（1999）所翻譯之書中，提及許多行為規範障礙症的孩子，常合併出現焦慮症或雙相情緒障礙症（請參閱第七章與第十章），且易存在學業、社交、情緒及家庭關係等問題。學業問題的出現是因行為規範障礙症的孩子經常無法完成作業、不會唸書、與老師的關係不好，且大都無法靜下心來學習所造成。行為規範障礙症的孩子因對於社交情境之線索產生錯誤解釋，加上缺乏解決社交問題的技巧，致使其一直存有社交問題。由於學業問題與社交問題，使行為規範障礙症的孩子在周遭生活環境中，容易受挫，因而出現低自尊、情緒低落或焦慮等情緒問題。長期的家庭功能不彰，加上父母管教不當，家庭關係問題在行為規範障礙症孩子之家中經常見到。

🎐 盛行率

盛行率受到轉介來源與求診動機之影響，不同研究結果間有較大的差異。在 Kerrin、Jacques 與 Grad（2003）的文獻中，提到 Phelps 與 McClintock（1994）之研究發現，在美國的行為規範障礙症之盛行率為 6%；在 Mash 與 Wolfe（2007）書中所提到，在北美的行為規範障礙症之盛行率為 2% 至 6%，對立反抗症之盛行率為 12%。DSM-5（APA, 2013）中提到，在美國的行為規範障礙症一般母群樣本之盛行率研究結果為 2% 至大於 10%，中位數為 4%。行為規範障礙症在不同國家不同種族之盛行率相當一致，行為規範障礙症之盛行率從兒童至青少年有增加傾向，男生大於女生，較少有變差的行為規範障礙症兒童獲得治療；至於對立反抗症之盛行率研究結果為 1% 至 11%，平均值預估約 3.3%，但對立反抗症之盛行率會受到小孩的年齡和性別的影響而有差異，青春期前男生的盛行率大於女生，約為 1.4：1。目前筆者尚未蒐集到有關台灣的盛行率資料。

🎐 病程

DSM-5（APA, 2013）提及行為規範障礙症最早可在學齡前兒童期發病，但第一個明顯症狀通常出現在兒童中期至青春期中期。對立反抗症是兒童期發病型行為規範障礙的前兆，成人也可以給行為規範障礙症的診斷，但是行為規範障礙症的症狀通常出現在兒童期或青春期，且很少在十六歲之後發病。行為規範障礙症發病後的病程變化之變異大。大部分的個案在成人期會緩解。大多數的行為規範障礙症個案（尤其是青春期發病型和那些有較少較輕症狀者）在成人期之社會職業適應是適當的。但是早期發病型個案之預後欠佳，且會增加成人期出現犯罪行為、行為規範障礙及物質相關及成癮障礙症之風險。行為規範障礙症有較高風險會在成人期出現雙相情緒障礙症、焦慮症、創傷及壓力相關障礙症、侵擾行為、衝動控制及行為規範障礙症、思覺失調類群及其他精神

病症、身體症狀及相關障礙症及物質相關及成癮障礙症。

　　關於對立反抗症之病程變化，DSM-5（APA, 2013）提到對立反抗症第一個症狀通常出現在學齡前期，且很少在青春期早期之後出現。對立反抗症常會發展成行為規範障礙症，尤其是兒童期發病型的行為規範障礙症。但是也有許多對立反抗症的兒童和青少年後來沒有發展成行為規範障礙症。對立反抗症即使沒有出現行為規範障礙症，仍有較高風險會出現焦慮症和憂鬱症。違抗、好爭辯及懷恨記仇，常會有較高風險出現行為規範障礙症；而生氣易怒的情緒則會有較高風險出現雙相情緒障礙症。對立反抗症在不同年齡層出現之症狀是一致的。對立反抗症的兒童和青少年長大成人時，出現許多適應問題（包含有反社會行為、衝動控制問題、物質濫用、焦慮及憂鬱）的風險增加。

　　在學齡前期與青春期，許多對立反抗症之相關行為出現的次數會增加，因此，在這些發展階段特別重要的是，在描述這些行為是對立反抗症之症狀前，需依照其常模水準評估這些行為出現的次數和強度，以確定其行為是符合常模水準之行為表現，還是已達對立反抗症之診斷（APA, 2013）。

　　有研究提及，嬰幼兒時具「難養型氣質」之孩子，長大後容易出現攻擊行為。行為規範障礙症之發病年齡最早為五至六歲，在學齡前期可發現個案出現易怒、脾氣暴躁等現象。常見之發病年齡在青春期早期。

　　由神經生理因素引發之行為規範障礙症，大都是從幼年持續至成人皆可見其行為問題，甚至發展為反社會型人格障礙症。而在青春期才發病的個案，主要受同儕影響較大，是否會持續至成人期，而出現犯法、離婚、不當管教子女等行為或反社會性行為，則與個案生活中之家庭、健康及工作等因素之影響有關。

　　對立反抗症個案不見得都會發展成行為規範障礙症，同樣的，並不是所有行為規範障礙症個案，都會發展成為反社會型人格障礙症之患者。可能影響之危險因子為：學齡前期發病、學齡前期有潛藏之攻擊行為、特殊之父母與家庭因素、不同情境中皆可見其出現反社會性行為、反社會性行為之強度、出現次數及行為模式等，都會影響個案之預後發展。

病因

　　關於行為規範障礙症之病因，主要是就攻擊行為與衝動控制行為來看，以下分成基因、神經生理、社會認知、家庭及社會文化等因素來介紹。

一、基因因素

　　許多關於收養與雙胞胎之基因遺傳研究發現，基因與攻擊行為有關，但與偷竊、說謊之相關較低。在天生氣質之研究發現，幼年之難養型孩子，或是有神經心理功能缺損、衝動控制不好的孩子，於青春期出現反社會性行為之可能性較高。

二、神經生理因素

　　人類之腦部有兩套處理行為的系統：一是「行為促進系統」（behavioral activation system, BAS），主要作用是促進得到獎賞或免於受罰的行為；另一系統稱為「行為抑制系統」（behavioral inhibition system, BIS），主要作用是抑制受罰或無法得到獎賞的行為。

　　行為規範障礙症者天生在此兩個系統之運作上與別人不同，他們的行為促進系統過於活躍，而行為抑制系統之作用又過低，因此，無法經由處罰有效抑制其不適當的行為，因而產生行為問題。

三、社會認知因素

　　不成熟的思考方式（例如：不符合發展年齡之自我中心思考、缺乏社會知覺）與認知扭曲（例如：將中性刺激解釋為有敵意的刺激），以及無法用口語表達來調適行為反應，都是造成攻擊行為之社會認知因素。

　　Dodge 與 Newman（1981，引自洪榮照，無日期）的研究發現，高攻擊性兒童比一般兒童在判斷他人意圖時，在較少線索下即做出決定，因此容易造成錯誤的敵意歸因，並顯示出較高的衝動性及較差的自我控制能力。Crick 與

Dodge（1994，引自Mash & Wolfe, 2007）以社會認知理論來解釋攻擊行為，認為主要是因為兒童對於社交情境之線索產生錯誤解釋，加上缺乏解決社交問題的技巧致使出現攻擊行為；他們提出登錄、解釋、反應搜尋、反應決定及行動等五個步驟來說明產生攻擊行為的訊息處理過程。首先，當具有高攻擊行為的兒童面對其需問題解決的社交情境，並進行搜尋線索時，較少注意整體線索且會輸入較少的訊息就採取行動；當訊息輸入較少時，對於情境之理解就變得模糊，在面對模糊情境時，傾向將別人的行為歸因為有敵意；接著，在搜尋該出現的反應時，又缺乏解決社交問題的知識，因而容易想到攻擊的反應；因此，就決定做出攻擊的反應；但是其語言溝通能力較弱，所以就採取肢體攻擊之行為來解決其所面對的社交情境之問題。舉例來說，當高攻擊行為兒童聽到有人對他說：「不要太囂張，給我小心一點」時，他只輸入別人對我不友善的訊息，而無法注意到可能是別人的警告訊息或是可能隨時出手打我的訊息，因此他認為既然別人對我不友善，就是對我有敵意，那麼一定沒什麼好方法可以解決（他想不到自己可利用的資源或是適當的解決方式，例如不理他），於是就先發制人嗆回去（如：「有本事站出來」）或是先出拳打回去（洪榮照，無日期；Mash & Wolfe, 2007）。

四、家庭因素

家庭是影響一個人各方面發展的重要因素，若父母本身出現問題、家庭功能不好，加上父母之管教不當，極可能培育出有行為問題的孩子。

許多研究發現，父母本身是酒癮患者、罪犯或有反社會性行為，他們的孩子變成行為規範障礙症之可能性較高。在父母的管教部分，包括：體罰、不當的處罰（如因父母本身心情不好而打孩子）、沒有原則的管教，以及父母的管教方式不一致等，皆有可能是造成孩子行為問題之原因。此外，親子互動問題、獨生子女及不安全依戀行為，亦可能是造成行為規範障礙症的原因。

關於家庭功能部分，婚姻衝突常易造成孩子對父母衝突做錯誤的解釋；家庭暴力、家庭疏離，致使家庭功能不彰，孩子之不當模仿學習，則可能易造成行為規範障礙症。不穩定的家庭結構，例如：常搬家、離婚、失業、貧窮、低

社經地位、長期生病、空間擁擠、無法尋找社會資源等家庭壓力，常使父母本身之情緒處於不穩定的狀態，而影響其管教行為。

五、社會文化因素

部分研究發現，大眾傳播媒體播送之相關攻擊行為，會造成孩子模仿學習而出現攻擊行為。另外，有限的工作機會、住在高危險地區、鄰居犯罪與移民，也與孩子的攻擊行為有關。

衡鑑

對立反抗症與行為規範障礙症的孩子很少主動求助，主要是由學校老師建議或由父母帶來評估，個案對於自己的行為問題或困擾較缺乏改變的動機，在進行衡鑑時易發現其防衛態度，此時建立關係顯得更加重要。目前常使用的評估方法包括會談、行為觀察及心理測驗等部分。

一、會談

與個案的父母會談，蒐集個案在家中與父母的互動行為、手足互動行為、情緒、家庭基本資料等相關訊息，並了解個案在學校之學業表現、學習狀況、與老師的互動行為，以及與同儕的互動狀況等，必要時可與學校老師進行會談。另外，行為規範障礙症兒童若涉及違法行為，可能需與法官或觀護人會談，以蒐集相關行為問題與未來安置的資料。

二、行為觀察

個案在治療室與治療者的互動狀況，是個案在其他情境表現之部分縮影，觀察個案之說話、表情、動作反應、對於測驗項目之挫折容忍程度，以及對於治療者的權威角色之行為反應，皆有助於評估個案之相關問題。

三、心理測驗

由於共病性與安置的考量，智力測驗是必須進行之施測項目，而關於行為問題的評估，Sattler（1992）提及，評估行為問題常見的三種量表如下。

(一)「阿肯巴克實證衡鑑系統」（Achenbach System of Empirically Based Assessment, ASEBA）

此量表適用於一歲六個月至十八歲的個案，主要由父母或主要照顧者依個案最近六個月的行為表現來填答，為三點量表之作答方式，共有學齡前期量表與學齡期量表兩大類型量表。學齡前期量表之適用範圍是一歲六個月至五歲，共包含「兒童行為檢核表」與「教師報告表」兩個量表，填答結果可計算出社會能力量表分數、症狀量表分數、外化量表分數、內化量表分數，以及行為問題量表分數等，其中內化量表包含有情緒反應、焦慮／憂鬱、身體抱怨及退縮等分量表，外化量表則包括有注意力問題與攻擊行為，以及睡眠問題症候群等分量表；另外，還有 DSM 量表，它包含有情感、焦慮、注意力缺陷過動、對立反抗及廣泛性發展等分量表。

學齡期量表之適用範圍是六歲至十八歲，共包含「兒童行為檢核表」、「教師報告表」及「青少年自陳報告表」三個量表，填答結果可計算出社會能力量表分數、症狀量表分數、外化量表分數、內化量表分數，以及行為問題量表分數等，其中內化量表包含有焦慮／憂鬱、退縮／憂鬱及身體抱怨等分量表，外化量表則包括有違反規範行為、攻擊行為，混合的量尺有社會問題、思考問題及注意力問題等分量表；另外，還有 DSM 量表，它包含有情感、焦慮、身體、注意力缺陷過動、對立反抗及品行問題等分量表。此外，還有「直接觀察表」，適用於十一歲以下的個案，此觀察表是由觀察員在兒童活動之任一情境中，進行三至六次 10 分鐘的觀察，並做描述性的紀錄，再依紀錄填答量表，為四點量表之作答方式。發展這些量表的目的是希望以父母、老師及個案本身等多方面之評估資料，協助了解個案行為問題的全貌。學齡前期量表與學齡期量表，目前在台灣已由陳怡群、黃惠玲與趙家琛（2009）修訂成適用於十八個月

到十八歲的中文版，且已建立六歲至十八歲「兒童行為檢核表」與「教師報告表」之台灣常模。

(二)「Conners 父母評分表」（Conners' Parent Rating Scale, CPRS）

此量表適用於三至十七歲的個案，主要由父母填答，為四點量表之作答方式，且有四十八題與九十三題兩種版本，因四十八題版本之常模是依性別與年齡所建立，被使用的機會較多。另外，還有「Conners 教師評分表」（CTRS），適用於四至十二歲的個案，主要由老師填答，為四點量表之作答方式，且有二十八題與三十九題兩種版本，因三十九題版本之常模樣本較大，被使用的機會較多。

(三)「行為問題檢核表」修訂版（Revised Behavior Problem Checklist, RBPC）

此量表是依 1979 年之「行為問題檢核表」（Behavior Problem Checklist）所修訂，適用於五至十八歲的個案，為一個三點量表，共有八十九題，可計算出行為規範障礙、社會性攻擊、衝動型之注意力問題、焦慮退縮、精神症狀引發之行為及動作精熟度等量表分數（Quay & Peterson, 1987，引自 Sattler, 1992）。

此外，由於行為規範障礙症個案之行為問題常構成法律上之虞犯行為（虞犯是指經常與有犯罪習性之人交往者、經常出入青少年不當進入之場所者、經常逃學或逃家者、參加不良組織者、無正當理由經常攜帶刀械者、吸食或施打煙毒或麻醉藥品以外之迷幻物品者，以及有預備犯罪或犯罪未遂而為法所不罰之行為者），因此當少年法院的法官對於有虞犯行為之青少年可能有精神心理疾患之疑慮時，少年法官基於以青少年最佳利益為考量下，會以公文方式囑託大型醫院進行心理鑑衡、精神鑑定及擬定治療計畫，且其評估報告與鑑定報告採為法庭處遇、輔導的重要參考。少年司法系統希望連結教育系統、社福系統及醫療系統等資源，協助青少年回歸家庭、學校、社區，以走向負責任的成年

期（引自孫奇芳，2007，頁 8、11、32、35）。

🎏 治療

　　目前之治療方式除了已發病個案之介入治療外，也開始提倡進行早期介入治療的部分，但治療會因不同年齡層（學前、學齡、青春期）與嚴重程度不同而有不同之療效。

一、親職管理效能訓練（Parent Management Training, PMT）⭐

　　此治療方式主要的治療理念是教導父母如何在家中改變孩子的行為。治療主要的假設是，改善不當的親子互動關係，即可改善孩子的行為問題。治療進行的方式可分為個別治療與團體治療兩種，進行的地點可選擇在醫院或在家中，治療使用的媒介可以是實例介紹或以影片方式呈現。

　　此治療模式強調教導父母有關問題解決的策略與遊戲技巧，以促進親子互動關係；但最新之治療趨勢則將父母認知改變、社會支持、治療型態、種族及文化等因素也納入治療模式中。

　　關於「親職管理效能訓練」之治療效果，有研究發現可減少手足之行為問題，亦可減少父母的壓力與憂鬱情緒；但相關研究指出，該訓練對於年齡小於十二歲者之治療效果較佳，且短期療效較佳，長期持續之治療效果並不理想。

二、問題解決技巧訓練（Cognitive Problem-Solving Skills Training, PSST）⭐

　　此治療方式之治療假設為，行為規範障礙症者對於環境事件產生錯誤知覺，因而引發攻擊與反社會行為反應；也就是在人際情境中，容易產生認知的扭曲或缺損，因此，只要改變錯誤的想法，就可以改變行為。

　　「問題解決技巧訓練」的治療方式是藉由指示、練習、回饋等方法，協助孩子找出不同的問題解決方式，這樣一來，孩子可透過自己的內在自我對話，

做出該做的反應，改變其對於別人行為動機之歸因，學會較敏感於別人的感受，並可預知別人的反應，對於社交問題找出適當的解決方式。

「問題解決技巧訓練」利用五個問題解決的步驟，協助找出社會情境中有關認知、思考及行為的問題。其五個步驟為：「我該做什麼」、「找出所有可能的解決方法」、「我最好專注在問題解決上」、「我必須做個決定」，以及「我做對了或做錯了」。

「問題解決技巧訓練」的主要特徵是強調孩子的行為，直接以自我對話使自己專注在有效的解決方法上，可使用結構性的活動（例如：遊戲、故事、學校活動），並將技巧運用於真實的生活情境中。治療者在此治療模式中扮演主動的角色，需給予實例說明、回饋與鼓勵，所使用之治療技巧包括：示範、練習、角色扮演、行為契約、增強及輕微的處罰（扣掉代幣）等。經由家庭作業與父母親的參與，可將問題解決的方法運用於孩子的日常生活中。

三、多系統治療模式（Multisystemic Treatment, MST）

「多系統治療模式」為一個家庭系統取向，強調社會互動的影響。其治療理念是以家庭、學校、鄰居、法院及青少年福利機構等組成社會網絡，就此網絡為行為問題成因之基礎；當家庭關係功能失調時，易形成行為規範障礙症，因此，增強照顧者，可改善孩子的行為與家庭功能；所有家庭成員、學校人員、同儕、少年法庭工作人員及其他孩子生活周遭的人都應納入治療中。

「多系統治療模式」可適用於社福機構、個別諮商、社區中心及精神科醫院；其治療效果為減少孩子與同儕互動時之攻擊行為，改善家庭關係，且可減少犯罪率。「多系統治療模式」的九大指導原則如下：

1. 評估的目的是去了解問題與情境之適合度。
2. 治療介入的是強調現在出現、行動取向、特定目標及界定明確的問題。
3. 著重在行為與系統的交互作用。
4. 治療必須是符合發展水準的，適合孩子目前發展所需的。
5. 需要家庭成員每天與每週的努力。
6. 需從多角度來評估治療效果。

7. 治療的改變是可以類化的，且可維持長久療效的。

8. 治療契約應強調正向結果，治療介入時需用系統的優勢作為改變的手段。

9. 治療的目標是增進負責任的行為，減少不負責任的行為。

　　在家庭之治療介入部分，可協助父母學習適當使用增強原則、行為改變技術的運用及管教技巧，學習有效的親子溝通方式與問題解決策略；另外，若評估後發現父母本身有需要處理的問題，則可安排協助處理父母之認知、心理、婚姻或社會適應等問題。

　　在學校之治療介入部分則包括：特殊認知技巧的發展、決策與認知的發展、人際問題解決的技巧、增加身體覺察的策略、內在自我對話與自我控制的方法、生氣管理、增強適當的教室行為、了解自己的感受、學習如何善待別人，以及學習如何與朋友說話等。

四、預防性的介入（早期介入）

　　此治療模式的主要假設為年紀愈小，行為問題愈容易治療且效果愈好；藉由降低危險因子，強化保護因子，可預防攻擊行為、同儕排斥、自尊心受損、行為障礙及學業挫敗等問題之擴大發展。此外，早期介入可減少教育、司法、醫療及心理衛生等系統之成本付出。

　　目前最新的早期介入治療模式稱為 FAST Track，接受治療的對象是就讀幼兒園且有破壞性行為和人際關係欠佳的孩子，治療目標放在減少在家中與在學校出現攻擊行為與破壞行為之次數，並可改善孩子與同儕、父母及老師的關係。此治療模式的五個主要構成要素為：父母管理訓練、家庭管理、認知行為社交技巧訓練、學業的課輔老師，以及以老師為主的教室治療介入。

五、住院治療

　　行為規範障礙症兒童需要一個結構化的生活環境，協助他們學習將外化性行為轉換為可由內在控制的方式，來表達其情緒或想法。住院治療就是提供一個結構性的治療環境來協助行為規範障礙症兒童。以下介紹醫院之住院治療模式：

1. **治療目的**：透過醫療團隊的介入與提供結構性的治療環境，能增進父母親之管教技巧，改善親子互動行為模式，修正不當行為，培養適當行為。

2. **收治對象**：學校轉介在校因嚴重行為問題（例如：逃學、偷竊、曠課等）而無法持續上課者，或是由法院轉介判定需強制接受治療之虞犯青少年，還有父母因孩子經常離家出走或出現攻擊父母和家人等行為，而送來接受住院治療者。

3. **住院天數**：依個案之適當行為建立狀況與父母配合狀況而定，通常是一至三個月不等。

4. **醫療團隊治療模式**：共分醫師、護理人員、社工師、臨床心理師、職能治療師及特教老師等六大專業的介入，分述如下：(1)醫師的部分主要是統籌各專業提供之評估資料，進行確定診斷，並依個案出現之相關症狀決定是否接受藥物治療；(2)護理人員為三班制，二十四小時提供個案護理照護，並與臨床心理師合作進行個案之行為治療，以修正其不當行為，建立適當的行為；(3)社工師主要是評估家庭功能，找出家庭互動與父母管教問題，進行家族治療，並於需要時提供相關社會資源之運用與協助或安置之建議；(4)臨床心理師則是評估個案目前之心智發展、情緒發展、人格發展及行為問題成因等狀況，協助訂定適合個案之目標行為以進行行為治療，並每週與個案進行心理治療，協助個案發展適當的社交技巧、問題解決能力、情緒管理及自我控制能力等；(5)職能治療師則在評估個案職業功能之潛能，協助找出有利學習之功能，訓練其不足之能力，期能有助於個案回歸學校就學或回歸社會工作；(6)特教老師是為延續個案在住院期間之學習而提供協助，依個案之學校教材與能力，設計適合的課程以進行教學。

5. **追蹤評估**：個案出院後，除定期回門診接受治療外，個案管理師將視需要進行電話訪問或家庭訪視，以追蹤個案之預後狀況；病房之特教老師也會不定期以電話聯絡學校老師，以追蹤個案的復學狀況。

六、冒險治療（adventure therapy）

此治療是在 1920 年代由 Kurt Hahn 最早發展出來的，所謂的冒險治療是指

「伴隨著反省的做中學習」。冒險治療根源於體驗學習，體驗學習是指一個人直接透過體驗而建構知識、獲得技能和提升自我價值的歷程。Kraft 與 Sakofs（1985，引自謝智謀，無日期）認為，體驗學習的過程必須包含下列因素：

1. 學習者在學習過程中是參與者而非旁觀者。
2. 學習活動中個人動機需予以激發，以表現主動學習、參與和責任感。
3. 學習活動以自然的結果方式呈現給學習者，所以是真實有意義的。
4. 學習者的反省內思是學習過程的關鍵要素。
5. 情緒變化與學員及其隸屬群體之目前及未來皆有關聯。

Newes（n.d.）亦提到，Gass（1993）將上述原則重新修飾並與治療做連結而成為下列原則：

1. 個案在治療過程中是參與者而非旁觀者。
2. 治療活動中個案的動機需予以激發，以表現主動學習、參與和責任感。
3. 治療活動以自然的結果方式呈現給個案，所以是真實有意義的。
4. 個案的反省內思是治療過程的關鍵要素。
5. 功能上的改變與個案及其隸屬社群之目前及未來皆有關聯。

Conner（2006）提及，冒險治療是治療者（帶領者）透過攀岩、登山、泛舟等活動，加入戶外教育、領導力、挑戰及考驗等元素，並使用指導式治療、活動式治療，甚至透過反思引導的方式，協助個案從體驗中反省內思自我，並與其體驗後所形成的意義相結合，進而產生新的觀點並予以概念化，內化為自己新的建構世界之系統，因此而達到自我改變的目標。

目前國內已由謝智謀教授引進冒險治療之治療方式，且將其運用於協助邊緣少年（具行為規範障礙症之相關行為特徵）並進行研究，謝教授於 2006 年成立「亞洲體驗教育學會」（http://www.asiaaee.org），藉由此學會來推廣此治療方式，並進行相關的教育訓練。

總之，愈早發現孩子的行為問題，並配合良好的家庭功能與父母身心狀況，再加上適當的父母管教方式，教導孩子有效的問題解決技巧與正確的社會認知歷程，將可有效改善行為規範障礙症者的行為問題。

Chapter **7**

焦慮症、
強迫症及相關障礙症

李筱蓉

🌴 前言

根據美國精神醫學會最新出版的 DSM-5（APA, 2013），焦慮症（Anxiety Disorders）這個類別包括了：分離焦慮症（Separation Anxiety Disorder）、選擇性不語症（Selective Mutism，或譯選擇性緘默症）、特定畏懼症（Specific Phobia）、社交焦慮症（Social Anxiety Disorder）或社交畏懼症（Social Phobia）、恐慌症（Panic Disorder）、恐慌發作特別註記（Panic Attack Specifier）、特定場所畏懼症（Agoraphobia）、廣泛性焦慮症（Generalized Anxiety Disorder）、物質／醫藥引發的焦慮症（Substance/Medication-Induced Anxiety Disorder）、其他身體病況引發的焦慮症（Anxiety Disorder Due to Another Medical Condition）、其他特定的焦慮症（Other Specified Anxiety Disorder）以及非特定的焦慮症（Unspecified Anxiety Disorder）。這些臨床診斷的共同特徵就是過度害怕與焦慮，並且伴隨相關的認知、行為困擾，不同之處在於引發害怕、焦慮的對象或情境有所不同。

與舊版 DSM-IV-TR（APA, 2000）相較，DSM-5 將原先歸屬於通常初診斷

於嬰兒期、兒童期或青春期之其他疾患的分離焦慮症、選擇性緘默症納入焦慮症類別中，原先歸屬於焦慮性疾患的強迫症（Obsessive-Compulsive Disorder）則另外與身體臆形症（Body Dysmorphic Disorder）、儲物症（Hoarding Disorder）、拔毛症（Hair-pulling Disorder 或 Trichotillomania）、摳皮症（Skin-Picking Disorder 或 Excoriation）以及物質／醫藥引發的強迫症及相關障礙症（Substance/Medication-Induced Obsessive-Compulsive and Related Disorders）、其他身體病況引發的強迫症及相關障礙症（Obsessive-Compulsive and Related Disorder Due to Another Medical Condition）合併成為一組新的診斷類別——強迫症及相關障礙症（Obsessive-Compulsive and Related Disorders）。而創傷後壓力症（Post-Traumatic Stress Disorder）與急性壓力症（Acute Stress Disorder）則與其他相關診斷歸入新的類別——創傷及壓力相關障礙症（Trauma and Stressor Related Disorders）。

本章將先分別針對幾個比較常見於兒童、青少年的焦慮症的症狀、診斷、發生比率、病程變化等內容加以說明，接著介紹強迫症及相關障礙症類別中的幾個主要診斷，最後再說明焦慮症、強迫症及相關障礙症的可能病因以及心理衡鑑和治療的部分。分離焦慮症和選擇性緘默症留待第八章再詳細討論，第九章則專門介紹創傷及壓力相關障礙症。

焦慮症

從小到大，許多人或許有過這樣的生活經驗：被洶湧的人潮阻隔而找不到媽媽會害怕地哭出來、走在沒有路燈或是光線晦暗的巷子裡會提高警覺、面臨重要考試或比賽會緊張焦慮等。人們面對真實發生的危機或是威脅時，很自然地會出現害怕的情緒，可以在緊急時刻做出所謂的戰／逃反應（fight or flight response），而焦慮則是對即將來臨的威脅所產生的預期性反應，可以讓一個人在生理上和心理上有所準備，以便因應周遭的人事物，保護自己免受傷害（APA, 2013; Barlow, 2002）。

適度的害怕與焦慮具有正向適應功能，可以讓我們降低危險，或者是面對

挑戰、發揮潛能。然而有些人會對某些情境或物體產生特別強烈的焦慮或恐懼，這些反應並不是正常心理發展的一部分，例如：看見十幾公尺之外的可愛小狗就嚇得魂不附體，無法移動；一到高處就頭昏眼花，兩腿發軟；每次拿到考卷就腦筋一片空白，明明背得滾瓜爛熟的課文卻怎麼也想不起來；看到外人就不知所措，說不出話來，避之唯恐不及等。有嚴重焦慮的人不只心裡覺得困擾，有時候會覺得重大災難即將來臨，甚至感受到死亡的威脅，這些焦慮反應嚴重地妨礙正常生活和成長，也為當事者及周遭的人帶來很大的困擾。

年紀小的孩子也會像大人一樣經驗到嚴重焦慮。根據國外幾個大型研究調查結果顯示，兒童及青少年患有一項或一項以上焦慮症的比率約在6%至20%，若是再加上其他與焦慮有關的障礙症（如：行為問題、睡眠問題等），罹病的比率將會更高（AACAP, 2007; Costello, Egger, & Angold, 2004; CPA, 2006; Mash & Wolfe, 2013）。台灣的流行病學調查發現，國中一年級青少年學生當中患有任何一種焦慮症的比率為9.2%（Gau, Chong, Chen, & Cheng, 2005），可見焦慮問題的普遍性。焦慮症可以說是兒童及青少年最常見的心理困擾之一，不過卻經常未被重視，也沒有被適當處理。罹患焦慮症的孩子們常以哭泣、煩躁不安、突然大發雷霆等方式表達他們的害怕，想要藉此逃離引發焦慮的刺激，卻很可能被誤解為不聽話或是不守規矩。

焦慮與恐懼的症狀範圍分布很廣，可以表現在生理、認知和行為等層面上。在生理方面，可能有心跳加速、呼吸急促、胸口發痛、血壓升高、嘔吐、流汗、肌肉緊繃、有窒息感，或是出現頭痛、胃痛等身體症狀；在認知方面，可能出現注意力不集中、記憶力減退、語言功能下降、學業成績退步等情形；在行為方面，可能會尖叫哭鬧、容易暴躁、靜不下來、健忘或反應冷漠，有時會做惡夢（Mash & Wolfe, 2013; Phares, 2014）。孩子有了焦慮與恐懼的症狀，每天都生活在緊張不安當中，不但影響日常生活及課業學習，也會干擾人際互動與社會適應。患有焦慮症的兒童及青少年也可能發展出新的焦慮、憂鬱以及物質濫用問題，使得成年之後罹患其他焦慮症和憂鬱症的危險性大幅增高（Pine, Cohen, Gurley, Brook, & Ma, 1998; Woodward & Fergusson, 2001）。

一、特定畏懼症

案 例

案例一

　　放學了，小蘭跟幾個國中同學一起走路回家，一路上有說有笑。突然間，她站在原地動也不動，全身僵硬，表情怪異，同學們順著她驚恐的視線望去，只看見不遠的巷子口有人正在溜狗。無論同學們怎麼催促，小蘭就是沒有辦法再往前跨步，被嘲笑一陣子之後，只好鼓起勇氣拉著同學的手，閉起眼睛繞過小狗快步通過。其實，小蘭小時候也很愛跟狗玩，自從讀幼兒園中班不小心被一隻白色小狗咬過之後，她就變得很怕狗，即使碰到再怎麼溫和可愛的小狗，她都敬而遠之。

案例二

　　五歲的小志相當活潑大方，某次玩遊戲的時候不小心跌倒，鉤到尖尖的釘子，虎口嚴重撕裂傷，流了好多血，爸爸趕緊把他抱到附近的診所，醫生幫他打破傷風、緊急縫合傷口，小志親眼目睹所有的醫療程序，嚇得嚎啕大哭。那次經驗之後，小志就非常怕看到血，也討厭進醫院、看醫生，甚至連看到穿白色衣服的大人靠近都會緊張哭鬧，緊緊地抱住爸媽的大腿不放，讓大人傷透腦筋。

　　孩子本身和生活環境隨時都在變動，對某些事物感到擔心與害怕是成長過程中相當普遍的經驗。隨著年齡增長以及生活經驗改變，害怕的對象和程度也會跟著有所不同，表7-1所列的是嬰幼兒、兒童及青少年時期常見的害怕對象。原則上，孩子長大成人之後就應該比較不會像小時候一樣覺得那麼害怕，大人也不需要特別在意這個問題。

　　兒童時期的害怕反映出正常成長的轉變，具有發展上的正當性，也是面對危險情境應該有的反應，但是如果孩子的害怕明顯超出一般可理解的範圍，或

表 7-1 | 嬰幼兒、兒童及青少年時期常見的害怕對象

年齡層	害怕的對象
零至六個月	沒有支撐、大聲吵鬧
七至十二個月	陌生人、突然無預警或隱約出現的物體
一歲	與父母分離、受傷、上廁所、陌生人
二歲	大聲吵鬧、動物、黑暗的房間、與父母分離、大型物品或機器、個人環境的改變
三歲	面具、黑暗、動物、與父母分離
四歲	與父母分離、動物、黑暗、噪音
五歲	動物、壞人、黑暗、與父母分離、身體傷害
六歲	超自然生物（例如：妖魔鬼怪）、身體傷害、閃電打雷等自然現象、黑暗、獨自睡覺或是一個人在家、與父母分離
七至八歲	超自然生物、黑暗、媒體上的新聞事件、獨自一個人在家、身體傷害
九至十二歲	學校考試或測驗、成績表現、身體傷害、外觀、閃電打雷等自然現象、死亡
青春期	人際關係、外觀、學校、政治議題、未來、動物、超自然現象、天然災害、安全問題

資料來源：Klein & Last (1989)，引自 Mash & Wolfe (2013)

是在所處的文化社會環境中明顯不合理，會刻意逃避所害怕的事物或是情境，隨著年齡增長卻沒有改善的跡象，而且對生活適應功能造成嚴重妨礙，那麼就要懷疑有特定畏懼症的可能性。

(一) 主要症狀

特定畏懼症是指孩子對特定的事物或是情境持續產生強烈的畏懼反應，因為擔心發生不好的事情，因此只要一接觸到令他（她）害怕的刺激，幾乎就會立刻引發焦慮反應，並且盡可能地躲避這些讓人畏懼的對象，例如一個很怕狗的孩子，會因為擔心被狗咬，甚至擔心在路上碰到狗而拒絕出門上學或購物。假如讓孩子感到恐懼的事物或是情境並不是隨處可見，或者可以藉由迴避而減少接觸，所造成的干擾就比較有限；但是如果害怕的對象經常或大量地出現在日常生活中，或是有不得不接觸的理由，那麼孩子的生活就會嚴重地被妨礙。

大人們常常覺得孩子的擔心與害怕實在沒有道理，容易以開玩笑或是指責的方式對待，但是孩子們不見得能夠體會自己的害怕是過度的或是不合理的。對患有特定畏懼症的孩子而言，面對害怕對象時的焦慮感受非常真實而且不舒服。在生理方面，這些孩子可能會出現心跳加速、手腳不聽使喚、肚子不舒服以及流汗等現象；在認知方面，孩子會持續反覆地產生災難式的信念（例如一看到小狗就認定「完蛋了，牠一定會來咬我！被咬就死定了！」），這類認知和思考模式會造成孩子重大困擾；在行為方面，當孩子遇到畏懼的事物或預料這種可怕的事物就要出現時，就會設法逃脫或迴避。

DSM-5 依據患者害怕或是逃避的刺激來源，將特定畏懼症區分為幾個類型，包括：由動物或昆蟲所引發的動物型、由自然環境中的事物所引發的自然環境型、因為看到血或傷口、打針或其他侵入性醫療程序而引發的血液－打針－受傷型、由特定情境所引發的情境型，以及因為害怕得病、缺乏支撐而跌倒等其他刺激所引發的其他類型。害怕同一類型的不同事物或情境的可能性相當高，而且許多患者的畏懼對象不限於只有一種類型。

(二) 相關或伴隨症狀

有特定畏懼症的孩子總認為如果接觸所害怕的事物或情境，不好的事情一定會發生在他（她）身上，這種預期性焦慮十分常見，也因此妨礙了許多日常活動的進行。特定畏懼症將導致一個孩子的生活受到限制，例如：有血液－打針－受傷型特定畏懼症的孩子在需要就醫的時候便會非常困擾；害怕搭乘大眾運輸工具的孩子活動範圍只能侷限於徒步或個人交通工具可及的區域，想到遠距離以外的地區就有困難；如果害怕的是學校情境，在學的孩子可能因為懼學（school phobia）而衍生拒學（school refusal）問題。

面對令人害怕或是產生焦慮的對象或情境通常會引發明顯的生理反應，但是不同害怕或焦慮類型的反應不盡相同。多數特定畏懼症患者接觸讓他們害怕或焦慮的環境、事物時，容易出現交感神經系統（sympathetic nervous system）過度激發的情形，血壓、心跳通常會增加，血液－打針－受傷型的患者則有迷走神經反應（vasovagal response）過強的特質，他們的血壓、心跳常是先增加

而後降低，因此導致暈倒或近乎暈倒的反應（APA, 2013）。

(三) DSM-5 診斷準則

DSM-5（APA, 2013）中所列的特定畏懼症診斷準則如下：

A.對某種特定對象或情境（例如：飛行、高度、動物、打針、看到血）產生明顯的害怕或焦慮。

　　附註：兒童可能藉由哭鬧、發脾氣、靜止不動或是黏人等方式表達害怕或焦慮。

B.畏懼的對象或情境幾乎總是立即引發害怕或焦慮。

C.會積極避開引發害怕或焦慮的對象或情境，或是忍受著強烈的害怕或焦慮。

D.此害怕或焦慮與該特定對象或情境所造成的實際危險以及由社會文化脈絡來看是不成比例的。

E.此害怕、焦慮或是逃避反應持續出現，症狀通常持續六個月或更久。

F. 此害怕、焦慮或是逃避反應導致臨床上的顯著困擾，或是嚴重妨礙社交、職業或其他重要領域的功能運作。

G.特定對象或情境產生的焦慮、害怕或是逃避反應無法以另一種精神疾病的症狀做更好的解釋（例如：畏懼會發生恐慌症狀或是其他失能狀況的情境，像是特定場所畏懼症；畏懼跟強迫性思考有關的對象或情境，像是強迫症；畏懼令人想起創傷事件的情境，像是創傷後壓力症；害怕離開家或是依戀對象，像是分離焦慮症；害怕社交場合，像是社交焦慮症）。

特別註明：

　　依據所畏懼的刺激來源，可註明類型如下：

動物型（例如：蜘蛛、昆蟲、狗）

自然環境型（例如：高度、暴風雨、水）

血液－打針－受傷型（例如：針具、侵入性的醫療程序）

情境型（例如：飛機、電梯、封閉空間）

其他類型（例如：會讓人窒息或嘔吐的情境，兒童患者可能會害怕巨大的聲響或是身著戲服的演員）

(四) 共病及鑑別診斷

　　單純的特定畏懼症往往不是就醫的主要原因，孩子通常合併出現其他更嚴重的問題才會引起家長的關注與求醫動機（Eisen, Kearney, & Schaefer, 1995）。特定畏懼症常伴隨出現其他焦慮症、情緒問題和物質相關的障礙症。在國外的社區樣本調查當中，特定畏懼症與其他精神疾病診斷共病的比率約為 50% 至 80%，如果特定畏懼症發作得早的話，共病比率將更為提高（APA, 2013）。

　　進行鑑別診斷時，需要仔細釐清害怕的焦點、發生的情境和逃避的原因。要區分情境型的特定畏懼症和特定場所畏懼症有時並不容易，因為兩者的害怕對象有所重疊，進行鑑別診斷的要點在於畏懼對象的類型與逃避畏懼對象的原因。如果畏懼對象只限單一類型，便會診斷為特定畏懼症－情境型，如果畏懼對象符合兩種或兩種以上特定場所的定義，則會診斷為特定場所畏懼症（例如：某人害怕封閉空間、電梯和人群，害怕對象符合「使用大眾運輸工具」和「身處人群之中」兩種特定場合）；特定畏懼症的患者會擔心在特定情境中受到傷害而設法迴避該情境，然而特定場所畏懼症的患者則是認為要逃離現場有困難或是無法獲得救援而逃避該場合。有特定畏懼症的人在面對害怕對象時可能會出現恐慌發作，但如果恐慌發作也會在無預警的情況下發生，那麼就應該考慮恐慌症的診斷。依據害怕焦點進行鑑別診斷時，社交焦慮症的害怕焦點是別人的負面評價，分離焦慮症的害怕焦點侷限於與依戀對象分離。如果害怕或焦慮對象是某種強迫性思考的結果（例如：害怕血是因為擔心感染嚴重疾病），就需要懷疑強迫症的可能。如果是因為發生了創傷事件才開始對特定對象產生害怕或焦慮，就要進一步評估是否為創傷及壓力相關障礙症。如果害怕或焦慮對象只侷限於對食物或是與吃東西相關的訊息，那麼就要考慮厭食症或是暴食症等飲食障礙的可能性。另外，懼學或拒學孩子不想上學的行為可能是源自於特定畏懼症、分離焦慮症、社交焦慮症，或是孩子本身排拒、家庭互動、外在誘因等問題，釐清孩子真正不想上學的原因對於處理懼學和拒學是非常重要的（吳佑佑，2012）。

(五) 盛行率

　　特定畏懼症在兒童、青少年族群當中算是較為常見的診斷。DSM-5 指出兒童的盛行率約為 5%，十三至十七歲青少年的盛行率約為 16%（APA, 2013），台灣地區的國一學生有 5% 的盛行率（Gau et al., 2005）。罹患特定畏懼症的女孩比男孩來得多，估計男女比率約為 1：2（APA, 2013; Essau, Conradt, & Peter-mann, 2000），而且動物型、自然環境型以及情境型的特定畏懼症比較多出現在女生族群，血液－打針－受傷型的性別差異不顯著（APA, 2013）。一等親若患有此一病症，則孩子罹患特定畏懼症的機率將比沒有家族史的孩子來得高，例如：有特定畏懼症－動物型的孩子，很可能近親中也有罹患特定畏懼症－動物型的人，但是他們害怕的動物可能不太一樣（APA, 2013）。

(六) 病程

　　孩子本人經驗到創傷事件、看到別人經歷創傷事件、在特定情境當中產生無預警的恐慌發作、接收到父母重複告誡或是經由媒體傳播的訊息，都可能是產生特定畏懼症的前置因素，但也有一些人無法回憶特定畏懼症最初發病的原因。

　　特定畏懼症可以發生於任何年齡，但通常初發於兒童期或是青春期早期，多數患者早在十歲以前就發病，初發年齡的中位數落在七至十一歲之間，平均為十歲左右（APA, 2013）。不同類型的特定畏懼症發病年齡有所差異，情境型的初發年齡似乎比其他類型來得大（APA, 2013; Davis & Ollendick, 2011）。兒童及青少年患者的病症往往起起伏伏，有些症狀到了成年期仍會持續存在。

二、社交焦慮症

案例

　　小玉被轉介到學校的輔導中心，談起她跟同學相處的困難，忍不住紅了眼眶。從上國中開始，她就覺得自己跟別人不一樣，很想要有知心的朋友，得到大家的認同，可惜始終難以融入同儕團體。走在校園裡，她總是獨來獨往，不太敢跟同學四目相望、打招呼或聊天，下課時間會避開同學，連轉換教室上課都刻意挑選不容易遇到同學的路徑行走，若看到同學交頭接耳地說話，直覺地總以為別人在談論她、批評她。久而久之，小玉覺得自己很孤單，也愈來愈害怕跟別人接觸。此外，小玉的筆試成績考得不錯，可是遇到課堂問答或上台報告就慘了。明明知道答案，卻因為害怕而不敢舉手爭取回答的機會；在家裡花了許多時間練習，也準備得很充分，在課堂上強忍著緊張害怕上台報告，卻是腦筋一片空白，講話結結巴巴，下台之後懊悔不已。每當聽到老師要求進行口頭報告的時候，小玉總是擔心到無法專心上課，最後甚至不想上學。

　　兒童在新的、陌生的或是有壓力的情境下難免會緊張，尤其害羞、內向的孩子在社交場合中顯得尷尬不自在是可以理解的，但是有些孩子連進行一般社會性互動都有明顯困難，對這些孩子而言，待在社交場合是一種沉重的負擔，所承受的壓力大到讓他（她）想逃，對日常生活適應功能明顯造成妨礙。

(一) 主要症狀

　　社交焦慮症又被稱為社交畏懼症，主要特徵就是對社交場合或是需要有所表現的情境覺得非常害怕或是不舒服，一旦接觸了就會產生嚴重焦慮。當面臨足以引發恐懼的社交情境時，生理上會產生心跳加速、肌肉緊繃、臉紅、發抖、冒汗、腸胃不適、甚至拉肚子等反應，嚴重的甚至出現恐慌發作；兒童可能以哭泣、生氣、身體僵硬、靜止不動、黏著熟人或是說話結巴、說不出話等方式

表達。

　　有社交焦慮症的孩子與一般正常的內向、靦腆孩子不同，他們會非常擔心被審視或是做出令人尷尬的舉動，怕別人看出他（她）的緊張、軟弱、不可愛或是能力不足，因此會盡可能逃避讓自己覺得不舒服的社交情境，因而造成臨床上顯著的適應困難。他們可能在課堂上無法大聲朗讀課文或是回答老師的詢問，害怕音樂課或體育課的活動，眼睛不太敢看人，難以主動引發或是持續跟別人對話，也不太會參加社交活動或是跟陌生人聊天，對權威形象者說話會感到極度焦慮、害怕，或是不想去學校，也可能會因為介意旁人在場而害怕或不願意使用公共廁所。有時甚至孩子還沒實際接觸到讓他們害怕的社交情境，事前就出現明顯的預期性焦慮，進而妨礙後續在社交情境中的表現，導致出糗受窘，更促進了產生焦慮與逃避行為的惡性循環。

(二) 相關或伴隨症狀

　　有社交焦慮症的孩子非常在意自己的表現與別人的評價，對評論、負面評語或拒絕顯得過度敏感、難以自我肯定，而且往往抱持著不合理的期待，認為非得到別人的認同和讚美不可。這些孩子的社交技巧欠佳（例如：眼睛不敢看人、肢體僵硬、說話音量小、講話聲音發抖等），會避免人際互動，甚至完全保持沉默，容易在課堂活動和遊戲場合中受到同伴的冷落或排擠而陷於孤立，自己的情緒也會受到影響。如果有人硬要逼迫他們參與社交活動，孩子可能會出現生氣抗拒或是更加退縮的反應。由於無法完全避開所害怕的情境，過度焦慮的結果可能使這類孩子的學業成績表現不如預期、人際關係不良、不參與團體活動、拒絕上學等，嚴重時甚至會休學、長期待在家裡無法外出交友或工作。

(三) DSM-5 診斷準則

　　根據 DSM-5（APA, 2013），社交焦慮症的診斷準則如下：

A.對一種或多種可能會被別人審視的社交情境產生明顯害怕或焦慮反應，這些情境包括：社交互動（例如：跟別人交談、與不熟悉的人見面）、被觀察（例如：處於吃飯或飲酒的場合），以及在大眾面前表現（例如：演講）。

附註：對兒童患者來說，焦慮必須出現在和同儕相處的場合，而不光只是因
為要跟成人互動的緣故。

B. 害怕自己的表現或是顯露出焦慮症狀會受到負面評價（例如：覺得丟臉、尷
尬，導致被拒絕或是冒犯到別人）。

C. 接觸到畏懼的社交情境時，幾乎立即引發害怕或焦慮反應。

附註：對兒童患者來說，害怕或焦慮可能以哭泣、大發雷霆、身體僵硬、黏
人、畏縮怕生或是無法講話等方式來表現。

D. 會避開所畏懼的社交情境，或是忍受著強烈的害怕或焦慮。

E. 害怕或焦慮反應遠遠超過該社交情境的實際威脅以及社會文化脈絡下的預期
反應。

F. 害怕、焦慮或是逃避反應持續出現，症狀通常持續至少六個月以上。

G. 害怕、焦慮或是逃避反應導致臨床上的顯著困擾，或是嚴重妨礙社交、工作
或其他重要領域的功能運作。

H. 此種害怕、焦慮或是逃避反應並非由於使用某種物質（例如：濫用的藥物、
臨床治療用藥）所產生的生理作用，也不是因為其他醫療程序所造成的。

I. 社交焦慮症所產生的害怕、焦慮或是逃避反應並不能夠以另一種精神疾病（像
是恐慌症、身體臆形症或是自閉症類群障礙症）的症狀做更好的解釋。

J. 如果存在其他醫療情況（例如：巴金森氏症、肥胖症、因燒燙傷或意外而導
致外觀受損），此害怕、焦慮或逃避反應明顯地與之無關或者是過度的。

特別註明：

僅限於表現時：如果害怕反應僅僅出現於在大眾面前講話或表現。

(四) 共病及鑑別診斷

　　社交焦慮症經常合併出現其他焦慮症、憂鬱症、物質使用障礙症等。在兒
童及青少年患者當中，有三分之二的人合併出現其他焦慮症，約有20%的青少
年患者合併出現憂鬱症，有些孩子會在社交場合中喝酒壯膽或是自行使用藥物，
因而得到物質使用障礙症的診斷。另外，高功能自閉症、選擇性緘默症與社交
焦慮症共病的情形也很常見（Albano, Chorpita, & Barlow, 1996; APA, 2013）。

個性害羞、內向的人並不一定有社交焦慮症，除非症狀已經嚴重干擾生活適應功能。觀察患者對於身旁他人的反應將有助於進行鑑別診斷。特定場所畏懼症的患者之所以逃避社交情境，是因為擔心出現窘境或是類似恐慌發作時會難以逃脫或者求助無門，面對令人害怕的情境會希望有可信賴的人陪伴，但是社交焦慮症患者對於身旁有人可能產生預期性焦慮，單獨一人反而覺得平靜。有分離焦慮症的孩子在社交場合雖然會擔心與主要照顧者分開，但在自己家裡或是主要照顧者在場的情況下通常很自在，然而有社交焦慮症的孩子即使在家，面對社交情境也會覺得不舒服。產生社交焦慮症的關鍵是覺得會被別人評價，廣泛性焦慮症則是不論是否被評價，孩子都會有過度擔憂的問題。有選擇性緘默症的孩子可能因為擔心獲得負面評價而不說話，但是在不需要講話的社交場合（例如：玩非語言遊戲）並不會害怕。自閉症類群障礙症的孩子很容易有社交焦慮以及社會性溝通困難，但是有社交焦慮症的孩子通常能夠擁有與年齡相符合的溝通能力與社交關係。至於因為叛逆、不服從權威而拒絕說話的表現，則必須和因為害怕而無法說話的社交焦慮有所區分。

(五) 盛行率

兒童及青少年的社交焦慮症盛行率約落在 2% 至 13%，最常被報告的盛行率是 7%（APA, 2013）。台灣地區國一學生估計約有 3.4% 的盛行率（Gau et al., 2005），女孩比男孩的發生機率來得高（Albano et al., 1996; APA, 2013; Phares, 2014）。

(六) 病程

社交焦慮症通常初發於青春期，初次發病的平均年齡約為十一至十二歲，有些患者在兒童期便已經展現較為害羞、壓抑的傾向（Albano et al., 1996; APA, 2013; Eisen et al., 1995; Phares, 2014）。社交焦慮症可能在一次覺得丟臉或有壓力的經驗（例如：被嘲笑）之後產生，也可能在不知不覺當中逐漸形成。許多患有社交焦慮症的孩子在求學生涯與同儕或異性的交往關係都會遭遇困難，由於鮮少被視為一種障礙或疾病，因此大多數患者都長期默默地承受痛苦。

三、恐慌症

案例

　　就讀國中的志華告訴心理師,第一次發生這種狀況的時間是在兩個星期前的某個下午,先前一點兒徵兆也沒有,突然覺得心臟跳得很厲害,呼吸困難,有種快要窒息的感覺。他深怕自己就這麼死掉了,於是不斷地用力吸氣、呼氣、吸氣、呼氣,結果不但沒有比較好,反而頭愈來愈暈,開始想吐,身體麻麻的,很不舒服,老師很快地請同學將他送到保健中心休息。媽媽在接獲校方通知之後趕到學校,看他很難過的樣子,馬上帶他到醫院掛急診。經過醫師初步檢查認為志華的身體狀況沒有什麼大礙,而且休息之後不舒服的情況已經明顯獲得改善,建議回家觀察。但是志華和媽媽都非常擔心,志華懷疑自己是不是罹患了嚴重的疾病,他很怕不知道什麼時候會再發作,也很擔心發作的時候旁邊沒有人救他,心情變得既緊張又低落,老是覺得自己身體虛弱,在學校上課的時候常常心不在焉,最後甚至不想去上學。

　　身體不適總讓人心情也受到影響,如果在毫無預警的情況下突然經驗到快要死掉的強烈不舒服感,當下可能會被嚇壞了,並且在心中留下恐怖的陰影,日後一旦身體上有任何異狀,類似的恐懼經驗便會很快地浮現。

(一) 主要症狀

　　恐慌症的特徵就是反覆出現非預期性的恐慌發作。恐慌發作則是指突然感到極度強烈的害怕或不舒服,通常在幾分鐘之內達到最嚴重的程度,一般約持續十分鐘到半小時,當事人將感受到強大的威脅,並且想要趕緊逃離。一個人至少必須經歷兩次無預警的恐慌發作,才能被診斷有恐慌症,不過患者通常有多次發作的經驗,發作的頻率和嚴重程度因人而異。

　　恐慌症的患者常常會擔心下一次發作不知道何時出現,也會對恐慌發作的

影響和後果感到焦慮，因此產生明顯的行為改變。他們常害怕自己罹患危及性命的嚴重疾病而沒有被診斷出來，即使重複進行醫學檢查和再多的保證也無法讓他們安心；有些則是擔心自己失去控制或是感覺快要瘋了；還有患者雖然否認擔心下一次恐慌發作，但是卻出現不敢出門、避免搭乘大眾運輸工具、請假、離職等明顯的行為改變。如果對特定場所產生明顯畏懼的話，就還要另外給予特定場所畏懼症的診斷。

(二) 相關或伴隨症狀

患有恐慌症的患者除了擔心恐慌發作本身和所造成的後果之外，許多患者也常會感到焦慮，尤其是遇到跟健康有關的議題或是重要人際關係有所變動時特別容易引起他們的關注。患者會把輕微的身體狀況想得非常嚴重（例如：有輕微頭痛而擔心自己長了腦瘤，肚子不舒服便擔心得了胃癌），或是對藥物副作用及治療過程的正常反應感到不耐，因此經常掛急診或是請假外出就醫，導致經濟負擔、工作不保或是學生拒學、上課請假時數超過規定而衍生休學或退學問題。

某些恐慌症的患者因為快而淺的呼吸，使得二氧化碳被大量地排出體外，引發呼吸性鹼中毒（respiratory alkalosis），患者產生缺氧的感覺，因而更緊張地過度換氣（hyperventilation），形成惡性循環。此時如果能夠在旁邊休息一下，將呼吸放慢、加深，或者對著袋子吸入自己呼出的二氧化碳，症狀便可以獲得緩解。

(三) DSM-5 診斷準則

在 DSM-5（APA, 2013）的分類中，恐慌症的診斷準則如下：

A.反覆出現非預期性的恐慌發作。恐慌發作是指突然經歷極度強烈的害怕或不舒服，在幾分鐘之內達到高峰，發作期間至少出現下列四項（或是四項以上）症狀：

附註：突然來襲的不舒服感覺可能發生在平靜或是焦慮的狀態。

　1.心悸、心臟大力地怦怦跳或心跳加速。

2. 出汗。

3. 發抖或顫慄。

4. 覺得呼吸短促或透不過氣來。

5. 有噎到、哽塞的感覺。

6. 胸部疼痛或不舒服。

7. 噁心或肚子不舒服。

8. 頭暈、步伐不穩、頭昏或快要暈倒的感覺。

9. 發冷或發熱的感覺。

10. 出現麻痺或刺痛等感覺異常。

11. 失現實感（不真實的感覺）或是失自我感（跟自我脫離的感覺）。

12. 害怕失去控制或是覺得自己快要瘋了。

13. 害怕即將死去。

附註：與特定文化有關的症狀（例如：耳鳴、頸部痠痛、頭痛、失控尖叫或哭泣）可能會出現，這類症狀不納入四項必要的症狀之一。

B. 至少一次發作之後的一個月（或是更久的時間），出現下列情況中的一項或兩項：

1. 持續擔心恐慌再度發作或是擔心發作後的結果（例如：失去控制、心臟病發、覺得自己快要瘋了）。

2. 出現與發作有關、明顯適應不良的改變（例如：為了防止恐慌發作而做出某些行為，像是避免運動或是迴避不熟悉的情境）。

C. 並非由於使用某種物質（例如：濫用的藥物、臨床治療用藥）或其他身體病況（例如：甲狀腺機能亢進、心肺疾病）所產生的生理效應。

D. 無法以另一種精神疾病做更好的解釋（例如：不同於社交焦慮症，恐慌發作不僅是面對令人害怕的社交情境才發生；特定畏懼症，恐慌發作不僅是對特定的害怕對象或情境所出現的反應；強迫症，恐慌發作不僅是對強迫思考所做出的反應；創傷後壓力症，恐慌發作不僅是因為接觸到與創傷事件有關的刺激才出現的反應；分離焦慮症，恐慌發作不僅是因為與依戀對象分離所發生的反應）。

(四) 共病及鑑別診斷

恐慌症往往與其他心理病症合併發生，它可能與其他焦慮症共病，也可能會與憂鬱症、雙相情緒及其相關障礙症（參閱第十章）以及物質相關及成癮障礙症（Substance-Related and Addictive Disorders）一起出現。年輕的恐慌症患者出現憂鬱症與自殺的比率約是一般沒有焦慮問題的年輕人的三倍，部分患者以飲酒或嗑藥來處理他們的焦慮，因此發展出物質相關及成癮障礙症。恐慌症與其他焦慮症共病的情況相當常見，特別是特定場所畏懼症，患者當中約15%至30%也有社交焦慮症和廣泛性焦慮症，2%至20%有特定畏懼症，超過10%的患者有強迫症，至於合併出現創傷後壓力症的比率則至少有2%至10%，慮病症（Hypochondriasis）和分離焦慮症也是經常伴隨出現的診斷（APA, 2013; Weis, 2014）。

心臟病、呼吸系統疾病或腸胃疾病等生理病症，也可能會出現恐慌發作的情形。當恐慌發作是因為某種一般醫學情況、或是藥物的直接生理作用所造成的時候，便不能診斷為恐慌症。藉由實驗室檢測與身體檢查、仔細詢問藥物的使用情形可以適當釐清病因。另外，恐慌症也必須和其他可能產生恐慌發作症狀的精神病症有所區辨，仔細了解恐慌發作的類型及頻率、當事人焦慮的焦點和程度、想要逃避的情境等內容，將有助於進行鑑別診斷。

(五) 盛行率

依據歐美國家的調查，青少年及成人的恐慌症盛行率大約是2%至3%，女生罹病的比率比男生高，男女比率約為 1：2（AACAP, 2007; APA, 2013; Ollendick, Mattis, & King, 1994）。兒童也可能得到恐慌症，但是盛行率相當低（十四歲之前的盛行率＜0.4%），隨著年齡增加，盛行率也隨之逐漸提升，於成人期達到高峰，到了老年階段則盛行率下降（APA, 2013）。

(六) 病程

恐慌症初次發作年齡變異很大，美國的調查結果指出初次發作年齡的中位

數落在二十至二十四歲，較少數的個案從兒童期就已經開始（APA, 2013）。一般而言，恐慌症發病的初期都是突然而且非預期的發作，沒有好好治療的話，病程將逐漸慢性化，而且症狀表現起起伏伏，也可能僅出現部分症狀。兒童罹患恐慌症的比率較低有可能是因為他們不擅於說清楚症狀，也比較不懂得擔心自己的想法與感受，青少年則通常比較不像成人一樣願意開放地談論恐慌發作的情形，因此家長通常將孩子的症狀解讀為生理上的問題，專業人員如果遇到經驗過幾次強烈恐懼的孩子，還是得留意是否有恐慌症的可能性。

四、特定場所畏懼症

案例

在輔導老師建議之下，怡君終於鼓起勇氣就醫。她在大學一年級上學期時常翹課，期末被當了好幾科，很少參與團體活動，班上同學對她普遍沒有什麼特別印象。她低著頭，對自己的狀況感到沮喪，回憶起從小只要一到人多的地方就不由自主地緊張起來，一直以來都不喜歡外出逛街、看電影，在家裡則可以自在地跟家人一起看電視、談天說地。上大學之前她都就讀住家附近的學校，現在的學校離家比較遠，需要搭捷運之後再轉乘公車才能到達。大一上學期開學後沒多久，有次公車上乘客非常多，怡君突然一陣頭昏眼花、噁心想吐，覺得自己快要沒辦法呼吸，忍不住蹲了下來，硬撐著直到下車，她覺得自己很無助、也很丟臉。那次之後，怡君變得愈來愈害怕搭公車，甚至連坐捷運都變得很擔心，慢慢地就愈來愈不想出門上學，自然也就沒辦法到教室上課，課業學習深受影響，而大一新生的許多校內活動，她都很少出席，與同學們的關係也就變得生疏了。

在 DSM-IV-TR 裡，特定場所畏懼症並不是一個正式診斷，而是把當事人是否出現特定場所畏懼症的症狀作為對恐慌症進行分類的依據。然而特定場所畏懼症和恐慌症是獨立存在的，DSM-5 把特定場所畏懼症列為正式診斷，希望能夠提升大家對於相關問題的關注。

(一) 主要症狀

　　特定場所畏懼症的主要特徵就是對特定情境感到焦慮，因為擔心恐慌發作或是出現類似恐慌症狀時覺得尷尬困窘、無法逃脫或是求助無人，因此不敢一個人外出或是單獨待在家裡，也會避免前往人多擁擠之處、高橋上或是電梯裡，害怕搭乘汽機車或飛機等大眾運輸工具。有特定場所畏懼症的人通常會盡可能地迴避讓他（她）感到恐懼的情境，要不就是強忍痛苦、帶著嚴重焦慮，或者要求別人陪伴同行，日常生活、學業或工作事務的處理都受到相當大的限制。

(二) 相關或伴隨症狀

　　特定場所畏懼症發作的頻率和嚴重程度因人而異，最嚴重的甚至會困在家裡無法出門，需要仰賴其他人協助處理最基本的日常生活所需，在這種情況下很容易出現憂鬱情緒以及藥物濫用問題。

(三) DSM-5 診斷準則

　　在 DSM-5（APA, 2013）的分類中，特定場所畏懼症的診斷準則如下：

A.在下列五種場所中，對兩種（或者是兩種以上）場所產生明顯的害怕或焦慮：

　　1. 搭乘大眾運輸工具（例如：汽車、巴士、火車、船隻、飛機）。

　　2. 處於開放性空間（例如：停車場、市場、橋梁）。

　　3. 處於封閉性空間（例如：商店、劇院、電影院）。

　　4. 排隊或是處於人群中。

　　5. 單獨在家以外的地方。

B.當事人會害怕或迴避這些場所，是因為會想到萬一發生類似恐慌症狀或其他失常或令人尷尬的症狀時，難以逃脫或是無法獲得協助（例如：年長者害怕跌倒、怕大小便失禁）。

C.面對讓人畏懼的特定場所總是會引發害怕或焦慮。

D.當事人會主動迴避讓人畏懼的特定場所、要求有人陪伴，或是忍受著強烈的害怕或焦慮。

E.害怕或焦慮反應遠遠超過處在該特定場所中的實際危險以及社會文化脈絡下的預期反應。

F.害怕、焦慮或是逃避反應持續出現，症狀通常持續六個月或更久。

G.害怕、焦慮或是逃避反應導致臨床上的顯著困擾，或是嚴重妨礙社交、工作或其他重要領域的功能運作。

H.如果存在其他身體病況（例如：發炎性腸道疾病、巴金森氏症），則此害怕、焦慮或逃避反應必須很明顯是過度的。

I. 特定場所畏懼症所產生的害怕、焦慮或是逃避反應並不能夠以另一種精神疾病做更好的解釋（例如：其症狀並不侷限於特定畏懼症，情境型；並非如同社交畏懼症僅只涉及社交情境；並非如同強迫症的強迫思考；並非如同身體臆形症那樣感受到身體外觀的缺陷或瑕疵；並非如同創傷後壓力症那樣回憶起創傷性事件；並非如同分離焦慮症那樣害怕與依戀對象分離）。

附註：特定場所畏懼症的診斷與有沒有恐慌症無關。如果當事人的症狀表現同時符合恐慌症與特定場所畏懼症的診斷準則，則必須給予兩個診斷。

(四) 共病及鑑別診斷

大多數特定場所畏懼症的患者同時擁有其他精神疾病診斷，最常見的共病診斷是焦慮症、憂鬱症、創傷後壓力症以及酒精使用障礙症。研究調查結果指出約有 50% 至 75% 的恐慌症患者也會有特定場所畏懼症（APA, 2013; Weis, 2014）。

特定場所畏懼症與其他焦慮症的症狀具有相似之處，進行鑑別診斷可以從患者畏懼的情境類型和認知內容著手。如果害怕的情境僅限於單一類型，害怕的原因是擔心恐慌發作以外的理由（例如：害怕飛行是因為怕飛機墜毀），那麼診斷為特定畏懼症較為適當；特定場所畏懼症患者的認知著重在擔心類似恐慌狀或其他失常、令人尷尬的症狀，分離焦慮症患者的認知焦點在於擔心與父母或是其他依戀對象分離，社交焦慮症患者則是害怕被負面評價；如果害怕、想逃的情境並未符合兩種或兩種以上特定場所，那麼就要給恐慌症的診斷。如

果害怕、焦慮的情境僅限於讓人想起創傷事件的場合，而且逃避行為並未擴及兩種或兩種以上特定場所，那麼應該給予創傷後壓力症的診斷。另外，有憂鬱症的患者也多會留在家裡，但不想出門的原因是因為缺乏動力、自信心低落等因素。

(五) 盛行率

在國外，每年約有 1.7% 的青少年與成人被診斷有特定場所畏懼症。女性罹病的比率約是男性的兩倍。兒童也會罹患特定場所畏懼症，但是罹病年齡的高峰落在青春期晚期及成年早期（APA, 2013）。

(六) 病程

多數特定場所畏懼症患者的初次發病年齡在三十五歲之前，青春期晚期和成年早期是發病年齡的第一高峰，四十歲以後是第二高峰，兒童期發病的情形很少見，平均發病年齡為十七歲（APA, 2013）。

特定場所畏懼症的臨床症狀往往與患者的生涯現況有關，例如兒童患者最常害怕的是單獨在家以外的地方，會擔心迷路走丟，年長的患者則會因為擔心跌倒而害怕排隊或是待在開放性的場所。特定場所畏懼症的病程通常是慢性化的，有共病診斷將使得病程變得更為複雜，除非好好地接受治療，否則完全緩解的比率不到 10%。

兒童罹患特定場所畏懼症的比率低，有可能是因為他們不擅於陳述症狀，因此必須從父母或師長等其他來源蒐集資料。至於青少年，特別是男孩，通常不像成人一樣願意開放地談論症狀表現，專業人員需要多花時間細心評估。

五、廣泛性焦慮症

案例

　　小芬走進臨床心理室，臉上沒有什麼表情，倒是像貓熊一樣的黑眼圈令人印象深刻，跟一旁白皙活潑的弟弟成了明顯對比。爸爸媽媽老早就覺得她不對勁，但是一直以為長大可能會自然改善，所以並沒有太放在心上。最近半個多月來，小芬頭暈、頭痛、便祕、拉肚子、失眠的情況實在太嚴重了，原本纖弱的身體又瘦了一圈，爸媽看了實在心疼，於是決定帶她看醫生。

　　爸媽原先擔心小芬的腸胃功能不好，所以帶她到小兒科、兒童內科就診。經過相關檢查之後，醫師們認為小芬的生理功能沒有問題，建議轉介兒童心智科。爸媽雖然有些遲疑，最後還是下定決心試試看。

　　經過與心理師的晤談，得知六年級的小芬其實成績已經相當不錯，功課一直維持在前三名，但是她老是擔心自己考得不夠好，甚至害怕以後無法應付國中、高中的課業要求，考不上好大學，她還擔心做不好老師交代的事情、東西沒整理好、擔心爸媽生氣吵架……，有時甚至不知道自己在擔心什麼，只是覺得每天都很緊張不安，有時忍不住想發脾氣，也不知道該怎麼辦才好，這種情形已經持續兩年了。

　　對事物有所擔心，是兒童及青少年正常發展的反應。一般來說，即使孩子心裡有令他擔心的事，一旦所擔心的事件結束之後，焦慮也就跟著消除。然而，有些孩子容易過度操煩，不但耗損心力，也為自己帶來困擾，需要照顧者的關懷與協助。

(一) 主要症狀

　　廣泛性焦慮症是指經常過度焦慮或擔心，而且難以控制。患有廣泛性焦慮症的孩子沒辦法放輕鬆，擔心的事情往往一件接著一件，沒完沒了。他們所憂

慮的並不是特殊的地點或物品，而是擔心許多事情，例如：個人的能力、課業的表現、身體的健康與安危、別人的觀感、人際關心、未來發展、天災人禍等，甚至對一些日常生活中不重要的小事也會產生焦慮，這一點跟其他焦慮症很不相同。

　　兒童及青少年的廣泛性焦慮症診斷必須包含一項以上的生理症狀，頭痛、肚子痛、肌肉緊繃是最常見的生理現象（Eisen et al., 1995），其他像是情緒易怒、缺乏動力、難以入睡或是睡不安穩等症狀也很常見。如同前述的案例一樣，最先引起家長注意的往往都是身體方面的不適，剛開始就醫通常也是為了解決生理症狀的問題。

(二) 相關或伴隨症狀

　　不論是書本、媒體、別人的話等，任何來源都可以讓有廣泛性焦慮症的孩子找到擔心的事情，他們通常把結果想得很糟糕，過度高估所擔心的事情會發生的機率，同時也低估了自己的資源與因應能力。

　　有廣泛性焦慮症的孩子容易貶低自己，老是認為自己做得不夠好，對自己缺乏信心，也總認為壞事會降臨在他們身上；他們在意別人的評價，渴望獲得父母或老師的讚美，會為了獲得認同而過度順從或討好別人。這類孩子往往具有完美主義的作風，給自己設定高標準的要求，做不到時便自責不已，即使證據或是事實擺在眼前，他們仍然無法停止擔心（Albano et al., 1996）。

(三) DSM-5 診斷準則

　　根據 DSM-5（APA, 2013）的分類，廣泛性焦慮症的診斷準則如下：

A.對許多事件或活動（例如：工作或學校表現）過度焦慮和擔憂，在至少六個月的期間內，有此症狀的日子比沒有的日子多。

B.當事人很難控制這種擔憂。

C.此焦慮及擔憂伴隨發生下列六項症狀當中的三項（或更多）（至少有些症狀在過去六個月內有出現的日子比沒有的日子多）：

　附註：兒童只需要一項。

1. 坐立不安、感覺緊張或心情不定。

2. 容易疲累。

3. 注意力不集中，腦筋一片空白。

4. 易怒。

5. 肌肉緊繃。

6. 睡眠困擾（難以入睡、睡不安穩，或坐立不安、對睡眠狀況不滿意）。

D. 此焦慮、擔憂、或是身體不適症狀造成臨床上的顯著苦惱，或是損害了社交、職業、或是其他重要領域的功能。

E. 並非由於使用某種物質（例如：濫用的藥物、臨床治療用藥）或是其他身體病況（例如：甲狀腺機能亢進）的生理效應。

F. 廣泛性焦慮症所產生的困擾並不能夠以另一種精神疾病做更好的解釋〔例如：不同於恐慌症對恐慌發作的焦慮或擔心、社交焦慮症的負面評價、強迫症的擔心被污染或其他強迫性思考、分離焦慮症的與依戀對象分開、創傷後壓力症的想起創傷事件、厭食症的體重增加、身體症狀障礙症的身體不適、身體臆形症的感覺有外觀缺陷、罹病焦慮症（illness anxiety disorder）的擔心得到嚴重疾病、思覺失調症或妄想症的妄想信念〕。

(四) 共病及鑑別診斷

廣泛性焦慮症與其他焦慮症、憂鬱症共病的可能性相當高，年紀小的患童常合併出現分離焦慮和注意力不足／過動症，年紀比較大的孩子則容易合併出現特定畏懼症、憂鬱症、社會適應不良和低自尊（Mash & Wolfe, 2013; Strauss, Last, Hersen, & Kazdin, 1988）。

進行鑑別診斷的時候，必須仔細了解症狀表現並依據診斷準則釐清適合的診斷。一般來說，同時具有焦慮症和憂鬱症的孩子年齡通常比較大，而且往往先出現焦慮症狀。憂鬱症會顯現持續性的緊張、悲傷、生氣等負向情感（negative affectivity）特質，缺乏感受愉快、熱情和活力充沛等正向情感（positive affectivity）的能力；焦慮症雖然也具有較多的負向情感，但是正向情感的能力不受影響（Lonigan, Carey, & Finch, 1994; Watson, Clark, & Carey, 1988）。與社交

焦慮症不同的是，有廣泛性焦慮症的孩子所擔憂的事情不僅止於自己的表現以及他人的社會性評價，他們擔憂的事情很多，擔心人際關係的品質更甚於擔心是否會在社交情境中出糗受窘，對事情的擔憂不會因為離開社交情境而停止（AACAP, 2007; APA, 2013）。若是將廣泛性焦慮症與強迫症的強迫思考作比較，強迫思考不只是針對日常實際生活問題過度擔憂的想法而已，還會突然插入一股衝動或是影像畫面，而且大多伴隨可以降低焦慮的強迫行為，廣泛性焦慮症則是對即將到來的事情產生過度的預期性焦慮。創傷後壓力症雖然也會出現焦慮反應，但是可以解釋為創傷事件所造成的結果，而適應障礙症（Adjustment Disorder）的焦慮症狀通常是發生在生活中出現可辨識的壓力源三個月內的反應，而且在壓力解除之後焦慮不會持續超過六個月。

(五) 盛行率

　　廣泛性焦慮症是兒童及青少年最常見的焦慮症之一，青少年罹病的機率高於兒童，在青春期到成年階段以女生的罹病機率較高，男女性別的發生率約為1：2（Albano et al., 1996; APA, 2013; Phares, 2014）。在美國社區樣本中，約有0.9% 的青少年罹患此症，不同國家的盛行率大約落在 0.4% 至 3.6%（APA, 2013）。在一項以診斷性會談進行的青少年流行病學調查中，台灣地區國一學生的廣泛性焦慮症盛行率為 0.7%（Gau et al., 2005）。

(六) 病程

　　對年紀輕的人而言，早年過度焦慮和擔憂的症狀很可能形成容易焦慮的先天氣質傾向。廣泛性焦慮症是一種持續時間較長的慢性化病症，症狀表現往往起起伏伏，完全緩解的比率非常低（APA, 2013）。

　　廣泛性焦慮症的臨床症狀與患者的生涯現況有關，例如兒童和青少年患者比較多擔心與學校有關的事務。不過，廣泛性焦慮症在兒童族群中有可能被過度診斷，需要多方蒐集資訊以辨識是否有其他精神病症診斷的可能。

強迫症及相關障礙症

　　強迫症及相關障礙症是 DSM-5 新增加的一個診斷類別，除了涵蓋原先在 DSM-IV-TR 中屬於焦慮症的強迫症之外，還納入：身體臆形症、儲物症、摳皮症、物質／醫藥引發的強迫症及相關障礙症，以及其他身體病況引發的強迫症及相關障礙症，而原先在 DSM-IV-TR 中屬於衝動控制疾患（Impulse-Control Disorders）的拔毛症也被改放在這個類別。以下分別介紹幾個兒童及青少年比較常見的診斷。

一、強迫症

案例

案例一

　　小如就讀幼兒園的時候就很容易緊張，每隔一、兩分鐘就要上一次廁所，最後乾脆躲在廁所裡面不出來，老師和同學們都覺得她好奇怪。長大之後，小如跟班上同學的互動不多，沒什麼好朋友，下了課就乖乖坐在位子上看書、寫功課，成績表現得不錯。大約一年前，她開始對碰觸東西十分敏感，就連從旁經過，都要再三詢問旁邊的人：「我有沒有碰到它？」「我到底有沒有碰到？」一問就是好幾十次；她開始怕髒，擔心自己的手不小心碰到髒東西，所以不斷地洗手，洗得手都快要破皮了，還是停不下來。最後，小如乾脆進浴室洗澡，打算把全身上下洗得乾乾淨淨，可是一洗就是一、兩個小時，搞得全家人都受不了，父母終於決定帶她去看醫生。

案例二

　　小智是國小四年級的男生，老師發現他常常考卷寫不完，明明都會作答卻拿不到好成績，就算催他也沒用。要前往其他教室上課的時候，他好幾次無法在上課鐘聲響了之後馬上進教室坐好。老師跟媽媽討論過小智的

狀況後，決定帶他就醫，並且轉介給臨床心理師進行心理衡鑑。在施測過程中，心理師發現小智的作答動作很辛苦：他伸手拿起桌上的筆，卻又立刻放下，再重複拿筆—放下的動作好幾次，才能確實把筆握住；想要更正寫錯的答案時，拿橡皮擦的動作一如拿筆的過程一樣重複多次，等到拿好橡皮擦，重新寫好答案，早就不知道過了多少時間了。仔細詢問之下，才知道他換教室上課要走樓梯，有時上兩階、退一階，一趟樓梯走下來要花掉很多時間，不知情的同學還以為他故意調皮玩耍，甚至有人戲謔地模仿他的動作。經過評估，不難理解為什麼小智的考卷寫不完、上課會遲到，因為他有強迫症。

　　大部分孩子在成長過程中，多多少少具有一些偏好或是儀式化行為傾向，像是有些小朋友在晚上睡覺前要聽故事或是特定的音樂、使用從小到大一直陪伴的枕頭或被子才能睡得著；東西一定要按照自己習慣的方式放置；喜歡乾乾淨淨、不沾髒污的環境，這類行為模式似乎是年幼孩子控制環境或是個人風格的展現，有些表現甚至會被大人稱讚。到了兒童階段的中期，儀式化行為模式逐漸蛻變為個人興趣的發展，像是有些孩子會迷上蒐集遊戲卡、模型或公仔，玩電動玩具或電腦遊戲等嗜好，這些都是屬於兒童正常成長的經驗。然而，少數孩子固執而堅持的想法或是動作反應已經明顯超出一般範圍，甚至到了不這麼做會覺得非常苦惱、被阻止時會生氣的地步，嚴重妨礙日常生活功能，此時就需要評估是否有強迫症的可能。

(一) 主要症狀

　　強迫症的主要特徵是「強迫思考」（obsession）及「強迫行為」（compulsion）。「強迫思考」是指反覆而且持續出現的一些令人困擾的思考、衝動或想像。這些強迫思考往往是過度的、不理性的或是誇張的，會讓人產生強烈的焦慮和緊張情緒，因而帶來相當大的壓力和困擾。「強迫行為」是指一再反覆進行的外顯行為，這些行為會浪費許多時間，干擾正常作息的進行，目的是用來降低強迫思考所引發的焦慮，或是防止令人害怕的事件及重大災害的發生。

雖然執行強迫行為可以減低當事人的情緒壓力，但這過程一點兒都不輕鬆有趣，而且有些儀式化行為看起來很奇怪，所以患者會想盡辦法掩飾或壓抑。

　　罹患強迫症的孩子有的只有強迫思考，有的只有強迫行為，但是大部分患童同時具有強迫思考和強迫行為（湯華盛、黃政昌，2005；APA, 2013; Summer-feldt, Antony, Dowine, Richter, & Sminson, 1997）。兒童及青少年的強迫症狀類別當中（Goodman, Price, & Rasmussen, 1991；參見表 7-2），最常出現的強迫思考是怕受到污染、對秩序或對稱性的過度關心或要求，或是擔心傷害自己或他人，而最常見的強迫行為則是反覆清洗、一再地檢查、重複已經完成的動作，甚至計算次數（AACAP, 2012; APA, 2013）。

表 7-2 ｜ 兒童及青少年常見的強迫思考與強迫行為類別

強迫思考	強迫行為
怕受到污染的強迫思考	清洗／清潔的強迫行為
攻擊的強迫思考	檢查的強迫行為
與性有關的強迫思考	重複儀式的強迫行為
囤積／節儉的強迫思考	計算的強迫行為
神奇的想法／迷信的強迫思考	排序／整理的強迫行為
身體的強迫思考	囤積／節儉的強迫行為
宗教的強迫思考	過度遊戲／迷信的強迫行為
其他形式的強迫思考	與他人有關的儀式化強迫行為
	其他形式的強迫行為

資料來源：Goodman et al. (1991)

(二) 相關或伴隨症狀

　　受到臨床症狀干擾，許多強迫症患者都很焦慮，甚至有過恐慌發作的經驗，對於執行強迫行為總有沒完成會不舒服的感覺。患者會刻意迴避某些與強迫思考有關的對象或情境，例如：因為怕髒、怕被傳染而不敢前往公共場合、不敢使用公共廁所，或是跟別人握手、擁抱；害怕傷害別人而迴避社交互動。他們可能會因為擔心生病而頻頻就醫、做檢查，求個心安；過度用水或用清潔劑洗手而造成皮膚問題；花太多時間從事強迫行為而導致家人衝突以及人際困

難。兒童及青少年的強迫症容易因為不專心而伴隨出現成績退步的學習問題，或是被反覆唸讀、書寫的強迫行為影響而不利於能力表現。少數青春期之前突然發病的患童可能與鏈球菌感染（group A Beta-hemolytic streptoccocal infection）有關（湯華盛、黃政昌，2005；AACPA, 2012; APA, 2013）．

(三) DSM-5 診斷準則

根據 DSM-5（APA, 2013）的分類，強迫症的診斷準則如下：

A. 具有強迫思考、強迫行為或兩者兼具：

強迫思考的定義為：

1. 持續且反覆出現的一些想法、衝動或影像，有些時候覺得它們是突然侵入的、當事人不想要的，而且造成明顯的焦慮或痛苦。

2. 當事人會想要忽略或壓抑這些想法、衝動或影像，或試圖以其他想法或行動來抑制它們。

強迫行為的定義為：

1. 重複的行為（例如：洗手、排序、檢查）或心智活動（例如：祈禱、計數、重複、默唸），當事人必須回應強迫思考或根據某些必須嚴格遵守的規則而被迫做出這些動作。

2. 這些行為或心智活動的目的是為了防止或減少焦慮或痛苦，或者預防發生一些可怕的事件或情況；然而，做這些行為或心智活動與想要達到的目的並不符合或是顯然過度。

附註：兒童可能無法清楚說明這些行為或心智活動的目的。

B. 強迫思考或行為是耗費時間的（例如：每天超過一小時），或是會引起臨床上顯著的困擾或社交、職業或其他重要領域功能的減損。

C. 強迫症狀並非由於使用某種物質（例如：濫用的藥物、臨床治療用藥）或是其他身體病況的生理效應。

D. 強迫症所產生的困擾並不能夠以另一種精神疾病做更好的解釋（例如：不同於廣泛性焦慮症的過度擔憂；身體臆形症對身體外貌的執著；儲物症的難以丟棄所有物或與之分離；拔毛症的拔自己的毛髮；摳皮症的摳皮膚；重複動

作障礙症的重複動作；飲食障礙症的儀式化飲食行為；物質相關與成癮障礙症的執著於物質使用與賭博；罹病焦慮症的執著於罹患某種疾病；性偏好症的性衝動或性幻想；侵擾行為、衝動控制及行為規範障礙症的衝動；憂鬱症中反覆出現的罪惡感；思覺失調症或其他精神病症中的思想插入或妄想症狀；自閉症類群障礙症中的重複行為）。

(四) 共病及鑑別診斷

強迫症經常與其他類型的焦慮症、憂鬱症共病，注意力不足、學習障礙、有聲音或動作抽動的妥瑞症、飲食障礙也是常見的合併症狀（AACAP, 2012; APA, 2013; Eisen et al., 1995; Mash & Wolfe, 2013）。

強迫症與焦慮症的許多診斷有共同之處。首先，強迫症與其他焦慮症的共病比率相當高，年輕的強迫症患者經常也會同時患有其他焦慮症，尤其是與廣泛性焦慮症的共病情形最多；再者，強迫症與其他焦慮症的遺傳機率相當，強迫症患者的家族當中往往也可以發現患有其他焦慮症的成員；而且強迫症和其他焦慮症的治療方法相近，抗憂鬱藥物和暴露治療（exposure therapy）都可以有效治療強迫症和焦慮問題。然而，強迫症與其他焦慮症至少有以下四個重要的差異：(1)症狀呈現：焦慮症的症狀是以害怕、擔憂為主，所擔心的內容往往是真實生活經驗中的事情，強迫症則是經常出現突然侵入的、當事人不想要的想法以及刻板的儀式化行為，內容通常與真實生活無關，甚至是特異或非理性的；(2)性別分布：焦慮症通常好發於女性，男女性別分布的比率從 1：2 到 1：3，然而罹患強迫症的年輕男性比率大約是女性的兩倍；(3)神經迴路：大部分焦慮症與杏仁核－皮質神經迴路功能失調有關，強迫症則是與皮質－紋狀體神經迴路功能失調有關；(4)認知處理：強迫症患者與焦慮症患者的認知模式不同。強迫症患者的思考與行動是連結在一起的，他們光是想到一件事（例如：親人過世）就等同於實際去執行那件事（例如：傷害或是殺害親人），這會讓患者覺得需要為自己的無法掌控而承擔責任（Weis, 2014）。

廣泛性焦慮症與強迫思考的區別在於，強迫思考的擔憂內容通常與真實生活問題無關，而且患者了解他的強迫思考是不合理、不恰當的。如果是因為錯

誤解讀身體症狀而一直擔心自己罹患了嚴重疾病，而且並未出現相關的儀式化行為，那麼罹病焦慮症的診斷更為合適。有憂鬱症狀的人會反覆思索不愉快的事情，這種反應與憂鬱的情緒特質一致，並不是強迫思考，也不會連結到強迫行為。與強迫行為相較，突然、快速而重複出現的抽動症狀比較單純，而且不是基於強迫思考而配合執行。至於過度飲食、從事性行為、沉迷於賭博及濫用物質等都不符合強迫症的診斷，因為當事人從這些活動當中獲得樂趣，除非產生不良後果，否則大多希望持續發生。如果患者的強迫思考或強迫行為與其他精神疾病及一般醫學情況直接相關，就不符合強迫症的診斷。

(五) 盛行率

Weissman 等人（1994）以社區樣本為對象，採用結構式晤談調查強迫症的盛行率，其中美國、加拿大愛德蒙頓、波多黎各、德國慕尼黑、韓國和紐西蘭等地的強迫症終生盛行率（1.9% 至 2.5%）與一年內盛行率（1.1% 至 1.8%）相近，而台灣的強迫症終生盛行率（約為 0.7%）與一年內盛行率（約為 0.4%）比起其他六個地區都相對偏低。至於兒童及青少年罹患強迫症的盛行率則大約是 1% 至 2%（AACAP, 2012; APA, 2013）。

臨床上，年紀比較小的男孩罹患強迫症的比率比小女孩略高，青少年罹病的性別差異並不明顯，成年患者當中女性略多於男性（AACAP, 2012; Albano et al., 1996; APA, 2013; Mash & Wolfe, 2013; Phares, 2014）。

(六) 病程

在美國，強迫症初次發病的平均年齡不到二十歲，25% 的患者是在十四歲以前發病。國外兒童及青少年罹患強迫症的平均初次發病年齡為八至十一歲，很早就發病的患童（指六至十歲）比晚發病的孩子容易有家族病史（Mash & Wolfe, 2013; Phares, 2014）。一項針對台灣某精神科專科醫院強迫症門診病患的調查結果顯示，一百三十位就診患者當中發病年齡最小的為六歲，最大的為六十五歲，平均發病年齡約為二十二歲；全部患者裡有十三位是在十二歲以下發病（約為 10%），有三十八位是在十二至十七歲發病（約為 29.2%），換句

話說，有將近四成的患者是在兒童及青少年時期發病（湯華盛、黃政昌，2005）。多數八歲以上的孩子可以知道自己的強迫思考和強迫行為不對勁而不好意思說出來，會想辦法隱藏或是否認（Mash & Wolfe, 2013）。

　　強迫症的病程具慢性化特質，在兒童期或青春期發病的強迫症到了成年早期約有40%的患者可以獲得緩解。早期療效研究結果顯示有將近一半至三分之二的患者在多年以後仍然保有症狀。預後不佳的危險因素包括：一開始的治療反應不好、患者有妥瑞症病史以及有家族病史（AACAP, 2012; Mash & Wolfe, 2013）。

二、拔毛症

案例

　　瘦瘦小小的小凱戴著帽子，低頭跟在媽媽背後走進診療室。媽媽說他個性內向，碰到事情不會表達，也不懂得求助，每天都要花很多時間寫功課，考試成績很不理想，讓寄予厚望的家長十分擔心。媽媽進一步指出，小凱有拔頭髮的問題，已經持續大半年了，早上起床後總可以在枕頭上發現很多頭髮，平時也可以看到他不自覺地伸手捲動頭髮或是拔頭髮，甚至還會拔睫毛，除非戴帽子否則不太想出門，無論爸爸、媽媽用提醒的、勸說的、打罵的方法，還是無法有效阻止孩子拔毛髮的行為。剛開始爸媽對孩子掉頭髮的情形不以為意，後來實在是因為小凱頭上禿了好幾個五十元硬幣大小的區域，連眉毛也被拔得稀稀疏疏的，於是帶他去看皮膚科醫師。醫師檢查之後確認不是皮膚病，建議轉介到兒童心智科就診，這才明白孩子其實非常焦慮，有拔毛症的困擾。

(一) 主要症狀

　　拔毛症的主要特徵是反覆地拔毛髮，頭髮、眉毛、睫毛是最常被拔除的對象，少數會拔腋毛、陰毛等，患者通常會設法隱瞞或是掩飾拔毛的部位。拔毛

的部位以及持續時間因人而異，而且經常有所變動。當事人大多承受負面情緒，出現失去控制、困窘或丟臉的感覺，也可能因此逃避前往公共場合、學校或是工作環境。

(二) 相關或伴隨症狀

拔毛症可能伴隨出現一些與毛髮有關的儀式化行為，像是找尋某種毛髮（如：選擇特定質感或顏色）、使用特定方法（如：連根拔除），或者檢視、把玩直到毛髮被拔除（如：用手指捲頭髮、把頭髮咬成好幾段或是吞下去）。

拔毛症與某些情緒狀態有關，緊張焦慮或是無聊的時候比較會出現拔毛行為，拔完之後可能會覺得放鬆、愉悅或是滿足，痛苦的感覺則通常不會連結到拔毛行為。有些患者在拔毛的時候並不自覺，有些則是相當專注在這樣的行為上。

每位拔毛症患者的毛髮脫落型態不盡相同，比較常見的是局部完全禿掉或是毛髮變得稀疏，頭部則以頭頂或側邊的位置最容易被拔除。有的患者頭上除了髮線周邊範圍還有頭髮之外幾近全禿，也有的眉毛和睫毛通通被拔光。有些患者會出現想要拔別人毛髮的衝動，或是從寵物、娃娃以及其他有纖維材質的物品（例如：毛衣、地毯）拔毛。大多數拔毛症患者除了拔毛之外，同時也會出現像是摳皮、咬指甲或咬嘴唇等與身體有關的重複行為。

(三) DSM-5 診斷準則

根據 DSM-5（APA, 2013）的分類，拔毛症的診斷準則如下：

A.一再地拔毛髮，導致毛髮量減少。

B.重複企圖減少或停止拔毛髮。

C.因拔毛髮引起臨床上顯著的困擾，或在社交、職業或其他重要領域功能的減損。

D.拔毛髮或掉毛髮並非因為其他身體病況所產生（例如：皮膚的狀況）。

E.拔毛髮並不能夠以另一種精神疾病做更好的解釋（例如：身體臆形症的企圖改善外觀缺陷）。

(四) 共病及鑑別診斷

拔毛症最常與憂鬱症、摳皮症共病。除了拔毛髮、摳皮膚之外，如果患者出現其他以身體為焦點的重複行為，那麼就要考量給予其他診斷。

一般人為了好看或是做造型會有除毛的舉動，但是拔毛症的拔毛行為並非為了美觀緣故。有些非常在意對稱要求的強迫症患者、認為自己某處毛髮難看或是不對勁的身體臆形症患者也會做出拔毛行為，但是背後都有以身體為焦點的認知因素作為理由。另外，受妄想或幻覺干擾的精神病症、皮膚發炎或是禿頭等狀況所導致的拔毛都與拔毛症有所不同。

(五) 盛行率

依據國外的資料統計，青少年及成人罹患拔毛症的機率估計約為 1% 至 2%，患者當中女性遠多於男性，男女性別比率約為 1：10。至於兒童患者，男孩與女孩的比率大致相當（APA, 2013）。

(六) 病程

初次出現拔毛症的年齡多在青春期前後，病程有慢性化傾向，如果沒有妥善治療的話，症狀往往起起伏伏。女性患者可能受到荷爾蒙變化（例如：生理期、更年期）的影響而使得症狀更為嚴重。

三、摳皮症

天氣雖然還不是很冷，但是玉婷身上套著薄薄的外套，媽媽請她脫下外套、伸出手臂給心理師看，只見到兩側手臂上有許多新、舊傷口，臉上的青春痘看起來也有發炎跡象。媽媽苦笑地表示玉婷可說是「體無完膚」，因為她常常會把自己的皮膚摳出傷口，沒等到傷口痊癒，又一而再、再而三地摳它，好像人坐在椅子上，手就忍不住在身上摳來摳去，這

樣傷口永遠好不了。媽媽覺得玉婷很矛盾，一方面在意別人的眼光，不想讓別人看到她的傷口，所以會用外套遮起來，除了上學以外很少出門，既然如此就乾脆不要摳，但是她又無法停止亂摳的動作。

(一) 主要症狀

摳皮症的主要特徵是反覆地摳皮膚，患者最常摳的部位是臉部、手臂和手，被摳的有可能是健康皮膚、不平滑的皮膚、面皰、老繭或是先前摳出的傷口等。除了用手指甲摳皮之外，患者也可能使用鑷子、針或其他工具，對皮膚做出摩擦、擠壓、刺或咬的動作。患者經常耗費許多時間摳皮，有時一天摳個幾小時，摳皮行為持續好幾個月甚至好幾年。摳出傷口時，患者可能利用化妝或是穿著試圖隱瞞或遮掩，也會不斷地想要減少或是停止摳皮行為。

患者會因為罹患摳皮症而感受負向情緒，出現失去控制、尷尬和丟臉的感覺。為了避免別人的異樣眼光，他們很可能減少出現在社交場合，進一步影響到人際、學業、休閒以及職業生活。

(二) 相關或伴隨症狀

摳皮行為可能伴隨一些與皮膚相關的儀式化行為。患者會搜尋可以摳皮的部位，會檢查、把玩摳下來的皮屑，或者放在嘴巴裡，甚至是吞下去。患者在焦慮或無聊的時候都有可能出現摳皮行為，摳過以後會覺得放鬆、愉悅或滿足，或是讓身體某種不舒服的感覺獲得緩解。有些患者對摳皮行為並不自覺，有些則是相當專注在這樣的行為上。除非是親密的家庭成員，否則有外人在場的時候患者通常不會當面做出摳皮行為。

(三) DSM-5 診斷準則

根據 DSM-5（APA, 2013）的分類，摳皮症的診斷準則如下：
A.一再地摳皮膚，造成皮膚損傷。
B.重複企圖減少或停止摳皮膚。

C. 因摳皮膚引起臨床上顯著的困擾，或在社交、職業或其他重要領域功能的減損。

D. 摳皮膚並非因為某種物質（例如：古柯鹼）的生理效應或是其他身體病況（例如：疥瘡）所產生。

E. 摳皮膚並不能夠以另一種精神疾病做更好的解釋（例如：精神病症中的妄想或觸幻覺、身體臆形症的企圖改善外觀瑕疵或缺陷、重複動作障礙症的重複行為、或是非自殺性自傷個案的意圖傷害自己）。

(四) 共病及鑑別診斷

摳皮症經常與強迫症、拔毛症以及憂鬱症共病。患者如果出現摳皮、拔毛髮、咬指甲以外的專注於身體的重複性行為症狀，那麼就要考慮加上其他診斷。

(五) 盛行率

成人的摳皮症終生盛行率大約是 1.4% 或是更高一些，四分之三以上的患者是女性（APA, 2013）。

(六) 病程

摳皮症可能發生於任何年齡層，但是初次發作最常出現在青春期階段，一開始的時候通常是以某種皮膚狀況（例如：粉刺）呈現。摳皮症的病程具有慢性化傾向，如果沒有妥善治療的話，症狀往往起起伏伏，持續時間可能是幾週、幾個月，甚至數年。

焦慮症、強迫症及相關障礙症的病因

面對有焦慮症或強迫症的兒童和青少年，大人們往往感到驚訝難解，尤其某些孩子表現得相當文靜、乖巧，甚至優秀、體貼，實在看不出來有明顯異樣。究竟兒童及青少年為什麼會產生這些症狀？這些症狀又是如何持續的？Albano 等人（1996）指出當孩子面對壓力情境時，激發的生理反應、扭曲的認知模式

以及逃避壓力情境的行為交互影響，導致孩子發展出不當的反應。除了生理、認知和行為層面的原因之外，孩子的先天特質與後天環境因素也扮演重要的角色。以下將分別從各種角度進行病因探討。

一、遺傳因素

兒童及青少年焦慮症、強迫症可能有家族遺傳傾向。父母之中有焦慮症的話，小孩罹患焦慮症的機率比較高，而診斷有焦慮症的孩子往往也會有焦慮度較高、或是罹患焦慮症的父母。此外，父母雙方的高焦慮度與孩子的焦慮以及強迫症狀相關（Phares, 2014）。

以恐慌症來說，一等親患有恐慌症者，其家人罹患恐慌症的可能性是一般人的八倍以上（APA, 2000）。雙胞胎研究結果更為恐慌症的遺傳傾向提供確實的支持證據。同卵雙胞胎擁有相同的遺傳性，異卵雙胞胎則與普通兄弟姊妹的遺傳性沒有差異。研究結果顯示同卵雙胞胎兩人都得到恐慌症的諧和係數是.31，而異卵雙生子的係數則是 0。換句話說，同卵雙胞胎中若有一人罹患恐慌症，另一人也得病的可能性是異卵雙胞胎的三倍（Torgersen, 1983）。研究結果指出同卵雙胞胎兩人都得到強迫症的機率比異卵雙胞胎罹病的機率明顯來得高，一等親患有強迫症者，其家人罹患強迫症的機率是一般人的兩倍；如果直系親屬是從兒童期或青春期就開始發病，則家人罹病機率將大幅提高（AACAP, 2012; APA, 2013）。

然而，這類家庭研究證據並不等同於焦慮症及強迫症具有遺傳基因，因為家人通常共同生活，彼此相互觀察、耳濡目染的情況下也可能會發展出類似的症狀，想要釐清遺傳基因的影響還需要累積更多神經生物以及遺傳學研究的證據。

二、神經生理因素

當我們處在焦慮、害怕的狀態時，大腦中的下視丘（hypothalamus）和邊緣系統會發出衝動訊息傳送到控制自主神經系統的腦幹神經核，自主神經系統的交感神經直接作用在肌肉和體內器官以產生心跳加速、瞳孔擴張、呼吸急促

等應變反應，同時也間接刺激腎上腺素產生其他身體變化。在患有焦慮症的孩子身上，上述通路系統有過度反應的傾向，他們的杏仁核（大腦中與害怕反應有關的區域）反應往往過度敏感，腹側中央前額葉皮質（大腦中調節害怕情緒與控制行為反應的區域）的活動有所不足（Weis, 2014），因而產生過度焦慮、擔憂的反應，而極度壓抑的氣質也會讓邊緣系統呈現過度興奮的情形（Kagan, Reznick, & Snidman, 1987）。

　　一些神經傳導物質被視為與焦慮的產生有關，例如與正腎上腺素活動密切相關的藍斑核（locus coeruleus）被過度激發的話，有可能導致害怕反應的產生；相反地，如果活性過低，則會造成不專心、衝動和冒險等行為。如果這個系統運作失當，就可能讓兒童產生焦慮反應。胺基丁酸（gamma-aminobutyric acid, GABA）是一種抑制型的神經傳導物質，某些用來治療焦慮症的藥物所具有的鎮靜作用與促進 GABA 抑制功能有關。血清素的代謝也會影響焦慮特質的作用，與血清素回收機制相關的藥物對於改善焦慮和憂鬱症狀有相當好的效果（AACAP, 2007）。

　　強迫症與皮質－紋狀體神經迴路功能失調有關，患者的眶額葉皮質（orbit-ofrontal cortex）、前扣帶迴（anterior cingulate gyrus）、紋狀體（striatum）等區域的反應即使在休息時間仍然顯得過度活躍（Weis, 2014）。

三、先天氣質

　　氣質是孩子針對環境刺激的先天反應傾向，有些孩子喜歡接觸新奇事物，比較不容易受到驚嚇；有些孩子面對新奇事物或是不熟悉的情境時，接受度較低，會變得安靜、黏人，或是出現遲疑、逃避的反應，這類孩子被認為有壓抑（inhibition）氣質（Kagan, 1989），研究顯示具壓抑氣質的孩子比較容易產生焦慮症（Biederman, Rosenbaum, Chaloff, & Kangan, 1995; Kagan, 2012; Turner, Beidel, & Wolff, 1996）。

　　負向情緒氣質也是罹患焦慮症和強迫症的危險因子（APA, 2013; Barlow, 2000; Chorpita, 2001; Lonigan & Phillips, 2001; Ollendick et al., 1994）。有負向情緒氣質的兒童對於負向事件、具威脅性的事物和訊息比較敏感（Gray &

McNaughton, 1996），他們比其他兒童更容易感到擔心、害怕，許多臨床和非臨床的研究均支持負向情緒氣質和焦慮症的關聯（Chorpita, 2001; Chorpita & Daleiden, 2002; Joiner, Catanzaro, & Laurent, 1996; Lonigan, Hooe, David, & Kistner, 1999）。

　　事實上，並非所有具有害羞、壓抑氣質的孩子就一定會罹患焦慮症，還需要考慮環境因素的影響。例如，當父母親本身比較容易焦慮、採用過度保護的方式教養壓抑的孩子，則孩子發展出焦慮症的可能性便相對較高（Kagan, Snidman, & Arcus, 1992）。

四、心理分析理論

　　傳統的心理分析理論認為，焦慮和害怕是一種對抗童年時期潛意識衝突的防衛方式。Freud 認為神經質焦慮（neurotic anxiety）源自於個體不被接受的本我衝動與自我、超我的約束之間的對立，當這種潛意識衝突接近意識狀態時就會引發焦慮，而且不被個體所覺知。

　　當潛意識動機或內在趨力過於具有威脅性時，孩子必須將這種害怕的感覺壓抑下來，並且轉換到具有象徵意義的外在事物上，以便因應焦慮的產生。Freud 曾經以心理分析的方式，成功治療小孩對馬的恐懼症（Freud, 1941）。Freud 分析五歲的 Hans 具有戀母情結，他一方面嫉妒父親占據母親的愛，另一方面又害怕父親會將他閹割以作為報復，於是把內心的害怕表現在對馬的恐懼上。至於強迫症的產生，也是為了保護自己免於面對焦慮真正來源而衍生的結果，藉由強迫意念或強迫行為的表現，可以將具有威脅性的潛意識衝動（例如：敵意、攻擊、不當的性衝動等）摒除在意識層面之外，以降低內在焦慮。

　　由於心理分析理論的觀點大多由臨床個案報告而來，缺乏實證性研究證據的累積，因此所得到的支持有限。

五、行為和學習理論

　　1920 年 Watson 和 Rayner 共同發表一篇實驗報告，對象是一位十一個月大的小男孩 Albert，他原先並不怕小動物，但是很不喜歡用鐵鎚敲擊鋼棒所發出

的尖銳噪音，一旦聽到就會出現哭叫、發抖，甚至改變呼吸速率等強烈情緒反應。實驗者以白老鼠作為刺激，每當看到 Albert 伸手要去摸白老鼠的時候，就從背後用鐵鎚敲擊鋼棒。剛開始的時候 Albert 顯得退縮，有時候也會哭叫，連續幾次同步呈現白老鼠和尖銳噪音之後，Albert 只要一看到白老鼠出現，即使還沒有聽到尖銳的噪音，就立刻害怕而哭叫，甚至趕快爬離現場，於是恐懼的情緒便藉由制約歷程而產生。

行為和學習理論認為害怕和焦慮是透過學習而來的反應。人們之所以會對某些對象或情境產生害怕、焦慮的反應，是因為過去曾經在那些對象或情境出現的時候經驗到痛苦或驚嚇等不好的結果，一旦負向情緒經驗與某對象或情境產生連結，再次面對相同對象或情境時就會害怕或焦慮；為了不再經歷負向情緒的懲罰，自然會設法逃離或迴避那些情境以降低或消除不舒服的感覺，如此一來，逃避行為反而使當事人持續對那些情境產生害怕或焦慮。換句話說，先藉由古典制約歷程（classical conditioning）習得對某些情境產生害怕或焦慮反應，接著透過操作制約歷程（operant conditioning）使習得的害怕或焦慮反應維持下去，這就是 Mowrer（1947）提出的二因子理論（two-factor theory）。

焦慮或害怕的學習不一定都來自個體真實的經驗，學習的歷程也可以透過觀察而發生。當父母或手足經常表現出焦慮或恐懼的反應時，孩子也會藉由模仿而學會以焦慮或恐懼作為因應方式。

六、認知理論

認知理論強調一個人的思考內容及歷程對於症狀的產生和維持扮演重要角色。Lazarus（1966）認為個體會先針對情境是否具有威脅性進行初級評估（primary appraisal），也會進行次級評估（secondary appraisal）以判斷自己是否具有足夠的內、外在資源以因應壓力情境。當個人認為情境的威脅性愈高、因應資源愈不夠的時候，所產生的焦慮感也就愈高。

從訊息處理的觀點（information processing perspective）來看，罹患焦慮症和強迫症的孩子明顯具有選擇性注意焦點，他們傾向於只注意到容易引發焦慮的負面訊息（Dalgleish et al., 1997）。認知行為理論強調負向或不適應的認知

系統對兒童的影響；高焦慮的孩子對於所害怕的事物以及對焦慮害怕的堅持常是非理性的，他們容易將不確定或中性的刺激解釋成具有威脅性或災難性的內容，相信未來發生不幸的可能性很高，認為最壞的情況一定會發生，往往過度類化、或者出現許多負向自我內在語言（Chorpita & Barlow, 1998; Prins, 2001）。此外，罹患強迫症的孩子常常會去思考自己的想法，這樣的後設認知（metacognition）能力與焦慮症狀有關，後設認知能力愈強的患童，其強迫思考與強迫行為也隨之愈多（Phares, 2014）。以強迫症的清洗症狀為例，患者非常擔心因為自己的任何一項小疏忽而導致嚴重不良後果，認為如果手上不慎沾染了細菌，就一定會倒楣地罹患重病，因此需要不斷地洗手、洗澡來反覆確認自己不會受到感染，以求得安心。他們經常意識到自己有這樣的想法，所以會覺得緊張和困惑。

七、依戀理論

根據 Bowlby（1973）的依戀理論，焦慮和害怕的反應是與生俱來的，具有生物性的基礎，有利於幼兒的生存和發展。如果孩子與主要照顧者的早期依戀型態屬於不安全的依戀關係，孩子有可能將這種不安全的感覺內化，並且視環境為不可信賴、有敵意，或是具有威脅性的，日後發展出焦慮和逃避行為的可能性便會增高。Bowlby 即相信特定場所畏懼症是源自於童年時期不良的家庭互動，導致孩子產生焦慮的依戀關係的結果。

八、家庭影響

如同前面所討論的，兒童或青少年所擁有的先天生理或心理特質會與後天環境因素產生互動，進而影響孩子的整體適應，甚至導致臨床症狀的產生。對兒童來說，家庭是最重要的社會環境，家庭社經狀況、父母親的教養態度、親子互動狀況等都深深影響了孩子的成長與發展。在低社經地位家庭中，家長本身的焦慮會讓孩子比較可能產生焦慮症（Beidel & Turner, 1997），而過度控制的教養態度也往往與兒童的焦慮症有關（Chorpita & Barlow, 1998）。兒童期遭遇身體或性虐待等創傷或壓力事件，將使得當事人發展出強迫症的機率增加

（APA, 2013）。

　　綜合上述討論，兒童及青少年焦慮症及強迫症的成因不容易以單一因素來解釋，Mash 和 Wolfe（2013）提出一個整合性模式（見圖 7-1）以描述焦慮症的可能發展途徑。特定的先天氣質、不當的教養環境與親子互動、不安全的依戀關係、外在壓力源等，都是形成焦慮症的危險因子。當孩子具有容易焦慮或害怕的先天氣質時，容易視外在環境充滿危險而產生不安全感。對於焦慮度高

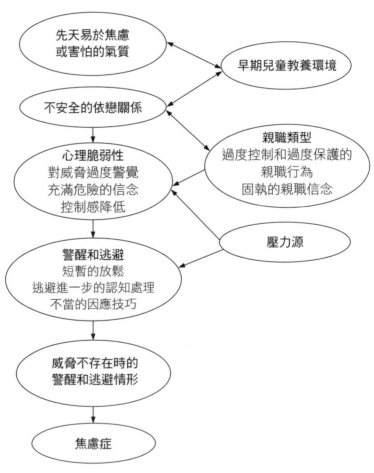

圖 7-1 ｜焦慮症的可能發展途徑

資料來源：Mash & Wolfe (2013)

的孩子，父母往往不敢抱持較高的期待，甚至會低估孩子的能力水準，這種態度亦將影響孩子對自己的看法及行為反應。在低社經家庭環境中，壓力大的父母若是採用較為威權管教的方式，孩子會變得對處罰非常敏感，因而產生防衛和警覺。而過度涉入的親職教養方式、與主要照顧者之間不安全的依戀關係，常會妨礙孩子獨立性及控制感的發展。不利於環境適應的危險因子相互影響，使得孩子在心理上形成容易焦慮、恐懼的脆弱性，導致他（她）的自我效能低落，並且因為過度警覺而耗費心理能量。當壓力源來臨的時候，便採取逃避處理的策略以換取短暫的放鬆，或者因為使用不當的因應策略而帶來更大的困擾。長期下來，孩子除了在面臨壓力時感到焦慮或害怕，甚至當外在威脅已經不存在的時候，仍然保持緊張、焦慮的狀態而無法放鬆，最後導致焦慮症的產生。

心理衡鑑

臨床工作者針對兒童及青少年的焦慮問題進行衡鑑時，通常都會需要運用不同的評估方法蒐集來自不同訊息來源（包括：個案本身、父母或主要照顧者、老師、其他與孩子接觸過的專業人員等）的資料，以完整而正確地了解孩子面臨的困難，並提出適當的協助策略。

一、晤談

對兒童或青少年個案及他們的父母進行非結構式晤談是最常用的衡鑑方法。非結構式晤談的好處是有利於建立關係，進行的內容和形式彈性大；然而受限於進行方式，有時不容易同時蒐集到不同訊息來源的結果，並且比較之間的異同。尤其年齡較小或正處於負向情緒狀態的兒童或青少年，通常是由陪同就醫的大人代為陳述，可能出現訊息偏頗的情形。

為了改善非結構式晤談可能的限制，臨床工作人員可以選擇應用結構式（structured）和半結構式（semi-structured）的晤談。這類的晤談大致分為兒童版和家長版，問題的內容和形式大致相符，但會視對象的不同進行修正。Anxiety Disorders Interview Schedule (ADIS-IV) Child/Parent Version (Silverman & Al-

bano, 2004)「K-SADS-E 中文修定版」（Kiddie-Schedule for Affective Disorders and Schizophrenia for School-Age Children-Epidemiologic Vorson）（宋維村，1994）即是經常採用的評估程序。

二、行為觀察

當兒童及青少年面對令他們產生焦慮的對象時，會在行為方面產生明顯改變，因此可以藉由直接觀察他們是否出現逃避等行為反應，以了解害怕和焦慮的情形。除了在控制良好的實驗室或治療室內呈現相關的情境或物品，然後要求孩子慢慢接近該情境或物品，並觀察他們的反應之外，也可以在日常生活情境當中進行觀察。觀察記錄可以包括：反應類型、頻率、強度、持續時間以及引發的結果等內容，這些資料都有助於了解孩子焦慮害怕以及功能受影響的程度。另外，行為觀察還可以包含個案本身對於焦慮症的因應策略，有機會的話還需要觀察親子間的互動，以及家長面對個案出現焦慮症狀的反應。

三、自陳式量表

想要了解孩子的焦慮及害怕狀況，可以邀請孩子針對自己主觀的內在反應進行評量，這種資料蒐集方式相當容易實施，也不需要花費很多時間。由於兒童的表達能力不一，必須視其發展水準選擇合適的工具或方式。年齡比較大的孩子可以直接閱讀量表題目，針對符合自己情緒狀態的答案作答；年齡比較小或是識字、閱讀能力有限的兒童則適合運用圖像輔助，例如：以心情溫度計上所標示的刻度（ADIS 兒童版以 0-8 的數字代表不同情緒感受）協助孩子量化內在焦慮與受干擾的程度，或在不同的情緒臉譜（如：哭臉、笑臉等）當中勾選符合現狀的表情。

許多由孩子或主要照顧者填寫的問卷及量表，可以協助臨床工作者蒐集有關症狀表現的訊息。早期常用的評估量表包括：State-Trait Anxiety Inventory for Children（STAIC）（Spielberger, 1973）、Revised Children's Manifest Anxiety Scale（RCMAS）（Reynolds & Richmond, 1978），以及 Fear Survey Schedule for Children-Revised（FSSC-R）（Ollendick, 1983）。STAIC 包含狀態量表和特

質量表兩部分，可以分別評估孩子的狀態性焦慮以及特質性焦慮。所謂狀態性焦慮是指短暫性的焦慮反應，變動性比較大；特質性焦慮則是比較穩定的人格特質，會讓孩子容易長期性地感受到焦慮經驗（Spielberger, 1973）。RCMAS包含了焦慮的生理表現、擔憂與過度敏感、與害怕／專注程度有關的問題等三個因素，共計三十七個題目，適用年齡為六至十九歲，可以用來評估兒童及青少年整體的主觀焦慮特質（Reynolds & Richmond, 1978）。FSSC-R適用於七至十八歲的個案，問卷內容主要是針對多種恐懼症狀而設計，讓孩子們根據題目所列的情況選擇「不會」、「有一點」，或是「非常」害怕以進行評估（Ollendick, 1983）。這份量表曾應用於許多跨文化研究，地區涵蓋歐洲、美國和中國（Dong, Yang, & Ollendick, 1994）。前述三個量表雖然方便好用，但是共同的缺點在於所評估的焦慮類型與DSM-IV的診斷類別並不一致，因此在臨床應用上經常被質疑（Muris, Merckellbach, Ollendick, King, & Bogie, 2002）。

近年有一些新發展出來的量表可供選擇，應用最多的包括：Multidimensional Anxiety Scale for Children（MASC）（March, 1997）、Screen for Child Anxiety Related Emotional Disorders（SCARED）（Birmaher et al., 1997），以及 Spence Children's Anxiety Scale（SCAS）（Spence, 1998）。MASC的題目涵蓋兒童期焦慮症狀的情緒、生理、認知及行為反應，包括生理症狀、傷害逃避、社交焦慮、分離焦慮或恐慌等四個分量表，共計三十九題，適用於八至十九歲的兒童及青少年（March, 1997），可以快速有效地篩檢兒童青少年在臨床上的各種重要焦慮症狀，「台灣版多向度兒童青少年焦慮量表」（MASC-TV）已由心理出版社發行（顏正芳，2010）。SCARED和SCAS的題目都是根據DSM-IV上的診斷準則而來，不同的是，SCARED用來評估廣泛性焦慮症、分離焦慮症、社交焦慮症、恐慌症和懼學症狀（Birmaher et al., 1997），而SCAS的涵蓋範圍更廣，包括廣泛性焦慮症、分離焦慮症、社交焦慮症、恐慌症、特定場所畏懼症、強迫症，和以害怕身體受傷的特定對象恐懼症等症狀（Spence, 1998）。

「兒童行為檢核表」（Child Behavior Checklist, CBCL）是由Achenbach採取跟DSM及ICD等分類式（categorical）系統不同的概念，以向度（dimensional）的觀點分析兒童和青少年行為適應問題的一份綜合性評估量表。CBCL

中的內化（internalizing）量表可以涵蓋範圍更廣的焦慮／憂鬱評估。黃惠玲（1993）將「兒童行為檢核表」翻譯成中文，並加上本土化題目，修訂成「台灣地區多軸兒童行為衡鑑評量表」，適用於四至十六歲兒童及青少年，採取三點量表的作答方式，由父母或主要照顧者根據孩子最近六個月之內的行為表現進行評估，所得分數可對照不同性別、年齡層所建立的常模進行比較（黃惠玲，1993；薛惠琪，1995）。此外，依據「兒童行為檢核表」所修訂發展之教師報告表、青年自陳報告表也可以作為資料蒐集的工具。教師報告表是由學校老師依據孩子最近六個月的行為表現來填答，可以得知孩子在學校團體生活環境中的行為表現。青年自陳報告表適用於十一至十八歲的青少年，由個案自行填答，可計算出社會能力、症狀、外化、內化及行為問題等量表的分數。最新的中文版「阿肯巴克實證衡鑑系統」（Achenbach System of Empinically Based Assessment, ASEBA）已經出版（陳怡群、黃惠玲、趙家琛，2009），其中的學齡前期量表涵蓋七個症候群量尺及五個 DSM 導向量尺，可以讓一歲半至五歲兒童的家長和老師填寫；學齡期量表涵蓋八個症候群量尺及六個 DSM 導向量尺，可以讓六至十八歲兒童及青少年的家長和老師進行評估，另外還有十一至十八歲青少年的自陳報告表可供使用。

「貝克焦慮量表」（Beck Anxiety Inventory, BAI）中文版（林一真，2000），總共包含二十一個項目，將得分加總之後，可以用來測量個案的焦慮嚴重程度，0 至 7 分算是「最輕度」，8 至 15 分是「輕度」，16 至 25 分是「中度」，26 至 63 分是「嚴重」程度。但是由於該量表缺乏以青少年受試資料進行的信度、效度研究，因此建議使用於十七歲以上的精神科門診個案為宜。

在強迫症的評估方面，除了診斷性會談程序之外，常用的臨床評量表包括：Leyton Obsessional Inventory（LOI）、Maudsley Obsessional Compulsive-Inventory（MOCI）、Padua Inventory（PI）、美國國家精神衛生研究院整體強迫症量表（NIMH Global Obsessive-Compulsive Scale, GOCS）、Yale-Brown Obsessive Compulsive Scale（Y-BOCS）等。其中，廣為國內外臨床界使用的 Y-BOCS 是一種半結構式晤談工具，總共包括三個部分：第一個部分是由晤談者向患者說明強迫思考與強迫行為的定義；第二個部分則是在列有分屬十五個類

別的五十多種症狀的檢核表上，由晤談者詢問或是請患者自我評量最近及過去是否出現過這些症狀，並分別列出四個最感困擾的強迫思考及強迫行為；第三個部分則是十個核心問題，用來評估強迫思考、強迫行為以及整體強迫症的嚴重程度（Goodman et al., 1989）。Y-BOCS 已經被翻譯為「中文版耶魯—布朗強迫症量表」，並且有本土研究支持具備良好的信度與效度（湯華盛、黃政昌、陳冠宇、陳喬琪，2006）。而年齡較小的患者則可使用兒童版本（Children's Yale-Brown Obsessive Compulsive Scale, CY-BOCS）（Goodman et al., 1991），其量表形式與 Y-BOCS 相同，可由了解患童狀況的家長進行評估。

四、投射性繪畫

在實際進行臨床衡鑑時，常會應用繪畫方式蒐集資料。臨床上常用的投射性繪畫測驗包括：「畫人測驗」（Draw-A-Person, DAP）、「動態家庭繪圖測驗」（Kinetic Family Drawing test, KFD）、「屋—樹—人測驗」（House-Tree-Person, HTP）等。圖畫的內容、結構和形式都可以是觀察和解釋的來源，例如：圖形面積過小、細節部分太多、線條細微零碎、有陰影等，往往是個案較為焦慮的表現（Groth-Marnat, 1999）。

由於投射性繪畫測驗的效度問題經常被質疑，因此不建議把測驗結果單獨作為診斷的依據。然而，這類測驗對兒童及青少年患者比較不具威脅性，除了可以作為建立關係的程序之外，也可以提供豐富而有價值的臨床資料，方便建立暫時性的假設，有利於後續診斷與治療。

五、生理回饋記錄

生理回饋記錄是利用特殊的儀器設備，測量個案在焦慮害怕的實際或想像情境中，呼吸、心跳、血壓、皮膚溫度、皮膚電位及肌肉鬆緊度等生理反應的變化，透過檢查數據或視聽訊號呈現出當事人的焦慮或害怕程度。生理回饋記錄雖然可以提供客觀的數據資料，但是受限於設備及檢測人員的專業要求，成本較高，有實際操作上的困難，因此應用較不普遍（Silverman & Kearney, 1993）。

治療

　　焦慮症和強迫症的形成往往涵蓋多個影響因素，在治療上具有不同的切入點，進行治療時應採取多重治療模式（multimodal treatment approach）（AACAP, 2007）。對兒童及青少年患者而言，多重治療模式可能包括：對家長及孩子本人進行有關焦慮症的衛教、與學校師長或相關醫療人員溝通孩子的狀況、心理治療（例如：認知行為治療、心理動力取向的心理治療）、家族治療及藥物治療等。為個案選擇適當的治療模式必須考慮他（她）的年齡與發展功能、所經歷的社會心理壓力源、影響適應的危險因子、焦慮症的嚴重度以及所造成的功能損害範圍、是否合併其他共病診斷，另外，家庭功能是否足以支持孩子的成長與發展也是很重要的考量因素。若是處理輕度焦慮症與強迫症，會先嘗試進行心理治療，除非需要在短時間內緩解嚴重症狀、合併有需要藥物治療才能成效的精神疾患，或是過去經驗中心理治療的效果有限，才會考慮一開始便併用心理治療和藥物治療（ACCAP, 2007, 2012; March, 2002; Ollendick & March, 2004）。以下就主要的治療策略分項說明。

一、行為治療

　　1924 年 M. C. Jones 以一位三十四個月大的小男孩 Peter 為對象，成功地消除他對兔子的恐懼。進行實驗時，首先利用每天的遊戲時間，讓三位不怕兔子的小朋友跟他一起玩，旁邊放置一隻關在籠子裡的兔子，放置的距離由遠而近，每天拉近的幅度以 Peter 能夠忍受的距離為限。然而 Peter 因為生病而中斷實驗程序，重新開始之後改換不同的治療策略。在這個階段裡，實驗者讓 Peter 在放鬆的情形下（吃他最喜歡的食物），將關在籠子裡的兔子盡可能地放在不足以引發 Peter 產生恐懼的距離。後來，每當 Peter 看到白兔的時候，就能吃到他最喜歡的食物。經過這樣的歷程，終於使 Peter 逐漸喜歡白兔，甚至也能喜歡其他曾經引發恐懼情緒的動物（引自陳榮華，1986）。Jones 的治療方法經過 Wolpe 等人的修改及應用，發展成為交互抑制法（reciprocal inhibition）以及系

統減敏感法（systematic desensitization），至今仍然廣泛地應用於治療各種焦慮症。

交互抑制法是應用本質上相互抵制的反應，以便在相同情境中抑制原先讓人不舒服的焦慮或恐懼反應。系統減敏感法則包含三個主要步驟，可以協助孩子在接觸某一種特殊恐懼對象時，降低或消除他（她）的害怕或焦慮。在實際做法上，第一步先教導孩子進行肌肉放鬆訓練（muscle relaxation training）；第二步是將讓孩子害怕或焦慮的刺激物品或情境列出來，根據引發焦慮或恐懼的嚴重程度，依序排出一個階層順序表；最後一步是讓孩子利用學會的肌肉放鬆訓練，讓自己處在身心放鬆的狀態下，再從階層順序表中最輕微的項目開始逐漸呈現會引發焦慮的刺激情境，或是逐步接近令人恐懼的事物。

在過去的文獻當中，大多數放鬆訓練法都是為成人所準備的，應用放鬆訓練來幫助兒童的例子很少。Koeppen（1993）特別為中、低年級學齡兒童編寫一份肌肉放鬆訓練的指導語，其中運用了豐富的想像力以吸引兒童的興趣，可協助孩子練習收縮和放鬆特定部位的肌肉。以下摘錄改編過後的部分肌肉放鬆訓練指導語內容。

放鬆部位：手臂和肩膀

假裝你是一隻毛茸茸的懶貓，正想要伸個懶腰。請把你的雙手伸出來，把手舉高，然後用力往後拉，（停）感覺肩膀拉起來了，再拉一點！再拉一點！（停）好，現在讓你的手臂垂下來。很好，可愛的小貓咪，現在讓我們再伸一次懶腰。請把雙手伸出來，把手舉高，往後拉，再拉一點，用力！再用力！（停）現在讓手臂很快地垂下來。很好，現在你覺得肩膀好輕鬆。這次我們要伸一個超級大懶腰，手要碰到天花板喔！請把兩隻手伸出來，雙手舉高，往後拉，用力！再用力！注意手臂和肩膀拉緊的感覺。（停）好極了，現在讓手臂很快地垂下來，體會一下放鬆的感覺。你會覺得很舒服、很溫暖而且有點懶洋洋的感覺。

放鬆部位：肩膀和脖子

　　現在假裝你是一隻烏龜，正坐在美麗又安靜的池塘邊的一塊石頭上，輕鬆享受溫暖的陽光，你覺得很舒服、很溫暖而且很安全。哦哦！你感覺到有危險了，趕快把你的頭縮進烏龜殼裡，試著把肩膀聳起來碰到耳朵，然後把頭往下縮到肩膀，用力縮緊！用力！（停）縮在烏龜殼裡實在不太舒服，好在危機已經解除了，你又可以把頭伸出來，再一次地放鬆，感覺溫暖的陽光。小心！又有危險了！趕快，把你的頭縮回殼裡，用力縮緊，用力！你必須縮緊來保護自己！（停）很好，現在你可以放鬆了。把你的頭伸出來，讓肩膀放鬆一下，放鬆的感覺真的比縮緊的感覺舒服多了。哇，又來了！危險！把頭縮進去，把肩膀聳起來碰到耳朵，千萬不要把頭露在烏龜殼外面，用力！再用力！感覺脖子和肩膀好緊。（停）好了，你可以出來了，現在又安全了，體會一下放鬆的感覺，再也沒有危險了，什麼都不用擔心，也不用害怕，你真的很棒。

　　暴露法是最常用於治療焦慮症的行為治療法，由於治療過程是漸進式的，因此又稱為漸進式暴露法（graded exposure），大約有 75% 的焦慮症兒童是運用這種方法予以治療成功的（Silverman & Kurtines, 1996）。漸進式暴露法的第一步是幫助孩子把各種令他（她）恐懼的事物或情境列出來，並且按照孩子恐懼的程度，從最輕微依序排列到最嚴重，形成一個焦慮或害怕反應的階層順序表。第二步是讓孩子在放鬆的情況下暴露在害怕程度最輕微的事物或情境中，當孩子可以不再畏懼的時候，就呈現下一個害怕程度較高的事物或情境繼續暴露練習。如此循序漸進，一直到孩子能夠不焦慮地接觸原本讓他感到最畏懼的對象為止。

　　洪水法（flooding）是讓孩子反覆而長時間地暴露在極端恐懼的情況中，直到焦慮的情緒完全消失為止，暴露的對象可以用想像的，也可以用實際的事物。洪水法的暴露要讓孩子停留在恐懼的情況中，不能有避開和逃脫的機會。當令孩子恐懼的刺激一再呈現時，孩子終究會了解這個刺激已經不能再傷害他，應該可以放心地過新生活。洪水法與漸進式暴露法最主要的不同點，在於洪水法

所暴露的是引發最強烈焦慮或害怕的刺激，這種方式容易造成孩子非常大的負面情緒反應，使用時必須格外小心謹慎。

根據社會學習理論，孩子可以藉由觀察和模仿而學習到某種行為。一個焦慮的孩子看到別人可以接觸或應付令人恐懼的情況，自然也會模仿或興起想要嘗試的念頭。行為示範可以透過影片觀賞或實際人物的呈現，最有效的做法是由同儕進行示範，並帶領這個焦慮的孩子去接觸令他（她）感到恐懼的事物，在孩子練習處理的過程中給予必要的支持和鼓勵，以增強孩子克服焦慮或害怕的動機與能力。

二、認知行為治療

認知行為治療（cognitive-behavioral therapy, CBT）的目的是改造孩子的不當認知，從而消除或控制孩子的焦慮，可說是目前最受矚目的治療方法（Silverman & Berman, 2001），其中又以暴露為主的認知行為治療（exposure-based CBT）獲得最多實證研究的支持（Compton et al., 2004）。

Albano 與 Kendall（2002）指出針對兒童焦慮症進行認知行為治療時應包括五個部分：(1)對孩子和家長進行焦慮症和認知行為治療的知識教育；(2)處理生理症狀的相關技巧訓練（例如：放鬆訓練、腹式呼吸、自我監控技巧）；(3)認知重建（例如：挑戰負向自我期待、修正負向自我對話）；(4)暴露法（例如：對害怕的刺激以漸進減敏感的方式進行想像的或是實地暴露練習）；(5)執行預防復發計畫（例如：後續加強治療、與家長和學校老師共同合作）。

Kendall（1990）所發展的 Coping Cat Program 是目前最被廣泛使用和最常被研究檢驗的兒童及青少年認知行為治療方案，適用於七至十四歲個案。Coping Cat Program 運用情緒教育、覺察焦慮時的身體反應、放鬆訓練、示範、角色扮演、家庭作業等技巧，協助孩子建立對焦慮的認識、覺察並轉換焦慮性的思考模式、發展因應技巧、持續地自我監測和回饋等，可應用於處理分離焦慮症、廣泛性焦慮症以及社交焦慮症（Kendall & Hedtke, 2006）。

害怕計畫（FEAR plan）（Kendall & Treadwell, 1996）的目的在於教導孩子在遇到引發焦慮或害怕的情境時，可以採用下列四個步驟處理：

F（Feeling）：體會一下，自己有沒有被嚇壞了？（辨識焦慮情緒以及焦慮的生理反應）

E（Expecting）：想想看，是不是認為會有什麼不好的事情發生？（澄清導致焦慮的認知反應）

A（Actions and attitudes）：再想想看，什麼樣的行動和態度有助於解決問題？（將焦慮的自我對話轉換為解決問題的自我對話，並發展出有效的因應技巧）

R（Results and rewards）：試試新的方法，看看會有什麼結果和回饋。（評估表現，並且適當給自己鼓勵）

　　當孩子愈能夠覺察自己的想法如何導致焦慮或害怕反應的產生，並且能夠放棄負面的想法，增加正向的因應策略時，就愈能夠面對令他產生焦慮或害怕的情境，並減緩或消除焦慮害怕的反應。

　　在強迫症的認知行為治療上，March 等人（2004）提出的兒童強迫症治療計畫（Pediatric Obsessive-Compulsive Disorder Treatment Study, POTS）一共進行十四次治療，分為五個階段：心理教育、認知訓練、圖解強迫症、暴露及反應預防、預防復發及類化訓練。前兩週採取每週治療兩次的方式進行，之後則是每週治療一次，每次持續一小時，兩次治療之間還有十分鐘的電話討論。每次治療都包含說明治療目標、回顧前一週的狀況、提供新的資訊、由治療師輔助進行練習、出回家作業等，對減輕或消除孩子的強迫症症狀頗具療效。

　　思考中斷法（thought stopping）是指讓思考停止或轉變，用來切斷盤旋不去的惱人思緒。剛開始的時候，治療者要孩子專心地想像最焦慮害怕的事，在他感到最恐懼的時候，治療者大聲喊「停！」，如此反覆幾次之後，令孩子困擾的思考會因外力的干擾而中斷。接著，訓練孩子自己大聲喊「停！」以取代外來的干擾，等到可以成功終止令人困擾的思考時，再練習在心裡默默地喊「停！」。最後一步，則是要教孩子以中性的思考來取代原本令人困擾的思考。

　　各種治療焦慮症與強迫症的行為和認知策略可以綜合應用，以產生最大的效果。綜合性的處理方案有三個主要目標：(1)讓孩子學習如何認識、體驗及應付自己的情緒；(2)減低孩子焦慮的程度；以及(3)學習用積極而適當的方法克服困難。為了達成這些目標，治療者應協助孩子發展特殊因應的技巧，並鼓勵孩

子實際運用於日常生活中。

三、藥物治療 ⭐

當出現緊急而嚴重的焦慮或強迫症狀，或者症狀持續變得嚴重、慢性化、對其他介入方式反應欠佳、合併藥物治療有其需要時，藥物可以達到較快速改善症狀的目的（AACAP, 2007; Ollendick & March, 2004; Simeon & Wiggins, 1995）。一般來說，第一線藥物處方以抗焦慮劑為主，Benzodiazepines 類的藥物可以用來治療焦慮症狀，此類藥物在一般治療劑量範圍內使用的安全性很高，但有成癮及耐受的可能。如果合併出現憂鬱或強迫症狀，則可選擇抗憂鬱劑。傳統的三環抗憂鬱劑（TCA）或是單胺氧化酶抑制劑（MAOIs）等藥物都有助於改善症狀。新型的選擇性血清素再吸收抑制劑（SSRIs）除了抗憂鬱的效果之外，對於抗焦慮的效果極佳，而且沒有成癮性和耐受性的問題，是目前治療焦慮症與強迫症的首選藥物（湯華盛、黃政昌，2005；AACAP, 2007; Rapoport, 1998）。關於藥物的使用問題，需由兒童心智科或精神科專科醫師詳細評估後實施，除了單獨使用藥物治療之外，也可以考慮合併進行心理治療，以達到最佳治療效果。

四、家族治療 ⭐

兒童或青少年發展出焦慮症或強迫症，有時與家庭環境、親子互動有關，除了針對患者進行個別治療之外，有時候也需要與父母、手足等家人進行家族治療。家族治療的重點在於提供有關臨床診斷的知識，避免不必要的誤解，處理父母的挫折無助、手足競爭等情緒問題，提供適當的因應策略，以協助患者改善症狀（ACCAP, 2007; Mash & Wolfe, 2013）。

五、心理動力取向的遊戲治療 ⭐

對兒童及青少年患者來說，心理動力取向的心理治療目標在於處理內在衝突，以便將焦慮程度降低至可接受的範圍，許多個案研究報告支持這樣的心理治療有助於改善孩子的症狀（Goldberger, 1995; McGehee, 2005）。而遊戲是一

種不具威脅性的溝通媒介，可以讓孩子把焦慮、挫敗的經驗呈現出來，並且在遊戲過程中重新獲得對焦慮或其他情緒的控制感，對於年紀比較小、口語理解及溝通表達能力發展還不夠成熟的個案來說，遊戲治療是一種適當的選擇。

Chapter 8
選擇性緘默症與分離焦慮症

陳韻如

選擇性緘默症

案例

「這已經是開學的第七週了,小如真的很讓我擔心,我不知該怎麼了解她,也很想知道,她的小腦袋裡究竟在想些什麼……」

「我不知道是不是我不會教,不然她為什麼就是不開口和我說話,小如的媽媽一再告訴我,小如真的會講話,難道,她是因為討厭我,所以才不回答我的話。」

——幼兒園中班老師

「這怎麼可能,我的孩子絕對不是啞巴,她只是在外面、不認識的人面前比較害羞罷了。」

「如果我不是親眼看見,我實在不相信,我的孩子竟然在學校裡沒跟任何一個人講過話,難怪那天她拉肚子便在褲子上,我問她為什麼不跟老

師講，原來她根本沒開口！」

「罵也罵了、打都打了，我實在想不出還有什麼辦法……」

——焦急的父母

　　小如，一個剛上幼兒園中班的小女生，老師發現小如從來沒跟老師、同學說過話，原本以為小如只是因為剛入學，顯得陌生、害羞，一段時間適應應該就會好了，沒想到過了一個多月，小如不但不開口說話，有時連搖頭、點頭都很少，同學找她一起玩，她連動都不動。老師為此也積極地與母親溝通，確認小如的語言發展，媽媽表示，小如只要到了陌生的地方就會變得很安靜，但是在家裡常和弟弟兩個人玩在一起，而且還會教弟弟，應該不致於像老師所說的那般「在學校完全不開口」，為了證明小如不是啞巴，媽媽還特別錄下小如在家中與弟弟遊戲時的對話。

　　在老師的極力勸說及邀請下，媽媽到學校來觀察小如的上課情形，結果發現，正如老師所言，小如在學校就像個「木頭」般，不開口也不和小朋友玩，就是靜靜的坐在位子上。一回到家媽媽問小如，為什麼在學校不和老師說話、不和小朋友玩……小如只是回答「我害怕」，媽媽回應「有什麼好怕的！明天要去和老師說話」，就這樣，小如還是一樣地不開口，媽媽好說歹說都沒有用，最後爸爸甚至用體罰方式威脅小如要開口說話，小如雖然哭著回應「好、好」，但第二天卻一如往常的：在學校就是不開口說話也不和同學玩……，也不知小如究竟在「怕」什麼……

一、前言

　　近幾年隨著社會大眾對心理衛生的重視，以往被忽略或是誤解的心理疾患，逐漸受到澄清及認識，在兒童心理疾患中，有一種疾患常被認為是害羞、或是使性子、拗脾氣的行為。國內曾對兒童期的心智疾患做過普查，然而這樣的孩子卻很容易被認為是其他疾患，甚至不把它當成其中一項診斷，這就是「選擇性緘默症（也有翻譯成選擇性不語症）」（Selective Mutism）。

　　簡單來說，選擇性緘默症是一種通常初發於兒童期的精神疾病，主要症狀

是在某些情境下可以說話，而在某些情境下卻一貫的不說話。本文將先就疾病的歷史作一個簡單的回顧，再就其主要症狀、相關或伴隨的症狀、相關特質、DSM 診斷準則、鑑別診斷、盛行率及病程等疾病特質加以介紹，並探討其病因學，最後就其衡鑑及治療方法逐一說明。

二、歷史

關於這個疾患最早的文獻記載，是 Kussmaul 在 1877 年所提出的症狀描述：有些人在某些情境下不說話，但卻並非沒有能力去說，並將這樣的疾患命名為 aphasia voluntaria。這樣的疾患其實並不罕見，自 Kussmaul 之後，有不同的學者陸續提出相似的案例。而另一位學者 Tramer 則於 1934 年首次使用 elective mutism 這個名詞來描述這個疾患，在 DSM-III 及 DSM-III-R 中，也繼續沿用這個名詞，並將其歸類在「初發於嬰兒、兒童、或青少年的精神疾患」中。1994 年，DSM-IV 將選擇性緘默症從 Elective Mutism 更名為 Selective Mutism，並在診斷準則加上了關於障礙總時期（至少一個月）及其嚴重度（必須對其教育、職業或社會溝通有所妨礙）的規定。在 ICD-9 中，並沒有任何診斷可以用來描述選擇性緘默症，到了 ICD-10、DSM-IV-TR，則將本疾患分別歸類於「初發於兒童期的社會功能障礙」、「嬰兒期、兒童期、或青春期之其他疾患」。在 2013 年出版的 DSM-5，對於此疾患的診斷準則並無任何修正，但將此疾患改歸類於「焦慮症」的類別之中（APA, 2013）。

此外，過去曾經用來形容選擇性緘默症的非確切診斷之名詞還包括：silence users、voluntary mutism、voluntary silence。

三、主要症狀

對「選擇性緘默症」的兒童，最基本、簡單的描述便是這樣的兒童不說話，卻曾經在某些情境或某些場合下說話，例如，有些兒童在學校從不說話，卻可以在家中自在地表達他自己，甚或有些兒童不在學校說話，但卻與菜市場的菜販聊天，就是獨獨在學校不講話。臨床上常發現這些孩子都是只有在家裡才講話，或是只跟親人講話，有的孩子甚至於嚴重到只跟雙親的其中一個講話，

或是只跟某一個手足講話。然而一旦觀察的情境過於侷限，就不容易發現孩子的問題，像是兒童的母親可能沒有想到平日在家說話自如的孩子，在學校竟然一句話都不肯說，還認為是學校老師有所誤解。

此外，臨床上的另一症狀是社交焦慮症／社交畏懼症（Social Anxiety/Social Phobia，參閱第七章）。社交焦慮症基本的表現是明顯而持續地害怕一種或多種社會性的情境，在此情境下個體必須與不熟識的人相處，或可能被他人所注意。而個體害怕自己可能會做出一些失當的行為，而招致羞辱或困窘。而在兒童個案中，該兒童已具有能力可與熟人建立與年齡合宜的社會關係，而且不只限於與成人間的互動，在同儕團體中也一樣有困難（APA, 2000）。社交焦慮症患者會主動逃離那些讓他升高焦慮的公開場合，而許多選擇性緘默症的兒童合併社交焦慮症的診斷，只是有些選擇性緘默症的孩子願意出現在公開場合，就只是不講話而已；社交焦慮症者則是由於人多的關係，因為無法應付社交的情境，因而逃離那樣的情境。

當然，當兒童具有過度敏感的特質時，往往也容易表現出害羞、膽小或是不肯表達自己，由於這樣的擔心，使得孩子在不確定的情境下，不敢輕易說出自己想說的話，表達自己內心的想法，曾有人提出質疑，究竟這樣的孩子他們到底在害怕什麼？是害怕說錯話？是害怕聽見自己的聲音？還是害怕說出內心的祕密？或者是其他原因。不論這些孩子內心的真正焦慮是什麼，在探討原因之前，首先要了解此種診斷的操作型意義為何。

四、相關或伴隨症狀

臨床上發現選擇性緘默症兒童常因其主要的症狀表現，伴隨許多其他的問題。

1. 伴隨一些學業、課業上的問題：在現行的教育體制下，愈來愈強調互動式或是團體合作式的學習，學校老師要求學童提出問題、用口頭方式表達學習的內容及觀點，或是組成小組，進行分組合作、共同討論的報告，然而這些方式對選擇性緘默症兒童來講，是非常困難的學習方式。選擇性緘默症的孩子可以做到單向式的接收老師所教授的，或者用獨立書面報告、考

試來確認他所學習到的，但卻沒有辦法以上述互動式、即席式的表達方式來呈現其學習的成果，那對他來講是很困難的。因此在早期的教育環境下，這樣的孩子可能仍舊得以用傳統方式應付課業及學習，而隨著新式教育條件的改變，這類兒童的困難就更加突顯出來了。

2. 社交困難：選擇性緘默症的兒童除了不說話的表現，多合併有與其環境互動上的困難及障礙，像是在學校無法與同學互動，建立友伴關係；參與家族、親戚間的往來，無法有合宜的反應；日常生活中的購買行為、鄰居、社區間的交流益形困難等。

3. 伴隨語言困難及障礙：部分選擇性緘默症兒童合併有口吃、構音困難的問題。雖然上述問題不足以完全作為拒絕說話的最主要原因，但一般而言，合併較多語言溝通上的困難，相對的，預後可能較為不佳。

五、相關特質 🌟

根據研究文獻結果，在針對許多選擇性緘默症兒童的父母進行回溯性調查時，有以下發現：

1. 許多兒童其語言發展稍有遲緩的現象。

2. 選擇性緘默症兒童的認知能力表現，一般而言智能多是正常的、平均的。不同的研究對其分測驗的能力（語文智商及操作智商）表現優勢則有不一樣的結論。

3. 少數的個案其肢體動作較為笨拙。

4. 家庭成員間互動較少使用語言，關係品質較為不佳。父母親多數亦較為害羞，或是家中某個雙親角色特別強勢。另外也呈現親子關係較為依賴。

5. 低社經地位的家庭。

6. 父母親人格違常的比例較高，也就是父母親的人格上是比較有狀況的。

7. 父母親有婚姻的問題。夫妻關係較不和睦、紛爭較多。

六、DSM-5 診斷準則 🌟

根據美國精神醫學會（APA）的診斷手冊 DSM-5（APA, 2013）中所註載，

選擇性緘默症歸屬於「焦慮症」中，診斷準則如下：

A.在特定社會情境（原預期應說話的情境，如在學校），一貫的不說話，雖然在其他情境仍可說話。

B.此障礙妨礙此人教育或職業的成就，或有礙其社會溝通。

C.障礙總時期至少一個月（不限於剛開學的第一個月）。

D.不說話並不是因為缺乏在此社會情境說話需要的知識或身心安適。

E.此障礙無法以一種溝通疾患（如口吃）作更佳解釋，也並非僅發生於一種廣泛性發展疾患、精神分裂症、或其他精神病性疾患的病程中。

　　早期該診斷歸屬於社交焦慮症中，並沒有把它單獨出來成為獨立診斷。以下將就其診斷準則說明如下：

　　第一個提到的就是在特定的社會情境裡面，該準則強調的是，在應該要說話的場合下無法講話。特別是一般預期應該要說話的情境，並且該行為是重複出現，而非僅發生一、兩次。其二是，該行為已嚴重妨礙其生活功能，特別是課業學習（受教育）、職業以及社會互動的功能，也就是兒童不說話的行為使得其無法得到完全的學習機會或是生活的功能受限，又甚或是不說話讓兒童交不到朋友，無法與同儕進行互動、溝通。第三點則強調該行為不但重複出現，而且必須至少持續一個月以上，同時考量兒童是否正處在陌生的新環境下（分班、轉學），一般兒童皆需一段時間適應、熟悉陌生的新環境，因此該行為必須在超過一般的適應期，兒童仍持續表現該行為才是。第四個症狀準則是，兒童不說話的行為並非因為缺乏說話（溝通）的知識。也就是兒童不說話並不是因為他不知道這時應該要說什麼、回答什麼，簡單的例子是，當我們問選擇性緘默症的兒童：「你叫什麼名字？」時，兒童不發一語並非因為他不知道要如何回答，或是他不知道自己的名字。有時，明明見到他的嘴型正在回應，但就是硬把話給停住了。最後，兒童不說話的問題，絕非純然因為溝通疾患（參閱第十三章）造成，一個選擇性緘默症的兒童可能同時有口吃、構音不清的問題，但是這樣的問題不足以造成兒童全然地選擇在某特定情境不肯講話。意即這些溝通問題並不是造成他現在這個行為表現的主要原因，另外同樣要排除其他精神疾病，也就是兒童表現不說話行為的當時並非是在其他精神疾病發病的病程

當中，如果某位兒童不說話時，正好是其躁鬱症發作的當時，則不能做選擇性緘默症的診斷；或是一個患有妄想型的思覺失調症（原精神分裂症）的兒童（青少年），可能擔心他的想法會透過說話而被思想傳播，或者是會被誤解，所以特別防衛在某些情境下不開口說話。

七、鑑別診斷

正因為選擇性緘默症的特異性，在進行診斷判定時，仍應考慮其他問題、診斷所造成類似的行為表現，以下將就幾種問題進行鑑別診斷：

(一) 溝通障礙症

溝通障礙症（Communication Disorders）包含語言障礙症（在 DSM-IV 之原診斷名包含：「語言表達疾患」、「接受性－表達性混合語言疾患」）、言語發音障礙症（DSM-IV 之原診斷名為「音韻疾患」）、兒童期初發型語暢障礙症（DSM-IV 之原診斷名為「口吃」）等（以上請參閱第十三章）。溝通障礙症與選擇性緘默症最大不同在於前者無法說或無法了解語言，而不是可以說卻不想說，並且前者是在所有情境下普遍如此。值得注意的是：溝通障礙症有時也會與選擇性緘默症同時存在，形成共病的情形，有必要的話，兩者是可以同時診斷的。

(二) 進行性緘默症

進行性緘默症（Progressive Mutism）包括選擇性緘默症的所有診斷標準，除了患者的緘默是在所有情境下，對所有的人（包含家人、親近的朋友）均普遍發生（Panigua & Saeed, 1987）。此外，歇斯底里轉化症（Hysteria Conversion）可能會出現緘默的症狀，但這樣的緘默是廣泛性，而非選擇性的只對部分人如此，此點可與選擇性緘默症作區分。

(三) 其他精神疾病的次發性症狀

語言抑制的症狀常次發於其他較嚴重的精神疾病，如：自閉症類群障礙症

（Autism Spectrum Disorder）、思覺失調症（原精神分裂症）、重度智能發展障礙等，都可能出現社會溝通的問題，以及無法在社會情境下合宜的說話。在這種狀況下，通常可以找到與其他主要精神疾病有關的症狀，可與選擇性緘默症進行鑑別。

部分較輕微、與焦慮或憂鬱情緒有關的精神疾病，如：社交焦慮症、懼學（School Phobia）、剛入學時暫時的膽怯、憂鬱症或適應性疾患等，也可能出現在某些情境下拒絕說話的情形，但其緘默症狀持續時間通常不會達到一個月，可與選擇性緘默症作區分。但仍須仔細考慮共病（comorbidity）之可能，也就是，兒童可能具有上述焦慮、憂鬱問題，而且其不說話的反應超過一個月或更長的時間，則應同時符合兩種診斷，尤其是社交焦慮症常與選擇性緘默症同時存在。

(四) 移民家庭的孩子

移民家庭的孩子，可能由於不熟悉新的語言而拒絕說話。若孩子對新語言的了解已足夠但仍拒絕以新語言說話，才可考慮選擇性緘默症的診斷。

八、流行病學資料

本疾患並不常見，在精神科的臨床個案中，選擇性緘默症所占的比率不到百分之一，意即到醫院求助的一百位個案中，選擇性緘默症大約只有一個。英國統計的盛行率為 0.4/1,000，美國則為 0.3-0.8/1,000（一萬人中大約有三到八個）。入學時暫時性的緘默症狀則較常見，盛行率為 7/1,000（Baker & Cantwell, 1995）。另外，另一篇以一般學校為取樣（school-based sample）的調查則發現：在 2,256 名學童中，有 16 位符合選擇性緘默症之診斷，其盛行率相當於 0.71%（Bergman, Piacentini, & McCracken, 2002），進一步檢視其樣本，則發現多為入學第一、二年之新生，因而符合先前 Baker 等人之研究。患者中女性多於男性，年幼的兒童較年長的兒童常見。根據DSM-5的流行病學資料顯示，不同的收案情境（診所、學校、一般大眾）的盛行率大約在 0.03% 至 1% 之間，並且不因性別、種族而有所差異，但可發現此疾患好發於年紀較小的兒童，多

於青少年與成人（APA, 2013）。

九、病程與預後

選擇性緘默症的初發年齡約在三至八歲，症狀通常開始於五歲以前，但是常因到了入學後，症狀帶來顯著的困擾，才開始得到臨床注意。雖然大部分兒童患者的症狀是長期潛伏存在（意即其實該問題在先前即存在，直至入學後始因環境要求而變得明顯），但是仍有約四分之一的選擇性緘默症是突然出現的，通常在創傷之後突然初發（Baker & Cantwell, 1995）。

選擇性緘默症通常持續數個月，但也有少數患者會持續好幾年，學業失敗、社會退縮、被同儕嘲笑等問題常與選擇性緘默症合併發生。部分臨床個案報告指出這樣的症狀大部分都持續幾個月而已，甚至會自然改善或自然痊癒，但縱貫性的長期病程至今仍不明（APA, 2013）。此外，各研究對於改善、痊癒的操作型定義，以及各研究先前所研究的兒童患者之病前人格（premobidy personality）的條件差異，致使研究結果分歧。

研究指出，部分的患者在後續追蹤時，選擇性緘默的症狀有部分改善，但通常仍殘存有說話的頻率低及一些緘默症以外的情緒及行為症狀（如：高焦慮、社會退縮、畏懼症等）（Steinhausen, Wachter, Laimbock, & Winkler Metzke, 2006）。一般而言，患者的年齡愈大，預後愈差（Baker & Cantwell, 1995）。

此外，從病程的變化中，另一個值得思考的問題是，如果選擇性緘默症是可以隨著時間有所改善，那麼治療的方向及重點應如何考量？抑或，如果兒童患者在數個月或數年當中拒絕說話，俟其症狀改善得以開口溝通時，是否因為先前的拒絕說話造成其他方面的損失？由於兒童是處於發展中的個體，而且發展的向度間又是環環相扣的。此部分的探討，我們留待後續的治療部分再做討論。

十、病因

以下分別從心理分析取向、行為制約、家庭互動機制、兒童氣質因素、遺傳和生理因素，以及整合性觀點等，來探討選擇性緘默症的病因。

(一) 心理分析取向

從心理分析的角度就是強調早年的經驗造成個案的人際疏離，或者是造成信任感的問題，而這些不好的經驗透過防衛機轉的連作，而表現出拒絕說話的表現。以下以心理分析角度的病因解釋：

1. 創傷後的反應

除了特定的嘴部創傷，選擇性緘默也可能是對一般性創傷（如：遭受身體／性虐待、在校被同儕威脅、住院等）的反應（Hayden, 1980）。

2. 家庭前置因素

患者的家庭關係一直是研究者關心的焦點之一，Brown等人於 1963 年提出家庭精神官能症（family neurosis），認為過度保護及強勢的母親以及嚴肅又遙遠的父親，是兒童發生選擇性緘默症的危險因子（Brown, Wilson, & Laybourne, 1963）。

(二) 行為制約

從行為制約的觀點，最簡單的說明方式可分為兩種，一種是其說話的行為得到不好的連結，也就是說話得到不好的結果，因此選擇不說話；另一則是不說話行為卻可以得到個案想要的結果，也就是拒絕說話受到外界的增強。此外，Shreeve（1991）的文章中曾指出，緘默症狀可能是嚴重憂鬱症的表面症狀，他（她）可能以這樣的方式來隱藏自己的憂鬱，專業人員需要特別注意。以下則是不同學者以行為取向觀點來討論選擇性緘默症之病因：

1. Carr 與 Afnan 基於對個案（主要為年幼女性）的觀察，於 1989 年提出四個緘默症狀可能的功能（Carr & Afnan, 1989）：

    (1) 對於那些奪取自己在社會互動網絡中的「嬰兒」地位或角色的其他人，個案以一種不會受到報復的方式表達憤怒。

    (2) 降低對於分離與進入新關係的焦慮。

    (3) 不對其他人說話，得以合理化父母親與孩子之間「過度投入的關係」（over-involved relationship）。個案不與他人互動、說話，便可用與家

人（特別是與父母之間）的關係過於密切為理由，而致使其不願與他人說話。

(4) 允許老師或其他成人合理化地將自己視為殘障、無用角色的行為。

上述的四種功能，很顯然地是從行為的操弄進而達到其背後的目的，也就是說，緘默的症狀或表現，可以為兒童獲取更大的利益。

2. Reed（1963）提出將 Elective Mutism 就其症狀之目的分成兩種：焦慮降低型（anxiety-reducing）與操控－獲取注意型（manipulative-attention getting），後續很多學者的研究均以此為基本架構。其中**焦慮降低型**患者緘默的目的是為了降低焦慮。有學者認為患者的緘默是為了降低對社會情境的焦慮，有些證據指出兒童期的選擇性緘默症在成年之後，其對社會情境焦慮的本質仍存在（Black & Uhde, 1992; Crumley, 1990）；也有學者認為患者想要降低的焦慮是更特定性的，是對說話的焦慮，當必須對家人或密友以外的其他人開口時，患者會因緊張而腦中一片空白（speech-blocking），因此乾脆選擇不說話（Croghan & Craven, 1982）。**操控－獲取注意型**患者緘默的目的則是為了操控他人，獲取注意力。Reed 認為本類型的患者使用一種不適當的方式以獲取自己想要的結果（緘默行為後出現了正向增強物），其「主要收穫」（primary gain）是得以控制他人並獲得關注，其「次要收穫」（secondary gain）則為症狀帶來特別的待遇與額外的活動。

3. 恐懼或不喜歡自己的聲音：有不少學者發現選擇性緘默症的孩子不喜歡甚至害怕自己的聲音，例如：青春期男性因認為自己的聲音難聽、太女性化、缺乏男子氣概，怕被同儕嘲笑，因此選擇不說話（Black & Uhde, 1992; Hayden, 1980）。

4. 創傷理論（trauma theory）：有學者認為選擇性緘默症與語言學習階段受到的嘴部創傷（the mouth injury）有關（Parker, Olsen, & Throckmorton, 1960）。當兒童在牙牙學語時，部分父母對孩子的喋喋不休感到厭煩，可能會叫孩子「閉嘴」甚至打一巴掌，即所謂「嘴部創傷」。這樣的情形在父母認為孩子應該「被看到不要被聽到」（seen and not heard）的家庭中可能產生，孩子從中學會使用緘默的方式來逃避令人嫌惡的刺激。

5. 自我控制理論（self-control theory）：本理論認為緘默症狀的存在是基於操作制約的原則，而且是一種自我控制的反應（self-controlling response），兒童試圖使用自我控制的反應，來避免或降低遭受懲罰的危險。兒童可能從過去經驗中學習到這樣的法則：我可能會答錯，那會很丟臉，不說話就不會有答錯的機會；有些兒童相信語言有神奇的力量可以造成傷害（認為他人受傷害是因為自己說了什麼），為了保護別人，選擇不說話（Elson, Pearson, Jones, & Schumacher, 1965）。

6. 敵意理論（hostility theory）：敵意理論主張緘默的症狀是一種敵意與不滿的表現。沉默可以作為一種武器，患者發現其他人會因自己的沉默而感到困擾，「造成別人的不舒服」可能增強了患者的緘默行為（Wahlroos, 1974）。

(三) 家庭互動機制

從家庭互動機制觀點的病因解釋，學者認為兒童的緘默症狀是因為感受到家庭其他成員的憂鬱情緒所產生的（Kaplan & Escoll, 1973）；害羞、有距離、或有精神科病史的父母親，以及不協調的家庭互動等，均被認為可能與兒童的緘默症狀有關。

Goll（1979）以家庭系統的觀念來解釋選擇性緘默症的形成。首先，選擇性緘默症的兒童，其家庭對社會存在高度不信任感且自我隔離；再者，從其家庭成員中，可區分出四種角色類別：

1. 選擇性緘默症兒童本身。

2. 一個家庭成員，曾採取不適當的方式來使用沉默（use silence），讓兒童有觀察學習的對象。

3. 共生的伙伴（the symbiotic partner），通常是母親，與兒童之間存在強烈但不健康的依戀關係，有些案例中，兒童僅與母親說話而拒絕與父親說話。

4. 家庭次文化下的領導者（the ghetto leader），代表家庭跟這個不值得信任的社會溝通，是一個家庭代言人的角色，兒童對外的語言變得更不需要了。

兒童在這樣的家庭系統中，學會不要信任家庭以外的人，以及不恰當地使用緘默的方式。

此外，父母的社會抑制常被用來探討兒童的「社會性沉默」（social reticence）和「選擇性緘默症」。其中，選擇性緘默症兒童的父母較其他焦慮性疾患或一般兒童的家長，更常被描述為對子女過度保護或對孩子有更多的控制（APA, 2013）。

(四) 兒童氣質因素

最後，從兒童本身的氣質（temperament）因素來探討病因。兒童的氣質（與生俱來對刺激的獨特行為反應模式），可分為三大主要類型：容易養育型（easy child，好養飼）、慢吞吞型（slow to warm up，慢郎中）、難養育型（difficult child，磨娘精）等三類。不同的孩子有其不同的氣質反應，但就選擇性緘默症的兒童而言，可視為其氣質表現所呈現的是敏感度很高，可是反應閾很低，也就是，對事情有覺察，但是反應力不好。甚或有人直接認為選擇型緘默症，其基本上便是先天性特質的表現。

根據 DSM-5（APA, 2013）所描述關於選擇性緘默症的病因觀點指出，氣質與選擇性緘默症之間並無全然對應之關係。但卻可發現當父母本身較為害羞、社會孤立和具有社交焦慮時，孩童的負向情緒氣質或行為抑制便可能在其形成選擇性緘默症的過程扮演著重要的角色。

(五) 遺傳和生理因素

由於選擇性緘默症及社交焦慮症之間有諸多的重疊跡象，因此，判斷二者之間可能共享這些遺傳因素之間的條件（APA, 2013）。

(六) 整合性觀點

Cohan、Price 與 Stein（2006）針對選擇性緘默症之病因提出一個發展病理學之觀點（如圖 8-1 所示），認為應同時考量基因、氣質、心理及社會／環境等系統及系統間之交互作用對於此疾患之發展，例如：當個案具有強烈的焦慮

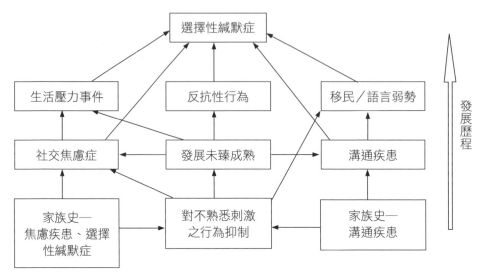

圖 8-1 選擇性緘默症可能的發展路徑

資料來源：Cohan, Price, & Stein (2006)

基因以及既存之溝通困難（疾患），二者間形成交互影響，因而造成個案在某些情境下言語互動或沉默具有高度的敏感之提升。

因此，從整合性之病因觀點將有助於我們更能擷取選擇性緘默症之全貌，並得以從病因的全面性了解，進而達到協助此類兒童克服其困難與障礙。

十一、類型

不同的學者對選擇性緘默症依據其標準提出不同的分類方式。Kaplan 與 Escoll（1973）觀察兩個選擇性緘默症的青少女，提出了兒童期與青少年期的選擇性緘默症之比較，如表 8-1 所示。

而 Waterink 與 Vedder（1936）曾做過以下分類：第一類型為 Hysterical Mutism，該種類型多半出現在成人，個案其先前的個性一向較為退縮、不講話，但是明顯呈現拒絕說話則是在成人階段才出現。同時該類型也被視為其多半是較具歇斯底里性格的人，透過操弄時而達到其目的。第二類型為 Elective Mutism，該類型有別於前一類型，特別強調其為兒童階段發生的。在較早期的診斷名稱中 DSM-II 的版本便是使用 Elective Mutism 的診斷名詞。第三類型稱為 Heinzian

表 8-1 | 兒童期與青少年期的選擇性緘默症之比較

特徵	兒童期選擇性緘默症	青少年期選擇性緘默症
初發年齡	小於 6 歲	大於 12 歲
選擇性緘默的對象	同儕、陌生人、治療師	同儕、家人、治療師
主訴	拒絕說話	其他行為，如：偷竊、自殺企圖等
相關的心理動力	依賴與分離焦慮的表達	對家人意見不合的表達

Mutism，特別強調是在轉換情境之下表現不講話，並且需要適應較長一段時間才能再開口講話。第四、五類型則是以焦慮為基礎（該類型強調個案往往因具有其他精神官能症方面的問題導致不開口講話），像是焦慮、憂鬱等問題所致的 Neurotic Mutism-焦慮官能症之表現及 Thymogenic Mutism-創傷之急性反應。第六種類型是 Ideogenic Mutism，則是因為其他語言溝通上有障礙，導致不開口說話。

十二、衡鑑與治療 ⭐

(一) 衡鑑

1. 需衡鑑的範疇

選擇性緘默症之症狀表現（發病時間、持續時間，以及不同情境下的表現、過去曾接受過的治療、處理方法……）、社會互動、精神科疾病史、醫療史、聽覺系統（是否有聽力障礙）、學業與認知功能、語言能力等七項不同的領域，均需加以評估；此外，家庭動力、關係、兒童是否僅與特定家人說話、互動，以及兒童症狀對家庭之影響，亦為需要加以評估之範疇。

2. 資料來源

主要資料來源包括與父母親、師長及其他主要照顧者等的晤談，以及對兒童的直接評估觀察。尤其在了解兒童的疾病發展、認知功能、人際互動等方面，父母（主要照顧者）的晤談相當重要。研究指出從不同的資料來源，如家長、老師及兒童本身的自我報告，都可顯現出選擇性緘默症與正常兒童確實在情緒與行為問題上有所差異（Kristensen, 2001）。

3. 衡鑑方法及工具

　　對選擇性緘默症兒童本身進行評估，可多利用行為觀察及非語言溝通（遊戲、畫圖）的方式蒐集資料；若需施測標準化智力測驗，建議可使用「魏氏兒童智力量表」（WISC）的作業量表或「瑞文氏標準推理測驗」（Raven's Colored Progressive Matrices），其中「魏氏兒童智力量表」及「瑞文氏標準推理測驗」皆已有中文版，並由中國行為科學社所發行；評估其發音與語言功能時，可請父母將兒童在家說話的情形錄音；「畢保德圖畫詞彙測驗」（Peabody Picture Vocabulary Test）可幫助評估兒童接受、理解語言的能力（receptive language ability）（Dow, Sonies, Scheib, Moss, & Leonard, 1999），國內目前由心理出版社發行「修訂畢保德圖畫詞彙測驗」（PPVT-R），可供評估三至十二歲的聽讀詞彙的能力；至於情緒與行為問題，可使用阿肯巴克實證衡鑑系統（Achenbach System of Empirically Based Assessment, ASEBA）中由家長填答的兒童行為檢核表（CBCL）、老師填答的教師報名表（TRF）以及青少年自行填答的青少年自陳報告表（YSR）等量表進行評估（Kristensen, 2001）。阿肯巴克實證衡鑑系統（ASEBA）由國內學者陳怡群、黃惠玲與趙家琛完成修訂，由心理出版社發行，並提供量表之常模供國內實務界使用。

(二) 治療

　　誠如前面在探討病程變化時，曾提及該疾患的自然改善以及拒絕說話發展的整體影響，也就是說當我們對選擇性緘默症的預期是「會自己好起來！」，那麼是否還需要接受治療、改變，又或者應調整治療的焦點呢？此外，正因為選擇性緘默症與其他焦慮症、溝通障礙症的共病程度高，因此部分近期研究指出，針對選擇性緘默症的治療並不是放在此疾患本身，而將治療焦點放在避免選擇性緘默症兒童發展出其他共病、減少其症狀之類化（Conn & Coyne, 2014）。筆者根據臨床經驗認為，正因考量兒童正處於發展過程當中，因此針對「治療」的考量，可從三個方向加以思考：(1)「讓兒童開口說話」是否為首要的治療目標；(2)透過不說話的方式是否得以其他的溝通管道達到溝通的目的，甚或維持基本的社交功能；(3)正因此兒童患者的特性，治療時更應考量以

不必說話的方式，作為進行治療的媒介。有了上述的思考，將使我們在提供專業的協助時，更能真正的幫忙選擇性緘默的兒童患者。以下將介紹幾種治療方法：

1. 行為治療

處理選擇性緘默症最常使用的方法就是行為治療。從病因的行為取向觀點即強調個案不說話的問題，乃源自因為不說話可以得到更多的好處，而說話會得到不好的結果，因此行為治療的重點乃是加以反制約。Reed（1963）是第一位主張選擇性緘默症可能是一種學習結果的學者，他建議取消所有對緘默症狀的增強，同時採用行為技巧加強患者自信心並降低焦慮，即可有效處理緘默症狀。

行為塑造（shaping）、自我模仿（self-modeling）等技巧也被用來處理緘默症狀。前者是增強患者的嘴部動作，使其趨近說話的動作，直到患者能夠真正說話為止；後者是讓患者觀看自己成功做出想達成行為（如：說話、與人互動）的錄影帶。

其中根據 1990 至 2005 年所進行的選擇性緘默症之治療研究整理後發現：行為取向與認知行為取向之治療被視為是最常被用來治療此類個案的方法（Cohan, Chavira, & Stein, 2006）。其中行為治療包括行為塑造、刺激消退（stimulus fading）、社交技巧訓練、自我模仿等，但需考量到個案的不同臨床表現（例如：自我模仿可能不適用於某些過於焦慮的小孩），而認知行為取向則包括了認知歷程化（cognitive processing）、放鬆訓練、系統減敏感法等。然而這些方法可能各有適用時機，例如：行為塑造與刺激消退適用於學校情境；而系統減敏感法則較適用於個別治療之情境。

2. 心理動力取向治療

心理動力取向治療主張緘默的症狀是內在心理衝突的顯現，因此治療目標就是確認並解決潛在的心理衝突。由於心理動力取向治療需要較長時間才能引發改變，在不肯說話的兒童身上更是如此，因此治療者常利用藝術活動或遊戲來幫助溝通並加速治療速度（Landgarten, 1975）。此外，以遊戲作為溝通媒介的遊戲治療，亦是常見的治療方法。

3. 社交技巧訓練

該訓練重點側重於了解個案的社交困難所在，透過認知行為治療的方式，給予兒童正確的社交想法，並透過行為實際的演練而達到習得社交能力的目的。此外，在訓練的過程中並適時提供正向經驗與回饋，藉此提升兒童社交技巧之能力。

4. 家族治療

傳統家族治療學者主張，家庭互動的模式鼓勵並維持了兒童的選擇性緘默行為（Meyer, 1984），因此，不能只處理個人問題，整個家庭都需要治療。

然而，最近的趨勢顯示，兒童的症狀已不再被臨床工作者視為是病態家庭的結果，並且嘗試讓家庭成員參與治療計畫設計及執行的工作，希望能讓治療更有效率。

5. 藥物治療

有學者指出治療社交焦慮症的精神科藥物，使用於選擇性緘默症的患者身上也有治療的效果（Golwyn & Weinstock, 1990）。其藥物主要的機制是，阻斷大腦神經傳導物質血清素的吸收，研究發現阻斷這個部分的吸收，同樣得以應用在抗焦慮及抗鬱的藥物。同時合併藥物治療及心理治療，其效果較佳。

6. 語言治療

研究指出，有語言或發音問題的兒童，其患有選擇性緘默症的比率高於一般兒童（Kolvin & Fundudis, 1981），由於觀察到兩者間有高共病率，因此直接對患有選擇性緘默症的兒童實施語言訓練，是一個可考慮的方式。也有學者主張語言治療合併行為修正技巧一起實施，似乎有更明顯的改善效果（Strait, 1958）。

7. 學校情境下的多專業整合之個別化治療計畫（school-based multidisciplinary individualized treatment plan）

本治療計畫是以學校情境為主，同時納入教師、家長與臨床專業人員，視兒童的個別需要來擬定治療計畫，主要治療目標為降低與說話有關的焦慮，並鼓勵兒童進行溝通及人際互動（Dow et al., 1999）。治療目標與特定之介入方式摘要，如表 8-2 所示。

表 8-2｜治療目標與特定之介入方式摘要表

目標	特定的介入方式
降低焦慮	1. 不強迫兒童説話 2. 保持規律上課 3. 減少對語文表現的強調 4. 鼓勵同儕關係 5. 認知行為策略：減敏感法或放鬆技巧 6. 配合學校環境以外的介入方式（個人或家族治療、藥物治療等）
增加非語言的溝通	1. 提供語言溝通的替代性系統（字條、手勢、卡片） 2. 提供小團體情境 3. 鼓勵同儕關係
增加社會互動	1. 指定能力相當、能夠在學校及課後環境一起互動的友伴 2. 提供小團體情境 3. 增加不要求語言技巧的活動 4. 增加促進社會技巧的活動
增加語言溝通	1. 結構性的行為修正計畫：增強互動與溝通行為，最終目的是增強説話的行為 2. 提供語言治療以發展語言技巧 3. 提供在實際情境下練習語言技巧的機會

8. 治療者的角色

　　治療者在面對選擇性緘默症之兒童，往往是個極度的挑戰，首先，在以往我們習慣以「說話」作為溝通的方式，一旦不使用語言，治療者是否仍能繼續保有其專業的能力；其二，選擇性緘默症的兒童常被認為其「不說話」是操控性的、反抗性的、挫折忍受力差、過度焦慮與憂鬱的，因此，治療者必須敏於覺察孩子可能經歷的情緒。曾有研究指出當我們除去這些情緒症狀後，其「不說話」的症狀亦達到緩解；最後的挑戰，往往是最困難的，那便是給予選擇性緘默症一個受到同理但卻又有所限制的治療合作同盟，我們讓孩子可以有任何的情緒，不管那是否合理，但情緒的表達、情緒所衍生的行為，則必須是在與治療者的共同認同下，表現合宜、符合情境。除了上述面對選擇性緘默症兒童的挑戰之外，筆者認為如何與家庭合作，達成共同的目標，亦是重要的考驗，

多數家長（父母）皆以「開口說話」作為治療效果好壞之唯一指標，然而以減緩其他焦慮情緒症狀、維持社會互動功能，以及生活適應等目標，皆比單單僅看「說話與否」來得重要多了，因此，如何與家長達成治療之共識，則是相當重要的治療契機。

分離焦慮症

案例

　　這已經是小韻上幼兒園的第三個月了，每次都只聽見小韻在學校門口大哭大鬧著：「媽媽，我不要上學啦……」、「我肚子好痛……」、「我要和媽媽一起上班……」、「我要阿嬤在家裡給我上課就好……」……。任憑媽媽怎麼哄騙，小韻儘是一個勁兒死命的巴著媽媽，說什麼也不肯放手，最後又得使出同樣的招術，那就是幼兒園老師、園長一起合力幫忙，硬是將小韻從媽媽的身上給抱下來，強行抱進教室時，小韻哭喊的聲音，幾乎讓整個幼兒園裡的師生、家長都聽見了，大家也都好奇的張望著現場所發生的一舉一動。

　　「老師、園長，這樣真的可以嗎？」媽媽含著眼淚問著，而園長則堅決的回答：「我們一定要堅持，媽媽你不可以心軟，這樣會讓小孩更依賴你，而且很多剛上幼兒園的小朋友都會經過這一段，以後就會好的。」就這樣媽媽若有所思地離開了幼兒園，雖然她的心始終不願意離開……。「園長，每次小韻被強行抱進教室後，總是哭到吐得一身，到最後全班都沒辦法上課，我就得一直抱著她哭到累、睡著為止，但是她睡醒後還是接著繼續哭，我實在搞不定她。」幼兒園老師只能一臉無奈的向園長抱怨。園長說：「如果我們現在不把媽媽溺愛的情形改變過來，將來小韻一定會更慘的，所以請老師加油、配合！」

　　就這樣，三個大人對小韻的狀況，各有各自的解釋、擔心及難處，但究竟誰對誰錯？小韻真的會好嗎？孩子總是得讓大人實驗完後，才能找到對她最好的方法嗎？

一、簡介

　　當父母或是主要照顧者離開幼兒時，對許多幼兒來說都會造成焦慮反應。而這是屬於發展過程中正常的分離焦慮，一般而言是指幾乎所有七個月大到學齡前的兒童，當父母或主要照顧者離開時，感到緊張不安，若是父母或主要照顧者離開的時間不長，而且有其他大人在場照顧，再加上幼兒認知發展的提升，多數幼兒都能逐漸適應。事實上，如果此年齡孩子未出現分離焦慮，則要考量是否有不安全依戀或其他問題。

　　然而有些幼兒在面臨分離時，可能會持續地害怕、擔心，進而黏著父母或主要照顧者，害怕再次的分離，如此一來甚或影響其日常生活，這種情形便可稱為「分離焦慮症」（Separation Anxiety Disorder, SAD）。由於分離焦慮症亦屬於焦慮症之其一，有關焦慮症的一般概念及解釋，請見本書第七章焦慮症的介紹，本章將針對分離焦慮症特有的特徵及概念做一說明。

二、歷史

　　根據美國精神醫學會（APA）的診斷準則系統（DSM），1980 年的 DSM-III 中，首次將過度的分離焦慮列為一項獨立的臨床診斷。自此以後，DSM 系統對於分離焦慮症診斷後續修改的幅度不大；在 DSM-III 及 DSM-III-R 中，其焦慮、不適的症狀只要持續兩週即符合診斷標準，然而在 DSM-IV-TR（APA, 2000）中，則要求症狀需持續四週以上才構成分離焦慮症之診斷，初診斷於嬰兒期、兒童期或青春期之其他疾患。最新出版的 DSM-5（APA, 2013），對於診斷準則並無異動，但將此疾患正式歸類於「焦慮症」之中。以下將進一步說明診斷標準。

三、DSM-5 診斷準則

　　根據美國精神醫學會 DSM-5（APA, 2013）的診斷手冊中註載，診斷準則如下：

A.對離開家或離開此人所依戀的對象，有著就其發展水準不合宜且過度的焦慮，

表現於下列三項（或以上）：

1. 當離開家或主要依戀對象之時，或只是預期將要分離，即有重複發生而過度的痛苦。
2. 持續而過度的擔心自己會失去主要依戀對象，或擔心他們可能受到傷害。
3. 持續而過度的擔憂極不幸的事會使自己與主要依戀對象分離（如擔心自己走失或被綁架）。
4. 只因害怕分離而持續排斥或拒絕上學或去其他地方。
5. 持續而過度的害怕或排斥下述狀況：一個人或無主要依戀對象陪伴下留在家中，或於其他場合而無熟識成人作陪。
6. 持續排斥或拒絕下述狀況：沒有主要依戀對象一旁作陪而上床睡覺，或離家在外過夜。
7. 重複出現含有分離主題的夢魘。
8. 當離開家或主要依戀對象之時，或只是預期將要分離，會重複抱怨身體症狀（如：頭痛、胃痛、噁心或嘔吐）。

B. 障礙總時期於兒童、青少年至少四週，而成人則需超過六個月。

C. 此障礙造成臨床上重大痛苦，或損害社會、學業（職業）、或其他重要領域的功能。

D. 此障礙無法以其他心智疾患作為更佳的解釋。例如：拒絕離家並非因為自閉症類群障礙症的過度堅持所致；也非因精神疾患對於分離的妄想、幻聽所導致；也非因懼曠症對於缺乏信任的陪伴而拒絕外出；也非因廣泛性焦慮症擔心生病或其他傷害降臨於重要他人身上；也非因擔心罹病的疾病焦慮症。

四、共病及鑑別診斷

分離焦慮症的孩子常合併其他精神科診斷。大約有二分之一的分離焦慮症個案有其他焦慮症的診斷，最常見的是廣泛性焦慮症（General Anxiety Disorder, GAD）或是特定畏懼症（Specific Phobia）。另外有三分之一的分離焦慮症個案符合憂鬱症（Depression）之診斷。拒學（School Refusal）及懼學（School Phobia）常被錯誤的與分離焦慮症交替使用。在一個臨床樣本的研究中，73% 分離

焦慮症會出現逃避學校的行為。

　　雖然分離焦慮症常與其他疾患共病，但在確認共病前，需進一步澄清、鑑別焦慮問題的來源及表現方式。分離焦慮症與廣泛性焦慮症之別在於前者的焦慮主要涉及與依戀對象分離，即使有其他的焦慮發生，這些焦慮也並非扮演生活困擾之主導地位。分離的威脅可能導致極度焦慮，甚至恐慌發作（Panic attack），然而分離焦慮症關注的是遠離依戀對象並且擔心不幸事件降臨他們身上，而不是擔心在無行為能力之下，發生料想不到的驚恐發作之可能性。與特定場所畏懼症不同的是分離焦慮症患者並不擔心自己受困於無能力逃脫的某些情況，而這些狀況通常是特定場所畏懼症患者認為會誘發恐慌發作的情況。若是社交畏懼症所造成的懼學，往往是由於害怕他人的負面評價，而非因擔憂與依戀對象分離而造成的懼學。害怕分離常發生於創傷事件之後，例如災難發生時正與親人分離。在創傷後壓力症（PTSD），其主要的核心症狀在於避免與創傷事件本身相關聯的記憶闖入，而分離焦慮症則是憂慮依戀對象的安好，以及避免與他們分離。疾病焦慮症（Illness Anxiety Disorder）的患者擔心他們可能有特定疾病，但主要關注的是醫療診斷本身，而不是與依戀對象的分離。歷經喪親之痛者，往往強烈的渴望或嚮往著死者，強烈的呈現悲傷和情緒上的痛苦，並專注於死者或死亡的情況下，而分離焦慮症則是以恐懼與依戀對象分離為核心議題。憂鬱症也可能與不願離開家有關，但主要關注的並非擔心或害怕不幸事件降臨於依戀對象，而是缺乏與外部世界接觸的動機。然而，分離焦慮症患者可能在分離或預期分離時變得沮喪。

　　此外，逃學常見於行為規範障礙症（Conduct Disorder，參閱第六章），但分離焦慮並不一定會缺課，而且分離焦慮症的兒童或青少年通常是留在家裡而非如行為規範障礙症患者會離家。患有分離焦慮症的兒童和青少年，可能在被迫與依戀對象分離時顯現其對立反抗。在無關預期或發生與依戀對象分離時，仍持續表現出對立反抗行為，應考慮對立反抗症（Oppositional Defiant Disorder，參閱第六章）之診斷。有別於精神疾患的幻覺，分離焦慮症患者所可能出現的不尋常的知覺經驗，往往是基於對真實刺激的誤解，也可能只發生在某些情況下（如夜間），並在依戀對象出現時，即可恢復正常。依賴型人格障礙

症（Dependent Personality Disorder）的特徵是依賴別人的過度傾向，而分離焦慮症涉及關注與主要依戀對象的接近度和關注依戀對象的安全性。邊緣型人格障礙症（Borderline Personality Disorder）的特點是害怕被親人所遺棄，並且在自我認同、自我導向、人際功能和衝動性皆具困擾，而分離焦慮症並無上述這些困擾。

五、相關特質 ⭐

不同文化對於分離有不同的文化價值觀點，某些文化觀點甚至接納並鼓勵子女與父母分離以培養其獨立，例如不同國家和文化對於預期的後代應該脫離父母家的年齡有不同的看法。而在探究分離焦慮症時，就必須同時考量文化價值中，是否看重家庭成員之間的相互依存關係（APA, 2013）。

從部分針對分離焦慮症的家族模式研究來看，分離焦慮症孩子的家庭成員患有焦慮症及憂鬱症的比率高。一項研究中發現：分離焦慮症孩子的母親，有68% 曾有焦慮症，53% 曾有憂鬱症，47% 目前符合焦慮症診斷（Strauss, Last, Hersen, & Kazdin, 1988）。

父母親患有分離焦慮症或恐慌症（Panic Disorder，參閱第七章），孩子患有分離焦慮症的比率會升高。此外，從分離焦慮症孩童的手足發現，其同樣是分離焦慮症的比率也較高。

患有分離焦慮症的孩子可能增加自殺的風險。從社區樣本的研究發現，憂鬱症、焦慮症或藥物濫用等，都可能與自殺意念和企圖有所關聯。然而，這種關聯並非特定與分離焦慮症有關（APA, 2013）。

六、流行病學資料 ⭐

從流行病學的研究文獻中，分離焦慮症的盛行率為 3.5% 至 5.4%。有些研究認為女性較多，但也有些研究認為沒有性別差異。

在美國，分離焦慮症於不同階段的盛行率有所不同，其中，成年期於十二個月內的盛行率是 0.9% 至 1.9%。兒童期在六至十二個月的盛行率估計為約4%，青少年期於十二個月的盛行率是 1.6%。分離焦慮症的盛行率從兒童期遞

減至青春期和成年期，最常見的分離焦慮症多發生於小於十二歲的兒童。從兒童的臨床樣本中，男性和女性的發生率相當，在社區取樣上，則發現此疾患較常見於女性（APA, 2013）。

關於性別上的差異表現，DSM-5（APA, 2013）指出，女孩表現得比男孩更不願參與或避免學校活動。男性比女性更常見以間接方式表達害怕分離的焦慮，例如：有限的獨立活動，不願離開家獨自一人或與配偶、子女分開，無法接觸到配偶或子女時顯得很痛苦、不自在。

七、病程與預後

根據其分離焦慮症狀的初發情形，可將症狀分為急性初發或漸進式的發生。若為漸進式的發生，症狀會從輕微（如：不肯上床睡覺、夜間的惡夢）進展到嚴重（如：晚上要求跟父母親一起睡、白天不肯出門）；若為急性初發，發作前通常存在壓力事件，如：搬家、剛入學、家庭變故等。

其初發年齡可能早至學齡前，晚至十八歲之前的任何時候。一般發現，初發的高峰期多在七至九歲，拖到青春期才初發的則不多見。也有研究發現，分離焦慮症的初發、惡化、復發，通常發生在假期結束或因故（如：生病）缺席等現象發生的一段時間之後。

就其病程表現，症狀可能延續多年，一般在發生如壓力事件、轉換環境等，會出現惡化期，而在新環境中建立了新的關係或是得以抒解壓力時則出現緩解期。

而兒童期的分離焦慮對於日後到了青少年階段，有較高的風險（risk）發展出其他的焦慮症（Aschenbrand, Kendall, Wedd, Safford, & Flannery-Schroeder, 2003）。此外，分離焦慮症若未能獲得妥善的處理，則可能轉化成為一項長期穩定的人格特質，意即，當日後任何依戀或穩定的關係被打斷或受到威脅時，會感受到極大的痛苦。當然也有部分有分離焦慮症的兒童，尤其是女性，未來有較高的風險會發展成伴隨特定場所畏懼症之恐慌症（panic disorder with agoraphobia），而這種病程變化可能在兒童期或成人期。最後提到的研究發現，有分離焦慮症的兒童，成人後有較高的風險罹患憂鬱症或社交焦慮症／社交畏懼

症。

　　根據 DSM-5（APA, 2013）的資料顯示，分離焦慮階段的展現是正常的早期發展的一部分，並可能顯示著安全的依戀關係的發展（例如：大約一歲左右，嬰兒表現出對陌生人的焦慮）。分離焦慮的初次發作可能是早在學齡前期和兒童期的任何時間，但較少在青春期才出現。此外，通常會歷經症狀加重期和症狀緩解期。其中，在成長過程中，可能經歷離開家庭或核心家庭的情況（例如：離家上大學、遠離依戀對象），將使得原本的分離焦慮延續至成年期。然而，多數患有分離焦慮症的兒童並非一生皆受到此疾患的影響。許多患有分離焦慮症的成年人並不記得在童年曾出現過此疾患，儘管他們可能記得曾出現過部分症狀。分離焦慮症的表現隨著年齡而有所不同，其中，年幼的孩子更不願意去上學，也可能常常逃避上學。年幼的兒童可能無法明確的表達對於父母、家庭或自己的擔憂或害怕，只是在經歷分離時表現出焦慮反應。隨著孩子的年齡增長，這些擔憂通常變成擔心具體的危險（例如：意外事故、綁架、搶劫、死亡）或隱約地擔心無法與依戀對象再重聚。在成人中，此疾患可能會限制了他們應付環境變化（如：搬家、結婚）的能力。成人患者通常擔心在他（她）與子女、配偶分開時，他們會遭遇不測。他們也可能因為需要不斷確認重要他人的狀況，而打斷了當下的工作或社會互動。

八、病因

　　關於分離焦慮症的病因部分，目前理論多從解釋其「焦慮」症狀為要，因此，同樣可參考本書第七章焦慮症之病因探討。

(一) 早期理論

　　傳統精神分析論（classical psychoanalytic theory）認為，焦慮與恐懼是一種對於潛意識中衝突的防衛機制，而這些衝突源自於早期經驗。某些會引起痛苦的動機、記憶與感受被壓抑並以外在的物體（與真正焦慮的來源有象徵性的連結）取代，如：小漢斯怕馬是因為馬代表了可能為了報復漢斯爭奪母親的愛而閹割掉自己的爸爸。

行為及學習理論（behavioral and learning theories）則認為，害怕與焦慮是透過古典制約與操作制約學習而來的結果，其中又以二因子理論（two-factor theory）最為受到重視。該理論認為：由古典制約學習到的恐懼反應（如：被狗咬），造成個體主動逃避引發恐懼反應的情境，而這樣的逃避行為可以降低焦慮，是一種對恐懼反應負向增強（不喜歡的刺激消除或減少了），這又符合了操作制約的過程。

Bowlby 的依戀理論（Bowlby's theory of attachment）認為，隨著兒童各方面的成長，「分離」會逐漸變得比較可以忍受，但如果嬰兒太早經歷與母親的分離（被粗魯的對待、情緒與生理需求沒被滿足），則會在分離與重聚時表現出異常的反應。早期的不安全依戀會被內化，並決定兒童未來看待世界與其他人的態度。

(二) 氣質論

先天氣質中對新事物的態度將影響兒童是否發展成焦慮症，對新事物過度恐懼及退縮是未來焦慮症的危險因子，但這個影響並不是絕對的，必須同時考量父母的教養方式，也就是教導孩子如何因應壓力的父母將比善意但過度保護的父母，勝過兒童氣質所造成的影響。

(三) 遺傳及家庭危險因子

根據家族及雙生子研究文獻，焦慮症有其生物上的易致病性（biological vulnerability），也就是兒童容易表現出羞怯、緊張或恐懼的傾向與遺傳有關。根據雙生子與收養研究：有三分之一兒童期焦慮症個案的變異量可以被遺傳因素解釋；遺傳對焦慮的影響隨年齡增加；焦慮的可遺傳性在女孩身上較高（相較於男孩）。從社區樣本中發現：六歲之雙胞胎中有 73% 具相同困擾，其中女生的比例更高（APA, 2013）。

若孩子為焦慮症，其父母目前或過去患有焦慮症診斷的比例高於孩子沒有焦慮症的父母。反之，若父母為焦慮症，其子女患有焦慮症的比例則是父母沒有焦慮症的孩子的五倍（但不一定是同一種焦慮症）。

(四) 神經生物因素

大腦中的邊緣系統與焦慮情緒關聯密切，若從與焦慮有關的腦部迴路「行為抑制系統」（behavioral inhibition system, BIS）做簡單說明，即是將環境中的危險訊息從腦幹（brain stem）送到邊緣系統（limbic system），再由邊緣系統傳遞到大腦皮質（frontal cortex），主管行為抑制 BIS 過度活躍的情形，被認為與兒童焦慮症有關。此外，焦慮情緒與某些神經傳導物質（如：GABA、5-HTT）不正常有關。

(五) 家庭與環境的影響

父母的管教方式也被認為與兒童焦慮症有關。分離焦慮症兒童的母親在與孩子互動時常使用批評、指責的方式；焦慮症兒童之父母常有過度控制、僵化的信念等教養特徵，例如：認為孩子遇到引起焦慮的事情較容易不舒服、對孩子的因應能力有較低的預期。也就是說，父母的過度保護和干擾可能與分離焦慮症有關。

分離焦慮症往往於歷經重大生活壓力後才發展出來，尤其是歷經失落（例如：親屬或寵物死亡、個人或親屬的病情變化、學校的異動、父母離異、搬家、移民、與依戀對象分離時歷經災難）；或是在成年早期所歷經的生活壓力，包括：離開父母家、進入一段親密關係、成為父母等（APA, 2013）。

九、衡鑑與治療

關於分離焦慮症的衡鑑與治療部分，同樣可參考本書第七章焦慮症之衡鑑與治療。

(一) 衡鑑

整體而言，分離焦慮症的衡鑑可參考本書第七章焦慮症的部分，其中若透過結構式或半結構式診斷性會談的花費時間太長，可選擇與焦慮症相關的問題同步進行會談。針對本疾患可藉由與家長、師長之晤談，以及評估量表進行資

料蒐集，詳細蒐集對於分離、拒學等行為的資料以便發展治療計畫，具體的澄清問題包括：有哪些症狀？何時開始？持續多久？不上學的時候在家做些什麼？

　　從分離焦慮症的病因探討中可知，分離焦慮症兒童的家長若有精神科疾病史，將提高治療的複雜度，因此也需同步評估家庭成員目前的身心狀況及整體家庭功能。

(二) 治療

　　處理焦慮症狀時，最基本的概要便是「面對它」，不論是使用哪種方法，都要讓兒童接觸引起焦慮的情境、事物或場合，進而提供適當的技巧去面對它、處理它。一般而言，分離焦慮的孩童對於上學都需特別的安排及要求，才能使他們維持上學的情形，部分嚴重的個案則需要重讀很多年或是不斷地被要求上學（Albano, 2003）。

　　兒童焦慮症的治療在於直接修正四個主要的問題：

1. 扭曲的訊息處理過程。
2. 覺察到威脅時的身體反應。
3. 失控的感覺。
4. 極度逃避的行為。

　　其中，行為治療提供以下治療方法用以處理焦慮症狀：(1)漸進式暴露法（graded exposure）：建立焦慮階層表，從引起最少焦慮的情境開始接觸；(2)系統減敏感法（systematic desensitization）：學習放鬆技巧、建立焦慮階層表、重複呈現引發最小焦慮的刺激，直到兒童能夠放鬆為止；(3)洪水法（flooding）：直接面對最恐懼的情境，通常配合反應預防法（response prevention）來避免兒童產生逃避行為。洪水法會產生高度焦慮，需小心使用；(4)觀察模仿：治療者示範引起兒童焦慮的行為（如：接近兒童害怕的東西），鼓勵並指導兒童實際練習；(5)肌肉放鬆、呼吸練習：透過放鬆訓練的學習，達到改善焦慮刺激出現時的配對反應。

　　另外，認知行為治療亦為對大部分焦慮症最有效的方法，其概念主要是教導兒童去了解哪些想法會如何引起焦慮，以及如何修正不適當的想法來降低焦

慮。Mash 與 Wolfe（2013）提供一認知行為治療技巧用以處理焦慮症狀：

❖ **FEAR plan**

F（Feeling）：覺得害怕嗎？（辨識焦慮的感覺與身體反應）

E（Expecting）：預期有壞的結果嗎？（澄清在引發焦慮的情境中與焦慮有關的認知）

A（Actions and attitudes）：有幫助的行動與態度。〔發展一個修正內在對話的計畫（焦慮性內在對話→因應性內在對話），區辨什麼樣的因應行為可能會有效〕

R（Results and rewards）：結果與報酬。（評估表現、實施適當的自我增強）

在藥物治療方面，通常與認知行為治療或行為治療合併使用，常用於處理、緩解焦慮症狀的藥物包括：抗憂鬱劑（tricyclic antidepressants、SSRIs）與抗焦慮劑（benzodiazapines）。有研究認為百憂解（Prozac）對分離焦慮症及社交焦慮症尤其有效，對廣泛性焦慮症（GAD）的效果則較差；SSRIs 配合暴露法及反應預防法對治療強迫症（OCD）效果亦不錯。除了 SSRIs 對 OCD 的治療被確實認為有效之外，對於其他兒童焦慮症藥物治療效果的研究結論仍較不一致。

最後，以兒童為焦點的治療有時也會對家庭產生額外的效果，例如孩子變得對自己的能力更有信心，逃避行為也減少了，父母也可能開始對孩子有不一樣的反應。把兒童焦慮問題放在家庭的脈絡下處理，可能會比只就兒童本身處理有更明顯且持續的效果。

Chapter **9**
創傷及壓力相關障礙症

吳文娟

案例一（創傷後壓力症）

　　一位國小二年級的男生，九二一地震發生時被壓在房間的衣櫥下，母親在黑暗中找到他並將他抱出，個案的背部受到輕微擦傷。由於居住的房屋受損，地震之後一家人在帳篷睡了四個月。個案在地震之後的一至兩個月，每天晚上都尿床，變得愛哭，不敢單獨一個人，每次發生餘震時，個案總顯得驚慌、害怕，但在口頭上會表示自己不怕，不願意談地震的事。學校恢復上課後，個案在課堂上變得比較不專心、記憶力變差、學業成績退步。在結束住帳篷的生活之後，個案和家人（包括爸爸、媽媽及哥哥）搬去與祖父母及叔叔一家人同住，仍斷斷續續的出現尿床現象，並且開始抱怨媽媽不喜歡他，只疼愛哥哥和堂姊；做錯事受到媽媽的處罰時，會大發脾氣說：「妳打死我算了。」

案例二（創傷後壓力症）

　　一位國中二年級的女生，九二一地震時房屋倒塌，壓斷她右腳，母親也在地震後受傷。個案休學一年，在骨科、整型外科及復健科進行治療及

復健，此期間經常感覺情緒低落、失眠、做惡夢，對於未來感覺不安、害怕、無助、失落、沒有希望，有自殺的意念，偶爾會出現咬指甲的退化行為，並且用稚氣的聲音與他人說話，表達出需要他人的照顧及關心。個案復學時轉到新學校就讀，上課時不容易集中注意力，對於學校的功課感覺壓力大，難以應付；對於受傷的腳感到相當自卑，在意同學看她的眼光，擔心被同學歧視及嘲笑；人際退縮，無法加入同學的團體或活動中，想念以前班上的同學；情緒起伏不穩定、憂鬱、激躁，拒絕去上學，偶爾仍會出現想要自殺的想法，並且出現拔頭髮、撞牆壁、割手腕等自傷行為。

🎐 前言

　　天災人禍在世界各地不斷的發生，台灣在 1999 年 9 月發生了九二一地震，後續十年內接連發生桃芝風災（2001 年 7 月）、納莉風災（2001 年 9 月）、華航空難（2002 年 5 月）、阿里山小火車翻覆（2003 年 3 月）、梅嶺車禍（2006 年 12 月）、八八水災（2009 年 8 月）等不幸的天災與重大交通事故，除了造成生命及財產的嚴重損失，同時也對人們帶來身心方面的創傷與痛苦，有關心理創傷的復健也因此成為備受矚目的焦點議題。

　　「創傷」（trauma）通常是在無法預期的情況之下突然發生的，是在日常經驗的範圍之外，帶給個人震驚的感受，並失去控制感。造成心理創傷的事件，可能是地震、洪水、颱風等天然災害，也可能是車禍、空難、船難、戰爭等人為的災難，或是遭遇歹徒的強暴、身體攻擊等犯罪暴行。創傷事件的倖存者或目擊者，往往會產生許多複雜而強烈的情緒及心理反應，日常的防衛機轉都不足以對此做出有效的因應與調節，當這些情緒反應以及對創傷的痛苦記憶無法獲得適當的處理時，便會導致個體發展出創傷之後的壓力症狀或疾病。相較於成人，兒童所擁有的內在因應資源較為缺乏，在面對這些恐懼、痛苦和悲傷的災難及創傷經驗時，往往會增加兒童的情緒壓力，當兒童被這些情緒所壓倒而失去情緒平衡時，便無法表現出一致的思考、行為與行動，因而呈現出許多身

心困擾的狀況。

　　根據美國精神醫學會出版的DSM-5診斷準則之分類，隸屬於「創傷及壓力相關障礙症」類別的包括：反應性依附障礙症（Reactive Attachment Disorder, RAD）、失抑制社會交往症（Disinhibited Social Engagement Disorder, DSED）、創傷後壓力症（Posttraumatic Stress Disorder, PTSD）、急性壓力症（Acute Stress Disorder, ASD）、適應障礙症（Adjustment Disorder, AD）（APA, 2013）。反應性依附障礙症及失抑制社會交往症在 DSM-IV-TR 原本是隸屬於「通常初診斷於嬰兒期、兒童期或青春期的疾患」類別的「嬰兒期或兒童早期反應性依附疾患」診斷準則中，區分為「抑制型」及「去抑制型」兩種亞型（APA, 2000），在DSM-5中則變成兩種獨立的診斷，並改為隸屬於「創傷及壓力相關障礙症」類別中；創傷後壓力症和急性壓力症在DSM-IV-TR原本是隸屬於「焦慮性疾患」類別中，適應障礙症在 DSM-IV-TR 原本是一個獨立的類別（APA, 2000），三者在DSM-5中也都改為隸屬於「創傷及壓力相關障礙症」類別中。隸屬於這個類別的障礙症都有一種特定的基本起因是暴露於創傷性的或高壓的事件，本章僅就創傷後壓力症（PTSD）、急性壓力症（ASD）、反應性依附障礙症（RAD）、失抑制社會交往症（DSED）四種障礙症做說明介紹。（筆者註：台灣精神醫學會將DSM-5診斷準則中的attachment譯為「依附」，但在本書中論及 attachment 時，皆用「依戀」，較能傳達此詞的情緒意義，故僅在提及診斷名稱及準則中用「依附」。）

🎋 主要症狀

一、 PTSD 的四種主要症狀 ⭐

(一) 回憶闖入／侵入症狀

　　指與創傷有關的重複性的（repetitive）、闖入／侵入的（intrusive）思考或回憶。對於年紀較小的兒童來說，創傷的再度體驗，往往是透過圖畫、故事以及重複扮演的遊戲內容，或是做惡夢而重現。由於創傷經驗一再的侵入思緒，

兒童可能會不斷想起罹難的親人，或是因為害怕夢到罹難者及創傷事件而無法入睡。

Terr（1981）進行臨床個案研究，探討 26 名兒童及 1 名成人在創傷事件後的遊戲活動，將「創傷後遊戲」（posttraumatic play）定義為具有下列十一種特徵：

1. 強迫性的不斷重複發生，意指反覆出現與創傷經驗有關的遊戲。
2. 遊戲與創傷事件之間有潛意識的聯結，意指經過治療性的詮釋後，能幫助受創個案了解其創傷後遊戲與原本之創傷事件之間的關係。
3. 創傷後遊戲的內容比日常遊戲較不精緻、較無想像力，只是單調的重複玩創傷事件，或在遊戲中只有簡單的否認型心理防衛。
4. 創傷後遊戲無法減輕兒童受創後的焦慮情緒。
5. 廣布在不同的年齡範圍中，小自幼兒大至成人都可能出現創傷後遊戲。
6. 在創傷後遊戲發展出來之前會有不同的延遲時間，有些兒童在創傷事件發生後很短的時間就出現，有些兒童則在幾個月後才發展出創傷後遊戲。
7. 創傷後遊戲對於未受創傷的兒童具有力量（power），意指其他未受創傷的兒童（例如：手足、朋友或玩伴）可能會被捲入參與受創兒童的創傷後遊戲。
8. 會「傳染」（contagion）給新一代的兒童，意指未受創傷的年幼兒童會模仿受創兒童的創傷後遊戲內容。
9. 創傷後遊戲中的某些行為可能會有危險性，意指兒童會在遊戲過程中出現可能會發生意外的危險動作，例如：盪鞦韆時從比較高的位置跳下來。
10. 有些兒童會採用塗鴉、說話（故事）、打字，以及聲音的複製品（錄音帶）作為其重複遊戲的表現方式。
11. 藉由創傷後遊戲的治療性介入，有可能追溯到早期的創傷經驗。

(二) 逃避症狀

逃避參與或談論會回想起創傷事件的活動或情境，以及逃避去接觸會喚起創傷事件回憶的刺激（例如：人、事物、地方、談話）。

(三) 認知及情緒的負向改變

在創傷事件之後，個體出現解離性失憶症（dissociative amnesia，在沒有腦傷或神經生理病因的情況下，由心理因素導致的記憶功能異常現象，通常與創傷或壓力有關，忘記自己重要的個人資料以及個人認同，無法記起創傷事件的重要部分或特定細節）、負向的信念或扭曲的認知，持續呈現正向情緒減少、負向情緒增加的狀態（例如：害怕、恐懼、憤怒、罪惡感、悲傷、羞愧、困惑），活動明顯減少，與他人疏離或社會退縮。

(四) 警醒症狀

在創傷事件之後，經常會出現過度警覺或過度驚嚇的反應，暴躁易怒，有睡眠困擾（例如：入睡困難、睡不安穩或是容易早醒），對於日常生活壓力的感受度增加，並且在面對壓力時，會出現較強的生理反應。

除了此四種主要症狀之外，PTSD 可能同時伴隨解離症狀（dissociative symptoms），解離症狀包括：失自我感（depersonalization，對自己的知覺或經驗產生變化，感覺自己從自己的心智活動或身體脫離出來，彷彿自己是個外在的觀察者，有如身在夢中）、失現實感（derealization，對外在世界的知覺或經驗產生變化，感覺陌生或不真實，彷彿外在世界的一切都是虛無飄渺的）。

二、 ASD 的五種主要症狀 ⭐*

包括回憶闖入／侵入症狀、負向情緒、解離症狀、逃避症狀、警醒症狀等，大致與 PTSD 呈現的症狀相同，PTSD 和 ASD 的差異可參考診斷準則。（筆者註：DSM-5 對同一症狀在 PTSD 和 ASD 診斷準則的症狀歸類有少許差異，如：「解離性失憶」症狀在 PTSD 診斷準則中是被放在「認知及情緒的負向改變」D1，在 ASD 診斷準則中是被放在「解離症狀」B7；又如：「失自我感」及「失現實感」兩項解離症狀在 PTSD 診斷準則中是被放在必須要另外加以註記的部分「PTSD，伴隨有解離症狀類型」，而這兩項解離症狀在 ASD 診斷準則中是綜合性的放在「解離症狀」B6。）

三、 RAD 的主要症狀 ⭐

(一) 缺乏適宜的依戀行為

兒童在痛苦時缺乏向父母或照顧者尋求撫慰、支持或保護的行為，而且對於父母或照顧者的撫慰呵護表現抗拒或缺乏反應。

(二) 社會及情緒困擾

社會關係及情緒調節有明顯障礙，對他人缺乏社會及情緒反應，正向情感少，負向情緒多（例如：害怕、悲傷、暴躁易怒）。

四、 DSED 的主要症狀 ⭐

兒童表現不合乎社會文化界限的過度親近陌生人的行為，主動趨近陌生成人做互動，且顯得過分熟識、熱絡，無親疏分辨。

🎋 相關症狀

一、 PTSD 和 ASD ⭐

受到災難或創傷事件衝擊的兒童及青少年，除了上述幾種主要症狀之外，可能會出現許多不同的身心症狀、情緒行為困擾，或是適應上的困難。兒童及青少年可能會出現一些認知方面的變化，包括：注意力不集中、容易分心、對學校功課無法專心、對於新學習的材料記憶力變差，或是喪失了先前已經學得的發展技巧（例如：大小便的訓練、語言退化）等（Perrin, Smith, & Yule, 2000），變得過度小心謹慎、昏昏沉沉提不起精神（許文耀，2000），也可能出現無望感、想死的感覺（Goenjian et al., 1995），或是對人不信任、對世界感到不安全（蕭麗玲，2000）。行為障礙方面包括：攻擊性增加、過動行為、內性型行為困難和外性型行為困難（Najarian, Goenjian, Pelcovitz, Mandel, & Najarian, 1996）、行為規範（conduct）問題（Compas & Epping, 1993）等。情緒

困擾方面包括：恐慌、焦慮、憂鬱、害怕、傷心、抱怨身體不舒服（例如：頭痛、胃痛、肚子痛）、黏人、害怕和父母分開，以及強迫行為等（蕭麗玲，2000；Chao & Wu, 2000; Compas & Epping, 1993; Goenjian et al., 1995）。生活適應方面的困難包括：與同儕有關的社會適應問題（Asarnow et al., 1999）、對於新的環境適應困難（Wang, 2000）等。

Newman（1976）認為，災難對於兒童及青少年的衝擊效應，會受到兒童的發展程度、兒童對家人之反應的知覺，以及兒童直接暴露於災難事件的程度等三種因素所影響。學齡前兒童、學齡兒童以及青少年，可能會呈現出不同的身心症狀（林清文，2000；雷庚玲，1999；Davidson & Baum, 1990; Goenjian et al., 1995; Newman, 1976），不同年齡層的兒童及青少年在災難後可能出現的反應如表 9-1 所示。

表 9-1 │ 兒童及青少年對災難的身心反應

學齡前兒童	學齡兒童	青少年
哭泣	身體抱怨	身體抱怨
怕黑暗	憂鬱	憂鬱
害怕獨處	害怕	攻擊行為
黏著父母	無力量感	干擾行為
尿床或大小便失禁	睡眠問題	自殺意念
咬指甲或吸吮手指	作惡夢	睡眠問題
作惡夢	攻擊行為	食慾問題
焦躁不安	退縮	退縮及孤立
飲食問題	注意力不集中	注意力不集中
活動量增加	學業表現變差	學業表現變差
	拒學	

　　當災難或創傷事件發生死亡時，有些兒童可能會經驗到「倖存者的罪惡感」（survival guilt）（Goenjian, 1993; Perrin et al., 2000），認為因為自己沒有及時做出一些行動，才會讓悲劇發生，如果自己能多做些什麼，可能他們的家人或朋友就不會遭遇死亡或是受重傷，兒童會自覺必須為創傷事件負責任，並

且會因此自責，對於自己存活下來感到罪惡；失去親人或朋友的兒童，也會出現悲傷或傷慟的情緒反應。

　　倘若創傷經驗持續無法解決，將會阻礙兒童建設性行為的發展，甚至會影響兒童在社會方面、學業方面和個人之適當功能的發揮。這些長期影響可能包括：人格特質的改變（例如：缺乏自信心或自制力）、破壞人際功能及學業表現、破壞道德發展（例如：反正都會受到傷害和死亡，又何必要行為端正）、嘗試麻木痛苦的情緒（例如：物質濫用、酒癮、過量使用藥物）、企圖自我懲罰（例如：自殘行為）、身心症或不健康的症狀（例如：免疫系統功能失常）等（李閏華、張玉仕、劉靜女譯，2001；Nader, 2001）。

二、 RAD 和 DSED

　　此疾患兒童可能有營養不良、生長遲緩、發展遲緩、身體受虐的現象，發展遲緩的現象尤其是在認知方面及語言方面特別明顯（APA, 2013）。有些傾向及行為包括：表淺的迷人魅力、不區分的親近陌生人或試圖跟陌生人離開遊逛、對主要照顧者（尤其是母親）缺乏真誠的感情、對父母的感情抗拒或感覺不舒服、狂怒或發脾氣很久（尤其是對成年權威者）、過動或注意力缺損、學習有明顯的困難或落後、缺乏因果關係思考、好控制操縱他人、違抗、好爭論、苛求、衝動、低發展的良心或沒有良心、慣常說謊、破壞財產、虐待寵物、攻擊自己或他人、缺乏自我控制、指責別人的困難或問題、縱火（為了復仇或懷恨）、專注心神於火或死亡或血、貯藏或偷取食物、怪異的飲食習慣等（Day, 2001）。

🌱 DSM-5 診斷準則

　　以下引自台灣精神醫學會（2014）所翻譯的 DSM-5 診斷準則。

一、創傷後壓力症（PTSD）

　　DSM-5 對兒童及青少年 PTSD 的診斷門檻降低，並且針對六歲以下的兒童

另有獨立的診斷準則（APA, 2013）。

(一) 創傷後壓力症

註：以下的診斷準則適用於成人、青少年和六歲以上的兒童。

A.暴露於真正的或具威脅性的死亡、重傷或性暴力，以下列一種（或更多的）形式：

　1. 直接經歷這（些）創傷事件。

　2. 親身目擊這（些）事件發生在別人身上。

　3. 知道這（些）事件發生在一位親密的親戚或朋友身上；如果是真正的或具威脅性的死亡，這（些）事件必須是暴力或意外的。

　4. 一再經歷或大量暴露在令人反感的創傷事件細節中（例如：第一線搶救人員收集身體殘塊；警察一再暴露於虐童細節下）。

　　註：準則 A4 不適用於透過電子媒體、電視、電影或圖片的暴露，除非是工作相關的暴露。

B.出現下列一項（或更多）與創傷事件有關的侵入性症狀（始於創傷事件後）：

　1. 不斷發生、不由自主和侵入性地被創傷事件的痛苦回憶苦惱著。

　　註：在六歲以上兒童身上，可能會在遊戲中重複表現創傷主題。

　2. 不斷出現惱人的夢，夢的內容和／或情緒與創傷事件相關。

　　註：在兒童身上，可能是無法辨識內容、嚇人的惡夢。

　3. 出現解離反應〔例如：回憶重現（flashback）〕，個案感到或表現出好像創傷事件重演。（這些反應可以各種不同的程度出現，最極端的症狀是完全失去對現場周圍環境的覺察。）

　　註：在兒童身上，特定創傷的反應可能會在遊戲中一再出現。

　4. 當接觸到內在或外在象徵或與創傷事件相似的暗示時，產生強烈或延長的心理苦惱。

　5. 對於內在或外在象徵或與創傷事件相似的暗示時，會產生明顯生理反應。

C.持續逃避創傷事件相關的刺激（始於創傷事件後），顯示出下列一項以上的

逃避行為：

    1. 避開或努力逃避與創傷事件相關的痛苦記憶、思緒或感覺。

    2. 避開或努力逃避引發與創傷事件相關的痛苦記憶、思緒或感覺的外在提醒物（人物、地方、對話、活動、物件、場合）。

D. 與創傷事件相關的認知上和情緒上的負面改變，始於或惡化於創傷事件之後，顯示出下列兩項（或以上）的特徵：

    1. 無法記得創傷事件的一個重要情節（典型上是因為解離性失憶，而非因頭部受傷、酒精或藥物等其他因素所致）。

    2. 對於自己、他人或世界持續且誇大的負面信念或期許（例如：「我很壞」、「沒人可以相信」、「我永遠失去靈魂了」、「我整個神經系統都永久毀壞了」、「這世界非常危險」）。

    3. 對於創傷事件的起因和結果，有持續扭曲的認知，導致責怪自己或他人。

    4. 持續的負面情緒狀態——例如：恐懼、驚恐、憤怒、罪惡感或羞愧。

    5. 對於參與重要活動的興趣或參與明顯降低。

    6. 感覺到與他人疏離、疏遠。

    7. 持續地無法感受到正面情緒（例如：無法感受到幸福、滿足或鍾愛的感覺）。

E. 與創傷事件相關警醒性與反應性的顯著改變，始於或惡化於創傷事件後，顯示出下列兩項（或以上）的特徵：

    1. 易怒行為和無預兆發怒（在很少或沒有誘發因素下），典型出現對人或物品的口語或肢體攻擊性行為。

    2. 不顧後果或自殘行為。

    3. 過度警覺。

    4. 過度驚嚇反應。

    5. 專注力問題。

    6. 睡眠困擾（例如：入睡困難、難以維持睡眠或睡不安穩）。

F. 症狀（準則 B、C、D 和 E）持續超過一個月。

G. 此困擾引起臨床上顯著苦惱或社交、職業或其他重要領域功能減損。

H.此困擾無法歸因於某物質的生理效應（例如：藥物或酒精）或另一身體病況
　所致。

註明是否有：

　　解離症狀：個案的症狀符合創傷後壓力症的診斷準則。還有針對壓力源表
現顯示出下列一項以上的持續或反覆的症狀。

　1. 失自我感：持續或反覆經歷脫離本身的精神或身體，宛如是局外人（例
　　 如：好像在夢中；感受到自己或身體不太真實或時間移動緩慢）。

　2. 失現實感：持續或反覆經歷對周遭環境喪失現實感（例如：覺得周遭的世
　　 界好像不真實，如作夢般、疏遠的或扭曲的）。

　　註：使用此亞型，解離症狀必須非因某物質的直接生理影響（例如：酒後
　　　 意識短暫喪失、酒精中毒期間的行為）或另一身體病況所致（例如：
　　　 複雜性局部癲癇發作）。

特別註明：

　　延遲發病：如果在創傷後至少六個月才符合全部的診斷準則（雖然有些症
狀可能很快就發生及表現）。

(二) 六歲以下兒童的創傷後壓力症

A.在六歲及更小的兒童，暴露於真正的或具威脅性的死亡、重傷或性暴力，以
　下列一種（或更多的）形式：

　1. 直接經歷這（些）創傷事件。

　2. 親身目擊這（些）事件發生在別人身上，特別是主要照顧者身上。

　　註：目擊不包括只有在電子媒體、電視、電影或圖片上目睹這些事件。

　3. 知道這（些）事件發生在一位照顧者或父母身上。

B.出現下列一項（或更多）與創傷事件有關的侵入性症狀（始於創傷事件
　後）：

　1. 不斷發生、不由自主和侵入性地被創傷事件的痛苦回憶苦惱著。

　　註：自發且侵入性的回憶看起來不一定是痛苦的樣子，也可以遊戲的方式
　　　 重演。

2. 不斷出現惱人的夢，夢的內容和／或情緒與創傷事件相關。

　　註：有可能無法確定令人驚恐的夢境內容與創傷事件有關。

3. 出現解離反應（例如：回憶重現），個案感到或表現出好像創傷事件重演。（這些反應可以各種不同的程度出現，最極端的症狀是完全失去對現場周圍環境的覺察。）這種具創傷特異性的重演可能發生在遊戲中。

4. 當接觸到內在或外在象徵或與創傷事件相似的暗示時，產生強烈或延長的心理苦惱。

5. 對於使人回想起創傷事件的事物，產生明顯的生理反應。

C. 一定要出現下列症狀中的一項（或更多），表示持續逃避和創傷事件相關的刺激或在和創傷事件相關的認知和情緒上有負面的改變，始於創傷事件發生之後或在創傷事件後惡化：

持續逃避刺激

1. 避開或努力逃避會使人想起創傷事件的活動、場所或身體的暗示。

2. 避開或努力逃避會使人想起創傷事件的人物、對話或人際關係。

認知的負面改變

1. 負面情緒出現頻率大大增加——例如：恐懼、罪惡感、悲傷、羞恥或困惑。

2. 明顯減少參與重要活動的興趣，包括遊戲上的侷限。

3. 社交畏縮行為。

4. 正面情緒的表達持續減少。

D. 與創傷事件相關警醒性與反應性的顯著改變，始於或惡化於創傷事件後，顯示出下列兩項（或以上）的特徵：

1. 易怒行為和無預兆發怒（在很少或沒有誘發因素下），典型出現對人或物品的口語或肢體攻擊性行為（包括極度暴怒）。

2. 過度警覺。

3. 過度驚嚇反應。

4. 注意力問題。

5. 睡眠困擾（例如：入睡困難、難以維持睡眠或睡不安穩）。

E. 此困擾持續超過一個月。

F. 此困擾引起臨床上顯著苦惱或與雙親、手足、同儕或其他照顧者或學校行為之關係出現減損。

G. 此困擾無法歸因於某物質的生理效應（例如：藥物或酒精）或另一身體病況所致。

註明是否有：

解離症狀：個案的症狀符合創傷後壓力症的診斷準則，並經歷到下列任何一項的持續或反覆的症狀。

　1. 失自我感：持續或反覆經歷脫離本身的精神或身體，宛如是局外人（例如：好像在夢中；感受到自己或身體不太真實或時間移動緩慢）。

　2. 失現實感：持續或反覆經歷對周遭環境喪失現實感（例如：覺得周遭的世界好像不真實，如作夢般，疏遠的或扭曲的）。

特別註明：

延遲發病：如果在創傷後至少六個月才符合全部的診斷準則（雖然有些症狀可能很快就發生及表現）。

二、急性壓力症（ASD）

A. 暴露於真正的或具威脅性的死亡、重傷或性暴力，以下列一種（或更多的）形式：

　1. 直接經歷這（些）創傷事件。

　2. 親身目擊這（些）事件發生在別人身上，特別是主要照顧者身上。

　3. 知道這（些）事件發生在一位親密的親人或朋友身上。

　　註：如果是真正的或具威脅性的死亡，這（些）事件必須是暴力或意外的。

　4. 一再經歷或大量暴露在令人反感的創傷事件細節中（例如：第一線搶救人員收集身體殘塊；警察一再暴露於虐童細節下）。

　　註：這不適用於透過電子媒體、電視、電影或圖片的暴露，除非是工作相關的暴露。

B. 出現以下侵入性、負面情緒、解離、逃避和警醒等五個類別症狀中的九項（或更多），這些症狀在創傷事件後才開始或惡化。

侵入性症狀

1. 不斷發生、不由自主和侵入性地被創傷事件的痛苦回憶苦惱著。

   註：在兒童身上，可能會在遊戲中重複表達創傷主題。

2. 不斷出現惱人的夢，夢的內容和／或情緒與創傷事件相關。

   註：在兒童身上，可能是無法辨識內容、嚇人的惡夢。

3. 出現解離反應（例如：回憶重現），個案感到或表現出好像創傷事件重演。（這些反應可以各種不同的程度出現，最極端的症狀是完全失去對現場周圍環境的覺察。）

   註：在兒童身上，特定創傷反應會在遊戲中一再出現。

4. 當接觸到內在或外在象徵或與創傷事件相似的暗示時，會產生強烈或延長的心理苦惱或顯著的生理反應。

負面情緒

5. 持續地無法感受到正面情緒（無法感受到幸福、滿足或鍾愛的感覺）。

解離症狀

6. 對於周遭環境或自我的真實感改變（例如：從他人的角度來看自己，處於恍惚狀態，時間變慢）。

7. 無法記得創傷事件中的一個重大情節（典型上是因為解離性失憶，不是因為頭部受傷、酒精或藥物等其他因素所致）。

逃避症狀

8. 努力避免與創傷事件相關的苦惱的記憶、思緒或感覺。

9. 努力避免與創傷事件相關的苦惱的記憶、思緒或感覺的外在提醒物（人物、地方、對話、活動、物件、場合）。

警醒症狀

10. 睡眠困擾（例如：入睡困難、難以維持睡眠或睡不安穩）。

11. 易怒行為和無預兆發怒（在很少或沒有誘發因素下），典型出現對人或物品的口語或肢體之攻擊性行為。

12. 過度警覺。

13. 專注力問題。

14. 過度驚嚇反應。

C.此困擾（準則 B 中的症狀）在創傷事件後的持續期間從三天到一個月。

　註：症狀一般是在創傷後馬上開始，但必須持續至少三天到一個月才符合此病的準則。

D.此困擾引起臨床上顯著苦惱或社交、職業或其他重要領域功能減損。

E.此困擾無法歸因於某物質的生理效應（例如：藥物或酒精）或另一身體病況（例如：輕度外傷性腦傷）所致，而且無法以短暫精神病症做更好的解釋。

三、反應性依附障礙症（RAD）

A.對成人照顧者有一貫的壓抑、情感退縮的行為，症狀顯示為下列兩種情況：

　1. 苦惱時，此兒童極少或幾乎不尋求安慰。

　2. 苦惱時，此兒童極少或幾乎不回應他人的安慰。

B.持續的社交與情感困擾，至少包含下列特徵中的兩項：

　1. 極少對他人做出社交與情感上的回應。

　2. 有限的正面情感。

　3. 即使在毫無威脅性的情況下與成人照顧者互動，仍會出現一連串無法解釋的易怒、悲傷或恐懼。

C.此兒童經歷極度缺乏照顧的型態，至少出現下列特徵中的一項：

　1. 社交忽略或剝奪，表現在持續缺乏成人照顧者所提供的關於安撫、激勵及關愛的基本情感需求。

　2. 一再更換主要照顧者，以致於侷限了形成穩定依附關係的機會（例如：頻繁更換寄養家庭）。

　3. 在不尋常的環境下被撫養長大，以致於侷限了形成選擇性依附的機會（例如：兒童多而照顧者少的機構）。

D.準則 A 中令人困擾的行為被認為是受準則 C 中的病態照顧所致（例如：準則 A 當中令人困擾的行為是在準則 C 當中缺乏適當的照顧之後才開始）。

E. 不符合自閉症類群障礙症的診斷準則。

F. 此困擾在五歲之前就很明顯。

G. 此兒童的發展年齡至少達到九個月大。

特別註明：

　　症狀持續：此疾病已持續超過十二個月。

註明目前的嚴重度：

　　當一個兒童出現此疾病所有的症狀，且每個症狀都表現出相當高的嚴重度，則特別註明為重度。

四、失抑制社會交往症（DSED）

A. 兒童會主動接近陌生成人並與其互動，至少顯現出以下特徵中的兩項：

　1. 較少或幾乎不保留地接近陌生成人並與其互動。

　2. 過度親密的行為（口頭或舉止上不符文化許可和年齡適可的社會界限）。

　3. 即使身處陌生的環境，在冒險離開後，較少或幾乎不再回頭探詢成人照顧者。

　4. 幾乎不猶豫地願意跟著陌生成人走開。

B. 在準則 A 中的行為不僅限於衝動（像注意力不足／過動症），而是包括社會性的失抑制行為。

C. 此兒童經歷極度缺乏照顧的型態，至少出現下列特徵中的一項：

　1. 社交忽略或剝奪，表現在持續缺乏成人照顧者所提供的關於安撫、激勵及關愛的基本情感需求。

　2. 一再更換主要照顧者，以致於侷限了形成穩定依附關係的機會（例如：頻繁更換寄養家庭）。

　3. 在不尋常的環境下被撫養長大，以致於侷限了形成選擇性依附的機會（例如：兒童多而照顧者少的機構）。

D. 準則 A 中令人困擾的行為被認為是受準則 C 中的病態照顧所致（例如：準則 A 當中令人困擾的行為是在準則 C 當中缺乏適當的照顧之後才開始）。

E. 此兒童的發展年齡至少達到九個月大。

特別註明：

症狀持續：此疾病已持續超過十二個月。

註明目前的嚴重度：

當一個兒童出現此疾病所有的症狀，且每個症狀都表現出相當高的嚴重度，則特別註明為重度。

🎐 共病及鑑別診斷

一、PTSD 和 ASD 🌟

有許多研究者發現兒童的 PTSD 症狀與憂鬱症（參閱第十章）、分離焦慮症（參閱第八章）、畏懼症、廣泛性焦慮症、恐慌症等疾病（參閱第七章）具有高共病性（Asarnow et al., 1999; Goenjian, 1993; Goenjian et al., 1995; Najarian et al., 1996）。新近的研究資料指出創傷事件發生後立即出現恐慌症狀，是預測兒童之後出現 PTSD 的重要指標（AACAP, 2010）。

Goenjian 等人（1995）在地震後一年半左右的研究結果發現，學齡兒童的 PTSD 症狀（闖入／侵入的思考、警醒度、逃避行為）之嚴重程度，與憂鬱情緒的嚴重程度之間有顯著的相關，慢性而持續的 PTSD 症狀可能會導致衍生出次級的憂鬱症狀；此外，兒童的分離焦慮與暴露在災難中的程度有顯著相關，兒童會變得黏人，不願和父母分開，對於自己和父母的安全會產生預期性的焦慮，擔心父母會發生不好的事，尤其是父母需到外地工作謀生而將孩子寄托在親戚家照顧的情況下，兒童的憂慮會更加明顯。Asarnow 等人（1999）的研究結果發現，在災變之前兒童患有焦慮症是災變後產生 PTSD 之重要的危險因素。當兒童在災難或創傷事件中失去所愛的親人（重要他人）時，會增加憂鬱症狀的嚴重度，並導致悲傷或傷慟的情緒反應（Goenjian et al., 1995）。

在鑑別診斷方面，診斷 PTSD 或 ASD 的首要條件是在症狀出現之前必須有明確的創傷事件，若兒童的症狀是在創傷事件發生之後出現，且症狀持續時間為三天至一個月，應診斷為 ASD；若症狀持續時間超過一個月，且完全符合

PTSD的診斷條件，則更改診斷為PTSD；若兒童對於一個明確的創傷或壓力事件的情緒或行為症狀，未達到符合 PTSD 及其他特定障礙症的診斷準則，但已造成顯著的痛苦及社會與學業功能的損害，且不能以傷慟反應來解釋，則診斷為適應障礙症（APA, 2013）。若兒童的症狀是出現在創傷或壓力事件發生之前，或是症狀與創傷或壓力事件無關，則應考慮其症狀是否符合其他障礙症的診斷，例如：焦慮症。

二、RAD 和 DSED

RAD 常共病出現認知發展遲緩、語言發展遲緩、刻板行為（stereotypies）、嚴重營養不良、憂鬱症狀。在鑑別診斷方面，RAD需與自閉症類群障礙症（參閱第十一章）、智能不足（參閱第十二章）、小兒憂鬱症做區辨。RAD兒童最重要的特徵，是在成長史中由於嚴重的社會忽略、照顧不足，而導致未能發展出合宜的選擇性依戀關係或依戀行為。自閉症類群障礙症兒童與RAD兒童同樣有認知及語言發展遲緩、表達正向情緒及社會交互反應的障礙，但自閉症類群障礙症兒童很少是在成長史中受到社會忽略，且自閉症類群障礙症兒童會有明顯侷限的興趣、固著於例行的程序、在有意圖的社會溝通能力上有缺損等特徵，自閉症類群障礙症兒童能表現與其發展程度相應的依戀行為。智能不足兒童與 RAD 兒童同樣都有發展遲緩的障礙，但智能不足兒童能建立選擇性依戀關係，可以表現與其認知技能相應的社會技巧及情緒技巧，在表露正向情感方面並無嚴重障礙。小兒憂鬱症病童與 RAD 兒童同樣都少有正向情感，但憂鬱症病童會向照顧者尋求撫慰呵護，對於撫慰呵護也會有反應，RAD兒童則缺乏這些反應（APA, 2013）。

DSED的共病研究資料較少，可能共病出現認知發展遲緩、語言發展遲緩、刻板行為、ADHD（參閱第五章）等問題。在鑑別診斷方面，DSED需與ADHD做區辨，ADHD會有注意力困難或過動症狀，DSED則無此方面的障礙（APA, 2013）。

🎋 盛行率

一、PTSD 和 ASD 🌟

(一) 國外的資料

在美國採用 DSM-IV 診斷準則的統計資料顯示，成年人口的 PTSD 終身盛行率大約 8.7%，老兵和其他在職業上有較高風險暴露於創傷事件的第一線人員（例如：警察、消防隊員、急救醫療人員等）發生 PTSD 的比率較高。對於高危險群個案的研究發現，強暴受害者、戰場俘虜、種族或政治大屠殺的倖存者，PTSD 最高的盛行率為三分之一至二分之一以上（APA, 2013）；一般人口中，女性 PTSD 的終身盛行率大約為男性的二倍（APA, 2004）。ASD 的盛行率取決於創傷事件的本質及背景，非屬於人際攻擊的創傷事件，ASD 的盛行率大致低於 20%（車禍意外 13% 至 21%、輕度創傷性腦傷 14%、嚴重燒燙傷 10%、工廠意外 6% 至 12%），而屬於人際攻擊的創傷事件（例如：攻擊、強暴、目擊槍擊群眾），ASD 的盛行率較高，約在 20% 至 50%（APA, 2013）。

國外對於成人 PTSD 之研究已累積了相當豐富的文獻資料，反之，有關兒童和青少年 PTSD 之盛行率的研究報告仍較為缺乏。少數而有限的研究報告結果，大多發現支持創傷後倖存兒童會發展出 PTSD 症狀的證據（Asarnow et al., 1999; Green et al., 1991; Perrin et al., 2000; Pynoos et al., 1993; Vernberg, La Greca, Silverman & Prinstein, 1996），然而，研究結果也會因研究人群樣本以及所使用的評估工具而有不同的差異。針對大規模災難後倖存兒童及青少年的研究文獻中，Green 等人（1991）以 179 名二至十五歲兒童的研究結果發現，有將近 37% 的兒童在洪水災難兩年後被診斷有 PTSD 症狀。Vernberg 等人（1996）在颶風發生後三個月對 568 名小學兒童所進行的研究發現，有高達 86% 的兒童出現程度不等的 PTSD 症狀，其中有 30% 為輕度、26% 為中度、25% 為重度、5% 為極重度。Asarnow 等人（1999）對 63 名八至十八歲的兒童及青少年之研究結果發現，在地震後一年左右，將近 29% 的兒童及青少年報告出有輕度至中度的

PTSD 症狀。

(二) 台灣的資料

　　本土大規模災難後的流行病學完整的研究文獻至今仍付之闕如，目前僅有的少數研究資料，大多是在九二一地震之後所做的調查研究報告。根據南投區心理衛生服務中心在九二一地震屆滿兩週年後所整理的統計資料顯示，在南投縣各鄉鎮定點精神醫療站就診的 320 名病患中，有 8.2% 是屬於 PTSD 的患者（陳快樂、鄭若瑟、陳俊鶯，2001）。而針對兒童及青少年的PTSD之盛行率，趙家琛與吳佑佑（Chao & Wu, 2000）對 1,281 名國小三年級至六年級兒童的研究發現，在地震後四個月左右，有將近 14% 的兒童報告有至少十二種PTSD的症狀，而且女生出現 PTSD 症狀的比率約高於男生的二倍（女：18.9%，男：9.2%）。吳英璋、陳淑惠與曾旭民（2000）針對 3,035 名國小四年級至高中職三年級的兒童和青少年的調查研究結果，粗估在九二一地震之後學生罹患PTSD的盛行率約在 10% 至 30% 之間，且其會隨時間逐漸消退，至九二一震災一年後，其盛行率下降為 5% 至 15%，而女生罹患 PTSD 的比率約高於男生的 1.5 倍。

二、RAD 和 DSED

　　RAD 與 DSED 的盛行率目前仍然未知，在臨床情境中罕見，在受嚴重忽略的高危險群兒童中，RAD 發生率低於 10%，DSED 發生率大約 20%（APA, 2013）。

病程

一、PTSD 和 ASD

　　PTSD 可能發生在任何年齡（APA, 2013）。兒童期 PTSD 的病程取決於兒童直接暴露於創傷事件的程度、發生創傷當時兒童的年齡，以及創傷事件的本

質所影響。由於創傷經驗在能夠被兒童評估為是極端威脅之前，就可能會在認知上和情緒上被過濾，因此，創傷事件如何被兒童所經驗，與兒童的發展程度有關。再者，兒童可能具有不同的創傷閾值（trauma thresholds），有些兒童似乎較受到保護，而某些兒童似乎較為脆弱，容易在極端的壓力情境下受到心理創傷（Mash & Wolfe, 2002）。

通常在創傷事件之後緊接著出現的症狀會先符合 ASD 的診斷，ASD 的症狀持續時間至少三天、最多一個月，當症狀持續時間超過一個月以上，若完全符合 PTSD 的診斷準則，就要更改診斷為 PTSD，罹患 PTSD 的人有將近一半最初都出現 ASD；PTSD 通常在創傷事件發生後的前三個月內就出現，但也可能延宕數月或數年才完全符合PTSD的診斷準則（APA, 2013）。暴露在創傷事件中的兒童也可能不會立即出現症狀，直到數月之後或數年之後，當出現一個與原來（早期）創傷經驗類似的情境時，就促發 PTSD 症狀，例如成年期的性暴力事件，可能會促發一個童年期受虐的倖存者產生 PTSD 的症狀（Mash & Wolfe, 2002）。

PTSD 的病程通常是波動起伏的，大約有半數左右的成人個案可以在三個月內完全復原，有些個案在遇到喚醒原來創傷記憶的刺激源／提醒物（reminders）、生活壓力或新的創傷事件時，可能使 PTSD 的症狀再度復發，老年個案則可能因健康衰退、認知功能變差、社會孤立等狀況而使得 PTSD 症狀惡化（APA, 2013）。對於某些兒童來說，PTSD 可能會變成一種慢性化的精神疾病，會持續數十年並且有時會持續終生，慢性化的 PTSD 兒童可能呈現出明顯緩解及再度復發的發展病程（Mash & Wolfe, 2002）；Perrin 等人（2000）發現慢性化的 PTSD 兒童經常呈現容易發脾氣、拒絕上學、反抗父母、敵意、攻擊等行為。

二、RAD 和 DSED ⭐

從九個月大到五歲之間，RAD 兒童表現的特徵大致相似，都明顯缺乏依戀行為並有情緒反應異常行為，在沒有換成正常照顧環境介入的情況下，這些異常行為可能會持續數年之久。若社會忽略發生在生命早期（兩歲之前）且忽略

一直持續，DSED 兒童的行為障礙也會持續存在，但是從兒童期早期至青少年期的表現方式會有些差異，學齡前幼童對陌生成人過度熟識親近的口語或肢體行為通常也會伴隨有尋求注意的行為，兒童期中期對陌生成人過度熟識親近的口語或肢體行為常伴隨有不真實的情緒表達，到了青少年期，行為障礙會延伸到同儕關係，同儕關係表淺且有較多同儕衝突（APA, 2013）。

病因

一、PTSD

(一) 認知觀點

Janoff-Bulman（1989）認為 PTSD 中的再度體驗症狀，反映了個體企圖去「同化」（assimilation）一個創傷事件到他既有的「基模」（schema）裡的「調適」（accommodation）歷程。當個體與外在世界互動時，會經由同化歷程而以現有的認知結構去吸收、解釋外界的刺激，當面對新的經驗時，個體現有的認知運作基模也會透過調適歷程而發生改變以適應外界刺激。個體對於世界原有的概念假設是安全的、有秩序的以及有意義的，但是創傷事件造成的混亂與破壞無法被成功的同化到此一既有的認知基模當中，因此，一些與創傷事件有關的闖入／侵入的想法及訊息，必須要透過反覆的同化與調適的歷程，直到完全整合到個體的基模中為止。對於兒童來說，再度體驗症狀可能反映了他們需要去了解創傷事件的意義，或者可能表示兒童遺落了那些可能幫助他們找到創傷之意義的訊息。

(二) 學習理論觀點

與 PTSD 有關的情緒或行為反應，可以經由「古典制約」和「操作制約」兩種歷程而學得。藉由古典制約的歷程，創傷事件壓力源可被視為一個無條件刺激（unconditioned stimulus, UCS），會引發兒童害怕、無助、驚恐等無條件反應（unconditioned response, UCR），而伴隨該創傷事件出現的認知、情感、

生理、環境等方面的線索，會成為喚起兒童創傷記憶的條件刺激（conditioned stimulus, CS），而足以引起兒童的焦慮情緒──條件反應（conditioned response, CR）（見圖9-1）；此外，經由「刺激類化」（stimulus generalization）或「高層制約」（higher-order conditioning）的過程，其他相關的刺激源，也可能會引起兒童的焦慮情緒反應。另一方面，在創傷事件過後，兒童持續、重複的暴露在沒有實際威脅的情境之下，焦慮反應通常會隨著兒童的習慣化（habituation）而逐漸降低，然而，兒童學會採用認知逃避或行為逃避，以及某些儀式化的強迫行為等方式，來減低 PTSD 造成的情緒痛苦及焦慮，經由操作制約的負增強（negative reinforcement）作用，這些減低焦慮的逃避行為會持續存在，並且可能會妨礙與創傷有關的困擾情緒之消弱（extinction）（Nader, 2001）。

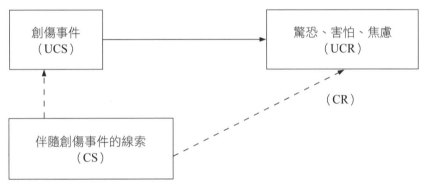

圖 9-1 │ 創傷反應的古典制約歷程

(三) 概念工作模式

Green 等人（1991）從早期對成人的處理經驗中，衍生發展出兒童創傷事件歷程的概念工作模式（conceptual working model），他們認為：(1)壓力源的特性（包括：損失、生命威脅、精神上的干擾）；(2)兒童對事件的認知歷程（包括：神奇的思考、評估、闖入／侵入的影像或思考、逃避）；(3)兒童本身的特性（包括：年齡、性別、因應方式、智力、氣質）；(4)環境的特性（包

括：家人的反應、例行生活秩序的擾亂、同儕及學校的支持、生活事件），是
影響兒童及青少年處理創傷歷程的四類主要因素，這些因素之間的交互作用決
定了個體對於創傷事件的短期反應與長期的適應情況。

(四) 發展觀點

　　Pynoos、Steinberg 與 Wraith（1995）以及 Pynoos、Steinberg 與 Piacentini
（1999）以發展心理病理學的觀點來分析兒童期創傷壓力的發展過程，強調創
傷壓力對於兒童的發展或身心病理現象的影響，取決於許多因素之間複雜的互
動歷程與交互作用。

　　創傷壓力事件的屬性、近端（距離原來創傷事件較近的）喚起創傷記憶的
刺激源／提醒物（proximal traumatic reminders），以及近端的次級壓力（proxi-
mal secondary stresses）三種因素之間的作用，是導致創傷後急性痛苦的主要來
源；環境中有許多原本是中性或正向的事物，在創傷事件發生後可能緊接著就
與創傷經驗產生連結而變成喚起創傷記憶的線索（刺激源／提醒物）。此外，
創傷事件往往緊接著產生後續一連串的生活變化（例如：在災難中失去父母或
家園、與父母分開、居住環境及主要照顧者改變、災難導致受傷而需要接受醫
療、失去學校或因住院而導致學業中斷、父母失業、家庭暴力等），可能使兒
童的日常生活出現許多不利的條件，變成近端的次級壓力。兒童的認知評估與
對危險的反應、兒童的抗壓性（resistance）與脆弱性（vulnerability）以及兒童
的復原力（resilience），可以調節急性期的痛苦反應。創傷壓力的適應歷程有
賴於兒童運用能力去忍耐、管理或減輕創傷壓力對其心理、生理、行為以及發
展上的干擾，有效的適應使得兒童能重回正常發展的軌道繼續前進並獲得發展
能力，不適應的結果則可能使兒童產生近端的心理病理問題。在此一創傷調適
的歷程中，兒童本身的內在特性以及兒童所處的環境生態（包括：家庭、學校、
同儕、社會等各方面）等因素，都會持續不斷的影響各個環節的作用。此外，
由於重複或連續的創傷經驗之影響而形成的特殊發展情境，會衍生出新的創傷
痛苦來源、新的（遠端，距離原來創傷事件較遠的）喚起創傷記憶之刺激源／
提醒物，形成新的次級壓力，並且刺激兒童產生新的調適努力，其正向的結果

會導致兒童獲得新的發展能力，而負向的結果則是導致兒童出現新的病理問題（見圖 9-2）。就 Pynoos 等人（1999）所提出的發展心理病理模式觀點，兒童

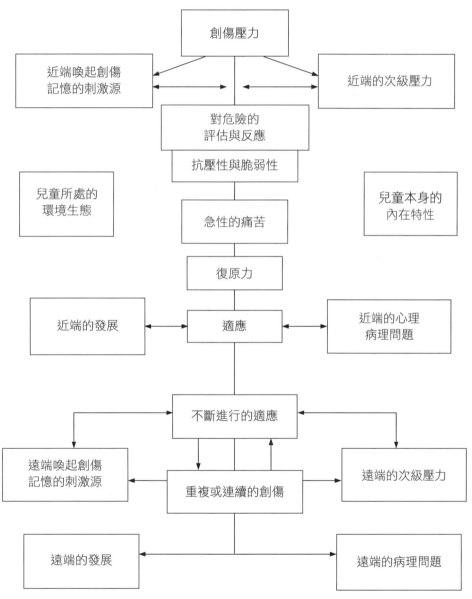

圖 9-2│兒童期創傷壓力的發展心理病理模式

資料來源：摘自 Pynoos, Steinberg, & Piacentini (1999)

的 PTSD 症狀可能會呈現在創傷調適歷程之近端的心理病理問題中，也可能會呈現在較晚出現的新的病理問題中。

(五) 神經生物學觀點

大腦中主要負責調節壓力反應的神經內分泌系統為「下視丘－腦下垂體－腎上腺軸」（hypothalamic-pituitary-adrenal axis, HPA），此外，海馬迴（hippocampus）、杏仁核（amygdala）以及前額葉皮質（prefrontal cortex）等區域，對於壓力也相當敏感。Nemeroff 等人（2006）認為與 PTSD 有關聯的神經迴路系統可能包含了視丘（thalamus，感官刺激輸入的入口）、海馬迴（與記憶的形成有關）、杏仁核（與制約的恐懼反應有關）、後扣帶回（posterior cingulate）、頂葉（parietal）和運動皮質（motor cortex）（與視覺空間訊息的處理及評估威脅有關），以及內側前額葉皮質〔medial prefrontal cortex，與抑制較原始的皮質下（subcortical）反應有關〕等區域之間的複雜互動。許多動物研究及人類研究中都發現，處於壓力情境下會使 HPA 系統的功能發生改變，而HPA 系統的功能失調可能與 PTSD 的病理機制有關（Gunnar & Quevedo, 2008; Yehuda, Giller, Southwick, Lowy, & Mason, 1991）。

壓力會激活HPA系統，啟動大腦中神經傳導物質的變化，使下視丘釋出促腎上腺素釋放因子（corticotropin-releasing factor, CRF），並刺激腦下垂體釋放促腎上腺皮質激素（adrenocorticotropin hormone, ACTH），進而使腎上腺分泌可體松／皮質醇（cortisol）及其他的葡萄糖皮質素（glucocorticoids），可體松／皮質醇及葡萄糖皮質素可以幫助個體在短期內調節認知、情緒、行為、免疫反應及新陳代謝的活動以因應急性壓力或進行防衛。但若個體長期處於慢性壓力的情境中，長期過度激活HPA系統致使可體松／皮質醇及葡萄糖皮質素過度分泌，則可能導致海馬迴的神經細胞受損、抑制神經發育、延緩神經髓鞘形成、造成神經突觸發展異常，進而損傷個體情感及認知功能的正常運作，導致個體生病或產生心理病理問題（Bremner, 2006; Cicchetti & Rogosch, 2001; Izard, Youngstrom, Fine, Mostow, & Trentacosta, 2006; Yehuda et al., 1991）。父母（主要照顧者）提供敏感度高及反應性高的照顧品質，以及孩子有安全的依戀關係，

都會緩衝兒童腦中 HPA 系統對壓力源的反應，減少壓力對於 HPA 系統早期發展的不利影響（Gunnar & Quevedo, 2008）。

Bremner 等人以磁振造影（magnetic resonance imaging, MRI）及正子放射型電腦斷層掃描（positron emission tomograpgy, PET）進行許多 PTSD 的神經影像學研究，結果發現在童年遭受虐待的 PTSD 患者比對照組受試者海馬迴體積減小 12%（Bremner et al., 1997，引自 Bremner, 2006），並且在幾個不同的研究中發現一致的結果：兒童期遭受性虐待的 PTSD 女性患者，在進行記憶作業（與創傷有關的情緒記憶）時，海馬迴及內側前額葉皮質的功能比對照組受試者低，而在進行「恐懼」的制約學習時，杏仁核功能的激活程度則比對照組受試者高（Bremner, 2006）。

二、RAD 和 DSED ⭐*

(一) 環境因素

在生命早期經歷嚴重社會忽略、缺乏適當照顧是導致 RAD 與 DSED 的危險因素（APA, 2013）。Thomas（2005）認為三歲以下兒童若遭遇下列情況會有高風險罹患 RAD，包括：身體虐待、情緒虐待或性虐待、被忽略、突然與主要照顧者分離（例如：母親生病或死亡、兒童重病或住院）、不適當的日間照顧或更換日間照顧者、未診斷出的疾病或疼痛的疾病（例如：耳朵感染、疝痛腹痛）、母親慢性憂鬱症、多次遷移或安置（例如：更換寄養家庭）、親職技巧貧乏未準備好當媽媽的母親。這些情況可能導致兒童「關閉停工」（shut down）而未發展出信任、愛或照顧的能力。

(二) 依戀理論觀點

Bowlby 的依戀理論認為，依戀行為是一個人對另一個人（依戀對象）有別於其他人之想要獲得及保持親近的行為（像是跟隨、黏著依戀對象，或是用叫喚或哭的方式引來依戀對象的照顧），健康發展的依戀行為會形成依戀關係情感連結（affectional bond），最初出現於孩子與父母之間的關係，長大後會出現於成人與成人之間的關係。依戀行為像其他形式的本能行為同樣受到個體恆定

系統（homeostatic system）的調節，藉由回饋持續做相應的目標修正，依戀行為對於個體維持生存、因應壓力具有重要功能。依戀行為的異常型態是由偏離常軌的路徑發展出來的，最常見的形式是焦慮型依戀，另一種則是僅有部分啟動或完全不啟動依戀行為（Bowlby, 1997）。

(三) 神經生物學觀點

對於嬰兒正在發展中的腦部神經迴路系統而言，母親照顧的敏感度及反應性能協助組織、塑造嬰兒腦中壓力因應系統發展調節功能。嬰兒在發展依戀關係的期間正是右腦發展的關鍵時期，許多研究證據顯示早期發展的右腦在依戀及壓力因應機制上扮演重要角色。右腦眼眶額葉皮質區（right orbitofrontal area）與皮質下及邊緣系統（limbic system）連接的神經迴路，掌管社會情緒的控制及調節，支配情緒的接受、表達及溝通，控制自發喚起的情緒反應。持續長時間受到忽略或虐待的嬰兒會經驗到早期關係創傷，對於右腦的發展和成熟會有顯著的負面影響，右腦失調會造成調節情緒及情感的功能缺損（Schore, 2002）。

衡鑑

一、PTSD 和 ASD

對於兒童之PTSD的衡鑑，可用於診斷、預防及治療的目的上。對於PTSD的篩檢方式，主要可以分成兩種形式：(1)結構式晤談：由臨床工作者或研究者直接和兒童晤談他們的創傷反應；(2)量表及問卷：由兒童或青少年自行填答。直接與兒童晤談可以得到一些重要的資料，從父母及老師方面也可以獲得許多補充的訊息，對於五歲以下的幼兒，最好合併採用觀察的方式來進行衡鑑，並且透過與主要照顧者的晤談來得到補充的訊息。測量兒童創傷反應的量表，一般都採用下列三種計分方式的其中之一：(1)評估症狀是否出現；(2)評估症狀出現的次數、頻率；(3)同時評估症狀的頻率與強度（Nader, 1997）。

　　國外已經發展出許多衡鑑兒童期 PTSD 症狀的工具，例如：Nader 等人（1996，引自 Nader, 1997）以 DSM-IV 的診斷準則為基礎所發展的 Clinician-Administered PTSD Scale for Children，其中也包含了 PTSD 研究文獻所發現的額外症狀。Frederick、Pynoos 與 Nader（1992，引自 Nader, 1997）所發展的 Child Posttraumatic Stress Reaction Index（CPTS-RI），包含 DSM-IV 的 PTSD 三個主要診斷準則中的某些症狀以及相關的特徵；CPTS-RI 後來由 Pynoos 等人在 1998 年修訂後編製成 UCLA PTSD Index for DSM-IV（UPID）。Fletcher（1991，引自 McNally, 1998）發展出的 Childhood PTSD Interview 及 Parent Report of the Child's Reaction to Stress，適用於學齡期的兒童。Saigh 等人（2000）根據 DSM-IV 的診斷準則修訂後的 Children's PTSD Inventory（CPTSDI），可適用於七至十八歲的兒童和青少年。（註：前述幾種 PTSD 衡鑑工具的基本特性、適用對象、題目型態、取得途徑等資訊，皆可在 http://www.ptsd.va.gov/professional/assessment/child/index.asp 網站查詢。）

　　相較於國外衡鑑工具的蓬勃發展，國內針對 PTSD 的衡鑑工具仍相當缺乏。在九二一地震發生之前，台灣缺乏測量創傷後壓力反應的適當工具，九二一地震之後，國內某些專家學者基於臨床介入的考量與研究的需要，開始發展測量創傷後壓力疾患症狀的工具。宋維村等人（Soong et al., 2000）於九二一震災後三、四個月左右，對國小三年級至國中三年級學生進行有關震災暴露指標與創傷後症候群篩檢量表的建立，所發展的 Postearthquake Questionnaire for Student（PEQS）為自陳式的問卷，內容包括兩個部分，第一部分主要是用於測量 PTSD 的症狀，包括十八題根據 DSM-IV 及 ICD-10 中診斷準則的症狀描述，第二部分包括六個探討地震經驗的問題。

　　台灣大學陳淑惠老師的臨床心理學研究室有翻譯及研發一些中文版的評估工具，包括：(1)陳淑惠根據 Pynoos 等人 1998 年編製的 UCLA PTSD Index for DSM-IV，翻譯修訂為中文版「UCLA 創傷後壓力反應症狀量表－青少年版」，包含四十八題，用以評量經歷過的創傷事件，並根據 DSM-IV 評量創傷後的壓力反應症狀，以及其他兩種相關的症狀（對於創傷事件的罪惡感與事件再發生的恐懼）；(2)陳淑惠與蘇逸人根據 Foa 等人 1993 年發展的 PTSD Symptom Scale-

Interview（PSS-I）進行中文版之翻譯與研發，「PTSD 症狀量表會談版－中文版」為半結構的臨床會談工具，依據 DSM-IV 診斷準則進行改版，包含 十七題，可用於確立 PTSD 診斷與獲取 PTSD 症狀嚴重度；(3)陳淑惠、蘇逸人與周嘉瑛根據 Bryant 等人 2000 年發展的 Acute Stress Disorder Scale（ASDS）進行中文版之翻譯與研發，「急性壓力疾患量表－中文版」包含十九題，內容是根據 DSM-IV 的急性壓力疾患之診斷準則編製，用以評估解離、再經歷、逃避及焦慮喚起等症狀群向度。（註：前述幾種中文版評估工具的簡介、參考資料、原量表出處，以及取得使用權途徑等資訊，皆可在以下網址查詢 https://sites. google.com/a/psychology.org.tw/shchen/scale）

二、RAD 和 DSED

對於 RAD 的評估需要由精熟於診斷及處遇的專業人員來執行，必須考量多重的指標來做綜合判斷，而非根據一、兩種行為來做診斷（Day, 2001）。採取較結構化的觀察程序可以比較出兒童對於不同關係的成人所表現的行為反應，藉由連續觀察兒童與主要照顧者的互動、觀察兒童對陌生成人所表現的行為獲得直接證據，並且與主要照顧者會談，廣泛蒐集兒童依戀行為型態發展史、早期照顧環境和成長史等資料，也包括間接從老師、小兒科醫師或熟悉該兒童的個案工作者所得到的資料（AACAP, 2005; Zeanah & Smyke, 2009）。對於依戀現象尚未被研究的文化族群在診斷時必須謹慎（APA, 2013）。

治療

一、PTSD

不論是對成人或對兒童而言，在災難創傷之後，日常生活往往會受到極大的擾亂。身體受傷的孤兒除了要面對治療及復健過程所產生的疼痛，以及父母親人死亡的哀悼過程之外，還需要去適應新的監護家庭、新的學校環境以及建立新的人際關係（梁培勇，2000）。而災難發生之後對於整個家庭所造成的破

壞及資源的損失，也會增加家庭中的新壓力源（例如：父母離婚、分居、失業、經濟困難或欠債），而影響兒童的日常生活及壓力感受（吳文娟，2002）。受到心理創傷的兒童或青少年，可能會提高其對未來之壓力事件的敏感度與脆弱性，增加心理困難出現的機率，且當再度暴露於創傷情境時，症狀可能會增加。因此，對於患有 PTSD 之兒童或青少年的心理治療或心理輔導，除了消極的減少與 PTSD 相關的痛苦症狀及情緒行為困擾之外，還必須積極的增進兒童對於壓力情境的因應處理能力，而對於失去所愛之親人的兒童或青少年，在治療上則必須兼顧兒童的創傷反應與傷慟失落的症狀，以及二者之間的互動關係。

以創傷為焦點的心理治療（trauma-focused psychotherapy）應考慮作為兒童及青少年PTSD的第一線治療方式（AACAP, 2010）。Nader（2001）指出對於兒童期創傷的主要治療方法，不論是以個別治療或是團體治療的形式來進行，通常都會結合附屬的治療（adjunct treatments），例如父母方面的介入。治療的內涵通常包含下列幾個重要的部分：

1. 重複回顧該創傷事件。
2. 對記憶的再處理或再定義。
3. 重新建立兒童的有能力感及安全感。
4. 增加兒童的控制感。

(一) 心理減壓與心理急救

心理減壓（psychological debriefing）通常是以團體的形式進行，其做法不同於心理治療或諮商，它是創傷事件發生後的早期心理介入形式之一，通常在災難創傷發生不久之後（二十四至七十二小時內）進行，其主要目的在於降低創傷事件的衝擊，減輕災難創傷加諸於受難者的深層情緒影響，提供情緒支持及正向的回饋，並且需要後續的追蹤，篩選出需要進一步接受治療的人。Wicks-Nelson 與 Israel（1997）認為，心理減壓團體開啟了一個溝通的管道，鼓勵兒童及家庭成員能夠在團體中自由的討論與災難事件有關的記憶和想法，分享彼此的感覺，並且教育他們了解在災難（異常事件）之後可能出現的正常的壓力反應，使其經驗正常化。Yule（1992，引自 Perrin et al., 2000）的研究結果發

現，在船難發生之後，有參加過心理減壓團體的兒童之後續演變，要比沒有參加過的兒童來得更好；然而，後續的研究也逐漸發現心理減壓團體不但未能減緩 PTSD 的症狀，還可能加重症狀的嚴重度（Rose et al., 2002，引自 Weis, 2014）。一個可能的關鍵因素，是受難者是否已經準備好面對此創傷，如果已經準備好要面對，參加減壓團體的確可以減緩症狀；反之，若尚未準備好反而會造成更大的傷害。基於心理減壓的有效性被質疑，目前取而代之的做法是心理急救（psychological first aid）（Watson, Brymer, & Bonanno, 2011）；其做法首先強調提供受難者厚實的安全感，然後滿足他們的身體、社交和情緒需求，而非一直鼓勵他們分享與創傷事件有關的情緒或想法。

　　整個心理急救的實施原則是：(1)建立安全感；(2)協助冷靜；(3)增加自我效能感；(4)獲得連結感（connectedness）與社會支持；(5)加強對未來的希望感。救災人員當然相當願意隨時聆聽受難者對創傷的種種經驗和情緒，但認為滿足受難者的立即需求才是首要任務（Ruzek et al., 2007）。

(二) 認知行為治療

　　認知行為治療（CBT）對兒童及青少年的 PTSD 治療效果得到一些實徵研究結果的支持（AACAP, 2010; Perrin et al., 2000）。認知行為治療是以古典制約、操作制約以及焦慮的認知模式為基礎，其主要目標在於改變扭曲的「刺激－刺激」和「刺激－反應」的聯結關係，以及個體不適應性的評估與信念。

　　Nader（2001）指出，對於受創兒童及青少年的認知行為治療包含了暴露、認知重組、行為管理、心理教育、壓力管理，以及保護自我安全的技巧等內容；而在父母方面的介入，則是修正父母的認知，教導父母行為管理技巧、壓力管理技巧、提供心理教育、解決問題的技巧，以及提供保護兒童安全的技巧；此外，在以創傷為焦點的因應（trauma-focused coping, TFC）這類針對單一事件受創兒童及青少年所做的認知行為團體中，則包括：心理教育、認知治療、以暴露為基礎的行為治療、類化訓練、預防復發等內容。

　　Perrin 等人（2000）提出的兒童期 PTSD 的認知行為治療計畫，包含四個主要的成分：(1)教育及目標設定；(2)因應技巧的發展；(3)暴露；(4)結束治療

及預防復發。其中，父母也必須要參與教育及目標設定的部分，以得到充分而完整的訊息，了解創傷可能產生的效應與影響的功能範圍、兒童可能會出現的正常的反應、治療的原理，以及實際參與設定治療的目標。

　　Cohen 等人（2006，引自 AACAP, 2010）提出對於兒童及青少年以創傷為焦點的認知行為治療之「PRACTICE」成分包含有：心理教育（psychoeducation，P）、親職技巧（parenting skills，P）、放鬆技巧（relaxation skills，R）、情感調節技巧（affective modulation skills，A）、認知因應及處理（cognitive coping and processing，C）、創傷敘事（trauma narrative，T）、統治勝過創傷提醒物（in vivo mastery of trauma reminders，I）、結合親子的共同療程（conjoint child-parent sessions，C）、提高未來的安全及發展（enhancing future safety and development，E）。

(三) 遊戲治療

　　Terr（1983）歸納出四種特別適用於精神受創兒童的遊戲治療（play therapy）模式：(1)宣洩性遊戲治療（abreactional play therapy）：治療師允許兒童在自由的遊戲活動中宣洩、釋放負向情緒，但不進行詮釋；(2)詮釋性自由遊戲治療（interpretive free-play therapy）：治療師利用兒童自發的遊戲活動進行詮釋；(3)詮釋性預先安排的遊戲治療（interpretive prearranged play therapy）：治療師預先安排好適用於兒童受創經驗的玩具材料及遊戲情境，讓兒童自發的去「發現」玩具並遊戲，治療師進行詮釋；(4)修正結局的遊戲治療（corrective denouement play therapy）：在遊戲治療中，治療師協助受創兒童去發現解決問題的方法，讓兒童了解當初未能避免創傷事件是因為他（她）不知道該如何做，現在已經有因應技巧，未來若再發生類似事件時有能力可以處理問題。修正結局的遊戲可以減輕兒童的罪惡感及恐懼感。Terr 認為對於遭遇重大創傷的兒童來說，遊戲的方法通常只能產生一部分的效果，兒童還需要把創傷的經驗轉換成適當的語言說出來，以提供一個治療性重建的著力焦點，如此才能夠逆轉創傷事件對兒童所造成的心理傷害，並減低兒童在壓力情境之下的脆弱性。

　　Marvasti（1993，引自林釗妤譯，2001）指出「創傷後遊戲」所具有的正

向治療意義在於：兒童以一種重複的方式再次扮演創傷，在治療師的協助之下，使得兒童能夠修正創傷的負向成分，並且逐漸降低兒童對於創傷的敏感度，最後使兒童能夠控制自我。創傷後遊戲治療結合了「結構式遊戲治療」（structured play therapy）和「自由遊戲」（free play）的形式來進行，在第一階段，治療師會要求兒童重演創傷事件，兒童常會利用玩具或遊戲媒材，並且同時使用不同的自我防衛機轉（例如：投射、代替、象徵化）來演出曾經發生在他們身上的事，至第二階段，治療師會參與兒童的遊戲以進行遊戲修正，當兒童不斷在遊戲中重複創傷事件時，治療師的任務就是逐漸去改變負向的結果，緩慢的逆轉兒童所經驗過的無助感、悲觀以及受迫害的心態。最後階段的目標，是要將創傷中性化（neutralization），對創傷經驗再重整。

(四) 藝術治療

　　藝術創作與遊戲一樣都是兒童較為熟悉而且可以自由、自發表達的一種溝通媒介，對兒童而言，用一枝鉛筆、蠟筆、水彩筆或彩色筆來表達自己的想法和感覺，比起用口語表達的方式容易得多（陸雅青譯，1997）。兒童在面對創傷事件所引發的強烈而可怕的情緒時，往往會消耗很大的能量去壓抑感受，藝術治療（art therapy）的功能即在於協助身心受創的兒童及青少年，將抽象的問題思考具象化，以藝術創作的方式來表達口語無法直接陳述的焦慮、恐懼及憤怒等複雜的情緒，使得兒童及青少年能藉由描繪出來的過程，具體的看到自己的想法和情緒，進而獲得控制及駕馭那些具有威脅性的情感之能力。此外，透過藝術治療中的創作，兒童能將所表達的思想和情緒聯結到過去的事件、現在，甚至投射到未來的活動，且藉由此具體的形象，兒童得以有機會統整其情感和意念（陸雅青，1993）。藝術治療可以採用個別或團體的形式來進行。賴念華（2000）發現，藝術治療團體中的兒童在陳述其作品時，可以提供機會讓兒童有充分的時間能彼此分享災難創傷後的心理歷程及經驗，將焦慮、恐懼的感覺釋放出來。

　　藉由遊戲中的象徵符號或是藝術創作中的象徵圖形，兒童可以在治療師的保護及引導之下，開始嘗試談論有關死亡與失落等主題，並且處理悲傷的情緒，

如此，兒童對於所愛之親人去世的事實，才能夠由理智上的接受，也逐漸在情緒上接受，以慢慢的走過哀悼的過程。

(五) 藥物治療

在臨床處遇上，選擇性血清素再回收抑制劑（selective serotonin reuptake inhibitors, SSRIs）已被許多研究證實可以有效降低成人 PTSD 症狀，雖然目前針對兒童 PTSD 之藥物治療療效的實徵研究資料相當有限，但初步的研究證據提出 SSRIs 有利於減少兒童 PTSD 症狀（AACAP, 2010）。以 SSRIs 作為治療 PTSD 第一線用藥的理由在於：(1)可以改善 PTSD 的主要症狀；(2)對於常常與 PTSD 發生共病的其他障礙症（例如：憂鬱症——參閱第十章；恐慌症、社交焦慮症、強迫症——參閱第七章）亦有療效；(3)可以減輕一些會使 PTSD 惡化的臨床症狀（例如：自殺、衝動、攻擊行為）；(4)相較於其他藥物，SSRIs 的副作用較少（APA, 2004）。若是兒童出現有明顯的憂鬱、焦慮、過動（參閱第五章）等共病的情況時，亦可以採用其他相關的藥物協助改善其共病症狀（AACAP, 2010）。

二、RAD 和 DSED ⭐

傳統的治療介入對於 RAD 並無實質的療效，Cline（1999）及 Ward（2001）認為若是在兒童發展早期診斷及介入（通常十二歲以前）並長期治療，會有較大的成功機會（引自 Day, 2001）。RAD 的問題若持續惡化到青少年階段，介入會變得非常困難且預後差。一些縱貫性的研究結果發現，原本在羅馬尼亞機構中養育的兒童，若在年紀小的時候離開機構被收養到正常家庭中，當照顧環境改善後，那些原本具有「抑制型」RAD 行為徵象的兒童症狀也會逐漸減輕，後來很少會再持續符合 RAD 的診斷；然而，那些原本具有「去抑制型」RAD（屬於DSM-5 的DSED）行為徵象的兒童，雖然在被收養後也能與養父母建立依戀關係，但其社交失抑制行為徵象仍會持續存在（Zeanah & Smyke, 2009）。

治療介入的首要目標在於建立一個安全而穩定的照顧環境，同時有一個溫

暖而一致的照顧者，使兒童透過一次次與照顧者的互動而學到照顧者是可以依靠信賴的，而且照顧者會提供安慰、支持、撫育及保護（Zeanah & Smyke, 2009）。有效的治療必須聚焦於創造兒童與照顧者的正向互動，提供兒童一個情緒上可獲得的依戀對象（emotionally available attachment figure），幫助兒童有機會建立與照顧者的依戀關係（AACAP, 2005）。將父母（養父母／照顧者）納入治療策略中，治療師的任務在於協助父母（養父母／照顧者）了解兒童的狀態及需求，幫助父母（養父母／照顧者）修正不適當的教養方式，提升其對兒童的敏感度及反應性，促進父母（養父母／照顧者）與兒童之間能產生調和的互動與信任支持的關係。

其他一些常用於 RAD 的治療模式包括：認知重建（cognitive restructuring）、眼動減敏與歷程更新療法（eye movement desensitization and reprocessing, EMDR）、重新進行親職教養（re-parenting）、認知行為治療（CBT）、支持性心理治療（supportive psychotherapy）、心理劇（psychodrama）、社交技巧建立（social skills building）、治療性遊戲（theraplay）等（Day, 2001）。

Chapter **10**
憂鬱症和雙相情緒及其相關障礙症

🏷️ 鄭欣宜

案 例

案例一（極端絕望）

　　正華（十一歲）提到：「有時候我會想要從屋頂跳下或找些方法來傷害自己。」這三個月來他變得愈來愈退縮，難過、無價值感以及自我厭惡的感覺常讓他感到驚恐。老師描述他是個「孤獨的孩子，看起來非常的糟糕、不快樂」。過去他一直是個很優秀的學生，但是現在他有注意力的困難、考試不及格，感覺上完全沒有學習的動機。在家的時候，他有睡眠上的困擾、沒有胃口、常抱怨頭痛。他整天大部分時間都待在房間裡，什麼事都不做。當母親要求他做點事時，他會變得極端沮喪；她說他絕大多數的時間都是煩躁與悶悶不樂的。

案例二（哀傷）

　　「從小瑾八歲時的舊照片中，你依稀可以看到她那茫然、空洞的眼神，甚至她那時的臉（特別是眼睛）就已經露出相當沮喪的神情了。」她母親二十年後說道。「但是我們當時並沒有察覺出異樣，直到她高中二年

級開始，常常晚上跑進我們房間哭時，我先生才覺得我們必須要找個人來協助她……。我記得她那時變得非常沮喪、很難起床、拒絕吃東西。沒有太多事情讓她覺得興奮，她不想要做任何事情。在她治療前的那個暑假，我們全家都快崩潰了，她整天哭個不停且變得非常黏人，她總是用手臂緊緊纏繞著我的脖子，不肯讓我離開。」

案例三（情緒上下起伏）

偉強（十六歲）隨時都處在情緒不穩的狀態中，有時他會悲傷、慍怒和冷漠，而在其他時候卻又充滿著生命力和能量。當精力充沛時，他可以整天不睡覺卻不會感到疲累，經常走來走去、講個不停而且無法被打斷。這些極端的情緒變化讓他感到失控，有時他甚至會想要傷害他自己。對於自己有這種念頭他感到相當害怕，因此轉而服用藥物和酒來降低此種痛苦。

前言

DSM-IV-TR（APA, 2000）特別把以情緒為主要特徵的精神疾病，獨立分類為情感性疾患（Mood Disorders）。所謂情感性疾患是指情緒或心情處於強烈的、持久的正向或負向的狀態，足以造成生活上的適應不良。在所有情感性疾患中，極端的情緒（過於高昂或過於低落）是最主要的臨床現象，前者稱為躁狂，其特徵是強烈的、不符合現實的興奮感及陶醉感，後者則是極為哀傷和沮喪的感覺（Davidson & Neale, 2001）。其中，依情緒的特徵將情感性疾患區分為兩類：其一為憂鬱疾患（單極性憂鬱，病人只出現鬱期）；另一類為雙極性疾患（病人出現躁期，通常也伴隨或病史曾有重鬱發作）。到了 DSM-5（APA, 2013）則不再沿用「情感性疾患」此大類別的診斷名稱，直接依情緒障礙特徵將其分成「憂鬱症」和「雙相情緒及其相關障礙症」等兩類。

關於兒童是否跟成人一樣有憂鬱症及雙相情緒障礙症的困擾，在過去一直

是備受爭議的問題，研究顯示這些疾患在發展上應是相關連續的，也因此常被描述成終身症狀不變的疾患。然而，因受到發展階段及共病的影響，相較於成人患者，其在兒童的症狀表現會有些不同，它們可能會以各種不同的方式呈現（例如：社會退縮、焦慮、成績直落、拒學、自我傷害、失眠、注意力不足／過動、物質濫用等行為問題），也因此導致其在臨床診斷與治療上的困難（Nutt, 2001）。再者，兒童雙相情緒障礙症其病程是慢性的，需要終生監測（防止再復發）、預防與治療。雖然文獻指出，兒童雙相情緒障礙症在診斷方面仍有所爭議，但近年來醫學已朝神經心理學、神經影像學等研究方向來努力，以提升對此疾患更深入的認識與了解（Cahill, Green, Jairam, & Malhi, 2007）。

　　愈來愈多的研究顯示，罹患憂鬱症及雙相情緒障礙症等疾患的兒童及青少年多半不會自動好起來，特別是重鬱疾患最常成為導致自殺的重要原因。因此，本章分別就兒童及青少年期之憂鬱症、雙相情緒障礙症，以及自殺作相關的介紹與探討。

憂鬱症

　　雖然大多數的情感性疾患是在二十五至六十五歲之間發生，但實際上它可以在任何時期發生，從兒童期以迄於老年期。而憂鬱症（Depressive Disorders）比雙相情緒障礙症的發生率更高，是繼癌症、愛滋病後，成為本世紀三大疾病之一。世界衛生組織（World Health Organization, WHO）指出，平均每一百人中就有三人罹患憂鬱症，至 2020 年，憂鬱症將成為心血管疾病之外，造成人類失能（disability）的第二大原因（WHO, 1992）。憂鬱症不是成人的專利，兒童及青少年也會有此疾患的困擾，它並非孩子個性上的弱點，而是一種精神上的疾病，會對感受、思考與行為造成重大影響。特別是對兒童而言，由於在情緒低潮時常常無法直接描述自己的心情，因此強烈的情緒反應或整體行為的改變，往往是兒童憂鬱症的症狀。

　　一般而言，大人都認為兒童是無憂無慮的，即便有無法避免的事情令其感到失望、落寞，然其憂傷、挫折及憤怒的情緒卻常被預期為短暫的。但實際上，

罹患憂鬱症的兒童其憂鬱的情緒並無法快速消失，甚至會影響到平時的生活作息、社交關係、學校表現，以及整體的功能展現，有時還會伴隨有焦慮症（參閱第七章）及行為規範障礙症（參閱第六章）的問題。雖然孩子會有所謂正常的情緒低落現象，但對有些兒童而言，憂鬱的情緒甚至會造成更廣泛而持續、更多失能且威脅生命的影響。由於兒童憂鬱症經常會被父母及師長忽略，因而延誤治療，所以孩子若常無緣無故感到憂傷、對過去難過的事件長期縈繞於懷、對周遭喪失希望，進而嚴重妨礙到人際關係、學校課業，甚至日常生活時，就要注意是否有罹患憂鬱症的可能。大人應特別注意下列相關的徵候（Mash & Wolfe, 2013; Wicks-Nelson & Israel, 2002）。

一、主要症狀

1. **心情**：孩子會經歷比正常悲傷情緒更為強烈且持續的悲傷心情。同時會伴隨著煩躁、易怒、罪惡及羞愧等感覺。

2. **行為**：無法靜止、激躁、活動量減少、語言表達緩慢或經常哭泣。因為活動減少，故經常伴隨社交孤立。有時甚至會有言語上的譏諷、尖叫或破壞行為的呈現，而青少年可能會因想讓心情變佳而濫用酒精或藥物。

3. **態度改變**：經歷無價值感、低自尊的感覺，認為自己是無能的，而且認定別人也如此認為。學業表現會因而下降，開始認為未來沒有希望，自己再怎麼努力也沒有用。經常因為這些想法及態度愈來愈強烈，而導致自殺行為危險性的增加。

4. **思考**：思考會被自己內在的想法及緊張所占據，而變得相當自我批評及過度自我覺察。思考變得緩慢、推理過程扭曲以及對未來悲觀，且對每件結果不好的事情產生自責。

5. **生理上的改變**：飲食及睡眠異常，食慾減低、早起、睡眠中斷的情形亦常見，故經常顯得疲累。時常有精疲力竭、疲累的抱怨。也常伴隨生理上的抱怨，例如：頭痛、胃痛、噁心感、抱怨疼痛，以及失去平時的精力。

(一) 兒童常見的症狀

1. **憂鬱心情**：年紀較大且有語言能力的孩子，可能會告訴大人自己每天心情都很差。有的小孩雖不曾顯示出愁容，但在行為上卻表現得暴躁易怒；即便偶爾展露短暫的笑容，但很快地又恢復到沒有活力或是無表情的面容。

2. **對日常事物失去興趣**：孩子對原來很喜愛或投入的事物突然失去興趣，看起來顯得懶散不想做任何事。即便被大人勉強，也會抱怨活動無聊，表示下次不想再參加。

3. **社交的孤立**：憂鬱的孩子不但對事失去興趣，對人也一再地疏遠。他們變得不太跟家人聊心事，不喜歡和朋友一道出去，也不再邀朋友來家裡玩。有的孩子會抱怨朋友或兄弟姊妹對他不友善，他也討厭他們。

4. **食慾減少，發育不良**：患有憂鬱症的孩子大都會食慾減少，因而會有成長減慢和發育不良的情形。有的孩子會出現厭食和挑食，少數的孩子可能會變得食慾大增，體重增加。

5. **注意力渙散**：孩子可能無法完成被交代的工作，或是做事錯誤百出。有的小孩雖然看來相當專注，例如：能獨自安靜地看書，但幾個小時下來依然停留在同一頁。

6. **精神衰退、活動量減少**：憂鬱症的孩子主觀上會覺得疲憊不堪，即便睡再多也是一樣感到虛弱無力，活動也因此減少許多。在外顯行為方面，孩子的動作變得遲緩，走路、吃飯、說話，甚至遊戲，都變得溫吞笨拙。

7. **睡眠不正常**：當孩子情緒有困擾時，可能會影響到睡眠品質。有的孩子可能整夜輾轉難眠，導致早上起不來，上課時打瞌睡，或是精神恍惚。相反的，有些孩子則是整天臥床不起，呈現嗜睡狀態。

8. **自尊心受損**：孩子在外表上可能顯得很害羞、猶豫不決、怕丟臉，不敢在別人面前有所表現。

9. **希望的幻滅**：孩子可能對周遭的人、事、物不抱任何期待。極端憂鬱的孩子會沉溺於死亡的想法，尤其是當親人死亡或失落心愛物品時，會把孩子推入自殺的邊緣。

(二) 青少年常見的症狀

1. **青少年前期**：較多的自責、低自尊、持續的憂傷、社交退縮；可能自覺愚笨、沒有人喜歡我或對家庭有疏離感；可能會失眠或嗜睡，飲食異常。

2. **青少年後期**：暴躁煩怒更加嚴重、失去興趣、學業表現更糟、與父母討論交友選擇或宵禁的問題時更易生氣。負向的身體意象、低自尊、易內歸因；容易疲累、缺乏精神、食慾差及睡眠困擾；對自己或整個世界、對現在或未來都認為毫無希望；經常經歷孤獨、自責、罪惡感、無價值感，以及自殺意念與企圖。

二、相關症狀 ⭐

　　由於兒童及青少年憂鬱症會引起多方面的缺失，例如：智力、學業成就表現，而且會造成自我知覺、自尊、社交能力的下降，以及成為生活的壓力源（Garber & Kaminskey, 2000; Kovacs & Goldston, 1991）。然而，由於憂鬱症經常與焦慮症或其他心理疾患共病，所以很難了解這些相關的症狀是特定於憂鬱症，抑或只是一般共通的心理病理現象，因而也很難釐清認知以及心理社會的缺失是憂鬱症的「因」或是「果」，以下簡述其他相關的特徵。

1. **智力以及學業功能**：某些特定的憂鬱症狀，例如：難以專注、失去興趣，以及思考與動作的遲滯等，對於智力以及學業成就的表現最為不利。研究指出，憂鬱的嚴重程度與兒童整體智力的相關相當低，顯示憂鬱對認知功能的影響可能是選擇性的，例如憂鬱對於非語文的相關工作任務可能較有影響，因為這些任務需要注意力、協調能力以及速度，但是對於需要語文能力及智能的語文工作任務，其影響可能較小（Kovacs & Goldston, 1991）。

2. **認知混亂**：憂鬱症患者通常會經歷痛苦的無望感、負向信念，以及失敗的歸因，這些不全然是憂鬱症的診斷準則，但是卻經常伴隨發生。自我批評等自動化負向思考也常見，例如：我很笨、我是失敗者等。憂鬱的兒童及青少年對於自己的經驗經常有錯誤的解釋（Fichman, Koestner, & Zuroff,

1996），且長期只注意事情的負面，此為憂鬱性反芻思考模式（depressive ruminative style），亦即容易將一點點的退步視為嚴重的災難，而反覆不斷地加以思考（Nolen-HoeKsema, Girgus, & Seligman, 1992）。

3. **低自尊**：幾乎所有的兒童及青少年憂鬱症患者，皆會經歷與憂鬱情緒有關的低自尊，而低自尊最常出現在青少年期。對於大部分的青少年而言，外表以及同儕的贊同是建立自尊的重要來源，而青少年女性的自尊問題經常與負向的身體意象有關，這可以部分解釋年輕女性罹患憂鬱症的高危險性（Allgood-Merten, Lewinsohn, & Hops, 1990; Petersen, Sarigiani, & Kennedy, 1991）。

4. **社交及同儕問題**：憂鬱症的兒童及青少年被轉介時，若主訴為其友誼關係不良，則將來容易預後不佳。即便憂鬱的情況好轉，仍會經歷某種程度的社交障礙，社交退縮是最能區別兒童憂鬱症與其他心理疾患的症狀指標（Goodyer, Herbert, Tamplin, Secher, & Pearson, 1997）。其失能的社會功能包括：無法主動與人交談或交朋友、社交互動技巧不佳，也因而無法感受到良好的社交技巧及健康的社交關係所帶來的社交互惠好處。

5. **家庭問題**：憂鬱症的兒童及青少年通常與父母、手足有不良的互動關係，發生衝突時寧願選擇孤單也不願與家人相處。此行徑並非純粹因社交技巧或能力的不足，而是反映其內心避免衝突的期望，即便日後不再憂鬱；然而，這樣的家庭互動模式常會持續下去。由於憂鬱症的兒童及青少年與父母互動時可能會相當負向，所以父母也易以負向、忽略或粗魯的行為對待家中憂鬱的小孩，久而久之會使親子關係愈加惡化（Coyne, Downey, & Boergers, 1992）。

三、DSM-5 診斷準則

DSM-5（APA, 2013）將憂鬱症區分為：(1)侵擾性情緒失調症（Disruptive Mood Dysregulation Disorder）；(2)重鬱症（Major Depressive Disorder）；(3)持續性憂鬱症／輕鬱症（Persistent Depressive Disorder/Dysthymia Disorder）；(4)經期前情緒低落症（Premenstrual Dysphoric Disorder）。其中，持續性憂鬱症乃

合併 DSM-IV-TR（APA, 2000）中的重鬱疾患（慢性亞型）和低落性情感疾患而成；又原 DSM-IV-TR 中並無侵擾性情緒失調症以及經期前情緒低落症，此兩者均為 DSM-5 才出現的新診斷名稱。

(一) 侵擾性情緒失調症

A. 在語言（例如：口語暴怒）和／或行為（例如：對人或財物的肢體攻擊）上，出現嚴重反覆的脾氣爆發，且其強度或持續時間與該情境所能觸怒的程度不成比例。

B. 脾氣爆發程度與發展年齡不相符。

C. 脾氣爆發平均一週發生三次以上。

D. 於脾氣爆發期間，整天持續處於暴躁易怒的情緒中，且幾乎是每天，並可由旁人（家長、老師、同儕）觀察出。

E. 準則A-D已經出現持續超過十二個月。此外，在這段時間中，個體沒有超過連續三個月以上不出現所有 A-D 之診斷準則。

F. 準則A和準則D至少出現在兩種情境中（例如：家裡、學校、和同儕間），且至少在其中一種情境下的情況是嚴重的。

G. 第一次下此診斷的時間不得早於六歲前或晚於十八歲後。

H. 藉由發展史或觀察，準則 A-E 的初發年齡約在十歲前。

I. 除了持續時間此準則外，符合躁期或輕躁期其他所有症狀的時間，並沒有明確持續超過一天。

　　註：符合發展之適切情緒高升（例如：發生在高度正向事件或可預期發生之情境下），不應被視為躁狂或輕躁狂的症狀。

J. 此失控行為不單僅只是重鬱症發作，也無法由其他心智疾患獲得更好的解釋／說明（例如：自閉症類群障礙症、創傷後壓力症、分離焦慮症等）。

　　註：雖然此診斷可以和重鬱症、注意力不足／過動症、行為規範障礙症以及物質使用障礙症等共病，但卻不能和對立反抗症、間歇暴怒障礙症及雙相情緒障礙症等共病。若個體同時符合侵擾性情緒失調症以及對立反抗症此二者之症狀時，只能夠給予侵擾性情緒失調症之診斷。若個體曾經

歷躁狂或輕躁狂發作，則不能給予侵擾性情緒失調症之診斷。

K.這些症狀不是因物質所誘發的生理效應或其他內科／神經狀況等所致。

(二) 重鬱症

　　診斷兒童／青少年期重鬱症有三大關鍵要點：(1)DSM-5 中用來診斷成人的診斷準則，同樣適用於兒童及青少年；(2)相較於內在主觀的痛苦與憂鬱，兒童的破壞行為更容易引起大人關注，因此憂鬱症狀有時容易被忽略；在兒童／青少年期重鬱症，可能是以易怒心情呈現；(3)不同於 DSM- IV-TR，DSM-5 排除哀慟期二個月之診斷準則；其主要考量為大部分孩童喪失摯愛親友的哀慟期大都持續一至二年，二個月無法反映實際狀況。再者，將哀慟排除會讓臨床醫療人員忽略歷經喪親之痛的人可能接續產生的重鬱症。實際上，相較於單獨的重鬱症，於哀傷歷程所產生的重鬱症會導致更嚴重情緒痛苦與身體抱怨、更大的生活功能損傷以及自殺意念（Weis, 2014）。DSM-5 亦提供五個向度來區辨哀慟和重鬱症（參見表 10-1），診斷準則如下（APA, 2013）：

A.二週內出現下列症狀五項（或五項以上），且造成原先功能的改變；並至少
　有「憂鬱心情」或「失去興趣或喜樂」這兩項症狀之一。

　註：不包含其他醫療狀況所引起的症狀。

　1.整天都是憂鬱心情，幾乎每天都有。可由主觀報告（例如：感覺悲傷、空
　　虛或無望），或由他人觀察（看來含淚欲哭）等顯示。

　註：在兒童／青少年期可為易怒的心情。

表 10-1 | 哀慟和重鬱症的比較

	主要情緒	情緒歷程	關注焦點	自我感受	自殺原因
哀慟（Grief/Bereavement）	空虛 失落	波動性的哀傷痛苦感，通常隨時間遞減	思念與失落的相關議題	仍維持自尊	思念、想跟死者一起
重鬱症（MDD）	憂鬱心情；無法經歷快樂或喜樂	持續、經常性的負向思考和感受	自責或對自己及未來的悲觀想法	無價值感、自我厭惡感	對自己感到無價值、無法因應憂鬱的痛苦情緒

2. 一整天，幾乎每天，在所有或幾乎所有的活動之興趣及喜樂都減少（可由主觀報告或由他人觀察得知）。

3. 並非節食而體重明顯下降或增加（例如：一個月內體重變化量超過5%），或幾乎每天食慾都增加或減少。

   註：在兒童期，如無法增加預期應有的體重即應考慮。

4. 幾乎每天失眠或嗜睡。

5. 幾乎每天精神運動性激動（psychomotor agitation）或遲滯（由他人觀察得知，而非僅主觀感受不安定感或被拖滯感）。

6. 幾乎每天疲累或失去活力。

7. 幾乎每天都有無價值感，或過分、不合宜的罪惡感（可達妄想程度，並非只是對生病的自責或罪惡感）。

8. 幾乎每天的思考能力、專注力減退或無決斷力（由主觀報告或由他人觀察得知）。

9. 反覆想到死亡（不只是害怕自己即將死去）、重複出現無特別計畫的自殺意念、有過自殺嘗試，或已有實行自殺的特別計畫。

B. 這些症狀造成臨床上顯著痛苦或損害其社會、職業、其他重要領域的功能。

C. 此發作不是因為物質所誘發的生理效應或其他內科狀況所致。

   註：準則 A-C 構成重鬱發作。

   註：重大失落反應（喪親、破產、天災、嚴重醫療疾病或失能），可能包括有強烈悲傷感受、對失落的反覆回憶、失眠、食慾不振、體重下降等可被理解或視為合宜之失落反應。應就個人史及社會文化背景，考量其是否屬於正常的失落反應，抑或需額外給予重鬱發作之診斷考量。

D. 重鬱發作的產生無法以情感思覺失調症、思覺失調症、類思覺失調症、妄想症，或其他特定、非特定思覺失調類群症，及其他精神病症等做更好的解釋。

   註：思覺失調類群症（Schizophrenia Spectrum Disorders）即為 DSM-IV-TR（APA, 2000）所指稱的精神分裂疾患（Schizophrenia）：包含情感思覺失調症（Schizoaffective Disorder）、思覺失調症（Schizophrenia）、類思覺失調症（Schizophrenifrom Disorder）、思覺失調型人格疾患（Schizotypal Personality Disorder）、妄想症（Delusional Disorder）等。

E. 從未有躁狂或輕躁狂發作。

　註：不包含物質使用、其他內科狀況生理效應所誘發的躁狂／輕躁狂症狀。

(三) 持續性憂鬱症／輕鬱症

　　持續性憂鬱症的主要特徵為「不良的情緒調節能力」，包括：持續的悲傷感、不被寵愛或孤獨的感覺、自我批評、低自尊、焦慮、暴躁易怒，以及壞脾氣。有些甚至會經歷雙重憂鬱（double depression），意指在持續性憂鬱症的病程中曾有過重鬱發作（major depressive episode），因而同時呈現兩種病徵的症狀（Lewinsohn, Rohde, Seeley, & Hops, 1991）。目前對於持續性憂鬱症的了解遠不如重鬱症豐富，但是兩者有相關，因有不少罹患持續性憂鬱症的兒童最終會發展成重鬱症。持續性憂鬱症之症狀表現為慢性發作，沒有重鬱症那麼嚴重，DSM-5 將 DSM-IV 之重鬱疾患（慢性亞型）和低落性情感疾患合併為持續性憂鬱症。診斷準則如下：

A. 幾乎整天都是憂鬱心情，且憂鬱心情的日子比非憂鬱多，可由主觀陳述或他人觀察得知，為期至少兩年。

　註：兒童及青少年可為易怒的心情，為期必須至少一年。

B. 心情憂鬱時至少出現下列症狀兩項（或兩項以上）：

　1. 胃口不好或吃過多。

　2. 失眠或嗜睡。

　3. 低活力或疲累。

　4. 低自尊。

　5. 專注能力減低或有困難做決定。

　6. 無望感。

C. 在情感障礙的兩年（兒童及青少年為一年）中，準則 A 及 B 的症狀從未一次消失兩個月以上。

D. 重鬱症診斷準則可能在這兩年中持續出現。

E. 從未有躁狂或輕躁狂發作，且未符合循環型情緒障礙症。

F. 無法以情感思覺失調症、思覺失調症、類思覺失調症、妄想症，或其他特定、非特定思覺失調類群症，及其他精神病性疾患等做更好的解釋。

G. 這些症狀不是因為物質（例如：藥物濫用、醫藥處置）所誘發的生理效應或其他內科狀況（例如：甲狀腺功能低下）所致。

H. 這些症狀造成臨床上顯著痛苦或損害其社會、職業、其他重要領域的功能。

(四) 經期前情緒低落症

A. 在大部分月經週期中，在月經來潮前的最後一週至少出現五項症狀，於月經來潮後幾天內開始改善，在月經結束後當週症狀緩減或解除。

B. 必須出現下列一種（或以上）症狀：

1. 明顯的情緒不穩定（例如：情緒擺盪、突然覺得難過或想哭、或對被拒絕的敏感度增加）。

2. 明顯的易怒、憤怒或增加人際衝突。

3. 明顯的沮喪情緒、無望感或自我貶抑想法。

4. 明顯的焦慮、緊張或急迫不安的感覺。

C. 必須額外附加下列一項（多項）症狀，並結合診斷準則B的症狀，以達到五項症狀：

1. 對日常活動失去興趣（例如：工作、學業、朋友和嗜好）。

2. 主觀上難以專注。

3. 昏睡、容易疲累、或明顯缺乏活力。

4. 明顯食慾改變：過度飲食或對特定食物相當渴求。

5. 嗜睡或失眠。

6. 覺得被淹沒或失控的感覺。

7. 身體症狀如胸部觸痛或腫脹、關節或肌肉痛、腹脹感或體重增加。

    註：這一年來大部分的月經週期都符合診斷準則 A-C 的症狀。

D. 這些症狀造成臨床上顯著痛苦或干擾其工作、學業、平常社交活動以及與他人的關係（例如：避免社交活動，減少工作、學業、家務之產能與效能）。

E. 此障礙不僅只是另一疾患症狀之惡化，如重鬱症、恐慌症、持續性憂鬱症（輕

鬱症）或人格障礙症（然可以和這些疾患共病）。

F. 準則 A 至少應在即將來的兩次月經症狀週期之日誌評估中被證實。

　　註：在被證實前，可以先暫時性下此診斷。

G.這些症狀不是因為物質（例如：藥物濫用、醫藥處置或其他治療）所誘發的生理效應或其他內科狀況（例如：甲狀腺功能低下）所致。

四、共病

(一) 侵擾性情緒失調症

　　侵擾性情緒失調症和其他疾患共病的機率非常高，孩童單純只有符合侵擾性情緒失調症診斷症狀的情況相當罕見。相較其他許多兒科心智疾患，侵擾性情緒失調症和其他 DSM 疾患共病的機率不僅更高，且共病異質性大，包括各樣廣泛的侵擾行為、憂鬱、焦慮甚至是自閉症類群症狀。其中最容易重疊的是對立反抗症，然個體如同時符合此二者之症狀時，只能夠給予侵擾性情緒失調症之診斷（此情況亦適用於間歇暴怒障礙症）。另外，如果這些症狀只發生在會引發焦慮的情境下（例如自閉症類群障礙症或強迫症孩童當其例行庶務受到阻礙干擾時，或重鬱發作情況下），則不給予此診斷。

(二) 重鬱症

　　兒童／青少年期重鬱症有 70% 會伴隨其他一種（或一種以上的）心理疾患。臨床轉介個案中最常伴隨的疾患為焦慮症（請參閱第七章），尤其是廣泛性焦慮症、特定畏懼症以及社交畏懼症等，其他經常共病的還有物質相關及成癮障礙症、恐慌症、強迫症、厭食／暴食症以及邊緣型人格障礙症。

(三) 持續性憂鬱症（輕鬱症）

　　兒童／青少年期最常與持續性憂鬱症共發的是重鬱症。有重鬱症診斷的兒童，約 30% 會同時有持續性憂鬱症的診斷。而在持續性憂鬱症的病程中，約有 70% 會有一次重鬱症發作。而約有 50% 的持續性憂鬱症兒童會共發其他非情感性的疾患而導致原有憂鬱症狀更嚴重，例如：焦慮症（請參閱第七章）、行為

規範障礙症（請參閱第六章），以及注意力不足／過動症（請參閱第五章）。相較於重鬱症，持續性憂鬱症和其他精神疾患共病風險來得更高，特別是焦慮症和物質相關及成癮障礙症；而早期初發的持續性憂鬱症與 DSM-IV 的 B 群和 C 群人格障礙疾患有高度相關。

(四) 經期前情緒低落症

重鬱發作是常見的共病疾患，而其他廣泛的內科問題（例如：偏頭痛、氣喘、過敏、癲癇等）或其他心智疾患（例如：憂鬱和雙相情緒障礙症、焦慮症、厭食症、物質相關及成癮障礙症等）也可能會使經期前的狀況變得更糟。然而，若經期過後並沒有症狀緩解期，則無法給予經期前情緒低落症的診斷，而是將其視為現有的心智或身體疾患於經期前之惡化現象。

五、盛行率

(一) 侵擾性情緒失調症

侵擾性情緒失調症在兒科心理衛生醫療單位是常見的，但此疾患於社區之盛行率並不清楚。依此疾患之核心特性——長期且嚴重持續易怒——的比率來看，兒童／青少年侵擾性情緒失調症六個月到一年期之整體盛行率可能落在 2% 至 5% 區間。然而，相較於女性和青少年，男性及學齡兒童罹患此疾患的比率會更高。

(二) 重鬱症

1. 根據 Poznanski 與 Mokros（1994）的調查研究指出，四至十八歲重鬱症之盛行率為 2% 至 8%。但兒童不同時期的盛行率差距相當大，學齡前小於 1%，學齡期約 2%，到了青少年期則增加二到三倍。

2. 因為憂鬱症有「陣發性特質」，所以盛行率會因此而異，例如：十四至十八歲之單一定點時間的盛行率是 3%，但如果以一年來計算，則是 8%。然而，不論青少年在兒童期是否曾罹患憂鬱症，其終生盛行率與成年期相類似，約為 20%，故推測成年期的憂鬱症根源於青少年時期。

3. 根據歐美國家的研究，青少年憂鬱症的點盛行率介於 0.4% 至 8.3% 之間，女性的盛行率約為男性的兩倍。但是這樣的性別差異在六至十一歲時並不明顯，一直到十三至十五歲左右才會呈現女性逐漸高於男性之性別差異（Hankin, et al., 1998）。這可能是因為女性有較高的合作性及社會化需求，同時在遭遇人際挫折或失落時，習慣使用反芻思索的因應方式（ruminative coping styles），因而使得青春期女性在面對生理上重大變化以及性別角色挑戰時，會比男性更易處於劣勢，而這些壓力以及缺乏社交支持似乎是青春期女性憂鬱的主因（Schraedley, Gotlib, & Hayward, 1999）。

4. 關於台灣的兒童及青少年整體的盛行率並不清楚，財團法人董氏基金會這十幾年來致力於台灣青少年憂鬱症之篩檢與防治。根據董氏基金會心理衛生組於下列兩個時間的調查結果：

(1) 2011 年的五都國、高中職學生運動與憂鬱情緒相關性調查中，受訪學生中「有明顯憂鬱情緒需尋求專業協助」者占 18.1%，如再進一步細分，五都之中的國中生有明顯憂鬱情緒的比率為 18.8%，高中（職）學生有明顯憂鬱情緒的比率為 17.3%。因此若是以教育部 99 學年度五都國、高中學生人數共約一百萬人來換算，等於在五都中，有超過十八萬名的國、高中學生有明顯憂鬱情緒，需尋求專業協助。從董氏基金會近十年來進行的三次調查來看，「課業、考試成績不佳」一直都是青少年的最大壓力源，其次還有「父母期望」、「身材外貌」、「人際關係」和「與家人關係」，也都是造成學生壓力的因素。調查中也發現，青少年最常紓壓的方式，大都是以「聽音樂、唱歌」、「找同學朋友說」，以及「看電視、電影」、「上網」、「睡覺」等靜態活動為主，只有 17.3% 學生會選擇運動紓壓（財團法人董氏基金會心理衛生組，2011）。

(2) 2014 年公布歷年來「大台北地區青少女憂鬱情緒程度、壓力源及紓壓方式」調查顯示，有明顯憂鬱情緒的女生比率高於男生。尤其，有四分之一大台北地區青少女有明顯憂鬱情緒，比率高於青少年；換言之，推估約有高達十一萬名就讀國、高中職的青少女正為憂鬱情緒所苦，需專

業協助。至於主要的壓力來源，除了考試、課業表現之外，回答身材、外貌的排序也愈來愈高（財團法人董氏基金會心理衛生組，2014）。

(三) 持續性憂鬱症（輕鬱症）

其盛行率較重鬱症低，兒童將近 1%，青少年約 5%。就終生盛行率而言，大約有 5% 的兒童及青少年在青春期結束時，會有一次的持續性憂鬱症發作（Renouf & Kovacs, 1995）。

(四) 經期前情緒低落症

符合診斷準則但生活功能沒有受損的女性盛行率為 1.8%，符合診斷準則且生活功能受損（但沒有和其他心智疾患共病）的女性盛行率為 1.3%。

六、病程

(一) 侵擾性情緒失調症

1. **初發**：侵擾性情緒失調症之初發必須在十歲前，且此診斷不適用在六歲前的兒童。在發展成侵擾性情緒失調症之前，慢性易怒的氣質／廣泛史在這個族群中是很普遍的，甚至符合對立反抗症的診斷。功能性磁振造影（fMRI）研究顯示，此疾患孩童在杏仁核的反應不同於正常組，導致在處理情緒刺激時，容易誤解社會性線索因而引發暴怒。此外，許多侵擾性情緒失調症的孩童也同時符合重鬱症、焦慮症或注意力不足／過動症等診斷。

2. **病程**：由於侵擾性情緒失調症的症狀可能會隨著孩子成熟長大而有所變化，因而此診斷之使用，應限制在已建立好效度之七至十八歲年齡。在嚴重長期易怒的孩童中，其中約有一半於一年後將會持續符合此診斷準則。從嚴重、非陣發性暴躁易怒轉變成雙相情緒障礙症的比率非常低，反倒是長期易怒的孩童於成人時期會有比較高的風險發展成單極性憂鬱和（或）焦慮症（Weis, 2014），這也是 DSM-5 將侵擾性情緒失調症歸類在憂鬱症而非雙相情緒障礙症之主因。

此外，與年齡相關的變異也將典型雙相情緒障礙症和侵擾性情緒失調症區分開來。在青春期之前發生雙相情緒障礙症的比率非常低（1%），於進入成人早期時，始穩定地增加到 1% 至 2% 的盛行率。相較於雙相情緒障礙症，侵擾性情緒失調症在青春期前卻是比較常見，且症狀普遍會隨著進入成人期而變得較為少見。另外，孩童在侵擾性情緒失調症與雙相情緒障礙症的性別分布是不同的。基本上在雙相情緒障礙症的男女比例是相同的，然而研究樣本指出，慢性暴怒／侵擾性情緒失調症孩童男女比例為 2：1。

3. **預後**：侵擾性情緒失調症常見的慢性、嚴重易怒情緒，對孩童的家庭、同儕等關係以及學校表現，均造成嚴重的破壞與干擾。由於這些孩童的挫折容忍度相當低，因此他們在學校通常很難獲致成功；他們無法像健康孩童般地去參與、享受活動；家庭生活因他們的脾氣爆發和易怒而嚴重地被干擾；他們在啟動和維持友誼上有困難。基本上，侵擾性情緒失調症與雙相情緒障礙症所造成孩童生活失功能的程度是相同的。危險行為、自殺意念或自殺企圖、嚴重暴力，以及精神科住院等都是兩者常見的事。

(二) 重鬱症

1. **初發**：大多數成年人報告憂鬱初發年齡介於十五至十九歲，但是在兒童及青少年憂鬱的前瞻性研究卻發現初發的年紀更早，大部分介於十四至十五歲左右。而初發年齡愈早（十五歲之前）其病情會愈嚴重，且愈有可能再次復發。

2. **病程**：一般而言，兒童／青少年期重鬱症平均病程約八個月。在社區的兒童樣本中發現，初發的重鬱症其發作期大多持續約二十六週，其中數為八週，但嚴重至求診時大多已經持續一年左右的症狀。大約 90% 的兒童在初發後的一至二年內會復原，但是其餘的則會持續性地發作、持續地憂鬱。

3. **預後**

(1) 雖然大多數的兒童可以康復，但是重鬱症是一種重複復發的疾患，所以通常不會那麼快消失。一般來說，一年內的復發率為 25%，兩年為 40%，五年為 70%。而且有為數不少的兒童及青少年，會發展成慢性復

發的情況，直到成年初期。

(2) 兒童及青少年因為重鬱症而住院者，於緩解後的兩年內可能會再次住院。而有重鬱症的青少年，其中 30% 會在憂鬱初發後的五年內發展成雙相情緒障礙症。這些人重鬱症初發的年紀通常相當早（十歲以前），而且通常有憂鬱症或雙相情緒障礙症。

(3) 大部分青少年的憂鬱發作會持續幾個月，而且初發年齡相當早者會經歷多次發作。雖然復原率很高，但是復發率也高。因此當重鬱症的病程隨著不同階段而發展時，會造成患者本身及家庭在社交、情緒及經濟上長遠的負擔。

(4) 即便從重鬱症發作復原，許多罹病的兒童及青少年仍會有輕微的憂鬱症狀，甚至產生適應困難、生理疾病，以及慢性壓力等，而這些都是造成未來復發的危險因子。

(5) 兒童及青少年的重鬱症除了有重複復發的特性外，也會產生短期及長遠的負向結果。青少年可能有較多的犯罪行為、被捕或判刑、退學、失業等問題。若在學期間有憂鬱的病史，也會增加往後產生物質相關及成癮障礙症、自殺行為、不良的工作紀錄，以及婚姻問題。總之，於兒童及青少年期初發的重鬱症，其整體預後結果不佳。

(三) 持續性憂鬱症（輕鬱症）

1. **初發**：相較於重鬱症，持續性憂鬱症初發的年紀相當小，一般約在十一至十二歲。由於持續性憂鬱症初發的年紀早重鬱症約三年，而且可以預測重鬱症的發展，因此可推論持續性憂鬱症通常會發展成重鬱症（Lewinsohn et al., 1991）。

2. **病程**：兒童期初發的持續性憂鬱症，其平均發作時間大約會持續二至五年。在一臨床樣本中發現，約有一半的兒童必須花費四年或更久的時間復原，而其復原時間的長短與是否共發外向型疾患（例如：行為規範障礙症）有關。如果與行為規範障礙症共病，則持續性憂鬱症約會持續兩年以上（Kovacs, Obrosky, Gatsonis, & Richard, 1997）。

3. **預後**

　(1)由於其初發年紀小，而且又持續很長的時間，所以是一種相當嚴重的病症。若以九歲初發，需花費四年復原的兒童為例，則未來將會耗費其30% 的生命以及 50% 的求學時間處於憂鬱的狀態。由於憂鬱會影響學業、認知、家庭、社交問題，所以長期的持續性憂鬱症對於個體發展具有相當的破壞性（Renouf & Kovacs, 1995）。

　(2)持續性憂鬱症為發展成其他心理疾患之高危險群，尤其是重鬱症、焦慮症（以分離焦慮症及廣泛性焦慮症為主），以及行為規範障礙症。此外，也極可能發展成雙相情緒障礙症以及物質相關及成癮障礙症。40%的持續性憂鬱症兒童，於出院一年內會再度入院。

　(3)由於早發的持續性憂鬱症幾乎總是會發展成重鬱症（有時為雙相情緒障礙症），所以盡早診斷出持續性憂鬱症可作為預防治療的重要指標。

(四) 經期前情緒低落症

1. **初發**：經期前情緒低落症可以發生在初經來潮後的任何時間點。
2. **病程**：研究顯示許多個案報告在月經即將來潮的前一週，症狀變得更加嚴重。這些症狀造成臨床上顯著痛苦或干擾其工作、學業、平常社交活動以及與他人的關係（例如：婚姻失和，與孩子、家人或朋友相處有問題），然月經結束後症狀便停止。

七、病因

(一) 憂鬱的理論

　　有許多理論試圖解釋憂鬱症的初發及病程，但大都是以成人的憂鬱為主，卻忽略了發展上的差異而直接將理論套用於兒童。迄今，並無單一理論可以解釋憂鬱症中不同的形式、症狀的差異，以及嚴重度的不同，以下簡介各種理論的觀點。

1. **精神分析學派**：早期精神分析理論認為，憂鬱的產生是因將敵意轉化為憂鬱的情感所致，個體對於所愛者的憎恨會內化成對自我的失落與放棄。然

而，事實上許多憂鬱的兒童及青少年並沒有經歷失落或拒絕，即便有經歷失落的兒童及青少年，也不必然會產生憂鬱。故精神分析理論對憂鬱的解釋觀點仍有疑慮之處。

2. **依戀關係學派**：該學派認為，與父母或依戀的物體產生分離焦慮時，便可以預測憂鬱的發生。如果父母長期無法滿足兒童的需求，會產生不安全的依戀關係，個體會將自我視為沒有價值、不被喜愛，而且認為外在是具威脅性、不可靠的，造成情緒調節的困難，導致未來發展成憂鬱症的危機。支持此理論的研究結果發現，兒童不安全的依戀關係比安全的依戀關係更容易有憂鬱的症狀表現，而且有重鬱症的兒童比沒有重鬱症的兒童更易經歷依戀關係的困擾。

3. **行為學派**：行為理論強調，學習歷程與兒童及青少年憂鬱症的發生有密切的關聯。強調學習與環境會影響個體的因應技巧以及適應功能，憂鬱是因為缺乏與反應後果一致的正向增強，而缺乏正向增強的原因有三，分述如下：

   (1) 因為焦慮所以無法經驗增強的效果。

   (2) 環境的改變，例如：重要他人的消失，可能使其獲得回饋的機會減少。

   (3) 因為缺乏擁有良好人際互動所需的技巧。

4. **認知學派**：注重負向思考與心情的關係。此學派強調兒童及青少年之負向認知歸因風格（depressogenic cognitions）會影響其心情及行為。

   (1) 憂鬱者對於負向事件較易出現內在（internal，認為與自己有關、自己有責任）、穩定（stable，其所認定的原因會一直存在，不會改變）及普遍（global，認為這個理由適用於所有情境）的歸因模式。

   (2) 負向的歸因模式致使個體對於生活中的負向事件產生自責，並造成無助感，逃避未來的事件。無助感最後會轉變成對外來的無望感，進而導致憂鬱的發生。

   (3) Beck（1967）指出，憂鬱是因個體以偏誤及負向的信念過濾事件所致。憂鬱的個體在認知上會有三大問題：

   ①訊息處理的偏誤：亦即指對於特定情境的思考推論出現錯誤，又稱負

向的自動化想法。其會選擇性注意負向訊息而感到自責，同時將負向事件誇大且貼上負向的標籤，並因為此標籤產生負向的情緒化反應，而非針對事件本身。

②負向的認知三角：指個體對自我（我不好）、世界（他們不好）以及未來的（我將會一直如此不好）方面持負向觀點。這些負向的觀點會使無助感持續，繼而傷害兒童及青少年的心情及精力，而且也與憂鬱的嚴重度有關。

③負向的認知基模：其穩定地存在記憶中，會影響個體訊息處理歷程，此基模包括對自我批評的信念及歸因。即使有相反的證據，這些基模仍是僵化且難以改變的，且當個體遭受壓力時，更會使其對憂鬱的敏感度增加。

(4) 認知結構的發展及穩定性，對於憂鬱性思考的確扮演著相當重要的角色，認知偏誤及扭曲在兒童中亦同樣會發生（例如：不合邏輯的思考以及錯誤的歸因）。

(5) 認知的偏誤及扭曲與正在發展的人際能力（我能感）有關，例如：兒童在運思前期便逐漸發展出反省的後設認知能力（metacognition），在此時期會出現社交比較，但不是以自我評估為基礎。到了具體運思期時，便逐漸以自我評估的方式與他人做比較，在這個階段除了有憂鬱的心情外，也開始出現低自尊的現象。因此，憂鬱傾向的思考特質此脆弱因子或許出現在兒童期中期，並且在「我能感」的觀點一旦形成後，也會一直持續至青少年期。

(二) 憂鬱的成因

目前對於兒童及青少年憂鬱症的成因並沒有一個完整的模式，Cicchetti 等人曾提出一個發展性架構，嘗試整理出引發憂鬱的因子及彼此間的交互作用（Cicchetti & Toth, 1988）。這個模式包括基因／神經生理、家庭、認知、情緒、人際以及環境等因素（如圖 10-1 所示）。此模式試圖指出，具有基因體質脆弱性的個體，在不良環境互動下（例如：負向的家庭經驗容易導致其情緒調

控能力不佳），進而影響到人際互動能力，以及形成負向的自我及他人核心信
念，最後當生活碰到壓力事件時便容易引發憂鬱；而憂鬱又會再度強化原先負
向的自我及他人信念，使得個體在家庭、人際、情緒調節等生活經驗更加不良，
而重複陷入憂鬱的循環模式。以下就各因子加以分述說明之。

1. **遺傳與家庭危險因子**

   (1) 雙胞胎研究顯示，有關兒童及青少年憂鬱症之基因研究結果並不是很一
       致，其因素影響力介於 .35 至 .75 之間。然而家庭因子的研究發現，若
       雙親中有一人患有憂鬱症，則其孩子罹患此疾患的機率是雙親沒有精神
       疾患之孩子的二至三倍（Beardslee, Keller, Lavori, & Sacks, 1993）。而
       雙親皆有情感性疾患者，孩子則有更高的機率罹患憂鬱症。

   (2) 父母有憂鬱症的兒童其在青春期前的初發年齡，會比父母沒有憂鬱症的
       兒童提早約三年左右。

   (3) 有重鬱症兒童的母親其憂鬱症的終生盛行率也很高，大約 50% 至 75%。

   (4) 雖然兒童及青少年的憂鬱症似乎是一種家庭疾患，但是目前尚不甚了解

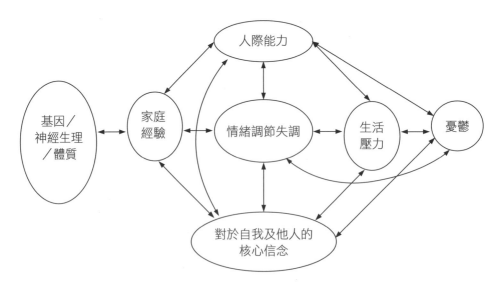

圖 10-1 ｜兒童及青少年憂鬱之發展架構

資料來源：引自 Mash & Wolfe (2007)

其中的機制是由於基因或心理社會因素，或者兩者皆有所致。

2. 神經生理因素的影響

(1) 大腦額葉主宰人的情緒及情感調節。母親有憂鬱症的嬰兒，其額葉的電位活動較母親沒有憂鬱症的嬰兒低，而且唾液中的可體松（cortisol，壓力賀爾蒙）較多。

(2) 研究發現，社交投入、探索及正向的情緒會引起左額葉的活動，而社交退縮、逃避及負向情緒會引起右額葉的活動（Field, Fox, Pickens, & Nawrocki, 1995）。此結果顯示，嬰兒與母親的負向互動會產生神經傳導物質及神經上的改變，這樣的改變會對憂鬱的產生有持續性的影響。

(3) 有關兒童及青少年憂鬱的神經生理研究，大多聚焦於下視丘—腦下垂體—腎上腺軸（hypothalamic-pituitary adrenal axis，簡稱 HPA，調節壓力反應的腦部內分泌系統）、睡眠週期、成長激素，以及腦部神經傳導物質〔血清素（serotonin）〕等，然而，目前研究結果較少且不若成年人一致（Hammen & Rudolph, 1996）。總之，從神經生理的相關研究發現，兒童及青少年的憂鬱會使其對於壓力的敏感度增加。因壓力所造成神經內分泌的反覆活絡，會增加兒童及青少年產生慢性憂鬱症狀的可能性，而這些慢性症狀又會反過來活化更多的生理反應，以及產生更多的心理社會壓力。

3. 家庭的影響

可以從家中有憂鬱的兒童、青少年以及家中有憂鬱的父母這兩方面來了解家庭的影響力，分述如下。

(1) 家中有憂鬱的孩子：家中其他成員容易對有憂鬱症的孩子有更多的批評及處罰；相較於沒有憂鬱兒童的家庭，其會有較多的憤怒和衝突、較容易去控制兒童、溝通不佳、過度干預、缺乏溫暖及支持；家庭通常有許多壓力事件、失序混亂、意見紛爭多、缺乏社交支持等。有相當多的研究支持兒童及青少年時期的憂鬱與家庭的失能有高相關。然而，仍有幾個觀念是了解憂鬱兒童及其家庭關係所必須澄清的：

①這些家庭問題並非特定於兒童憂鬱症，也與其他許多兒童的心理疾患

有相關。

②難以得知家庭問題是因為憂鬱症所引起的，或是因同時共發行為規範
障礙症所造成的。

③因為大多數是相關性的研究，所以難以得知其因果關係。

(2) 家中有憂鬱的父母

①憂鬱的父母常以負向情緒、暴躁易怒、無助感及不可測的情感表達方
式來教養孩子，因而無法滿足孩子的需求。相較於正常的父母，其會
顯得較沒有精力與孩子玩、對於規則也無法一致性的遵從、較不投
入、缺乏情感，而且較會批評及怨恨孩子。

②兒童及青少年因應家中大人不可測的行為模式，通常會產生不適應的
行為問題，例如：可能有攻擊行為或退縮的現象、拒絕社交、不想努
力、憂鬱，甚至自殺行為。

③父母有憂鬱症的兒童較容易自我批評，而且情緒調節能力也不佳，因
而較難以發展出有效因應壓力的能力，而使其可能產生憂鬱或其他的
失能現象。

④在長期追蹤十年的研究發現，雙親有憂鬱症的兒童有較高的機率罹患
重鬱症（尤其是在青春期之前），而且也有較高的機率罹患畏懼症、
恐慌症及酒精相關障礙症（Weissman, Warner, Wickramaratne, Moreau,
& Olfson, 1997）。

⑤與控制組相較，父母有憂鬱症的子女在工作、家庭及婚姻關係等整體
功能表現較差。

4. 生活壓力事件

(1) 與非憂鬱的兒童及青少年相較，憂鬱的孩子在發病的同一年當中，明顯
經歷較多的較重大（例如：搬家、轉學、父母突發疾病或意外等）或較
不嚴重（例如：成績退步、與男友或女友吵架、被老師批評等）的日常
生活事件，尤其是與感情、教育、同儕、親子關係、工作及健康等最有
關（Birmaher et al., 1996）。

(2) 雖然憂鬱通常與人際壓力、真實或知覺的個人失落有關，例如：所愛的

人死亡、失戀分手、被遺棄等（Eley & Stevenson, 2000; Goodyer, 1999）；但是並非所有個人失落的結果一定會導致憂鬱，仍然有 60% 以上的兒童在經歷失去父親或母親的痛苦時，並不會發展成重鬱症。

5. **情緒調節**

(1) 情緒調節意指當情緒激發時得以重新被引導、控制或修正的歷程，使個體可以在正向、負向及中性的情緒狀態中維持平衡，以促進適應性功能。

(2) 自我情緒調節策略對於克服、維持或預防負向情緒狀態，扮演關鍵性的角色（Garber, Braafladt, & Zeman, 1991）。

(3) 情緒調節包括：神經生理的調節歷程、行為與認知策略的習得，以及外在因應資源的獲取等部分；任何一部分發生問題時，都可能導致憂鬱（Thompson, 1994）。

(4) 年幼孩童在調節與管理負向情緒方面，呈現很大的個別差異（Keenan, 2000）。

(5) 經歷過長的痛苦及悲傷，會使兒童情緒調節的能力下降，導致孩子採取逃避或負向的行為，而不使用問題解決或適應性的策略來因應壓力，因而容易發展成憂鬱症（Zahn-Waxler, Klimes-Dougan, & Slattery, 2000）。

6. **自我及他人的核心信念**

(1) 個體持有許多關於自我和他人（世界）的信念，藉此來理解自身的生活經驗。由於這些信念大都在早期生活經驗中初步發展形成，因此不容易合理及理性化。這些非理性的信念會影響其思考，進而影響後來的情緒和行為（Simmons & Daw, 1994）。

(2) 個體之自我及他人核心信念的發展，與家庭互動經驗有密切的關聯。敏感、拒絕的父母容易讓孩子視自己為無能、令人討厭的，視他人為具威脅性、冷酷無情的，同時認為人我的關係是負向且不可預測的（Mash & Wolfe, 2002）。

(3) 當個體傾向悲觀的思考型態（持負向、不合理的自我及他人核心信念）時，便容易產生憂鬱。

(4) 長期處在負向的家庭互動關係與過多的生活壓力下，會讓孩子的自我概念無法良好整合。自我知識複雜度過於簡化的結果，使得大多數的自我信念只包含負向的特徵，以致於負向情緒容易被激發，且經常伴隨悲傷、痛苦和憂鬱的症狀（Scott, Winters, & Beevers, 2000）。

(5) 儘管有同儕的影響，然而，與主要照顧者的依戀關係在青少年期仍舊有很大的影響，青少年持續共享雙親的核心價值與信念（Kandel & Lesser, 1972）。

(6) 當青少年持負向的自我核心信念時，容易產生自我認同擴散（self-identity diffusion）。他們不想追求自我的目標及自我價值認同，他們顯得冷漠、情緒低落且對於需要思考未來的課題感到困難，甚至無法委身於任何友誼或感情的關係中（Scannapieco & Connell-Carrick, 2005）。

7. 人際能力

(1) 負向家庭經驗會營造出不一致的情緒化和社會化環境，此會影響孩子人際能力的發展，讓孩子很難有效地調節其情緒與人際行為，以因應生活中的壓力，因而容易產生憂鬱（Compas, Connor-Smith, Saltzman, Thomsen, & Wadsworth, 2001）。

(2) 研究指出，不安全的依戀關係讓孩子對自我持負向的觀點，使其人際問題解決能力不良，容易產生生活壓力事件，進而導致憂鬱（Hammen, 2000）。

(3) 早期發展的課題，會持續影響孩子在青少年期的社會性發展。相較於依戀關係不良的孩童，與雙親有良好依戀關係的孩童，在面對青少年期的發展任務時會適應的比較好；與雙親有穩固的依戀關係為孩子高學業成就和良好人際能力的重要預測指標（Black & McCartney, 1998）。

(4) 同樣地，與父母關係良好的孩子在青少年期和成年期時，比較不會有憂鬱疾患及物質濫用的問題（Brook, Whiteman, Finch, & Cohen, 2000）。

(5) 認知、情緒及人際等問題可能會直接導致憂鬱，抑或產生負向的社會行為而引發衝突、他人的拒絕及社會孤立等人際問題，繼而產生憂鬱（Mash & Wolfe, 2002）。

八、衡鑑 ⭐

　　由於孩子外顯的行為問題經常遮蔽其內隱的憂鬱，因此這種心理病態從最初的發覺到最後的診斷，不但要深入了解、評估孩子的憂鬱症狀，還要透過其家庭、學校等社會生活來徹底了解孩子的整體狀況，因而父母和老師是提供線索和資料的重要來源。憂鬱症衡鑑的重點在於評量孩子憂鬱的情緒，如對原來頗為喜愛的事物變得索然無味、注意力無法集中，以致基本的生活任務無法完成等。此外，也要評量生理上的症狀，例如：食慾減退、失眠等現象。認知的評量也是不可或缺的一環，例如：孩子對未來不存希望、有內疚與自殺的念頭。其他相關的心理和行為問題，例如：攻擊行為、幻覺妄念等也是列入評估的主題。以下分別探討在進行憂鬱症之臨床衡鑑時，可用以蒐集資料的方法。

(一) 會談

　　父母和老師常是提供兒童問題資訊的重要來源，因此在評估孩子是否有憂鬱症時，常透過與父母、老師會談的方式來了解兒童有哪些問題。大部分的父母並不是一開始就覺察到孩子有憂鬱的狀況，而是注意到孩子常發脾氣、怎麼突然不吃飯等等。此外，除了蒐集孩子各種問題行為的詳細資料外，在初步會談中，應了解父母以及老師對孩子情緒和行為問題的看法與態度，以及對憂鬱症的認識，因為不管是在診斷的需求或是建立治療的方向上，孩子生活中的重要他人都扮演著相當關鍵的角色。

　　會談也可以直接訪問孩子本身的想法和感受，但因孩子對情緒的了解、覺察以及語言表達等能力較弱，因此直接訪問孩子所得到的資料需慎重處理（Kovacs, 1986）。由於會談主要是用來蒐集孩子的憂鬱情緒，然而孩子對這種情緒可能完全不知為何物，因此應改用其他容易了解的用語，例如：「傷心」、「難過」等來詢問，同時運用具體的描述（例如：「從晚飯到睡覺的時間」）來探知孩子情緒持續的長度。另外，感到慚愧和內疚也是憂鬱的重要心理徵候，但幼小的孩子很難了解內疚是什麼意思，因此也要改用具體的描述來問他，例如：「別人發生了不好的事情時，如果你覺得很難過，你會不會覺得

這是你的錯？」同時由於孩子的時間觀念較為模糊，記憶也不太可靠，所以他們所提供的資料最好要和父母及老師的說法相互印證。

為了資料的統整與盡可能符合標準化的考量下，會談也可以採取半結構式的方式來進行，這樣所獲得的資料將更具結構性。國外常使用的工具，例如：「兒童診斷性訪談表」（Diagnostic Interview Schedule for Children）（Costello, Edelbrock, Dulcan, Kalas, & Klaric, 1984），這是一個相當嚴密的訪談表，適用於七至十六歲的兒童，訪談的主題順序和用語都相當固定，它所包含的心理精神症狀相當廣泛，常作為初步過濾和分類之用。

(二) 行為的評估量表

量表的使用可以協助我們在短時間內了解孩子的問題，不過這只能作為初步的篩選，不能用來完全取代正式的會談和診斷。國外臨床上使用最廣的量表為「貝克憂鬱量表」（Beck Depression Inventory, BDI）（Beck, Ward, Mendelson, Mock, & Erbaugh, 1961），量表分為二十一個題目，包括：認知、行為、情緒以及身體等方面在憂鬱症狀的特殊徵象，此量表常用來評估青少年的憂鬱。「兒童憂鬱量表」（Children's Depression Inventory, CDI）（Kovacs, 1991）是由「貝克憂鬱量表」引申出來的量表，用來評估七至十七歲兒童的憂鬱性疾患；這個量表有二十七個題目，廣泛地評量所有憂鬱的症狀，可由孩子自行作答或由大人唸讀來回答。「憂鬱自我評量等級量表」（Depression Self-Rating Scale）（Birleson et al., 1987）是專門用來評估兒童中度和重度憂鬱的重要工具。另外，國外對於學齡前兒童憂鬱最常使用的評估工具有「行為篩選問卷」（Behavioural Screening Questionnaire）（Richman & Graham, 1971）、「學齡前兒童情緒症狀一般性評量」（General Rating of Affective Symptoms for Preschoolers）（Kashani, Holcomb, & Orvaschel, 1986）等，兩者皆是透過父母或幼兒園老師的觀察作答，用以鑑定幼兒的憂鬱狀況。

在國內部分，常使用的工具有「貝克憂鬱量表第二版」（BDI-II）中文版（陳心怡譯，2000），提供十三歲以上青少年的憂鬱評估，以作為診斷和安置的參考。陳淑惠修訂自 M. Kovacs 所編製之 Children's Depression Inventory

（CDI），編製了「台灣版兒童青少年憂鬱量表」（Children's Depression Inventory: Taiwan Version, CDI_TW；陳淑惠修訂，2008），用來快速有效評估八至十六歲兒童及青少年的憂鬱傾向。此量表有五個分量表（包括：負向情緒、效率低落、負向自尊、人際問題、失去興趣等）和一個整體特質的表現，共二十七題，台灣地區常模取樣自 1,934 名學生，量表之內部一致性係數介於 .80 至 .86 之間，全量表再測信度為 .85，顯示本量表在台灣地區也有同樣的穩定度，可作為憂鬱嚴重程度的評量指標，提供臨床與輔導實務工作之需。另外，董氏基金會也有編製「青少年憂鬱情緒自我檢視表」，提供十八歲以下的兒童及青少年進行自我篩檢（胡維恆等，2001）。

(三) 直接的行為觀察

　　有些憂鬱的症狀，例如：語言動作遲鈍、面部表情憂傷等，都是可以直接觀察到的。Altmann 與 Gotlib（1988）對兒童的社會行為進行觀察，他們發現憂鬱的兒童和別人接觸的時間顯然比其他正常的孩子少，即便和同伴有接觸，吵嘴和攻擊行為出現的頻率也比較高。研究結果顯示，直接的行為觀察與會談評估等二者間具有高度的相關，且行為觀察法對兒童憂鬱症的診斷具有高度的價值，但須由有經驗的臨床心理專家來執行（Kazdin, Esveldt-Dawson, Sherick, & Colbus, 1985）。

九、治療

　　由於憂鬱症有高度的共病性、造成功能缺失及高復發率，所以需要複合式的治療方法來持續療效及預防復發（Hammen, Rudolph, Weisz, Rao, & Burge, 1999）。如果孩子的情緒問題源自生理以及神經系統的缺陷，抗鬱劑的使用是考慮的重點。在心理治療方面，最基本的方法是採用認知行為治療（cognitive-behavior therapy, CBT）來改變目前的憂鬱症狀；約 70% 的憂鬱兒童對於認知行為治療有良好的短期及長期效果，而且可以預防復發（Brent et al., 1997）。此外，對於已有憂鬱傾向的孩子，小心防範自殺或自傷行為也是十分重要，若能配合社會技能訓練、人際取向治療、家庭治療等會有更好的效果。在一項維持

兩年的治療追蹤研究發現，運用認知行為治療搭配放鬆訓練，以提升青少年問題解決能力之團體心理治療，可以有效預防青少年憂鬱症的復發。也有報告指出，針對有憂鬱父母的家庭所執行的介入策略，可以促進家庭溝通並使兒童較能了解父母的疾病。然而，未來則需要進一步研究介入策略的優先順序。

但是相當可惜的是，有許多憂鬱的兒童及青少年並未接受協助。在一個社區樣本中發現，被診斷出有憂鬱症的十四至十八歲孩子中，只有 20% 至 30% 曾經接受過治療（Lewinsohn et al., 1991）。從青少年自殺的研究中發現，個案通常都合併有憂鬱症，並且在自殺之前約只有 7% 曾接受過治療。因為早發型的憂鬱症患者有高度復發的危險，可能終其一生會經歷多次的重鬱發作，因此治療愈早開始愈好，早期積極的介入可以減少單次憂鬱發作的持續時間、預防復發、減少醫療資源浪費，以及降低自殺率。兒童及青少年憂鬱症的不同治療取向，如表 10-2 所示。

以下擇要分述幾類治療取向之立論基礎、實施策略及相關療效。

(一) 認知行為治療（CBT）

Beck 的認知治療理論認為，憂鬱是起因於扭曲的思考方式，因此治療的重點是將憂鬱症患者從破壞性的認知中釋放出來，並調整錯誤的假設。由於本取向採用許多認知與行為的技巧，因此被稱為認知行為治療。

1. 認知策略

Stark（1990）根據 Beck 的理論，設計了三種處理兒童期憂鬱的認知策略：
(1) 治療者向孩子扭曲的想法提出挑戰，同時協助孩子對自我扭曲的想法提出挑戰，以理性的思考取代自動化的想法。
(2) 治療者協助孩子建立「變通的解釋」，教他如何產生變通且具建設性的想法。
(3) 治療者協助孩子建立「就算最壞的結果真的發生，仍有其他解決方法」的想法。

2. 行為策略

可以用下列的行為策略來協助改善兒童的憂鬱問題：

表 10-2 | 兒童及青少年憂鬱症的不同治療取向

治療法	治療重點
行為治療	目的在於增加環境中正向的良好行為，減少負向的處罰行為。所教導的技巧包括：社交或其他因應技巧、焦慮控制訓練，以及放鬆訓練。
認知治療	協助覺察悲觀與負向的想法、憂鬱性的信念與認知偏誤、對失敗自責性的錯誤歸因，以及對於成功缺乏自我鼓勵。一旦上述這些憂鬱特質思考模式被辨識出，即教導孩子由悲觀、負向的觀點，轉變成較正向、樂觀的觀點。
自我控制治療	教導長期性目標。強調對想法及心情的長期目標而非短期目標、更適應的歸因風格、更切實際的自我評估標準，以及增加自我鼓勵等進行自我監控。
認知行為治療	為心理社會介入策略最常使用的治療取向。綜合行為、認知及自我控制的整合性取向，教導新的歸因風格以便檢視悲觀的信念。
人際關係治療	探討造成憂鬱的家庭互動關係。除了個別的心理治療外，也會加入家族治療，以協助個體覺察負向的認知風格以及憂鬱對他人的影響，並增加其與家人及同儕愉快的互動機會。
支持性治療	提供支持性的治療。協助創造安全、支持的環境，使其覺得被他人了解與支持；試圖增加自尊，並減少憂鬱的症狀。
藥物治療	利用抗憂鬱劑、單胺氧化酶抑制劑（MAOIs）以及新的選擇性血清素再回收抑制劑（SSRIs）等，來治療憂鬱症。

資料來源：引自 Mash & Wolfe (2007)

(1) 自我監督：訓練孩子觀察和記錄自己的行為，以及他（她）對這些行為的看法和感受。使其了解到要改變自己的情緒，往往要先從改變自己的行為和思考著手。

(2) 自我評估：訓練孩子客觀地評估自己的想法和行為，尤其是找出負向、不合理的想法，同時進行認知改變以及行為訓練。

(3) 自我增強：訓練孩子對自己正向的行為給予獎勵；自我增強有助於自信心與自尊心的建立，也是自我控制策略中重要的步驟。

(4) 日常活動的時間表：用來幫助孩子增加活動的參與度，同時減少被憂鬱情緒糾纏的機會。先從簡單的活動開始，當孩子完成這些活動時，要給

予鼓勵與增強，等孩子有了進步再逐漸增加活動的難度和深度。

(5) 漸進式肌肉放鬆練習：透過重複肌肉收縮與放鬆的程序，來消除身心的緊張焦慮，體會輕鬆愉悅的感受。

(二) 心理社會的介入策略

1. 針對兒童的整合性治療取向

Stark 與 Kendall（1996）發展一套稱為 Taking ACTION 的治療計畫來協助憂鬱症的兒童及家人，內容包括個別及團體治療兩大部分。由於負向的親子互動會造成負向的思考模式，所以改變不適應的家庭互動模式是 Taking ACTION 此治療計畫相當重要的特色。但是這個計畫的理論、研究背景，以及對於憂鬱症的療效等，仍需要更多的研究資料來加以證實。

A：Always，總是要從事令你感到愉悅的事物。

C：Catch，找出正向之處。

T：Think，將其視為是有待解決的問題。

I：Inspect，檢視情況。

O：Open，開放自己樂觀以對。

N：Never，永遠不要陷入負向的泥沼。

2. 針對青少年的整合性治療取向

Clarke、Lewinsohn 與 Hops（1990）發展出 Adolescent Coping with Depression Course（CWD-A）治療計畫，主要是希望透過技巧的教導，來增加青少年對心情的控制力以及對問題情境的因應能力。此計畫以團體治療的方式進行，為期八週十六次（每週兩次，每次兩小時），主要是運用團體活動以及角色扮演的技巧。此外，並同時進行家長效能團體治療來維持孩子在治療中所學的新技巧。主要治療內容包括：

(1) 自我改變技巧，例如：情緒及行為的自我監控、切合實際的目標建立。

(2) 增加任何有增強效果的正向活動參與機會。

(3) 藉由自我覺察、辯證以及改變負向認知來增加正向思考。

(4) 訓練社交及溝通技巧。

(5) 教導特定技巧，例如：對話技巧、安排社交活動，以及如何交朋友。

(6) 最後一次治療則強化所學技巧，並訂出未來的計畫。

(三) 藥物治療

研究結果顯示，治療成人憂鬱症的抗憂鬱劑（例如：SSRIs），在兒童及青少年的療效並沒有比安慰劑佳，甚至可能會引起心血管疾病的副作用。儘管目前藥物療效之研究結果不甚一致，僅約一半左右的兒童及青少年對於 SSRIs 有反應，然而，考慮用藥劑量的變動性、藥物治療時間的長短以及結合其他的療法仍是必須的。

(四) 電痙攣治療（**Electroconvulsive therapy, ECT**）

1938 年由義大利神經科醫師 Cerletti 和 Bini（Endler, 1988）首度採用，是一個爭議性極高的治療方式，且很少用在年輕的孩子身上。對於極少數青少年因深受極端嚴重憂鬱之苦，但無法對其他治療法產生療效時，最後可能會考慮採用 ECT。有關 ECT 在青少年施行的療效仍缺乏系統性的實徵研究，但就現有可用的資料顯示，其效用（大約近六成的改善幅度）和副作用大致與成人的結果相似。

雙相情緒及其相關障礙症

雖然雙相情緒及其相關障礙症（Bipolar and Related Disorders）通常被視為是成人的疾病，但它仍可能出現在兒童及青少年，只不過至今仍受到較少的關注。而之所以很難辨識兒童雙相情緒障礙症的原因在於它的發生率低、每次發作所呈現的臨床多變性，以及常與其他常見的兒童心智疾患（例如：ADHD）之症狀相互重疊（Bowring & Kovacs, 1992; Egeland, Hostetter, Pauls, & Sussex, 2000）。對年輕族群雙相情緒障礙症進行系統性的相關研究是未來心理、精神醫學需努力的方向，以下就現有的文獻資料做簡要的整理與介紹。

一、主要症狀

　　相較於成人，雙相情緒障礙症孩童在躁狂發作時的症狀較不典型，其情緒、精神運動性激動及心智活躍等狀態變化，通常是變動的而非持續性的，且社會環境與發展上的限制對於孩子不顧後果的魯莽行為會有所約束。然而，即便如此，雙相情緒障礙症孩童仍會顯現出嚴重且週期性的心情變化，躁狂發作通常是陣發性，有一個開始和結束，與孩子平日正常的狀況截然不同（Carlson, 1995）。

　　在躁狂充分發作期間，孩子可能會有強烈的暴躁、憤怒等症狀，有時也會表現出愚蠢、輕浮、過於興奮、多話，並伴隨著自我膨脹、誇大的信念（例如：一個十歲的孩子堅信他／她能夠與上帝有特別的溝通）。雖然假裝自己有特殊的力量或能力對孩子而言是很普遍正常的事，但有雙相情緒障礙症的孩子在躁狂發作時，真的相信自己能夠在水中行走、飛翔、控制交通、從大樓跳下來也不會受傷或死亡。一般而言，這類誇大的念頭很少發生在幼童身上，約莫九至十歲的年紀才開始出現。雙相情緒障礙症青少年患者容易將誇大的妄想付諸行動（Jamison, 1997），其中常見的自大狂表現包括：擾亂老師應該要如何教學；故意讓某科考試不及格以實現其不合理的信念（例如：他們可以自行決定哪些科目考試會過關）；偷昂貴物品卻堅信自己此種行為是超越法律，而對父母警察等人的勸說無動於衷；相信自己會變得很出名（例如：個子矮小、動作笨拙且缺乏任何運動細胞的孩子勤練籃球，因他相信自己有朝一日會成為下一位Michael Jordan）。孩子在躁狂發作時，其話語、思考以及行動也會變得快速，典型的症狀包括：說話無法自我克制、音量大、快速且很難插入、完全不顧他人溝通的意願；語言內容有開玩笑、雙關俏皮語、不對題的笑謔語等。同時思考跑得很快（racing thought），時常快到無法以言語表達，常伴隨意念飛躍（flight of ideas），不停且不合邏輯地從一個話題跳到另一個話題。無法靜下來休息、焦躁亢奮、不睡覺等在雙相情緒障礙症孩童身上也是很典型的現象，他們可能經歷到不符合現實的自尊心提升與高張的精力，甚至好幾天都睡得很少或不睡也不會感到疲累（例如：他們可以在就寢時間花好幾個小時重新整理

抽屜、衣櫃）。高度的精神運動性激動使他們得以從事許多目標導向的活動（例如：他們能在短時間內畫完好幾張圖、讀完一本書、寫好信、回覆幾通電話，並打掃整理好房子）。雖然他們可以花好幾個小時投注在感興趣的事上，例如：畫圖、彈奏樂器、從事幻想的遊戲，但他們也非常容易分心，經常從一件事跳到另外一件事（Geller & Luby, 1997）。

　　躁狂發作時其高升的情緒容易賦予孩子快樂、雀躍的外表，因此在評估孩子現階段的心情時，有必要將其過去的歷史納入考量，特別是當孩子出現興高采烈的情緒與他在學校闖禍、發生家庭衝突或涉入法律訴訟等現況不一致時（Geller & Luby, 1997）。

二、DSM-5 診斷準則

　　DSM-5（APA, 2013）依據有否「躁狂發作」（Manic Episode）、「重鬱發作」（Major Depressive Episode, MDE）及「輕躁狂發作」（Hypomanic Episode）等狀況，將雙相情緒障礙症區分為「第一型雙相情緒障礙症」（Bipolar I Disorder）、「第二型雙相情緒障礙症」（Bipolar II Disorder），以及「循環型情緒障礙症」（Cyclothymic Disorder）等亞型。此雖與DSM-IV-TR的亞型分類並無二致，但DSM-5特別將「增加活動或精力」視為是躁症發作的一個重要顯著症狀，以提升診斷的準確性並協助早期偵測。原因是許多患者將高昂的情緒視為是自己原有的一部分，因而忽略將其視為是精神出問題的指標；但患者卻比較「記得」曾在一段明確的時間內，增加活動或精力（Weis, 2014）。相關診斷準則茲分述如下：

(一) 發作特質

1. 躁狂發作

A. 在一段明確的時期內，出現異常且持續地高昂、開闊或易怒的心情；以及異常且持續地增加目標導向的活動或精力。這段異常心情和活動的時期需持續至少一星期，且將近一整天、幾乎每天皆呈現此種狀態。

B. 在情緒障礙及精力或活動增加期間，需下列附屬症狀中至少三項行為

（若只有易怒的心情則需要至少四項）呈現顯著的改變（與過去平常行為相較）：

1. 膨脹的自尊心或自大狂。
2. 睡眠需求減少（只睡三小時就覺得休息夠了）。
3. 不尋常的多話或不能克制的多話。
4. 意念飛躍或主觀感受到思考在奔馳。
5. 注意力分散（容易受不重要或無關的外在刺激所干擾）。
6. 增加目的取向之活動（包括：社交、學校、工作、性）或精神運動性激動。
7. 過度參與極可能帶來痛苦後果的享樂活動（例如：無限制的購物、輕率的性行為或愚蠢的商業投資）。

C. 此情緒障礙嚴重到足以導致社交或職業功能顯著的損害，或有必要住院以防止其自傷、傷人或其他精神病症狀。

D. 這些症狀不是因為物質（例如：藥物濫用、醫藥處置或其他治療）所誘發的生理效應或其他內科狀況（例如：甲狀腺功能低下）所致。

2. **輕躁狂發作：**

輕躁狂發作與躁狂發作的症狀類似，但在強度、持續度與功能損害的程度上有所不同。

A. 與躁狂發作診斷準則 A 相同，但症狀只有必須延續至少四天。

B. 與躁狂發作診斷準則 B 相同。

C. 輕躁狂發作時其功能有明顯的改變，與平日正常沒發作時的狀態有所不同。

D. 情緒障礙和功能變化可由他人觀察得知。

E. 輕躁狂發作時並未嚴重到足以造成社會或職業功能的顯著損害或必須住院治療，並且沒有精神病症狀，若有則需給予躁狂發作的診斷。

F. 這些症狀不是因為物質（例如：藥物濫用、醫藥處置或其他治療）所誘發的生理效應或其他內科狀況（例如：甲狀腺功能低下）所致。

3. **重鬱發作**（參見重鬱症診斷準則）

(二) 亞型

1. **第一型雙相情緒障礙症**：臨床病程特徵為必須發生一次或多次躁狂發作，患者也常合併有輕躁狂發作或重鬱發作（但此二者並非必要條件）。

2. **第二型雙相情緒障礙症**：臨床病程特徵為發生一次或多次重鬱性發作，同時伴隨至少有一次輕躁狂發作；若曾有過躁狂發作，即可排除第二型雙相情緒障礙症之診斷。

3. **循環型情緒障礙症**：基本特質是慢性且起伏不定的情緒障礙，診斷準則為：

   A. 至少一年以來（成人為兩年），出現多次的輕躁狂症狀時期與憂鬱症狀時期，且這些時期的症狀持續時間、數目、嚴重度、廣泛性等並不足以符合躁狂發作及重鬱發作的診斷準則。

   B. 在情緒障礙的一年期間裡，輕躁狂症狀和憂鬱症狀至少出現一半的時間，且無症狀時期從未一次超過兩個月以上。

   C. 從未符合重鬱發作、躁狂發作或輕躁狂發作的診斷準則。

   D. 診斷準則 A 的症狀，無法以情感思覺失調症、思覺失調症、類思覺失調症、妄想症，或其他特定、非特定思覺失調類群症，及其他精神病症等做更好的解釋。

   E. 這些症狀不是因為物質（例如：藥物濫用、醫藥處置或其他治療）所誘發的生理效應或其他內科狀況（例如：甲狀腺功能低下）所致。

   F. 這些症狀造成臨床上顯著痛苦或損害其社會、職業以及其他重要領域的功能。

三、共病 ⭐

　　雙相情緒障礙症孩童中有許多案例是疾病初發前就有既存的情緒行為問題，最常見的共病為注意力不足／過動症（請參閱第五章）、行為規範障礙症與對立反抗症（請參閱第六章）、焦慮症（請參閱第七章），以及物質使用障礙症（請參見 DSM-5 關於物質相關及成癮障礙症之介紹，意指一種適應不良的物質使用模式，易導致臨床上重大損害或痛苦）。雙相情緒障礙症兒童中約

90%（青少年約 30%）有注意力不足／過動症，20% 有行為規範障礙症與對立反抗症。

四、盛行率 ⭐

相較於重鬱症，兒童及青少年雙相情緒障礙症更加少見，其終身盛行率大約為 0.4% 至 1.2%。由於年輕孩童的躁狂症狀通常不會持續到一個禮拜以致能符合 DSM 躁狂發作的準則，因此最常見的診斷是較輕微的第二型雙相情緒障礙症及循環型情緒障礙症（Lewinsohn, Klein, & Seeley, 1995）。兒童容易呈現快速週期的發作（為期一年的情緒障礙中至少有四次的情緒發作），約 80%的兒童顯示此種發作型態的情緒障礙（Geller et al., 1995）。雙相情緒障礙症在年幼孩子身上很罕見，但過了青春期後其發生率便顯著地增加；研究顯示，早發型雙相情緒障礙症（特別在十三歲前初發）對男孩的影響更勝於女孩。雙相情緒障礙症的盛行率不因種族、文化而有所不同。

五、病程 ⭐

所有雙相情緒障礙症患者中約有 20% 在青少年期出現第一次的情緒發作，初發的高峰年齡落在十五至十九歲間。大部分雙相情緒障礙症兒童報告他們第一次的情緒發作是重鬱，此與許多提到由憂鬱轉為躁狂的報告結果相一致（Geller & Luby, 1997）。躁狂的危險因子包括：快速初發的重鬱發作、精神運動性遲滯、精神病症狀，以及情感性疾患的家族病史（特別是雙相情緒障礙症）。當孩子出現第一次明顯的躁狂發作後，接下來可能還會接連出現幾次的躁狂發作。比起重鬱發作，雙相情緒障礙症發作的時間通常較短，大約 75% 的青少年在六個月內會康復。

在年輕的雙相情緒障礙症族群中，可分為兩類：(1)在青春期或青少年前期初發，其雙相情緒障礙症的特性是呈現連續的、混合躁狂與憂鬱，以及多個短暫發作的快速週期（例如：在他們正高興地玩著電腦的當下，卻沒來由地立刻陷入痛苦、想要割腕自殺的狀態）；(2)在青少年晚期初發的雙相情緒障礙症，通常最先出現的是躁狂發作，有很明確的開始和結束；發作通常持續數週，發

作結束後其症狀會有所改善。青少年躁狂發作時常會呈現相當複雜的狀況，包括：精神病症狀（例如：幻覺和妄想等思考障礙）、心情不穩（例如：混合躁狂與憂鬱症狀）與嚴重的行為退化。呈現型態的多變性或許是導致青少年雙相情緒障礙症診斷被低估的原因（通常會被誤診為思覺失調症）。在回溯成人雙相情緒障礙症的病史中常發現，其約在青春期左右開始出現心情擺盪的症狀，然而，通常還要隔五至十年之久，才會嚴重到被發現並送醫治療（Carlson, 1994）。

　　早發性的雙相情緒障礙症其病程通常是慢性且對治療的反應不佳，與成人患者不良的長期預後相類似。幾乎 50% 的青少年雙相情緒障礙症患者從來不曾有過完全的症狀緩解，且相較於發病前，其功能仍有顯著的損害。雙相情緒障礙症對發展所造成的長遠性衝擊應是相當地大，但迄今仍少有對此做系統性的研究（Geller & Luby, 1997）。

六、病因 ✶

　　目前關於兒童及青少年雙相情緒障礙症病因之研究仍相當少，從家族和基因研究結果顯示，雙相情緒障礙症是綜合基因脆弱性與環境因素（例如：生活壓力或家庭困擾）交互作用的結果。雖然雙相情緒障礙症可以影響任何人，但無疑地此為一種家族性疾患，假如雙親中的任何一位患有雙相情緒障礙症，則他們的孩子日後有更大的機率也會發展出雙相情緒障礙症或其他的情感性疾患。此外，如果雙親患有注意力不足／過動症或行為規範障礙症，則孩子也是雙相情緒障礙症的高危險群。在早發型的雙相情緒障礙症個案中，其一等親的終身盛行率約為 15%，為一般族群盛行率的十五倍。愈來愈多的研究證據顯示，雙相情緒障礙症源自多重基因的複雜遺傳模式（Geller & Luby, 1997）。

七、治療 ✶

　　目前有關兒童及青少年雙相情緒障礙症的治療仍是未被研究的領域，原則上通常需要多重模式的治療計畫，包括：提升患童和家人對此疾患的認識與了解、藥物治療（鋰鹽）、心理治療處理相關的社會功能損害；整體而言，主要

治療目標為降低雙相情緒障礙症症狀、預防再復發，以及減少長期生病，以提升孩子的正常發展與健康。兒童及青少年雙相情緒障礙症的藥物治療在臨床上有一些成功案例，然有關藥物治療之控制組研究仍相當有限，現今仍援用成人的藥物治療經驗，例如：三環抗憂鬱劑（TCA）。一般而言，鋰鹽是治療雙相情緒障礙症的首要選擇，其他還包括 SSRIs（選擇性血清素再回收抑制劑）；非正式的回顧報告指出，鋰鹽對年輕孩童雙相情緒障礙症的療效與成人類似但反應率較低（Carlson, 1994）。鋰鹽治療劑量不當的使用其副作用相當嚴重，包括：引發毒性、腎臟與甲狀腺的問題，以及體重明顯增加。因此，倘若孩童身處於混亂的家庭或是無法經常赴約以接受鋰鹽濃度及腎臟和甲狀腺功能的監測時，則不予以考慮鋰鹽藥物治療。

然而，藥物治療無法協助患童恢復相關的功能性損害，包括：原先既存或同時發生的物質濫用、學習和行為問題、家庭和同儕衝突等相關議題。目前有關兒童及青少年雙相情緒障礙症之社會心理處遇的研究相當地少，也沒有針對躁狂發作時的特殊心理治療。研究顯示，不遵從藥物治療是雙相情緒障礙症再復發的主因，因此社會心理處遇應包括對家庭的再教育，使其了解不遵從醫囑的負面影響以及警覺再復發的癥兆（例如：睡眠剝奪或物質濫用等）。

自殺

憂鬱與自殺（suicide）的相關是無庸置疑的，通常明顯的無助及絕望感會導致自殺的意念，雖然自殺意念也常出現於其他疾患中，但是自殺企圖卻是憂鬱症特有的行為。自殺是美國兒童及青少年十大死因中的第三位，研究指出，大部分憂鬱的兒童及青少年（約 70%）都有過自殺意念，其中約 16% 至 30% 真的會產生自殺的企圖，並且有一半以上的人會復發（Kovacs, Goldston, & Gatsonis, 1993）。董氏基金會先前發表調查估計，國內每四至五個青少年就有一人有憂鬱情緒的傾向。雖然不是每位憂鬱的患者都會自殺，但是自殺者中，生前大約 70% 至 80% 有憂鬱的症狀。兒童及青少年自殺是一個重大的悲劇，不僅是孩子個人和家庭的損失，更是學校和社會的嚴重問題。因此，如何早期

發現高危險群並早期預防實為當務之急。以下就自殺的定義、徵兆、危險因子、衡鑑、防治等部分加以探討介紹。

一、自殺的定義

自殺是個體以自己的意願與手段結束自己的生命，它是人類處於生理、心理、人際社會等各種因素所產生敵意或混亂反應下的自我傷害行為。有時，它是個體用以傳達情緒、控制他人，甚或換取某種利益（精神上或實質上）的一種溝通方式，然而，更多數時候是為了逃避內心深處的罪惡感及無價值感而採取的行動。以下根據世界衛生組織（WHO）的定義，將自殺分四個層面加以說明：

1. 自殺意念（suicide ideation）：指與「死亡」、「自殺」有關的念頭與想法。
2. 自殺行為（suicide action）：指動機明確，所產生不同程度致死性的自殘行為，包括：自殺企圖與自殺完成。
3. 自殺企圖（suicide attempt）：自殺未遂、未造成死亡的自殺行為。
4. 自殺完成（suicide completion）：造成死亡的自殺行為。

二、自殺行為之特徵與徵兆

根據 Pfeffer（1992）的統計，兒童及青少年常用的自殺方法包括：從高處跳下、服藥／毒、割腕、引（燃）火、用刀刺殺、衝撞車道。兒童自殺死亡率比青少年低的主要原因是其所採用的方法大都造成自殺未遂，因而未列入統計。女孩自殺企圖是男孩的三倍，但男孩自殺致死的數目是女孩的四倍，這是因為男生比較衝動而且易採取致命的手段（例如：用槍）所致。孩子是否有自殺意念，多少可從他們平日的言語、行動上觀察出來。在言語上，他們可能會說：「我覺得沒什麼未來」、「生活不可能好起來了」、「活著不值得」、「我不會再煩你了」、「沒有我，你們會過得更好」、「我很希望睡一覺後就不再醒來」等；在行動方面，如果發現他們突然開始寫信、把心愛的東西送走、有自傷的行為、對藥物或武器的來源突然感興趣等，就須提高警覺小心防範。Muse

（1990）提出下列幾項需特別留意有關孩子自殺前的行為徵兆：

1. 不願談到或討論未來的事，道別時有永遠告別的意味，或是一再提示他走了以後的後事。另外，倘若孩子平時常提到自殺的事，當有一天他不再提及此事時，很可能危機已迫在眉睫，因當他下定決心要結束自己的生命時，通常不願讓別人知道其自殺的時間、地點和方法。

2. 一個長期鬱悶不樂的孩子突然開朗起來，這可能意味著他已完成詳密的自殺計畫而有如釋重負的解脫感。

3. 孩子開始把自己最珍貴的東西（例如：玩具、紀念品）分送給他人，似乎在替這些最心愛的東西找新的主人。

4. 孩子一再地出現意外的傷害，事實上這些不一定是意外，而是有自殺的意圖。有些青少年一再酒醉肇事，或者年紀較大的孩子「誤飲」清潔劑等，都值得調查追蹤。

三、共病

兒童及青少年自殺最常共病的是雙相情緒障礙症及憂鬱症等疾患（特別是重鬱症）。此外，行為規範障礙症、物質濫用等更增加了自殺企圖的危險性（Kovacs et al., 1993）。

四、盛行率

1. 2013年，台灣十五至二十四歲死亡數為 1,226 人，死亡率為每十萬人口 38.4 人，若與上年比較，死亡數減少 8.5%，死亡率降 7.7%。長期而言，十五至二十四歲者死亡率多呈下降趨勢，近十年降幅達 32.2%（如圖 10-2 所示）。然十五至二十四歲者十大死因中，自殺排名已升高至第二位，死亡百分比占 13.5%，僅次於意外事故（衛生福利部統計處，2013a）；另推估有自殺企圖、自殺未遂以及未通報個案數量應有逐年上升之趨勢。

2. 十五至二十四歲者前五大死因分別是事故傷害、自殺、癌症、心臟疾病和他殺，這五項已囊括青少年絕大多數的死因，其中事故傷害占青少年死因的 47.1%，此亦包含了以意外事故自殺的案例，而蓄意自我傷害（自殺）

則占青少年死因的 13.5%（衛生福利部統計處，2013b）。

3. 台灣地區歷年兒童、青少年與全體人口自殺死亡率統計，請參見表 10-3。

五、病程 ★

1. **初發**：自殺企圖和自殺完成在青春期之前是很罕見的，但是到了青少年中後期便顯著地增加（Hawton, 1986）。

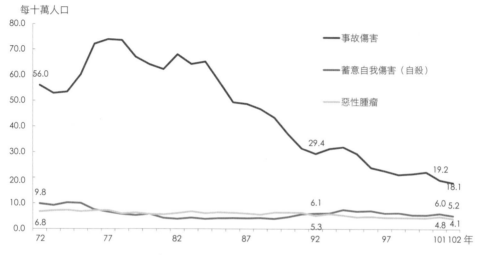

圖 **10-2** │ 歷年 15-24 歲三大主要死因死亡率

表 **10-3** │ 台灣地區歷年兒童、青少年與全體人口自殺統計表

死亡率	10 至 14 歲	15 至 19 歲	20 至 24 歲	全體
2009 年	0.4	3.7	8.9	17.6
2010 年	0.4	3	8.1	16.8
2011 年	0.3	2.6	8.3	15.1
2012 年	0.6	3.1	9	16.2
2013 年	0.3	2.6	7.7	15.3

註：1. 自殺死亡率按年齡別分。
　　 2. 死亡率：每十萬人口死亡人數。
　　 3. 死亡百分比：自殺死亡總人數占所有死亡人數之百分比。
資料來源：衛生福利部統計處（2013 c）

2. **病程**：憂鬱兒童第一次自殺企圖的高峰年紀為十三、十四歲，通常以服藥的方式進行。憂鬱青少年的自殺意念率大致相當穩定，然自殺企圖率於十七歲（平均年齡）時則倍增到 24%，但是過了十七至十八歲後，其比率會明顯下降。可能是因為隨著發展的成熟，其愈來愈能忍受負向的情緒狀態以及獲得更多的因應資源，所以悲傷時較不會有自殺企圖（Kovacs et al., 1993）。

六、病因（自殺之危險因子）

(一) 背景因素

1. **性別、年齡**：雖然男性自殺率比女性高，但有自殺意念之女性比男性多。而在所有自殺人口中，十五至二十四歲此一階段，是自殺率增加最快的年齡階層。

2. **種族及宗教**：統計顯示，青少年之自殺意念、自殺計畫，以及自殺企圖等會因不同的種族、生活習慣而異。有一研究比較生活在美國之亞裔、拉丁裔、非裔、原住民，以及白人等不同種族間青少年的自殺率，結果發現，美國原住民青少年的自殺率平均偏高，而非裔美籍青少年的自殺率最低（Centers for Disease Control, 1994）。在台灣，原住民男性青年的自殺率偏高。某些宗教（例如：天主教、回教）視自殺為一種禁忌或罪惡，可能使青少年教友不會輕易採取自殺行動；但也有些宗教信仰者或氣功者，常因「走火入魔」而走上自殺之路。

(二) 生理與精神異常因素

自殺行為可能跟某些神經傳導物質（5-HIAA 濃度較低）異常有關。兒童及青少年的自殺行為亦可能與物質濫用、行為規範障礙症、情緒異常、人格障礙、思覺失調症等精神異常狀態有關。根據精神醫學研究報告，精神疾病患者自殺率高達 20%。

(三) 心理因素

　　一般來說，孩子在自殺時可能處於憂鬱、無助、無望、憤怒、寂寞、罪惡感、害怕等情緒狀態。而認知僵化、過度類化、選擇性摘錄和不正確標記等認知上的扭曲，以及問題解決能力不足、暴躁、易怒、缺乏衝動控制能力等，也可能造成兒童及青少年在面對不如意情境或沮喪挫折時，採取自殺的方式來因應問題。在一個針對精神疾患兒童所作，為期七至九年的追蹤研究發現，有84%的自殺企圖發生在憂鬱症狀時期，重鬱症患童的自殺率是控制組的二十七倍。

(四) 社會環境因素

1. **學業及人際因素**：學校的課業成就不佳、課業壓力過大，以及人際交往上的衝突、挫敗，可能導致孩子感到無望與無價值感，因而發展出自殺的想法或行為。
2. **家庭因素**：家庭暴力、雙親爭執、冷淡忽略的親子關係，以及父母離婚、分居或死亡等家庭因素，亦可能導致孩子無法發展出良好的生活因應技巧。
3. **社經因素**：若家庭缺少工作機會、喪失社會地位，或是出現經濟危機時，也可能會使孩子出現自殺傾向。

七、衡鑑

　　Muse（1990）的報告指出，很多孩子在經過治療之後憂鬱症狀大有起色，於是家人從嚴密戒備中鬆懈下來，結果疏忽鑄成大錯。事實上，當憂鬱症狀有明顯的進步時，有可能是最容易發生自殺的時候，因為此時病童恢復了一些精力，想要掌握自己的命運，同時又有動機來執行原來無法實施的自殺計畫。此外，除了孩子本身的自殺傾向之外，環境中的促發因素也不可忽略。因此，如何根據孩子所發出的訊息加以判斷其真正的自殺意圖與自殺危險性，在危機預防及處理上扮演相當重要的過程，也是決定危機處理方式的重要依據。以下簡

述自殺衡鑑的重點和注意事項。

(一) 自殺危險因子評估

1. 潛在危險因子

(1) 疾病：同時罹患雙相情緒障礙症、憂鬱症、物質使用障礙症、思覺失調症等疾患，以及其他慢性病等。

(2) 先前有過自殺企圖：尤其是在六個月以內有過此企圖。如果能了解前次的過程，則有助於判斷孩子再自殺的可能性。通常在該次嘗試中，若有避免被別人發現、事前事後不告知他人的情形，則自殺的可能性最高。

(3) 性格特質：如負面認知（自我批評）、情緒穩定度低、挫折忍受力低、問題解決力缺乏、衝動性高等。

2. 急性危險因子

(1) 壓力事件：困境（退學、不及格）、失落（失去所愛的人、喪失自尊）、緊急衝突事件（被同儕排斥、孤立）。

(2) 負面想法與情緒的產生：災難化、無助、絕望 —— 害怕、憂鬱、沮喪 —— 自殺意念不應該 —— 悔恨、自恨 —— 自殺意念。

(3) 模仿：認同自殺的對象。孩子在成長的過程中，是否知道別人有過自殺意圖或是真的自殺；更重要的是，孩子是否清楚這位自殺的人如何執行自殺。當家中曾有人自殺身亡、親人或親近的朋友最近去世、新聞媒體大幅報導自殺事件等因素，都可能觸發自殺的念頭。

(4) 自殺途徑的可行性：如果孩子常有獨處的機會或自殺工具垂手可得，例如：藥品、致命物品、槍械等，那麼危險性自然會增加。

3. 自殺危險因子篩選量表

(1) 「貝克憂鬱量表第二版」（Beck Depression Inventory II, BDI-II）中文版，中國行為科學社出版，評估個案憂鬱程度，適用對象：十七歲以上。

(2) 「貝克焦慮量表」（Beck Anxiety Inventory, BAI）中文版，中國行為科學社出版，評估個案焦慮程度，適用對象：十七歲以上。

(3)「柯氏憂鬱量表」，柯慧貞教授編製（未正式出版），評估個案憂鬱程度，適用對象：國中以上。

(二) 自殺意念評估

1. 自殺概念的了解

孩子在自殺前，一定會在腦海中盤旋著與「死亡」有關的概念，通常他們對死亡有著某種特殊的想法，可能是扭曲的死亡概念，或是對死亡抱持著「神奇的想法」，例如：死亡是種暫時的解脫、死後還會復活、死亡可以幫助一個人解脫困境，所以死亡是快樂的。因此，當孩子愈扭曲死亡的看法，則其自殺的危險性就愈高。

2. 探索自殺意念

(1) 評估孩子是否曾出現下列自我毀滅（self-annihilating）的想法與念頭：

①「絕望感」念頭：如，我讓家人那麼痛苦，如果沒有我，家人會更好，我最好消失，以免他們難過痛苦。

②「放棄性」念頭：如，再做些什麼也沒意義，沒什麼用了。

③用「自我傷害性」念頭：如，乾脆出意外讓我死掉算了。

④「自殺」念頭：如，若有足夠的安眠藥，就可以隨時讓我解脫了。

⑤「履行自殺計畫」念頭：如，我想的夠久了，死亡是唯一的解決途徑了。

(2) 上述五項評估後，如孩子已出現自殺意念，請確定：出現時間多久、頻率、自殺想法的強度、自殺想法的背後理由。

(三)自殺意念量表

1. 「貝克自殺意念量表」（Beck Scale for Suicide Ideation, BSS）中文版，中國行為科學社出版，評估個案的自殺想法，適用對象：十七歲以上。

2. 「貝克絕望感量表」（Beck Hopeless Scale, BHS）中文版，中國行為科學社出版，評估個案對未來的負向態度，適用對象：十七歲以上。

(四) 自殺計畫評估

　　孩子是否有自殺計畫是個重要評斷點，計畫愈詳細、完整，自殺的危險性愈高。在晤談過程中，多問孩子「如何」（how），少問「為什麼」（why）的問題。自殺計畫評估包括如下：

1. 詢問計畫的特定內容細節（以下危機程度為低、中、高）：(1)模糊、沒有什麼特別的計畫；(2)有些特別計畫；(3)有完整之步驟做法，清楚訂出時、地及方法。

2. 評估使用方法的致命程度，以何種途徑達成：(1)服藥丸、割腕；(2)藥物、酒精、一氧化碳；(3)手槍、上吊、自焚、跳樓、撞車。

3. 評估真正執行自殺計畫的可能性：(1)工具之取得，①尚未有；②很容易取得；③手邊即有；(2)時間，①沒有特定時間；②幾小時內；③馬上。

4. 最近可取得的社會求助資源：(1)大多數時間均有人在旁，獲救機會大；(2)如果求救會有人來，獲救機會不大；(3)沒有人在附近，獲救機會小。

(五) 支持資源評估

　　若是孩子隨時能獲得他人在精神上或物質上的幫忙，則自殺危險性較低；如果人際支援不是持續性的、隨時都有的，則自殺危險性便會提高；如果遇到困擾不僅得不到家庭或朋友的幫忙，而且家人或朋友採敵視、中傷或不管的態度時，則自殺危險性便大大提升。

八、治療

(一) 自殺的預防

　　雖然有一部分孩子在自殺前完全沒有任何徵兆，但自殺訊息的發出，常意味著孩子在吸引他人的注意或求助。由於孩子的生死常是一念之差，因此自殺的防範需要父母和老師細心、敏銳地觀察孩子可能有的自殺徵兆，然後採取必要的措施。Muse（1990）對此提出下列建議：

1. 私下探聽孩子的意向。例如：問他下個週末有什麼活動？今年暑假有什麼

特別的計畫？

2. 觀察孩子的一舉一動，以相關的事物來試探他目前的動向。

3. 對年幼的孩子可以直接臆測和詢問其心中的感受。

4. 提供孩子傾吐的機會。父母和老師採取傾聽、接納的心態，不必急於勸說或教訓。

5. 如果事關緊要，可以直接探詢孩子是否有自殺意念與自殺企圖。倘若他沒有這種念頭、舉動，可能會笑父母或老師多猜疑而一笑置之；若有，孩子可能會因大人的關懷、支持而打消自殺的念頭。

6. 危機處理。如果種種跡象顯示孩子有自殺傾向，即便他矢口否認，大人仍需全天候監視戒備，並尋求專家的協助，必要時甚至要考慮住院治療。

(二) 自殺的危機處理

1. 處理目標：(1)解決立即的危機；(2)減少自殺的可能性；(3)給予希望；(4)減緩症狀。

2. 處理行動

(1) 評估自殺危險性。和孩子討論其自殺意念、計畫、行動、動機及其他的選擇與活下來的理由。

(2) 討論不自殺契約。

(3) 做精神評估並決定是否給予住院治療：

①等待住院期間，需有人隨時陪伴孩子，以防不測。

②住院期間，固定時間去探望孩子。

③危險物品的周密檢查：如刮鬍刀、玻璃瓶及其他可能危及生命的物品都須妥善地隔離、收藏。

④具有監視器的保護室。

⑤適當的保護約束。

(4) 適當的身體治療：如電痙攣（ECT）、藥物等治療。

(5) 實施心理治療：如認知行為治療、人際治療、家族治療。

(6) 增加治療的次數及時間長度。

(7) 常常重新評估治療計畫。

(8) 提供二十四小時危機處理服務。

(9) 積極與其家庭合作以防止自殺，去除致命或危險物品。

(10)對於自殺未遂者家屬，需教導其辨識孩子再度自殺之徵兆，以及減少環境的危險性；並提供家屬情緒支持，以減少其面臨孩子自殺之負向情緒。

Chapter 11
自閉症類群障礙症

許美雲

案例一

　　小亞就讀國小三年級，是家中的獨子，媽媽為職業婦女且工作很忙，所以從出生第三個月起由印尼籍外傭帶至兩歲半。小亞的語言發展很快，十一個月即會叫媽媽，且在其十個月大時即理解當他拍手之後，大人就會把電視打開讓他看「天線寶寶」，媽媽一直覺得小亞是一個小天才，但他的動作發展有明顯的落後現象，十四個月才會走路。隨著小亞逐漸長大，媽媽發現小亞有些特別的固執行為與感官上的需求，例如：晚上睡覺時一定要摸大人的頭髮才睡得著。在其四歲時，媽媽帶著小亞出國，小亞坐在遊覽車最後一排，竟然可以目不轉晴的盯著窗外流下來的雨水長達四十分鐘。此外，有一更特別的地方，小亞有時會不顧他人的自轉圈，媽媽曾問過小亞為什麼他要自轉圈？他回答媽媽：「轉完圈後很舒服。」

　　小亞兩歲半即開始就讀全美語幼兒園，原本媽媽讓他就讀混齡的幼兒園，但裡面有小小班的小嬰兒，他只讀了兩天，就堅持不進幼兒園，因為小小班的小嬰兒會哭，他怕小朋友哭，媽媽才將其轉到非混齡的全美語幼兒園，接下來他才每天開開心心去上學。小亞因唸全美語幼兒園，他很堅持在校說英文，回家一定要說中文，所以即使媽媽想跟他練習英文會話，

他完全不願意說。在其四歲時，媽媽有一次把回家要做的流程說一遍，從此以後，當快到家時，他即要求媽媽把回家後的流程說一遍，之後，他可以照著乖乖地做完。

小亞的人際互動發展方面，在一歲左右，媽媽回家時小亞也會找媽媽玩，與媽媽的依戀關係發展不差，但媽媽仍觀察到小亞愛玩玩具，甚過與人的親密關係。媽媽很重視孩子的教育，所以常常帶小亞去看兒童舞台劇，四歲時，媽媽帶小亞去看「牙刷超人」的舞台劇，當牙刷超人從天空掉下來喪失記憶力，牙刷超人問全場的小朋友他叫什麼名字，全場三至六歲的孩子都好開心的告訴牙刷超人，只有小亞臉色發白無法控制自己的發抖，到最後即大哭，媽媽只好帶他出來。這種事情還發生在看「西遊記」時，當唐三藏被蜘蛛精抓起來時，小亞完全崩潰，無法待在國家劇院裡，這樣的事讓媽媽內心很受傷，也感到很疑惑。

小亞很愛有聲光效果的東西，當他愛上了電動以後卻不敢自己玩，而是要大人玩給他看。他怕輸，只要輸了他就不玩了，生活中的遊戲也是如此，他在遊戲中，極度地要求公平。除此之外，讓媽媽最訝異的是在「神奇寶貝」電玩中有兩百多隻的神奇寶貝，當他們出場時會發出不同的聲音，小亞竟然可以只聽聲音而說出是何種神奇寶貝，讓媽媽嘆為觀止。

有一項發展是媽媽最大的困擾，那就是小亞很討厭拿筆寫字與畫圖。在其八歲前他的畫都是一團亂，因為他會把他想畫的東西像說話一般畫出來，而他喜歡畫打架，所以往往畫到最後只看到一張黑黑的圖，什麼也看不見。寫字更是他與媽媽之間最大的夢魘，因他從來不按筆畫寫字，甚至只要寫過一次，要他改過來往往是很困難的事。隨著年紀的增長，他愈寫愈亂，更加痛恨寫字，所以三年級了還常常因為寫字問題被老師留校。

國小二年級時，媽媽覺得小亞常常東西忘了帶，常常丟鉛筆與橡皮擦，且與父親關係很差，一直很討厭父親，當父親牽母親的手，他很憤怒，一定要把他們兩人分開，媽媽只能牽他不能牽爸爸，所以媽媽帶他至兒童心智科做診斷，醫師診斷其為「自閉症類群障礙症第一級」。

案例二

　　小寶為家中唯一男孩，母親生了姊姊以後，一直盼望能生個男孩，完成父親傳宗接代的任務，所以小寶的出生讓父母倍感欣慰，因為在華人的社會裡，一女一兒代表的是「好」。

　　小寶足月自然產，產前健康檢查與產程皆正常。未滿一歲前，媽媽覺得小寶容易餵養，喜歡自己躺在嬰兒床裡，非常的「乖」。媽媽常常抱小寶，但小寶被抱時總是將身體往後仰，看似逃避與媽媽身體接觸的感覺，於是媽媽習慣將他放入嬰兒床裡。

　　小寶從一歲二個月開始，不需別人扶持自己就會走路，但是在其他方面的發展卻讓媽媽很擔心，例如當小寶走路跌倒，膝蓋擦傷，他竟然只是拼命哭，很少與人有眼神的接觸，即使媽媽在他的身旁，也不會主動找媽媽抱他、安慰他。一歲八個月了，小寶尚未發展出任何諸如「媽媽」、「爸爸」、「要」等有意義的語音。當小寶想喝冰箱中的養樂多，最常使用的方法是拉媽媽的手到冰箱前，非要媽媽把養樂多拿給他不可，最令媽媽疑惑的是有時養樂多已在小寶面前，他仍要拉媽媽的手放到養樂多旁邊，等媽媽拿給他才要喝。媽媽很在意小寶快兩歲了，為什麼還不會叫「媽媽」，她想帶小寶去看醫生，但奶奶堅決反對，認為媽媽大驚小怪，奶奶說：「他爸爸小時候也是三歲才會說話，這叫做大隻雞晚啼。」媽媽有時會懷疑小寶是否聽力有問題，常常叫他的名字時，他好像沒有聽見，也不回頭，眼神更不會注視著大人。但有時小寶在房裡，聽到「天線寶寶」卡通的聲音，又會跑出來看一下電視，即使電視的音量很小聲，小寶還是聽得到，更奇怪的是垃圾車的音樂是小寶的最愛，有好幾次家中的大人並沒有聽到垃圾車的聲音，小寶已經跑到窗邊等候，隔一、兩分鐘之後垃圾車一定來，於是媽媽只有打消其聽力有問題的念頭。

　　小寶二歲了，依然不會叫「媽媽」，這時卻發生一件讓媽媽痛不欲生的「小事」。那一天媽媽像平常一樣，傍晚帶著小寶到社區的中庭玩，遇到陳媽媽，她覺得小寶好可愛，想作弄一下小寶，於是抱起小寶即往她家的方向走去，口中說：「小寶太可愛了，到陳媽媽家當陳媽媽的小兒

子。」這時的小寶只是身體動來動去並沒有哭，不但不回頭看媽媽一眼，也沒有任何向媽媽求救的舉動，這讓媽媽萬般的吃醋，陳媽媽於是說：「小寶個性好，人人都好」結束這尷尬的場面。

小寶三歲了，他的語言發展並沒有任何進步，且愈來愈難帶，愈來愈有主見，一不如意，不管在哪裡，會躺在地上大哭大鬧，常讓媽媽倍感難堪。他到現在依然不會叫媽媽或爸爸，不會使用口語來表達需求，媽媽必須要猜他的心意，若猜錯換來的一定是大哭大鬧的結局。有次媽媽把洋芋片藏到很高的櫃子裡，不想讓小寶吃，小寶只拉媽媽到櫃子下，手指頭並沒有指著櫃子，媽媽也忘了裡面有洋芋片，故不知小寶要什麼，結果他足足地哭了一個多鐘頭，其間媽媽曾用別的東西要轉移其注意力，但無效。除了語言溝通的問題外，小寶的一些行為也讓媽媽感到困擾，如小寶會把遊戲室裡的車子排一直線，不准別人動，有次媽媽打掃遊戲室時，發現很多螞蟻，將車子拿去洗，小寶發現後，一直哭鬧，甚至用手打自己的頭，不論媽媽怎麼解釋都無效，直到媽媽把車子再排成一直線後，才結束這場無法收拾的慘劇。此外，帶小寶到中庭玩，小寶並不會與其他的小孩玩，有時，媽媽跟其他媽媽在聊天沒有理會小寶，小寶就自己在中庭一邊轉圈一邊發出無意義的笑聲。媽媽再也忍不住了，決定帶小寶至兒童心智科就診，結果醫生給小寶的診斷是「自閉症類群障礙症第二級」。

從三歲半開始，小寶開始接受早期療育治療，一週五個半天；四歲時，小寶開始會說簡單的單字，例如：「要」，媽媽與家人終於放下心中的石頭，但隨著小寶會講的單字愈來愈多，他們才發現他說的話相當異常，例如，他會重複媽媽的問話，「你要吃洋芋片嗎？」、「你可不可以吃？」有時，在幼兒園，小朋友都在睡覺，他突然很大聲冒出一句「3939889」，嚇到了別人。另一讓媽媽困擾的語言問題是，不論遇到誰，認識或不認識的人，小寶都會問人家「你家的水管呢？」讓媽媽很尷尬。

國小入學時，小寶已經可以使用口語表達需求，但是與小朋友的互動不佳。他執著於最愛的水管與地下道，下課時，他可以不管任何人，一直畫他的水管圖，若同學找他出去玩，他皆需要老師下命令，才願意停下

來，跟同學去溜滑梯。

案例三

　　小承就讀國小特教班六年級，是家中獨子，三歲時，兒童心智科醫師診斷他為重度發展遲緩兒，甚至認為未來變為重度智能障礙的機率高，媽媽因此離職專心帶小承接受早療訓練，爸爸也因為小承的關係，放棄至大陸高就的機會。

　　媽媽回憶小承從小的發展史，小承自然產出生，所有新生兒的檢查皆正常，媽媽仍然繼續工作，小承由保母帶，晚上回家媽爸帶，媽媽漸漸發現小承異於一般同齡孩子。他一歲八個月才會走，且還沒有任何有意義的口語，最主要的是小承很好帶，不黏人也不哭鬧，二歲了，媽媽覺得不對勁，小承很乖，但是對大人逗他，他臉上很少有表情。爸媽一度懷疑小承是否有聽力問題，帶他至耳鼻喉科看診，醫生告知小承聽力沒問題，保母也勸媽媽不用太緊張，有很多男孩子本來發展就比較慢。媽媽心裡有底，小承一定不只有發展慢的問題，可是她是一位職業婦女，真的沒有太多時間帶小承看醫生，於是只能把一切交給上帝，再等等看吧。

　　三歲了，小承依然不吵不鬧，喜歡快速翻書搖書，有時媽媽會覺得這是很沒有意義的動作，於是把他的書拿起，想教他學叫媽媽，可是小承的雙眼無法正視媽媽的眼神與臉部，令媽媽覺得小承根本不專心學習。這時的小承，大人幾乎沒有聽過他發音，媽媽再也忍不住了，於是帶小承至兒童心智科就診，醫師給媽媽一個晴天霹靂的診斷，小承為發展遲緩兒童，需要快一點接受早療訓練，媽媽這時堅定的告訴爸爸，她要辭職專心帶小承。

　　媽媽帶小承到兒童發展中心上課，一星期五天，星期二下午上語言治療課，星期三下午上職能治療課。媽媽努力教小承，但是職能治療師告知媽媽，小承肌肉低張，手的精細動作不佳，需要更長時間的訓練。到了四歲，小承終於學會自己拿湯匙吃東西等等生活自理技能，媽媽非常高興。但是在人際互動上，他依然無任何進展，永遠被動的參與訓練活動，且媽

媽皆需在一旁大量協助，小承才能像傀儡般的完成活動。

　　小學一年級的入學評估，因為小承無法與人溝通，媽媽只能靠圖卡了解他的需求，他無法主動拿圖卡來與媽媽溝通，常常需要媽媽拿圖卡來問他要什麼？小承無法做標準化的智力測驗，媽媽填寫的學齡前兒童行為發展量表（Chinese Child Developmental Inventory）得出小承整體發展中有三項特別明顯低的發展：溝通表達能力發展到一歲，概念理解發展到二歲，人際社會發展到一歲二個月。於是媽媽讓小承就讀特教班，小承在特教班一整天，老師若無主動與小承互動，小承完全沒有互動的意圖，當他有需求時，較常使用生氣發怒方式表達，老師必須拿溝通板出來給他，在被強烈要求下，他才願意拿圖卡溝通。媽媽再帶小承至心智科重鑑，醫生給小承一個新的診斷「自閉症類群障礙症第三級」。

前言

　　「自閉症」（autism）這個名詞是在兒童精神醫學之父，美國兒童精神科醫師 Leo Kanner 於 1943 年所發表的「情感接觸的自閉障礙」（autistic disturbances of affective contact）論文中首次出現，文中詳述十一名（八男三女）症狀特殊的兒童，他們全未滿兩歲即發病，且具有下列五項行為特徵：(1)極端的孤獨，缺乏和別人情感的接觸；(2)對環境事物有要求同一性（sameness）的強烈慾望；(3)對某些物品有特殊的偏好，且以極好的精細動作操弄這些物品；(4)沒有語言，或者雖有語言但其語言似乎不具備人際溝通的功能；(5)隱藏智能，呈沉思外貌，並具有良好的認知潛能，有語言者常表現極佳的背誦記憶力，而未具語言者則以良好的操作測驗表現其潛能。Kanner 將這個症候群稱之為「早發幼兒自閉症」（Early Infantile Autism），簡稱「幼兒自閉症」。

　　1944 年，奧地利醫師 Hans Asperger 以德文發表一篇類似的論文，名為「兒童期的自閉性人格障礙」，文中描述了四名男孩，他們的人際社交能力極為貧乏，不懂得如何與人溝通互動，常常孤單離群，不然就是表現出不合時宜

的人際行為，令人不知所措。另一項特徵則是他們往往非常執著於某些活動或是興趣，總是花費許多時間精力不厭其煩且樂此不疲，甚至影響到正常的生活功能。但因為發表時間正值二次大戰期間又是以德文書寫，故並未獲得大眾的注意。直到 1981 年英國學者 Wing 將之譯成英文並增加相關資料發表後，以 Asperger 為名的亞斯伯格症（Asperger's Disorder）才開始逐漸受到重視。

Kanner 認為，這些兒童生來即缺少與他人建立情感接觸的能力，所以用「自閉」來描述這些兒童與人接觸的情感淡漠現象；然而，「自閉」一詞原是 Bleuler 用來描述精神分裂症患者的思考特徵，因此在 1950 至 1970 年代，仍然延續 1930 年代以來對怪異行為的兒童稱為兒童精神分裂症的概念。心理分析學派的學者 Creak 等人（1961）認為自閉症是精神分裂症的早期症狀，因為自閉症患者不僅呈現出人際互動障礙、語言溝通障礙與固執性外，還可能表現出異常的焦慮或不正常的知覺經驗。儘管 Kanner 一直強調幼兒自閉症與兒童期精神分裂症之間的差異，但在 1960 年代，大多數的學者專家仍以兒童精神分裂症來診斷與治療自閉症。在美國精神醫學會（APA）出版的《精神疾病診斷與統計手冊》（*Diagnostic and Statistic Manual of Mental Disorders*，簡稱 DSM）第一版（DSM-I, 1952）和第二版（DSM-II, 1968），均將自閉症歸類於兒童期精神分裂症。聯合國世界衛生組織（WHO）在 1977 年出版的「國際疾病分類」（International Classification of Diseases，簡稱 ICD），亦將自閉症歸類為「源發於兒童期之精神病」，故全民健保亦將自閉症歸類為慢性精神病之重大傷病優待範圍。

1970 年之後的研究資料，澄清自閉症與精神分裂症是獨立的兩個診斷，因為自閉症與父母社經水準、人格特質，及孩子的養育都沒有關係。這些資料使 Rutter 和 Schopler 於 1978 年同時呼籲自閉症的定義回歸 Kanner 的概念，但診斷準則及歸類需要修正，這項呼籲導致 DSM-III（1980）把幼兒自閉症自源發於兒童期之精神病類改為廣泛性發展障礙（Pervasive Developmental Disorders, PDD）類，以顯示自閉症是一發展性障礙而非精神病。由於自閉症候群的表現方式隨著成長而有改變，且其缺陷是長期與持續的，並不只是出現在嬰幼兒期，因此，DSM-III-R（1987）和 DSM-IV（1994）將幼兒自閉症改稱為自閉症

（Autistic Disorder），而 ICD-10（WHO, 1992）也將幼兒自閉症改稱兒童期自閉症（Childhood Autism），亦將其歸類於 PDD。ICD-10 與 DSM-IV 診斷自閉症的要件雷同，顯示目前國際上對自閉症的診斷已形成共識。不過，自閉症和其他精神疾病的共病現象（comorbidity）及 PDD 次分類的效度是自閉症診斷及分類學上待解決的兩大問題。

1995 至 2013 年，有愈來愈多的文獻用「自閉症類群障礙症」（Autism Spectrum Disorders, ASD）的名稱，統稱具有自閉症核心障礙但症狀輕重不一的群體（張正芬，2003）。由於自閉症核心障礙上呈現程度不一的症狀，且有不同程度的學習與生活適應的困難，因此用類群（spectrum，或譯光譜）的概念來含括在「自閉症」這個概念下亦屬合理。在光譜左端是雷特症（Rett's disorder）和兒童期崩解性疾患，光譜中間是自閉症，光譜右端是亞斯伯格症和其他未註明之廣泛性發展障礙症。

2013 年 5 月美國精神醫學會出版新的《精神疾病診斷與統計手冊（第五版）》（DSM-5），針對自閉症的認定標準有了更精確的準則，DSM-IV 將自閉症的診斷分為社交、語言和行為固執三個主要診斷範疇，而在 DSM-5 被統整到兩個合併的診斷類別：(1)社交互動與社會互動上的溝通困難；(2)重複性的行為及固執性的異常興趣。過去廣泛性發展障礙（PDD）中的自閉症、亞斯伯格症與未註明之廣泛性發展障礙（PPD-NDS），全部被合併於自閉症類群障礙症（ASD）的診斷，所以原有廣泛性發展障礙（PDD）、亞斯伯格症與未註明之廣泛性發展障礙（PPD-NDS）消失不見，需重新診斷。雷特症因為它的起因源於基因突變已被發現，將從自閉症範疇中除去。此外，更將症狀的嚴重程度分為三級，清楚區辨不同程度的患者於 DSM-5 的診斷，我們發現自閉症類群障礙症回歸到最主要的核心問題是人際互動的發展障礙，且其溝通上的障礙是與社交互動有關，以區分孩子因為溝通的障礙而導致社交困難的問題。

☀ DSM-5 診斷準則

　　根據《精神疾病診斷與統計手冊（第五版）》（DSM-5），必須符合下列
準則始考慮自閉症類群障礙症（ASD）這個診斷（APA, 2013）：

A. 在多個情境持續有社交溝通和社會互動缺陷，於現在或病史呈現下列三項症
　狀（範例所列只是舉例，並不代表全部症狀）：

　1. 在社會—情緒互動的缺陷及嚴重程度，例如：從異常社交接觸及無法正常
　　 一來一往對話；到較少分享興趣、情緒或情感；到完全不會啟動社會互
　　 動，或完全不會對社會互動反應。

　2. 在社會互動上非口語溝通行為的缺陷及嚴重程度，例如：從口語及非口語
　　 溝通整合不良；到視線接觸及肢體語言異常，或理解及使用手勢、姿勢之
　　 能力缺陷；到完全缺乏臉部表情及非口語溝通。

　3. 發展、維持及了解人際關係的缺陷及嚴重程度，例如：從無法調整行為符
　　 合各種社交情境；到參與想像性遊戲及交朋友方面有困難；到對同儕完全
　　 缺乏興趣。

B. 侷限的、反覆的行為模式、興趣或活動，於現在或病史呈現下列四項之二項
　（範例所列只是舉例，並不代表全部症狀）：

　1. 常同性或反覆的動作、物品使用或言語（例如：單一常同性動作、排列玩
　　 具或旋轉物品、仿說、特異使用的語詞等）。

　2. 堅持同一性，過度執著於生活常規，或儀式化的使用語言或非語言的行為
　　 （例如：小改變引起非常不安、改變環境難以適應、僵硬的思考模式、堅
　　 持打招呼的流程、每天走同一路線或吃相同食物）。

　3. 非常侷限而固定的興趣，強度或對象異常（例如：強烈依戀或著迷某些特
　　 殊的物品、過度侷限的或堅持的興趣）。

　4. 對於知覺刺激的過度反應或反應不足，或對於環境中的知覺刺激有異常興
　　 趣（例如：對痛或溫度無反應、對某些聲音或紋理的極端反應、過度的聞
　　 或觸摸物品、對光或動作著迷）。

C. 症狀必須在發展早期出現（但症狀可能不會完全顯現，直到環境或情境中的社交要求超出其能力時，才完全顯現全部症狀，或後來因學習到應對的策略而得以掩飾其原來的缺陷）。

D. 症狀造成臨床上顯著的目前在社交、職業或其他重要領域的功能缺陷。

E. 這些症狀障礙不能以智能障礙或全面發展障礙做更好的解釋，智能障礙和自閉症類群障礙症常同時存在，若要同時做兩個診斷時，其社會溝通應低於其一般發展程度。

註：經診斷為罹患 DSM-IV 中的自閉症、亞斯伯格症或其他未註明的廣泛性發展障礙症者，皆應給予自閉症類群障礙症的診斷。有明顯的社交溝通缺陷，但症狀不符自閉症類群障礙症準則者，應進行社交（語用）溝通障礙症方面的評估。

特別註明：

有或無智能減損

有或無語言減損

有相關的某一已知身體或遺傳病況或環境因素

有相關的另一神經發展、精神或行為障礙

有僵直症

表 11-1 │ 自閉症類群障礙症嚴重程度

嚴重程度	社交溝通	侷限的、重複的行為
第 3 級「需要非常大量的支援」	語言和非語言社交溝通技巧有嚴重缺損，造成功能嚴重減損，啟動社交互動極其有限，對別人的社交招呼反應微小。例如：某一僅有極少清晰言語者鮮少啟動互動，而當他啟動時，使用不尋常的方式滿足需要，且只對直接的社交接觸方式有反應。	行為固執無彈性、極難因應變化，或有侷限的／重複的行為明顯阻礙所有層面的功能，對焦點或行動的改變感到非常苦惱／困難。

（續下表）

嚴重程度	社交溝通	侷限的、重複的行為
第 2 級「需要大量的支援」	語言和非語言社交溝通有顯著缺損，即使有支援，社交功能障礙仍很明顯。啟動社交互動有限，對別人的社交招呼反應減損或異常。 例如：某一有簡單語句能力者的互動侷限於狹窄的特定興趣，且伴隨顯著古怪的非語言溝通。	行為固執無彈性、難以因應變化，或有顯而易見之侷限的／重複的行為經常出現，明顯妨礙不同情境的功能。對焦點或行動的改變感到非常苦惱及／或困難。
第 1 級「需要支援」	在沒有支援之下，社交溝通缺陷可見造成功能減損。啟動社交互動有困難，對別人的社交招呼反應有清楚不典型或不尋常反應的例子。可能顯現對社交互動少有興趣。 例如：某一有完整語句能力並能溝通者，無法與他人一來一往的會談交談，且其嘗試和別人交友的方式古怪，以致往往不成功。	行為固執無彈性造成明顯妨礙某一或更多情境的功能，活動間之轉換有困難；在組織和做計畫方面的問題，妨礙其獨立生活。

資料來源：引自台灣精神醫學會譯（2014）

主要症狀

　　在本章一開始的案例中，為什麼兒童精神科醫生認為小亞、小寶與小承患有「自閉症類群障礙症」？自閉症類群障礙症表現出類似光譜特性的症候群，其主要的症狀包括：在多個情境持續有社交溝通和社會互動缺陷，以及侷限的、反覆的行為模式、興趣或活動，此外，Asperger 醫師於 1944 年的文章中提及，從這些孩子對別人的互動行為表現就可看出他們的特性，他們在社會團體中的行為表現，即是他們最明顯的障礙。從上述 Asperger 醫師的描述與 DSM-IV 中皆可看出社會互動有「質」的障礙是亞斯伯格症的主要特徵，「質」的障礙指稱的是孩子在社會互動發展上的落後；最新的診斷手冊 DSM-5 亦指出社會互動發展上的落後，才是主要的核心症狀。

一、在多個情境持續有社交溝通和社會互動缺陷

(一) 社會互動缺陷方面

ASD兒童不論智力正常與否或功能高低，一樣都會感到與他人之間的聯繫出現困難。兒童精神科醫生於門診時常聽到個案家長抱怨孩子，「叫他名字沒有反應」、「不理人」、「自己玩自己的」、「眼睛不看人」、「臉上表情常常很酷」等。

在嬰幼兒期，ASD兒童即呈現出多方面社會發展上的問題，包括無法與主要照顧者建立親密的人際關係、缺乏對人的注意力、無法與他人相互注意協調的能力（joint attention）、無法了解他人的想法和情緒、無法與他人分享經驗等社會行為，甚至於遊戲能力也明顯落後同齡孩童。

有些敏感度較高的自閉兒家長陳述，孩子在半歲前，他們即注意到孩子的眼睛比較不會注視別人雙眼，對於大人逗他也較無反應，甚至大人用玩具吸引他，且引導他注視，ASD嬰兒皆無法照著大人的手勢尋找目標。吃飽之後喜歡看天花板，或自己玩自己的手或腳。大人抱他時，較少出現高興的表情，甚至有些孩子表現出扭來扭去不舒服的樣子，讓大人想抱孩子時反而裏足不前，於是只好讓ASD孩子躺在嬰兒床自己玩。這些社會互動明顯的與同齡孩子不同，已顯示其在社交互動發展明顯落後同齡孩子。

一般兒童隨著年齡的增長，逐漸發展出與主要照顧者（大部分是母親）之依戀關係，出現認生與害怕陌生人的行為；學會認人之後，其與主要照顧者分開會產生分離焦慮，顯現哭鬧不安的行為，一直尋找主要照顧者。一般兒童通常於一歲多即發展出依戀關係與分離焦慮的行為，然而有些ASD孩子很難在二歲前發展出以上之行為特徵，如同案例中的小寶一樣，一歲前不喜歡媽媽抱，當鄰居陳媽媽要帶他回家時，他竟然頭也不回地跟陳媽媽回家，對媽媽無任何依戀的行為。雖然人際互動發展遲緩，但是大部分ASD孩子隨著年齡與發展增進，仍可與主要照顧者發展出依戀關係，最主要仍視其症狀的嚴重程度而定。ASD孩子對主要照顧者比對其他的家人有反應，且可與主要照顧者建立親密關係，但是如何讓ASD孩子與其周遭親友建立親密關係，常常是家長最想學習的

技巧，也是所有治療師一直努力的方向。ASD孩子是否可以與其他人建立親密關係，須仰賴ASD孩子將主要照顧者當成安全堡壘之後，其較有可能與周圍其他人產生親密的人際互動關係，故主要照顧者是ASD孩子重要的人際關係引導者。

缺乏對人的注意力，指稱ASD孩子無視身旁其他人的存在，使他們對待別人就像對待物品一樣。研究指出，ASD孩子常以一種不尋常的方式處理社會訊息，當其處理有關人臉的訊息時，他會傾向以部分的方式接收人臉訊息，例如只專注於人的嘴巴或鼻子，而不是整張臉。在臨床上常見ASD孩子被帶進門診治療室時，完全無視於醫生和護士的存在，幾乎沒有任何的眼神接觸，直接走到他想要的物品那裡，即使醫生與其玩做鬼臉的遊戲，大部分的ASD孩子，並無任何反應，更遑論模仿醫生的行為與其互做鬼臉。模仿別人的行為也是社會互動的一部分，對於大部分幼兒期的 ASD 孩子來說是一件困難的事。

一般兒童大約在十二至十五個月時會出現與他人相互注意協調能力，此種能力可以幫助人們將注意力集中於他人與其他相關的物體上。通常當大人喊「你看」時，一般孩子會隨著大人的聲音或手勢，將注意力轉移至大人想分享的目標物；反觀ASD孩子，相互注意協調能力，自幼即有發展遲緩之嚴重障礙（宋維村，1997；Butera & Haywood, 1995; Tager-Flusberg, 1992），使得 ASD 孩子難與別人維持眼神接觸，且較難注意別人在做什麼事，他們不會為了吸引他人的注意，而分享、展示玩具或利用手勢動作來引起他人之注意力。

無法了解他人的情緒是 ASD 孩子的另一障礙。ASD 孩子對於情緒訊息的敏感度較低，例如對於具有情緒性（喜、怒、哀、樂）的臉部表情與音調、姿勢或肢體語言等，他們大多不做反應，在情緒的表達上也與一般兒童不一樣，其特徵是他們會以不流暢的方式使用表達性姿勢和怪異、生硬或機械式的面部表情。例如：當他們處在陌生環境，內在感受到有如遇到地震時焦慮的狀況（在其手上接上膚電反應儀器），可是其臉上表情竟然是狂笑。故ASD孩子在對情緒性刺激的處理與表達上有障礙，但在經驗情緒上是否與一般兒童不一樣，尚無研究證實。

無法了解別人的想法是 ASD 孩子的障礙，就一般孩子的發展，心智理論

（theory of mind）能力的前兆大約出現在十八個月，即當嬰兒能夠從事假裝性遊戲時（Leslie, 1987; Lillard, 1993）。到了三歲，兒童開始對自己或他人的心理狀態較能廣泛的了解，他們能了解自己的想法與他人的想法是不同的。研究報告指出 ASD 孩子的溝通、社會互動障礙與心智理論的缺陷有關（Baron-Cohen, Leslie, & Frith, 1985）。所謂心智理論是指理解自己與他人的心理狀態，例如：情緒、意圖、期望、思考、信念等，並且藉此預測和解釋行為的一種能力（Tager-Flusberg, Baron-Cohen, & Cohen, 1993）。ASD 孩子無法考慮到別人的想法，所以他們常對別人的行為感到困惑，因為人們的行為通常受到思想所影響。例如：他們很難理解，在「七隻小羊與大野狼」的童話故事中，為什麼門外明明是大野狼，小羊們還開門讓大野狼進來？會認為這群小羊真笨。

研究發現 ASD 孩子在遊戲上的確有重大缺陷（Fein, 1981; Jarrold, Boucher, & Smith, 1993; Leslie, 1987; Rutter, 1978; Wing, 1981; Wulff, 1985），怪異的遊戲方式也是 ASD 孩子的特徵之一，一般孩子喜愛的玩具，ASD 孩子可能會視若無睹，他們最愛的遊戲，可能是一條長紙片、繩子或玩具車的輪子。至於玩具的玩法，也與一般孩子不同：把車子排成一直線；只轉著玩具車的輪子玩；將拼圖一片片往家具與家具間的縫隙塞；甚至有些 ASD 孩子情有獨鍾於數字積木，隨時隨地一定要握在手中；另外還有些孩子喜愛甩手、把手掌扭來扭去，或身體前後搖晃。遊戲的選擇可以當成其人際互動發展的指標，第一級 ASD 孩子之遊戲與同齡孩子較接近，但第三級的 ASD 孩子，其遊戲方式較著重在感覺運動期，故玩手、敲物品聽聲音與身體前後搖晃的情況較多。

DSM-IV-TR 中的亞斯伯格症孩子，較符合第一級 ASD 孩子的診斷，因此對於亞斯伯格症孩子的了解，有助於對我們第一級 ASD 孩子的診斷，亞斯伯格症的孩子常常有不成熟的交友觀念，且至少落後同齡孩子兩年（Attwood, 1998; Butera & Haywood, 1995）。家長與老師常會提及患有亞斯伯格症的孩子在人際關係明顯的笨拙，使得其他孩子常認為跟亞斯伯格的孩子一起玩很沒趣，其中包括他們不一定會遵守遊戲規則、分享與合作，且「不服輸」與「害怕輸」是與其他孩子一起遊戲時的明顯特徵。筆者在與亞斯伯格症孩子接觸的經驗中發現，這群孩子有與人互動的意圖，但是他們容易在與人互動的過程中，因為自

己的內在需求（不能輸與一定要第一名），而出現別人難以接受的行為問題。

社會情境的辨識力差也是亞斯伯格症孩子的另一明顯特徵，「白目」行為常常出現在別人對亞斯伯格症孩子的評語中。患有此症狀的孩童，較難覺察到不同社會情境下有不同的社會規範，例如：他們常常抱怨自己為什麼不能看電視，為什麼爸爸就可以？認為這是不公平的，因而引發激動情緒反應，破壞了家庭生活中原本和樂的氣氛。他們很難依照當時的氣氛與文化的期待，修正自己不適當的人際互動技巧。除此之外，他們與人接觸時，人與人的安全距離偵測能力低，以致於給別人很大的壓迫感，而造成別人疏離他。

在社會推理能力方面，他們只能依照可聽到、看到或摸到的刺激來做反應，常常照字面的意思來解釋事情，例如：在校不繳交功課，老師很生氣的說了反話：「不要寫就不要寫。」回家後，媽媽告知他老師的意思是要寫，他無法接受此說法，一定堅持不寫。這最主要的原因出在，他們較難站在別人的角度去做推理，例如：給亞斯伯格症孩子看一段「當一個人傷心談論自己的電腦被偷了」的影片，亞斯伯格症的孩子並無法推理出別人的心情，仍高興地想把自己中獎的喜悅與別人分享。這部分的缺陷也造成他們常常感覺別人不喜歡他，因為他們無法分辨與其相處的朋友是故意的或是無心的侵犯他，再加上習慣性的負面想法，導致情緒低落，覺得別人都在欺侮他，與他人的關係更加困難。

社交性的焦慮，是亞斯伯格症青少年的普遍症狀，隨著年齡的增長，青少年會愈來愈能覺知到自己有社交上的障礙，但只能擔憂自己可能會犯下社交方面的錯誤，卻無力了解問題的癥結，更遑論解決問題了。一位患有亞斯伯格症的成人患者跟筆者描述，多年來她因為人際關係的問題常常導致她無法安眠，她常常很痛苦，為什麼同樣的話跟 A 君說，他沒有反應，對 B 君說，他卻很激動，她不知每天如何面對她周遭的人，才不會讓人生氣。現在她終於了解事情的原因，她自己想了一個好方法，把人依照星座分成十二類，解決了她多年來的社交焦慮。

(二) 社交溝通方面

絕大部分自閉症類群障礙症兒童因欠缺社會互動能力，而造成人際互動及

溝通上的障礙，所以 DSM-5 才將原本 DSM-IV-TR（2000 年）的溝通上質的障礙與社會互動障礙結合。

過去在臨床上，父母親帶 ASD 孩子至醫院作檢查，多半源自於孩子「語言表達發展遲緩」的問題（De Giacomo & Fombonne, 1998），且語言與認知能力在自閉症類群障礙症患者預後，扮演重要的角色（Stone, Turner, Pozdal, & Smoski, 2003），父母親最常抱怨孩子三歲了還不會叫「媽媽」、「爸爸」或說任何有意義用來社交溝通的話語。於 ASD 孩子的缺陷中，語言溝通障礙明顯易見，也是讓家長感到憂心的最主要因素，至少有六成的 ASD 孩子終身沒有口語（Tiegerman, 1993; Watson, 1985），若能適時的接受早期療育，則有 50% 至 70% 的自閉兒可發展出口語能力（Koegel, 1995）。目前在臨床上，父母親帶 ASD 孩子到醫院作檢查，除了口語表達發展慢外，更在意的是 ASD 孩子的非語言溝通互動能力。

一般兒童在一歲前，即藉由不同的管道與大人溝通，包括：臉部表情、眼神、肢體動作、發出聲音等來表達他們的需求、感覺與情感，我們稱此為前語言期的溝通方式。相較於一般兒童，ASD 孩子之前語言期，很少用點頭、搖頭、手勢、手指指示，或眼神的非語言溝通方式來表達其內在需求。以小寶為例，小寶想要喝冰箱中的養樂多，他常用哭來表示或拉媽媽的手到冰箱前，但他卻不會用各種溝通的管道（手指頭指、動作手勢等）來引導媽媽了解他的意思。

另外值得注意的是，他們的語言很少能用來做社交性的溝通。通常 ASD 孩子的父母或老師會描述他們的溝通方式似乎是不帶感情的、笨拙的、不連貫且不相關的，似乎和所處的情境很少有意義的連結，所以他們的語言是工具性導向的語言，非社交性語言。

非語言互動（nonverbal interactions）的困難，使得 ASD 孩子無法理解他人的表情，甚至無法理解他人單一表情與事件的關聯。在一般的社交情境中，通常有多種非語言訊息同時出現，ASD 孩子很難同時解讀及整合別人所有的非語言訊息，故形成人際互動上的困難（Myles & Simpson, 2001, 2002）。

在非語言溝通問題方面，ASD 孩子的技巧拙劣，所以常常讓人感到他們的

肢體語言笨拙或是不適切，有些孩子臉部表情很少，有時會出現不適當的臉部表情，這些原因影響他們與他人互動時的品質。除了無法使用非語言溝通來輔助其語言溝通之不足外，對於別人的非語言意義較難作正確的解讀，例如筆者曾觀察到第一級ASD的青少年，想要與同學分享他的想法，但同學馬上站起來移到隔壁的位置坐，然而其卻無法覺知同學對他的不友善，仍滔滔不絕的發表他的想法。

對於非語言溝通技巧的落後，使得ASD孩子無法區辨別人的行為背後所代表的意思，例如有一次ASD孩子快被車撞到時，同學拉他一把，他很生氣的覺得同學欺侮他，還跑去跟老師告狀，老師跟他解釋，他完全無法理解。

二、重複出現刻板固執的行為、興趣和活動 ⭐

ASD孩子常有固定的儀式行為，例如：有些孩子只吃固定的食物、睡覺睡固定的地方、穿固定顏色的衣服、看固定的電視廣告、出門走固定的路線等。他們常會表現出侷限的興趣與行為模式或刻板化的行為，當環境中出現不明確的指示命令他們去從事某個活動時，這些刻板化或重複性的行為即會出現，因為他們有好的記憶能力，所以很難抹去第一印象的缺陷。其他刻板化的行為也會出現在一些新的、無法預測的或高要求的情境中，因此這些重複性行為可能提供了ASD孩子一些控制環境的感覺，或一種面對無法預知的變動時的因應方式。

自我刺激的行為在 ASD 孩子身上很常見，他們會不停地重複一些毫無意義、固定的動作，例如：身體前後搖晃、拍手等，有些第三級ASD孩子的自我刺激行為會從兒童期延續到成人期。這些特異的行為帶來自身感官的刺激快感，而使得自我刺激行為持續的發生（Favell, McGimsey, & Shell, 1982; Rincover & Devany, 1982）。關於自我刺激的原因目前尚不清楚，有一個理論指出，兒童渴望刺激是因為刺激可以興奮他們的神經系統；另一個理論則指出，由於環境中有太多刺激存在，因此重複的自我刺激行為可以當成一種阻斷並控制不想要的刺激的方式。

Asperger醫師於 1944 年的文章中提及這些孩子對專業科技有濃厚的興趣，

他們以不斷詢問身旁大人的方式（他們問問題的方式常常令身邊的人無法招架），或透過自學的方式，取得淵博的知識，展現出他們與同齡孩子的特異性，例如：四歲即能熟記不同年代的恐龍名稱。ASD孩子的特殊興趣類別可分為兩種，一為收藏物品，另一為蒐集某個特定的主題或概念的相關知識（Attwood, 2007）。收藏物品是指他們可能蒐集全套有關捷運的模型車；特定的主題或概念的相關知識則指，例如他可能是「三國演義」達人，問他有關三國的事，不論多困難都難不了他，而且這些主題和興趣占據生活的全部，也可能成為與人互動時的話題，導致與人產生格格不入的狀況。

遵照固定的常規與興趣之強迫性的內在需求，ASD 孩子其固定常規的特質，可能影響其日常生活的運作，筆者接觸的某位個案，每天一定要看完所有的氣象才要作功課，不管明天是否要月考。此外，還有一些ASD孩子，只要被他碰過的電腦，他一定要把電腦桌面改成與他常用的一模一樣，並且不會徵詢電腦擁有者的同意，還會理直氣壯地說這樣比較好用。

ASD孩子與同齡孩子相較，他們對身體健康的需求很強烈，他們不能忍受一點小傷口，若大人不處理，他一定會哭叫到大人幫他貼了 OK 繃為止，身體健康的需求是他們內在很強烈的需求。

🌱 相關特徵

一、感官知覺 ⭐

正常的人對視覺、聽覺、味覺、觸覺與嗅覺這五種感覺，可以做固定且正確的反應，但 ASD 患者卻不同。有一些 ASD 患者表現出過度敏感（hypersensitive），有些卻表現得過於不敏感（hyposensitive），例如：有些ASD患者聽覺過於敏感，常常會覺得周遭環境中的一點聲音，對他而言十分吵雜無法承受，但有些自閉症患者卻對聽覺的刺激過度不敏感，且已達到充耳不聞的境界。

ASD 患者在感覺與知覺上有一些缺陷，其中感覺強勢（sensory dominance）的主張，指的是 ASD 患者對某一些形式的感覺接收會比其他形式的感

覺接收好，例如：對視覺刺激的反應優於聽覺刺激的反應。另一為刺激過度選擇（stimulus over-selectivity）的主張，指的是ASD患者可能會專注於事物的某一個特徵上，而忽略與此特徵同等重要的特徵，故他們會選擇性的注意環境中的某些部分，而使得他們在探索環境時增加困難。例如：有些ASD孩子只注意電風扇的旋轉，而忽略應該注意黑板教師上課的內容（Klinger & Dawson, 1995）。

二、認知 ★*

　　目前對自閉症認知上的缺陷之假設有兩個：第一個是前文曾提及的心智理論，第二個假設為「執行功能」（executive function）缺陷。從訊息處理的觀點來看，人類的認知與學習活動涉及相當複雜的心智歷程，因此需要一個高層的執行系統來協調重重的心智歷程，以順利地完成認知與學習活動。一個完整的執行系統應包括下列幾項「執行功能」：目標設定、計畫、組織、注意力維持與切換、自我監控、衝動控制、彈性思考、自發行動、結果評估等。目前以Sally Ozonoff為主的心理學家發現，自閉症患者在許多用來測試額葉受損病人的「執行功能」作業上都有顯著的困難，例如：「河內之塔」（Tower of Hanoi）、「威斯康辛卡片分類測驗」（Wisconsin Card Sorting Test）與「寶提斯迷津」（Porteus Mazes）的作業。「河內之塔」和「實提斯迷津」主要在測試「計畫」的能力，而「威斯康辛卡分類測驗」則在測試「彈性思考」的能力（楊宗仁，1998）。

　　語言與認知能力在ASD患者的預後，扮演重要的角色（Stone et al., 2003）。近來研究顯示，針對ASD兒童進行模仿能力、共享式注意力（joint attention）、遊戲能力等非語言社會溝通能力的障礙進行訓練，明顯促進ASD孩子語言、社會互動能力的發展（Ingersoll & Schreibman, 2006; Kasari, Freeman, & Paparella, 2006; Whalen & Schreibman, 2003; Whalen, Schreibman, & Ingersoll, 2006），顯示ASD孩子認知能力與其他孩子有所不同。吳進欽、姜忠信、侯育銘與劉俊宏（2009）採用「學齡前兒童行為發展量表」（Chinese Child Development Inventory, CCDI；蘇喜、蕭淑貞、張珏、宋維村、徐澄清、林家青，1978），評估三

歲以下 ASD 幼兒認知功能表現，研究發現，ASD 幼兒主要障礙為溝通表達與人際社會，發展遲緩幼兒主要障礙為溝通表達與概念理解。除此之外，依據家長觀察報告的研究結果，ASD 孩子認知能力的優劣勢有其獨特表現型態。ASD 幼兒弱勢能力為語言表達能力（Akshoomoff, Corsello, & Schmidt, 2006），語言能力與社會適應的相關性高（Howlin, Mawhood, & Rutter, 2000），語言的改善對 ASD 患者的社會適應也有幫助。

共享式注意力是一項兼具認知與情感的語言前溝通能力（Tasker & Schmidt, 2008）。共享式注意力是指兩個人（通常為幼兒與大人）使用眼神注視或手勢，共同分享、注意同一件有趣的事物，它是一種社會溝通能力發展重要指標，與未來嬰幼兒語言發展、社會認知能力發展都有密切的關係。共同注意力是幼兒可以向他人學習的關鍵，另外，能同時注意他人與物件的能力，是溝通的先決條件，因此，良好的共同注意力技巧，是語言發展的基礎。如果自閉兒具備足夠的共同注意力，將有助於發展認知、語言等能力。

🎋 鑑別診斷

DSM-IV 中自閉症光譜疾患於鑑別診斷的困難，主要是在亞斯伯格症與高功能自閉症之區辨上。但在 DSM-5 的鑑別診斷上，大家需要注意的是：有明顯的社交溝通缺陷，但症狀不符自閉症類群障礙準則者，應進行社交（語用）溝通障礙症（Social [Pragmatic] Communication Disorder）方面的評估。因在 DSM-5 把 DSM-IV 中語音疾患（Phonological Disorder）和口吃已經改名為「溝通障礙症」，該疾患包含「語言障礙症」、「言語發音障礙症」、「兒童期初發型語暢障礙症（口吃）」，以及「社交（語用）溝通障礙症」（參閱第十三章）。

🎋 共病

較常見到與自閉症類群障礙症（ASD）合併出現的症狀或診斷如下：
1. **注意力不足／過動症**（請參閱第五章）

主要症狀如注意力缺失、無法專注、易被外在事物影響而分心、活動量大及衝動性高。在對 ASD 患者診斷時，須先排除個案是否因為學習上的困難、無法理解環境對他的要求等，使他表現得像是專注力缺失，須小心做鑑別診斷。

2. **強迫症**（請參閱第七章）

以重複性思考、衝動、強迫行為為主，與 ASD 的固執行為很相似，有時不易做區分。強迫症患者其症狀與患者本身意願相違背，患者為此症狀感到困擾，而 ASD 的固執行為就患者本身而言或許是一種樂趣，如 ASD 患者喜歡火車時刻表，以蒐集時刻表、與別人討論火車班次為樂。

3. **不自主抽動或妥瑞氏症**（請參閱第五章）

是一種重複性的肌肉抽動或發出聲音。常以眨眼、做鬼臉、歪嘴、甩頭等症狀表現。部分 ASD 患者會做些自我刺激的動作，如甩手、瞇眼、做鬼臉等，須加以區別。

4. **廣泛性焦慮症、恐慌症、特定畏懼症**（請參閱第七章）

對某些特定的事物或情境上會有過度不合理的擔心害怕，除了會特別去避免接觸這些事物或情境外，還會出現某些身體的症狀，如心悸、發抖、腸蠕動加快、呼吸急促等自主神經功能亢進的症狀。ASD 患者出現此症狀者比例較高。

5. **雙相情緒及其相關障礙症或憂鬱症**（請參閱第十章）

如雙相的躁症／鬱症或憂鬱症患者，情緒出現持續性的低落超過二週，對自己過去感興趣的事不再想做也無法得到樂趣，活動力降低、失眠、胃口改變的憂鬱期或過度亢奮活動力過高、飛躍性思考等躁症期，都須以藥物治療。

6. **思覺失調症**

因神經傳導質多巴胺（dopamine）分泌失調所造成的，主要以幻覺、妄想等症狀為主。在 ASD 患者出現此症狀時一定要先排除是否因本身認知功能不足，致使對事情看法及想法上有困難理解。

盛行率

　　由於研究對象的地理分布、人數、篩檢方法及診斷標準等各方面的不同，自閉症的出現率有很大的差異，有些研究認為每一萬人中有四至五位自閉症，而 DSM-IV 指出，約每萬人有二至五位患者。ASD 的出現率則是萬分之 90，將近 1%。在性別方面，男性多於女性，大約是 3.5：1；研究結果，男性與女性的比例從 1.4：1 到 16：1 都有。亞斯伯格症的出現率約是萬分之 20 至 25。該症主要發生在男性，男與女之比約 8：1；Ehlers 與 Gillberg（1993）的研究結果顯示出現率是萬分之 36，男與女之比是 4：1。根據美國疾病管制與預防中心（Centers for Disease Control and Prevention, CDC）在 2011 年所公布的最新統計資料顯示，美國現今 ASD 孩子的盛行率為 1/110，男女患者的發生率男與女之比例為 5：1。

病因

　　雖然目前傾向以 ASD 來統稱具有自閉症核心障礙但症狀輕重不一的群體（張正芬，2003），不過因為ASD的發現至今已經七十餘年，所以在病因方面的說明，仍然以傳統自閉症的研究為主。不過有關ASD的病因，目前仍無法有明確的答案。早期曾把自閉症的成因歸因於父母的教養不當所造成的，故「冰箱媽媽」即是用來形容自閉症兒童的母親，但隨著生理研究的發達，已排除此部分的可能，而生理的研究仍持續進行中。以下將陳述一些可能的原因：

1. 大腦神經功能受損

　　透過病理解剖、影像學如 CT、MRI 等，得知腦部某些區域與正常兒童有所差異，包括：小腦蚓部體積較小，以及橋腦、大腦額葉、海馬迴與胼胝體的構造異常。大腦中的頂葉與顳葉，負責語言與認知功能的發展區域之問題，有些學者由電腦斷層的報告中懷疑是腦功能異常，也有學者懷疑是小腦與邊緣系統問題，MRI 檢查結果有的報告指出自閉症患者的小腦體積較小。ASD在「社

會脈絡覺知」對應的腦部 fMRI 表現不佳，其活躍度減低。另一個顯著的發現是，fMRI 顯示 ASD 在 FFA（fusiform face area）的表現異常，並且對於人的偵測（person detection）異常。一般正常的小孩對人的知覺會停留在臉部，特別是眼光上（fixating on eye region），但是 ASD 則沒有此現象，他們對於眼神追蹤的能力有缺陷（Baron-Cohen, Wheelwright, Spong, Scahil, & Lawson, 2001）。功能性磁振造影（fMRI），對腦功能均有進一步的了解，發現 ASD 孩子的鏡像神經元（mirror neuron）有明顯的問題。動物在執行或是觀察到其他個體動作時，大腦中有某些神經元的活性會增加，在腦中模仿、重現該動作或情緒，使動物產生感同身受的認知，這些神經元被稱為鏡像神經元。心理學家發現，鏡像神經元與人類的表情認知、情緒傳遞和同理心有極重要的關聯，而自閉症的最大特徵：社交功能障礙，很可能就與鏡像神經元功能受損有關。在觀察自閉症人士模仿他人動作，以及觀察他人表情時，鏡像神經元的活動較一般人弱。MRI 的結果也發現自閉症者的鏡像神經皮質厚度較薄。

2. 遺傳與基因的因素

在雙胞胎的研究中，同卵雙胞胎比異卵雙胞胎出現自閉症的機會多，研究並指出下一位手足同樣患有ASD的可能約常人的五十倍。染色體研究指出2q、7q、16p 的染色體異常可能造成 ASD；亦有研究指出 ASD 與 15q、17q 有關（Cook et al., 1998）。

3. 其他

如新陳代謝的功能不足、痙色銨含量降低、脂便、德國麻疹、結節性腦硬化、家族性皮膚癬候、胎兒過熱、缺氧、黃膽、生產過程受損，以及 X 染色體長臂末端區域特別脆弱、易裂等皆為可疑之原因。研究顯示，自閉症可能受到重金屬的污染，如鉛、汞、鎘、鈷、銅、鎳。2006年有學者研究（Yokel, Lasley, & Dorman, 2006），德州因環境中不慎流出約 1,000 磅的重金屬，導致自閉兒罹患率增加61%。重金屬污染將造成兒童的腦壓異常，異常後易引發脂質的過氧化反應而造成細胞死亡。惡性循環的結果使神經損害嚴重。

除了以上的病因探討之外，還有其他以精神病理學的觀點來研究自閉症的

成因，例如姜忠信與宋維村（2001）曾對自閉症的精神病理學作深入探討，並提出有關自閉症精神病理的四個主要假說：包括心智理論缺陷、情感缺陷、執行功能缺陷，及中心聚合缺陷。

1. 「心智理論」是指了解個人及他人的心理狀態，也就是了解自己及他人的意圖、信念、假裝、希望等心理狀態。自閉症的兒童很難通過「錯誤信念」測驗，很難理解別人的及自己的心智理論，因此心智理論缺陷是廣受注意與研究的假設（Baron-Cohen, 1995; Baron-Cohen et al., 1985）。心智理論的缺陷源自於我們腦中的鏡像神經元，鏡像神經元是大腦皮質內的一組神經元，可分兩大類，一類在前運動皮質區，另一類在腦島及前扣帶迴，當我們看到他人做一個動作，鏡像神經元就會重現同一動作，宛如鏡子映射；人類也透過鏡像神經元反應，理解別人行為或是言外之意，方能溝通無礙。實驗也發現（Carr, Iacoboni, Dubeau, Mazziotta, & Lenzi, 2003），受試者觀看兩組照片後用腦磁儀測量，發覺一般人對看到他人被刀切傷所激發的體感覺皮質波動變化，要比看到用刀切菜時強烈許多，這就是感知他人痛覺的同理心。然而，自閉症患者的活化強度比一般人要弱很多，顯示這方面的運作可能出了問題。

2. 「情感缺陷」（affective impairment）是指與生俱來缺乏獲取和理解他人情緒訊息的能力。以此理論來解釋自閉症的優勢在於情緒發展障礙是自閉症早期即呈現的現象（Hobson, 1986, 1993），然其弱勢為不能解釋自閉症同一性的現象，且欠缺學齡前受試的研究及系統的探討。

3. 「執行功能」（executive function）是指計畫行動、衝動控制、抑制反應等功能。自閉症患者的仿說、反覆性的思考和動作、缺少計畫、難以抑制不適當的反應等，都符合執行功能缺陷的假說，但只能間接解釋自閉症的社交及溝通障礙（McEvoy, Rogers, & Pennington, 1993; Ozonoff, 1995; Rumsey, 1985）。

4. 「中心聚合缺陷」（central coherence deficit）的假說。這項假說主要是針對自閉症患者的智能不均衡，常有數字、繪圖、記憶、視覺空間等的智慧的火花而提出的。這個假說是指當自閉症患者的資訊來源過多枝節時，無

法將這些整合到較高層次來理解，而將注意力放在枝節上，以致於不能掌握整體或情境線索（Frith, 1989; Shah & Frith, 1993）。過於注意自閉症次要特徵的解釋而缺乏解釋的普遍性，是此假說的弱點。

🎐 心理衡鑑

　　在姜忠信與宋維村於 2005 年所發表的〈自閉症嬰幼兒的早期診斷——文獻回顧〉一文中，對 ASD 兒童的診斷與篩檢工具，有很完善的整理，其文中提到，Siegel（1996）提到兩個層次，若以自閉症兒童的篩檢為例，層次一是希望從一般兒童中找出疑似 ASD 兒童，可使用在小兒科門診或健兒門診中，層次二是將疑似自閉症兒童從其他發展障礙兒童中鑑別出來，這類的篩檢工具多用於臨床情境，以更進一步做診斷上的確認。以下說明層次一與層次二的篩選與診斷工具。

一、層次一的篩選工具 🌟*

1. CHAT（The Checklist for Autism in Toddlers）（Baird et al., 2000; Baron-Cohen & Cross, 1992; Baron-Cohen et al., 1996）。CHAT 是對十八個月大嬰幼兒所發展的篩檢工具，實施的方式需同時針對家長訪談（九題）和與兒童互動觀察（五題）。題目針對嬰幼兒早期的社會溝通與遊戲能力設計。

2. M-CHAT（The Modified Checklist for Autism in Toddlers）（Robin, Fein, Barton, & Green, 2001）。以 CHAT 的題目為藍本，再設計如模仿、感覺反應等新的題目共二十三題，篩檢十八至二十四個月疑似自閉症幼兒。

3. CSBS DP（Communication and Symbolic Behavior Scales: Developmental Profile）（Wetherby & Prizant, 1998, 2002）嬰幼兒檢核表（Infant-Toddler Checklist）。此量表最初的設計，是針對十二至二十四個月的嬰幼兒，作為篩檢發展遲緩與溝通能力障礙之用。此篩檢表有二十四題包括社會領域的情緒與眼光注視、溝通和手勢；話語領域的發聲和詞彙；以及表徵領域的理解和物品使用等七大類別。長庚醫院兒童心智科吳佑佑醫師，

取得作者的同意，已將此量表翻譯成中文。

二、層次二的篩選工具

STAT（Screening Tool for Autism in Toddlers）（Stone, Coonrod, Turner, & Pozdol, 2004）。為互動性質的篩檢工具，主要用於二十四至三十六個月之間，其目的在從一般發展遲緩幼兒中區分出疑似自閉症者。STAT 有十二題，評估遊戲、溝通和模仿能力等，實施的時間約二十分鐘。

三、層次二的自閉症幼兒標準化診斷工具

1. 「晤談式自閉症診斷量表修訂版」（Autism Diagnostic Interview-Revised, ADI-R）（Lord, Rutter, & Le Couteur, 1994; Rutter, Le Couteur, & Lord, 2003）。ADI-R 是一半結構式的家長問卷，從主要照顧者回答患者的發展史與目前生活狀態，總共有一百一十題，訓練過的訪員需要至少一個半至二小時才能完成。此工具依據 DSM-IV（APA, 1994）標準編制，並已建立相當好的敏感度（0.96）與精確度（0.92）來區分自閉症與心理年齡在十八個月以上的其他類型的智能障礙、語言障礙者（Lord et al., 1994）。不過，ADI-R 的缺點是對生理年齡二至三歲的自閉症幼兒、與重度智能障礙但心理年齡在十八個月以下者，會有過度診斷的現象；對非常高功能的二歲自閉症幼兒，又容易將正常診斷成偽陰性（Lord & Risi, 2000; Rutter et al., 2003）。ADI-R 的使用需要國際認證，且需要獲得同意在台使用；長庚醫院兒童心智科吳佑佑醫師，已取得國際的認證，且將此量表翻譯成中文。

2. 「觀察式自閉症診斷工具」（Autism Diagnostic Observation Schedule, ADOS）（Lord, Rutter, DiLavore, & Risi, 1999）。此版本的前身為 ADOS-G 和 PL-ADOS，目前已將過去的版本合併，區分為四個模組（modules），每一個量表針對不同的發展年齡與語言年齡或有語言且心理年齡小於三十六個月者 。在三十至四十五分鐘的半結構式遊戲活動中，觀察焦點在遊戲、溝通與社會互動的面向上。ADOS 的使用需要國際認證，且需要獲得同意在台使用；長庚醫院兒童心智科吳佑佑醫師，已取得國際的認證，且

將此量表翻譯成中文。

3. 「**兒童自閉症評估量表**」（Childhood Autism Rating Scale, CARS）
（Schopler, Recher & Renner, 1998）。實施方式是同時與兒童互動和家長會
談，以十五題來評量一系列的自閉症狀，包括模仿、重複性行為、與人關
係、各式的感官反應、語言和非語言溝通，以及智力功能。

因符合 DSM-IV-TR 的亞斯伯格症孩子仍歸類在 ASD 的診斷，故亞斯伯格
症的診斷量表仍需要被使用。在亞斯伯格症的診斷工具方面，國內外目前有以
下的量表：

1. 「亞斯伯格症兒童測驗」（Childhood Asperger Syndrome Test, CAST）
（Scott, Baron-Cohen, Bolton, & Brayne, 2002; Willians et al., 2005），適用四至
十一歲孩子，長庚醫院兒童心智科吳佑佑醫師翻譯取得使用權。
2. 「亞斯伯格症澳洲量表」（Australian Scale for Asperger's Syndrome, ASAS）
（Garnett & Attwood, 1998），於久周文化出版社出版的《亞斯伯格症》一
書附錄中有此量表，可供家長使用。
3. 「高功能自閉症與亞斯伯格症檢核表」（學齡前版、國小中高年級版與國
高中版），由國內張正芬教授與長庚醫院兒童心智科吳佑佑醫師編製。

治療

鑑於自閉症在發展上有許多層面的障礙，且其病因不明，症狀持續至終
身，故常需投注大量的人力、財力在自閉症患者身上，Rimland（1994）曾言及
一百種以上的處置法，例如：整理其中的治療法，但目前仍無一定論何者治療
法對自閉症兒童的療效最大。Rogers（1998）整理過去十年間對自閉症患者的
治療報告，指出就目前的治療取向而言，大致可以分為兩種類型：

1. 第一類型

焦點式的治療方式（focal treatment）：主要是針對自閉症的特定症狀或能
力不足的地方進行治療，例如：如何降低自閉症的問題行為，解決其睡眠困擾、

表徵性遊戲技巧之發展，以及增加其與同儕互動的能力等。

2. 第二類型

綜合性的治療計畫（comprehensive program）：主要是降低自閉症患者普遍性的障礙或是協助其整體功能的提升，此一治療取向的特點是針對自閉兒不同嚴重程度的各種症狀，給予每年數以千計的治療時數；另外，它也強調各領域間的團隊合作。

筆者整理國內外所使用的治療模式，說明如下。

一、ECTA

1995 年起，筆者服務於長庚兒童醫院兒童心智科自閉症日間留院病房，2011 年轉職至宇寧身心診所，全職於治療自閉症類群障礙症患者的工作。依個人長期工作經驗的累積及與吳佑佑醫師、李家琦臨床心理師的分享，共同發展一系統性提升自閉症類群障礙症患者生活適應能力之治療模式，此乃為與患者之主要照顧者協同合作之長期治療模式，稱為 Expanding Communication Treatment for people with Autism Spectrum Disorder，簡稱為 ECTA。

ECTA 模式以自閉症類群障礙症患者為中心，依據發展心理學、兒童偏差行為、行為改變技術與認知行為治療為理論基礎，治療媒介可以使用多媒體教材、遊戲、玩具、繪圖、音樂、書籍與晤談方式，協助自閉症類群障礙症患者增加其溝通意圖，促進發展其溝通能力，找到適合自己的溝通方式，與周遭人們溝通，表達想法，進而增進其人際互動之發展。同時強調訓練與自閉症類群障礙症患者互動的人，理解患者的特質與個別差異性大之獨特性，透過了解他們而產生對等的溝通環境，逐步形成良性互動，進而提升自閉症類群障礙症患者整體能力發展，以達到適應社會環境為主要目的。

最主要的技巧是找到適合孩子的基礎溝通模式後，進而逐步擴大孩子的溝通方式，讓孩子能以有效且完善的方式表達內心想法；並以認知行為治療為根基，改善其不適宜生活適應的固執想法／行為。此治療方法之功用為穩定自閉症孩子情緒與提升其生活品質，最終能改善其人際互動發展的缺陷。

ECTA 治療模式分為兩部分：

1. 擴大自閉症類群障礙症患者溝通：讓主要照顧者理解自閉症類群障礙症患者的個別差異特質，視發展階段選擇適合孩子的溝通方式，教導與其有聯繫的大人，養成與孩子溝通的習慣，並運用正向支持技巧，促進自閉症類群障礙症患者溝通意圖，建立彼此對等的溝通互動模式。

2. 心理治療：藉由溝通互動模式的提升，運用認知行為治療模式，改善自閉症類群障礙症患者錯誤認知信念、固執想法與興趣同一性；提升問題解決能力，增加自閉症類群障礙症患者適應能力與人際互動能力。

ECTA 訓練階段分為：

1. 階段一：主要照顧者效能養成

主要照顧者在 ECTA 模式中扮演重要的角色，等同於協同治療師。ASD 患者之情感建立最主要對象為主要照顧者，主要照顧者對待 ASD 患者的方式，深深影響未來自閉症類群障礙症患者與人互動的情緒與品質。此階段的訓練目標，需建立主要照顧者對自閉症類群障礙症及行為改變技術的知能，讓主要照顧者使用正確且正向的方式與 ASD 兒童互動。

2. 階段二：自閉症類群障礙症患者評估

進入 ECTA 模式之 ASD 孩子，需要接受一連串的評估，找到 ASD 孩子的基礎點，以利於一對一的個別治療。評估方式包括：家長晤談、家長自陳式量表、ASD 標準化發展能力評估等。

3. 階段三：一對一個別治療

找到 ASD 孩子之基礎溝通方式，運用在增進其各項發展能力提升，改善其固執、不合宜行為與想法。此階段強調溝通、有趣的互動，以臨床心理師示範教學為主，讓主要照顧者學習。因此本階段的治療分為兩部分，示範教學 ASD 與教導主要照顧者如何完成回家作業。

4. 階段四：團體治療

以 ASD 孩子的環境適應為主，團體模式建立一模擬情境，以利 ASD 孩子可以類化到其生活中，強調與人際互動技巧之提升。

二、早期介入

　　早期的社交及語言刺激對於正常的腦部發展很重要，因此若能在 ASD 患者之嬰幼兒時期給予治療介入，對其神經系統的發展即能產生很大影響，可提升患童的社交及行為表現。

　　「早期介入」（Early Intervention）方案雖有許多種類，但有以下共通特色：

　　1. 針對注意力、模仿能力、語言、玩具遊戲，及社會互動等領域進行課程。
　　2. 課程中納入發展的行為序列。
　　3. 教學策略採用應用行為分析的原則，可提供高度支持給予自閉症兒童。
　　4. 減少干擾／問題行為的特殊策略。
　　5. 需要父母高度的參與。
　　6. 謹慎地將一對一的教學轉換為小團體。
　　7. 專業訓練的工作人員。
　　8. 專業治療者的督導。
　　9. 每週二十五小時結構式的密集訓練，持續至少兩年。
　　10. 二至四歲間開始進行治療。

三、早期密集的行為介入

　　EIBI 模式（Early Intensive Behavioral Intervention, EIBI），是由 Lovaas 所發展出來的治療方法。每週需要二十至四十小時的治療，持續至少兩年，在五歲前開始。結構明確、一對一，以及小團體的介入，課程內容廣泛，強調溝通、社交技巧、認知，及學齡前技能（模仿、配對、字母及數字概念）。Lovaas（1987）研究十九位兒童經過每週四十小時、為期至少兩年的治療後，發現IQ分數提高 20 分。隨著兒童的進步，治療目標可逐漸著重在社會互動、入學適應等層面。之後的研究數據雖未像 Lovaas 那麼高，但也顯示經過 EIBI 治療後，標準化的智力測驗分數、語言，及適應性行為等都有進步（Smith, 1999）。

　　除了 Lovaas 發展的 EIBI 模式外，其他學者也發展出 LEAP 模式（Learning

Experiences: An Alternative Program for Preschoolers and Parents, LEAP）（Strain & Cordisco, 1994），用於學校，著重社交技巧的訓練。LEAP 也包括學齡前的治療，並且對於病童父母及其正常發展的同儕，也一併密集訓練。

PRT 模式（Pivotal response treatment, PRT）主要教導兒童一些重要反應，提升各種領域的表現。有些研究已證實PRT的短期療效，但目前未有長期療效的研究。PRT可用於學齡前或更大一些的ASD病童（Koegel & Koegel, 2006）。

Howard 等人（Howard, Sparkman, Cohen, Green, & Stanislaw, 2005）比較十四個月的 EIBI 和兩種其他療法的療效〔一個是密集但整合 TEACCH（請參閱後文）、感覺統合及ABA（請參閱下段說明）等的折衷治療；另一是非密集的特殊教育課程〕，且將個案仔細配對。結果發現EIBI組的IQ平均進步 31 分，其他兩組則僅平均進步 9 分。EIBI組的語言及適應性行為亦有進步。此研究顯示，密集但未持續應用 ABA 的技巧，仍不足以產生療效。研究證據如 Sallows 與 Graupner（2005）指出 EIBI 應用在社會情境（如學校）中亦有療效。

四、早期介入丹佛模式（ESDM）

「早期介入丹佛模式」（Early Start Denver Model, ESDM）是由 Rogers 和自閉症科研與宣導組織「自閉症之聲」（Autism Speaks）的首席科學官 Geraldine Dawson開發的。這種療法把基於遊戲的方法、發育方法、基於關係的方法以及應用行為分析的教學方法融合為一體。這個方法是結合了地板時光和ABA的一種治療方式（Rogers & Dawson, 2010）。

五、應用行為分析（ABA）

應用行為分析（Applied Behavior Analysis, ABA）是將一套包含操作學習的原則，使用到個別化的、一對一的情境，以促進自閉症兒童溝通、社交、學業及適應功能。Discrete Trial Teaching 是 ABA 中的一個傳統治療取向，由 Lovaas 在 1960 年代開始使用，之後許多學者逐漸發展出不同取向的做法，但都使用 ABA 的原則。

ABA 是適合治療 ASD 的有效模式（Lilienfeld, 2005），十分強調仔細觀察

環境事件對個體行為的影響。分析內容包含：背景因素（行為發生的情境）、動機因素（肚子餓、口渴、資訊需求）、行為的前置事件，以及行為結果。提高行為發生機率的行為結果，稱為增強（reinforcement）；減少行為發生機率的結果則稱為消弱（extinction）。經由分析評估，我們可以藉由調整環境因素來達成行為的改變。對 ASD 的孩子來說，我們需留意的行為包括他們的語言及溝通、社交及遊戲技巧、認知及學習技巧、動作技能、獨立生活能力，及其他問題行為等。

　　ABA 會針對自閉症兒童的行為及動機進行功能分析，根據其能力設定明確且可被觀察的目標，然後定期蒐集資料（例如：每天或每週）進行評估。這個治療取向通常適合在家庭裡使用，但現在有一些模式將它加以修正，使用在教室情境中，所以目前台灣坊間有很多治療自閉症兒童的 ABA 取向的發展中心成立。

　　儘管 ABA 的治療模式是運用行為分析的方式，但使用 ABA 的臨床工作者仍承認 ASD 是生理上的疾患，研究遺傳及神經生理會是未來繼續發展有效治療方案時很重要的一環。

　　ASD 兒童主要的核心問題是社會互動問題、溝通問題與重複固執性行為，以下簡述 ABA 模式中的訓練方法：

(一) 社交、遊戲及休閒技能

　　ABA 模式在教導社交技巧時，第一步就是模仿訓練（imitation training），以一對一的方式，並有系統地增加模仿目標的複雜度，提升其社交互動能力，例如：相互注意協調能力、自發性語言，及社會互動的開啟（social initiation）。但仍有待研究檢驗上述能力的進步是否可促進社交互動（例如：發展出親密、與年齡相符的友誼）。

　　一旦兒童學會模仿後，其他社交技巧可由成人或同儕教導。一般較常藉由同儕來教導，因為同儕在一些場合，例如：團體遊戲中的出現較不突兀，且由同儕身上學到的技巧，比較容易類化到訓練環境以外的社會情境。單純地跟同儕玩可能不足以產生進步，但若我們指導同儕，讓他們教導 ASD 兒童如輪流、

注視說話者、留意他人、回答問題等，便可產生療效。同儕的年紀最好是相近或較小一點，會更有效。將適當的社交或遊戲行為拍攝下來觀看，也可能比實地觀摩更有效。

要將治療效果類化到其他情境並且維持是較困難的一環。我們可藉由一些方式，例如：教導兒童自我監控自己對別人的反應；提供兒童腳本或線索，好讓兒童能運用在跨情境及不同同儕身上。

遊戲及休閒技能的教導會與社交訓練有所重疊，因遊戲情境大多是社交性的。許多ASD兒童的活動都侷限於狹隘的興趣，缺乏與年齡相符的象徵及假扮能力，因此有些模式是增加其創造性反應，例如 Stahmer、Ingersoll 與 Carter（2003）的建構活動（modeling activities），或是當兒童在遊戲中改變而非重複他們的活動內容時，便給予增強。

(二) 溝通

在五歲以前建立ASD兒童基本的溝通技能，會有正向的、長期的療效。一個廣泛用於學齡及學齡前兒童的模式是 Discrete Trial Instruction，它是：(1)在一個免於分心的環境中，由治療者與兒童進行一對一的互動；(2)治療者的指導語清楚而簡要；(3)給予非常特定的程序，引導出正確的行為反應，然後逐漸減少提示；(4)出現正確反應立即給予增強。Discrete Trial Instruction 在教導新的行為反應（如新的發音）以及區辨不同刺激（對不同的字做出不同反應）時特別有效。

另一個增加語言能力的方法是隨機教學法（Incidental Teaching），在一般生活情境中，使用日常生活事件來促發語言，利用個體的動機（如想吃餅乾）來教他。由於隨機教學法是在自然情境中發生的，因此也較易類化到其他情境。不過有些個案對於 Discrete Trial Instruction 的學習反應較佳，因此通常建議將兩種方法結合使用。

(三) 重複行為、侷限的興趣，以及其他問題行為

重複性及問題行為可能會損害其學習及影響日常生活能力，有時甚至會導致危險。最常受到關注的行為包括重複行為、攻擊，及自我傷害。

我們使用功能分析（functional analysis、functional assessment 或 functional behavioral assessment）來檢驗與行為相關的心理及環境因素。ABA 工作者會假定問題行為是一種習得的反應，不當地被環境事件增強，如獲得關注或得到想要的東西。例如：兒童藉由搗亂來獲取他人注意，則其治療目標可能就是忽略其問題行為，並教導兒童經由較適當的方式來得到注意。

功能分析的方法中，最常使用的就是檢核表，如 Motivation Assessment Scale（Durand & Crimmins, 1988），以及 Questions About Behavioral Function（Matson & Vollmer, 1995），後者是詢問照顧者認為兒童為何會表現出問題行為。面談形式如 Functional Assessment Interviews（O'Neill et al., 1997），是使用開放性的題目來蒐集廣泛的資料。在兒童的生活環境中進行直接觀察，也可幫助釐清問題行為和環境事件之間的關聯。另外，實驗性的功能分析則是在家庭、學校或臨床情境中，將問題行為的前置因素及後果都系統化地一一檢驗。

ASD 兒童除了比其他發展疾患的兒童有更多的重複行為之外，自傷、破壞物品及攻擊行為的比例也較高。

重複性的行為較少與環境因素（例如：逃避某些要求或得到想要的東西）相關，有較高比例會出現在易引發焦慮的情境中，例如：陌生人出現、某些課程（音樂、體育）中等。讓兒童進行其他活動（例如：玩玩具），可明顯地降低這些重複行為，尤其當他們被教導如何適當地玩這些玩具或被鼓勵去玩時。

六、結構化教學法（TEACCH）

結構化教學法（Treatment and Education of Autistic and Related Communication-Handicapped Children, TEACCH）由 Eric Schopler 及同事在 1960 年代發展出來，強調視覺結構、環境因素的調整、鼓勵獨立及技能的類化。TEACCH 利用 ASD 兒童的優勢：視覺、機械式、死背的記憶優勢來引導他們學習語言、模仿、認知及社交技能。教室情境十分結構化，讓 ASD 兒童能預測會發生的事件及轉換到下一個活動。視覺提示，如圖片序列來標明作業內容，也讓 ASD 兒童知道他應該完成哪些作業，以及會有什麼結果出現。這樣的方式讓 ASD 兒童很容易了解，也較不會出現焦慮、挫折、亂發脾氣。此工作模式對於提升注意力、

獨立運作能力，及成功完成任務的能力，很有幫助。而在實務上，許多 TEA-CCH 的策略都結合了傳統及自然取向的 ABA 治療模式（Mesibov, 1994）。

七、The DIR／Floor time 介入模式 ⭐

ASD 孩子通常會有動作計畫能力以及序列功能較差的情形。DIR（Developmental Individual-difference, Relationship-based model）模式即是以功能發展觀點來看孩子，介入前會先評估，以產生孩子的功能剖面圖，之後再規劃介入的流程。此一模式可以整合其他不同的治療模式，例如與 ABA 結合。此模式是目前治療 ASD 兒童時經常使用的模式（劉瓊瑛譯，2006）。

The DIR／Floor time 介入模式的三個要素：

1. **功能性的情感發展**（functional emotional developmental level）：在發展的過程中，孩子會漸漸地整合各項運動感官能力（例如：運動、認知、語言、空間及感官）以達成情緒性的、有意義的目標。此模式強調多重的感官經驗，一般兒童會同時組織各項的感官能力，將自己變為冷靜、調節得當的狀態（例如：同時注視、聽到、看著媽媽手上正在移動的東西）。在情感上喜好主要照顧者，喜歡與他們的互動，也將此互動當為樂趣的來源。接下來孩子開始回應雙向的前象徵性溝通模式（例如：與大人來來往往地發出笑聲），隨著發展的增進，一般的兒童可以與大人間有雙向的社交互動的溝通模式，更了解自己及他人的心理狀況，也更清楚自己能做什麼，不能做到什麼，因此，也會開始試著用溝通性的動作來尋求協助。之後，一般兒童能夠對物品產生功能性的使用構想，並以此為基本，擴展想像性的玩法，或是對象徵性的物品賦予意義（例如：假扮遊戲）。最後，一般兒童在想法之間進行有意義的連結（例如：邏輯、判斷、推理或與現實環境接觸），對話時有意見導向，能計畫假扮遊戲的進程，甚至與家人發生爭辯。但對 ASD 的病童來說，卻呈現出不同程度的障礙。

2. **感官覺知模組、感覺處理過程與動作計畫有個別差異存在**：對於一般兒童來說，感官覺知模組、感覺處理過程與動作計畫有個別差異存在，這些差異可能來自基因、懷孕、出生過程或成熟度的不同。感官的調節有可能過

於敏感或是過於不敏感，例如：觸覺、視覺、聽覺、運動的感覺。每個感覺處理模組（例如：聽覺模組、視覺模組）都包括了登錄、解碼、理解訊號的序列模式。在每個感覺處理模組均有感覺引發情緒反應的處理過程（例如：對情緒的反應），且能規劃行動的順序，但ASD的病童在這方面有明顯的障礙存在。

3. **人際關係與人際互動**：一般兒童與照顧者、家長、家人皆能發展出合宜的關係，人與人之間的互動可以促進孩子的發展，會讓他有意圖和情緒去拓展生活經驗。但 ASD 的病童在這方面有明顯的障礙存在。

基於上述的三個要素，The DIR／Floor time 的治療特色說明如下：

1. 治療的目的在於重建發展的順序，讓孩子從既有的基礎上，再次依序發展。其中包括情緒、社交、認知功能的發展基礎。

2. 這個模式是種整合，治療師整合語言、職能、特教及早療共同來服務。

3. 最基本的目標是在讓孩子發現自己是有意圖的、能互動的，再從這基本的互動性上來發展認知、語言、社會互動能力。

4. 這個治療模式有幾個基本的元素：

   (1) 居家為基礎，設計合適發展階段的互動及練習。

   (2) 自發性的互動，以相互注意協調能力、涉入、問題解決為開始，然後開始一連串的溝通流程。

   (3) 半結構性，並且以情感為基本的問題解決過程，例如：為解決生活問題，而必須與成人溝通。

   (4) 空間、動作、感覺活動，例如：跑及轉方向、跳、轉、游、按摩、視覺遊戲、假扮遊戲。

   (5) 語言治療（兩到三週）。

   (6) 職能治療，例如：感覺統合訓練、感覺動作訓練。

   (7) 同齡或是稍長一些的玩伴，在治療師的指導下，自然地與孩子玩遊戲。

   (8) 家庭諮商或家長教育。

   (9) 教育計畫，例如：能互動及模仿的小孩，可以試著進入幼兒園的計畫

中；語言能力全無者則多需進入特教計畫。

(10)生理醫療介入。

(11)特殊考量：營養及飲食因素。應用於感官處理能力的新科技。

八、結合 ABA 取向的自然介入法（Naturalistic Interventions Incorporating Applied Behavior Analysis Principles）

　　另有一些同樣結合 ABA 取向，但教學情境更為自然的模式，著重在重要的行為，例如：動機、注意力。這些模式強調自然的學習機會，並藉由事件的結果來增進其學習動機。

　　研究顯示，自然取向的教學可增加其自發性，提升學習的有效性及類化能力。甚至跟傳統的 ABA 模式比起來，此取向還可以讓兒童的情緒較為正向，混亂的問題行為減少。

九、語言和溝通介入法（Language and Communication Interventions）

　　動機策略——利用兒童的動機來學習語言表達，可促進自閉症病童的口語溝通。對於還沒產生口語表達的兒童來說，這些訓練可增加其口語模仿、增加自發性、產生詞彙。對於語言發展較遲緩的兒童來說，對其口語表達的企圖、字彙使用的精確性、字彙的產生，及不同詞彙的結合使用，與傳統模式相較更有所幫助。

十、圖卡兌換溝通系統

　　由 Bondy 和 Frost 在 1994 年所提出的圖卡兌換溝通系統（Picture Exchange Communication System），是屬於口語替代性溝通方案之一，它利用視覺符號的溝通表達（visual symbol for communicative output）（Lord & McGee, 2001）以及兒童對增強物的喜好所產生的自發性溝通，採取階段性的方式教導兒童用單張圖卡，或是延長至句子，來表達需求與想法，以達與他人互動的目的；與其他溝通教學策略不同的是，它著重引發溝通的主動性，強調學生的自發性反

應及兌換的動作（Bondy & Frost, 1994, 2001），利用學生的需求以及情境的安排，積極促使學生去學得各種溝通技能，而不是消極地等待問題行為的發生；另外，溝通簿的製作方便，成本也很低廉；再者，以圖卡為主的溝通形式不僅內容簡單，且一般人理解也較無困難。

十一、擴大性溝通法（AAC）

擴大性溝通法（Augmentative and Alternative Communicative, AAC）系統適用於沒有語言的自閉症兒童，但缺點是較難類化及自發性的使用。此系統的治療模式包含手勢、相片、圖片兌換系統、溝通簿（communication book），及電腦系統等等。

十二、以社會行為為目標介入法（Interventions Targeting Social Behavior）

此取向是一種以遊戲為基礎的治療，可增加學齡前患童與父母或大人的社會互動。另外也發展出同儕模式，以增加遊戲中與同儕的互動。此取向的類化及維持效果都已獲得證實，但在未受訓的同儕身上較不易類化。

對學齡患童及青少年會採用許多方法來增加其社會互動，包括重要反應訓練、影片觀摩、直接說明、社會性故事、同儕介入的取向、社交技巧團體及視覺提示等。

十三、職業技能訓練和就業選擇（Vocational Skills Training and Employment Options）

此模式是用於成人的 ASD 患者，這類技能的訓練最好在自然的情境下。ASD 患者在以下職業環境中可表現較佳：給予支持，職業內容包含其特殊興趣，並具有具體、單線的操作歷程。就業選擇包括庇護性工廠，內容像是送餐、木工、物件組合；給予職業訓練，但未來可到較具競爭性及獨立的工作環境；支持性就業，由正常的成人陪同，對其工作予以支持及監督；競爭性就業，完全獨立地就業。

十四、居住生活計畫（Residential Living Programs）

　　過去只能讓成人患者繼續待在家裡或安置在隔離的機構，但近年傾向讓他們融入社區生活。他們可獨立生活在一棟房子或公寓，由機構定期提供持續性的服務，由家屬協助較複雜的事項（如金錢管理）；或在工作人員監督情況下團體生活；或一般家庭在政府補助情況下，開放成人患者同住等等。

十五、藥物治療

　　ASD 患者的藥物治療與智障者相似，目的在減輕與 ASD 同時合併的特定症狀，如攻擊行為、躁動不安、睡眠焦慮、憂鬱、強迫性的動作及思考等。完整的治療應考慮藥物治療可以加強ASD患者在環境適應的能力及學習成效，在學習環境中受益。

　　在使用藥物治療前以下兩點必須先考慮：

1. 使用藥物的目的主要是為了減緩精神症狀，而這些症狀可能是慢性的、長期性的問題，除藥物治療外，應考慮可否有其他方法處理或治療這個問題，是否須加強行為治療或設法改善生活上的困難等。

2. 治療目標主要是以自閉症之合併症狀，而非ASD情感發展、語言表達及固執行為等主要症狀。研究中指出，ASD 患者的一等親家居中，出現焦慮症、恐慌症、畏懼症、憂鬱症等之比例較一般家庭多，且ASD患者因有語言表達困難，更易合併此類疾病之症狀，藥物治療即以處理這些疾病的症狀為主。

　　Martia 於 1999 年對 109 位在使用藥物治療的ASD病患的追蹤報告中指出，有 55% 的患者使用抗精神病藥物重鎮定劑（Neuroleptic），29.3% 使用二種以上的藥物，其中如抗憂鬱劑（Antidepressant）、中樞神經興奮劑（CNS stimulants）、抗焦慮劑（Anti-anxiety）都是常被使用的藥物。

十六、認知行為治療（CBT）

　　認知行為治療（cognitive behavioral therapy, CBT）是近年來特別針對亞斯

伯格症的一種治療法。回顧過去文獻，可發現許多治療方案主要採用認知行為治療取向（Simpson et al., 2005），且其成效已得到研究的支持（Adams, Gouvousis, VanLue, & Waldron, 2004; Bock, 2007）。

目前針對亞斯伯格症患者的人際互動缺陷與心智理論能力缺損，已發展出以 CBT 取向為主的治療或介入方式，以下依其治療目標分為三大類：

1. **情緒教導**：CBT 中的情緒教育（affective education）主要是協助個案辨識自身情緒，也欲協助個案學習如何因應或改善負向情緒（Kendall, 2006），可分成情緒辨識及情緒管理兩部分。情緒辨識主要是協助亞斯伯格症患者了解何謂情緒以及如何辨別情緒的不同強度；情緒管理主要是教導個案學習與情緒相關的各種因應策略。

2. **不合理信念重建**：亞斯伯格症患者在社交情境中遭受挫折及負向經驗，易產生不合理的信念及假設，進而出現負向自動化思考、負向情緒及問題行為（Anderson & Morris, 2006），CBT 的目的在重新修正亞斯伯格症患者扭曲的認知或不合理的信念，促進個案產生正向或合理的信念及假設（Dobson & Dozois, 2001; Kendall, 2006）。

3. **社會互動能力提升**：以提升社會互動能力為目標的 CBT 方案包括以下四大類：(1)影片示範（video modeling）：透過影片示範、行為模仿、討論，使亞斯伯格症孩子學習適切的社交技巧或行為；(2)社交問題解決策略（social decision-making strategies）：心理師教導亞斯伯格症孩子在面對社交情境或問題時，可用什麼樣的社交步驟因應，並透過團體討論、角色扮演、家庭作業供個案回家實際演練等方式，讓個案更加熟悉並類化至日常生活中（Myles & Simpson, 2003）；(3)社會性故事（Social Stories）：心理師使用含有社交情境的故事，教導亞斯伯格症孩子社會規範及適當的社交行為；(4)社交技巧訓練（social skill training）：以小團體的方式進行，使個案能立即與同儕互動練習、直接得到回饋，而能更加熟悉種種適切的社交技巧（Hinshaw, 2006）。

Chapter 12

智能發展障礙症

○ 薛惠琪

案例

　　小欣是個國中一年級的女生,「魏氏兒童智力量表」之總智商值為 64,她在學校老師上課時,大部分都聽不懂,常趴在桌上睡覺,下課時聽不懂同學聊天的話題,同學則認為小欣說的話太幼稚,不想和她做朋友,有時候同學還會欺負她。小欣在家雖然可以自己洗澡,但是不會自己洗頭,而且對於自己月經來之處理欠佳,常弄髒褲子,媽媽總是需要跟在旁邊協助或督促她做好自己的事。

　　小欣是個智能發展障礙症的孩子,她在學習表現與生活適應行為表現都不如同年齡的孩子。智能發展障礙症之主要症狀與相關症狀為何?DSM-5 的診斷準則又是如何?還有它的盛行率、病程的可能變化、病因的心理學觀點、衡鑑及治療的方向等,本章會有詳細的介紹。

前言

　　智能發展障礙在不同的國家使用之名詞有所不同,Lin(2003)整理有關用來表示智能發展障礙的名詞包括:mental disability、mental deficient、mental defectives、mental subnormal、mental handicap、mental retardation、exceptional children、amentias、learning disability、learning difficulty、developmental disability 等；在早期則常用 feeble-mined 之詞。在北美較常使用 mental retardation 與 mental deficiency；在英國與澳洲則較常使用 learning disability 與 learning difficulty；世界衛生組織（WHO）則以 intellectual impairment 來概括所有智能發展障礙的概念。隨著許多研究的探討，有研究發現，智能發展障礙與 learning disability 之發展行為表現是不同的，而且與 developmental disability 亦有所區分。

Lin（2003）發現，除了名詞使用之不同外，有關智能障礙之定義與分類也有所不同，但就常被使用之 DSM 診斷系統、ICD 診斷系統，以及「美國智能與發展障礙協會」（American Association on Intellectual and Developmental Disabilities, AAIDD）等之定義而言，智能障礙是指在智能與適應行為兩方面都有障礙者。在 DSM-IV-TR 的診斷系統使用 mental retardation 指稱智能障礙，但在 DSM-5 中則更改為 intellectual disability，Weis（2014）引述 AAIDD 提到四個更名的理由，一是 intellectual disability 是美國與國際上最常用來指稱智力與適應功能缺損的人之名詞；二是此名詞可反映出國際衛生組織將低智力與低適應功能視為障礙之概念；三是它意含著智力和適應功能同時有缺陷，而不只是低智力；四則是它較 mental retardation 不會被認為有攻擊的感覺。在嚴重程度分類方面，DSM 診斷系統與 ICD 診斷系統分為輕度、中度、重度以及極重度；而 AAIDD 認為在進行診斷時需同時考慮對於個案未來需提供之持續、適當且有效的支持，以改善其生活上之限制，故不再以輕度、中度、重度以及極重度來分類，而改為依所需之支持程度來加以分類：間歇性支持（intermittent support）、有限度支持（limited support）、外延性或擴大性支持（extensive support），以及普及性支持（pervasive support）等類；間歇性支持是指偶爾或危急時需要協助，有限度支持是指短期需要協助，外延性或擴大性支持是指長期需要協助，普及性支持則是指時常需要協助。

🎋 主要症狀

　　智能發展障礙症是一種發生於發展階段的疾患，它包括在概念、社會及實務領域中出現智能與適應功能的缺損。DSM-5 基於適應功能與智力一樣重要、適應行為可決定所需之支持與協助，以及智力分數較低時較缺乏效度等因素之考量，而依個案在適應功能量表之得分來區分不同嚴重程度（Weis, 2014）：

1. **輕度智能發展障礙症**：此個案在適應功能量表之得分落在 70 至 55 之間。在學齡前期，也就是五歲以前，其各項能力表現與同齡者不相上下，但隨著年齡增長，其能力表現將會逐漸跟不上同齡者。個案可經由教育訓練學習社會技能與職業技能，雖然有時需督導與支持，但大部分都有自己做到最低限度的自我維持生活的能力。

2. **中度智能發展障礙症**：此個案在適應功能量表之得分落在 55 至 40 之間。其在學齡前期之動作發展與同齡者相當，但語言和社交相關技能則跟不上同齡者。在中等程度督導下可自行做生活自理之相關行為。到了青春期，因很難理解社交情境中之傳統習慣，而使其和同儕的互動關係受到影響；長大成人時，在督導情境或庇護性工廠中，可做非技術性或半技術性的工作。

3. **重度智能發展障礙症**：此個案在適應功能量表之得分落在 40 至 25 之間。個案在嬰兒期就出現發展遲緩現象，且常伴隨有生理疾病或基因遺傳疾病；於學齡期，經由訓練可學會走路、吃飯、穿衣及如廁；長大成人時，需在密切督導情境下方能做些簡單的工作。他們通常需要跟家人同住或住在安養院中。

4. **極重度智能發展障礙症**：此個案在適應功能量表之得分落在 25 以下。個案在嬰兒期就出現發展遲緩現象，且常伴隨有神經缺損或腦傷；個案長期有醫療問題與感覺缺損問題，需要跟家人同住或住在安養院中。

✿ 相關症狀

　　由於智能發展障礙症的個案較缺乏適當的溝通技巧，當無法確切表達自己的需求或無法適應環境時，易出現脾氣暴躁、以破壞性行為或攻擊行為來表達情緒的現象；另外還可能會出現被動、依賴及衝動控制的問題。

　　智能發展障礙症個案較常可能伴隨發生之精神疾患，包括：注意力不足／過動症（請參閱第五章）、雙相情緒障礙症（請參閱第十章）、自閉症類群障礙症（請參閱第十一章）、重複動作障礙症（一種重複、似被驅使一般且無功能作用的運動性行為，且此行為已干擾日常活動或造成自我傷害），或一般醫學狀況所造成的精神疾患。

✿ DSM-5 診斷準則

　　DSM-5 將發生於發展階段的疾患，歸類為神經發展障礙症，智能發展障礙症是神經發展障礙症其中的一種疾患，它的診斷準則如下（引自台灣精神醫學會譯，2014；APA, 2013）：

　　智能不足（智能發展障礙症）是一種在發展階段中發生的障礙症，它包括於概念、社會及實務領域中在智力與適應功能方面的缺損。下列三項準則皆需符合：

A.智力功能（例如：推論、解決問題、計畫、抽象思考、判斷、學業學習、經驗學習）缺損：經由臨床評估及個別標準化智力測驗確認。

B.適應功能缺損：造成個人在獨立與擔當社會責任方面無法達到發展與社會文化的準則。若無持續的支持，此適應的缺損會使個人在多重環境中（例如：家庭、學校工作及社區）的一類或多類日常活動功能（例如：溝通、社會參與及獨立生活）受限。

C.智力與適應功能缺損在發展期間發生。

　　附註：此智能不足的診斷名稱與 ICD-11 的智能發展障礙症是相當的。

表 12-1 智能不足（智能發展障礙症）之嚴重程度

嚴重程度	概念領域	社會領域	實務領域
輕度	在學齡前兒童，可能沒有概念領域方面的顯著差異；學齡兒童和成人會有學業技巧困難，包含閱讀、書寫、算數、時間或是金錢使用，需要有單一或多領域的支援，以達到年齡相符的表現；在成人：有抽象思考、執行功能（即計畫、形成策略、設定優先事項及認知彈性）、短期記憶及學業技巧功能性使用（如：閱讀及金錢管理）等能力之減損。和同齡者相比，其處理及解決問題的方法是較具象的。（譯註：較缺乏抽象思考能力。）	與正常發展的同齡者相比，患者在社交互動方面是不成熟。例如：有正確感知同儕社交訊息的困難。溝通、會話和語言比實際年齡應有的表現較具象或不成熟。可能在調節符合年齡表現的情緒和行為方面有困難。同儕可在社交情境中注意到此方面之困難：了解社交情境風險的能力是不足的，社交判斷力是不成熟；容易受他人操控（容易被騙）。	個人的自我照顧可能達到適齡的表現；和同儕者相較，在日常複雜的活動中較需要一些支援；在成年時期通常需要支援的有：購物、交通、處理家事與小孩的照顧、料理營養的食物、上銀行及金錢管理；休閒活動的技巧能力類似同齡者，但是判斷休閒活動的健康性及安排的能力則需要支援；成年期的競爭性就業，通常是在不強調概念技能的工作場域；在決定醫療照護與法律相關事務以及學習稱職的做事需要技能的工作方面，通常需要支援；在持家方面，一般是需要支援的。
中度	所有發展期間，個案概念能力顯著比同儕落後；學齡前兒童的語言和前學業技巧發展緩慢；學齡兒童在學期間，閱讀、數學以及了解時間與金錢概念的進展緩慢，顯著比同儕落後；至於成年期的學業技巧發展，侷限於小學程度，而所有應用於工作和個人生活上之學業技能，都需要支援；需要每天持續的支援，以完成日常生活中需概念運作的事務，而他人可能需為其擔負全責。	在發展過程中，個人的社交及溝通行為呈現出與同儕顯著的差異。通常可以口語進行社交溝通，但複雜度遠不及同儕；具有人際交往能力，可與家人及朋友建立連結關係，在其一生中可擁有成功的友誼。於成年期中，有時可發展戀情。但是可能無法正確感知或詮釋社交訊息：社會判斷與做決定的能力不足，照顧者需協助做生活中的決定；與一般同儕的友誼發展，常受到溝通或社交能力不足的影響；需要相當多的社會與溝通方面的支援，才能在職場成功就業。	成年後，個人於進食、穿著、排泄、衛生等方面可自我照顧，但是需要經過長期的教導，以其在這些方面達到獨立的程度，而且可能仍需要提醒；同樣的，經過長時間的教導，於成年期時，可參與所有的家事，然而通常需要持續的支援才能達到成人操作的水平；可獨立從事只需少許概念和溝通技巧的工作，但是需同事、上級與他人支援，以處理社會期待、工作繁複面及附隨的責任（如：排行程、通勤、健康福利及金錢管理）；可發展多種休閒技巧，而這些通常需要額外

（續下頁）

嚴重程度	概念領域	社會領域	實務領域
中度			的支援與長期的學習機會；達顯著意義的少數個體會出現不適應行為而造成社會問題。
重度	僅能獲得有限的概念性技巧，通常幾乎不了解書寫文字或是有關數字、數量、時間、金錢的概念。對生活中的問題處理，照顧者需提供相當多的支援。	口語的字彙與文法非常有限，言語可能以單字或語詞為主，而且可能需輔助工具協助；言語及溝通聚焦於此時此刻的日常事物，語言是用於社交溝通而非描述性的使用；了解簡單語言及手勢的溝通；與家人及其他熟人間的關係，是快樂及助力的來源。	個人的所有日常生活活動都需要支援，包括用餐、穿著、洗澡與排泄；需要全時的督導照顧，無法為自身或他人的利益負責決斷；在成年期，於參與家事、休閒及工作時，需要持續的支援與協助；所有領域的技巧的習得，都需要長期的教導及持續的支持；達顯著意義的少數個體會出現不適應行為，包括自傷行為。
極重度	概念性技巧一般涉及實體世界而非象徵的歷程；個人可以目標導向的方式使用物件，以進行自我照顧、工作及休閒；可習得一些視覺空間技巧（如：以物理特徵來配對和分類）；然而，併發的動作及感官障礙可能妨礙物件的功能性使用。	個人對於言語或手勢的符號溝通了解非常有限，他可能了解一些簡單的指令或手勢，大多以非語言及非符號的溝通方式表達本身的欲求和情緒；喜歡與熟悉家人、照顧者及其他熟人間的關係，藉由姿勢和情緒的訊息表示，引發與回應社交互動；併發的感官及身體障礙可能妨礙很多社交活動。	個人在所有日常身體照顧、健康及安全的層面皆依賴他人，雖然也許能參與這些活動的一部分；沒有嚴重身體障礙者，可協助一些日常家事（如：拿盤子到餐桌）。以簡單的物件操作能力，可以成為在有高度的持續支援下參與一些職業活動的基礎；在他人支援下，可參與休閒活動，如：聽音樂看電影、散步或參與水上活動等；併發的身體及感官障礙常妨礙居家、休閒及職業活動的參與；達顯著意義的少數個體會出現不適應行為。

資料來源：引自台灣精神醫學會譯（2014）

　　針對未滿五歲的幼兒，以及五歲以上無法評定嚴重程度者，另保留診斷，分述如下（台灣精神醫學會譯，2014）：

一、整體發展遲緩 🌟

　　此診斷保留給未滿五歲的幼兒，於臨床嚴重程度無法被有效評估時使用。當患者於數個智力功能領域未達應有之發展程度時，可以此類別診斷之。它適用於無法進行系統性智力功能評估者——包含因年齡太小而不適用準則化測驗之幼兒；使用此類別一段時間後，需要重新評估。

二、非特定的智能不足（智能發展障礙症）🌟

　　此診斷保留給五歲以上因下列狀況而無法評定嚴重程度者使用——所在地區無法提供評估程序、有相關的感官或身體障礙（例如：目盲、前語期耳聾、動作失能）、有嚴重行為問題或合併精神障礙者；此類別應僅限於特殊例外情況時使用，且經過一段時間後，需要重新評估。

🎋 鑑別診斷

　　在DSM-5中提到，當個案的邊緣性智力是臨床上關注的重點，且會影響其治療和癒後時，可使用邊緣性智力的診斷。進行邊緣性智力和輕度智能發展障礙症之鑑別診斷時，需留意兩者在智能和適應功能之表現與差異，尤其是在同時出現心理疾患影響個案進行標準化心理測驗施測過程（例如：思覺失調症和注意力不足／過動症伴隨出現嚴重的衝動行為）。

　　DSM-5亦提到，自閉症類群障礙症（請參閱第十一章）常伴隨出現智能發展障礙，在進行智能衡鑑時，自閉症類群障礙症既有之社會溝通問題，會影響其對於施測過程指導語之了解與遵從。適當的評估自閉症類群障礙症之智力功能是重要的，且需在不同發展階段進行追蹤評估，因為自閉症類群障礙症之智商是不穩定的，尤其是兒童早期的個案其智商更是不穩定。

　　此外，神經認知障礙症與智能發展障礙症是不同的，神經認知障礙症是失去認知功能。神經認知障礙症與智能發展障礙症可同時並存（例如：唐氏症後來出現阿茲海默症、智能發展障礙症個案因頭部受傷而喪失認知功能），此類

個案可同時給智能發展障礙症與神經認知障礙症兩個診斷。

　　另外，溝通障礙症與特定的學習障礙症是專指於溝通與學習方面的問題，而他們在智能和適應行為沒有問題，但與智能發展障礙症可同時並存，只要符合診斷準則，可同時給智能發展障礙症與溝通障礙症（或特定的學習障礙症）兩個診斷。

盛行率

　　由於不同研究之定義、評估方法及研究人群對象的不同，其所報告的盛行率也有差異。DSM-5（APA, 2013）中提到，在美國的盛行率為 1%；Mash 與 Wolfe（2007）認為，在美國之盛行率為 1% 至 3%。除了轉介來源之影響，社經地位與智能發展障礙症的盛行率也有關，相關研究發現，高社經地位之盛行率為 0%，低社經地位之盛行率為 2.5%。

　　蔡艷清、嚴嘉楓與林金定（2004）整理有關兒童及青少年智能障礙者之精神疾病盛行率，其文中提及在美國的青少年智能障礙者罹患精神疾病之盛行率為一般人口的二至三倍；而在英國的兒童及青少年智能障礙者罹患精神病的盛行率為同齡非智能障礙者的 7.3 倍；在澳洲的研究則發現，五個地區的四至十八歲智能障疑者，有 40.7% 患有重度的精神和行為異常。筆者依據我國內政部的統計資料計算後發現，台灣地區在 2008 年領有身心障礙手冊之智能障礙類別之零至十八歲的人數為 23,312 人，約占全國人口之 0.4%，而內政部的統計資料（內政部，2013）中，2013 年領有身心障礙手冊之智能障礙類別之零至十八歲的人數為 20,970 人，仍然約占全國人口之 0.4%。

病程

　　智能發展障礙症因病因與嚴重程度的不同，每個患者之初發年齡和初發模式都不一樣，與基因遺傳有關之重度智能發展障礙症，可較早被發現，但是不知原因的輕度智能發展障礙症則較晚才會被注意到。潛在之一般性醫學狀況的

病程與環境因素，皆會影響智能發展障礙症病程的發展；若潛在的一般性醫學狀況是變動的，其病程的變異性較大，受環境因素之影響也較大。

　　智能發展障礙症不一定是終身罹患之疾患，輕度智能發展障礙症患者在兒童或成人早期接受訓練後，可發展出認知功能以外之適應性技能，當此技能之發展狀況佳，無適應功能之問題時，則不再符合適應功能障礙之診斷準則，因而也不會有智能發展障礙症之診斷（APA, 2013）。

🎏 病因

　　關於智能發展障礙症之病因，大部分研究皆提到與生物學因素有關，但社會文化因素仍有其一定程度之影響。

一、生物學因素 ⭐

　　關於基因遺傳研究發現，先天性代謝異常〔例如：苯酮尿症（PKU）〕、染色體隱性遺傳、基因異常（例如：唐氏症）、染色體錯亂及X染色體脆弱症候群等遺傳相關因素，都容易使個體之智能發展遲緩或成為智能發展障礙症患者。

　　另外，胚胎發育的早期改變，例如：染色體變化、媽媽懷孕時喝酒、感染、濫用藥物、照X光；或是懷孕與出生前後發生問題，例如：胎兒營養不良、早產、產程中缺氧、病毒或其他感染、腦傷、身體創傷等狀況，也都有可能會影響智能發展，進而成為智能發展障礙症患者。當然，嬰兒期或幼兒期因感染、創傷或中毒所罹患之一般性醫學狀況，也會造成智能發展障礙症的現象。

　　李宗派（2003）整理了有關智能發展障礙症之生物學因素，包括：染色體、單獨基因、激素、內泌素荷爾蒙、特異的營養性缺失、產前飲食失調、產前感染、圍產期感染、產後期感染、毒性感染，以及外傷導致之大腦損傷或缺氧症等。

二、社會心理因素

　　在孩子的成長過程中，主要照顧者（例如：父母、祖父母或保母）與家庭扮演著很重要的角色。若主要照顧者無法提供適當且足夠的教養環境，使孩子缺乏情緒或生理上的照顧，缺乏語言、社會互動或其他的刺激，甚至發生兒童虐待或疏忽，加上父母無法使用社會資源或社區資源，孩子的智能發展一定會落後，而提高其罹患智能發展障礙症之機率。

　　此外，嚴重的精神疾病，例如自閉症類群障礙症，常伴隨出現智能發展障礙症的現象。而智能發展障礙症之程度愈嚴重者，愈可能伴隨有神經學、神經肌肉、視覺、聽覺、心臟血管及其他之醫學狀況發生。

衡鑑

　　關於智能發展障礙症患者之衡鑑，主要分為智能發展與適應功能兩部分之評估。

一、智能發展評估

　　標準化智力測驗是評估智能發展的最主要測驗工具，但當個案無法配合施測，或受限於生理因素影響無法進行標準化測驗時，臨床心理師則需遵循發展心理學與心理計量之原則，為個案進行初步之智能發展評估。以下介紹常被使用於評估十八歲（生理年齡）以前個案之標準化智力測驗工具。

(一)「貝萊嬰兒發展量表第三版」（Bayley Scales of Infant Development-Third Edition, BSID-III）

　　此量表是由 Nancy Bayley（2006）所發展，並由美國 The Psychological Corporation 出版，目前尚未有正式出版的第三版中譯版，也尚未建立第三版的台灣常模。「貝萊嬰幼兒發展量表」是一個個別施測的測驗工具，主要是用來評估一至四十二個月的嬰幼兒之發展狀況。此測驗的主要目的是找出發展遲緩的

孩子，並提供介入計畫之相關訊息，其主要評估嬰幼兒五個向度的發展狀況：認知、語言、動作、社會情緒，及適應能力。認知、語言及動作的評估方式主要是直接對孩子進行施測；社會情緒與適應能力的評估主要是依孩子的主要照顧者之回答由施測者進行問卷的填答。此外，還有「行為觀察問卷」，它是由施測者和主要照顧者共同完成，主要是評估孩子在測驗情境和家中的行為，以幫助施測者對於測驗結果進行解釋。此測驗提供四種常模參照分數：量表分數、組合分數、百分等級以及成長分數。此外，每個量表都有信賴區間，每個分測驗都有發展年齡當量。在信度方面，各分測驗之內部一致性平均信度係數為.86至.91，組合分數的信度係數為.92至.93；此外，此測驗也有不錯的重測信度與評分者間一致性之信度。在效度方面，許多研究發現，此測驗具有內容效度、建構效度、外在效標效度及區辨效度。Yu等人（2013）提及台灣地區之六個月、十二個月、十八個月及二十四個月之常模有高估的現象。

(二)「魏氏幼兒智力量表第四版」（WPPSI-IV）中文版

此量表已由陳心怡與陳榮華（2013）完成中文修訂版且建有台灣的常模，在國內臨床上已廣被使用。此量表適用於二歲六個月至七歲十一個月的個案，依年齡分為 2:6-3:11 歲組與 4:0-7:11 歲組兩組，兩組施測之分測驗不盡相同，2:6-3:11 歲組共有聽詞指圖、圖形設計、圖畫記憶、常識、矩陣推理、物型配置、動物園及看圖命名共八個分測驗，計算各指數之量表分數的總分，對照年齡常模可換算出語文理解指數分數、視覺空間指數分數、工作記憶指數分數及全量表智商值；4:0-7:11 歲組共有圖形設計、常識、矩陣推理、昆蟲尋找、圖畫記憶、類同、圖畫概念、刪除衣物、動物園、物型配置、詞彙、動物替代、理解、聽詞指圖及看圖命名共十五個分測驗，計算各指數之量表分數的總分，對照年齡常模可換算出語文理解指數分數、視覺空間指數分數、流體推理指數分數、工作記憶指數分數、處理速度指數分數及全量表智商值。此量表之信度部分，折半信度係數為 .86 至 .96，重測信度（平均重測間隔二十七天）為 .72至 .89；在效度方面，此量表具備良好的建構效度、臨床區辨效度及效標關聯效度，且與 WPPSI-R（中文版）FSIQ 之相關為 .89，與 WISC-IV（中文版）FSIQ

之相關為 .83。

(三)「魏氏兒童智力量表第四版」（WISC-IV）中文版

此量表已由陳榮華與陳心怡（2007）完成中文修訂版且建有台灣的常模，在國內臨床上已廣為被使用。此量表適用於六至十六歲十一個月的個案，共有十個分測驗與四個交替測驗，四個組合分數及全量表智商。四個組合分數分別為語文理解指數、知覺推理指數、工作記憶指數及處理速度指數。語文理解指數是由理解測驗、詞彙測驗及類同測驗等三個分量表分數之總分而得；知覺推理指數則是由圖形設計測驗、圖畫概念測驗及矩陣推理測驗等三個分量表分數之總分而得；工作記憶指數則是由記憶廣度測驗和數字序列測驗等兩個分量表分數之總分而得；處理速度指數則是由符號替代測驗和符號尋找測驗等兩個分量表分數之總分而得。至於全量表分數之總分，則是由組成前述四個指數之分量表分數之總分相加而得。四個交替測驗是常識測驗、算術測驗、圖畫補充測驗以及刪除動物測驗。計算各量表之量表分數總分後，可對照年齡常模換算出各項組合分數。此量表之信度部分，其內部一致性信度係數為 .74 至 .91，在十四項分測驗中，有十項分測驗之信度在 .80 以上；而重測信度係數部分，所有分測驗的穩定係數在 .67 至 .88 之間，全部組合分數之穩定係數在 .83 至 .94 之間；在效度方面，許多研究發現，此量表具有測驗內容、反應歷程、內部建構，以及與其他測量之關聯證據。

(四)「魏氏成人智力量表第三版」（WAIS-III）中文版

此量表已由陳榮華與陳心怡（2002）完成中文修訂版且建有台灣的常模，在國內臨床上已廣為被使用。此量表適用於十六至八十四歲的個案，共有十四個分測驗、兩個分量表、四個因素指數及全量表。語文量表之分測驗包括：常識測驗、理解測驗、算術測驗、詞彙測驗、類同測驗及記憶廣度測驗，另有一個交替測驗為數一字序列測驗；作業量表之分測驗則包括：數符替代測驗、連環圖系測驗、圖形設計測驗、圖畫補充測驗及矩陣推理測驗，另有兩個交替測驗是符號尋找測驗和物型配置測驗。計算語文量表之量表分數總分可對照年齡

常模換算出語文智商；計算作業量表之量表分數總分可對照年齡常模換算出作業智商，兩個分量表之量表分數總分可對照年齡常模換算出總智商值。四個因素指數分別為：語文理解指數、知覺組織指數、工作記憶指數及處理速度指數。此量表之信度部分，折半信度係數為.89至.98；在效度方面，許多研究發現，此量表具有建構效度。

(五)「萊特國際操作量表第三版」（Leiter International Perform-ance Scale-III）

此量表是由 Roid 與 Miller（2013）所發展，由美國 Stoelting Company 出版，目前尚未有正式出版的中譯版，也尚未建立台灣的常模。此量表是一個非語文測驗，以手勢和動作進行施測，個案以正確找出卡片位置為反應，所以當個案無法接收語言或無法以語言表達時，可使用此量表進行評估。此量表可評估三至七十五歲以上之心智發展狀況，包括認知量表、注意力與記憶量表，及社會情緒評分表等三部分，認知量表可評估個案之流體智力。認知量表包括物型補充、排序、分類與圖形類推、背景補充、配對，及重複模式等分測驗，依個案的生理年齡或心智發展狀況選擇適合之分測驗進行施測。此量表之信度部分，內部一致性信度係數為.78至.95；在效度方面，許多研究發現此量表具有內容關聯效度、效標效度及建構效度。

二、適應功能評估 ⭐

適應能力是診斷個案是否為智能障礙的另一個重要評估項目。Sattler（1992）在書中提及，「美國智能障礙協會」（American Association on Mental Retardation, AAMR）所定義之適應能力是能維持自己獨立生活的能力，並能符合社會文化對個人之要求與社會責任。以下簡介適應功能之評估工具。

(一)「社會適應表現檢核表」

此量表由盧台華、鄭雪珠、史習樂與林燕玲（2003）編製且建有台灣的常模。此量表是用來評估個案在日常生活中所需之各項能力表現，包括：生活自

理、動作與行動能力、語言與溝通、社會人際與情緒行為、學科學習等五個向度的領域。生活自理包括：飲食、如廁、穿著、衛生與儀容等四種生活自理基本能力；動作與行動能力包括：粗大肌肉動作能力與小肌肉動作能力及其綜合表現；語言與溝通包括：聽覺理解、動作表達、口語表達，以及符號與文字表達；社會人際與情緒行為包括：人際、參與團體活動，與運用社區設施及情緒反應與穩定性；學科學習包括：閱讀、書寫、數學等基本學科能力表現與生活常識。此量表之內部一致性信度係數為 .82 至 .98，重測信度為 .86 至 .99；在效度方面具有內在效度與建構效度。

(二) 「文蘭適應行為量表」（VABS）中文編譯版

此量表是編譯自美國 Sara S. Sparrow、David A. Balla、Domenic V. Cicchetti 等人在 1984 年編製之 Vineland Adaptive Behavior Scale（VABS），國內已由吳武典、張正芬、盧台華與邱紹春（2003）完成教室版的中文編譯版，並建有台灣常模。此量表包括：溝通、日常生活技巧、社會化、動作技巧等四個向度的領域。溝通包括：接受性語言、表達性語言、書寫能力；日常生活技巧包括：個人的生活技巧、家庭的生活技巧、社區的生活技巧；社會化包括：人際關係、遊戲和休閒、應付進退技巧；動作技巧包括：粗大動作與精細動作。此量表之折半信度係數為 .66 至 .98，重測信度為 .62 至 .95，評分者間信度為 .74 至 .89；在效度方面具有建構效度。

(三) 「修訂中華適應行為量表」

此量表由徐享良（2007）修訂，國立台灣師範大學特殊教育中心印行，共有四至十八歲的台灣常模；此量表在特殊教育的教育安置評估中常被使用。此量表由主要照顧者填答，共有幼兒園版與中小學版兩種版本，幼兒園版之適用年齡為四至六歲，中小學版之適用年齡為七至十八歲。量表架構是依居家、學校、社區、工作等四個生活環境而分類為十三項適應行為，此十三項適應行為分別為生活自理、家事技能、溝通能力、實用知識、獨立自主、安全衛生、社區活動、消費技能、社會技能、休閒技能、動作發展狀況、工作活動及社會、

工作行為,其中的消費技能在幼兒園版中被省略,因而幼兒園版只有十二項適應行為。不同年齡階段之題數也不相同。此量表之信度研究發現,幼兒園版之內部一致性係數為 .6844 至 .9619,中小學版之內部一致性係數為 .8366 至 .9837;兩週重測信度介於 .94 至 .99 之間;評分者間信度介於 .86 至 .96 之間;在效度研究方面,發現各分量表得分之內部相關係數在 .745 至 .972,且具有效標關聯效度與建構效度。筆者在使用此量表時發現,主要照顧者對於題意之了解與對於評估結果之期待,對其填答之結果有相當大的影響,因此,在使用此量表時,最好配合與家長進行會談蒐集其生活自理能力之資料,以確認家長填答結果之正確性。

三、關於智能發展障礙症衡鑑之心得分享 ⭐

　　當一位臨床心理師進行有關智能發展障礙症個案的衡鑑時,除了上述評估工具外,還需與主要照顧者進行會談,並在整個衡鑑過程中,進行行為觀察。筆者整理自己進行此類個案的衡鑑經驗發現,在會談資料方面需蒐集個案之發展史、求學史、生活自理能力、人際社會行為、情緒等方面的資料;而在行為觀察時,可觀察個案對於測驗情境的接受度、對施測者的態度、語言表達能力、語言理解能力及問題解決能力等。通常重度智能發展障礙症的個案很可能會被觀察到出現自我刺激行為或是儀式化的行為。此外,在「魏氏智力量表」施測時,筆者發現中度智能發展障礙症個案在該量表的表現,可能會在類同測驗出現大多不會回答的狀況,原始分數 0 分;數字符號替代測驗可能不會寫出符號而是抄寫數字;詞彙測驗可能會用比的代替用說的;記憶廣度測驗不會逆背;與日常生活有關的題目較容易答對。至於重度智能發展障礙症的個案受到「魏氏智力量表」常模本身的限制,無法以該量表進行評估。

🌀 治療

　　在孩子成長的過程中,個體本身之氣質與特殊缺陷固然會影響智能發展,其成長的環境因素,如父母的身心健康狀態、家庭可使用的社會資源、父母之

親職技巧及家庭穩定度等，都在孩子智能成長中扮演著重要的角色。目前之治療方向除了出生後的教育與治療，亦將胎兒期之父母教育與預防納入治療中。

一、胎兒期的教育與篩選

在媽媽懷孕時期，可藉由公衛護士之家訪或在社區中的活動中心、教堂等地方舉行講座，提供促進育兒技巧的相關知識，使媽媽了解在懷孕期使用毒品、咖啡或喝酒對於胎兒發展的影響，並協助媽媽學習懷孕期接受藥物治療之應注意相關事項。此外，媽媽本身對於生小孩的壓力、產前與產後之適應，都可透過專業人員的協助獲得有效的幫助。但在擬定胎兒期計畫時，需考慮社會文化因素的影響，例如基因的篩選就不見得被所有文化族群所接受。

二、早期療育

此治療理念是為孩子在就學前提供足夠的教育經驗。在 Mash 與 Wolfe（2007）書中提到，Ramry 與 Ramry（1992）對於早期療育的建議如下：

1. 鼓勵孩子探索環境。
2. 教孩子基本的認知技巧（例如：分類、排序）。
3. 對於孩子的進步給予獎勵。
4. 需有目標的複習與擴展新學習的技巧。
5. 有效預防因被嘲笑或處罰所造成的傷害。
6. 提供一個豐富且有回應互動的語言學習環境。

三、教育安置與特殊教育之協助

在我國的教育體系中，依據《特殊教育法》，每年在學生入學前與入學後，各進行一次的鑑定安置，需要時於平日亦可自行提出申請；由家長和老師向各縣市教育單位的鑑輔會提出申請後，經過篩選、轉介、醫學診斷及評量、教育安置、教學與評鑑等步驟，由鑑輔會完成鑑定並安置學生於適合的特殊教育方式。目前特殊教育方式包括：資源班、特教班、特殊學校以及在家教育等，資源班是讓學生進行補救教學，每週依學生之個別化教育計畫，將學生自普通

班抽離至資源班上課，以協助補強其弱勢之學科；特教班則是安置因智能發展障礙症或其他障礙類別之嚴重程度影響，而使其無法安置於資源班之學生，班級人數較少，通常約八至十人，且由兩位老師負責教學之相關事宜；特殊學校則是安置因智能發展障礙症或其他障礙類別之嚴重程度影響，而使其無法安置於資源班或特教班之學生；在家教育則是安置因嚴重障礙而無法到校就學的學生，通常是由巡迴教師依學生所需，每週固定時間至學生家中進行訪視教學，其餘時間則由家長協助教學。

四、行為治療 ⭐

此治療的目標是控制不當行為與學習新的技巧。可使用之治療技巧包括：逐步養成法、示範學習及暫時隔離法。在訓練語言發展時，可利用逐步養成法，配合增強物之獎勵，由發音到仿說到回答簡單問句，甚至還可到說故事的學習。透過一個步驟一個步驟的示範與模仿學習，再配合增強物的給予，可訓練孩子學習新的技巧（例如：使用湯匙、自己穿脫衣服等）。社交技巧的訓練也是智能障礙的孩子必須學習的重要課題；微笑、分享、尋求幫助、遵從指令、傾聽、輪流等待及問題解決等訓練項目，可透過與同儕的互動來訓練並能促進友誼之發展。

五、認知行為治療 ⭐

在此介紹自我提示訓練與後設認知訓練。自我提示訓練適用於已具備某些語言能力，但在了解指令與聽從指令上有困難的孩子，訓練的方法是教孩子利用語言線索來處理訊息刺激，以協助孩子專注於現在該做的事或新學的事上面。若是孩子的語言能力較不好，可發展以符號、視覺線索、圖片線索及示範等方式來協助處理訊息刺激。至於後設認知訓練，則是訓練孩子學習區辨在不同情境可適用之不同的問題解決策略，例如當孩子面對一題數學題時，可以教他先辨識這是屬於哪一類型的題目，然後再從許多方法中找出解決次類型問題的適當方法，也就是說，孩子需學會兩個步驟：第一個步驟是辨識問題的類別；第二個步驟則是從許多方法中選出適當的解決方式。

六、家庭取向策略

　　此治療模式認為,孩子是上天給予的禮物,在協助適當處理家人本身的相關問題（例如:婚姻衝突、睡眠困擾、休閒時間之限制、社會支持等）後,應促使家人主動積極參與智能障礙孩子的訓練。訓練父母最有效的方法是短期的、問題取向的行為治療,治療者應依每個家庭所需訂定治療目標,教父母所需學習的相關技巧。最有名的家庭訓練方案是「Portage 父母訓練方案」,此方案適用於嬰兒期至六歲的兒童,訓練內容包括:認知、語言、生活自理、動作及人際社會等五個部分;訓練進行的方式是治療者每週到兒童家中進行家訪,在家訪時治療者需觀察與評估孩子的進步狀況、給予父母回饋、示範並教導父母本週新的教學活動之相關技巧;父母需確實依教學活動內容教孩子,並做紀錄,以提供下週家訪時作為評估的參考。在不同的發展階段,家庭訓練將面臨不同的重要課題:嬰幼兒期,父母剛接受相關訊息,需協助父母處理其情緒並提供相關的知識;學齡前與學齡期,父母已有相關訓練的知識與經驗,此時父母會想要尋求更好的訓練方式,治療者需維持其治療之穩定性與多樣性;進入青春期與成人前期後,則需協助父母處理孩子的經濟、工作及人際等,與獨立生活有關的問題。

七、住院治療

　　當父母無法完成孩子在家中教育訓練或出現攻擊行為時,則需將孩子送至醫院接受住院治療。住院治療分為全日住院與日間住院兩種:全日住院是每天二十四小時都住在醫院接受治療與訓練;日間住院則是白天到醫院接受治療訓練,晚上則回家之治療方式。治療者視孩子的狀況給予全日住院或日間住院的建議。以下介紹醫院之住院治療模式:

1. **治療目的**:透過醫療團隊的介入與提供結構性的治療環境,訓練個案之生活自理能力與職業功能,修正其不當行為,培養適當行為。
2. **收治對象**:學校轉介在校因嚴重行為問題（例如:逃學、偷竊、曠課等）而無法持續上課者,或是由教育處（局）鑑輔會轉介需接受治療之學生,

還有父母因孩子無法完成教育訓練或出現攻擊父母和家人行為者。

3. **住院天數**：依個案之適當行為建立狀況與父母配合狀況而定，通常是一至三個月不等。

4. **醫療團隊治療模式**：共分醫師、護理人員、社工師、臨床心理師、職能治療師及特教老師等六大專業的介入：

   (1) 醫師的部分主要是統籌各專業提供之評估資料，進行確定診斷，並依個案出現之相關症狀決定是否接受藥物治療。

   (2) 護理人員為三班制，二十四小時提供個案生活自理訓練，並與臨床心理師合作進行個案之行為治療，以修正其不當行為，建立適當的行為。

   (3) 社工師主要是評估家庭功能，並於需要時提供相關社會資源之運用與協助或安置之建議。

   (4) 臨床心理師則是評估個案目前之心智發展、情緒發展、人格發展及行為問題成因等狀況，協助訂定適合個案之目標行為以進行行為治療，並每週與個案進行心理治療，協助個案發展適當的社交技巧、情緒表達及自我控制能力等。

   (5) 職能治療師評估個案職業功能之潛能，協助找出有利學習之功能，補救其不足之能力，期能有助於個案回歸學校就學或回歸社會工作。

   (6) 特教老師是為延續個案在住院期間之學習而提供之協助，依個案之學校教材與個案之能力，設計適合的課程進行教學。

5. **追蹤評估**：個案出院後，除定期回門診接受治療外，個案管理師將視需要進行電話訪問或家庭訪視，以追蹤個案之預後狀況；病房之特教老師也會不定期以電話聯絡學校老師，以追蹤個案的復學狀況。

　　總之，智能發展障礙症的孩子需家庭與社會給予足夠的支持與接納，雖然他們無法如正常智能發展孩子般迅速反應，但予以適當的訓練，他們仍可在庇護環境中做好自我照顧的工作。

Chapter 13

溝通障礙症與特定的學習障礙症

○ 鄭欣宜

案例一、小如：尖叫卻不說話（語言障礙症）

　　小如的母親毫不猶豫地解釋為何她請求協助：「我那四歲大的女兒真是令人非常憂心，從嬰兒期開始，她就深受耳朵發炎和睡眠問題之苦，有時因耳朵感染而整晚叫鬧不停，脾氣變得相當暴躁並且拒絕完成簡單的生活要求，例如：換衣服或穿上外套等。」

　　她學校的老師是一位經驗豐富、樂於和孩子互動的人，她說道：「小如是一位聰明且活力十足的孩子，但是在使用語言表達自己這件事上卻有相當大的困難。當她遇到挫折時就會開始放棄且憤怒生氣，甚至不吃飯或跟同學打架。她要花很長的時間去適應新的人、事、物，雖然她似乎能理解所被提問的問題，但就是無法找出正確的字眼來表達，因而導致強烈的情緒反應。」

案例二、小華：說話發音不清（言語發音障礙症）

　　小華今年六歲半，就讀國小一年級。根據與母親訪談的資料顯示，他第一個有意義的詞彙是到十九個月左右才出現，而後一直到兩歲左右才能說出更多詞彙。到了五歲時，其口語表達仍相當不清楚，家人常需非常用心聽才能聽得懂他想表達的意思；家人心想大概再過一陣子就會好了。一直到小華六歲進入小學就讀時，老師發現班上同學中就他說話發音最不清晰，乃建議母親帶他去做檢查。檢查結果他的聽力正常、構音器官也沒缺陷，心理測驗結果也顯示其智力正常。唯一的問題是會有語音錯誤的問題，例如：「草莓」會說成「倒楣」、「船」會說成「短」、「汽車」會說成「ㄧˋ ㄜ」、「西瓜」會說成「ㄧ ㄨㄚ」。小華開始在醫院中接受語言治療師的音韻矯治，而學校的老師亦常創造機會鼓勵他說話，漸漸地小華說話的問題獲得相當程度的改善。

案例三、阿得：說話結結巴巴（口吃）

　　阿得的父母從親友那邊得到許多關於他們兒子語言表達有問題的訊息，且絕大部分聽起來都很令人擔憂，例如：「因為這個問題，他會受苦一輩子！」他祖母警告地說。「如果現在不趕快處理，以後會變成口吃，他自己會很清楚知道，以後可能無法趕上學業或交朋友。」

　　阿得從兩歲開始，就出現重複及拖長某些音、字的狀況，但現在他的情況變得更加嚴重（例如：「我……我……我……我……叫阿得」）。當他講話時會緊緊攏住自己的唇、猛眨眼睛、呼吸短促，彷彿要把臉給撐破了。他的曾祖父、曾舅父和父親也都有口吃。他的媽媽原先不在意，但現在開始擔心同學會嘲笑以及模仿他。

案例四、小仁：電玩超級打手（閱讀障礙）

　　小仁是一個有閱讀障礙的九歲男孩，對電玩有極大興趣，他往往很快就能發現其中的規則並獲取高分。他厭倦和別人交談，他的句子都是相當簡短且表達快速。在「魏氏兒童智力量表」（WISC）施測過程中，他很努

力地想要有好的表現，但因一次只能專注理解一個字詞而常忽略整個題目，以致變得相當急躁與挫折，整個施測的過程花不到一個小時。他測出的智商是正常的，但其作業智商分數（PIQ＝109）遠勝過語文智商分數（VIQ＝78）。由於他急於完成測驗，再加上對指導語的理解有困難，因此測驗結果有可能低估其能力。此外，他也顯現拼音（例如：ㄅㄧㄤˊ→ㄋㄧㄤˇ）以及閱讀（例如：貓咪在黃色門旁→黃色貓咪在旁門）等問題。

案例五、小芳：不會算術的小孩（數學障礙）

小芳是個重讀二年級的七歲小女生，她看起來健康且正常，但是在學業和交友上卻出現問題。從學齡前她就搞不太清楚數字，也不太能理解「多和少」、「大和小」的概念，現在即便要求她作簡單的算術如2加2，她仍舊會搞混，所以學校的同學都喜歡嘲笑她是個白痴。

案例六、小明：緩慢的描寫（書寫障礙）

七歲的小明是個有書寫障礙的二年級學生，他的字看起來就像三歲小孩寫的，對於工藝、拼圖等需要精細動作協調的活動有困難。神經心理測驗發現，他有手指辨識不能，尤其是左手，對於仿畫三角形、圓形、正方形有困難。作業智商（PIQ）91分，尤其對圖形設計和物型配置有困難；語文智商（VIQ）117分，對需集中注意力的算術和記憶廣度有困難。施測過程中觀察到他較易衝動與對立，此情況與其父母的描述一致。

🎏 前言

每個人都有許多重要的基本能力，試著想像一下當你無法運作它們的景況：如處在一個充滿聲光的環境中使得你無法專注，當需要閱讀或算術時你卻發現這些字母或數字怎麼看起來或聽起來都很像，這在溝通障礙症與特定的學

習障礙症（Communication Disorders/Specific Learning Disorder，統稱學習障礙）的兒童及青少年身上是很常見的情形。對他們而言，似乎每個作業都變得令人感到困惑，常伴隨著課業的失敗與自信心低落。雖然通常不致於嚴重到影響正常生活，然卻常令其感到挫折並衍生相關的情緒問題。學習障礙兒童並不是因為智能障礙或懶惰不認真而導致學習上的困難，而是因為腦神經結構或功能上的某些缺陷，使得他們無法以一般人的學習方式來學習。此外，學習障礙的個別差異很大，幾乎沒有任何兩位學習障礙者的學習困難是一模一樣的。雖然此疾患為終身的障礙，無法透過某種治療法而得以痊癒，但是如能透過正確的診斷、特殊教育的協助，以及環境的配合與接納，幫助其潛能的開發，學習障礙者也可以獲致成功，例如：愛迪生（發明家）、邱吉爾（英國首相）、湯姆‧克魯斯（演員）等都是成功、有名的學障人士。

　　學習障礙（Learning Disabilities）包括溝通障礙症與特定的學習障礙症。本章將特定的學習障礙症下之閱讀／數學／書寫等各項能力損傷，參照台灣精神醫學會所提供的中英文精神疾病診斷分類詞彙對照表，將其翻譯成閱讀障礙、數學障礙及書寫障礙。過去學習障礙被視為是學習動機缺乏所致，然隨著神經影像學技術的進步，使得我們對兒童語言及認知等問題有更進一步的認識，繼而對溝通障礙症與特定的學習障礙症彼此間的關聯性有更清楚的了解。本章強調語言發展對於後來學習問題的影響，突顯溝通障礙症（發展性學障，通常幼兒期即可被診斷出來）與特定的學習障礙症（學業性學障，學齡早期最常被辨識出來）之相互因果關係。其症狀上有許多的形式與重疊，本章就學習障礙的定義、歷史沿革、臨床特徵、診斷、障礙類別，以及相關的病因及處遇等加以介紹說明。

定義

一、歷史沿革

　　最早注意到真實能力與實際表現此二者間存有非預期性差距（unexpected

discrepancy）的是 19 世紀末的高爾醫生（Franz Joseph Gall）。他發現腦傷病人沒有辦法說出自己的感覺和想法，然其智力並未受損且病人先前的說話能力正常，因而推論此現象為與語言歷程有關的腦部神經缺損所致（Hammill, 1993）。1940 年代開始，科學家企圖透過腦與行為的相關研究，嘗試把學習問題、智能障礙與器質性腦傷做聯結，結果發現，有些孩子並非智能障礙但是仍舊有明顯的學習問題，因而開始提出學習障礙和智能障礙此二者應是不同的疾病概念。

　　「學習障礙」一詞首先在 1962 年由 Kirk 正式提出，目前由 DSM-5（APA, 2013）的「溝通障礙症」與「特定的學習障礙症」此二大類所取代，其泛指因神經心理功能異常而造成的溝通和學習問題。此障礙表現在聽講、說話、閱讀、推理、書寫、拼字或演算等一項或多項技能上的不足，但不包括因視覺、聽覺、動作障礙、智能障礙或環境、文化、經濟等不利因素所造成之學習問題（Safford, 1978）。

　　學習障礙的孩子不僅在聽、說、讀、寫、算等方面受到限制，比起一般可見的身體失能，此種隱性的失能更難讓他人視此為一種障礙。1960 年代開始，家長和教育者不再滿足於學障孩子被診斷為智能障礙，並且提出學習障礙者應該接受特殊教育的服務，訓練教師擴展新的教學方式、提供語言治療及語言病理學專業諮詢等則被視為學校服務的重要項目。學習障礙的計畫和安置開始從臨床醫療轉移到學校教育，學者主張只要孩子的智能正常，若能被安置在正確的情境與教法，則學習方面的困難是可以被克服的（Lyon, 1996）。Strauss 與 Werner（1943）提出三個重要觀念影響教育界至今：(1)兒童用不同的方法在學習，因此需找出每個兒童獨特的學習風格並使其成為優勢能力；(2)教學法需配合兒童個別的需求，一種教法無法適用於所有的人；(3)有學習困難的兒童可以透過增強既存的優勢能力，而不是突顯其弱勢的教學法來予以補強（引自 Lyon, 1996）。

二、語言發展 ★

　　語言發展對於後來的學習問題有多方面的關聯。研究指出，在閱讀和拼音有困難的學習障礙者中，約 85% 在早期有語音方面的困難，因此在學習障礙的

早期鑑定中，語言能力是相當重要的指標（Frost, 1998）。透過清楚的示範與樂於傾聽的行為，使得大人在兒童語言發展上占有很重要的角色。語言是由許多基礎語音〔音素（phoneme）〕所組成，當嬰兒一再重複聽到一個音素時，便會在大腦聽覺皮層形成精細的聯結，而大腦聽知覺地圖的形成能幫助嬰兒區辨不同的音素。一歲時此地圖已大致完整，嬰兒會逐漸喪失區辨母語中不重要音素的辨識能力，這是何以在此年紀之後若要再學習第二語言會較困難的原因，因剩餘的神經要再建立新的聯結會有困難。一旦基本的迴路建立後，嬰兒便能將語音轉變成對字的聯結，當聽到愈多的字音，其語言的學習會更快，此迴路會強化及擴展神經的聯結。而其他能力的學習發展歷程亦同，例如：音樂、空間理解、數字概念等（Hancock, 1996）。音韻覺察（phonological awareness）指的是語音與字形關係的辨識、腳韻與頭韻（聲母和韻母）的偵測，以及透過音節將語音組成字的覺察等。而孩童是否具備學習與儲存語音，以及結合聲音形成有意義的單位等語言能力，則與日後的閱讀和拼音能力息息相關。為了快速的溝通，大人說話發音常會重疊連在一起，因此小小孩必須具備將語言分解成各個語音的能力。約 80% 的七歲兒童可以適切地分割字和音節，以產生正確的語音；但有些兒童則不行，由於他們缺乏對音韻的覺察，無法將語音解碼儲存至記憶系統，造成他們在讀音上的困難（Shaywitz & Shaywitz, 1994）。語言問題到了入學時會變成學習問題，因無法把字分成音節（或分解筆畫），所以無法學會運用符號系統將說與寫聯結起來（聲音與字形的聯結）。而閱讀倚賴快速且自動化的單字解碼歷程，故解碼速度慢且不正確的兒童在閱讀理解上也會有困難（Lyon, 1996）。總而言之，音韻覺察的缺陷是造成學習障礙兒童在拼音、閱讀和書寫等困難的最主要原因。

三、相關研究

在國內相關研究方面，李俊仁（1998）的博士論文主要目的是驗證中文閱讀障礙的語音缺陷假說（phonological deficit hypothesis），並使用預測性區辨分析，以語音處理作業為變項，預測學童是否會成為弱讀學生（poor reader）。研究得到幾個結論：(1)音韻處理因素對於中文閱讀能力的發展提供非常強的影

響力，雖然研究的證據並無法直接推論它就是造成閱讀障礙的原因，但如將它視為一種標記（marker）應是適當的；(2)在音韻覺識作業中，拼音比去音首對於識字的發展影響更大，且拼音的缺陷是持久的，不因為年紀增長而消退，但拼音於識字的作用，在功能上則隨年齡消退；(3)在台灣，學生是用注音符號來完成聲韻的表徵及處理作業，因此教學的標音符號對於聲韻的表徵及處理會造成影響；(4)形音的聯結能力，在閱讀發展中是重要的，它不僅作用在識字，也對心理詞彙的發展有影響；(5)以簡單的工作記憶測驗、形音能力測驗及拼音測驗，能夠在三年級時以相當高的正確率區辨出弱讀學生。

除了從音韻覺察之語音解碼能力缺陷來說明學習障礙外，學者也試著從工作記憶的角度來理解學習障礙。工作記憶是指個體同時對訊息短暫儲存與運作處理的能力（Baddeley, 1986），國內、外學者對工作記憶的相關研究均指出，工作記憶能夠有效區分一般學生與學習障礙學生的不同（林慧芳，2001；蔣大偉，2001；Siegel & Ryan, 1989; Swanson, 2000）。Baddeley、Gathercole 與 Papagno（1998）指出，工作記憶中的語音迴路，對個體的新字彙語音學習扮演著重要的角色。語音迴路的主要功能是用來暫時維持語文的訊息，被運用於貯存陌生字彙的語音形式，得以建構更持久的記憶。柯華葳教授指導的一篇碩士論文即是加以檢驗 Baddeley 等人（1998）所提出的觀點，探討其是否適用於中文的語言學習（饒蓓蕙，2003），研究結果發現，在中文裡，兒童新字彙語音學習的能力表現，除了與語音迴路中語音貯存的記憶容量有高相關之外，代表語音表徵之注音符號對於新字彙語音的學習，同樣也扮演著重要的角色。

柯華葳教授指導的另一篇碩士論文欲了解不同類型學習障礙學生（閱讀障礙與數學障礙），在不同類型的工作記憶是否有差別（陳以青，2004）。在工作記憶方面，使用語文、數數與視空間三種工作記憶測驗：語文工作記憶涉及語音訊息處理，數數工作記憶測驗涉及語音與視覺空間訊息處理，而視空間工作記憶測驗涉及視覺空間訊息處理。研究結果發現：(1)不論是哪一類型的學習障礙學生，在數數與視空間工作記憶廣度都比一般學生差；(2)以學習障礙類別間比較來看，閱讀障礙與數學障礙在數數與視空間工作記憶沒有差異，但在語文工作記憶有差異；(3)年級間比較方面，不論是任一類學習障礙，在年級間工

作記憶均沒有差異，顯示年級升高，任一類學習障礙在數數與視空間工作記憶廣度並沒有增加。綜合上述的討論，工作記憶可以有效區分一般學生與不同類型的學習障礙學生。閱讀障礙學生在語文工作記憶缺損，數學障礙學生在視空間訊息處理缺損的表現，和 Siegel 與 Ryan（1989）的結論一致。

溝通障礙症

溝通障礙症指的是，在說話發聲、使用語言溝通，或理解別人說話等方面的困難。DSM-5（APA, 2013）依不同損傷的性質將其分為：(1)言語發音障礙症（Speech Sound Disorder）：原 DSM-IV-TR（APA, 2000）中音韻疾患（Phonological Disorder）的新名稱；(2)語言障礙症（Language Disorder）：此包括 DSM-IV-TR 的「語言表達疾患」（Expressive Language Disorder）及「接受性—表達性混合語言疾患」（Mixed Receptive-Expressive Disorder）；(3)社交（語用）溝通障礙症（Social [Pragmatic] Communication Disorder）：原 DSM-IV-TR 中並無此疾患，為DSM-5 新出現的診斷名稱；(4)兒童期初發型語暢障礙症（口吃）（Childhood-Onset Fluency Disorder [Stuttering]）：原 DSM-IV-TR 中口吃（Stuttering）的新名稱。前三者彼此的關聯性較高，較能突顯溝通障礙症的基本特徵，而口吃則有其獨特的臨床特徵及發展歷程。通常語音問題的產生會早於語言的接受、表達與語用溝通問題，而這些疾患與後來的特定的學習疾患有關。

另外，社交（語用）溝通障礙症是DSM-5 中首度出現的一個新疾患，在此之前若孩童在語用溝通上有明顯的問題，但是並沒有出現其他心智缺損，這些孩子就成為「診斷上的孤兒」。他們很需要接受治療和輔助教學以協助其克服社交溝通問題，但是因不符合 DSM-IV 任何一個心智疾患的診斷標準，因此通常無法獲得應有的協助。考量到上述困境，以往許多立意良善的臨床工作人員將這群孩子診斷成自閉性光譜疾患，如亞斯伯格疾患或廣泛性發展疾患／其他未註明（PDD-NOS）的分類（援用DSM-IV診斷系統）。然社交（語用）溝通障礙症的孩子並不會出現像亞斯伯格疾患所伴隨的重複或侷限、刻版的行為和

興趣，因此把這群孩子歸類到此診斷並無法獲得適當的治療與處置。現今，DSM-5 為社交溝通缺損的孩子提供一個診斷的安置，希望藉由這個新診斷能協助研究者和臨床工作人員更有效地辨識和協助這群孩子（Weis, 2014）。

一、主要症狀

(一) 言語發音障礙症

此為構音或發聲方面的語言問題，而不是對字的理解出現問題。此疾患包含在語音發聲、使用、陳述或組織分類上產生錯誤，部分實例如：聲音省略（「蘋果」說成「蘋我」）、聲音取代（「褲子」說成「兔子」）。一般而言，聲音省略比聲音取代影響來得嚴重。最常發音不良的聲音是在發展階段最晚被學會的聲音（在英文為 l、r、s、z、th、ch），但對於年幼或更嚴重的個案來說，即便是發展階段較早習得的語音也可能受到影響（APA, 2000）。一般而言，學齡前的兒童常發音錯誤或混淆一些音是很普遍的現象，但如果問題持續且嚴重影響學業和社交活動時就值得留意了。

(二) 語言障礙症

1. 語言表達障礙

此指兒童在語言理解和語言表達二者能力上有差距，且非因智能不足或自閉症類群障礙症所引起。語言表達障礙兒童的口語能力顯著受到疾患的嚴重度以及年齡所影響，症狀包含：語言量有限、字彙範圍有限、使用新字有困難、找不到字眼表達、句子類型有限、運用不尋常的字句次序（APA, 2000）。通常他們會說話的時間較晚、語言的發展較慢，字彙有限、句子較短、文法結構很簡單，而非語言的功能及語言理解技能通常都是在正常範圍之內（Mash & Wolfe, 2013; Wicks-Nelson & Israel, 2002）。

2. 接受性—表達性混合語言障礙

此為語言表達問題合併語言理解方面（接受性語言）的困難。雖然聽力正常，但對於某些特定的詞彙或句型有理解上的困難，嚴重的個案連理解簡單的語音或字彙都有問題，這可能是語音、表徵、儲存、提取和序列等聽覺處理過

程的缺陷所致（APA, 2000）。

(三) 社交（語用）溝通障礙症

社交（語用）溝通障礙症孩童與人對談時，在修復對話的技巧上常出現困難，特別是當別人沒有接續對話時，他們通常無法辨識出來並採取行動。他們需要在社交情境語言使用上給予協助，這些協助涵蓋下列範疇：(1)啟動社會互動；(2)維持談話主題；(3)對話中的輪流等待；(4)敘事；(5)運用談話修補策略。許多語言能力缺損的孩子會避免和人對話，因為對自己的語言技巧缺乏自信。很不幸地，這種逃避因而剝奪他們在社會情境下練習語言技巧並得以進步之機會，隨著時間演進，這些孩子的語言技能便逐步衰退。

(四) 兒童期初發型語暢障礙症（口吃）

對剛學說話的小孩而言，出現口吃的情形是很正常的，此乃發展過程中的一部分，需透過耐心與練習，使得舌頭、嘴唇與大腦能夠協調一致地發出各種不同的語音。但有口吃問題的小孩此階段進展很慢，在說話的流暢性及節拍韻律呈現障礙。他們說話時會重複或拖長某些音，起初是重複字首中複合音裡的某些單音，接著是字詞中的第一個單字，然後是更多重要的字詞，另外也可能出現避免發（或補償）某些音或字。在口吃初發之時，兒童可能沒有覺察到有此問題，然而，隨著次數增多後便開始有所自覺，甚至對口吃的預期性而產生害怕心理。以下為常見之伴隨特質：

1. 為了避免口吃，可能試著調整其口語機制，例如：改變說話速度、避開如打電話或公開講話等說話情境、避免使用某些字句或語音。
2. 口吃可能伴隨發生運動性動作，例如：眨眼、抽動、唇或臉的震顫、頭部的突發抽動、呼吸猛促或拳頭緊握。
3. 壓力和焦慮會使口吃的情況惡化。成人患者的口吃會限制其職業選擇或升遷的機會。
4. 言語發音障礙症和語言障礙症在口吃患者的發生率比一般人來得更高。

二、DSM-5 診斷準則（APA, 2013）

(一) 言語發音障礙症

A.在語音的運用上，持續有困難，以致干擾語言清晰準確性或阻礙語言訊息的溝通。

B.語音的困難導致有效溝通的限制，進而妨礙其社交參與、學業成就或職業表現。

C.症狀初發於發展的早期階段。

D.此困難不是因先天器質性（例如：腦性麻痺、唇顎裂、耳聾或聽力受損）或後天環境（例如：腦創傷、其他醫療或神經狀況）等所致。

(二) 語言障礙症

A.包含下列語言的理解或運作能力之缺損，導致在跨管道（例如：口語、文字書寫、手勢溝通或其他等）語言的習得和運用上，持續有困難。

　1.詞彙不足（於字詞的理解和運用）。

　2.有限的語句結構（基於文法和詞法的規則，將字詞和字詞尾結合在一起形成句子）。

　3.對話能力有損害（指運用字彙和連結語句來加以說明、描述一個主題／連續事件或提供對話等能力）。

B.語言能力在質與量上低於符合其年齡所應預期的水準，導致有效溝通、社交參與、學業成就或職業表現等功能受限。

C.症狀初發於發展的早期階段。

D.此困難不是因聽力或其他感官損傷、動作失功能、其他醫療或神經狀況所致。也無法以智能不足（智能發展障礙症）或整體發展遲緩獲得更好的解釋。

(三) 社交（語用）溝通障礙症

A.在下列所有語言和非語言溝通之社交運用上有持續的困難。

　1.符合社會情境之社交溝通有障礙，例如：打招呼、分享訊息。

2. 配合情境或聽者的需求而改變溝通之能力有缺損，例如：在教室說話的方式不同於操場、和小孩交談的方式不同於大人，並能避免使用過於正式的語言。

3. 在遵循對話和說故事等規則有困難，例如：交談時要輪流等待、被誤解時能換個方式澄清，以及知道如何使用語言和非語言訊息來調節互動。

4. 對非明確陳述（例如：推論）以及語言的非字面或曖昧意義（例如：成語、幽默笑話、隱喻、依情境詮釋的多重意涵）等之理解有困難。

B. 上述能力的缺損導致下列功能受限（單一或多重混合）：有效溝通、社交參與、人際關係、學業成就或職業表現等。

C. 這些症狀於早期發展階段初發（但是直到社交溝通要求超出其受限的能力時，障礙缺損才充分顯現出來）。

D. 這些症狀不是因其他醫療、神經病況，或字彙結構與文法能力低下等所致，且也無法以自閉症類群障礙症、智能不足（智能發展障礙症）、整體發展遲緩或其他心智疾患等獲得更好的說明與解釋。

(四) 兒童期初發型語暢障礙症（口吃）

A. 說話之正常流暢性及節奏持續出現障礙，與患者的年齡、語言技能不相稱。頻繁且顯著發生下列一種（以上）的情況：

1. 語音或音節重複。

2. 語音或音節拖長。

3. 斷字（例如：在同一字中停頓）。

4. 有聲的或無聲的阻斷（在說話中出現填滿或未填滿的停頓）。

5. 曲折贅述（運用別的字句取代，以避開有困難使用的字眼）。

6. 說出字句時過度的身體緊張。

7. 單音節全字的重複（例如：「你……你……你……好」）

B. 此障礙引發說話的焦慮或下列功能受限（單一或多重混合）：有效溝通、社交參與、人際關係、學業成就或職業表現等。

C. 症狀初發於發展的早期階段。

註：晚期初發的個案應被診斷為成人期初發型語暢障礙症。

D.此困難不是因言語動作或其他感官損傷、神經損傷（例如：中風、腦瘤和腦傷）或其他醫療狀況所致，也無法以其他心智疾患獲得更好的解釋。

三、共病

溝通障礙症的孩童在早期會有較高的比例出現負向行為（Toppleberg & Shapiro, 2000），例如：伴隨注意力不足／過動症（請參閱第五章），在學齡期間常伴隨特定的學習障礙症，在跟上課業進度要求，以及與同伴相處等發展課題上容易出現問題。另外，它也與社交（語用）溝通障礙症、特定的學習障礙症、自閉症類群障礙症，以及發展性協調症等有高相關，在這些族群中，語言障礙症的家族史是很常見的。Guralnick、Connor、Hammond、Cottman 與 Kinnish（1996）研究發現，有溝通困難的小孩較少參加談話、較少正向的社會行為，對於社會要求較少成功適當地反應。相較於和有相同溝通障礙的同伴相處，與正常同儕的互動反而帶給他們更多成功的語言發展經驗，這意味著將其融合至正常環境之主流教學情境（mainstreaming）教育的重要性。

四、盛行率

1. 言語發音障礙症：學齡前約有 10% 的兒童有輕度音韻問題，然而隨著年紀增長，其問題會自然消失，到六或七歲時只有 2% 至 3% 符合此診斷。
2. 語言障礙症：語言表達障礙的盛行率為 2% 至 3%，接受性－表達性混合語言障礙低於 3%。
3. 性別差異：男孩（8%）稍微比女孩（6%）多，但需考慮到男孩因伴隨較多的行為問題，故在轉介和診斷的比例上可能會較高。
4. 青春期前兒童的口吃盛行率是 1%，到了青少年則減到 0.8%，男女比例為 3：1。

五、病程

1. 言語發音障礙症：大部分患童對治療的反應良好，會隨著時間有所進步；

意即此疾患可能非終身性。

2. 語言障礙症：於四歲語言發展較穩定後下此診斷較具意義，此疾患通常持續到成人期，但語言能力優劣勢剖析圖會隨著發展歷程而有所改變，後期也可能發展出特定的學習障礙症。

3. 社交（語用）溝通障礙症：約四、五歲左右即可被辨識出此方面的障礙，然受損程度較輕微的個案可能要等到青春期初期時症狀才變得明顯，主要是因為所需的語言和社交互動情境變得更加複雜所致。

4. 口吃患者的回溯性研究報告指出：

(1) 典型初發年齡在二至七歲之間，五歲左右為高峰。80% 至 90% 的個案在六歲以前即初發。典型的病程是逐漸發展，最後變成慢性問題。

(2) 初發時病童並不自知有口吃，當口吃進展下去時，病程會呈現消長狀態而起伏不定。

(3) 當病童開始自覺說話困難時，就會發展出一套調整的機制，以避開說話不流利的情況，例如：使用替代字詞。研究指出，五歲以前初發的口吃病童約有 80% 會復原（Yairi & Ambrose, 1992），而其中高達六成的個案是自發性恢復，典型的恢復發生於十六歲之前。

六、病因

(一) 基因

雖然致病的基因尚未被正確標記出來，但語言能力呈現出顯著程度的遺傳性質（Miller & Tallal, 1995）。約四分之三特定語言溝通障礙症的兒童，顯示出與某些特定的學習障礙類型有正相關的家族史；雙胞胎研究也顯示基因的關聯性。科學家發現，語言有損傷的兒童，其語言時序性歷程缺陷（temporal processing deficits）明顯較多，他們在解譯語音上較困難，且家庭其他成員亦有與語言相關的學習障礙史（Keen & Lovegrove, 2000）。此外，從家族及孿生子相關研究均指出口吃病因中遺傳因素的強烈證據，其中超過三分之二（71%）為遺傳因素，約三分之一（29%）為環境因素（Andrews, Morris-Yates, Howie, & Martin, 1991）。基因會導致腦部（通常在左半腦）主要語言中樞發展異常，此

生理證據可用來解釋口吃的許多臨床症狀，包括可能喪失自發性和自信心（Yo-vetich, Leschied, & Flicht, 2000）。有言語發音障礙症或語言障礙症，以及有這些相關疾病的家族史等，都會增加口吃的可能性。患者一等親罹患口吃的危險性比一般人高三倍以上。有口吃病史的男性個案其所生的子女中，女兒大約占一成，兒子大約兩成也有口吃問題（APA, 2000）。

(二) 大腦

語言功能最主要掌控在左顳葉，回饋迴路可以增強語言的接收與表達。故孩子的語言理解能力愈提升，其表達能力也會愈好，同時也透過發聲來幫助其修正後續的語言表達。解剖、神經影像學及腦部區域血流等研究發現，音韻的問題可能與左半腦後側系統（posterior left-hemisphere systems）缺陷或異常有關。

(三) 耳朵感染

表達性語言損傷也可能發生在幼兒語言習得關鍵期的頭一年，因反覆性中耳炎而導致聽力喪失，進而影響後來的語言學習。

(四) 家庭環境

父母大都會根據小孩的語言能力來調整他們說話的方式，除非極端的兒童忽略或虐待，不然由父母造成兒童溝通疾患是不太可能的。父母的說話方式和語言刺激或許可以影響孩子語言發展的步調、範圍，但不致於造成特定語言疾患的障礙損傷（Tallal et al., 1996）。

七、衡鑑

語言溝通衡鑑是一個非常嚴謹且專業的過程，同時需與家庭、學校密切配合以取得相關資料，例如：發展史、家長與教師的觀察評量等。在國外，溝通障礙症學童的鑑定是由專業的語言治療師負責整個評量計畫，而國內由於專業語言治療師人數較少且尚未普遍進駐學校，因此仍須透過學校教師轉介後，再

由特教、心理或語言等相關領域的專業人士加以鑑定之。

　　語言溝通衡鑑主要是評估與語言組成要素有關之知識與技能。就語言內容而言，可分說話（speech）和語言（language）兩部分，說話評量包含：(1)語音；(2)音韻；(3)語言清晰度；(4)語言流暢度；如果是語音和語暢的評量，則常常要使用儀器檢查聽力、口腔動作、呼吸系統等功能。語言評量包含：(1)語用；(2)語意；(3)語法等層面之評量。若以語言處理管道而言，則可分為接收性（receptive）語言和表達性（expressive）語言等評量（林寶貴、錡寶香，2000）。

　　至於衡鑑的方式，可採結構式／標準化的能力測驗、「家長報告量表」或兒童口語樣本觀察等三種方式進行（錡寶香，1998），茲簡述如下。

(一) 結構式的語言能力測驗

　　由於語言本質上涉及複雜且具衍生性（generative）的特徵，而標準化測驗評估工具只能取樣少數代表性的題目，因此在深度與廣度上各自有其限制。此外，國內語言評估工具不少是修訂自國外的測驗工具，因此在文化及語言結構上的差異性也是一項必須考量的重要因素。有鑑於此，國內實有必要發展出能涵蓋中文語言結構特性的標準化語言評估工具，以確實測量孩童的語言溝通能力。

1. 嬰幼兒語言評估

　　使用結構式測驗評估工具最重要的目的在於提供量化的訊息，而為了提高量化訊息的說服力，評估工具必須具備適當的信度、效度、常模與標準化的施測程序。由於嬰幼兒在語言理解和表達能力上的限制，以致於不易了解測驗所提供的線索（例如：指導語、例題等），再加上對於測驗情境的適應能力較差，因此大部分用於評估三歲以前嬰幼兒溝通能力或語言發展水準之標準化測驗工具的效度皆不是很理想，其適用性也就深受懷疑。雖然國內對語言障礙兒童的教育訓練已行之多年（毛連塭，1985；鍾玉梅，1987），但是對語言發展遲緩幼兒的評估及本土相關研究卻寥寥無幾，究其原因乃缺乏完整的語言測驗工具所致。至目前為止，國內常使用的評估工具有：

(1) 張正芬與鍾玉梅（1986）修訂的「學前兒童語言發展量表中文版」（Preschool Language Scale, Chinese Version），用以評量二至六歲幼兒（兒童）的語言能力。

(2) 王天苗、蘇建文、廖華芳、林麗英、鄒國蘇與林世華（1998）所發展之「嬰幼兒綜合發展測驗」，用以評量三至七十一個月大嬰幼兒及學齡前兒童之語言溝通能力，然因其所包含的年齡層太廣，使其在題目的選取上略顯概括，因此施測結果有待商榷。

(3) 修訂自國外嬰幼兒發展測驗或量表，例如：徐澄清、廖佳鶯與余秀麗（1983）修訂「嬰幼兒發展測驗」（Denver Developmental Screening Test, DDST），編製成「學齡前兒童行為發展量表」（Chinese Child Development Inventory, CCDI）；蘇建文、盧欽銘、陳淑美與鍾志從（1991）修訂之「貝萊嬰兒發展量表」（Bayley Scales of Infant Development, BSID）。這些測驗工具包含語言發展項目，但語言評估的內容皆非常含糊（例如：「指認三種顏色」、「說兩個字」等）。總而言之，施測結果亦可能因嬰幼兒在此階段之發展特性、合作意願及專心度等而受影響。

(4) 「零歲至三歲華語嬰兒幼溝通及語言篩檢測驗」（Communication and Language Sereening Test for Birth to Three Chinese-Speaking Infant-Toddlers, CLST）（黃瑞珍、李佳妙、黃文萱、吳佳錦、盧璐，2009）。由黃瑞珍等研究團隊參考國內外文獻與相關測驗，重視華語語言學特質，探討華語的特定語音、語意、語法結構，與嬰幼兒語言習得順序編製而成，用以快速簡便地篩選零至三歲疑似溝通及語言遲緩之嬰幼兒。

(5) 「華語嬰幼兒溝通發展量表（臺灣版）」（Mandarin-Chinese Communicative Development Inventory [Taiwan], MCDI-T）（劉惠美、曹峰銘，2010）。由劉惠美等以 L. Fenson 等人於 1993 年出版的 Communicative Development Inventory 為架構，大樣本蒐集國內臺灣華語嬰幼兒的語言與溝通發展情形，編製成適合國內語言環境的嬰幼兒語言與溝通發展量表。篩檢八至三十六個月大語言及溝通發展遲緩的嬰幼兒，以便能及早

發現、及早治療。

2. **兒童語言評估**

標準化的語言評估工具可分為：

(1) 個別化智力測驗：一般而言，溝通障礙症兒童在非語文（作業）智力部分屬正常範圍，但在與語言技能有關之測驗內容得分皆偏低。「魏氏兒童智力量表」（WISC）中的「常識測驗」、「類同測驗」、「詞彙測驗」、「理解測驗」等分測驗可用來評估兒童的語意能力；「比西量表」（Binet-Simon Test）中與語言有關的題目，如圖畫字彙等，可用來了解兒童的語意能力。

(2) 特定語言技能評估工具：

① 音韻評量工具，例如：「國語構音測驗」（毛連塭、黃宜化，1978），本測驗旨在測量國小一至五年級學童的國語構音能力。

② 語暢評量工具，例如：「修訂中文口吃嚴重評估工具兒童版」（Stuttering Severity Instrument for Children and Adults-Third Edition, SSI-3）」（楊淑蘭、周芳綺，2004），由楊淑蘭等人修訂自美國Riley於1994年編製的Stuttering Severity Instrument for Children and Aults-Third Edition，用以診斷三至十三歲兒童口吃嚴重程度。

③ 語意評量工具，例如：「修訂畢保德圖畫詞彙測驗」（陸莉、劉鴻香，1998），是由陸莉等人修訂自Dunn於1981年所編製的Peabody Picture Vocabulary Test-Revised（PPVT-R）而成。測量三至十二歲兒童之聽讀詞彙能力，用以評估基本的語意能力，同時亦可作為初步評估兒童智能的篩選工具。施測方式為施測者說出某個詞彙，再由兒童指出代表該詞彙意義的圖畫。本測驗已建立台灣地區三至十二歲兒童之標準化常模。

④ 語法評量工具，例如：「西北語句構成測驗」（Northwestern Syntax Screening Test, NSST）（楊坤堂，1992），本測驗修訂自Lee於1971年所發展之「語法評量測驗」版本。測驗分成接受性測驗及表達性測驗兩部分，用以評估國小一、二年級學童語句構成發展水準。

(3) 綜合性語言測驗，例如：「語言障礙評量表」（林寶貴，1992），用來測試國小、國中學童在語言理解（包括：聽從口語指示、語意、語法、短文理解等）以及語言表達（語暢、構音、口語內容與故事述說能力）等不同語言技能上的表現，使其能更完整地剖析兒童整體的語言功能。

(4) 成就測驗，例如：「國語文能力測驗」（吳武典、張正芬，1984），共有八個分測驗，用來評估國小二至六年級學童在聽覺記憶、注音、選詞、閱讀理解等相關口語及書寫語言之能力。

(二)「家長報告量表」

由於傳統結構式評估工具並不完全適用於幼兒階段的語言評量，因此有愈來愈多的研究者及臨床工作者開始使用「家長報告量表」（Parental Report Scale），以評估幼兒的語言技能。研究顯示，在接受正確的指引下，家長比專家更能精確地評估孩子的語言發展情形，且二者評估結果的一致性相當高。「家長報告量表」的優點有：(1)照顧者可在各種不同情境中觀察子女的溝通行為，其所提供的語言資料，比由標準化測驗或實驗觀察室中所蒐集的資料更具代表性；(2)是一種成本效益較高的評量，可快速有效地評估幼兒的語言能力；(3)較能反映嬰幼兒所理解及使用的語言知識，而非只是使用的語言形式。

(三) 語言樣本的蒐集

幼童的溝通能力是在日常生活的互動情境中發展出來的，因此不少研究者認為，幼童自發性的語言樣本最能反映其真正的溝通能力。由錄音帶或錄影帶所記錄下的語言樣本，除可用來分析、評量兒童的音韻、語意及語法的發展狀況，也可用於語言訓練前、中、後的持續性評量及總結性評量。但此法仍有以下的限制：(1)適當的語言樣本取得，需透過接受良好專業訓練的人員與幼兒互動，才能引發豐富的語言使用形式、內容與功能；(2)語言樣本之文字登錄與分析，相當耗時費力。

八、治療

對大多數的孩子來說，溝通障礙症（如言語發音障礙症、兒童期初發型語暢障礙症）通常在六歲以前就能開始自我矯正，不需要進一步的治療處理（Mash & Wolfe, 2002）。然而對於語言功能嚴重受損的孩子來說，有必要將其轉介到醫院接受進一步的神經學、聽力檢查、語言病理、兒童心理等相關醫學檢查，並接受專業的語言治療，以及在學校資源教室接受相關的語言輔導和訓練。大人可以透過下列幾點來協助孩子：

1. 家長可以尋求專家幫助，以了解孩子語言遲緩的狀況，學習和執行語言介入、溝通互動等相關、有效的策略，以提升其語言發展。在與孩子互動時，需注意到個別化、自然化、以孩子為中心，以及兼顧發展水準等考量原則。

2. 特殊幼兒學校採用結合電腦與老師教學的協助引導，可幫助孩子學習新的技巧（Hitchcock & Noonan, 2000）。

3. 父母居家訓練方案：研究指出，協助父母在家運用行為改變技巧，以及運用孩子既有的優勢能力來增進其表達性語言能力等，已具有相當的成效（Whitehurst, Fischel, Arnold, & Lonigan, 1992）。以本章一開始的案例中的個案小如為例，因她愛畫畫與解說她的作品，於是建議父母利用她的興趣來增加其說話的熱誠，而其行為問題就利用忽略、分心、隔離等方法。小如後來愛上運用電腦圖案與影像作畫，因而很快地就認得螢幕上的注音符號拼音。最後，她的表達性語言進步許多，到了五歲時已能拼讀複合音及結合韻，且渴望去上幼兒園。

4. 口吃處理策略：當口吃頻率增加、父母或小孩覺得困擾，以及小孩表現出臉部與發聲緊張情況時，均為介入處遇的好時機。治療者通常教導父母學習如何慢慢地和孩子說話（例如：運用短或簡單的句子），以及態度表達上不要讓小孩覺得說話是件有壓力的事。倘若上述方法無效或者口吃已嚴重干擾其學業或同儕互動時，則可嘗試調節呼吸法（regulated breathing method）的行為技巧：即教導孩子若覺得口吃將發生時則停止說話，開始

深呼吸，吸氣和呼氣，然後再說話，這個方法通常有不錯的效果（Gagnin & Ladouceur, 1992）。

5. 社交（語用）溝通障礙症處理策略：首要任務就是教導孩子啟動對話，而啟動對話一個重要的元素就是和對談者維持眼神接觸。治療者對於眼神接觸的重要性給予指示、示範它的運用、強化孩子完成和維持視覺接觸的企圖。接下來，治療者必須鼓勵孩子啟動對話交談。為了達成此目標，藉由策略性放置圖片、物品，治療師開始誘導孩子開啟對話、詢問問題（例如：「這是什麼玩具？」、「這要怎麼使用？」、「你可以和我一起玩嗎？」）；治療師同時也會交替使用句子填充方式來協助孩子開始對話或講故事（例如：「昨天，我去動物園，其中我最喜歡的動物是＿＿＿＿。」）；治療師藉由眼神接觸和口頭稱讚，強化孩子所有的談話啟動（例如：「我很高興聽到你告訴我這個，謝謝你的分享。」）。

 特定的學習障礙症

特定的學習障礙症，是指病童在讀、寫、算術等領域學業技能的學習與運用上有困難，且其學習表現落差並不是因為感官、智能或環境因素所造成的。雖然特定的學習障礙症常在學齡後才被診斷出來，然而，此疾患大都會伴隨語言發展障礙（dysphasia）的現象，因此學齡前就可以根據學習的各種早期徵候來加以鑑定。在過去，此疾患不容易被察覺，因為一般人會以為是小孩子沒有在聽、不專心或做事慢吞吞所致。事實上，特定的學習障礙症是因孩子的中樞神經系統失調所致，其中合併許多神經醫學上的問題，目前醫學界仍在探索中。特定的學習障礙症包括：閱讀障礙、數學障礙，以及書寫障礙等多重能力受損類別，其影響的層面相當廣泛，對於個人、家庭和學校等都是長遠且沉重的負擔，需要疾病正確觀念的推廣、法令的落實，以及特教的投入等各個環節來配合。

不同於 DSM-IV-TR（APA, 2000）將學習障礙分類為閱讀疾患（Reading Disorder）、數學疾患（Mathematic Disorder）和書寫疾患（Disorder of Written

Expression）等，DSM-5 只涵蓋一個診斷分類名稱：特定的學習障礙症（Specific Learning Disorder），其主要考量為閱讀、書寫和數學等學習問題經常共同發生，藉此以反映三者間的高共病性（Weis, 2014）。當孩童被診斷為特定的學習障礙症時，必須將其受損的學業問題特別標定出來，因為不同的領域涉及不同的認知運作問題和治療方法。另外，DSM-5 使用「閱讀障礙」〔失讀症（Dyslexia）〕來指稱某特定類型的閱讀能力缺損，以及「數學障礙」〔計算障礙（Dyscalculia）〕來指稱某特定類型的數學能力缺損。

一、主要症狀

(一) 閱讀障礙

　　一般人在閱讀時需要具備以下能力：聚焦在印刷字體上並控制眼睛隨著頁面移動、對字形和字音做聯結、了解文字和文法、建立起概念和影像、比較新的和已知的觀念和記憶，這過程中只要一個環節發生問題，就可能產生閱讀障礙（impairment in reading）。

　　閱讀障礙的核心缺陷是解碼（decoding）的部分——將字快速地分解成部分並再組成完整的字。當孩子無法偵測到語言的語音結構並自動化地再認字，其閱讀發展便很可能受損（Pennington, 1999）。語音技巧是閱讀的基石，有閱讀障礙的小孩缺乏對拼音、基本閱讀、閱讀理解，以及書寫表達的一些重要語言技巧。而中文（漢語）閱讀所涉及的歷程、技巧，基本上和外語（英文字母系統）有相當大的差異。在台灣及日本的學童，一般知識及語文記憶（記住受測故事內容）的能力最能預測閱讀能力，而在美國的學童，最能預測的指標是一般知識及編碼（coding）的能力。

　　閱讀障礙的小孩通常會有視覺學習（視知覺）的困難，尤其是字音與字形上較相似或特別需要去記憶的部分，他們會發展出特殊的閱讀及書寫方式。典型的錯誤包括：

1. 英文系統

　　(1) 鏡反（reversal）：如 b/d、p/q。

　　(2) 順序置換（transpositions）：如 was/saw、scared/sacred。

(3) 倒轉（inversion）：如 m/w、u/n。

(4) 省略（omissions）：如 palace/place、selection/section。

2. 中文系統

(1) 字形混淆或創新字：即將字或注音符號誤認／誤寫成其他字形類似的字或增減筆畫。

(2) 語音混淆：如「世界／世介」、「改變／改便」、「ㄐㄧㄝˇ／ㄑㄧㄝˊ」。

(3) 位置錯誤：將一個字的上下或左右相對關係位置弄錯，如「期／月其」、「好／子女」。

(4) 慣用詞序混淆或顛倒：如「練習／習練」、「西門／門西」。

(5) 鏡影字反寫：如從鏡子反射出來的字型。

上述情形亦為書寫障礙會出現的錯誤型態（徐澄清，1985；蘇淑貞、宋維村、徐澄清，1984）。

(二) 數學障礙

當兒童發現需要計算，或加總他們很喜歡的東西要多少錢，或還有幾天會放假時，他們便開始對算術感到興趣。數學技能包括：數字的再認與象徵意義、記憶事件、排列數字，以及了解抽象概念。本章一開始案例中的個案小芳，即說明了對於與數字概念及問題解決有關的抽象認知概念理解出現障礙時，所引發的學習問題。數學障礙（impairment in mathematics）的主要核心缺陷包括下列的技能障礙：

1. 知覺的技能：辨識數字符號或算數指令，以及將物件分類成群。

2. 語言學的技能：包括對數學名稱、計算等觀念的理解和命名，以及將應用題理解寫成數學算式。

3. 注意力的技能：正確地抄寫數字或圖形、記得進位，以及觀察運算指令。

4. 數學的技能：依序執行數學步驟、計數物件，及學習乘法表。

5. 有數學障礙的人不只在數學方面有問題，在理解抽象概念或視覺空間的能力上也有問題。

(三) 書寫障礙

目前對於書寫障礙（impairment in written expression）的了解並不如其他的學習障礙，書寫需要良好的工作順序能力，此涉及大腦各部位，例如：產生字彙、文法、手部動作和記憶等功能之聯結；同時也牽涉到其他共同的認知歷程：計畫、自我監控、自我評估，以及自我調節。

相較於語言和推理能力，書寫障礙兒童之視動（visual-motor）能力明顯較弱，此可從其書寫、圖形抄畫、圖形旋轉，以及其他需要手眼協調等活動觀察之。這群孩子會寫出較短、枯燥無趣及組織較差的短文、字跡凌亂，他們也不喜歡檢查拼字、發音和文法（Hooper et al., 1994）。書寫障礙與後設認知能力有關，是目前最少被了解的學習障礙類型（Wong, 1992）。

二、相關症狀

(一) 學習特徵

特定的學習障礙症的兒童常常學業成就低落（比其就讀年級成績低落兩個年級以上），在學習上常表現下列困難（洪儷瑜，1996）：

1. **接收訊息困難**：在接收視覺或聽覺的訊息上有困難，例如：無判斷大小、遠近、深淺，或物體排列的相關位置。
2. **處理訊息困難**：常不能找出事物的細節、區分出主客關係，或不能將具有共同特性的事物歸類，因此學習時常顯得混亂而無頭緒。
3. **貯藏訊息困難**：在某部分的訊息記憶有困難，無法將相關訊息長期貯藏（例如：字和音的聯結），因而無法記憶學習。
4. **表達困難**：在用口語或文字表達自己的思考內容上有困難，他們能夠了解，但卻無法將了解的內容以語言來表達，所以在口語或文字表達上可能會讓人不知所云。

(二) 其他相關特徵

特定的學習障礙症的兒童在學習時也常出現下列特徵：

1. **思考衝動**：常見未經思考即衝動作答或採取行動，例如：作答時常在未聽（或看）完題目即將答案說（或寫）出，以致常犯錯。

2. **注意力不足**：常出現注意力的問題，有注意力不能持續、不能集中，或不能注意該注意的重點（例如：抓錯重點）等，其中影響最大的是注意力不能持續。

3. **學習動機低落**：屬於外控和被動歸因的成就動機，普遍認為成就大都由外界所控，因此對自己低劣的學業成就常顯得無能為力，而且不積極設法改善。

4. **自我概念差**：由於長期學習的失敗，在自信心和自我價值方面顯得較差。

5. **社交技能不佳**：在同儕團體中常被孤立、排斥，造成人際關係的適應困難，這些困難主要因社交技巧缺陷所致，例如：他們無法適當地察覺在人際交往情境下的複雜訊息及適當反應，以致於常被人誤解。

三、DSM-5 診斷準則（APA, 2013）

A. 學業技能的學習與運用上有困難，即便針對這些困難提供補救介入，仍出現下列症狀中至少一項，且至少持續六個月：

1. 不正確或緩慢且費力的文字閱讀（例如：朗讀單字錯誤或緩慢而猶豫、經常性地猜字、拼音讀字有困難）。

2. 對所讀字義的理解有困難（例如：雖可以正確地唸讀，但無法理解所讀文字的順序、關係、推論或深層意義）。

3. 拼音困難（例如：增加、省略、錯誤替代母音或子音）。

4. 書寫表達困難（例如：在句子中出現多種文法或標點符號的錯誤；文章段落組織性差、文意表達缺乏清晰度）。

5. 在掌握數感（number sense）、數的實際法則（number fact）及運算等有困難（例如：對數字、數量以及數字關係的理解力差；個位數加法須依賴手指頭運算而不像同儕直接憶提數學實際法則；在數學運算過程中陷入混淆以致可能轉換到不同的計算規則步驟）。

6. 數學推理有困難（例如：運用數學概念、實際法則或規則步驟來解決數量

問題的能力有嚴重的困難）。

B. 受損的學業技能在質與量上均低於符合其生理年齡該有的水準，嚴重妨礙其學業或職業表現、日常活動；並經由標準化個人成就測驗和詳盡臨床評估所證實。對於十七歲（以上）的個案，其學習困難的文件紀錄史可以由標準化衡鑑測驗所取代。

C. 這些學習困難始於學齡期但可能未被完全顯現出來，直到後期環境的學業技能要求超出個體能力限制（例如：有時間限制的測驗、在急迫時限內閱讀或書寫冗長複雜的報告、過度繁重的學業負擔）。

D. 這些學習困難無法以智能不足、未矯正之視力或聽力、其他心智或神經疾患、不利之心理社會環境、不精熟學業指導用語或不適切的教育教導。

註：上述四項診斷準則，可透過其個案史（發展、醫療、家庭、教育）、學校報告，以及心理教育衡鑑等臨床整合來加以推斷之。

編碼註：標定所有受損的學業領域及次級技能；當有超過一個以上的受損領域，則依據下列說明，將每一個各別標定出來。

(一) 閱讀障礙

　　讀字正確性

　　閱讀速度或流暢性

　　閱讀理解力

註：失讀症（Dyslexia），為此類型學習困難的另一代稱，其特徵為正確或流暢的文字辨識有困難、不良解碼和拼字能力。失讀症是用來界定此特殊的困難類型，如有任何其他額外的困難類型，則必須加以標註說明，例如：閱讀理解困難或數學推理困難。

(二) 書寫障礙

　　拼音寫字正確性

　　文法和標點符號正確性

　　書寫表達明晰度或組織性

(三) 數學障礙

數感

算術實際法則的記憶

正確或流暢的運算

正確的數學推理

註：計算障礙（Dyscalculia），為此類型學習困難的另一代稱，其特徵為處理數字訊息、學習算術實際法則，以及執行正確或流暢運算等方面的困難。計算障礙是用來界定此特殊的困難類型，如有任何其他額外的困難類型，則必須標註出來，例如：數學推理困難或文字閱讀正確性困難。

四、共病 ✦˙

1. 注意力不足／過動症、行為規範障礙症、對立反抗症、重鬱症或持續性憂鬱症（請參閱第五、六、十等章節）患者中，約 10% 至 25% 也合併有特定的學習障礙症（APA, 2000）。
2. 伴隨較高比例的動作協調發展障礙症。
3. 多種學習障礙共發。由於聽、說、讀、寫、算可能牽涉到相同的腦部功能，故同一個人可能會有一種以上的學習障礙症。

五、盛行率 ✦˙

學齡期兒童特定的學習障礙症的盛行率，因調查方法及使用定義的不同而有所差異，跨文化語言的估計範圍從 5% 至 15% 不等，成人的盛行率大約在 4% 左右。在國內，依據 1992 年所舉行的第二次全國特殊兒童普查，發現特定的學習障礙症學童有 15,512 人，占身心障礙兒童 20.53%，占學齡兒童 4.36%；而特定的學習障礙症兒童有 96.2% 是在普通班級上課，並未接受相關的補救教學措施。因男孩比較容易顯現行為問題，所以學校轉介的男孩是女孩的四倍，故特定的學習障礙症兒童中有 60% 至 80% 是男孩。不過，從流行病學角度來看，男女的發生率應沒有不同（教育部特殊兒童普查工作執行小組，1992）。

(一) 閱讀障礙

　　由於許多研究著重於整體的盛行率，而未細分成閱讀障礙、數學障礙或書寫障礙等特定病症，因而很難確定閱讀障礙的盛行率，推估閱讀障礙約占特定的學習障礙症個案的 80%。

　　在美國的盛行率，估計學齡兒童為 4%。由於閱讀困難可能是連續向度的問題，而不是全有全無的二元劃分現象，故不容易去定義切分點。但如根據較寬鬆的定義，則美國至少會有一千萬的小孩（或五個中會有一個）罹患閱讀障礙。

(二) 數學障礙

　　數學及書寫障礙缺乏流行病學的研究，臨床研究發現，特定的學習障礙症中有五分之一純粹為數學障礙的個案，約 1% 學齡小孩會符合診斷。若以測驗分數來看，約有 6% 的學齡兒童有數學困難，且此問題在二、三年級會更明顯。

(三) 書寫障礙

　　書寫障礙通常與其他學習障礙相關聯，如溝通障礙症及閱讀障礙。書寫障礙影響至少 10% 的學齡兒童，然目前很難確定書寫障礙的盛行率。

六、病程

　　特定的學習障礙症雖是終身疾患，但其病程以及臨床表現仍有不少變異，受環境要求、學習障礙的範圍和嚴重度、智商、共病以及可獲取的資源和處遇等多重因素交互作用的影響。另外，焦慮發作（例如：身體化症狀）或焦慮症（例如：恐慌）亦常伴隨終身。

(一) 閱讀障礙

　　雖然閱讀困難的症狀可追溯至幼兒園階段，但通常要等到幼兒園大班或小學一年級進入正規的閱讀教育時，才比較容易做閱讀障礙的診斷。尤其罹患此

疾患的高智商孩童，在低年級的學習表現尚可維持或接近一般水準，直到四年級以後，其閱讀障礙才日益明顯。閱讀障礙可持續到成人期，其認字能力雖可以獲得相當程度的改善，然在閱讀理解上仍明顯有障礙。

(二) 數學障礙

雖然數學困難的症狀可能早在幼兒園或小學一年級就出現，然通常要等到二、三年級時症狀才明顯。尤其罹患數學障礙的高智商孩童，在低年級的表現尚可維持或接近一般水準，直到五年級以後，其數學障礙才日益明顯。

(三) 書寫障礙

雖然寫作困難的症狀（例如：抄寫能力特別差、無法記起字母的順序）可能早於幼兒園或小學一年級時就出現，但多數學制於一年級下學期才開始進入較複雜的書寫教學，因而很少在此之前做書寫的診斷，通常直到二年級時症狀才明顯，且預後不佳。

七、病因

(一) 基因和體質因素

5% 至 10% 特定的學習障礙症的孩童有家族性的神經問題，大部分特定的學習障礙症的困難不是來自單一腦部區域的問題，而是在將腦部各區訊息匯集帶往聚合區域，並加以整合及解讀的過程中出現問題。行為基因研究指出，遺傳因素占閱讀障礙 60% 以上，特定的學習障礙症家庭會有 35% 至 45% 的基因遺傳率，而正常人口中只有 5% 至 10%。遺傳醫學研究指出，第六對染色體缺陷易導致特定的學習障礙症，然而遺傳模式尚未確定。

(二) 神經生物因素

1. 閱讀障礙

從 1980 年代中期研究發現，閱讀和語言問題可能來自胎兒五至七個月發展時，其左腦半球的神經細胞異常所致。此區域掌管重要的語言中樞，其中一個

重要結構為 planum temporale，執行重要的視覺、聽覺辨識任務。正常人左腦此區域會大於右腦，然而閱讀障礙的人在左右兩邊是一樣大，因而缺乏辨別語音的特定聽覺部位，導致語音辨別能力受損。另外，當物體進入視野時，皮質視覺區 V5 部位會被激發，而閱讀障礙患者在看隨機移動的點時，其大腦的 V5 部位沒有被激發，此與時序有關，故在閱讀障礙兒童身上常看到音韻覺察和視知覺處理歷程的缺陷共同出現。

2. 非語言學習障礙

由於在數學障礙或書寫障礙兒童身上並沒有發現明顯和語言關聯的大腦缺陷，因此使用「非語言學習障礙」（nonverbal learning disabilities, NLD）一詞。非語言學習障礙與右半腦功能缺損有關。NLD 兒童在數學的表現比閱讀差，這些缺損包括：社交技巧、空間定向、問題解決和察覺非語言的肢體語言。除了數學障礙外，NLD 可能伴隨神經心理方面的問題，例如：協調性差、判斷力差，及不易適應新環境。

(三) 社會心理因素

特定的學習障礙症常伴隨情緒困擾及較差的適應能力，可能是源自於相同的病因。雖然此疾患可能和注意力不足／過動症、行為規範障礙症等有類似的行為學習問題，但它們是不同的病症，因為注意力不足／過動症主要和認知功能有關係，而特定的學習障礙症則和音韻覺察能力有關係。圖 13-1 表示以發展觀點來探討特定的學習障礙症和行為問題關係中漸進、交互作用的本質。

八、衡鑑

一般而言，學習障礙兒童在進入小學後，學習障礙情況會更加嚴重，主要是因為學業難度與要求日益提升。其課業學習問題可從平日的作業、考卷、聯絡簿抄寫等情況窺出端倪，同時也可從閱讀、數學或文字書寫表達等標準化成就測驗（例如：「閱讀理解困難篩檢測驗」、「國民小學低年級數學診斷測驗」等）結果來加以確認之。此外，從智力測驗中也可觀察到特殊的得分組型：其非語文（作業）智商大都屬正常範圍，然在與語文智商有關之分測驗得分偏

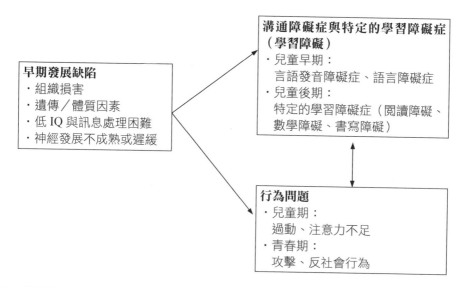

註：此模式最可能解釋特定的學習障礙症和行為問題的關聯，兩者產生交互作用，並隨著時間增加了學習和行為問題的發生。

圖 13-1｜學習障礙與行為問題的關聯

資料來源：Mash & Wolfe (2002)

低（例如：「魏氏兒童智力量表」（WISC）中的「算術」、「詞彙」、「理解」等分測驗）。

　　目前國內學習障礙的診斷與鑑定，可透過醫療系統和教育系統這兩個管道進行。當孩子疑似有學習困難時，家長可自行帶孩子到各大醫院兒童心智科接受鑑定，也可透過學校輔導處（室）轉介至各縣市「特殊教育學生鑑定及就學輔導會」（簡稱鑑輔會）進行鑑定。鑑於 1997 年修訂的《特殊教育法》將學習障礙列為特殊教育服務對象（身心障礙類別之一），以及 2002 年教育部修正發布「完成國民教育身心障礙學生升學輔導辦法」，鑑輔會現已建立一套相當完整的學習障礙鑑定流程。唯有透過鑑輔會所核發的特殊教育學生鑑定證明，學習障礙學生才得以享有學校特教輔導以及升學考試之服務措施（例如：延長考試時間、報讀題目、基本學力測驗成績以加總 25% 計算）等相關資源。

　　因涉及到教學輔導及升學服務等資源之取得，鑑輔會在學習障礙鑑定上的

流程相當仔細繁複。在正式審查鑑定之前，須先經由就讀學校實施初步篩檢測驗後，再經由鑑輔會的心評小組進行個別智力測驗及相關診斷測驗。而複審綜合研判疑似學習障礙學生由就讀學校提供學習輔導，並於觀察期滿（至少為期半年）後，將相關資料再度提報鑑輔會審議，審查通過符合學習障礙特質者，由教育局建立通報系統（異動／轉銜）、管理該生相關資料檔案，並由安置學校持續提供輔導及教學相關服務。已列冊輔導之學習障礙學生於國中八年級下學期提出核發證明申請，經鑑輔會審議後仍符合學習障礙特徵則予以核發「特殊教育學生鑑定證明」（桃園縣政府特殊教育學生鑑定及就學輔導會，2014）。由於整個鑑定過程耗時費力，再加上學校教學輔導人力資源之有限，學習障礙之提報、鑑定與輔導往往成為校方不輕的負擔。因此，醫療單位所核發的學習障礙診斷證明，通常是家長輔以向學校爭取提報申請學習障礙鑑定之證明文件。以下簡介國內常用的幾個衡鑑工具：

1. **中文年級認字量表**：由黃秀霜（2001）編製，適用對象為小一至國三，主要在評量學生的識字能力。採個別施測約需十分鐘，團體施測約二十至三十分鐘可完成。在沒有上下文脈絡影響下可以有效地區辨讀者識字能力，篩選出認字困難的學生，亦可供教師及研究人員診斷閱讀障礙兒童之認字錯誤組型。

2. **閱讀理解困難篩檢測驗**：由柯華葳（1999a）編製，適用對象為國小二到六年級。內容包括：字意題（由上下文抽取字意）、命題組合題（指處理不同命題中重複出現的字彙概念或代名詞）、理解題（一是以句為主的句意理解題，另外則是兩句以上，以文為題幹的理解題），用以了解學生的閱讀理解能力（分低、中、高三種程度）。

3. **基本讀寫字綜合測驗**：由洪儷瑜、張郁雯、陳秀芬、李瑩玓與陳慶順（2003）編製，適用對象為小一至小三學童，主要用以篩選出讀寫字困難的學生，以及學習字的困難類型。可採個別或團體施測，時間約需四十分鐘，內容共計有七個分測驗和兩個補充測驗：(1)看詞選字：依詞彙裡的注音符號找出正確的字形；(2)聽詞選字：由聽的提示中選出詞彙中的字；(3)看注音寫國字：見注音和字義寫出字形的能力；(4)聽寫測驗：評量學生由

詞彙聽音寫出字形的能力；(5)看字讀音測驗：評量學生在字形—字音聯結的能力；(6)看字造詞測驗：評量學生在字形—字義聯結的能力；(7)遠端抄寫：評量學生在不同抄寫情境中的能力表現。另外，補充測驗包括：近端抄寫與抄短文測驗，可評量學生在不同抄寫情境中的能力表現。

4. **國小兒童書寫語文能力診斷測驗**：由楊坤堂、李水源、張世彗與吳純純（2003）編製，適用對象為小一到小六學童，主要用以了解兒童書寫語文能力的發展情形，以及診斷兒童書寫語文困難所在。內容為透過兒童對刺激圖書所寫出的作文，進行下列評量：(1)作文產品量表：評量兒童自發性作文產品，包括作文總字數、總句數和平均每句字數；(2)造句量表：評量兒童的作文錯別字與用字能力；(3)文意量表：評量兒童的作文文意層次，從「無意義的語文」、「具體—敘述」、「具體—想像」、「抽象—敘述」到「抽象—想像」等五個層次。

5. **基礎數學概念評量**：由柯華葳（1999b）編製，測驗時間大約九至十分鐘左右。其中分量表包括：比大、比小、不進位加法、進位加法、不進位減法、借位減法 1、借位減法 2、借位減法 6、九九乘法、空格運算、三則運算、應用問題。測驗解釋有兩種：做對／全部（％）和做對／做完（％），常模以高分組十名學生為切截點、低分組十名學生為切截點，分成高分、低分和一般組。

6. **國民小學低年級數學診斷測驗**：由秦麗花與吳裕益（1996）編製，配合國小低年級數學教材，適用對象為國小二年級下學期至三年級學童，主要在初步篩選數學學習障礙兒童。視需要個別或團體施測，約四十分鐘。內容依據認知心理學的歷程內涵，以教育部 1993 年所頒布的新課程標準編製三十六題數學試題，採單選方式。測驗內容涵蓋「數與計算」、「量與實測」、「圖形與空間」、「統計圖表」、「數量關係」及「術語與符號」等觀念，可用以診斷數學學習障礙兒童困難所在、作為資源班教學前後測工具，以及提供教師教學成效評量訊息。

九、治療

　　特定的學習障礙症的兒童通常不知道自己為何與眾不同，除了課業學習困難外，他們經常被形容成慢吞吞、拖拉、落後，而生活中也常見到退縮、生氣或不順從等行為情緒的困擾。特定的學習障礙症的青少年也比較容易有內化的心理問題（例如：憂鬱、自我價值感低落），或外化的行為問題（例如：過動、不順從）。此外，他們常無法察覺到細微的社會互動線索，不知如何取悅別人、交朋友、參與活動，或誤解非語言訊息。通常家長會過於注意孩子的外顯行為而忽略其內在的感受（例如：悲傷、自我懷疑），因此早期發現、早期介入是很重要的事。雖然特定的學習障礙症是生理因素，治療處理方式主要仍是以教育與心理社會處遇為主。在教育方面，國內對特殊教育的安置有特殊學校、特殊班和資源班等類型，但目前真正提供服務學習障礙學生的只有資源班，意即該學生平時在普通班上課，每週數節課到資源班接受補救教學。由於不是每所學校都設有資源班，也不是所有的資源班都招收學習障礙學生（此亦涉及到特教老師是否有受過學習障礙教學之相關專業訓練），因此學習障礙學生除了面對本身學習上的困難外，還常面臨教學資源分配不均的困境。就升學服務方面，目前國內《身心障礙者權益保障法》（內政部，2012）仍未將學習障礙列入得申請殘障手冊的對象，然領有鑑輔會核發特殊教育學生鑑定證明並於國民中學輔導有案一年以上之學習障礙學生，除了依一般升學管道就學之外，也能透過「身心障礙學生十二年就學安置」計畫、「身心障礙學生升學大專校院甄試」，進入各高中職及大專院校就讀。

　　教育介入須整體且持續地將工作分解成可處理的步驟來加以引導之，包括：舉例、練習及大量的回饋（陳秀芬，1998）。歐美先進國家的研究顯示，有效的教學策略才能真正幫助學習障礙學生，例如：直接教學、多模式教學、系統化教學、控制教學環境等都是他們需要的教學策略。治療最好從學齡前就開始，早期訓練小孩音韻覺察的辨識能力，可以降低閱讀的問題。而心理治療則包括運用認知行為技巧來協助孩子（或幫助家人引導孩子）發展較強的自我控制技巧，以及對自己的能力有正面的態度，同時父母也需要支持性的團體。

另外，有些孩子需要中樞神經興奮劑來幫助專心與控制衝動性。以下簡介幾項治療的方式與策略：

1. **正規教育引導**：美國在 1980 年代將學習障礙兒童放在一般的班級，再輔以補救教學，由普通班老師及特教老師共同教導與協助，這樣的孩子較不會被標籤化（Hammill, 1993）。

2. **教導方式**：直接教導法是改善學習技巧的一種直接教學取向，其所設計的引導活動必須趨近此技巧（Hammill, 1993）。「代碼強調取向」（code-emphasis approach）強調，先學習字的相關結構，不要將字放在文章中來學習，直到字的解碼技巧被學會；「整體語言取向」（whole-language approach）強調，學習整個字以及意念，而不是分開聲音或字形。教導時通常會同時採用此兩種技巧，代碼強調策略對於教導基本的閱讀技巧較可行（Foorman, 1995），而整體語言策略對於改善兒童的閱讀態度、興趣較有效。

3. **學習行為策略**：有些資料的處理對特定的學習障礙症兒童太過於龐雜了，故大人可提供一系列寫下的學習規則供孩子加以提示之用。許多語言治療師會建立刺激豐富且結構化的學習環境來教導兒童，而學習策略常合併其他的方法來幫助他們，如和直接教導法一起使用。直接教導學習行為法的步驟如下：

   (1) 回顧兒童已有的能力。

   (2) 在每一堂課開始，簡短敘述學習目標。

   (3) 呈現小步驟的新觀念及材料，讓學生練習著每一步驟。

   (4) 提供清楚而詳細的教法及解釋。

   (5) 提供學生充分詳實的練習。

   (6) 持續檢查學生概念上的了解，及對老師問題的反應。

   (7) 每次練習開始，提供明確的引導。

   (8) 提供有系統的回饋和修正。

   (9) 每次學生練習完成後，可提供明確的指導和學習。

4. **認知行為技巧**：用來監控兒童的想法過程，強調自我控制技巧，包括：自

我監控、自我評估、自我記錄、自我管理,與自我增強。例如:McMurchie
(1994)運用《學障兒童學校生存指引手冊》(*The School Survival Guide
for Kids with LD*)(Cummings & Fisher, 1991)設計一系列的團體治療課
程,來幫助學習障礙兒童在學習過程中獲得更多的自信與樂趣。治療活動
目標為提升兒童對學習差異的自我覺察,透過觀察團體成員間彼此學習方
式的相似性與差異性,進而發展出較具適應性的因應策略來處理校園學習
生活,最後對自我概念及主張能持較正面、肯定的態度與想法。課程內容
包括:學習差異的自我覺察、因應技巧、自助技巧、讀書技巧、放眼未來
等主題之處理。

5. **電腦輔助學習**:有別於以往紙筆的方式,運用資訊融入教學方式,借助現
今發達的資訊科技輔助學習障礙兒童課堂上的學習。研究結果發現,電腦
遊戲教學對於一些學習障礙的孩子有很大的幫助,四週後學習效果顯著改
善且持續。閱讀障礙的孩童偏好採用觸覺或操作的方式來幫助學習,這些
不同的優勢學習型態可被用來協助設計各種豐富性的學習模式,例如:以
電腦來輔助學習(Henry, 1996)。

Chapter 14
餵食及飲食障礙症

李筱蓉

🌱 前言

　　飲食是日常生活中重要的例行事務，提供人們生存與成長的基礎。飲食原本應該是令人愉悅的生活經驗，但是如果出現失調的情況，除了影響生長和健康之外，還可能造成心理社會適應上的困難，嚴重者甚至危及生命。兒童及青少年階段的飲食問題包羅萬象，最常見的像是吃得太多或是特別喜歡某些（類）特定食物而導致的肥胖（obesity），以及吃得太少、偏食、挑食或是餵食困難、邊吃邊玩、吃飯時間拖很長等飲食習慣問題，常常讓家長傷透腦筋。學齡兒童嗜吃炸雞、薯條等高熱量的西式速食及高糖份的飲料，導致營養失衡，加上缺乏身體活動與運動的機會，造成體重過重與肥胖問題；另一方面，在報章雜誌、電視廣告等媒體不斷強調外在美的現代社會中，青少年及成人（尤其是年輕女性）一味地追求瘦身文化，即使已經骨瘦如柴，還是處於過度節食或是暴飲暴食的惡性循環中。國內兒童及青少年的飲食問題日益嚴重，對身心健康的威脅逐漸突顯，這些問題有必要獲得進一步的了解和重視。

　　與舊版DSM-IV-TR（APA, 2000）不同，新出版的DSM-5（APA, 2013）將飲食障礙症這個類別改名為「餵食及飲食障礙症」（Feeding and Eating Disorders），原先歸屬於通常初診斷於嬰兒期、兒童期或青春期之疾患的異食症

（Pica）、反芻症（Rumination Disorder）與歸屬於飲食性疾患的厭食症（Anorexia Nervosa）、暴食症（Bulimia Nervosa）合併在一起，同時將嬰幼兒期餵食疾患延伸成為迴避／節制型攝食症（Avoidant/Restrictive Food Intake Disorder），增加了嗜食症（Binge-Eating Disorder），並且以其他特定的餵食和飲食障礙症（Other Specified Feeding or Eating Disorder）及非特定的餵食和飲食障礙症（Unspecified Feeding or Eating Disorder）來描述相關飲食問題的症狀。

　　本章把重點放在肥胖以及在兒童、青少年身上常見的餵食及飲食障礙症，將分別介紹它們的臨床樣貌，再針對診斷、流行病學資料、病程及病因加以說明，最後再探討心理衡鑑與治療。

肥胖及體重過重

案例

　　「屏東某中學一名柔道隊學生，體重 157 公斤，昨天上午在操場參加例行的訓練時突然昏倒在操場，雖然教練緊急對他施行 CPR 急救，還是宣告不治。……

　　身高近 180，體重 157 公斤的阿弟仔，是學校柔道隊的成員，由於太過肥胖，例行訓練教練擔心他身體難負荷，只安排他慢走二圈、快走一圈，沒想到他走完後就昏倒了。輔導室主任潘貴春：『第一時間就叫救護車，同時教練在現場對劉同學施以 CPR 急救。』

　　急救一小時後，阿弟仔還是因心因性休克猝死，校方說，阿弟仔體重過重不適合當柔道選手，曾勸退他二、三次，但阿弟仔熱愛柔道打死不退。……」

　　　　　　　　　　　　　　　　　——引自 TVBS 2008 年 6 月 19 日網路新聞報導

　　肥胖不是一種精神疾病，並未列入 DSM 的診斷系統當中，但肥胖是現代

人的健康殺手，容易引發糖尿病、高血壓、中風、心血管疾病、癌症等身體病症，也和嗜食症、憂鬱症、雙相情緒及其相關障礙症、思覺失調症等精神疾病有所牽連。有鑑於此，世界衛生組織（World Health Organization, WHO）從 1996 年起將肥胖正式列為一種慢性疾病，以提醒世人重視肥胖問題的嚴重性。

一、主要症狀

究竟怎麼樣才算是肥胖呢？不同時代、不同地域或國家可能有不同的定義及評判標準。WHO 將過重和肥胖定義為身體脂肪累積異常或過量而對健康造成威脅，考量「身體質量指數」（Body Mass Index, BMI）與罹病率及死亡率具有高度相關，因此建議採用 BMI〔計算方式為：體重（公斤）除以身高（公尺）的平方〕作為肥胖指標。成人的 BMI 值如果大於等於 25 為過重，BMI 值大於等於 30 即為肥胖（WHO, 2003）。

肥胖問題不僅見於成人，兒童及青少年體重過重及肥胖的情形也愈來愈普遍。在行政院衛生署（2002）所主導進行的台灣地區國民營養健康狀況變遷調查當中，將兒童體重過重的標準訂為 BMI 值超過該年齡層的 85 百分等級，超過 95 百分等級則為肥胖。衛生福利部（2013a）並參考 WHO 公布的資料以及陳偉德、張美惠兩位醫師於 2010 年發表之研究成果，提出台灣地區兒童及青少年生長 BMI 建議值（參見表 14-1）。由於國內許多兒童正面臨體重及健康的困擾，而童年時期體重過重者長大之後變成肥胖的比率也比較高，政府衛生及教育單位已經注意到問題的嚴重性，這幾年積極在校園推動許多健康計畫，希望能夠將體重控制、營養健康的觀念及行動向下紮根（國家政策研究基金會，2008）。

二、相關或伴隨症狀

肥胖是許多重大身體疾病的危險因子。肥胖會導致身體負擔加重，容易產生呼吸異常，上呼吸道的阻塞會引發睡眠呼吸中止，也可能導致肥胖兒童的死亡。肥胖亦可能使得骨骼變形或股骨頭壞死，一些心血管疾病（例如：高血壓、

表 14-1 │ 兒童及青少年生長身體質量指數（BMI）建議值
【正常、過重及肥胖】

年紀	男性			女性		
	正常範圍 BMI 介於	過重 BMI≧	肥胖 BMI≧	正常範圍 BMI 介於	過重 BMI≧	肥胖 BMI≧
0.0	11.5-14.8	14.8	15.8	11.5-14.7	14.7	15.5
0.5	15.2-18.9	18.9	19.9	14.6-18.6	18.6	19.6
1.0	14.8-18.3	18.3	19.2	14.2-17.9	17.9	19.0
1.5	14.2-17.5	17.5	18.5	13.7-17.2	17.2	18.2
2.0	14.2-17.4	17.4	18.3	13.7-17.2	17.2	18.1
2.5	13.9-17.2	17.2	18.0	13.6-17.0	17.0	17.9
3.0	13.7-17.0	17.0	17.8	13.5-16.9	16.9	17.8
3.5	13.6-16.8	16.8	17.7	13.3-16.8	16.8	17.8
4.0	13.4-16.7	16.7	17.6	13.2-16.8	16.8	17.9
4.5	13.3-16.7	16.7	17.6	13.1-16.9	16.9	18.0
5.0	13.3-16.7	16.7	17.7	13.1-17.0	17.0	18.1
5.5	13.4-16.7	16.7	18.0	13.1-17.0	17.0	18.3
6.0	13.5-16.9	16.9	18.5	13.1-17.2	17.2	18.8
6.5	13.6-17.3	17.3	19.2	13.2-17.5	17.5	19.2
7.0	13.8-17.9	17.9	20.3	13.4-17.7	17.7	19.6
7.5	14.0-18.6	18.6	21.2	13.7-18.0	18.0	20.3
8.0	14.1-19.0	19.0	21.6	13.8-18.4	18.4	20.7
8.5	14.2-19.3	19.3	22.0	13.9-18.8	18.8	21.0
9.0	14.3-19.5	19.5	22.3	14.0-19.1	19.1	21.3
9.5	14.4-19.7	19.7	22.5	14.1-19.3	19.3	21.6
10.0	14.5-20.0	20.0	22.7	14.3-19.7	19.7	22.0
10.5	14.6-20.3	20.3	22.9	14.4-20.1	20.1	22.3
11.0	14.8-20.7	20.7	23.2	14.7-20.5	20.5	22.7
11.5	15.0-21.0	21.0	23.5	14.9-20.9	20.9	23.1
12.0	15.2-21.3	21.3	23.9	15.2-21.3	21.3	23.5
12.5	15.4-21.5	21.5	24.2	15.4-21.6	21.6	23.9
13.0	15.7-21.9	21.9	24.5	15.7-21.9	21.9	24.3
13.5	16.0-22.2	22.2	24.8	16.0-22.2	22.2	24.6
14.0	16.3-22.5	22.5	25.0	16.3-22.5	22.5	24.9
14.5	16.6-22.7	22.7	25.2	16.5-22.7	22.7	25.1
15.0	16.9-22.9	22.9	25.4	16.7-22.7	22.7	25.2
15.5	17.2-23.1	23.1	25.5	16.9-22.7	22.7	25.3
16.0	17.4-23.3	23.3	25.6	17.1-22.7	22.7	25.3
16.5	17.6-23.4	23.4	25.6	17.2-22.7	22.7	25.3
17.0	17.8-23.5	23.5	25.6	17.3-22.7	22.7	25.3
17.5	18.0-23.6	23.6	25.6	17.3-22.7	22.7	25.3

資料來源：衛生福利部（2013a）

動脈血管硬化、中風）、新陳代謝問題（例如：高血脂症、高尿酸、第二型糖尿病）、肝臟問題（例如：肝臟脂肪化、膽結石），以及某些癌症的罹病率與死亡率皆與肥胖高度相關。肥胖學童的血壓、三酸甘油脂、低密度脂蛋白膽固醇、尿酸及血清麩氨酸丙酮酸轉胺基酶（SGPT）值皆較正常體重學童為高，高密度脂蛋白膽固醇則有較降低現象，而且相關合併症的檢查指數亦隨著身體質量指數增加而有明顯上升或惡化的情形。此外，肥胖會導致心理社會適應問題，肥胖兒童往往容易沮喪、低自尊及缺乏自信，在人際互動方面比較容易遭遇挫折（行政院衛生署，2002）。

三、盛行率

兒童及青少年體重過重及肥胖問題普遍存在於不同地區，2013年全球估計約有4,200萬個五歲以下兒童體重過重或肥胖，如果依照相同的趨勢繼續下去，到了2025年估計將有7,000萬個孩子體重過重或肥胖（WHO, 2014）。

近年來，我國國小學童體重過重或肥胖的盛行率亦有升高的傾向，由2001至2002年國小學童營養健康狀況調查結果顯示，台灣地區六至十二歲學童體重過重的盛行率約15%，肥胖盛行率約12%；男童過重及肥胖盛行率分別約為15.5%及14.7%；女童過重盛行率及肥胖盛行率分別約為14.4%及9.1%（行政院衛生署，2002）。依據教育部學生健康檢查資料結果顯示，100年國小學童過重及肥胖比率為29.4%，其中男童為33.2%、女童為25.1%；100年國中生過重及肥胖比率為29.7%，其中男生34.7%、女生24.2%。與世界肥胖聯盟（World Obesity Federation）的資料作比較，我國兒童肥胖比率居亞洲之冠（衛生福利部，2013c）。不同地區學童的肥胖程度有顯著差異，一般來說，居住的地區愈都市化，肥胖及體重過重的情形愈嚴重，東部、山地、澎湖、客家四處的學童肥胖及體重過重問題較西部的整體情形來得少（行政院衛生署，2002）。

四、病因

攝入的熱量超過消耗掉的熱量，導致多餘的熱量以脂肪形式貯存，就會產生體重增加及肥胖。造成兒童及青少年體重過重及肥胖的成因大致可以歸類為

遺傳及環境因素。就生理調節的角度來看，基因決定了每個人的基礎代謝率，使身體具有自我監控及調節的功能，當系統失去平衡時會產生生理、行為及心理上的問題效應。90%至95%減重的人在幾年之後體重會再回升，主要是因為每個人的體重範圍是圍繞著某個設定值（set point）在運作，而這個機制是由基因所決定。基因的因素約可解釋30%至50%的肥胖遺傳性，父母當中有任何一方是肥胖者，其子女肥胖的機率約為40%至50%，若父母雙方都是肥胖者的話，則子女肥胖的機率便增加為70%至80%（陳百薰，2007）。另外，研究者曾在老鼠身上找到一種肥胖基因，這種基因攜帶著製造瘦體素（leptin）的訊息（Friedman & Burley, 1995）。瘦體素是一種由多個胺基酸所組成的蛋白質，為脂肪組織所合成，主要作用在下視丘以抑制食慾。空腹時血液中的瘦體素濃度會明顯降低，傳遞出需要進食的訊息。少數嚴重肥胖的兒童曾被發現無法製造瘦體素，這些孩子身上即有瘦體素缺乏的現象（Montague et al., 1997）。

　　除了主導體重的先天生理因素之外，現代父母本身的飲食習慣、生活型態及教養觀念也顯著地影響孩童（Klump, McGue, & Iacono, 2000）。父母自己喜歡大吃大喝，對小孩的飲食未加調節，邊看電視邊吃東西，或是父母把吃東西當作獎勵孩子表現良好的方法，再不就是把吃東西當作發洩壓力的方式等，這些從小就習慣了的飲食行為常常讓孩子吃下過多熱量。國內的研究調查亦指出，兒童及青少年受到西方速食文化及廣告強力促銷，高熱量及高脂肪等食品常成為主要食物來源，學童容易過度攝食，加上缺乏足夠運動以消耗能量，因此導致體重過重或肥胖的產生（國家政策研究基金會，2008）。

　　從發展的觀點來看，兒童早期飲食問題導致的肥胖現象，使其遭受學校同儕的拒絕，因而產生想要「減肥、瘦身」的想法。孩子們相信只要變瘦就可以獲得比較好的人際關係，然而這卻帶來對於體重的強迫思考、過度關心外表以及限制性飲食等副作用，亦提升了罹患其他飲食障礙症的風險性。

五、治療

　　肥胖及體重過重的孩子常有許多不健康的飲食習慣，可能引發慢性健康問題，甚至導致日後的飲食障礙症。肥胖兒童日後成為嚴重肥胖成人的比率是一

般人的 2.5 倍，80% 青少年肥胖會導致成人肥胖；如果肥胖的時間愈長，長大以後就很難回復到正常體重，所以預防肥胖比發胖後再去減肥要來得重要許多。

　　肥胖及體重過重是妨礙健康的高危險因子，為了維護個人身心健康及國民健康素質，以及考量整體國家醫療支出控制，有必要結合個人、家庭、學校及醫療等單位共同介入處理。肥胖的遺傳病因在現代醫學領域中還無法直接治療，個人與家庭營養觀念及正確飲食及運動習慣的建立才是適當的改善方法。這些年來校園中陸續推動的「333 計畫」、「中小學生健康體位五年計畫」、「充實中小學校園營養師編制實施計畫」、「校園體適能推廣活動計畫」、「健康促進學校計畫」等政策及活動，即充分反映了政府及教育單位對兒童及青少年體重與健康問題的重視。另外，透過公共政策的制訂與實施，以調整飲食習慣、增加身體活動量等策略改善導致體重過重及肥胖的環境因素，則是最為實際而關鍵的做法（國家政策研究基金會，2008）。

　　為了提升國人對於兒童及青少年肥胖問題的關注，能夠及早發現問題並加以預防，衛福部訂定了一套篩選及處理流程（見圖 14-1）。衛福部所建議的體位評估是以同年齡、同性別孩子的 BMI 值作為比較基準，當 BMI 值達到體重過重的標準，並且排除了生長發展以及特殊病症的因素之後，BMI 尚未達到肥胖程度的孩子則以維持體重不再上升為原則，BMI 值已經達到肥胖程度或是具有血壓偏高、血脂值異常或肥胖家族史的孩子則需要執行體重控制計畫（衛生福利部，2013b）。

　　體重過重及肥胖問題的處理不能操之過急，想要減少一公斤體重需要消耗大約七千卡的熱量，而成人採用的服用減肥藥物、接受外科手術等減重方式並不建議直接運用於兒童及青少年，唯有適當而均衡的飲食、適度運動及良好生活習慣的修正，再加上持續的觀察與追蹤，必要時諮詢專業醫療人員，才是有效管理體重的最好辦法。

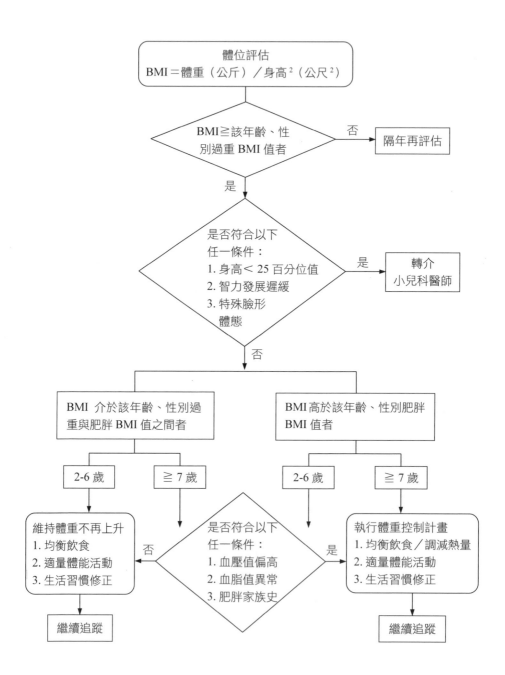

圖 14-1 ｜ 過重／肥胖兒童與青少年之篩選及處理流程

資料來源：衛生福利部（2013b）

🎐 異食症

案例

　　小強三歲多的時候由社會局轉介安置到教養院。從小照顧他的保育員回憶小強當時個子非常嬌小，看起來乾乾瘦瘦的，眼神呆滯，不太理人。小強剛到教養院沒多久，其他院童和保育員就發現他常常一個人縮在角落，有時候會拔自己的頭髮塞進嘴巴裡吞下去，也曾經看過他吃圖畫紙、盆栽的葉子。雖然看到了會立刻制止他，可是小強還是沒辦法改掉這個行為，有幾次還因為肚子痛而就醫，X 光檢查結果顯示他的腸胃裡塞了許多不是食物的東西。

　　許多一、兩歲的嬰幼兒喜歡把手邊可觸及的物品放入口中，作為探索外在環境的一種方法。隨著年齡逐漸增長，大家很快地就學會使用其他方式與環境互動，並且懂得區分哪些東西可以吃、哪些不能吃，但是異食症患者卻不像一般人那樣吃進適當的食物。

一、主要症狀 ⭐

　　異食症的主要特徵就是習慣性地吃食不能吃的、非營養的物質，例如：頭髮、紙張、肥皂、衣服、毛線、繩子、灰塵、小石頭、金屬等，而且時間至少持續一個月。為了與嬰幼兒喜歡把東西放進嘴巴的正常發展行為作區隔，在診斷上會建議年齡至少是兩歲以上。一般來說，罹患異食症的人通常不會排斥吃正常食物，但是會持續吃進不該吃的東西，當吃進去的東西引發中毒或腸道阻塞等生理問題的時候，就會嚴重威脅到健康與發展（APA, 2013; Mash & Wolfe, 2013; Wicks-Nelson & Israel, 1997）。

二、相關或伴隨症狀

異食症患者通常沒有特別的生理異常，少數案例有某些維他命或礦物質（例如：鋅、鐵）缺乏的情形。有時候患者是因為出現內科問題（例如：腸阻塞、腸穿孔、因為吃進排泄物或垃圾而感染寄生蟲，或吃下含鉛塗料導致鉛中毒）而就醫，異食症的問題才會引起臨床關注（APA, 2013）。

三、DSM-5診斷準則

DSM-5（APA, 2013）對異食症的診斷準則如下：

A.持續地吃非營養、非食物的東西，為期至少一個月。

B.這種吃非營養、非食物的東西的行為就當時的發展水準而言是不適當的。

C.這種飲食行為並非文化認可的習俗或社會規範的一部分。

D.這種飲食行為如果發生於其他精神疾病（例如：智能發展障礙、自閉症類群障礙症、思覺失調症）的病程中或是身體病況（包括懷孕），則必須足夠嚴重到需要額外的臨床關注。

四、共病及鑑別診斷

最常與異食症共病的是自閉症類群障礙症和智能發展障礙症，其次是思覺失調症和強迫症；異食症也會與拔毛症、摳皮症、迴避／節制型攝食症同時出現，而罕見的睡眠異常克萊恩—萊文症候群（Kleine-Levin syndrome）患者也有可能出現類似行為。

異食症與其他餵食及飲食障礙症的最重要區別在於吃入非營養、非食物的物質。不過，有些厭食症患者會吃進像是衛生紙之類的東西作為一種控制體重的方法，這種情形之下的主要診斷應該還是厭食症。某些人為障礙症（Factious Disorder）患者會故意亂吃東西讓自己生病或受傷，這種異食行為具有欺詐之嫌。而非自殺性地吞食可能導致受傷的物品（例如：針、刀），可能是適應不良導致的自我傷害行為。

五、盛行率

異食症少見於一般兒童，比較可能發生在收容機構裡的孩子身上，因此不容易估算盛行率的資料。有智能發展障礙的患者中，障礙程度愈嚴重者，出現異食症的機率也愈高（APA, 2013）。

六、病程

異食症可以初發於任何年齡層，但是最常被報告的是發生在兒童期。異食症的病程可能拖得很長，容易因此導致身體出狀況（例如：腸道阻塞、中毒、快速體重減輕），甚至危及性命（APA, 2013; Mash & Wolfe, 2013）。

反芻症

一名九個月大的男嬰，連續嘔吐兩個月，體重降到只剩十二磅，加護病房醫師緊急安排會診都不見起色，只能每天以鼻胃管灌入流質食物維生。後來，醫護人員觀察到這個孩子在大量反胃吐奶之前，腹部監測出微弱的肌肉反應電波。於是當他的腹部再次出現肌肉反應電波而將要吐奶之際，便在小腿部位施以輕微而短暫的電擊。每隔一秒施行一次，直到吐奶反應完全停止為止。經過兩週的治療之後，該名男嬰體重提高26%，而且可以拔除鼻胃管，改採一般方式餵食。

——摘錄自陳榮華（1986）

家中有嬰幼兒的家長（尤其是母親）常會抱怨小朋友吃東西的狀況不好，餵食前要費心準備，過程中要耐心地餵食或陪伴，進食完畢還要確認小朋友是否飽足，事後還得清理，一頓飯吃下來，搞得大人和小孩都人仰馬翻，但是看著孩子逐漸健康成長，即使辛苦也算值得。臨床上有些孩子會持續出現特殊而

異常的進食行為，導致營養吸收與生理成長受到妨礙，需要給予必要的協助。

一、主要症狀

　　反芻症是指具有正常飲食功能的人在進食之後出現反覆咀嚼或反芻的情形，食物可能從口中吐出、或是經過咀嚼之後再度吞下。有反芻症的人每週會出現好幾次反芻症狀，通常是每天都會發生。這種將食物反芻的症狀並不是因為腸胃問題或是其他醫療情況所造成，因此必須先安排適當的理學檢查與實驗室檢驗以排除生理病因。

二、相關或伴隨症狀

　　觀察有反芻症的嬰幼兒，往往可以發現他們的身體緊繃，常出現弓著背、頭向後仰的姿勢，舌頭會做出吸吮動作，而且頗能夠從這樣的活動當中獲得樂趣（APA, 2013; Mash & Wolfe, 2013; Wicks-Nelson & Israel, 1997）。然而反芻症患者容易有飢餓、不安的反應，即使大量餵食或進食，還是會因為反芻症狀而導致營養不良、體重不足，嚴重的話甚至會死亡。

　　青少年及成年患者可能會用手遮住嘴巴或是以咳嗽的方式掩飾，有些人則是會避免跟別人一起吃東西或是參加聚餐，以免被別人發現他們的反芻行為（APA, 2013）。

三、DSM-5 診斷準則

DSM-5（APA, 2013）對反芻症的診斷準則如下：

A.食物一再地被反芻，持續至少一個月。反芻的食物可能一再地被咀嚼、再吞嚥或是吐出。

B.這種重複的反芻並非因為相關的胃腸道或其他身體病況（例如：胃食道逆流、幽門狹窄）所引起。

C.這種飲食困擾並非發生於厭食症、暴食症、嗜食症或迴避／節制型攝食症的病程中。

D.若此症狀發生於其他精神疾病（例如：智能發展障礙或其他神經發展障

礙症）的病程中，則必須足夠嚴重到需要額外的臨床關注。

四、共病及鑑別診斷

反芻症狀可能會出現在某些醫療病症或是精神疾病（例如：廣泛性焦慮症）患者身上，但是只有在症狀嚴重到需要額外的臨床關注時，才會給予反芻症的診斷。進行鑑別診斷時，必須將反芻症與胃食道逆流或嘔吐等情形加以區分，另外可透過適當的理學檢查和實驗室檢驗排除胃輕癱、幽門狹窄、橫膈膜疝氣和桑迪弗氏症（Sandifer's Syndrome）的可能性（APA, 2013）。

五、盛行率

反芻症的盛行率並不確定，通常在缺乏刺激、照顧品質欠佳、壓力較大的環境中比較容易發生，有智能發展障礙的人是高危險族群，障礙程度愈高的人患病的可能性也愈高（APA, 2013; Mash & Wolfe, 2013; Wicks-Nelson & Israel, 1997）。

六、病程

反芻症可以發生於任何年齡層。嬰幼兒出現反芻症的年齡通常在三至十二個月，之後有可能會自然緩解，但是反芻症的病程也可能拖得很長，容易因此導致身體出狀況（例如：嚴重營養不良）。反芻症若是發生於嬰兒期，則特別有潛在的致命危機（APA, 2013; Mash & Wolfe, 2013; Wicks-Nelson & Israel, 1997）。

迴避／節制型攝食症

案例

　　小珍雖然是足月出生的女嬰，但是出生時的體重才一千七百多公克，在醫院的保溫箱住了一個多月才出院。她一直以來都吃得很少，媽媽費盡心思也很難讓她多喝一點兒奶、或是多吃一點兒東西。看到小珍的身高、體重遠遠不如同年齡嬰幼兒，到處就醫也檢查不出明確的原因，媽媽實在又挫折、又心急，有時情急之下不免強力灌食，於是每到了吃飯時間，小珍便感受到強大的壓力而頻頻哭鬧，在她二至四歲這兩年期間體重幾乎沒有增加。

　　DSM-IV-TR 的嬰兒期或兒童早期之餵食性疾患在 DSM-5 中延伸成為迴避／節制型攝食症。舊版的這個診斷應用性較低，手冊中關於主要特徵、病程、罹病結果等方面的訊息有限，而患者其實不僅限於兒童和青少年，有許多人雖然攝食嚴重受限並且明顯遭遇生理或心理社會問題，但是卻不符合任何 DSM-IV-TR 中的飲食疾患診斷。DSM-5 的迴避／節制型攝食症是一個比較寬鬆的診斷，診斷準則大幅放寬，希望能夠盡量涵蓋臨床上所呈現出來的問題。

一、主要症狀

　　迴避／節制型攝食症的主要特徵就是對進食的迴避或限制，導致營養攝取不良或是能量不足。這並非因為嚴重腸胃問題、內分泌問題、神經系統問題或其他一般醫學情況所致，也不是因為食物不足、宗教或文化考量、在意體重或身材的緣故。患者很可能因此難以參與正常社交活動（例如：跟別人一起吃飯）或是維繫良好的社交關係。有些人對食物的外觀、顏色、味道、口感、溫度等特質格外敏感，他們的行為表現常被描述為「挑食」、「選擇性地吃某些食物」、「怕吃或拒吃某些食物」；一些感官敏感度極高的自閉症患者也會有類

似的反應。

　　兒童如果持續出現迴避／節制型攝食症，身高、體重等身體成長以及智能發展都可能產生問題，情緒和社會性發展也會出現緩慢或停滯的情況，嚴重時甚至導致死亡（APA, 2013; Mash & Wolfe, 2013）。

二、相關或伴隨症狀

　　有迴避／節制型攝食症的人對吃東西比較沒興趣，以致於體重減輕或是成長的狀況不理想。年紀小的嬰兒可能以嗜睡、看起來不開心或是餵食的時候情緒激動等方式呈現，幼兒會在吃飯的時間不配合或是做其他活動，年紀大一點的兒童和青少年則可能出現情緒困擾。

三、DSM-5 診斷準則

　　DSM-5（APA, 2013）對迴避／節制型攝食症的診斷準則如下：

A.飲食或餵食障礙（例如：明顯缺乏對飲食行為或食物的興趣；基於食物的感官特質而有所迴避；擔心飲食造成令人厭惡的後果）表現於長期無法獲取適當的營養和／或能量需要，並且伴隨有一種（或以上）的下列狀況：

　1. 體重明顯減輕（或無法達到預期的體重增加或兒童成長遲滯）。

　2. 明顯的營養缺乏。

　3. 依賴腸道灌食或口服營養補充劑。

　4. 顯著干擾心理社會功能。

B.此困擾並非因為無法取得食物或是文化認定之習俗所造成。

C.此困擾並非發生於厭食症或暴食症的病程中，且未有證據顯示有體重或身材的知覺障礙。

D.此困擾並非因為合併身體病況或是其他精神疾病所致。當飲食困擾發生於其他狀況或病程中時，其嚴重性超過一般狀況，且需要額外的臨床關注。

四、共病及鑑別診斷

　　最常與迴避／節制型攝食症共病的就是焦慮症、強迫症以及神經發展障礙

症（特別是自閉症類群障礙症、注意力不足／過動症、智能發展障礙症）。

　　潛在的身體病症以及共病的精神疾病都會使得飲食問題更為複雜。進行鑑別診斷時，首先需要排除一些會有胃口不好、想吐、腹痛或腹瀉等症狀的生理問題，像是：胃腸疾病、食物過敏或惡性腫瘤，此外某些因為先天性或神經性因素導致的口腔、食道或是咽喉結構與功能上的問題也會造成進食困擾。反應性依附障礙症的退縮特質可能影響照顧者與孩子之間的互動關係，進而干擾孩子的餵食與進食，當孩子呈現出來的狀況符合所有診斷準則，並且攝食問題成為主要介入焦點的時候才會同時給予迴避／節制型攝食症的診斷。自閉症類群障礙症患者往往有著過度敏感的感官知覺，攝食行為顯得相當侷限，但是他們的攝食狀況不一定會造成嚴重傷害。當焦慮症患者的恐懼對象是引發窒息或嘔吐的情境時，也有可能表現出遠離食物的行為，但是他們對攝食的害怕與逃避是焦慮所衍生而來的次級反應。刻意節制飲食以便讓體重減輕是厭食症的核心症狀，不過厭食症患者非常害怕自己體重增加或是變胖，會想盡辦法阻撓體重增加，對自己的體重與身材產生扭曲的知覺經驗，這些特質並不會出現在迴避／節制型攝食症。有些強迫症患者對食物具有固著的想法或是儀式化的進食行為，憂鬱症患者也有可能因為心理能力太低而胃口不好、食不下嚥，除非患者表現出來的症狀完全符合診斷準則，而且飲食問題成為主要治療目標，才會同時給予迴避／節制型攝食症的診斷（APA, 2013）。

五、盛行率

　　根據美國兒科醫療院所統計結果顯示，1% 至 5% 的住院患童生長不良，其中超過半數是餵食問題所造成的，而社區樣本的點盛行率大約在 3% 左右（APA, 2000）。低社經家庭小孩出現迴避／節制型攝食症的比率相對較高，男孩與女孩的發生率大致相當（Mash & Wolfe, 2013）。

六、病程

　　迴避／節制型攝食症通常發生於嬰幼兒身上，多數孩子在一段時間之後情況會有所改善，但相關症狀也可能延續到成年。至於迴避／節制型攝食症的長

期後果如何，則因為研究文獻累積過少而無法清楚得知（APA, 2013）。

　　患有迴避／節制型攝食症的嬰兒可能在餵食過程顯得比較煩躁易怒、難以安撫，或是表現得比較冷漠、退縮，如果家長以不適當的方式餵食或是誤解孩子的行為是攻擊或拒絕的反應，那麼這樣的親子互動便可能成為孩子出現餵食問題的原因之一（APA, 2013; Mash & Wolfe, 2013）。

厭食症

案例

　　「我覺得自己很胖，而且不知道為什麼愈來愈胖，體重一路從 43 公斤增加到 45、48……，再不節制，就真的會很難看。……我也有吃東西啊，只是早餐實在沒胃口，也不會餓。中午的話，我會吃一樣水果或是兩三片纖維餅乾，晚上要補習，就隨便買個茶葉蛋什麼的來吃。爸爸、媽媽每次都因為叫我吃東西的事情生氣罵我，可是我真的吃不下。……我現在身高 164 公分，體重差不多是 40 到 41 公斤左右，我希望體重能夠降到 40 以下比較好看，我覺得我沒有問題，是他們太緊張了。」

　　到了青春期，青少年（特別是女生）面臨許多改變及挑戰，例如：生理成熟、身體意象、親子互動、自我認同的發展以及同儕關係等議題，原本就是充滿變數的一個發展階段。飲食對青少年具有多重意義，代表個人的成長狀況、身分地位，象徵與父母、家庭以及傳統的權力糾葛。對年輕女性而言，不僅要面對過去傳統對於女性外表身材的刻板要求，同時也要符合現代社會對女性所賦予的角色責任，這些發展上的改變加上社會性壓力，使得女生比較容易產生飲食障礙。曾獲葛萊美獎肯定的著名西洋合唱團體「木匠兄妹」（The Carpenters）當中的妹妹，即因罹患厭食症多年引發心臟衰竭，過世時年僅三十二歲。

　　雖然有關飲食障礙症的臨床描述已存在多年，但是直到 1980 年才首度正式出現在 DSM 診斷系統裡（DSM-III）。從 DSM-IV-TR 改版成為 DSM-5，厭食

症的核心診斷準則在概念上並沒有不同，唯一的改變是將無月經症（amenor-rhea）的診斷要求刪除，主要是希望能夠納入男性與尚未來經的年輕女性患者，而且臨床研究發現有無月經對描述患者的精神病理和臨床嚴重度並沒有很大的影響（曾美智，2012；APA, 2013; Weis, 2014）。DSM-5 將原先有關於低體重的診斷準則在文字上說明得更加清楚，並且具體列出判斷方法，同時指出患者不僅對體重增加產生強烈害怕，也可能持續做出不讓體重增加的行為。

一、主要症狀

厭食症的主要症狀有三：持續地控制飲食攝取；對體重增加或變胖具有強烈的恐懼感，會努力設法不讓體重增加；不滿意自己的身材，分為節制型、嗜食／清除型兩個亞型，兩個亞型之間的差別在於減少熱量攝入的方法不同。成人患者往往體重明顯過輕，兒童青少年患者則是無法達到正常發展的預期體重，在評估的時候可以用身體質量指數（BMI）作為指標。以成人為例，美國疾病管制與預防中心（Centers for Disease Control and Prevention, CDC）和世界衛生組織（WHO）都採用 BMI 18.5 kg/m² 當作正常體重的下限，低於 17.0 kg/m² 便被視為低體重。兒童青少年須參考年齡、性別等因素換算出合宜的BMI，我國衛生福利部參考 WHO 提出的標準以及國內相關研究報告、體適能檢測資料，於 2013 年公布了一份 BMI 建議值（參見表 14-2）。

厭食症患者強烈害怕自己體重增加，除了少吃或不吃之外，也可能採用過度運動、自行催吐或吃瀉藥等比較激烈的體重控制方式。通常他們對自己的體重和身材有著扭曲的想法，總覺得自己太胖，即使身材適中、或是已經骨瘦如柴仍然覺得需要節食，他們的自我價值與自信心往往只建立在對自己體重、身材的觀感以及控制體重的能力上。然而，兒童青少年患者通常缺乏病識感，不會主動求助或就醫，甚至否認厭食問題的存在，因此家人和師長的觀察與協助就變得很重要。

二、相關或伴隨症狀

厭食症引發不正確的飲食習慣、營養不良以及不符預期的體重，皮膚可能

表 14-2 │ 兒童及青少年生長身體質量指數（BMI）建議值【正常與過經】

年紀	男性		女性	
	過輕 BMI <	正常範圍 BMI 介於	過輕 BMI <	正常範圍 BMI 介於
0.0	11.5	11.5-14.8	11.5	11.5-14.7
0.5	15.2	15.2-18.9	14.6	14.6-18.6
1.0	14.8	14.8-18.3	14.2	14.2-17.9
1.5	14.2	14.2-17.5	13.7	13.7-17.2
2.0	14.2	14.2-17.4	13.7	13.7-17.2
2.5	13.9	13.9-17.2	13.6	13.6-17.0
3.0	13.7	13.7-17.0	13.5	13.5-16.9
3.5	13.6	13.6-16.8	13.3	13.3-16.8
4.0	13.4	13.4-16.7	13.2	13.2-16.8
4.5	13.3	13.3-16.7	13.1	13.1-16.9
5.0	13.3	13.3-16.7	13.1	13.1-17.0
5.5	13.4	13.4-16.7	13.1	13.1-17.0
6.0	13.5	13.5-16.9	13.1	13.1-17.2
6.5	13.6	13.6-17.3	13.2	13.2-17.5
7.0	13.8	13.8-17.9	13.4	13.4-17.7
7.5	14.0	14.0-18.6	13.7	13.7-18.0
8.0	14.1	14.1-19.0	13.8	13.8-18.4
8.5	14.2	14.2-19.3	13.9	13.9-18.8
9.0	14.3	14.3-19.5	14.0	14.0-19.1
9.5	14.4	14.4-19.7	14.1	14.1-19.3
10.0	14.5	14.5-20.0	14.3	14.3-19.7
10.5	14.6	14.6-20.3	14.4	14.4-20.1
11.0	14.8	14.8-20.7	14.7	14.7-20.5
11.5	15.0	15.0-21.0	14.9	14.9-20.9
12.0	15.2	15.2-21.3	15.2	15.2-21.3
12.5	15.4	15.4-21.5	15.4	15.4-21.6
13.0	15.7	15.7-21.9	15.7	15.7-21.9
13.5	16.0	16.0-22.2	16.0	16.0-22.2
14.0	16.3	16.3-22.5	16.3	16.3-22.5
14.5	16.6	16.6-22.7	16.5	16.5-22.7
15.0	16.9	16.9-22.9	16.7	16.7-22.7
15.5	17.2	17.2-23.1	16.9	16.9-22.7
16.0	17.4	17.4-23.3	17.1	17.1-22.7
16.5	17.6	17.6-23.4	17.2	17.2-22.7
17.0	17.8	17.8-23.5	17.3	17.3-22.7
17.5	18.0	18.0-23.6	17.3	17.3-22.7

資料來源：衛生福利部（2013a）

變得乾皺、泛黃或出現胎毛，對疾病的抵抗力下降，女性患者出現無月經症的情形很常見，嚴重的厭食症最後甚至會導致死亡。

在同時具有厭食和暴食症狀的患者當中，約84%出現明顯的內科問題，表14-3所列資料為 Walls 與 Beresford 整理的主要內科後遺症及其盛行率（引自張學岺，2005）。有嚴重飲食障礙的患者常因為電解質不平衡、心律不整、無法解釋的消化道出血等因素而住院治療，新住院的患者最好要接受詳細的理學檢查。嚴重內科症狀及相關併發症將影響患者的健康，其中低血鉀會導致突然致命的心律不整，是厭食症患者最主要的死亡原因之一。

當體重嚴重不足時，許多厭食症患者會出現情緒憂鬱、社會退縮、煩躁易怒、失眠或性趣降低等症狀，對食物、體重和身材的固執信念也是這群患者常見的強迫特質。如果將兩種亞型做比較，節制型厭食症患者主要經由節食、禁食或過度運動等方式使體重下降，這類患者通常是比較缺乏彈性、追求完美主義、社會性退縮或是具有強迫性格的人；而嗜食／清除型厭食症患者的行為衝動性相對較高，比較容易出現酒精或藥物濫用、情緒不穩、自我傷害，甚至邊

表 14-3 │ 飲食障礙症內科後遺症及其盛行率

後遺症	盛行率（%）
白血球過低	35
心律不整	33
低血鉀	30
低血鎂	25
低血鈉	20
低血鈣	15
胃潰瘍	10～16
嚴重貧血	5～10
癲癇	4
食道裂傷	3
胰臟炎（肇因於濫用利尿劑）	1
腎功能衰退	1

資料來源：引自張學岺（2005）

緣型人格障礙症的困擾（曾美智、李明濱、李宇宙，1989；APA, 2013; Westen & Harnden-Fischer, 2001）。

三、DSM-5 診斷準則

DSM-5（APA, 2013）對厭食症的診斷準則如下：

A.限制攝取身體所需能量，並且導致以其年齡、性別、發展狀況與生理健康而言顯著過低的體重。顯著過低體重的定義為少於最低正常值，於兒童青少年為少於最低期望值。

B.強烈害怕體重增加或變胖，即使體重過低仍持續抑制體重增加。

C.在覺知自己的體重或身材方面有障礙，體重或身材對自我評價有不當的影響，或持續無法體認目前過低體重的嚴重性。

註明是否有：

節制型：最近三個月內，未習慣性地出現暴食或清除行為（例如：自行催吐或不當使用瀉劑、利尿劑或灌腸劑）。此種亞型的表現主要是以節食、禁食和／或過度運動達到減重目的。

嗜食／清除型：最近三個月內，習慣性地出現暴食或清除行為（例如：自行催吐或不當使用瀉劑、利尿劑或灌腸劑）。

註明目前的嚴重度：

最低嚴重程度是根據 WHO 對成年人的身體質量指數（BMI）（如下）或兒童青少年的 BMI 百分位數來訂定。

輕度：BMI ≧ 17 公斤／平方公尺

中度：BMI 16～16.99 公斤／平方公尺

重度：BMI 15～15.99 公斤／平方公尺

極重度：BMI < 15 公斤／平方公尺

四、共病及鑑別診斷

雙相情緒障礙症、憂鬱症和焦慮症經常與厭食症共病；某些患者同時具有強迫症，尤其是節制型厭食症患者比較容易出現這類問題，而酒精使用障礙症

以及其他物質使用障礙症是另一種常見的共病診斷，尤其以嗜食／清除型厭食症患者為多（APA, 2013）。

五、盛行率 ⭐

　　厭食症的盛行率有明顯的性別差異，患者當中多數是年輕女性，青少女及年輕女性的盛行率大約是 0.4%（APA, 2013; Weis, 2014），關於男性的盛行率調查少有資料，臨床族群當中男女比率推估約為 1：10（APA, 2013; Fairburn, Cooper, Shafran, & Wilson, 2008）。國外所做的盛行率調查結果顯示，女性罹患厭食症的比率約為 0.5% 至 1.0%，年輕女性當中厭食症的十二個月盛行率約為 0.4%（APA, 2013; Mash & Wolfe, 2013）。飲食障礙症的盛行率在工業化、白領階級的社會中似乎要高得多，文化因素也會影響這些疾患的症狀表現。學者調查台灣某些區域年輕族群飲食障礙症的盛行率約在 2.36% 至 4.25%，但是並未清楚區分不同飲食障礙症診斷，也缺乏全面性大規模盛行率調查的資料（葉慧雯、曾念生、賴姿如、周桂如，2006）。

六、病程 ⭐

　　厭食症多發生於青春期或成年早期，剛開始的時候通常與一個重大生活事件（例如：升學考試、離家就學等）有關，病程和結果則因人而異。許多患者在一開始的時候往往只是出現飲食問題，接著從飲食問題演變成為臨床病症，最終符合所有的診斷準則。Mellin、Irwin 與 Scully（1992）的研究調查發現，大約 31% 的美國九年級女孩表示害怕變胖，46% 的人會刻意節食，而十年級女孩則有 55% 表示害怕變胖，81% 的人會刻意節食。Huenemann、Shapiro、Hampton 與 Mitchell（1996）的長期追蹤亦發現約有 80% 的青少年有節食經驗。節食行為在台灣青少年文化當中相對較少，張學岭（1997）曾經對桃園及新竹地區 660 名國中及高中學生進行抽樣調查，結果發現有 7.9% 的男生及 28.4% 的女生正在節食，節食的方法包括：吃一餐停一餐、每餐減量、計算熱量，甚至有人好幾天只喝白開水。其中有 21 位男學生和 33 位女學生過瘦，他們半數有焦慮、失眠或情緒不佳等精神官能症的表現，另外有 4 位女學生和 1 位男學生的節食

程度相當嚴重，已經符合厭食症的診斷。

　　厭食症通常在青春期中、後期（約十四至十八歲）發病，平均初發年齡是十七歲，初發時常伴隨生活壓力事件，例如：遷移、學業壓力或失落經驗（曾美智等人，1989；APA, 2013; Weis, 2014）。厭食症的病程進展緩慢，剛開始的時候大多只是節食一段時間，隨著節食時間增長，逐漸變得愈來愈極端而難以調整，患者對體重增加產生極度恐懼，也同時出現扭曲的身體形象、明顯的體重減輕、拒食及拒絕增加體重等情形。

　　厭食症的結果相當不一致，有些患者在單次發作之後便完全復原，有些患者的病程起伏不穩，有些則轉變為慢性化而持續數年。一般來說，愈早發病、病程愈短，預後效果較佳；若是病程拖延愈久、體重下降愈多、有嗜食及催吐行為者，預後效果愈差。陳映燁、曾美智、李宇宙與李明濱（2000）追蹤國內某醫學中心厭食症患者的病程發展，調查結果發現患者從發病到康復，平均罹病時間為四年，嗜食／清除型比節制型患者的罹病時間為長，節制型的罹病時間約為三年，嗜食／清除型約為五年。有 40% 至 70% 的厭食症患者復原，約有 30% 至 50% 的患者在發生厭食症半年之後出現暴食症的症狀，約有 10% 至 20% 的患者處理起來非常棘手，即使幸運康復的患者也常會持續對身材、體重以及飲食狀況過度關心。

　　厭食症是一種威脅生命的疾病，住院患者的長期死亡率約一成左右，死亡原因多是因為患者自殺或是產生併發症所致（李明濱、吳佳璇、曾美智，2001；陳映燁等人，2000；APA, 2013; Fairburn et al., 2008），因此在照顧及治療上必須格外謹慎注意。

暴食症

> 「一到晚上，滿腦子想的都是食物，所有眼睛看到的東西好像都可以拿來吃，怎麼也控制不了。我怕被媽媽發現，就等到他們都睡著了，再到廚房開冰箱找東西。……想吃的時候覺得什麼都好好吃，吃了一堆東西到肚子裡，又覺得自己很糟糕，萬一變胖怎麼辦，朋友一定會笑我，所以會去廁所用手挖喉嚨，想辦法把吃下去的東西吐出來。」
>
> 就讀國中的小婷一方面訴說著對食物難以抑制的狂熱，另一面又擔心自己的體重增加，影響外觀和人際關係。儘管她的身材適中，體重合乎標準，她仍然認為自己太胖了。最嚴重的時候，體重可以在兩個月之內上下增減六至七公斤。

民以食為天，吃飯皇帝大，吃得不足固然有礙成長與健康，但是吃得太多也一樣不利於身心發展。在飲食障礙症裡面，暴食症就是一種因為過度進食而產生的困擾。

一、主要症狀

暴食症的主要特徵就是反覆出現暴食行為，臨床常見的現象是在一段時間內吃下比多數人的食量明顯更多的食物，每次暴食往往攝取超過一千五百卡的熱量。患者常自述無法自我約束對食物的想念，在控制力比較脆弱的時候，就會出現暴食—清除—節食（binging-purging-dieting）的惡性循環。患者除了以禁食和催吐的方法避免體重增加之外，有時也會採用過度運動、使用嘔吐劑、瀉藥或其他減肥藥等不適當的代償行為。

暴食症患者通常會對自己的飲食問題感到不好意思，也會隱匿症狀，因此暴食行為往往是祕密進行，或是盡可能避人耳目的。心情不好是最常啟動暴食

行為的原因，其他像是人際壓力、跟體重、身材或食物有關的負面感覺、無聊等因素都有可能引發暴食，一旦開始暴食，患者往往直到吃飽了、覺得不舒服、甚至是覺得疼痛才停止進食。暴食或許在短時間內減輕或舒緩了先前的壓力源，但是之後卻為患者帶來負向自我評價以及心情煩躁不安的後果。

　　暴食症和厭食症兩者有許多共同的特性，例如：扭曲的自我身體形象、進食之後感到焦慮不安。不論是厭食症或是暴食症，在臨床病症及心理病理表現上都具備一項重要的核心問題，就是過度在意身材和體重，對飲食行為斤斤計較。

二、相關或伴隨症狀

　　暴食症患者在兩次暴食之間通常會用禁食或是選用低卡食品的方式來節制自己的熱量攝取，他們的體重多數落在正常範圍或是有輕微肥胖（以成人而言，$18.5 \leq BMI < 30$）。

　　暴食症患者的反覆嘔吐行為容易導致牙齒琺瑯質永久性的破壞，尤其是前齒的靠舌面最為明顯，蛀牙機率也比較高。某些患者的唾液腺（尤其是耳下腺）會明顯腫大，腸胃功能容易出問題，少數患者甚至出現食道穿孔、胃破裂以及心律不整的嚴重併發症。以手刺激咽喉反射而催吐者，其手背常有被牙齒刮傷的疤痕及老繭（稱為 Russel's sign）。女性患者有時會發生月經不規則或是無月經症，而清除行為會造成體液及電解質失衡等身體健康問題。

三、DSM-5 診斷準則

　　與 DSM-IV-TR 相較，新版暴食症診斷的改變在於將暴食和不當代償行為的發生頻率從平均每週兩次調降為每週一次。DSM-5（APA, 2013）對暴食症的診斷準則如下：

A.重複出現暴食情形，每次暴食需要同時具備下述兩項特徵：

　　1. 在一段時間內（例如：任何兩個小時），吃下的食物量絕對多於大多數人在類似時間、類似情境下所能吃的食物量。

　　2. 感覺對進食行為失去控制（例如：覺得自己無法停止吃東西，或是無法控

制自己吃什麼、吃多少）。

B.重複出現不當的代償行為以避免體重增加，例如：自行催吐、不當使用瀉劑、
利尿劑或其他藥物、禁食或過度運動。

C.暴食症狀與不適切的代償行為同時發生，平均每週至少一次，並且持續三個
月以上。

D.自我評價被身材及體重不當影響。

E.此障礙非僅發生於厭食症的病程中。

註明目前的嚴重度：

最低嚴重程度的訂定是以不當的代償行為頻率為基礎（如下）。

輕度：每週平均一至三次出現不當的代償行為。

中度：每週平均四至七次出現不當的代償行為。

重度：每週平均八至十三次出現不當的代償行為。

極重度：每週平均出現十四次或以上不當的代償行為。

四、共病及鑑別診斷

　　暴食症經常合併出現情緒困擾，許多患者會表現出憂鬱、焦躁、社會性退
縮等反應，甚至符合憂鬱症或焦慮症的診斷，使用物質（特別是酒精或興奮劑）
的終生盛行率至少在 30% 以上。某些性格特質也與暴食症有關，其中和邊緣型
人格障礙症共病的可能性最高（APA, 2013）。

　　進行鑑別診斷時，假如暴食行為只出現在厭食症病程中，則應該只給予厭
食症－嗜食／清除型的診斷；若患者的症狀表現已經不完全符合厭食症的診斷
準則（例如：體重正常），但是完全符合暴食症的診斷準則並且持續至少三個
月以上者，則可以給予暴食症的診斷；某些患者有暴食現象，但是並未規律地
做出不當的代償行為，這類個案可以考慮給予嗜食症的診斷。某些醫療病症（例
如：克萊恩－萊文症候群）存在著不恰當的飲食行為，憂鬱症患者也可能有吃
得太多的症狀，但是這些個案不會出現不當的代償行為，也沒有像暴食症一樣
具有過度關注體重和身材的心理特質。

五、盛行率

　　暴食症患者當中多數是年輕女性，男性的盛行率資料並不清楚，推估男女比率約為 1：10（APA, 2013; Fairburn et al., 2008）。暴食症的盛行率相對較高，在年輕女性族群中的十二個月盛行率約為 1% 至 1.5%（APA, 2013; Weis, 2014），國內採用問卷方式調查高中職女生罹患暴食症的可能性約為 1%（陳冠宇、林亮吟、陳喬琪、胡維恆，2000）。

六、病程

　　暴食症通常初發於青春期晚期或成人早期，剛開始約有四分之一的患者在某段時間內符合厭食症的診斷，然而患者常在節食的同時或之後開始出現暴食行為（Fairburn et al., 2008）。在節食過程中，患者極度想要掌控體重，但若一時失控而過度進食，則不舒服及罪惡感將使得暴食問題更形嚴重。病症可能間歇性地出現或是變為慢性化，長期追蹤暴食症患者的研究發現，雖約有二分之一至三分之一的患者仍然保留暴食症的診斷，但多數患者可復原或是明顯獲得改善（李明濱等人，2001；Mash & Wolfe, 2013; Tseng, Lee, Lee, & Chen, 2004）。

嗜食症

案例

　　「她從小就很愛吃，什麼都吃，一個小女生一頓可以吃兩、三碗白飯和配菜，食量比我們大人還大。而且她吃東西的速度超快，三兩下就把飯給吃光了，然後還一直跟我們要吃的東西，好像自己停不下來。有時候我會提醒她少吃一點兒，好像也沒用；再唸，她就生氣了，還會躲起來吃東西。我是怕她太胖，年紀輕輕就把身體搞壞了，以後怎麼辦？萬一長大愛漂亮，瘦不下來很麻煩，還會怪我們呢！」媽媽在診間陳述著對小慧的擔心。

　　確實，這孩子的體型以一般同年齡女學生的標準來看是明顯胖得多。問起對自己的飲食和體型有什麼看法，小慧顯得有些不好意思，也承認自己吃得太多了，但是她不喜歡運動，好像也從來沒有認真努力於節制飲食，看到食物還是禁不起考驗地通通吃進肚子裡。

　　有些飲食問題的損害強度尚未達到厭食症或暴食症的程度，像是嗜食症。在 DSM-IV-TR，嗜食症被放在列出尚待進一步研究的準則集合及軸向的附錄 B，後續許多研究結果支持了嗜食症的臨床應用與效度，因此 DSM-5 將嗜食症列為獨立的正式診斷（曾美智等人，2014；APA, 2013）。

一、主要症狀

　　嗜食症的主要特徵是反覆暴食，但是並沒有習慣性地使用不適當的代償行為。所謂的暴食，就是在一段時間內（通常是兩小時以內）吃下比其他多數人在相同情境中的食量還要多很多的食物。單次暴食可以發生在不同情境中，例如在餐廳暴飲暴食之後，回家再繼續吃。在過度進食的同時，患者還出現無法克制不吃或是一旦開始吃就停不下來的缺乏控制感。嗜食症患者的心裡往往有明顯不安，對自己的暴食行為常會感到不好意思，但是心情不好的時候仍然還是忍不住暴食。

二、相關或伴隨症狀

　　嗜食症患者的體重可能是正常、過重或是肥胖，會尋求醫療協助的人通常體重都是偏重或肥胖的。不過，嗜食症和肥胖並不相同，大部分肥胖的人並不會持續暴食。體重相當的嗜食症患者往往攝入較高的熱量，在身心適應上都有比較多的功能障礙（APA, 2013）。

三、DSM-5 診斷準則

　　與 DSM-IV-TR 相較，新版嗜食症的診斷準則大致相同，唯一的改變在於將嗜食行為的最低發生頻率從平均每週至少兩次、持續六個月調整為每週至少

一次、持續三個月。DSM-5（APA, 2013）對嗜食症的診斷準則如下：

A.重複出現暴食情形，每次暴食需要同時具備下述兩項特徵：

    1.在一段時間內（例如：任何兩個小時），吃下的食物量絕對多於大多數人在類似時間、類似情境下所能吃的食物量。

    2.感覺對進食行為失去控制（例如：覺得自己無法停止吃東西，或是無法控制自己吃什麼、吃多少）。

B.暴食伴隨下列三項（或以上）：

    1.飲食速度遠比正常更快。

    2.吃到感覺腹脹難受才停止。

    3.即使身體不覺得飢餓，也會吃進大量食物。

    4.怕吃得過多感到困窘而獨自進食。

    5.過度飲食之後，感覺厭惡自己、憂鬱或有嚴重的罪惡感。

C.對暴食的情形感到明顯苦惱。

D.平均每週至少有一天發生暴食，並且持續三個月。

E.嗜食症的暴食症狀並不像暴食症一樣規律使用不當代償行為，也並非只發生於暴食症、厭食症的病程中。

註明目前的嚴重度：

    最低嚴重程度的訂定是以暴食頻率為基礎（如下）。

    輕度：每週平均一至三次暴食。

    中度：每週平均四至七次暴食。

    重度：每週平均八至十三次暴食。

    極重度：每週平均出現十四次或更多的暴食。

四、共病及鑑別診斷

    嗜食症與其他精神疾病共病的情形與厭食症、暴食症相同，最常共病的診斷是雙相情緒障礙症、憂鬱症和焦慮症，偶爾也會與物質使用障礙症共存。共病的問題與患者本身暴食的嚴重度與在意是否能自我控制的程度較有關係，與實際涉入多少熱量、肥胖程度比較沒有關聯（曾美智，2014；APA, 2013）。

嗜食症和暴食症患者一樣都有持續暴食的現象，但是嗜食症患者不會持續採用不適當的代價行為，雖然有時候他們也想要控制飲食，卻不會為了改善體重和身材而嚴厲地做出節食行為。憂鬱症患者當中也會有胃口變好、體重增加的情形，但不一定會有失去控制的感覺，如果患者完全符合憂鬱症和嗜食症的診斷準則，那麼就會同時給予兩個診斷。

五、盛行率

美國十八歲以上成人嗜食症患者的十二個月盛行率分別是男性 0.8%、女性 1.6%，在想要減重的族群當中比一般民眾有較高的發生率（APA, 2013）。

六、病程

DSM-5 對嗜食症病程的發展描述不多。以兒童來說，如果有暴食及失控的飲食行為，加上缺乏運動，就可能導致體脂肪增加、體重上升以及心理適應問題的出現。嗜食症通常開始於青春期或是成年早期，會主動尋求醫療協助的患者年齡通常比厭食症和暴食症患者的年齡來得大。就治療效果而言，嗜食症的改善機率比厭食症和暴食症來得高（APA, 2013）。

餵食及飲食障礙症的病因

異食症並沒有特定的病因被區隔出來，因為在一般正常的嬰幼兒身上偶爾也會發現亂食的行為，比較具有區辨性的原因是異食症患童缺乏良好的營養、環境刺激及照顧，其嚴重度與環境剝奪、智能發展障礙症或自閉症類群障礙症的程度有關（APA, 2013; Mash & Wolfe, 2013; Wicks-Nelson & Israel, 1997）。

智能發展障礙症也是反芻症的主要病因，另外還可能與生活壓力、照顧品質以及親子互動等心理社會因素有關（APA, 2013; Mash & Wolfe, 2013; Wicks-Nelson & Israel, 1997）。大致來說，我們可以把反芻症解釋為一種孩子在缺乏母親（或主要照顧者）適當刺激與注意的環境之下所產生的反應。

過去關於迴避／節制型攝食症的病因研究，多從生理及心理社會觀點切

入。除了貧窮、失業或缺乏社會支持系統等問題的低社經地位家庭裡的孩子容易出現迴避／節制型攝食症之外，由於餵食行為是照顧者與孩子早期重要互動之一，如果沒有特殊醫學上的生理病因，則需要懷疑是照顧者本身具有心理病理問題或精神疾病、親子關係不良、兒童虐待或忽略等因素所造成的照顧品質不佳所致（APA, 2013; Mash & Wolfe, 2013）。迴避／節制型攝食症與嬰幼兒先天的成長遲緩或是既存的發展障礙、不好照顧的氣質傾向等因素有關，患童通常比一般孩子更容易煩躁不安，而且難以安撫，也顯得比較退縮。當照顧者沒為孩子準備適當的食物，或是把孩子對食物的拒絕當作找麻煩的表現，此種親子互動模式將導致或加重迴避／節制型攝食症的產生。另外，母親本身有飲食障礙症也是嬰幼兒出現飲食或餵食問題的危險因子。Brinch、Isager 與 Tolstrup（1988）的調查就發現，有厭食症病史的母親所生的孩子當中，有17%的小嬰兒到了一歲時體重仍低於同年齡幼童 5% 的體重水準。

　　厭食症、暴食症和嗜食症這類飲食障礙症的發生與持續，往往不是單一原因造成的，可能的病因涉及生理、文化社會以及心理層面，以下分別就相關因素加以說明。

一、生理因素

(一) 遺傳基因

　　遺傳基因是產生厭食症和暴食症的重要原因之一，研究估計遺傳因子大約可以解釋 24% 至 42% 的厭食症以及 17% 至 46% 的暴食症（Klump et al., 2000）。罹患厭食症的女性患者，其一等血親的遺傳機率是沒有家族病史者的四倍以上，類似的結果也被發現於暴食症患者身上（Davidson & Neale, 2001; Mash & Wolfe, 2013）。因此，家族中有人罹患飲食障礙症，則其他家人出現飲食問題的可能性也會比一般人來得高。雙胞胎研究結果亦支持遺傳基因的影響，而且同卵雙胞胎的遺傳性高於異卵雙胞胎（Fichter & Noegel, 1990; Holland, Hall, Murray, Russell, & Crisp, 1984; Wade, Bulik, Neale, & Kendler, 2000）。

　　某些人擁有比較高的生理脆弱性，使他們更容易受到社會及心理因素的影響而提高生病的機率，例如情緒不穩定和衝動控制不佳等性格特質、不滿意自

己的身材和強烈希望變瘦的意念等也都具有遺傳性，這些因素讓他們在同樣環境條件下對疾病威脅的抵抗力較弱。飲食障礙症雖然受到遺傳基因的影響，但究竟是什麼內容藉由基因被傳遞下去，則需要更多設計完備的雙胞胎及收養研究以進一步澄清。

(二) 神經生理因素

血清素（serotonin, 5-HT）是一種與飲食及胃口調節有關的神經傳導物質，被認為是影響厭食症和暴食症產生的可能原因。血清素會讓人有飽足感而減少飲食行為，當血清素濃度降低時會產生飢餓的感覺，促使人們吃下更多食物，嚴重時便出現暴食行為。研究發現食用高蛋白或低碳水化合物的食物時，大腦中血清素前驅物質 tryptophan 會降低；食用高碳水化合物的食物則會提升其濃度。大量吃進甜食或澱粉類食物可以讓大腦分泌較多血清素，因此產生飽足感（Cowen, Anderson, & Fairburn, 1992）。另外，女性比男性更敏感於血清素前驅物質的消耗，所以容易藉由暴食多攝取高單位碳水化合物以增加血清素前驅物質的濃度，進而暫時性提升大腦中的血清素，此現象亦可說明為什麼飲食障礙症的患者以女性居多。

血清素不平衡導致食物成癮的效果，患者身上往往可以看到血清素異常的情形，如同在憂鬱症及強迫症患者身上所觀察到的情形一樣。臨床上，一些診斷有強迫症的患者經常出現不當飲食行為，而飲食障礙症的患者也會表現出強迫性格與行為。

下視丘是調節飢餓和吃食的重要腦部中樞，如果破壞動物大腦內的側邊下視丘，則這些動物會體重減少而且沒有食慾，但是失去功能的下視丘似乎不能被視為厭食症的原因，而且下視丘的影響並不能說明扭曲的身體形象或害怕變胖的問題。厭食症患者身上的可體松（cortisol）的確分泌不正常，這些荷爾蒙分泌不正常是絕食的結果，當體重增加時，荷爾蒙分泌量也會回復到正常，厭食症患者會感到飢餓而且對食物有興趣，但是卻繼續厭食。

內泌素（endogenous opioids）是一種可以降低疼痛感、改善情緒以及抑制食慾的物質，當身體處於飢餓狀態時，內泌素就會被釋放出來，對厭食症和暴

食症的產生扮演某種角色。厭食症患者在節食期間內泌素的分泌增加，造成正向愉快的情緒狀態，過量運動也會讓一些飲食障礙症的患者增加內泌素分泌，對於節食行為具有增強效果；而內泌素分泌過少則會刺激食慾，攝取食物的滿足感則增強了暴食行為，進而導致暴食症的產生（Davidson & Neale, 2001）。

二、社會因素

比起其他兒童及青少年偏差行為或精神疾病，厭食症、暴食症和嗜食症應該可以說是受到社會性因素影響程度最大的診斷（Mash & Wolfe, 2013; Weis, 2014）。Kendler、Maclean 與 Kessler（1991）的研究指出，已開發國家對體重的過分重視是導致飲食障礙盛行的一大因素。由於社會文化中強調節食和減重對自我價值及權力的重要性，尤其西方文化重視個人自由、即時享樂主義，加上食物取得便利等因素，導致個人極力追求苗條及過度強調身材外表以達到成功的目標，形成容易產生厭食症和暴食症的環境條件。

(一) 社會文化因素

當社會價值觀認定外形的重要時，文化的影響力加上社會對個人角色的期待，對個人覺知理想化的身體形象及相關聯的飲食節食型態產生相當強大的決定力。人們從中學習到害怕變胖，甚至害怕感覺到變胖，一般大眾對肥胖產生負向觀點，使得肥胖者常被他人視為是不聰明的、懶惰的、貪吃的、寂寞的。

當主流審美標準移向纖瘦的方向（瘦即是美），許多人在這種標準之下都變成了胖子。自 1900 年起，美國人的體型愈來愈胖，體重過重的比率愈來愈高，其他地區也有類似的趨勢，這或許是因為食物充足和缺少運動的生活型態所致。當外界期待和實際生活產生的衝突愈來愈多時，大多數人便將社會文化期待的想法內化為自己的信念，認為自己的體重與外形不理想。Mellin 等人（1992）調查九至十八歲美國女孩，當中有 58% 的人認為自己體重過重，但事實上其中只有 15% 達到體重過重的客觀標準。在美國，大部分中上階層的年輕白種女性均認為自我價值感、快樂和成功絕大部分是由身體外表來決定，飲食障礙症則代表了自我控制的強烈企圖。

當社會變得愈來愈重視健康，而且認為肥胖不好的時候，節食減重變得更具正當性和一般化。從 1950 至 1999 年，美國男性減重的人口從 7% 增加到 29%，女性減重者從 14% 增加到 44%。每年減重事業的經營價值高達三百億美元之多。1993 年美國政府花費約三百億美元在減重教育、訓練和社會服務上。但最後，整形外科的抽脂術成為相當普遍的減重方法。在台灣，坊間比比皆是快速減重課程與美容整形診所，年輕人忙於減重、瘦身已成為一種流行文化。

(二) 性別影響

女性罹患飲食障礙症的比率明顯高於男性，使得性別議題對飲食障礙症的影響引起關注。女性受到較多社會文化標準中身體意象觀點的影響，從外表是否具有吸引力而得到生存價值的肯定，而男性則從成就當中獲得自尊。女性對變瘦的關心程度高於男性，喜歡節食，也容易罹患厭食症和暴食症。白種人、高社經地位女性比較容易罹患飲食障礙症，她們特別喜歡以節食方式達到減重的目的。模特兒、明星、舞者、體操運動員等職業人士對體重的關心與控制尤其明顯，是罹患飲食障礙症的高危險群（Garner, Garfinkel, Schwartz, & Thompson, 1980）。

性別的物化（sexually objectification）是指將個人僅僅視為一個身體物件，對女性的影響尤其明顯。女性身體在社會中常是被觀看、甚至是被消費的對象，為了因應這種社會氛圍，女性採用自我物化（self-objectification）的因應策略，將上述觀點予以內化，而把注意力焦點放在自己的身體外表上，從青春期便開始背負著自我嫌惡的情緒，不滿自己的體型，對自己的身體覺得羞愧，逐漸失去對身體內在狀態的覺察，產生焦慮、憂鬱的情緒以及低自尊、缺乏信心等情形，甚至引發過度節食或飲食失序的問題。對於罹患飲食障礙症的女性而言，除了單純怕胖的原因之外，自我客體化無非是一種更強大的社會文化力量，女性經常被呈現在視覺媒體上的訊息所影響而無可逃脫地產生自我客體化歷程，飲食障礙症即是女性無力抵抗客體化的結果（Fredrickson & Roberts, 1997）。

近年來，電視、電影、廣告、雜誌等大眾傳播媒體隨處可見身材窈窕、形似「紙片人」的女星及模特兒，深植人心的瘦身美學廣告是導致飲食問題的原

因之一（Stice, 2002）。在有年輕模特兒們因為罹患厭食症而驟逝之後，西班牙在 2006 年 9 月禁止身體質量指數低於 18 的模特兒參加時裝展，義大利政府亦要求走秀的模特兒應提出沒有飲食失調的醫師證明，並嚴格禁止十六歲以下模特兒登台，而美國、法國時尚圈也陸續表達不歡迎病態美女的態度，希望藉此改變時下女性盲目追求身材纖細的歪風，重新定義出不同於瘦到病態的審美標準。

(三) 泛文化比較

　　飲食障礙症多發生於工業化社會，例如：美國、加拿大、日本、澳大利亞和歐洲等。在飲食障礙症的盛行率上，泛文化研究提供了一個比較各地文化對身體觀點差異性的重要資料。在一項以 369 位巴基斯坦青少女作為受訪對象的研究當中，發現沒有任何人符合厭食症的診斷，符合暴食症診斷的只有一位（Mumford, Whitehouse, & Choudry, 1992）；另一項研究比較了美國及非洲國家迦納女性對於體型的評估，發現迦納的女性認為較大體型才是理想的狀態（Cogan, Bhalla, Sefa-Dedeh, & Rothblum, 1996）。

　　泛文化研究的缺點是缺乏可互相比較的評估工具及診斷標準。一項採用相同評估工具的研究支持飲食障礙症的盛行率具有文化差異性。該研究對象為烏干達和英國大學生，請他們從很瘦到很胖的人體畫像中評比迷人的程度，結果烏干達學生評定胖女人比較迷人的比率多於英國學生（Furnham & Baguma, 1994）。當女性從飲食障礙症盛行率低的文化轉入飲食障礙症盛行率高的文化時，她們罹患飲食障礙症的機率也會跟著增加（Yates, 1989）。

(四) 家庭的影響

　　家庭在塑造兒童及青少年價值觀的過程中扮演非常重要的角色。父母親本身的飲食觀念和習慣、餵食經驗都會影響孩子的飲食態度，如果家人過度重視體重及飲食控制的話，孩子也會承接類似的想法與做法；而罹患飲食障礙症的成員往往需要面對其他家人的異樣眼光與責難，則更增添了復原的困難。

　　家庭系統觀點認為一個人的心理及行為問題並不是個人問題，而是整個家

庭系統運作的結果，因此必須從家庭脈絡去理解。結構學派家族治療大師 Salvador Minuchin（1974）指出當家庭結構出現問題時，家族中適應能力較弱的成員便可能產生心理病症。若家庭成員間界限混淆不清，便容易形成缺乏自主性、情感過於糾結的關係；如果太過於固著、僵化，則會缺乏應有的親密與連結。惟有界限適中的家庭結構可以使成員具有獨立性，同時又會對家庭產生歸屬感，因此能夠適當因應壓力。

家庭系統理論欲藉由思考患者和飲食症狀是如何深留在失功能的家庭結構中，以了解飲食障礙症發生以及持續的原因。Minuchin、Rosman 與 Baker（1978）指出厭食症患者的家庭通常有下列幾項特徵：(1)牽絆（enmeshment）：家人間有過度涉入的形式和過度親密的關係，缺乏適當的情感距離，父母親會辯解說他們完全相信和了解孩子的感受；(2)過度保護（over-protectiveness）：家人過度關心成員的生活，雖然提供很好的保護，但也妨礙了個人獨立性的發展；(3)僵化（rigidity）：家人努力維持現狀，有否認改變的需要、避免改變的特質，缺乏適當調適的彈性；(4)缺少衝突解決（lack of conflict resolution）：家人不是逃避衝突就是處在慢性衝突狀態中，解決衝突的經驗和能力不足。孩子在家庭中往往是脆弱的角色，進入青春期的孩子更是為這樣的家庭帶來衝擊，當家庭內出現上述界限不明或失功能的互動型態時，青春期孩子的個人自主性需求發展受到阻礙，而呈現出挑戰家庭系統的反應——拒絕飲食。為了維持家庭運作的穩定，罹患厭食症的孩子成為家人注意力的焦點，被視為生病的、無能的、需要被照顧的角色，然而在關注孩子病症的同時，似乎也迴避了家庭內更根本的衝突，因此孩子的症狀可說是家庭中其他衝突的替代品。

另外，有些飲食障礙症的患者報告自己在孩童時期有過被性侵害的經驗，尤其是暴食症患者（Garfinkel et al., 1995; Westen & Harnden-Fischer, 2001）。有飲食問題的年輕學生對家庭與父母的知覺比較負向，有過嚴厲體罰和性侵害經驗的比率也比一般學生來得高（Mash & Wolfe, 2013）。不過，早期受虐經驗本來就是日後產生心理病理的高危險因子，並不專屬於飲食障礙症，兒童期性侵害經驗在飲食障礙症病因學的比率並沒有特別高於其他心理疾患。

三、心理因素

談到心理因素的角色，必須同時考量社會文化因素及個體發展階段的影響，這些因素間的交互作用可能增加個體罹患飲食障礙症的危險性，尤其是在當個體面臨重要發展階段的轉換與挑戰時。討論厭食症和暴食症的心理病因，可以從心理動力、認知、認知行為等觀點切入，此外，性格特質也是經常被提及的原因。

(一) 心理動力學觀點

傳統心理分析理論從口腔／性驅力的觀點看待飲食行為，將飲食障礙症解釋為一種防衛機轉，有些學者則著眼於家庭關係，建議從混亂的親子關係、某些核心人格特質（如：低自尊和完美主義）探討個人發生飲食障礙症的原因。後期心理動力學理論則強調形成飲食障礙症的兩大原因：爭取自主與害怕成熟，亦即患者成功地從嚴格維持節食過程中增加自我效能感，或是藉由變瘦而避免成為性感的人，並因此迴避了一般的成熟女性體態。

Bruch（1973, 1986）認為厭食症與自我認同發展、親子互動有關。當父母無法正視孩子逐漸萌發的獨立需求時，孩子的自我功能將有所缺損，長大之後變得混亂、無助，無法擁有適當的身體意象，無法區分饑餓、口渴和其他需求或不舒服的內在情緒感受，以致於失去自我控制的感覺。厭食症便是孩子在嘗試獲得尊重和自主能力過程中產生無效能感的結果，例如父母可能根據自己的需要專橫地決定孩子何時是餓的、是疲倦的，未能察覺孩子的實際需求，孩子在這種教養型態下，無法學習確認自己的內在狀態，也無法變得有自信，而是認為別人的期待才重要。在面對成年期的要求時，孩子會接收社會對瘦的觀點，並且開始節食去獲得控制和認同感。一項受試者超過 2,000 名，連續進行三年的實證研究亦支持 Bruch 提出的觀點，該項研究結果指出對身體不同生理狀態的內部覺察程度（interoceptive awareness）（亦即是否能夠正確覺察情緒及內在飢餓線索等生理狀態的能力），可以當作罹患飲食障礙症危險機率的預測指標，而內部覺察度不高的人，罹患飲食障礙症的風險就愈高（Leon, Fulkerson,

Perry, & Early-Zald, 1995）。在家庭中爭取自我的掙扎歷程同樣可能帶來暴食症，Goodsitt（1997）即認為女性罹患暴食症是來自個人在發展適當自我的過程當中，母女關係衝突所產生的挫敗，食物則變成這失敗關係的象徵。

進入青春期的女性逐漸長出成人體態，也開始意識到自己變胖的事實，為了對抗不斷成長的生理力量，便想盡辦法減輕體重，以維護青春期以前的體型和體重，展現自我控制的能力。厭食症患者在潛意識裡將身體的成熟與被拒絕、被拋棄產生聯結，這種害怕成長的恐懼近似一種恐慌症的型態，而她們畏懼的對象是正常成年女子的體重與體型，象徵著對生理成長及性心理成熟的逃避（Crisp, 1997）。

(二) 性格特質

患有厭食症的青少年通常都被描述為具有強迫性、拘謹、情感僵化、需要高度被認同、面對改變時的調適能力差（Casper, Hedeker, & McClough, 1992），其性格特徵為避免傷害、缺乏對新奇經驗的追尋、依賴鼓勵。這些孩子進入青春期時變得敏感而脆弱，以致於小心翼翼維持的自我感受到威脅。暴食症患者則展現不同的人格特質，例如：情緒擺盪變動、衝動控制不良、強迫症行為及物質濫用等（Aragona & Vella, 1998）。有些回溯性研究描述厭食症患者病前人格為具完美主義的、害羞的，暴食症患者為直率的、情緒不穩定的。不過回溯性研究容易因為患者對目前問題的覺察程度不同而產生報告不確實或偏誤的情形，應用上必須格外謹慎。

許多研究採用明尼蘇達多向人格量表（Minnesota Multiphasic Personality Inventory, MMPI）來評估飲食障礙症患者的人格狀態，結果顯示厭食症和暴食症患者具高度神經質、高焦慮、低自尊及遵循傳統家庭和社會標準思想的人格特質。另外有研究亦採用 MMPI 量表，卻得到不同的結果，報告結果指出厭食症患者具有憂鬱的、社會疏離的和焦慮的特質，而暴食症患者有更多嚴重的心理病理性人格特質。Westen 與 Harnden-Fischer（2001）以 Q-sort 的方法分析飲食障礙症與性格特質的關係，發現與厭食症和暴食症有關的性格類型可以區分為三組：高功能／完美主義型、壓抑／過度控制型以及情緒失調／衝動型。擁有

高功能／完美主義性格類型的患者整體適應功能較佳，職業及人際表現較好，但是自我批評及追求完美的傾向容易引發焦慮及罪惡感，厭食或暴食症狀正反映了他們在自尊問題上的努力。長期厭食的患者往往具有壓抑／過度控制的性格類型，這些患者在需求、情緒、關係、對自我及他人的了解等方面的壓抑一如對於食物的態度，這類性格特質愈顯著，適應功能也就愈差。至於嚴重的暴食症患者則呈現情緒失調、控制不足及衝動的性格特質，飲食障礙症的症狀似乎是這類患者調節強烈不穩定情緒、逃避壓力以及尋求滿足的衝動行為表現。

　　另外，在評估性格特質對飲食障礙症的影響之時，也必須注意飲食障礙症本身對性格改變的影響。在一項為期六週，每天吃二餐，總熱量一千五百卡的減重集中營研究（Keys et al., 1950，引自 Davidson & Neale, 2001），發現參加者平均減重 25%，所有人很快地對食物產生偏好，同時也變得容易疲勞、專注力差、對性缺乏興趣、躁動不安、失眠等。當中有四個人變得憂鬱，一位產生雙極性情感疾患。這個研究證明嚴重節食對一個人的性格和行為表現確實會產生很大的影響。

(三) 認知觀點

　　Cooper（2005）認為厭食症和暴食症的患者有其特定的自動化思考內容，對自我常具有負面想法（例如：「我是個沒用的失敗者」），一旦面臨壓力事件便會啟動負向自我認知（例如：與同伴發生爭執時，認為是體型或體重問題讓自己不受歡迎），而容易發展出心理病理反應。對飲食具有正向思考的患者會以進食作為因應壓力的方法（例如：「吃東西可以讓我比較不煩惱」），縱容式的想法（例如：「吃一塊蛋糕不會怎麼樣」）和欠缺控制的想法（例如：「我沒辦法控制我自己」）會增強了暴食行為，直到對飲食的負面認知（例如：「完了，我會變胖！」）浮現為止，患者則因為暴食症狀而更加深了原先的負向自我認知。對於厭食症患者來說，不吃是一種因應負向自我認知及壓力情境的策略（例如：認為「不吃讓我覺得自己並沒有那麼沒價值」），可以增進自我控制感及重要性。

　　從認知觀點來看，厭食症和暴食症在本質上並沒有顯著差異，兩類患者都

具有負向自我認知，也都想要逃避讓自己不舒服的經驗。不過，Waller等人（引自 Cooper, 2005）指出厭食症患者是想要藉由節制飲食以降低體重，直接避免負向自我認知引發情緒壓力；而暴食症患者則是藉由暴食和清除之類的衝動行為，以降低或隔絕負向自我認知所產生的情緒衝擊。

(四) 認知行為觀點

由認知行為的觀點來看，患者過度在意體型和體重，對於飲食行為具有高度焦慮，控制飲食以降低擔心變胖的焦慮並且維持體重，便形成一種負增強的制約。因此，節食和減重是患者對自己產生主宰和控制感的正向力量，也是自我評估的重要依據。

為了維持心目中的理想體重，暴食症患者通常採用嚴格的飲食控制，一旦不慎違反設定的飲食規則或受到外在事件及相關情緒變化的影響，就可能失控出現暴食。暴食行為雖然暫時抒解了患者的負面情緒，但是卻引發對體重增加、體型改變以及飲食失去控制的強烈擔心，繼而採取催吐等代償性行為或是更嚴格的飲食管制，也因此更增強了暴食的惡性循環。厭食症的核心病理與暴食症相同，都是因為過度在意體型和體重、過度強調對飲食的自我控制力所致，厭食症患者也會嚴格地限定飲食、採用激烈的控制行為。不過，厭食症和暴食症患者的體重不同，而且厭食和體重過輕等病症使得厭食症患者容易社會退縮、與外界隔離，更加陷入自己對體型、體重與飲食的不當認知。

Fairburn 等人（2008）提出一個跨診斷的病理發展模式（trans-diagnostic formula），可以用來說明兩者之間的關聯。他們認為厭食症和暴食症在初期具有相同的發展途徑，只是最後以不同的飲食行為表現。暴食的持續往往與日常生活中的壓力事件以及伴隨而來的情緒經驗有關，而厭食症患者有轉換為暴食症的可能（參見圖14-2）。

飲食障礙症的產生是一個複雜的交互作用歷程，其中牽涉到個人、家庭及社會文化層面。圖14-3呈現出飲食障礙症相關影響因素的動態觀點，可作為理解病因的統整性架構（Garner, 1993，引自 Mash & Wolfe, 2013）。受到家庭及社會文化價值觀的影響，具有特定性格特質或成長經驗的個人對自己的體型和

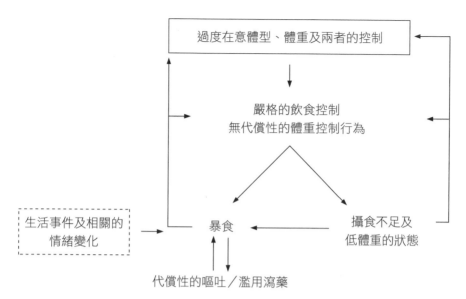

圖 14-2｜厭食症與暴食症的跨診斷病理發展模式

資料來源：Fairburn et al. (2008)

體重產生不滿，因此藉由控制飲食來達到重新找回自尊及自我控制感的方法。而體重減輕之後所產生的體型改變以及周遭他人的回饋與反應，則增強了個體持續出現飲食障礙症症狀的行為。

✿ 心理衡鑑

　　仔細評估患者的過去史、臨床症狀、相關行為以及心理狀態，是診斷飲食障礙症的第一步。另外，患者家族中是否有飲食障礙症、酒精或藥物濫用疾患、肥胖等病史，家庭動力與患者疾病間的關聯，家庭成員對於飲食、運動、外觀等議題的態度等，都是衡鑑過程應該蒐集的訊息。進行兒童、青少年患者的評估時，家長參與是非常重要的一環（APA, 2006）。

　　飲食障礙症的心理衡鑑工具包括半結構式晤談及自陳式問卷。「飲食障礙症檢查」（The Eating Disorder Examination, EDE 12.0D）（Fairburn & Cooper, 1993）是國外許多相關領域專家常用的半結構式晤談程序，被稱為評估飲食障礙症的

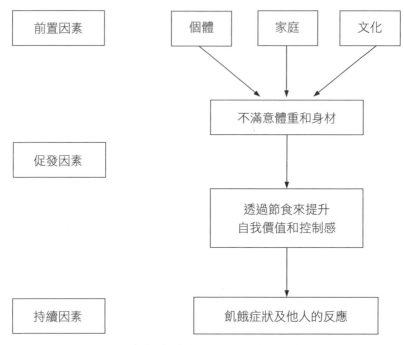

圖 14-3│飲食障礙症決定因素之動態觀點

資料來源：Garner (1993)，引自 Mash & Wolfe (2013)

黃金標準（gold standard）。除了基本飲食型態及相關症狀的了解之外，晤談內容與項目包括四個分量表：自我控制、對飲食的關注、對體型的關注以及對體重的關注。受訪者被要求根據過去四個星期的表現與感受給予 0 至 6 分的評分，所得結果可以對飲食障礙症的相關飲食問題頻率、嚴重程度以及心理病理提供豐富的參考資料。EDE 目前最新的版本為 17.0D（Fairburn, Cooper, & O'Conner, 2014），是為了因應 DSM-5 對於飲食障礙症的修訂而來，與舊版（EDE 16.0D）的主要不同在於：刪除有關月經的題目、出現症狀的觀察期一律改為過去三個月、題目中的文字「體重符合厭食症診斷者」改為「體重明顯過低者」，其他重要內容都與舊版相同。

自陳式量表除了方便進行臨床患者的篩選之外，也可以用來追蹤治療過程產生的改變。表 14-4 簡要列出臨床及研究上經常使用的飲食障礙症自陳式量表，包括可提供綜合性評估的 Eating Disorder Inventory（EDI）和 Eating Disorder

表 14-4│常用自陳式飲食障礙症評估量表

量表名稱	編者	心理計量內容	其他版本
Eating Disorder Inventory (EDI; EDI-2; EDI-C)	EDI: Garner, Olmsted, & Polivy (1983) EDI-2: Garner (1991a) EDI-C: Garner (1991b)	EDI 有 64 題 EDI-2 有 91 題 六點量表 比對常模	曾美智等人（2001）修訂為「中文版飲食障礙問卷」
Eating Disorder Examination Questionnaire (EDE-Q; EDE-Q 6.0)	EDE-Q: Fairburn & Beglin (1994) EDE-Q 6.0: Fairburn & Beglin (2008)	EDE-Q 有 36 題 隨題目設計而採用不同的作答及計分方式 EDE-Q 6.0 有 28 題 隨題目設計而採用不同的作答及計分方式 比對常模：社區成人及青少年	
Eating Attitudes Test (EAT-26)	Garner & Garfinkel (1979) Garner, Olmsted, Bohr, & Garfinkel (1982)	26 題 六點量表 適用對象：大學生及社區樣本 臨床切截點：20 分	中學生可使用 ChEAT（Smolak & Levine, 1994）
Anorexic Behavior Scale	Slade (1973)	22 題 三點量表，計算總分	
Anorectic Attitude Questionnaire (AAQ)	Goldberg et al. (1980)	63 題 四點量表，計算總分	
Binge Eating Scale (BES)	Gormally, Black, Daston, & Rardin (1982)	16 題 多重選擇，計算總分 臨床切截點：20 分	
Bulimic Investigatory Test, Edinburgh (BITE)	Henderson & Freeman (1987)	33 題，隨題目設計而採用不同的作答及計分方式 臨床切截點：25 分	曾美智等人（1997）修訂為「暴食問卷」
Bulimia Test (BULIT); Bulimia Test-Revised (BULIT-R)	Smith & Thelen (1984); Thelen, Farmer, Wonderlich, & Smith (1991)	36 題，多重選擇 以其中 28 題計算總分 臨床切截點：102 分	

Examination Questionnaire（EDE-Q），以及針對特定問題進行評估的 Eating At-titudes Test（EAT）、Anorexic Behavior Scale、Anorectic Attitude Questionnaire（AAQ）、Binge Eating Scale（BES）、Bulimic Investigatory Test, Edinburgh（BITE）和 Bulimia Test（BULIT）等（曾美智、柯慧貞、李明濱，2001；Cra-ighead, 2002）。其中，BITE 已由曾美智、李明濱與李宇宙（1997）進行中文版的修訂，並命名為「暴食問卷」。「暴食問卷」分為症狀分量表（三十題，滿分 30 分）和嚴重度分量表（六題，滿分 39 分），可以用來篩選和評量暴食症及肥胖症患者的症狀表現及變化。另外，飲食障礙症問卷（Eating Disorder Inventory-1, EDI-1）也已經被編譯為中文版本（曾美智等人，2001），命名為「中文版飲食障礙問卷」，並以大學生及成年患者進行信度及效度的考驗，而 Leung、Wang 與 Tang（2004）更將 EDI 向下應用於十二至十八歲香港華人女童。「中文版飲食障礙問卷」可以用來評估涵蓋厭食症和暴食症患者的相關精神病理特徵。該問卷包含想瘦的慾望、暴食、對身體的不滿意等三個評估與飲食和體型相關的態度與行為分量表，以及無能、完美、人際不信任、內在覺察與對成熟的害怕等五個一般性分量表，共計有六十四個題目。這份問卷能夠有效區分暴食症組和大學生組，但是對身體不滿意分量表會受到體重值的影響，無法有效區分厭食症和大學女生組，而且問卷資料並不能單獨作為鑑別厭食症及暴食症的工具（曾美智等人，2001）。

　　上述針對飲食障礙症所設計的量表可以用來了解這類患者的臨床症狀及相關心理及行為特質，不過這類問卷的編製多半以成人患者為主要對象，部分量表並未針對年齡較小的族群進行內容修訂或是提供常模，因此兒童及青少年患者的適用性值得注意。另外，文化因素會影響飲食障礙症的病理及病症表現，因此對於跨文化使用問卷或量表所得的結果宜謹慎解釋與使用。

治療

　　由於異食症的病例研究有限，目前針對異食症的治療並沒有特定結論。臨床上常用的處理方式包括：提醒主要照顧者亂食的危險性，請他們盡量避免讓

孩子有機會亂食；運用行為改變技術中的增強技巧，增加主要照顧者及孩子的適當行為，例如：讓孩子在房間內正確地探索及操作玩具、保持生活環境的整齊乾淨並遠離危險物品、親子間有品質較好的互動，或是合併施行嫌惡刺激、過度矯正程序以達到停止不當亂食行為的目的（Mash & Wolfe, 2013）。

Mayes（1992）對治療反芻症提出許多可行的建議，大多是行為改變技術的運用。飽足策略和嫌惡程序是常用的方法之一，應用飽足策略時，患者被大量地餵食，餵食份量可能是平日的三到六倍；嫌惡程序則是在孩子出現反芻動作之前給予不喜歡的物質或是輕微電擊等嫌惡刺激。不過，嫌惡程序會帶給孩子不舒服的感受，因此專業人員及家長比較偏向使用在孩子沒有出現反芻症狀時給予社會性增強的方式處理，以提高適當進食行為的頻率。

由於嬰幼兒的迴避／節制型攝食症與親子關係有很大的關聯，因此治療重點主要放在調整出良好的親子互動。進行治療前必須先仔細地評估主要照顧者的餵食行為以及其他親子互動模式（例如：照顧者是否會對孩子微笑、跟孩子說話、撫慰孩子等），給予適當的指導和修正，使家長得以協助孩子恢復理想的進食與成長（Mash & Wolfe, 2013）。

臨床上的厭食症、暴食症與嗜食症牽涉層面廣泛，除了生理問題之外，還涉及心理與社會適應的影響，在治療上往往有其困難度。厭食症患者通常不認為自己有治療的需要，因此缺乏治療動機，常是因為體重下降到出現生理問題的時候，才在親友要求及陪同之下就醫；暴食症患者接受治療的意願較高，但挫折忍受力偏低，對於無法立即見效的治療接受度不高（葉慧雯等人，2006）。目前處理飲食障礙症的方法大都是藥物治療合併心理治療，理想的治療計畫應該是由一個包括精神科醫師、內科醫生、臨床心理師、營養師、社工師等相關專業人員組成的醫療團隊來提供全面性照顧（APA, 2006）。其中最重要的考量是患者的情況是否危急到需要住院照顧。如果患者體重減輕得太多或太快、有明顯的代謝異常、出現憂鬱或自殺危機、暴食與清除的行為過於嚴重，甚至出現精神病症狀，就必須優先考慮住院治療。

一、藥物治療

　　血清素對食慾及飲食行為控制扮演重要角色，而且厭食症和暴食症與情感性疾患往往有所關聯，因此像是百憂解（prozac）這種藥物常常被運用來處理飲食障礙症及肥胖等問題。然而，應用抗憂鬱劑來治療厭食症時，必須在患者體重回復或營養狀況被矯正之後再投藥為宜，治療重點在於如何維持理想的體重以及合宜的飲食行為。相對而言，暴食症患者對於抗憂鬱劑和選擇性血清素再吸收抑制劑有相當不錯的反應，藥物治療的目的在於減少暴食、催吐等不當飲食行為，並且同時處理相關的情緒及精神病理症狀。處理暴食症可以在一開始治療的時候就採用抗憂鬱劑，選擇性血清素再吸收抑制劑的安全性高，又可以同時處理憂鬱、焦慮、強迫、衝動控制不良等症狀，因此常被優先考慮使用；而使用三環抗憂鬱劑（TCA）則需要注意副作用和患者自我傷害或自殺的危險性；使用單胺氧化酶抑制劑（MAOIs）則必須注意避免暴食和清除行為（劉士愷、林立寧、李明濱，2004；APA, 2006; Weis, 2014）。至於兒童和青少年飲食障礙症的藥物處理，除了需注意劑量和不良反應等層面之外，考慮個體差異性遠比參照成人的臨床處理經驗更來得重要（劉士愷等人，2004）。

　　不過，飲食障礙症的患者常缺乏治療動機，往往不能規則服藥或抗拒藥物治療，故必須與患者建立良好的合作關係並協助他們了解藥物治療的重要性，必要時甚至須採取當面給藥並督促用藥的策略。

二、心理社會處理

　　處理厭食症的首要目標在於穩定生理狀況、恢復體重，必要時需要住院照顧。一旦體重有所回升，心理社會層面的介入可以協助個案提高繼續配合治療的意願，了解並改變與飲食障礙症有關的不當行為模式及態度，以維持適當的飲食與健康狀況；另外，還需要協助患者提升人際與社會適應功能，改善可能引發或增強飲食問題的心理病理因子，以避免飲食障礙症的復發。

　　暴食症患者的治療與厭食症相當類似，但預後比厭食症要來得好（曾美智等人，1989）。在住院的初期，同樣以控制各項生理指數及內科併發症為首要

目標。在內科併發症穩定之後，再開始個人的心理及行為治療，或與家人一起進行家族治療。

根據許多實證性研究證據顯示，認知行為治療（cognitive-behavioral therapy, CBT）是目前公認處理飲食障礙症最主要而且最有效的心理治療模式（葉慧雯等人，2006；APA, 2006; Fairburn, Marcus, & Wilson, 1993; Fairburn et al., 2008; Weis, 2014）。認知行為觀點認為患者對飲食、體型及體重具有不當的認知，對飲食行為感到焦慮，抑制飲食或是吃了再採取清除行為可以降低焦慮，因此治療的重點在於修正認知，並解除飲食行為與焦慮的制約關係。治療的操作方式主要是藉由對飲食的自我監控記錄、示範並增強適切的飲食行為，找出患者扭曲或僵化的思考型態以及強迫性思考並加以調整，以便發展出正常的飲食習慣。此外，配合放鬆訓練、自我肯定訓練、社交技巧訓練、問題解決訓練等方式，協助患者減輕焦慮並發展出良好的適應行為（Fairburn et al., 2008）。

Fairburn 等人在 1993 年出版了採用認知行為模式協助暴食症患者的治療手冊，2008 年更針對飲食障礙症提出加強版的認知行為治療計畫（CBT-E）。對身體質量指數（BMI）大於 17.5 的患者，Fairburn 建議安排一次治療前的衡鑑以及二十次治療，前八次治療將以兩週一次的方式進行，接下來的治療則縮短為每週進行一次，最後三次治療間隔時間為兩週；至於對身體質量指數在 15.0 和 17.5 之間的患者，治療時間則增長為四十次，前二十次治療約每兩週進行一次。厭食症的治療則因為患者的治療動機低落、體重需適當增加等問題而需花費較長時間（Fairburn, & Cooper, 1993; Fairburn et al., 2008）。而接受 Fairburn 認知行為治療的患者當中，約有三分之二的人能夠明顯改善他們的飲食問題，治療效果比單獨使用藥物治療要來得好。

應用 Fairburn 等人發展出的認知行為模式進行暴食症治療可以分為三個階段：第一階段是闡述暴食症的認知觀點，並運用行為改變技巧節制過量進食的行為；第二階段在於檢視與修正問題想法和態度，以處理患者對體型及體重的過度在意；第三階段則著重於維持改變並預防復發。在第一階段的治療當中，治療師必須評估患者的狀況，說明治療的方式、型態、結構及目標，教導患者以認知模式了解暴食症的成因，指出過度在意體型及體重的認知偏差對個人想

法、情緒及行為的影響，讓患者知道節食雖然是暴食的反應，但也會使得暴食的生理及心理機制持續產生，自我催吐或誤用瀉藥、利尿劑會鼓勵暴食行為，過度在意體型、體重並作為自我評價的標準會導致飲食問題，而且也會讓自己產生無用及無價值感。接著教導患者正確的飲食及理想體重的概念，學習建立規律的三餐飲食習慣，運用飲食自我監控單記錄攝入的食物和飲料、進食的場所、進食後的感受與行為反應、與飲食相關的事件或情緒及想法。另外，患者需要學習刺激控制的方法以減少暴食行為的產生，例如：減少取得食物的便利性、吃東西時不要同時做其他事情、練習留下或丟棄過多的食物等。在第二階段的治療當中，治療師必須提醒患者停止節食，以免促發暴食行為，同時強調體重的增減是受到攝入熱量多寡的影響，放棄節食並不表示體重會增加。當患者避免食入特定種類的食物而影響體重或體型時，則需記錄該類食物的名稱及避免的程度，依序從排斥程度最輕的食物開始食用，必要時可在治療師的陪伴及協助之下嘗試所謂的禁忌食物，讓患者可以經驗吃這些食物而不會有過度飲食或嘔吐的結果。此外，治療者可以給患者出家庭作業（像是每週量體重、食用禁忌食物、使用全身鏡觀看自己、比較自己和別人的體型、穿著合身衣服等），要求患者記錄當下的想法，或者請患者記錄自己在某些自然發生的情境（例如：看到自己的身影、聽到他人對外形的評論等）的想法，也可以請患者記錄他（她）在治療過程中被激發的想法（例如：引導患者想像自己比以前更健康、體重增加了、穿的衣服變緊了等）。從記錄的想法中可以找出患者問題認知的所在，接著便可以分析這些問題想法的本質，找出支持與反對此種想法的證據，最後學習合理地做出結論，以達到認知重建的目的。第三階段的治療在於確保治療效果可以持續，治療師應教導患者符合現實的期待，避免對偶爾正常的多吃一點或輕微的退步產生災難化想法，並與患者討論未來可能遭遇的困難，實際演練可能的解決方法，以預防暴食行為的復發。

有關厭食症的心理治療，臨床上仍以認知行為模式為主要的介入方法，治療目標著重於改變患者對體型和體重的非理性想法。由於厭食症患者通常不願意增加體重或是覺得有困難，因此治療的第一步便是說服患者願意讓體重恢復到健康的水準。以認知模式幫助患者了解厭食症的成因與發展，用非批評式的

態度讓患者體認需要臨床協助的必要性，比較能夠讓患者接受治療（Fairburn et al., 2008）。面對患者錯誤的體型和體重知覺，厭食症的治療方式與暴食症相同。透過自我監控記錄與治療程序可以辨識患者不適當的認知，接著進行認知重建及問題解決訓練，如此可以提升患者的自我價值與控制感。

當家庭成員或家庭問題是影響病情發生與持續的重要因素時，邀請其他家庭成員一起進行家族治療便有其必要性。對兒童及青少年患者來說，家庭的支持與協助更是有效的策略（APA, 2006）。厭食症患者的家庭成員彼此界限不明，導致個人自主性在僵化、相互羈絆的家庭系統中消磨殆盡。這類家庭往往重視飲食及相關的進食行為，孩子透過拒絕食物作為反抗，成為家庭系統不平衡的代罪羔羊（Minuchin et al., 1978）。若家人間的互動關係產生結構性的良性改變，那麼家庭系統中成員的心理與行為問題才會隨之改善。

進行家族治療有三個主要治療目標：(1)改變厭食症患者的病人角色；(2)將飲食問題重新界定為與家庭有關的人際問題，而非單純的個人問題；(3)阻止父母將注意力焦點放在孩子的厭食症而迴避其他衝突。治療者需要協助父母與孩子溝通，一方面增進家人對疾病的了解，處理家庭成員的焦慮、恐懼，改善家人之間的溝通態度與方式，使家族系統產生共同合作的特性，並增加父母處理親子關係的效能；另一方面要鼓勵家長專注在疾病治療，避免責怪或批評孩子，以便在孩子出院後能夠有效地掌握其飲食型態和體重控制，讓家人間能夠互相合作，成為輔助性的治療者，共同協助執行必要的治療計畫，以改善患者長期的心理社會適應問題。研究顯示，對於年齡在十九歲以下、罹病時間未及三年的厭食症青少年來說，不論家人與患者是否同時參與或是分別接受治療，家族治療的效果比個別心理治療的效果來得好（APA, 2006）。

另外，人際心理治療法（interpersonal psychotherapy, IPT）也會被運用於治療飲食障礙症，這種治療模式著重於處理讓飲食障礙症持續出現的相關人際關係問題，藉由強化患者與重要他人的互動與溝通技巧，達到增進人際功能的目的，以降低維持飲食障礙症的可能。人際心理治療法對飲食障礙症也具有與認知行為治療法相似的療效，但效果較為緩慢（Agras, Walsh, Fairburn, Wilson, & Kraemer, 2000; APA, 2006）。

　　總結來說，飲食障礙症涉及生理、心理及社會層面，患者常常低估或隱藏自己的飲食問題，因此早期並不容易覺察，也增加了治療上的難度。飲食障礙症的治療除了住院以及藥物的考量之外，往往需要患者與家人的共同參與，並合併心理社會治療模式的介入，才能夠協助患者調整飲食行為，重新獲得自我控制的感覺以及健康的身心適應。

Chapter 15
兒童虐待與疏忽

劉美蓉

案例

案例一

　　明生在學校是個沉默畏縮的小學一年級新生,他的爸爸是個疑心病重又愛喝酒的廚師,每次在工作忙完之後,總要喝上個幾杯,甚至是不醉不歸。明生每天晚上總是豎起耳朵,仔細地聽著,注意著家門口是否傳來爸爸帶有酒意的歌聲,因為只要爸爸喝了酒回來,一定會不斷地逼問他:「你媽媽有沒有男朋友?有沒有男人?」爸爸會愈叫愈大聲,隨手抓起身邊的物品就往明生的身上丟,明生總是害怕地想往牆角跑,哭著向媽媽求救,日子久了,明生天天都會莫名其妙的嘔吐。有時候爸爸三更半夜才回來,大吼大叫地逼問媽媽:「小孩是跟誰生的?」不讓明生跟媽媽睡覺,有時會搗毀家具,甚至還會拿刀架在媽媽的脖子上,逼問她是否有外遇?

　　媽媽終於受不了,帶著明生逃回外婆家,並帶著明生到兒童青少年門診求診。醫生診斷後指出,明生是因為長期受到父親的言語暴力及攻擊,而產生情緒困擾,罹患了「心因性嘔吐症」,這種病會莫名其妙的嘔吐,需要長期追蹤治療;之後,明生經常到醫院做心理治療,讓他宣洩情緒及表達困擾,治療了三個多月後已好轉。沒想到,有一天明生的爸爸找到了媽媽和明生,明生又病情復發,不斷地嘔吐,媽媽被逼的不得不向法院申請保護令。

案例二

　　小芳的父母在她還很小的時候就離婚了，在小學二年級的某一天，爸爸突然帶回來一位新媽媽，小芳不願承認這位母親，自此衝突不斷，而繼母也流連賭場，對小芳及弟弟疏於照顧。在小芳小學六年級時，小芳的父親又與繼母的好友發生不軌，以致繼母離家，而父親則順理成章的與繼母的好友同居。小芳長期遭到忽略，有偷竊及說謊等偏差行為，父親的新同居人常以上述偏差行為為由，對小芳辱罵、拳腳相向、刺傷、軟禁、不給飯吃，有時更不明就裡地到小芳的學校大罵小芳「妓女、小偷」，小芳放學回家後，父親的同居人總是想盡辦法凌虐小芳，一心一意想要拋開這個包袱，因此亂剪小芳的頭髮、罰跪酒瓶、半夜趕出去等都是常發生的事；有一次父親同居人又到學校對小芳拳打腳踢，致使小芳傷痕累累，學校立即報案處理，小芳才由社工人員緊急安置介入處理。

🌀 前言

　　兒童虐待的現象，自古以來中西方皆有所記載，有的是為了子嗣的傳承，有的則可能是教養上的處罰過當，幾個世紀以來，兒童似乎被認為是父母私人的財產及責任，因而很少被認為是問題或值得關切。直到Kempe、Silverman、Steele、Droegemueller 與 Silver（1962）提出受虐兒症候群（the battered child syndrome）（身體虐待的早期說法），強調當就醫兒童有受虐之疑慮時，醫師有責任與義務進行完整的評估，確保不再發生重複受虐之情況，此後，兒童虐待在醫療上才逐漸被重視。

　　台灣近十幾年來，每天的社會新聞報導中有愈來愈多的家庭內暴力、人倫慘劇與兒童虐待案件被披露，例如：震驚社會的駱氏夫婦虐待兒童致死；父母以皮帶、鋁棒及菜刀凌虐女童，並連續處罰在陽台過夜，最後被發現死於陽台；因不滿同居女友的兒子吵鬧，長期用腳踹、拿掃把毆打、鐵鍊綑綁、脫光衣服逼吹冷氣、不給進食，用 BB 彈射男童下體，將男童活活虐待致死並埋在樹下

等案件，件件皆令人怵目驚心與心痛。兒童虐待一直是全球性、廣泛潛在且複雜的問題，在過去，虐待主要被定義為眼見的身體傷害，但隨著兒童虐待議題的被重視與探討，發現受虐兒童除了可能有明顯可見的傷痕、器官功能損傷及生命受危害等身體生理功能的傷害外，其生理心理發展受阻、社會行為及情緒問題也不容忽視。究竟什麼是兒童虐待？體罰算不算虐待？在不同文化下，對體罰程度的認知可能迥異，傳統中國文化有「棒下出孝子」、「不打不成器」的說法，西方也有「Spare the rod, spoil the child」（拿走棍子，寵壞孩子）的諺語，均強調教育要嚴格，才能教養出成器的孩子。然而，有些歐洲國家禁止一切形式的體罰，其他國家則允許父母進行輕微體罰（例如：用手心抽打屁股）；在 1998 年，美國的一個反體罰組織更提出每年的 4 月 30 日為「國際不打小孩日」（International Spank Out Day），倡導「反體罰」的兒童人權觀念，並從 2001 年起，獲得許多國家民間團體的響應，台灣也在 2006 年加入了此一全球性節日。儘管兒童人權漸受重視，但非常遺憾地，在台灣卻也不斷出現父母因為生活或債務的壓力，攜子自殺或先殺死孩子後再自盡的社會新聞報導。在此，將先對兒童虐待予以定義與分類。

🎋 定義與分類

　　兒童虐待近年來一直是一個頗受重視的公共衛生議題，其影響廣泛且深遠。為了整合對兒童及青少年的保護工作，落實對兒童及少年的福祉照顧，立法院在 2003 年通過將原有的《兒童福利法》及《少年福利法》予以合併修正，在 2003 年 5 月 28 日所公布施行的《兒童及少年福利法》中，將保護對象擴大為十八歲以下之兒童及少年（第 2 條），納入責任通報、緊急安置及家庭處遇服務（第 34 條、第 36 條、第 43 條）。該法所指稱之兒童，係指未滿十二歲之人，並明訂父母或監護人對兒童及少年應負保護、教養之責任（第 3 條）。在 2011 年 11 月 30 日雖修正該法名稱為《兒童及少年福利與權利保障法》（簡稱兒少權法），但仍維持相同的保護對象範圍與措施，規定任何人不得對兒童及少年有遺棄或身心虐待之行為。因此，兒童虐待係指父母或其他看護人，重複、

持續地對兒童施予身體、精神、性的虐待或持續疏於照顧，以致於造成兒童有形或無形的傷害。廣義而言，可將兒童虐待分成四種類型，包括：身體虐待（physical abuse）、性虐待（sexual abuse）、心理虐待（psychological abuse）（或稱情緒虐待、精神虐待）及疏忽（neglect）等。

一、身體虐待 ⭐

此指重複、持續地對兒童加諸非意外的傷害，導致兒童外型損毀，或任何身體器官功能損害，從輕微的擦傷到嚴重的骨折或死亡都有可能，例如：拳打、毆打（用手、棍棒、皮帶或其他物體）、踢打、咬傷、燒傷、搖晃、拋擲、刺傷、使其窒息，以及由父母、照顧者或其他負責照顧孩童者所施加的任何方法（APA, 2013）。多數的身體虐待包括輕傷，像是小割傷、鞭痕、瘀傷、綑綁痕跡或不明來歷的傷口，而非大的傷害（例如：頭蓋骨破裂或骨折、挫傷、內傷等）。無論照顧者是否有意傷害孩童，這些傷害都被認為是虐待，而像是打屁股或打手心等體罰，只要合理且不會造成孩童身體受傷，就不會被視為是身體虐待（APA, 2013）。

二、性虐待 ⭐

此指對兒童進行性侵犯或性剝削行為，主要目的是為了提供父母、照顧者，或其他負責照顧孩童者之性滿足（APA, 2013），包括：強迫或誘騙兒童發生性行為（猥褻行為或性交）；利用兒童拍攝猥褻之影片、圖片、賣淫；供應兒童觀看、閱讀、聽聞或使用色情電影片、錄影節目帶、照片、出版物、器物或設施；對兒童做出非接觸性的性剝削，例如：強迫、哄騙、誘使、威脅或迫使兒童參與滿足他人的性活動，但兒童與施虐者之間並無直接的身體接觸（APA, 2013）。

三、心理虐待 ⭐

此指重複、持續地對兒童嚴重的排斥或不當地對待，導致兒童在身體發育、智能、情緒或行為方面遭受嚴重不良影響（不包括身體或性虐待的行為），

包括：常對兒童怒罵、言語威脅恐嚇、嘲諷、輕視或羞辱兒童；持續性的差別待遇，或是對兒童極端地排斥，不能給予溫暖與關注；傷害／丟棄孩童所在乎的人或事物；限制孩童的行動〔例如：把兒童的手腳綁在一起或將兒童綁在家具或其他物體上；或將兒童禁閉在狹小的封閉空間（例如：衣櫥）〕；迫使兒童對自己施加痛苦；藉由身體或非身體的方式過當管教兒童（例如：過度頻繁或持續時間過久，即使未達身體虐待的程度）（APA, 2013）。

四、疏忽

此指兒童的父母或其他照顧者，持續地無法提供符合兒童年齡之基本的生理、教育或情緒的需求，因而造成或潛在可能造成對兒童身體上或心理上的傷害，包括：遺棄；缺乏適當的監督；剝奪有關兒童食、衣、住、行、就學、就醫等基本需要，長期地忽略其情緒需求（APA, 2013）。

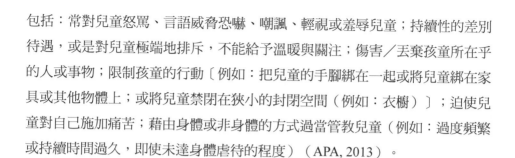

主要症狀

受限於孩童的認知能力、適應能力及問題解決能力等因素，兒童虐待的舉發常需仰賴熱心的鄰居或常與兒童接觸並關心兒童的人，而嚴重的身體傷害則往往有賴敏銳的第一線醫療人員在兒童就醫時予以覺察舉發。以下介紹不同類型的兒童虐待可能會出現的主要症狀。

一、身體虐待

身體受虐的兒童身上常有顏色深淺不同的新舊傷痕，害怕接觸施虐者及回家，與人接觸時表現出猜疑或過分地小心，行為極端化（例如：頗具侵略性或過度畏懼、退縮）。

二、性虐待

遭到性虐待的兒童經常不會以言語來表達自己有任何的不適或痛苦，被侵害的真相往往是因為受害兒童開始出現了一些行為上的改變而被披露出來，而

其中多數遭到性侵害的兒童在被發現之前常常已被侵害許多次。在被發現之前，通常已經有一些不尋常的生理或行為、態度徵象顯現，像是行走或坐及動作協調上有困難、出現泌尿生殖區或肛門區的症狀（例如：性器官感染或受到損傷、紅腫、肛門組織的撕裂、陰道分泌物增加、括約肌鬆弛或者是肛門或陰道口有擴張的痕跡、流血、大小便無法控制等）、行為或情緒混亂（例如：害怕、恐懼、驚慌，尤其是對某一個人或某一個地方）、害怕與成人單獨相處（尤其是與施虐者相同性別的人）、厭惡被觸摸、不合宜的性行為、自殘、退化，或是懷孕。

三、心理虐待

心理虐待常會伴隨其他類型的兒童虐待，但是也有可能單獨發生。長期心理受虐的兒童可能會有行為極端的表現，例如：過分聽從或反抗、時時刻刻想引人注意、睡眠不安穩、畏縮、被動、抑鬱等。

四、疏忽

兒童疏忽包含了對兒童的種種忽略，包括對孩童的生理需求或是情緒需求、培養教育、安全，或是醫療照護，所有的這些疏忽，皆可能會導致兒童身心受創。對於孩童的情緒需求和營養狀況的疏忽，可能會造成孩子不能成長茁壯，卻找不出器質性的原因，但可見身高、體重的不足，其外觀可能略顯髒亂、儀容不整、衛生習慣差、營養不良狀，情緒方面會顯得急躁易怒，而且不快樂。

相關（或伴隨）症狀

不同形式的兒童虐待除了以上所介紹的主要症狀外，往往我們也可以透過其他的相關症狀，只要稍加關懷與注意，其實有許多的跡象與指標可尋，如果能盡早發現高危險群個案，及早介入處遇，必能拯救許多被隱蔽在社會黑暗角落的幼小心靈。

在**身體指標**方面，當兒童的身體經常性地有多處撞傷、瘀傷、鞭痕、燒燙

傷、不同形式的頭部外傷、腹部外傷、明顯可見的新舊傷痕、不明原因的骨折，可能就要懷疑是否有兒童虐待的情形。至於遭受疏忽的孩童，雖然看不出有明顯的身體外傷，但卻常伴隨有發展遲緩的現象。

在**行為指標**方面，最常見的是兒童變得害怕與大人接觸、顯現過度警覺、對於稍微大一點的動作顯得驚恐與過度緊張、當大人靠近時會顯得害怕或不安、不願接近父母、具強烈的侵略性或敵意、抱怨不明原因的身體疼痛、言語透露曾遭照顧者弄傷、意圖掩飾身上的傷痕等行為表現。

在**照顧者特質**的指標方面，例如：對孩子漠不關心、酗酒／濫用藥物、沉迷賭博、不合理地嚴苛管教兒童、婚姻不和諧、情緒不穩定等都是需要加以注意的指標。

另外，在過去的受虐文獻中有兩個常被提及的疑似兒童虐待症候群：「受虐兒症候群」與「嬰兒搖晃症候群」（shaken baby syndrome）。受虐兒症候群係指，不同時間或原因所明確造成的多次傷害，並且無法以疾病、意外或典型的兒童傷害加以解釋；嬰兒搖晃症候群，或稱虐待的頭部創傷（abusive head trauma），早期指稱的是同時出現長骨骨折以及硬腦膜下血腫，現今則發現有50% 以上的可能性也會出現肋骨骨折或幹端骨折（metaphyseal fractures），而有高達 80% 的可能性會出現視網膜出血（Boos, 2003）。上述這兩種症候群是可能有兒童虐待的一些醫學跡象，在第一線的醫療人員當對此跡象有所警覺。

🌴 DSM-5 診斷準則

原在 DSM-IV-TR（APA, 2000）中，因成人施加於兒童的虐待或疏忽，以致影響兒童的健康與福祉的情況，被放在第一軸診斷「可能為臨床關注焦點的其他狀況——與虐待或疏忽相關聯之問題」的分類項目。此一診斷分類的臨床關注焦點是某人受到他人施予嚴重的身體虐待或性虐待，或兒童照顧疏忽。因為這些個案在臨床專業人員常見到的人們中，經常屬於臨床上被關注的焦點。若關注的焦點在於對兒童施以虐待或疏忽的加害者身上或整個相關事件上，則以 V 代碼（V code）表示；當被評估及治療的對象是被虐待或疏忽的受害者

時，則記碼為 995.54、995.53、995.52。而在最新出版的 DSM-5（APA, 2013）中，雖然不再以五軸來對精神疾病進行診斷分類，但虐待及疏忽仍是被歸類於「可能為臨床關注焦點的其他狀況」（Other Conditions That May Be a Focus of Clinical Attention）的章節中，在此章節所列舉的問題與狀況雖然不是精神疾病，但卻是臨床實務工作中可能遭遇的，也可能會對精神疾病患者的診斷、病程、預後或治療有所影響的關注焦點。在此章節系統化的列舉出這些需要注意的額外議題，希望能對實務工作者在註記這些問題時有所幫助。

受到家庭成員或非親屬所施加的虐待可以是目前的臨床關注焦點，也可能關注的焦點是放在虐待對評估或治療受虐兒童的生理或心理疾病所造成的重要影響。至於關注的焦點分別在對兒童施以虐待或疏忽的加害者、整個相關事件，或受害者的身上時，其代碼註記的方式仍延續上述 DSM-IV-TR（APA, 2000）的原則。茲列舉其參照 ICD-10-CM 之虐待與疏忽情況的代碼註記須知（APA, 2013）：

僅註記 T 碼（T codes），第 7 位碼應註記代碼如下：

A〔**初期照護（initial encounter）**〕〔台灣精神醫學會（2014）譯為**初次遇見虐待或疏於照顧**〕——使用於當受虐兒童正在接受積極治療時（例如：外科手術治療、急救、接受新的醫師評估與治療）；

D〔**後續照護（subsequent encounter）**〕〔台灣精神醫學會（2014）譯為**隨後遇見**〕——使用於當受虐兒童已接受積極治療後，以及當他／她在痊癒或復原階段（例如：固定用敷料的更換或拆除、拆除內部或外部固定器、調整藥物、其他病後調養或追蹤訪視）接受常規照顧後使用。

以下列出 DSM-5「可能為臨床關注焦點的其他狀況」章節中有關兒童虐待與疏忽（Child Maltreatment and Neglect Problems）的診斷與編碼（APA, 2013）：

兒童身體虐待

確認兒童身體虐待（child physi-cal abuse, confirmed）

995.54（T74.12XA）初期照護

995.54（T74.12XD）後續照護

懷疑兒童身體虐待（child physi-cal abuse, suspected）

995.54（T76.12XA）初期照護

995.54（T76.12XD）後續照護

兒童性虐待

確認兒童性虐待

995.53（T74.22XA）初期照護

995.53（T74.22XD）後續照護

懷疑兒童性虐待

995.53（T76.22XA）初期照護

995.53（T76.22XD）後續照護

兒童疏忽〔台灣精神醫學會（2014）譯為疏於照顧兒童〕

確認兒童疏忽

995.52（T74.02XA）初期照護

995.52（T74.02XD）後續照護

懷疑兒童疏忽

995.52（T76.02XA）初期照護

995.52（T76.02XD）後續照護

兒童心理虐待

確認兒童心理虐待

995.51（T74.32XA）初期照護

995.51（T74.32XD）後續照護

懷疑兒童心理虐待

995.51（T76.32XA）初期照護

995.51（T76.32XD）後續照護

其他有關兒童虐待或疏忽之情況（部分診斷之代碼相同），如：

V61.21（Z69.010）遭受父母身體虐待、性虐待、心理虐待或疏忽之受害兒童在接受心理衛生服務時〔台灣精神醫學會（2014）譯為遇見精神健康服務父母虐待或疏於照顧兒童的受害者〕

V61.21（Z69.020）遭受非兒童父母施加身體虐待、性虐待、心理虐待或疏忽之受害兒童在接受心理衛生服務時〔台灣精神醫學會（2014）譯為

遇見精神健康服務非父母虐待或疏於照顧兒童的受害者〕

V15.41（Z62.810）兒童時期遭受身體虐待或性虐待的個人史（過去史）
〔台灣精神醫學會（2014）譯為兒童時期身體虐待或性虐待的個人史
（過去史）〕

V15.42（Z62.812）兒童時期被疏忽的個人史（過去史）〔台灣精神醫學會
（2014）譯為兒童時期被疏於照顧的個人史（過去史）〕

V15.42（Z62.811）兒童時期被心理虐待的個人史（過去史）

V61.22（Z69.011）對兒童有身體虐待、性虐待、心理虐待或疏忽之父母接
受心理衛生服務時〔台灣精神醫學會（2014）譯為精神健康服務遇見
父母虐待、性虐待、心理虐待兒童或疏於照顧兒童的加害者〕

V62.83（Z69.021）非兒童父母卻身體虐待、性虐待、心理虐待或疏忽兒童
之加害者接受心理服務時〔台灣精神醫學會（2014）譯為精神健康服
務遇見非父母虐待、性虐待、心理虐待兒童或疏於照顧兒童的加害者〕

共病及鑑別診斷

事實上，並沒有單一的身體發現或診斷程序可以百分之百確定兒童虐待的
診斷。因此，在衡鑑過程中，對於個人史、身體檢查的發現，及對父母（或照
顧者）、孩童的觀察評估等資料蒐集就益顯重要。倘若發現下列徵兆，就應考
慮受虐的可能性（Green, 1997）：

1. 受傷後無理由的延遲就醫。
2. 與身體檢查結果有不一致或相反的病史陳述。
3. 父母（或照顧者）將責任推到孩子、手足或其他人身上。
4. 之前曾因受傷而多次住院史。
5. 父母（或照顧者）對傷害缺乏關心。

6. 父母（或照顧者）對孩子有不成熟或不符現實的期待。

7. 孩子指責父母（或照顧者）施虐。

　　有一種特殊形式的兒童虐待因臨床表現特殊而不易被察覺，此即「Munchausen 症候群」（Munchausen syndrome by proxy）（Meadow, 1982），這種情況是由父母（或照顧者）假裝兒童生病求醫，照顧者為了使兒童獲得醫療診治，而說謊、假裝或引發孩子的疾病（例如：餵食瀉劑或催吐的藥物，製造出拉肚子或嘔吐的症狀表現），藉以增加和醫療系統接觸的機會。Munchausen 症候群常常包含多重的問題，兒童往往經歷過相當多的醫療照護，病史中或許會提到某個症狀對正常的醫療處置毫無反應，父母（或照顧者）也會否認造成疾病的原因，但是當孩子和父母（或照顧者）隔離時，症狀則會在監控的環境下消失。醫療人員常常會被這些父母（或照顧者）所朦騙，因為他們通常會表現得很合作、很關心，而且很有禮貌，然而其行為常會超過其份內所該做的事，過度介入、干預醫療，如此一來，該兒童會接受許多無謂的檢查，並可能因為父母（或照顧者）或醫生的行為而真的罹患疾病，或慢性的病弱，變得相信自己真的生病，甚至最後，他們可能因為父母（或照顧者）的行為過當而致死。

盛行率

　　在美國，2006 年的國家兒童虐待及疏忽資料系統（the National Child Abuse and Neglect Data System, NCANDS）的統計資料顯示有 905,000 位的兒童遭受虐待（發生率為千分之 12.1），約每一千位兒童中就有十二至十三位受到虐待及疏忽，其中男童約占 48%，女童約占 52%，其中包括了大多數的兒童疏忽個案（約占 64%），遭受身體虐待者約有 16%，有 8.8% 是遭受性虐待，6.6% 是心理虐待，另約有 1,530 名兒童是因為兒童虐待或疏忽而死亡（發生率為十萬分之 2.04），其中又以出生到一歲大的幼兒受虐的比率最高（約每 1,000 位就有 24 至 25 名）（U.S. Department of Human Services, Administration on Children, Youth and Families, 2006）。在一篇關於歐洲地區的兒童虐待盛行率的回顧研究報告中則發現，約有 6% 至 36% 的性虐待事件發生在十六歲以下的女童身上，

約有 1% 至 15% 發生在男童身上，身體虐待的盛行率則介於 5% 至 50%（Lampe, 2002）。

　　從內政部戶政司（2019）自 2004 至 2018 年間的兒童人口概況（見表 15-1）可知，出生人口正逐年下降。而根據社會福利統計資料顯示，兒童受虐人數從 2004 至 2010 年呈現逐年遞增趨勢，從 2012 至 2016 年則是逐年遞減（見表 15-2）（衛生福利部統計處，2019a）。若從受虐率（見表 15-3）來看，自 2013 年起兒童受虐率開始遞減，目前每年每一千名兒童中仍約有二至三人受虐，而近十五年（2004 至 2018）來，每年的男童受虐率則是一致性地呈現略高於女童現象。由此推測，我國兒童受虐人數的下降，可能與出生人口遞減有關，而受虐率的減少，或許與兒童人權開始被重視，兒童保護政策與國家社會福利制度漸趨健全有關。從兒少（採兒童少年合併計算）受虐類型（含複選）可看出兒少性虐待有明顯的性別差異，在 2004 至 2016 年間，女性兒少遭受性虐待的人次高達男性兒少遭受性虐待人次的五至十八倍之多，依據 2017 至 2018 年新增的家內受虐案件統計資料則顯現女性兒少比男性兒少遭受性虐待的比率維持在七倍的差異，顯見女性兒少為遭受性虐待的高危險群；而身體虐待、疏忽、遺棄則是男性兒少人次略高於女性；精神虐待則是以女性兒少受虐人次略高於男性；若從 2017 至 2018 年的家內兒少保案件之受虐類型來看，以不當管教所占比例最高，疏忽次之（見圖 15-1）（衛生福利部統計處，2019b）。若按兒少施虐者身分別來看，歷年來（2004 至 2018），施虐者以（養）父親居多（約占 36% 至 50%），約為（養）母親施虐者的 1.5 至 1.9 倍（衛生福利部統計處，2019c）。與施虐者本身有關之因素則包括缺乏親職教育知識、婚姻失調、貧困、酗酒及藥物濫用、失業、精神疾病等，其中以缺乏親職教育知識（平均約占 40%）、婚姻失調（平均約占 20%）所占比例最多（衛生福利部統計處，2019d）。

表 15-1 │ 未滿 12 歲兒童人口概況（2004 至 2018 年）

年別	合計	男	女	0 歲至未滿 3 歲	3 歲至未滿 6 歲	6 歲至未滿 9 歲	9 歲至未滿 12 歲
2004	3,413,894	1,779,351	1,634,543	680,737	846,130	913,665	973,362
2005	3,294,247	1,717,631	1,576,616	641,095	809,663	874,012	969,477
2006	3,176,997	1,656,843	1,520,154	619,354	730,819	856,622	970,202
2007	3,058,061	1,596,001	1,462,060	606,840	692,164	846,079	912,978
2008	2,936,650	1,533,225	1,403,425	599,674	654,179	809,548	873,249
2009	2,808,328	1,466,201	1,342,127	587,219	633,676	731,104	856,329
2010	2,711,482	1,416,165	1,295,317	551,334	621,318	692,692	846,138
2011	2,628,612	1,372,099	1,256,513	551,707	612,443	654,881	809,581
2012	2,555,512	1,333,021	1,222,491	589,053	600,984	634,365	731,110
2013	2,500,859	1,304,009	1,196,850	622,140	564,244	621,966	692,509
2014	2,468,063	1,285,546	1,182,517	634,646	566,056	612,817	654,544
2015	2,457,079	1,278,809	1,178,270	613,735	608,119	601,104	634,121
2016	2,449,649	1,273,530	1,176,119	627,470	636,735	564,035	621,409
2017	2,437,779	1,266,723	1,171,056	609,923	650,163	565,562	612,131
2018	2,414,712	1,253,538	1,161,174	578,317	628,603	607,442	600,350

資料來源：內政部戶政司（2019）

表 15-2 │ 受虐兒童人數按性別與年齡分（人）（2004 至 2018 年）

| 年別 | 受虐人數 | 按性別分 | | 按年齡分 | | | |
		男	女	0 歲至未滿 3 歲	3 歲至未滿 6 歲	6 歲至未滿 9 歲	9 歲至未滿 12 歲
2004	5,796	3,032	2,764	1,151	1,305	1,524	1,816
2005	7,095	3,805	3,290	1,445	1,721	1,879	2,050
2006	6,989	3,842	3,147	1,341	1,626	1,968	2,054
2007	8,962	4,709	4,253	1,723	1,952	2,512	2,775
2008	8,758	4,848	3,910	1,561	2,017	2,420	2,760
2009	8,436	4,649	3,787	1,457	2,063	2,322	2,594
2010	11,222	6,051	5,171	1,992	2,538	3,055	3,637
2011	10,223	5,493	4,730	1,669	2,152	2,931	3,471
2012	10,776	5,927	4,849	1,720	2,283	3,096	3,677
2013	9,211	4,979	4,232	1,599	1,899	2,582	3,131
2014	6,525	3,540	2,985	1,332	1,332	1,294	1,956
2015	5,757	3,150	2,607	1,341	1,341	1,251	1,500
2016	5,172	2,863	2,309	1,297	1,297	1,098	1,335
2017*	2,769	3,617	3,287	711	607	665	786
2018*	2,832	3,674	3,333	672	640	729	791

註：*家內兒童保護案件

資料來源：衛生福利部統計處（2019a）

表 **15-3**｜未滿 12 歲兒童受虐率（每千人）（2004 至 2018 年）

	兒童受虐率	按性別分	
		男童受虐率	女童受虐率
2004	1.698	1.704	1.691
2005	2.514	2.215	2.087
2006	2.200	2.319	2.070
2007	2.931	2.950	2.909
2008	2.982	3.162	2.786
2009	3.004	3.171	2.822
2010	4.139	4.273	3.992
2011	3.889	4.003	3.764
2012	4.217	4.446	3.966
2013	3.683	3.818	3.536
2014	2.644	2.754	2.524
2015	2.343	2.463	2.213
2016	2.111	2.248	1.963
2017*	1.136	2.855	2.807
2018*	1.173	2.931	2.870

註：*家內兒童保護案件
資料來源：衛生福利部統計處（2019a）

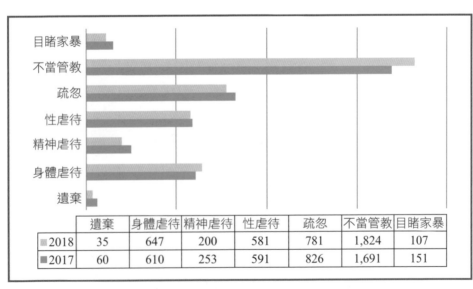

	遺棄	身體虐待	精神虐待	性虐待	疏忽	不當管教	目睹家暴
2018	35	647	200	581	781	1,824	107
2017	60	610	253	591	826	1,691	151

圖 **15-1**｜家內兒童及少年保護案件之受虐類型與人次

資料來源：衛生福利部統計處（2019b）

　　兒童虐待與疏忽是兒童死於非意外的常見原因之一，根據家扶基金會 2012 年調查公布兒保新聞可發現，在一百八十七則兒虐新聞中，身體虐待事件最多（36%），其次為性侵害（34%），照顧疏忽居第三（26%），第四為精神虐待（4%）。其中兒童照顧疏忽的四十八件案例所導致死亡的人數共有 27 名，平均年齡 4.4 歲，雖然疏忽並非最常見的虐待類型，但在該年度兒保新聞中卻是造成死亡人數比例（56%）最高之虐待類型（台灣兒童暨家庭扶助基金會，2012）。而家扶基金會在 2013 年所蒐集到的二百零一則兒虐新聞案件中，有 47 名兒童因虐待、照顧疏忽或父母帶著孩子自殺而失去生命；兒童性侵害案件所占比例則是最高，將近六成（台灣兒童暨家庭扶助基金會，2013）。國內有研究指出，兒童與少年在經濟、教育與文化較趨弱勢的地區或族群，有較高比率的性侵害和相關危險因子，其中家庭暴力具有顯著預測力（吳慧敏，2001）。

　　相較於美國及歐洲地區的流行病學資料，是否台灣地區的兒童虐待情形較不嚴重，值得進一步思考。身體虐待的發生率是難以估算的，因為依據不同的定義，結果可能不同，多數的施虐未必會造成有形的結果，像較輕微的身體虐待之盛行率更難估計，因為此類型的虐待並不容易受到醫療上的注意；大約有 88% 的兒童身體虐待是包括輕微的身體損傷，並不會造成永久性傷害。在台灣，體罰似乎仍然是部分家長慣用的管教方式，所謂不打不成器，體罰更因被認可，而不被認知為虐待，但其實不當管教嚴重者是有構成虐待之虞的。另外，一般官方的統計資料往往都低估了實際的發生數據，官方數據其實呈現的是否可能只是推展兒童保護業務的成果展現，而非確實發現所有的兒童虐待之可能案例。

病程

　　兒童虐待對兒童的身心影響是全面而多重的，受虐兒童除了外在明顯可見的傷痕、器官功能的損害，甚而嚴重者有死亡等生命威脅外，虐待的發生有可能會中斷了正常的發展（包括：語言、認知、情緒、社會行為及人際互動等），

同時也可能帶來短期或長期的不良後果。有許多研究指出，兒童虐待與精神病理之間的關係複雜，包括：各種情緒行為困擾及精神疾患（例如：情緒障礙症、自殺／自殘行為、焦慮性症、創傷後壓力症、解離、行為問題／障礙症、物質濫用、飲食障礙症、人格障礙症等），其影響程度受到虐待型態、頻率、嚴重程度、受虐發生的年齡、性別及持續時間的長短等多種因素而有所不同。Cic-chetti 與 Valentino（2006）根據不同的研究結果指出，受虐的頻率及嚴重度之間的交互作用可以是不適應性的顯著預測指標；長期受虐對於遭受同儕拒絕及攻擊行為有強韌的預測力；而受虐的時間點則被視為是兒童虐待對自我知覺及同儕關係產生衝擊與否的重要因素；在哪一個發展階段受虐？受虐形式為何？以及受虐的嚴重程度為何？此三者之交互作用對內化及外化症狀具有不同的預測力。特別是發生在嬰幼兒學步期及學前階段的兒童虐待會產生較不適應的後果。

　　Briere（1992）從數個不同的研究結果，歸納發現當性虐待伴隨下列一個或以上的特徵時，較常發生較嚴重的創傷反應：

1. 受虐的次數多且持續時間較長。
2. 有多位加害人。
3. 插入（penetration）或性交（intercourse）。
4. 以身體暴力脅迫性接觸。
5. 年幼時期即遭受虐待。
6. 同時遭受身體虐待。
7. 在受虐當時有無能為力（powerlessness）、背叛（betrayal），以及／或恥辱（stigma）的受害感受。

　　受虐兒童通常會有多樣的受虐經驗，同時遭到身體虐待和性虐待，且伴有長期的心理虐待並非罕見。不同形式的兒童虐待所造成的結果有其共通特性，但也有特異的結果可能會產生。無論是何種形式的虐待，兒童虐待的衝擊至少會在三個階段出現（Briere, 1992）：

1. 受虐後的初期反應：包括創傷後壓力反應、兒童的正常發展歷程改變、感到痛苦，以及認知扭曲。

2. 持續遭受虐待的適應：包括為了在受虐時提升安全感以及／或降低痛苦而衍生的因應行為。

3. 長期的發展（elaboration）與後來的適應：反映出受虐後初始反應的影響以及影響個人日後心理發展的受虐後相關適應；存活者對於受虐後低落情緒的持續因應。

　　許多的專家主張，心理上的不良影響是所有兒童虐待類型的一致效應。受虐兒童（包括：身體、性和心理方面的侵害）的心理變化包括：罪惡感、不專心、缺乏自信心、對他人不信任、暴力，以及生活在恐懼的陰影中等；而在如此的「受虐情結」狀態成長，往往會使受虐兒童出現許多偏差行為，甚至有些研究指出，他們將來出現虐待自己孩子的機會，也顯著的比一般人提高很多（Clark, Stein, Sobota, Marisi, & Hanna, 1999）。其在認知方面的扭曲（例如：認為自己天生就壞，才會遭到虐待，是罪有應得），如果未經治療，將會造成終生破壞性的影響。而被發現與兒童身體虐待和性虐待有關的各種心理後遺症，包括：憂鬱症（參見第十章）、創傷後壓力症（參見第九章）、行為規範障礙症（參見第六章）、內外化行為問題、低自尊、社交缺陷等（Runyon & Kenny, 2002）。在DSM-5中的創傷後壓力症之診斷常與人際間的暴力（像是拷打、強姦、身體攻擊）及兒童虐待有關，創傷後壓力反應與身體虐待及性虐待的關係被探討較多，而當創傷後壓力症與心理虐待相關時，通常意指兒童遭到恐嚇或目睹暴力攻擊（Karp & Butler, 1996）。有研究更指出，兒童虐待倖存者其罹患創傷後壓力症的終生盛行率高達 48% 至 85%（Stovall-McClough & Cloitre, 2006）。

一、身體虐待

　　遭受身體虐待的兒童，約有 10% 至 30% 的危險性會重複受虐，某些嚴重受虐的兒童可能有立即導致死亡的結果，或有較高比例的身體問題（像是腦性麻痺或意外傷害）。約有25%的身體受虐兒童有嚴重的肢體傷害，並造成終生的殘障，換言之，將導致社會、情緒適應的問題。其餘75%身體損傷較不嚴重的兒童，仍會有長期發展上的困難。身體虐待依嚴重度可區分為三：(1)造成終

生殘障；(2)受到嚴重傷害，但可治癒，不會造成長期障礙；(3)身體受損害不嚴重。但這其中需注意的是，有些孩童的單次受虐所造成的身體傷害雖不嚴重，但多次受虐可能比單次傷害有更多身體及情緒上的傷害（Herrenkohl, 1990）。因此，身體受虐的立即影響包括可見的身體傷害（嚴重者可導致死亡），或出現符合 DSM-5（APA, 2013）中創傷後壓力症的症狀表現，像是自律神經系統的過度警醒、過去創傷的情節一再入侵記憶，出現解離反應、對於引發受虐記憶的情境會明顯逃避等。大於六歲與小於六歲孩童的創傷後壓力反應略有不同，詳參見本書第九章有關創傷及壓力相關障礙症之介紹。

兒童在受虐後，可能會出現焦慮的病態表現（例如：睡眠困擾、做惡夢、高分離焦慮、恐懼行為、心身症狀）或退化行為（例如：尿床、自我照顧能力變差），並且有時會在遊戲過程中再度扮演受虐經驗以釋放其焦慮。到了青少年期，常蹺課、有攻擊性、出現焦慮／憂鬱、解離、創傷後壓力症狀，而出現社交問題、思考問題、社會退縮等都是可預期的（Lansford et al., 2002）。長期而言，心理、社會方面的後遺症是常見的，如日後繼續發生情緒與行為的障礙（傾向以暴力解決問題，成年後淪為施虐者）、發展遲緩，以及學習困難的危險性非常高，其自我形象可能是負面的，與人互動困難。在心理病理學的研究中發現，曾遭到身體虐待者有較高的終生盛行率會罹患焦慮症、酒精濫用／依賴、反社會行為，或一種以上的心理疾病；女性受害者罹患重鬱症、非法藥物濫用／依賴的終生盛行率顯著較高；同時發現，女性比男性更顯著會有終生心理病理的可能性（Macmillan et al., 2001）。

二、性虐待 ★

國外的研究發現，兒童性虐待所造成的衝擊具有高度的變異性（15% 至45% 的變異程度），有些受虐孩童並不會出現負面的影響，有的則會出現嚴重的精神症狀及負向反應（約有50% 會部分或全部符合創傷後壓力症的症狀），有二分之一至三分之二兒童之症狀可能會隨時間而改善，但有許多受虐兒童其症狀既不會改善也不會惡化。雖然並非所有的受虐兒童都歷經長期的影響，但兒童期遭受性虐待，可說是成人期發展出精神疾病與痛苦的危險因子（Saywitz,

Mannarino, Berliner, & Cohen, 2000）。

　　鍾偉恩、葉佐偉與林亮吟（2001）針對受虐兒童所做的研究指出，在專業人員介入協助與治療的過程中，在不同的階段，被性虐待的兒童會有第一級或急性症狀、第二級症狀與第三級症狀。第一級症狀係與性虐待之事實被揭露的過程有關，在此過程中個案不再受到虐待，但卻需面對其他人對性虐待事件的反應，此時會出現頭痛、胃痛、嘔吐、食慾改變、性器官不適與泌尿道感染等身體症狀，無法專心、做白日夢、憂鬱、興趣降低、對陌生人感到害怕、焦慮、生氣與睡眠障礙等心理症狀，以及性取向行為增加（例如：自慰，挑逗性的行為、言語或穿著）、依賴、退縮、學業與社會表現變差、拒學或自傷等行為問題。第二級症狀則是指個案若被性侵害有一段時間，所受到的創傷及其相應對而發展出的防禦模式，這些症狀會比第一級症狀造成更深遠的影響。第三級症狀則是指受虐者認同施虐者，以後也會變成施虐者。

　　兒童性虐待的初期影響，不論男女，均常見有害怕、焦慮、憂鬱、憤怒、攻擊，以及性相關的不適當行為（sexually inappropriate behavior）表現；長期的影響則有憂鬱、自我破壞行為、焦慮、孤獨與羞恥感、低自尊、難以信任他人、再犧牲傾向（a tendency toward re-victimization）、物質濫用，以及性失調等衝擊（Finkelhor, 1990）。在針對兒童虐待的倖存者之相關研究中發現，常見有立即或長期的創傷後症狀，而遭受亂倫的倖存者常符合慢性的創傷後壓力症之診斷，諸如：突然侵入性的感覺記憶、無法長時間專注、做惡夢、產生認知的扭曲（例如：對自我效能與自我價值的低估、對生活逆境與危險性的高估、對負向事件做內在歸因）、情緒的改變（altered emotionality）、解離（dissociation）、自我參照的缺損（impaired self-reference）、人際關係的困擾、逃避行為（例如：自殘行為、藥物濫用、自殺、強迫性行為、暴食）等，都是常見的心理後遺症（Briere, 1992）。

　　對性虐待的反應和恢復，不僅和性侵害的本質有關，兒童本身的脆弱性與回復力亦息息相關。兒童受虐前的功能（例如：氣質特性、神經發展反應、依戀狀態），以及其所具有的危險因子與保護因子，包括：社會資源（如家庭功能）、情緒資源（非加害者父母的心理健康）、財政資源（接受醫療的可近

性）等，均影響到受虐兒童對受虐事件的因應（Saywitz et al., 2000）。曾遭性虐待者幾乎與所有和女性相關的疾病都有高相關，而曾遭到性虐待之男性，與酒精濫用／依賴等類型的病症有高相關（Macmillan et al., 2001）；重鬱症、自殺企圖、歇斯底里、解離症、行為規範障礙症、物質濫用與酒精依賴、社會焦慮、衝動控制差、活動量大、學習障礙症等精神病理，皆曾被發現與兒童性虐待相關。

三、心理虐待 ⭐

心理虐待常與身體虐待具有並存的特性。持續的心理虐待可能會導致食慾不佳、說謊及偷竊、遺糞與遺尿、低自尊、情緒不穩定、情緒反應減少、過度依賴、低成就、營養不良、病態的攻擊以及自殺行為（Green, 1997）。遭受心理虐待的兒童在學校常會表現出較多的外向行為問題，像是較具攻擊性、不受歡迎、活動量過高等；也常被老師觀察到容易緊張、社會能力較差。

四、疏忽 ⭐

兒童疏忽的後果較少被探討到，因為兒童疏忽常與其他的虐待類型是同時存在的。因為早期的心理社會刺激不足，因此被疏忽的孩童會有輕度到中度的學習困難，早期的語言發展遲緩，也無法形成適當的依戀關係。疏忽最常見的結果是營養不良，同時也可能患有多種疾病而沒有接受適當的治療。長期營養不良會降低兒童的回復力並阻礙其智能的發展。許多受虐兒童的死亡直接或間接與疏忽有關。學者們的研究中發現，遭到疏忽的兒童其自我照顧差，在疏忽的環境中容易有發生意外的傾向；其衝動控制差，有行為規範問題，在日後容易有行為偏差與反社會行為等心理病理結果（Green, 1997）。

🌀 病因

中華兒童暨家庭扶助基金會在 2000 年時，曾針對其一年中所受理的受虐兒個案以及十大虐待新聞案件進行分析，發現發生受虐致死的家庭，多半具有經

濟困頓、家庭成員感情不睦、遭遇重大生活壓力、家庭作息不規律等特徵，這些家庭的社會支持系統相當薄弱、社會關係疏離，一旦家庭發生危機或家長面對重大壓力時，在無人可求助的情況下，往往就會採取極端或毀滅性的方式解決問題（陳榮裕，2000）。在早期，單一危險因子（像是貧窮或父母親的心理病理等）被認為就足以解釋兒童虐待的發生。但是，這樣的觀點很快就被複雜的模式給取代了，也就是沒有任何一個單一的危險因子或是一組的危險因子，可以完全解釋兒童虐待的產生。Belsky（1993）認為，兒童虐待是一種社會心理現象，他將更廣泛的環境因素納入考量，因為家庭與個體並無法從其所屬的社會及文化中區隔開來單獨探討，他提出了四個層次的觀點，包括：文化信念與價值、社會方面、家庭內的因素、個體內的因素等生態層次均會產生交互作用，進而促成並影響兒童虐待的形成（Cicchetti & Valentino, 2006）。似乎特定的社會、家庭、家長的教養態度及兒童本身皆與兒童虐待有強烈相關。關於兒童虐待的病因學因素，大體上可以從三個向度來看，分別是有關施虐者、兒童以及家庭與社會環境，而兒童虐待與疏忽的發生往往是在上列因素的交互作用下所產生的。

一、施虐者

在多數的重大兒童虐待案件中，施虐者多是其父母親，其他施虐者還包括繼父母、父母親的同居人、保母或親戚。撫養者替換導致的親子關係不良、施虐者的婚姻關係不良致使兒童成為代罪羔羊，都是現今常見的引發兒童虐待的導火線。有實證研究指出，童年時期有過受虐經驗的父母親，其虐待小孩的比率，顯著高於沒有受虐經驗的父母親；曾經是兒童虐待的被害者、年紀輕、具違常的人格特質或人格統整較差、有過犯罪紀錄、低智能或罹患精神疾病（特別是憂鬱症）、有酒精或物質濫用等相關問題、與社會隔離、缺乏教養技巧等因素，都可能是發生兒童虐待的危險因子。當父母的心理病理因素與兒童虐待產生交互作用時，對兒童的正常發展相當不利。有許多研究證明教養型態（parenting style）是會代間傳遞的，學理上解釋此施虐的教養行為可能是社會化的產物或是社會學習而來的，但並非所有的受虐者日後都會成為施虐的父母，有

一些保護因子是可以打破兒童虐待的代間循環的，像是目前的社會支持（尤其是配偶的支持）、在兒童期曾經與成人有過正向關係的經驗、在青少年或成人時期接受過治療、受虐後不曾出現解離症狀、在治療中對於受虐經驗可適度地表達憤怒，且將受虐的責任歸於加害者而不是自己等，將可減低其日後成為兒童虐待加害者的可能性（Cicchetti & Valentino, 2006）。

二、兒童

當兒童本身具備某些特性時，似乎受虐的可能性也相對提高，這些特徵可能包括：難養育兒童（例如：早產兒、發展遲緩或身心障礙兒童、磨娘精型氣質特性，及多樣行為問題兒童）、先天性畸形，以及罹患慢性疾病而需要特別照護的新生兒等。疏忽常好發於尚無法自我照顧的嬰幼兒期，性虐待則多發生在女童身上。當兒童是在非期望下出生，有偏差行為且過於頑皮、好動，則發生受虐的機會將因而升高。

三、家庭與社會環境

除了兒童本身的特質因素外，家庭結構、支持網絡、社區環境、文化價值等似乎都是形塑兒童虐待的成因。在低社經階層中，貧窮、長期失業、缺乏社會支持、教育程度低、單親家庭、破碎家庭等皆常見兒童虐待的蹤影，貧窮往往造成了家庭壓力，提高了兒童虐待的風險，是間接的促成因素。而許多國中學歷、建築工行業的孩童家長則被通報為管教不當（余漢儀，1999）。

兒童疏忽和不良的社會環境有關，也是兒童寄養照護的常見原因（陳俊欽等編譯，2001）。處於劣質的住屋供給環境、家庭暴力、婚姻失和、社區情感淡漠，以及在經濟、教育與文化較趨弱勢的地區或族群、其他壓力性的生活狀況等，皆有可能促成身體虐待的產生。當社會環境的壓力愈大，施虐父母愈容易出現暴力表現，實為獲得控制或因應壓力事件。對於疏忽的兒童而言，常常是因為施虐者壓力過大，致使其退離了應負的教養責任。有研究指出，居住在社會凝聚力較強的地區可降低兒童虐待發生的危險性，而少數族群的受虐兒童，受虐後的不適應風險是較高的（Cicchetti & Valentino, 2006）。

兒童及少年保護與心理衡鑑

一、兒童及少年保護

　　內政部於 2001 年設置了「113」全國婦幼保護專線，這是一支透過市話、公共電話或手機皆可撥打之二十四小時、全年無休的免付費服務專線，對於需要保護之兒童、少年及遭受性侵害、家庭暴力的被害人，除了可透過 113 的單一窗口，由專業社工人員受理緊急專業救援通報及專業諮詢服務外，家暴、性侵、兒少保護／高風險案件亦皆可透過**關懷 e 起來**（https://ecare.mohw.gov.tw/）網頁，進行線上通報與 113 的線上諮詢，還能查詢通報後的處理進度。另自 2012 年起，在知悉有兒少保護個案與高風險家庭時，由通報者填寫「兒童少年保護及高風險家庭通報表」（如表 15-4）通報各縣市家庭暴力暨性侵害防治中心，在填寫完通報人及通報兒少之相關資料後，再就所勾選個案類型（□兒少保護、□高風險家庭），續擇一填寫對應之表 1 或表 2。為能及早防範兒少受虐，內政部兒童局於 2005 年推動「高風險家庭關懷輔導處遇實施計畫」，現改由衛生福利部保護服務司負責兒少保護業務（衛生福利部社會及家庭署，2013），建立兒少虐待之預警機制，以降低兒少受虐風險。而 2011 年修正公布之兒少權法，除規定任何人不得對兒童及少年有遺棄或身心虐待之行為外，擴大對收出養兒童保護、嬰幼兒照顧，村里長、村里幹事和大樓管理員有通報義務，其中高風險家庭關懷輔導列入法定服務（《兒童及少年高風險家庭通報及協助辦法》），並在 2012 年增訂第 54-1 條條文，兒童之父母、監護人或其他實際照顧兒童之人，有違反毒品危害防制條例者，於受通緝、羈押、觀察、勒戒、強制戒治或入獄服刑時，司法警察官、司法警察、檢察官或法院應查訪兒童之生活與照顧狀況。

表 15-4 ｜兒童少年保護及高風險家庭通報表

※密件 請傳_____縣(市)(通報窗口請縣市政府自行決定填列) 電話：　　　　　傳真：
電子郵件信箱：

兒童少年保護及高風險家庭通報表	自 101.01.01 起適用

- 通報單位應主動確認受理單位是否有收到通報，通報單位須自存乙份。
- 通報時應注意維護被害人之秘密及隱私，不得洩露或公開。
- 如須受理單位回覆處理情形者，請勾選；受理單位責任社工應儘速聯繫回覆。
- 以下問項，對兒童及少年（以下簡稱兒少）之保護及協助極為重要，請善盡通報責任，避免漏填。
- 行為人(施虐者)非屬家庭成員，僅涉違反兒少福利法之裁處，無涉特定兒少之保護安置及後續處遇者，【兒童及少年】、【照顧者】等項目可不予查填。
- 經查屬意外事故，非屬惡意對待或疏忽者，請勿通報。

<table>
<tr><td rowspan="6">通報人</td><td>通報單位</td><td colspan="2">□醫院□診所及衛生所□衛政□警政□社政□教育□勞政□司(軍)法機關□憲兵隊□113□防治中心□民政
□其他_____</td></tr>
<tr><td>通報人員</td><td colspan="2">□醫事人員□警察人員□社工人員□教育人員□保育人員□勞政人員□司(軍)法人員□憲兵□移民業務人員
□村里幹事□村里長　□公衛護士□戶政人員□法(獄)政人員□公寓大廈管理員　　□其他</td></tr>
<tr><td>單位名稱</td><td></td><td>受理單位是否需回覆通報單位 □是 □否</td></tr>
<tr><td>姓名</td><td colspan="2">職稱　　　　　　電話</td></tr>
<tr><td>受理時間</td><td colspan="2">年　月　日　時　分　通報時間　年　月　日　時　分</td></tr>
</table>

<table>
<tr><td rowspan="9">通報之兒童及少年</td><td>姓名</td><td>性別 □男□女</td><td>出生日期
或年齡</td><td colspan="2">年　月　日
(_____歲)</td><td>身分證統一編號
(或護照號碼)</td></tr>
<tr><td colspan="2">國籍別　(請填下方代碼或以文字說明)</td><td colspan="4"></td></tr>
<tr><td>就學狀況</td><td colspan="5">□未入學 □學前教育 □就學中 □輟學 □休學 □未再升學</td></tr>
<tr><td>教育程度</td><td colspan="5">□學齡前 □國小 □國中 □高中(職) □專科　就讀學校：</td></tr>
<tr><td>是否為身心障礙者</td><td colspan="5">□非身心障礙者□疑似身心障礙者□領有身心障礙手冊</td></tr>
<tr><td>身心障礙或疑似身心障礙類別</td><td colspan="5">□肢障□視障□聽障□聲(語)障□智障□精神障礙□多重障礙□其他(請說明：　　)</td></tr>
<tr><td>戶籍地址</td><td colspan="5">縣(市)　　鄉(鎮/市/區)　　村(里)　　鄰　路　段　巷　弄　號之　樓</td></tr>
<tr><td>居住地址</td><td colspan="5">縣(市)　　鄉(鎮/市/區)　　村(里)　　鄰　路　段　巷　弄　號之　樓</td></tr>
<tr><td>電話 宅</td><td colspan="5">公　　　　　手機</td></tr>
</table>

<table>
<tr><td rowspan="6">手足</td><td>姓名</td><td>性別</td><td>出生日期或年齡</td><td>國籍別
(請填下方代碼或以文字說明)</td><td>其他相關資訊</td></tr>
<tr><td>1.</td><td>□男□女</td><td></td><td></td><td></td></tr>
<tr><td>2.</td><td>□男□女</td><td></td><td></td><td></td></tr>
<tr><td>3.</td><td>□男□女</td><td></td><td></td><td></td></tr>
<tr><td>4.</td><td>□男□女</td><td></td><td></td><td></td></tr>
<tr><td>5.</td><td>□男□女</td><td></td><td></td><td></td></tr>
</table>

<table>
<tr><td rowspan="10">父母／監護人／主要照顧者</td><td>姓名</td><td>出生日期或年齡</td><td>國籍別
請填下方代碼或以文字說明</td><td>連絡地址</td><td>電話</td></tr>
<tr><td rowspan="3">父：</td><td></td><td></td><td>同兒少□戶籍地址□居住地址</td><td>宅</td></tr>
<tr><td></td><td></td><td rowspan="2">其他連絡地址</td><td>公</td></tr>
<tr><td></td><td></td><td>手機</td></tr>
<tr><td rowspan="3">母：</td><td></td><td></td><td>同兒少□戶籍地址□居住地址</td><td>宅</td></tr>
<tr><td></td><td></td><td rowspan="2">其他連絡地址</td><td>公</td></tr>
<tr><td></td><td></td><td>手機</td></tr>
<tr><td rowspan="3">其他(與兒少關係)：</td><td></td><td></td><td>同兒少□戶籍地址□居住地址</td><td>宅</td></tr>
<tr><td></td><td></td><td rowspan="2">其他連絡地址</td><td>公</td></tr>
<tr><td></td><td></td><td>手機</td></tr>
</table>

個案類型 (請擇一勾選，勿漏填，勿重複)	□兒少保護： 請續填 表1 ； □高風險家庭：請續填 表2

（續下表）

表 1	兒少保護個案	★通報高風險家庭者，請勿填列此表

案情陳述

發生時間　　　年　　　月　　　日　　　時

發生地點　□住家（同兒少□戶籍地址□居住地址）□寄養家庭　□兒少安置機構（機構名稱：　　　　　　）
□學校（學校名稱：　　　　　　　　）
□其他/請敘明位址：　　　縣(市)　　鄉(鎮)市/區　　村(里)　　鄰　　路　　段　　巷　　弄　　號之　　樓

補充說明：如案發經過、已提供之協助、受傷害情形等

〈疑似〉施虐者〈無則免填〉

| 姓名 | | 性別 | □男□女 | 出生日期或年齡 | 年　月　日（　　歲） | 身分證統一編號（或護照號碼） | |

國籍別　（請填下方代碼或以文字說明）

教育程度　□國小□國中□高中（職）□專科 □大學 □研究所以上□不識字□自修 □不詳

與兒少之關係　□父□母□養父□養母□照顧者□機構人員□母之同居人或繼父□父之同居人或繼母□親戚□其他

是否為身心障礙者　□非身心障礙者□疑似身心障礙者□領有身心障礙手冊

身心障礙或疑似身心障礙類別　□肢障□視障□聽障□聲（語）障□智障□精神障礙□多重障礙□其他(請說明：　　)

戶籍地址　　　縣(市)　　鄉(鎮)市/區　　村(里)　　鄰　　路　　段　　巷　　弄　　號　　樓

居住地址　　　縣(市)　　鄉(鎮)市/區　　村(里)　　鄰　　路　　段　　巷　　弄　　號　　樓

電話 宅　　　　　　公　　　　　　手機

安全聯絡人

| 姓名 | | 與兒少關係 | | 電話 | | 連絡地址 | |

方便聯絡時間　　　　　方便聯繫方式

其他可聯絡之親友　姓名　　　與兒少關係　　　電話　　　連絡地址

其他相關資訊

兒少保護情事〈可複選〉

■兒少有下列行為者
　□ 兒少施用毒品、非法施用管制藥品或其他有害身心健康之物質。
　□ 兒少充當酒家、特種咖啡茶室、限制級電子遊戲場及其他涉及賭博、色情、暴力等足以危害其身心健康場所之待應。

■任何人對兒少有下列行為者：
□遺棄□身心虐待□利用其從事有害健康等危險性活動或欺騙之行為□利用身心障礙或畸形兒童供人參觀。
□利用其行乞。□剝奪或妨礙其接受國民教育之機會。□強迫其婚嫁。□拐騙、綁架、買賣、質押，或以其為擔保之行為。
□強迫、引誘、容留或媒介其為猥褻行為或性交。　□供應刀械或其他危險物品。
□利用其拍攝或錄製暴力、猥褻、色情或其他有害其身心發展之出版品、影片、光碟、網際網路或其他物品。
□違反媒體分級辦法，對其提供或播送有害其身心發展之出版品、影片、光碟、網際網路或其他物品。
□帶領或誘使其進入有礙身心健康之場所。
□強迫、引誘、容留或媒介兒童及少年為自殺行為(請併通報當地社區心理衛生中心或自殺防治中心)。
□其他對兒童及少年或利用兒童及少年犯罪或為不正當之行為。

■父母、監護人或其他實際照顧兒童及少年之人對兒少有下列行為者：
□使兒童處於易發生危險或傷害之環境。
□對於 6 歲以下兒童或需要特別看護之兒童及少年，使其獨處或由不適當之人代為照顧。

■下列緊急情況，建議立即以電話聯繫當地主管機關社工員評估處理，並依兒少保護通報及處理辦法第 6 條規定，於主管機關處理前，提供兒少適當之保護及照顧。
□兒少有以上列舉之保護情事，致其生命身體或自由有立即之危險或有危險之虞者。(限有填列上開選項者)
□兒少未受適當之養育或照顧，致其生命身體或自由有立即之危險或有危險之虞者。
□兒少有立即接受診治之必要，但未就醫者，致其生命身體或自由有立即之危險或有危險之虞者。
□兒少遭受其他迫害，致其生命身體或自由有立即之危險或有危險之虞者。

注意事項

1. 依兒童及少年福利與權益保障法第 53 條規定，責任通報人員在執行職務時知有兒童及少年保護事件，應立即通報當地主管機關，並於 24 小時內填具本通報表送當地主管機關，未盡通報責任者，依法應處新臺幣 6 千元以上 3 萬元以下罰鍰。
2. 受理通報表之縣市主管機關，轉介兒少所在地之縣市者，如屬兒少保護個案，應於轉介後 24 小時內確認受理轉介縣市是否有同步進行調查及訪視，受理轉介縣市依規定於 4 日內完成調查訪視，回報轉介縣市。

1 本國籍非原住民／**2** 本國籍原住民：**201** 布農 **202** 排灣 **203** 賽夏 **204** 阿美 **205** 魯凱 **206** 泰雅 **207** 卑南 **208** 達悟（雅美）
209 鄒 **210** 邵 **211** 噶瑪蘭 **212** 太魯閣 **213** 撒奇萊雅 **214** 賽德克 **215** 其他(請敘明)／**3** 大陸籍／**4** 港澳籍／**5** 外國籍：**501** 泰國
502 印尼 **503** 菲律賓 **504** 越南 **505** 柬埔寨 **506** 蒙古 **507** 其他(請敘明)／**6** 無國籍／**7** 資料不明

（續下表）

表 2	高風險家庭	★通報兒少保護個案者，請勿填列此表

| 家庭風險因素評估 | ☐ 家庭成員關係紊亂或家庭衝突：如家中成人時常劇烈爭吵、無婚姻關係帶年幼子女與人同居、或有離家出走之念頭者等，以致影響兒少日常生活食衣住行育醫等照顧者功能者。

☐ 家中兒童少年父母或主要照顧者罹患精神疾病、酒癮、藥癮並未就醫或未持續就醫，以致影響兒少日常生活食衣住行育醫等照顧者功能者。

☐ 家中兒童少年父母或主要照顧者有自殺風險個案，尚未強迫、引誘、容留或媒介兒童及少年為自殺行為，惟影響兒少日常生活食衣住行育醫等照顧者功能者。(請併通報當地社區心理衛生中心或自殺防治中心)。

☐ 因貧困、單親、隔代教養或其他不利因素，以致影響兒少日常生活食衣住行育醫等照顧者功能者。

☐ 非自願性失業或重複失業者：負擔家計者遭裁員、資遣、強迫退休等，以致影響兒少日常生活食衣住行育醫等照顧者功能者。

☐ 負擔家計者死亡、出走、重病、入獄服刑等，以致影響兒少日常生活食衣住行育醫等照顧者功能者。 |

案情簡述：(請具體陳述兒少受照顧、家庭親子互動狀況、經濟及其他特殊狀況)
案家已領有☐低收入戶☐中低收入兒少生活補助☐弱勢兒少緊急生活扶助☐身障生活補助☐急難救助☐其他(請說明)
轉介單位已提供服務，請說明：
其他相關資訊：

注意事項	依兒童及少年福利與權益保障法第 54 條規定，醫事人員、社會工作人員、教育人員、保育人員、警察、司法人員、村（里）幹事、村（里）長、公寓大廈管理服務人員及其他執行兒童及少年業務人員，於執行業務時知悉兒童及少年家庭遭遇經濟、教養、婚姻、醫療等問題，致兒童及少年有未獲適當照顧之虞，應通報直轄市、縣（市）主管機關。

1 本國籍非原住民／ **2** 本國籍原住民：**201** 布農 **202** 排灣 **203** 賽夏 **204** 阿美 **205** 魯凱 **206** 泰雅 **207** 卑南 **208** 達悟（雅美）**209** 鄒 **210** 邵 **211** 噶瑪蘭 **212** 太魯閣 **213** 撒奇萊雅 **214** 賽德克 **215** 其他(請敘明)／**3** 大陸籍／**4** 港澳籍／**5** 外國籍：**501** 泰國 **502** 印尼 **503** 菲律賓 **504** 越南 **505** 柬埔寨 **506** 蒙古 **507** 其他(請敘明)／**6** 無國籍／**7** 資料不明

資料來源：衛生福利部保護服務司（2013）

現行與兒少保護有關的法令包括：《兒童及少年福利與權利保障法》、《家庭暴力防治法》（簡稱家暴法）、《性侵害犯罪防治法》等，為強化責任通報人員對兒少保護、家暴及性侵害事件之責任通報制，以上法令各有法條明訂對責任通報人員的通報義務及裁處，對於父母、監護人或其他實際照顧兒少之人，對兒少未善盡照顧、保護之責任者，則處以相當之罰鍰，也可要求其接受親職教育。

關於通報責任方面，根據兒少權法第53條之規定，被列為「責任通報人」的專業人員包括：醫事人員、社會工作人員、教育人員、保育人員、警察、司法人員、村（里）幹事及其他執行兒童及少年福利業務人員等，這些責任通報人於執行業務時知悉有疑似兒童及少年受虐及疏忽的事件時，根據《兒童及少年保護通報及處理辦法》第2條，應立即填具通報表以網際網路、電信傳真或其他科技設備傳送等方式向直轄市、縣（市）主管機關通報；情況緊急時，得先以言詞、電話通訊方式通報，並於知悉起二十四小時內填具通報表，送直轄市、縣（市）主管機關；家暴法第50條規範醫事人員、社會工作人員、臨床心理人員、教育人員、保育人員、警察人員、移民業務人員及其他執行家庭暴力防治人員，及《性侵害犯罪防治法》第8條規範醫事人員、社工人員、教育人員、保育人員、警察人員及勞政人員、移民業務人員等責任通報人員，在執行職務時知悉有疑似家暴事件或疑似性侵害犯罪情事者，應立即通報當地主管機關，亦可通報各地家庭暴力暨性侵害防治中心或可直接撥打113，至遲不得超過二十四小時。依據《兒童及少年保護通報及處理辦法》第4條之規定，直轄市、縣（市）主管機關於知悉或接獲通報時，應視需要立即指派社政、衛政、教育或警政單位等處理，至遲不得超過二十四小時，並應於受理案件後上班日四日內提出調查報告。前項調查處理應進行安全性評估，並以當面訪視到兒童及少年為原則，首先確定兒童的立即安全已獲得保障。

關於罰則方面，責任通報人員若無正當理由而未盡通報責任，依兒少權法第100條、家暴法第62條，處新臺幣六千元以上三萬元以下罰鍰，但家暴法第62條之規定有除外原則：當醫事人員為避免被害人身體緊急危難而違反通報規定者，不罰。兒少權法第70條另規定，在兒少保案件進行訪視、調查及處遇過

程中，與兒少有關之人應配合並提供相關資料，若無正當理由，卻不肯配合提供相關資料給主管機關進行調查時，兒少權法第 104 條規定，可處新臺幣六千元以上三萬元以下罰鍰，並得按次處罰至其配合或提供相關資料為止。

　　關於對兒少有身心虐待、遺棄、疏忽、或危害身心健康之情事，在兒少權法第六章有相關之罰責，羅列如下：當父母、監護人或其他實際照顧兒少之人讓兒童獨處於易發生危險或傷害之環境，讓六歲以下兒童或需要特別看護之兒少獨處或由不適當之人代為照顧時，處新臺幣三千元以上一萬五千元以下罰鍰；對兒少有遺棄、身心虐待之行為時，處新臺幣六萬元以上三十萬元以下罰鍰，並得公布其姓名或名稱，情節嚴重者，得命其接受八小時以上五十小時以下之親職教育輔導〔實施方式可包括個別諮商、團體輔導、到宅輔導及其他形式，例如演講、座談、研習等方式。輔導內涵大致可包括：兒童及少年保護相關法規的介紹、「如何為人父母」之知識與技巧的教育、有助於親職教育輔導執行之相關支持服務等（衛生福利部保護服務司，2014）〕；當兒少抽菸、喝酒、嚼檳榔、接觸危害身心健康之出版品、網際網路內容或其他物品、危險駕駛或參與其行為等，情節嚴重卻未加以禁止者，處新臺幣一萬元以上五萬元以下罰鍰；而未禁止兒少使用毒品、管制藥品、或其他有害身心健康之物質者，除等同上述金額罰鍰外，並得命其接受八小時以上五十小時以下之親職教育輔導，不接受親職教育輔導或拒不完成其時數者，處新臺幣三千元以上一萬五千元以下罰鍰，經再通知仍不接受者，得按次處罰至其參加為止；供應酒或檳榔予兒少者，處新臺幣三千元以上一萬五千元以下罰鍰；供應毒品、非法供應管制藥品或其他有害身心健康之物質予兒少者，處新臺幣六萬元以上三十萬元以下罰鍰；供應危害兒少身心健康之出版品予兒少者，處新臺幣二萬元以上十萬元以下罰鍰。當兒少進出賭博、色情、暴力等危害其身心健康之場所，卻未禁止者，處新臺幣一萬元以上五萬元以下罰鍰；當兒少侍應危害其身心健康之場所或從事危險、不正當或其他足以危害或影響其身心發展之工作時，未加以禁止者，處以新臺幣二萬元以上十萬元以下罰鍰，並公布其姓名。

　　若父母或監護人對兒少有遺棄、身心虐待，疏於保護、照顧情節嚴重，或未禁止兒少施用毒品、非法施用管制藥品等行為，兒童及少年或其最近尊親屬、

直轄市、縣（市）主管機關、兒童及少年福利機構或其他利害關係人，得請求法院宣告停止其親權或監護權之全部或一部，或得另行聲請選定或改定監護人；對於養父母，並得請求法院宣告終止其收養關係。

二、兒少保護與高風險家庭案件之工作流程

(一) 兒少保護與高風險家庭案件的確認與處理

在衛生福利部的兒少保護通報及處理程序中（如圖 15-2 所示），在知悉兒少保案件時會先依緊急與否之差別，決定是否先以言詞、電話通訊方式通報，或以網際網路、電信傳真或其他科技設備傳送等方式通報直轄市、縣（市）主管機關即可，但皆須於二十四小時內完成通報；再由直轄市、縣（市）主管機關初篩決定「成案」與否，並依案情進行多元的處理、調查、保護措施及家庭

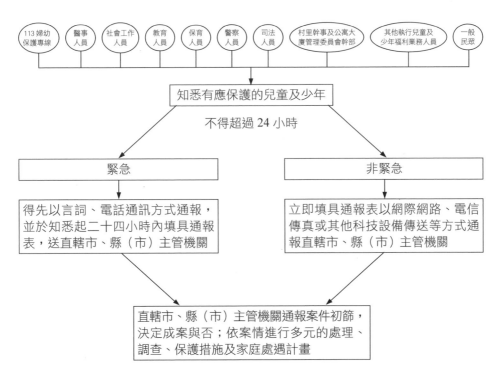

圖 15-2｜兒少保護通報及處理程序

資料來源：衛生福利部（2014）

處遇計畫。受理通報處理的原則包括：(1)啟動調查程序：確保兒少人身安全，找到安全聯絡人，並協助家庭（包括加害人安全照顧人）確保兒少之安全；(2)緊急處遇：應立即啟動保護措施、維護兒少人身安全、啟動犯罪調查與證據保全（尤其是性虐待案件，家內亂倫案件須先緊急安置，再進行檢警調查）、自殺防治通報與處理；(3)安全評估：聯繫通報人、關係人或安全聯絡人，多方確認蒐集資料與確認兒少安全，相關人等（如父母、監護人、照顧者、師長……）應予配合並提供相關資料。為保護兒少安全，受理通報時視需要指派社政、衛政、教育或警政訪視，至遲於二十四小時內當面訪視兒少為原則。

在《兒童及少年高風險家庭通報及協助辦法》第4條中另規定，直轄市、縣（市）主管機關於知悉或接獲有兒童及少年高風險家庭通報時，經初步評估符合兒童及少年高風險家庭者，應於知悉或接獲通報時起十日內進行訪視評估，並於一個月內提出評估報告。該法第13條則規定，依本辦法保護之兒童及少年有適用家庭暴力防治法者，直轄市、縣（市）主管機關得視兒童及少年需要代為其聲請民事保護令。

(二) 兒少保護與高風險家庭案件的後續處遇

此階段正式進入兒童及少年保護處遇系統，主要目的在協助「兒童及少年保護個案」的危機解除與生活重建。根據《兒童及少年福利與權益保障法》第56條的規定，如果兒童及少年有「非立即給予保護、安置或為其他處置，其生命、身體或自由有立即之危險或有危險之虞者」，各直轄市、縣（市）主管機關應該予以緊急保護、安置或為其他必要之處置。同時應依據該法第64條之規定：「兒童及少年有第49條或第56條第1項各款情事，或屬目睹家庭暴力之兒童及少年，經直轄市、縣（市）主管機關列為保護個案者，該主管機關應於三個月內提出兒童及少年家庭處遇計畫；必要時，得委託兒童及少年福利機構或團體辦理。」

在過去的內政部兒童局（2006）委託編印的《兒童及少年保護工作指南》（衛生福利部保護服務司，2014）中指出，在實務操作面上，兒童及少年服務「處遇計畫」大致可以分為「家庭維繫」與「家庭重整」二大服務模式，簡述

如下：(1) 家庭維繫服務：係指兒少保個案仍可安全生活於原生家庭之處遇模式，家庭處遇計畫得包括家庭功能評估、兒童及少年安全與安置評估、親職教育、心理輔導、精神治療、戒癮治療或其他與維護兒童及少年或其他家庭正常功能有關之扶助及福利服務方案。而處遇計畫之實施，兒童及少年本人、父母、監護人、實際照顧兒童及少年之人或其他有關之人應予配合；(2)家庭重整服務：係指兒少保個案繼續生活於原生家庭之安全危機程度較高，則宜依法安置兒童及少年於寄養家庭或安置機構的處遇模式，經由主管機關向法院聲請停止監護權或親權進行長期安置，具體措施包括轉介出養、長期寄養照顧（至十八歲止）、長期機構安置（至十八歲止）。

而直轄市、縣（市）主管機關在接獲高風險家庭通報後，經訪視評估兒童及少年有未獲適當照顧之虞者，確認為高風險家庭，則應視個案需求結合社政、警政、教育、戶政、衛生、財政、金融管理、勞政或其他相關機關，提供整合性服務（例如：關懷訪視、經濟補助、托育補助、社會救助及其他生活輔導服務、人身安全維護、觸法預防及失蹤人口協尋、就學權益維護與學生輔導及認輔服務、心理衛生及就醫服務、職業訓練及就業輔導等）。

三、兒童及少年保護個案的篩選評估 🌟

在國外，針對兒童虐待有結構式的晤談問卷可供臨床衡鑑及研究使用，此即「兒童虐待晤談問卷」（Child Maltreatment Interview Schedule, CMIS），原版全量表可參見 Briere（1992）的著作附錄。網址 http://www.johnbriere.com/cmis.htm 則有免費提供給專業研究者使用的簡式問卷版本（Childhood Maltreatment Interview Schedule: Short Form, CMIS-SF），但在任何情況下均禁止作為自我測驗使用。在國內，過去內政部兒童局曾委託編印的《兒童及少年保護工作指南》（衛生福利部保護服務司，2014）中，有「兒童少年受虐待暨被疏忽危機診斷表」（見表 15-5）、「兒童少年受虐待暨被疏忽研判指標簡明版表格」，提供各直轄市、縣（市）政府社會工作人員於第一次訪視時，用以判定訪視之個案是否為「兒童及少年保護個案」。

表 15-5｜兒童少年受虐待暨被疏忽危機診斷表

兒童少年姓名		個案號		兒童少年年齡	
兒童少年性別	□男　□女	疑似施虐者		與兒童少年關係	
主要照顧者		填表人		填表日期	年　月　日

	項　次	低 度 危 機	中 度 危 機	高 度 危 機
兒童少年因素	1. 年齡	□12 歲至未滿 18 歲	□7 歲至未滿 12 歲	□未滿 7 歲
	2. 身心狀況	□沒有生理或心理缺陷或限制	□具輕微之身體疾病、身體障礙、心智障礙或發展遲緩	□有嚴重之身體疾病 □中重度身體障礙、心智障礙或發展遲緩
	3. 自我保護能力	□有自我求助能力且可自我照顧和保護，不需要成人協助	□雖有自我求助能力，但需要成人協助才能照顧和保護自己	□完全無求助能力且一定需要成人的協助、保護及照顧
	4. 問題行為	□輕微情緒問題或過動 □偶爾有缺課紀錄 □偶爾上學遲到 □目前在家但曾有離家紀錄 □輕微行為偏差 □其他	□明顯情緒問題或過動 □經常有缺課紀錄 □經常上學遲到 □偶爾離家未歸 □嚴重行為偏差 □其他	□中輟 □嚴重學校適應問題 □經常離家或目前離家 □違法行為 □自殺的想法或行動 □酗酒或藥物濫用 □極端的敵意、暴力、攻擊 □性濫交、性交易或性交易之虞 □其他
兒童少年受虐待狀況	1. 受虐史	□第一次被舉發	□曾被舉發 □兒童少年與其家庭曾接受兒童少年保護服務	□目前為兒童少年保護之個案 □多次受虐記錄 □家中曾有其他子女因受虐致死或四肢器官遭受永久傷害 □經常目睹家庭暴力
	2. 受傷部位	□膝蓋、手肘、屁股	□軀幹（體）、四肢	□頭部、臉部或生殖器、臟器
	3. 受傷程度	□無傷害或輕微受傷，無需要送醫治療	□輕微身體外傷，需送醫治療	□兒童少年需要立即送醫處理或住院 □已有生命危險

（續下表）

	項　　次	低　度　危　機	中　度　危　機	高　度　危　機
兒童少年受虐待狀況	4. 受虐頻率	□兩個月一次 □單一傷害事件（偶爾打，但不是同一因素或同一方式）	□偶爾發生一次（約一個月一次）	□未滿一週一次 □持續受虐事件（約一週一次）
	5. 受生活照顧狀況	□未對兒童少年造成明顯影響	□照顧者提供兒童少年基本的醫療、衣、食、居住安全有不足之虞	□照顧者未提供兒童少年醫療、衣、食、居住安全
	6. 受施虐者威脅程度	□施虐者已經離家，沒有機會接近兒童少年 □施虐者對兒童少年沒有危害狀況	□施虐者在家，雖有機會接近兒童少年，但兒童少年受到其他成人保護	□施虐者在家，能隨時接近兒童少年，且不確定有其他成人保護兒童少年
照顧者因素	1. 生理、智力、精神或情緒能力	□無生理疾病 □無智能問題 □情緒穩定	□輕微智障 □疑似或曾有精神病 □慢性疾病 □有時無法控制情緒	□中重度殘 □中重度智障 □罹患精神疾病 □經常無法控制情緒 □罹患重大疾病
	2. 對兒童少年受虐的態度	□對兒童少年期待合理 □承認有兒童少年受虐	□偶爾對兒童少年不合理，不實際期待 □對兒童少年受虐事件避重就輕	□持續對兒童少年有不合理、不實際的期待與要求 □拒絕承認有兒童少年受虐待的問題
	3. 合作意願	□有高度意願與機構合作解決問題	□表面順從但配合度不夠	□拒絕或無意願與機構合作
	4. 酗酒與藥物濫用狀況	□無	□曾經酗酒或藥物濫用	□持續有過量酗酒或藥物濫用（此酒癮或藥癮對兒童少年產生安全威脅）
	5. 親職能力	□適當的照顧或管教知識及能力	□不一致的照顧或管教知識與能力	□嚴重缺乏照顧或管教能力
施虐者因素	1. 生理、智力、精神或情緒能力	□無生理疾病 □無智能問題 □情緒穩定	□輕微智障 □疑似或曾有精神病 □慢性疾病 □有時無法控制情緒	□中重度殘 □中重度智障 □罹患精神疾病 □經常無法控制情緒 □罹患重大疾病

（續下表）

	項　次	低 度 危 機	中 度 危 機	高 度 危 機
施虐者因素	2. 對兒童少年受虐的態度	□對兒童少年期待合理 □承認有兒童少年受虐	□偶爾對兒童少年不合理，不實際期待 □對兒童少年受虐事件避重就輕	□持續對兒童少年有不合理、不實際的期待與要求 □拒絕承認有兒童少年受虐待的問題
	3. 合作意願	□有高度意願與機構合作解決問題	□表面順從但配合度不夠	□拒絕或無意願與機構合作
	4. 酗酒與藥物濫用狀況	□無	□曾經酗酒或藥物濫用	□持續有過量酗酒或藥物濫用（此酒癮或藥癮對兒童少年產生安全威脅）
	5. 親職能力	□適當的照顧或管教知識及能力	□不一致的照顧或管教知識與能力	□嚴重缺乏照顧或管教能力
家庭因素	1. 壓力與危機	□家庭生活穩定 □有固定工作與收入	□收入不足 □缺乏家庭管理技巧 □家中有人患重大疾病 □家中有失業人口	□嚴重婚姻衝突 □混亂生活方式 □半年內家中有人過世 □經濟困難
	2. 支持系統	□親友關係佳，且能充分提供協助	□有親友願意協助，但能力有限 □親友僅能提供有限的協助	□與親友、鄰里不相往來或關係交惡
	3. 生活環境	□家中顯出整潔且無危害安全及健康之物品或設施	□有未處理之垃圾、水電不通 □螞蟻、蟑螂、老鼠及其他蟲類橫行 □居住條件不良，危害健康：如違章建築、貨櫃屋等	□居住於環境惡劣或危險之處所 □無固定住所
其他				
整體評估				

資料來源：衛生福利部保護服務司（2014）

　　「兒童少年受虐待暨被疏忽危機診斷表」是第一次家訪並單獨與孩子會談時完成，目的在研判兒童及少年繼續留在家中未來是否會有持續受傷害的風險。決策原則如下：

1. **兒童少年受虐待暨被疏忽的「低度危機」決策原則**

   (1) 危機診斷表中只有少數要項為「中度危機」項目內。

   (2) 危機診斷表中沒有任何要項落在「高度危機」項目內。

   (3) 危機診斷表中大部分要項為「低度危機」項目內。

2. **兒童少年受虐待暨被疏忽的「中度危機」決策原則**

   (1) 危機診斷表中有近一半要項落在「中度危機」項目內。

   (2) 危機診斷表中沒有任何要項落在「高度危機」項目內。

3. **兒童少年受虐待暨被疏忽的「高度危機」決策原則**

   (1) 當「兒童少年因素」中第 2、3、4 因素有一項落在「高度危機」項目內。

   (2) 當「兒童少年受虐待狀況」中任何一項因素落在「高度危機」項目內。

   (3) 當「照顧者因素」或「施虐者因素」中有任何一項因素落在「高度危機」項目內。

   (4) 危機診斷表中大部分的要項都落在「中度危機」項目內。

　　「兒童少年受虐待暨被疏忽研判指標簡明版表格」的使用要件包括：社會工作人員已接受兒童少年受虐待暨被疏忽研判指標相關的教育訓練、對於兒童少年受虐待暨被疏忽研判指標與《兒童及少年福利與權益保障法》非常熟悉、了解，並具有豐富的兒童少年保護工作相關經驗。

　　另有「兒童虐待傾向評量表」（The Child Abuse Potential Inventory, CAP）（黃惠玲、張永源、莊勝發、蔡志浩、王興耀，1992；Milner, 1989），在國外及國內均被採用，用以協助區分虐待個案及非虐待個案。在美國，「兒童虐待傾向評量表」已被證實可正確區辨兒童虐待個案，其正確率高達95%，然而，在評估虐待個案時，「兒童虐待傾向評量表」還應該配合其他的相關評估資料，以求更正確的篩選個案；其他的評估資料包括：晤談、個案過去史、直接觀察，或其他測驗結果等（黃惠玲、郭明珠、王文秀，1994）。

四、與疑似受虐兒童的初次晤談

初次與疑似受虐兒童接觸時，專業人員應該：(1)避免重複性的詢問，晤談時間不要太長；(2)注意兒童可能會有的感受：要兒童去描述發生在他們身上的事件，對他們來說可能是倍感壓力、難以啟齒、尷尬或有受創感受的；或者兒童可能認為他們必須為受虐事件負責（例如：「因為我不乖」），而這些都會影響到兒童對於受虐事件的記憶與陳述。因此，晤談時最好保持友善及溫和的態度與語氣，在不受干擾的狀況下，先從較不具威脅性、與受虐事件較無關的議題或活動切入，先與兒童建立關係。例如：「你通常怎麼過完每一天？」「爸爸、媽媽（或疑似加害者）平常會怎麼樣管教小孩？」「他們會怎麼做來使你明白你犯錯了？」以上述例句切入的方式，將有助於了解到虐童事件的發生是否可能來自不當管教；(3)使用適當的語彙：使用符合兒童發展年齡所能理解的語彙，避免複雜艱深的語句，並使用簡單的開放式問句（諸如：「告訴我，發生了什麼事？」「他（或她）對你做了什麼事？」）；避免直接問「為什麼？」；避免誘導式（leading）或暗示性（suggestive）的語句；關於「何時（when）？」的相關問題，若配合特定時日或事件（例如：「在你幾年級的時候？」「正好是過什麼節日的時候？」），將有助於了解發生在較年幼兒童事件之時序關係。

在兒童性虐待案件中，若無明顯外傷或 DNA 等相關證據佐證時，往往僅由被害孩童的證詞作為唯一證據，因此，為了保護此類被害兒童，如何讓更多醫療相關人員可以在第一時間發現並即時通報司法單位，減少證詞的污染與可信度，訪談技巧便顯得相形重要。美國國家兒童健康與人類發展中心（the National Institute of Child Health and Human Development, NICHD）所研創之 NICHD 訪談程序（The NICHD Investigative Interview Protocol）（Orbach et al., 2000），是一套目前被歐美先進國家廣為運用且具有實證基礎的司法訪談系統，訪談程序分為七個階段：(1)介紹（introduction）；(2)建立關係（rapport-building）；(3)敘說練習（narrative training）；(4)取得指控階段（transitional phase）；(5)真實問案階段（substantive phase）；(6)通報的信息（disclosure）；

(7)結束（closing）。在這程序中關注兒童發展的議題，包含：語言能力、記憶、受暗示性、法庭需求、會談者的行為、創傷和壓力的影響等，以提升與兒童的偵查會談品質。在介紹階段，讓孩童明白是要說出真正有發生的事情，不要猜，如果不知道的時候，可以說不知道就好了。若訪談者說錯，也要請孩童指正；在建立關係階段，可透過詢問孩童「喜歡做什麼事？」或「喜歡玩什麼東西？」來達到目的。對於性虐待事件的詢問，盡量使用開放式〔請被害孩童自由回憶事件、以被害孩童自己說的話來覆述事件，勿提及被害孩童未提及的細節，鼓勵孩童詳細敘述，例如：「跟我說（被害孩童提及事件）發生了什麼事？」、「然後呢？」或「跟我多說一點」〕或指示性問題〔將被害孩童的注意力集中於其所提到的細節，然後詢問相關的細節，你提到「人／事／時／地／物」，如：「你說爸爸摸你（此指示性問題必須是被害孩童已提及的細節）」、「怎麼摸？」、「爸爸摸你哪裡？」〕，要避免使用誤導或誘導性問題（包含被害孩童未提及的細節或暗示答案）。以上僅簡要敘述 NICHD 訪談程序之部分要點，建議與兒少保護有關的專業醫療人員皆能接受完整的訪談程序之訓練，以提升醫療相關人員對於兒童保護之處置知識。

五、衡鑑

　　社工員常是兒少受虐案件通報的第一線處理人員，當通報的兒少受虐事件特別地嚴重或複雜，或必須有司法系統介入的必要時，則專責單位應召開個案研討會討論或組成多專業團隊來進行調查。醫師對於疑似受虐兒童的完整身體系統評估是必要採行的醫學及生理檢查，而臨床心理師有可能在一般的兒童衡鑑的轉介或接受照會的過程中，接觸到疑似受虐的兒童，對於疑似受虐兒童的衡鑑歷程，包括：蒐集個案的過去史、照顧者的特質及其他相關的訊息、晤談、實際的行為觀察（需特別注意是否出現本章所介紹之相關症狀，包括身體指標與行為指標）、發展評估等。Witt 與 Hansen（2003）認為，要更了解兒童廣泛的發展狀態，可執行的發展心理評估如下：

1. **認知功能**：包括一個人如何看待及認識這個世界，其智能的優勢與限制。
2. **早期發展的完成**：包括嬰幼兒時期的發展里程碑（developmental mile-

stones）、語言、認知、動作、社會及適應能力等。

3. **學業成就**：包括學習態度、就學與否、是否有學習疾患，同時也評估學習問題、既有知識與成就、興趣及態度等。

4. **適應功能**：包括如何因應改變、遊戲技巧、自我照顧、溝通能力、日常生活技能、因應技巧、適應力與社交技巧等。

5. **情感／行為功能**：包括情緒與行為的調節、自我概念／認同、衝動控制能力、社會─情緒能力。情緒問題（焦慮及憂鬱）或行為問題（衝動與攻擊行為）的嚴重度亦應加以評估。

6. **心理動作**（psychomotor）、**語言／溝通能力的篩檢**：判斷是否需由相關領域的專家來做進一步的評估。

7. **確定個人的優勢、資源、危險性與易感性**：需考慮的因素，包括短期／長期的親友所具有的優勢與易感性、地方學校或社區機構的資源、家庭價值觀與文化（種族／文化態度與信念）、如何利用優弱勢來面對新問題、靈活性、持續度、挫折容忍力等。

8. **神經心理功能**：神經心理衡鑑有助於了解複雜的腦功能運作，通常在完成一般的心理與教育評估後，仍無法回答問題或處遇策略無法達到預期結果時，則會安排神經心理功能的評估，例如：有語言及聽覺歷程的問題、嚴重的閱讀缺陷、記憶困難、學習問題、推理缺失、視動技巧問題、能力與日常功能的落差等。腦傷後對行為及功能的影響也是神經心理衡鑑需加以評估的項目。

治療

《兒童及少年福利與權益保障法》是我國推動兒童福利相關業務的主要法規，該法第 64 條除規定直轄市、縣（市）主管機關須對「兒童及少年保護個案」提出「家庭處遇計畫」外，亦明確規範對於受虐以及目睹家庭暴力兒童及少年之處遇對象及服務內涵必須以家庭為核心。在家庭處遇服務計畫中，於通報並經過調查評估為兒童及少年保護個案後，依據兒童及少年的安置情形，進

行「家庭維繫」與「家庭重整」。「家庭維繫」係經評估兒少的受虐危機較低，研判可經由支持性或補充性服務協助兒少繼續生活於原生家庭之處遇模式，由兒少保護專責單位就應提供一系列可以支持家庭的服務，協助家庭成員適當的親職教養，以減低兒童及少年遭受更多的傷害或不適當的照顧；而「家庭重整」係指經過評估後，兒童及少年於原生家庭之安全危機程度較高，應依法安置於寄養家庭或安置機構之處遇模式，介入重點包括：親情維繫、家庭功能增強、排除任何不利返家的因素或創造更多有力返家之情境，此服務模式若經介入服務之後，經評估兒童及少年仍不適宜返家，則經由主管機關向法院聲請停止監護權或親權，而進行「長期（或永久）安置」，具體措施包括：轉介出養、長期寄養照顧（至十八歲止）、長期機構安置（至十八歲止）（彭淑華，2006）。

受虐兒童的心理治療，有時常被忽略，因為從社會法律的觀點，某些論點強調施虐者應受責罰或接受治療，為了減少兒童虐待或疏忽的發生，針對加害者的治療常是主要目標，因此，受虐兒童的心理處遇常在被安置後就被遺忘或者是被安排在加害者的處遇之後。另一個造成受虐兒童的心理處遇被忽略的可能原因是，一般的心理衛生工作者常注意到的是身體上的傷害，除非是專精於兒童虐待的專業醫療人員，否則，因受虐而伴隨的情緒創傷，則常遭到忽略。

要降低或預防虐待對兒童所帶來的不良後果應是心理處遇的重點，提供安全、信賴的環境，使受虐兒童得到安全及信賴感，並提升其自我的經驗，從修復的治療觀點而言，即讓受虐兒童以較健康的方式來理解並整合其經驗，透過矯正及修復的經驗歷程，使受虐兒童成為健康的存活者（Karp & Butler, 1996）。團體心理治療的形式對於情緒虐待以及性虐待孩童的脆弱感與無價值感的處遇會有幫助，可以達到協助情緒表達的目的，透過團體的經驗，可以讓兒童感覺更正常。對於受忽略的兒童，可以提供醫療照護與教育、尋求有助於改善其認知、社會與情感被剝奪之後果等的相關福利服務。

由於不同型態的虐待所造成的結果不盡相同，因此先了解不同受虐型態所產生的不良影響為何，應是治療方向擬定前應做的首要工作，治療計畫的擬定需依照兒童的臨床表現及治療進行的背景來做個別設計。對於不同的對象，或同一對象但在不同時間點均可能需要複合模式的處遇（multimodal treatment），

可以是個別、家族、團體或藥物治療的相互搭配，也可以考慮到不同程度的照護（門診、日間或住院）；另外，照顧者的合作是必要的，如此一來可以協助照顧者以行為策略來處理受虐兒童所產生的外化行為問題，也可達到監控受虐兒童的症狀，使家庭功能正常化的效用（Saywitz et al., 2000）。像是活動量過高、攻擊行為、衝動控制差等行為問題，可以採用學習問題解決策略的方式來處理；系統減敏感法及其他的放鬆技術，可以用來處理因虐待所產生的焦慮、害怕；當受虐兒童有人際互動問題時，社交技巧訓練將頗有助益；對於無明顯症狀的受虐兒童進行心理教育（psychoeducation），可以達到預防免疫的功效，有助於避免形成錯誤的覺知或產生不符現實的害怕，減少不適應的因應型態產生之機會。

最後，要提醒的是：不論治療者採用何種理論基礎進行治療的介入，千萬不要只注意到症狀的緩解，而忽略了虐待對兒童的發展所產生的衝擊及其要適應真實世界所面臨的困難。如何讓已經產生的病態或功能不良的行為，可以在有害的環境下能健康的調適，竭盡可能辨識出兒童所具有的保護因子，讓其在治療中的改變可以類化到社區中，達到長期的適應，這才是最終的目標。

參考文獻

一、中文部分

內政部（2012）。身心障礙者權益保障法。取自 http://glrs.moi.gov.tw/NewsContent. aspx? id=1371

內政部（2013）。內政統計年報。取自 http://sowf.moi.gov.tw/stat/year/list.htm

內政部戶政司（2019）。歷年全國人口統計資料。2019 年 12 月 16 日。取自 https://www.ris.gov.tw/app/portal/346

少年福利法（1989 年 1 月 23 日公布，2004 年 06 月 02 日廢止）

毛連塭（1985）。口語溝通障礙兒童之教育。台北市：台北市立師範學院。

毛連塭、黃宜化（1978）。國語構音測驗。高雄市：復文。

王天苗、蘇建文、廖華方、林麗英、鄒國蘇、林世華（1998）。嬰幼兒綜合發展測驗之編制報告。測驗年刊，**45**（1），19-46。

台灣兒童暨家庭扶助基金會（2012 年 12 月 19 日）。家扶基金會公佈 101 年度兒十大兒保新聞。取自 http://www.ccf.org.tw/? action=news1&class_id=4&did=64

台灣兒童暨家庭扶助基金會（2013 年 12 月 18 日）。兒少性虐待傷害數據歷史新高，8 年來增加約 2.7 倍。取自 http://www.ccf.org.tw/? action=news1&class_id=4&did=109

台灣精神醫學會（譯）（2014）。DSM-5 精神疾病診斷準則手冊（原作者：American Psychiatric Association）。新北市：合記。

行政院衛生署（2002）。台灣國小學童營養健康狀況調查 2001-2002：台灣國小學童肥胖及其相關合併症流行病學。台北市：作者。

余漢儀（1999）。兒童虐待──揭露變調的親子互動之後？載於中央研究院社會問題研究推動委員會主辦，台灣社會問題研究學術研討會論文。台北市。

吳文娟（2002）。九二一地震後國小學童生活壓力源探討──災區與非災區的比較

研究（未出版之碩士論文）。私立中原大學，桃園市。

吳佑佑（2012）。我不是不想上學──拒學孩子的內心世界。台北市：張老師文化。

吳武典、張正芬（1984）。國語文能力測驗。台北市：國立台灣師範大學特殊教育研究所。

吳武典、張正芬、盧台華、邱紹春（2003）。修訂文蘭適應行為量表：指導手冊。新北市：心理。

吳英璋（1978）。行為的發展。載於劉英茂（主編），普通心理學（下冊）（頁387-388）。台北市：大洋。

吳英璋、陳淑惠、曾旭民（2000）。九二一集集大地震後續短期研究──九二一災後心理因應狀況調查計畫。國家地震工程研究中心研究報告。

吳進欽、姜忠信（2011）。自閉症類幼兒標準化發展測驗的表現。應用心理研究，51，15-40。

吳進欽、姜忠信、侯育銘、劉俊宏（2009）。自閉症類幼童發展能力表現型態之研究。中華心理衛生學刊，22（1），1-25。

吳慧敏（2001）。兒童及少年時期性侵害被害盛行率及相關因子研究──以台南市和花蓮市高中職學生為例（未出版之碩士論文）。國立成功大學，台南市。

吳麗寬（1999）。行為治療在 ADHD 治療之應用。特教園丁，15，33-37。

宋維村（1994）。K-SADS-E 中文修定版。台北市：行政院國家科學委員會。

宋維村（1997）。嬰幼兒相互注意協調能力的發展。國立台灣大學心理學系研究計畫。台北市：國立台灣大學心理學系暨研究所。

李宗派（2003）。心智遲緩與唐氏症候群。身心障礙研究，1，43-56。

李明濱、吳佳璇、曾美智（2001）。飲食障礙症。載於實用精神醫學（第二版）（187-194頁）。台北市：國立台灣大學醫學院。

李俊仁（1998）。聲韻處理能力和閱讀能力的關係（未出版之博士論文）。國立中正大學，嘉義縣。

李閏華、張玉仕、劉靜女（譯）（2001）。死亡與喪慟：兒童輔導手冊（C. A. Corr & D. M. Corr 編著）。新北市：心理。

兒童及少年保護通報及處理辦法（2004 年 04 月 08 日公布，2012 年 05 月 30 日修正）

兒童及少年高風險家庭通報及協助辦法（2012 年 05 月 30 日公布）

兒童及少年福利法（2003 年 05 月 28 日公布，2008 年 8 月 6 日修正）

兒童及少年福利與權益保障法（2011 年 11 月 30 日修正公布，2014 年 01 月 22 日

修正）

兒童福利法（1973 年 2 月 8 日公布，2004 年 06 月 02 日廢止）

周文君、王雅琴、陳永成（1993）。兒童活動量表在注意力不足過動症之臨床應用。**中華精神醫學**，**7**，162-171。

性侵害犯罪防治法（1997 年 01 月 22 日公布，2011 年 11 月 09 日修正）

林一真（2000）。**貝克焦慮量表——指導手冊**。台北市：中國行為科學社。

林釗妤（譯）（2001）。請再傷害我吧：創傷後遊戲治療。載於梁培勇（總校閱），遊戲治療實務指南（T. Kottman & C. Schaefer 編著）（561-605 頁）。新北市：心理。

林清文（2000）。九二一災後學校師生身心反應與輔導需求之研究。九二一震災心理復健學術研討會論文集，63-85。

林慧芳（2001）。**國小六年級低閱讀能力學生工作記憶與推論能力之研究**（未出版之碩士論文）。國立彰化師範大學，彰化市。

林寶貴（1992）。**語言障礙評量表**。台北市：國立台灣師範大學特殊教育研究所。

林寶貴、錡寶香（2000）。語言障礙學生輔導手冊。載於**特殊教育學生輔導手冊（二）**。台南市：國立台南師範學院特殊教育工作小組。

侯伯勳、林志堅、遲景上（2003）。台中地區某國小低年級學童注意力不足過動症候群盛行率初探。**慈濟醫學**，**15**，163-167。

姜忠信、宋維村（2001）。自閉症的精神病理學：回顧與前瞻。**台灣精神醫學**，**15**（3），169-183。

姜忠信、宋維村（2005）。自閉症嬰幼兒的早期診斷：文獻回顧。**臨床心理學刊**，**2**（1），1-10。

柯華葳（1999a）。閱讀理解困難篩檢測驗。**測驗年刊**，**46**（2），1-11。

柯華葳（1999b）。**基礎數學概念評量**。台北市：行政院國家科學委員會特殊教育小組。

洪榮照（無日期）。**兒童攻擊行為之認知因素探究**。取自 www.ntcu.edu.tw/spc/aspc/6_ebook/pdf/9502/3.pdf

洪儷瑜（1996）。**學習障礙者教育**。新北市：心理。

洪儷瑜、張郁雯、陳秀芬、李瑩玓、陳慶順（2003）。**基本讀寫字綜合測驗**。新北市：心理。

胡維恆等（2001）。**憂鬱症百問**。台北市：財團法人董氏基金會。

孫奇芳（2007）。少年司法運作。發表於高雄市臨床心理師公會與高雄市立凱旋醫

院舉辦之「96 年度繼續教育課程──臨床心理師法、精神衛生法與精神鑑定」。高雄市：高雄市立凱旋醫院。

家庭暴力防治法（1988 年 06 月 24 日公布，2009 年 4 月 29 日修正）

徐享良（修訂）（2007）。中華適應行為量表使用者手冊。台北市：國立台灣師範大學特殊教育中心。

徐澄清（1977）。因材施教。台北市：健康世界。

徐澄清（1985）。綜說閱讀障礙。中華民國神經精神醫學會會刊，**11**（2），76-87。

徐澄清、廖佳鶯、余秀麗（1983）。嬰幼兒發展測驗。台北市：幸文。

桃園縣政府特殊教育學生鑑定及就學輔導會（2014，9 月 15 日）。桃園縣 **103 學年度第 1 學期國民中小學學習障礙學生鑑定實施計畫**。桃教特字第 1030063581 號函頒布。

秦麗花、吳裕益（1996）。國民小學低年級數學診斷測驗。新北市：心理。

財團法人董氏基金會心理衛生組（2011）。台灣五都國、高中職學生運動狀況、壓力源與憂鬱情緒之相關性調查。取自 http://www.jtf.org.tw/psyche/melancholia/survey.asp? This=80&Page=1

財團法人董氏基金會心理衛生組（2014）。大台北地區青少女憂鬱情緒程度、壓力源及紓壓方式調查。取自 http://news.cts.com.tw/nownews/life/201405/20140514 1421592.html

國家政策研究基金會（2008）。**臺灣兒童及青少年體重過重與肥胖問題之綜評**。台北市：作者。

張正芬（2003）。Autism Spectrum Disorder 對台灣特殊教育的影響。載於國立台灣師範大學特殊教育學系（編），「**2003 特殊教育學術研討會」會議手冊**。台北市：國立台灣師範大學特殊教育學系。

張正芬（2006）。**亞斯伯格症資優生之適性教育方案**。行政院國家科學委員會專題研究計畫，未出版。

張正芬、鍾玉梅（1986）。學前兒童語言發展量表之修訂及其相關研究。**特殊教育研究學刊**，**2**，37-52。

張學岭（1997）。青少年節食型態與體質指數。台灣精神醫學，**11**，60-67。

張學岭（2005）。飲食障礙。載於照會精神醫學，第十四章。新北市：合記。

教育部特殊兒童普查工作執行小組（1992）。第二次全國特殊兒童普查結果。**中等教育**，**43**（6），71-79。

梁培勇（2000）。孤兒的心理歷程：以一對姊妹的資料為例。*Proceedings of International Workshop on Annual Commemoration of Chi-Chi Earthquake, Vol. IV-Social Aspect*, 332-339。

許文耀（2000）。九二一地震災區學生的因應型態與心理症狀的關係。*Proceedings of International Workshop on Annual Commemoration of Chi-Chi Earthquake, Vol. IV-Social Aspect*, 256-268。

陳心怡（譯）（2000）。**貝克憂鬱量表第二版（BDI-II）中文版**。台北市：中國行為科學社。

陳心怡、陳榮華（修訂）（2013）。**魏氏幼兒智力量表：指導手冊**（中文第四版）。台北市：中國行為科學社。

陳以青（2004）。**學習障礙兒童在工作記憶表現之探討**（未出版之碩士論文）。國立中正大學，嘉義縣。

陳百薰（2007）。**兒童肥胖**。取自 http://www.kmu.edu.tw/~kmcj/data/9602/13.htm

陳快樂、鄭若瑟、陳俊鶯（2001）。南投縣心理復健實務工作說明與檢討。**「921」災後心理復健政策與實務研討會**（3-20 頁）。台北市：行政院衛生署。

陳秀芬（1998）。「中文一般字彙知識教學法」在增進國小識字困難學生識字學習成效之探討。**學習障礙資訊站雙月刊**，**4**，23-28。

陳怡群、黃惠玲、趙家琛（修訂）（2009）。**阿肯巴克實證衡鑑系統（ASEBA）**（原編製者：T. M. Achenbach & L. A. Rescorla）。新北市：心理。

陳俊欽等（編譯）（2001）。**精神醫學**（原作者：M. Gelder, R. Mayou, & J. Geddes）。台北市：藝軒。

陳信昭、陳碧玲（譯）（1999）。**行為障礙症兒童的技巧訓練：父母與治療者指導手冊**。新北市：心理。

陳冠宇、林亮吟、陳喬琪、胡維恆（2000）。某高中職學生的暴食症盛行率。**台灣精神醫學**，**14**，279-289。

陳映燁、曾美智、李宇宙、李明濱（2000）。厭食症之追蹤研究：臨床病程及結果。**台灣精神醫學**，**14**，51-62。

陳淑惠（修訂）（2008）。**台灣版兒童青少年憂鬱量表**。新北市：心理。

陳榮華（1986）。**行為改變技術**。台北市：五南。

陳榮華、陳心怡（修訂）（2002）。**魏氏成人智力量表：指導手冊**（中文第三版）。台北市：中國行為科學社。

陳榮華、陳心怡（修訂）（2007）。**魏氏兒童智力量表：指導手冊**（中文第四版）。台北市：中國行為科學社。

陳榮裕（2000年1月21日）。十大兒童受虐新聞，七件由父母施虐。**中國時報**，第9版。

陸莉、劉鴻香（1998）。**修訂畢保德圖畫詞彙測驗**。新北市：心理。

陸雅青（1993）。**藝術治療——繪畫詮釋：從美術進入孩子的心靈世界**。新北市：心理。

陸雅青（譯）（1997）。**兒童藝術治療**。台北市：五南。

彭淑華（2006）。**兒童及少年保護個案家庭處遇服務方案評估報告**。內政部兒童局補助評估報告。

曾美智（2012）。餵食和飲食障礙症。**台灣精神醫學會 DSM-5 通訊**，**2**（2）。

曾美智（2014）。嗜食症 DSM-5 新建立的診斷。**台灣精神醫學會 DSM-5 通訊**，**4**（2）。

曾美智、李明濱、李宇宙（1989）。我國飲食障礙症的臨床研究。**台灣精神醫學**，**3**，17-28。

曾美智、李明濱、李宇宙（1997）。中文版暴食問卷之信度和效度。**台灣精神醫學**，**11**，141-155。

曾美智、柯慧貞、李明濱（2001）。中文版飲食障礙問卷之信度和效度研究。**台灣醫學**，**5**（4），379-386。

湯華盛、黃政昌（2005）。**薛西佛斯也瘋狂——強迫症的認識與治療**。台北市：張老師文化。

湯華盛、黃政昌、陳冠宇、陳喬琪（2006）。中文版耶魯－布朗強迫症量表 （Y-BOCS）的信度與效度。**台灣精神醫學**，**20**（4），279-289。

黃秀霜（2001）。**中文年級認字量表**。新北市：心理。

黃惠玲（1993）。**發展台灣地區的多軸兒童行為衡鑑評量表**。行政院國家科學委員會研究計畫結果報告。

黃惠玲、王雅琴、郭乃文（1994）。注意力不足過動症兒童在神經心理測驗上的表現。**高雄醫學科學雜誌**，**10**（3），157-164。

黃惠玲、張永源、莊勝發、蔡志浩、王興耀（1992）。低收入家庭與兒童虐待研究。**高雄醫學科學雜誌**，**8**（1），35-44。

黃惠玲、郭明珠、王文秀（1994）。**兒童虐待——如何發現與輔導「兒童虐待家庭」**。新北市：心理。

黃瑞珍、李佳妙、黃艾萱、吳佳錦、盧璐（2009）。**零歲至三歲華語嬰幼兒溝通及語言篩檢測驗**。新北市：心理。

黃裕惠（1997）。家長訓練對 ADHD 孩子的家長的效果。**特殊教育季刊，64**，28-32。

黃蘭雯（2000）。ADHD 兒童的社會技能訓練。**輔導季刊，36**，11-15。

楊坤堂（1992）。**西北語句構成測驗**。台北市：台北市立師範學院特殊教育中心。

楊坤堂、李水源、張世彗、吳純純（2003）。**國小兒童書寫語文能力診斷測驗**。新北市：心理。

楊宗仁（1998）。自閉症研究的新趨勢。**特教新知通訊，5**（5），4-6。

楊淑蘭、周芳綺（2004）。**修訂中文口吃嚴重度評估工具——兒童版**。新北市：心理。

葉慧雯、曾念生、賴姿如、周桂如（2006）。飲食障礙症之認知行為治療。**護理雜誌，53**（4），65-73。

雷庚玲（1999）。災變後的心理復健——發展篇。載於鍾思嘉（主編），**災後學校心理教育與輔導手冊**（33-41 頁）。台北市：教育部訓育委員會。

臧汝芬、吳光顯、劉秋平（2002）。台灣某國小注意力不足過動症兒童之盛行率。**台灣精神醫學，16**，202-12。

劉士愷、林立寧、李明濱（2004）。飲食障礙症的精神藥物治療。**北市醫學雜誌，1**（2），6-12。

劉惠美、曹峰銘（2010）。**華語嬰幼兒溝通發展量表（臺灣版）**。新北市：心理。

劉瓊瑛（譯）（2006）。**自閉兒教養寶典**。台北市：久周。

蔡明富（2000）。「過」人的「智慧」——高智商注意力缺陷過動學生在魏氏兒童智力量表第三版上的表現。**資優教育季刊，75**，26-36。

蔡艷清、嚴嘉楓、林金定（2004）。精神疾病與智能障礙：流行病學與醫療照護需求分析。**身心障礙研究，2**，95-108。

蔣大偉（2001）。**由工作記憶角度探討數學障礙兒童的表現**（未出版之碩士論文）。國立中正大學，嘉義縣。

衛生福利部（2013a）。**兒童及青少年生長身體質量指數（BMI）建議值**。取自 http://www.hpa.gov.tw/BHPNet/Web/HealthTopic/TopicArticle.aspx？id=201308300012&parentid=201109290001

衛生福利部（2013b）。**過重／肥胖兒童與青少年之篩選及處理流程**。取自 https://consumer.fda.gov.tw/Pages/List.aspx？nodeID=637

衛生福利部（2013c）。台灣過重及肥胖的盛行率。取自 http://obesity.hpa.gov.tw/web/content.aspx? T=C&no=243

衛生福利部（2014）。兒少保護通報及處理程序。取自 http://www.mohw.gov.tw/cht/Ministry/List2_P.aspx? f_list_no=800&fod_list_no=4745&doc_no=43456

衛生福利部社會及家庭署（2013）。推動高風險家庭關懷輔導處遇實施計畫。取自 http://www.sfaa.gov.tw/SFAA/Pages/Detail.aspx? nodeid=105&pid=719

衛生福利部保護服務司（2013）。兒童少年保護及高風險家庭通報表。取自 http://www.mohw.gov.tw/CHT/DOPS/DM1_P.aspx? f_list_no=152&fod_list_no=4579&doc_no=20737

衛生福利部保護服務司（2014）。兒童及少年保護工作指南。取自 http://www.mohw.gov.tw/cht/DOPS/DM1_P.aspx? f_list_no=145&fod_list_no=4641&doc_no=42980

衛生福利部統計處（2013a）。102 年主要死因分析。取自 http://www.mohw.gov.tw/cht/DOS/Statistic.aspx? f_list_no=312&fod_list_no=5012

衛生福利部統計處（2013b）。民國 102 年死因結果摘要表。表 4：15-24 歲主要死亡原因。取自 http://www.mohw.gov.tw/cht/DOS/Statistic.aspx? f_list_no=312&fod_list_no=5012

衛生福利部統計處（2013c）。102 年死因統計年報。表 13：歷年蓄意自我傷害（自殺）死亡人數、死亡率 —— 按死因分類分。取自 http://www.mohw.gov.tw/cht/DOS/Statistic.aspx? f_list_no=312&fod_list_no=5012

衛生福利部統計處（2019a）。社會福利統計／保護服務／兒童少年保護——受虐人數。2019 年 12 月 16 日，取自 https://dep.mohw.gov.tw/DOS/lp-2985-113.html

衛生福利部統計處（2019b）。社會福利統計／保護服務／兒童少年保護——受虐類型。2019 年 12 月 16 日，取自 https://dep.mohw.gov.tw/DOS/lp-2985-113.html

衛生福利部統計處（2019c）。社會福利統計／保護服務／兒童少年保護——施虐者身分別分。2019 年 12 月 16 日，取自 https://dep.mohw.gov.tw/DOS/lp-2985-113.html

衛生福利部統計處（2019d）。社會福利統計／保護服務／兒童少年保護——施虐者本身因素。2019 年 12 月 16 日，取自 https://dep.mohw.gov.tw/DOS/lp-2985-113.html

盧台華、鄭雪珠、史習樂、林燕玲（2003）。社會適應表現檢核表：指導手冊。新北市：心理。

蕭麗玲（2000）。兒童創傷事後壓力症候之研究：九二一地震的衝擊。國立屏東師範學院，屏東市。

賴念華（2000）。藝術治療團體應用於災後兒童心理重建之歷程研究。2000 年諮商專業發展學術研討會議程手冊（91 頁）。中國輔導學會。

錡寶香（1998）。發展遲緩及障礙嬰幼兒語言能力之評量及介入。特教園丁，14（2），22-30。

薛惠琪（1995）。兒童行為問題實徵性多軸衡鑑與分類之相關研究（未出版之碩士論文）。私立中原大學，桃園市。

謝智謀（無日期）。另類學習方式——體驗學習。取自 www.scu.edu.tw/sw/course/community/3.pdf

鍾玉梅（1987）。語言發展遲緩兒童之評估與治療。聽語會刊，4，35-44。

鍾偉恩、葉佐偉、林亮吟（2001）。受虐兒童與青少年臨床心理社會特徵。台灣精神醫學，15（4），277-289。

顏正芳（2010）。台灣版多向度兒童青少年焦慮量表——指導手冊。新北市：心理。

蘇建文、盧欽銘、陳淑美、鍾志從（1991）。貝萊嬰兒發展量表。台北市：國立台灣師範大學教育心理與輔導學系。

蘇淑貞、宋維村、徐澄清（1984）。中國閱讀障礙學童之類型及智力測驗。中華心理學刊，26（1），41-48。

蘇喜、蕭淑貞、張珏、宋維村、徐澄清、林家青（1978）。學齡前兒童行為發展量表之修訂及初步常模之建立。中華民國小兒科醫學會雜誌，19（2），142-157。

饒蓓蕙（2003）。兒童語音迴路與新字彙學習（未出版之碩士論文）。國立中正大學，嘉義縣。

TVBS 新聞（2008）。157 公斤國二柔道生晨訓猝死。取自 http://news.tvbs.com.tw/entry/172619

二、西文部分

Abidin, R. R. (1983). *The parenting stress index*. Charlottesville, VA: Pediatric Psychology Press.

Achenbach, T. M. (1991a). *Manual for the Child Behavior Checklist/4-18 and 1991 profile*. Burlington: University of Vermont, Department of Psychiatry.

Achenbach, T. M. (1991b). *Manual for the Youth Self-Report and 1991 profile*. Burlington:

University of Vermont, Department of Psychiatry.

Achenbach, T. M., & Rescorla, L. A. (2001). *Manual for the ASEBA school-age forms and profile*. Burlington: University of Vermont, Research center for Children, Youth, and Families.

Adams, L., Gouvousis, A., VanLue, M., & Waldron, C. (2004). Social story intervention. *Focus on Autism and Other Developmental Disabilities, 19*(2), 87-94.

Agras, W. S., Walsh, T., Fairburn, C. G., Wilson, G. T., & Kraemer, H. C. (2000). A multicenter comparison of cognitive-behavioral therapy and interpersonal psychotherapy for bulimia nervosa. *Arch Gen Psychiatry, 57*, 459-466.

Ainsworth, M. D. S., Blehar, M., Waters, E., & Walls, S. (1978). *Patterns of attachment*. NJ: Lawrence Erlbaum Associates.

Akshoomoff, N., Corsello, C., & Schmidt, H. (2006). The role of the Autism Diagnostic Observation Schedule in the assessment of autism spectrum disorders in school and community settings. *California School Psychology, 11*, 7-19.

Albano, A. M., & Kendall, P. C. (2002). Cognitive behavioural therapy for children and adolescents with anxiety disorders: Clinical research advances. *International Review of Psychiatry, 14*, 129-134.

Albano, A. M. (2003). Treatment of social anxiety disorder. In M. A. Reinecke & F. M. Dattilio (Eds.), *Cognitive therapy with children and adolescents: A case book for clinical practice* (2nd ed., pp.128-161). New York, NY: Guilford Press.

Albano, A. M., Chorpita, B. F., & Barlow, D. H. (1996). Childhood anxiety disorders. In E. J. Mash & R. A. Barkley (Eds.), *Child psychopathology* (pp. 196-241). New York, NY: Guilford Press.

Allgood-Merten, B., Lewinsohn, P., & Hops, H. (1990). Sex differences and adolescent depression. *Journal of Abnormal Psychology, 99*, 55-63.

Altmann, E., & Gotlib, I. (1988). The social behavior of depressed children: An observational study. *Journal of Abnormal Child Psychology, 16*, 29-34.

Aman, C. J., Robert, R. J., & Pennington, B. F. (1998). A neuropsychological examination of the underlying deficit in attention deficit hyperactivity disorder: Frontal lobe versus right parietal lobe theories. *Developmental Psychology, 34*, 956-969.

American Academy of Child and Adolescent Psychiatry [AACAP] (2005). Practice parameters for the assessment and treatment of children and adolescents with reactive attachment disorder of infancy and early childhood. *Journal of American Academy of Child and Adolescent Psychiatry, 44*(11), 1206-1219.

American Academy of Child and Adolescent Psychiatry (AACAP) (2007). Practice parameter for the assessment and treatment of children and adolescents with anxiety disorders. *Journal of the American Academy of Child and Adolescent Psychiatry, 46,* 267-283. This practice parameter is available on the Internet (www.aacap.org).

American Academy of Child and Adolescent Psychiatry [AACAP] (2010). Practice parameters for the assessment and treatment of children and adolescents with posttraumatic stress disorder. *Journal of American Academy of Child and Adolescent Psychiatry, 49*(4), 414-430.

American Academy of Child and Adolescent Psychiatry (AACAP) (2012). Practice parameters for the assessment and treatment of children and adolescents with obsessive-compulsive disorder. *Journal of the American Academy of Child and Adolescent Psychiatry, 51,* 98-113. This practice parameter is available to Academy members on the World Wide Web (www.aacap.org).

American Psychiatric Association [APA] (1994). *Diagnostic and statistical manual of mental disorder* (4th ed.) (DSM-IV).Washington, DC: The Author.

American Psychiatric Association [APA]. (2000). *Diagnostic and statistical manual of mental disorders* (4th ed., Text Revision) (DSM-IV-TR). Washington, DC: American Psychiatric Association.

American Psychiatric Association [APA] (2004). *Practice guideline for the treatment of patients with acute stress disorder and posttraumatic stress disorder*. Retrieved from http://www.psych.org/cme

American Psychiatric Association [APA] (2006). *Practice guideline for the treatment of patients with eating disorders* (3rd ed.). Available in the Psychiatric Practice section of the APA Web Site at www.psych.org

American Psychiatric Association [APA]. (2013). *Diagnostic and statistical manual of mental disorders* (DSM-5). Washington, DC: The Author【國內已由台灣精神醫學會於 2014 年翻譯及審訂 *Desk Reference to the Diagnostic Criteria From DSM-5*，中文書名：DSM-5 精神疾病診斷準則手冊。新北市：合記。】

Anastopoulos, A. D., & Barkley, R. A. (1992). Attention-deficit hyperactivity disorder. In C. E. Walker & M. C. Roberts (Eds.), *Handbook of clinical child psychology*. New

York, NY: John Wiley & Sons.

Anastopoulos, A. D., & Shaffer, S. D. (2001). Attention-deficit/hyperactivity disorder. In C. E. Walker & M. C. Roberts (Eds.), *Handbook of clinical child psychology*. New York, NY: John Wiley & Sons.

Anderson, S., & Morris, J. (2006). Cognitive behaviour therapy for people with Asperger syndrome. *Behavioural and Cognitive Psychotherapy, 34*(3), 293-303.

Andrews, G., Morris-Yates, A., Howie, P., & Martin, N. G. (1991). Genetic factors in stuttering confirmed. *Archives of General Psychiatry, 48*, 1034-1035.

Aragona, M., & Vella, G. (1998). Psychopathological considerations on the relationship between bulimia and obsessive-compulsive disorder. *Psychopathology, 31*, 197-205.

Asarnow, J., Glynn, S., Pynoos, R. S., Nahum, J., Guthrie, D., Cantwell, D. P., & Franklin, B. (1999). When the earth stops shaking: Earthquake sequelae among children diagnosed for pre-earthquake psychopathology. *Journal of American Academy of Child and Adolescent Psychiatry, 38*(8), 1016-1023.

Aschenbrand, S. G., Kendall, P. C., Webb, A., Safford, S. M., Flannery-Schroeder, E. (2003). Is childhood separation anxiety disorder a predictor of adult panic disorder and agoraphobia? A seven-year longitudinal study. *Journal of the American Academy of Child and Adolescent Psychiatry, 42*, 1478-1485.

Asperger, H. (1944). Die autistischenpsychopathen' im kindesalter. *Arch. Psychiatr. Nervenkr, 117*, 76-136.

Attwood, T. (1998). *Asperger's syndrome: A guide for parents and professionals*. London: Jessica Kingsley.

Attwood, T. (2007). *The complete guide to Asperger's syndrome*. London: Jessica Kingsley Publishers.

Baddeley, A. D. (1986). *Working memory*. Oxford: Oxford University Press.

Baddeley, A. D., Gathercole, S. E., & Papagno, C., (1998). The phonological loop as a language learning device. *Psychological Review, 105*, 158-173.

Baird, G., Charman, T., Baron-Cohen, S., Cox, A., Swettenham, J., Wheelwright, S., et al. (2000). A screening instrument for autism at 18 months of age: A 6-year follow-up-study. *Journal of the American Academy of Child & Adolescent Psychiatry, 39*(6), 694-702.

Baker, L., & Cantwell, D. P. (1995). Selective mutism. In H. I. Kaplan, & B. J. Sadock

(Eds.), *Comprehensive textbook of psychiatry/VI* (6th ed., pp. 2351-2353). New York, NY: Williams & Wilkins.

Barkley, R. A. (1990). *Attention-deficit hyperactivity disorder*. New York, NY: The Guilford Press.

Barkley, R. A. (1996). Attention-deficit hyperactivity disorder. In E. J. Mash & R. J. Barkley (Eds.), *Child psychopathology*. New York, NY: Guilford Press.

Barkley, R. A. (1997). *ADHD and the nature of self-control*. New York, NY: Guilford Press.

Barkley, R. A. (1998a). *Attention-deficit/hyperactivity disorder*. New York, NY: Guilford Press.

Barkley, R. A. (1998b). *Attention-deficit hyperactivity disorder: A handbook for diagnosis and treatment* (2nd ed.). New York, NY: Guilford Press.

Barkley, R. A., Fischer, M., & Fletcher, K. (1997). *Young adult outcome of hyperactive children diagnosed by research criteria*. NIMH Grant, University of Massachusetts Medical Center.

Barlow, D. H. (2000). Unraveling the mysteries of anxiety and its disorders from the perspective of emotion theory. *American Psychologist, 55*, 1247-1263.

Barlow, D. H. (2002). *Anxiety and its disorders: The nature and treatment of anxiety and panic* (2nd ed.). New York, NY: Guilford Press.

Baron-Cohen, S., & Cross, P. (1992). Reading the eyes: Evidence for the role of perception in the development of a theory of mind. *Mind and Language, 6*, 173-186.

Baron-Cohen, S. (1995). *Mindblindness: An essay on autism and theory of mind*. Cambridge: MIT Press.

Baron-Cohen, S., Cox, A., Baird, G., Swettenham, J., Nightingale, N., & Morgan, K. et al. (1996). Psychological markers in the detection of autism in infancy in a large population. *British Journal of Psychiatry, 168*, 158-163.

Baron-Cohen, S., Leslie, A. M., & Frith, U. (1985). Does the autistic child have a "theory of mind"? *Cognition, 21*, 37-46.

Baron-Cohen, S., Wheelwright, S., Spong, A., Scahil, V., & Lawson, J. (2001). Are intuitive physics and intuitive psychology independent? A test with children with Asperger syndrome. *Journal of Developmental and Learning Disorders, 5*, 47-78.

Bayley, N. (2006). *Bayley Scales of Infant Development manual* (3rd ed.). San Antonio,

TX: The Psychological Corporation.

Beardslee, W. R., Keller, M. B., Lavori, P. W., & Sacks, N. (1993). The impact of parental affective disorder in depression in offspring: A longitudinal follow-up in a nonreferred sample. *Journal of the American Academy of Child and Adolescent Psychiatry, 32*, 723-730.

Beck, A. T. (1967). *Depression: Clinical, experimental and theoretical aspects*. New York, NY: Harper & Row.

Beck, A. T., Rush, A. J., Shaw, B. F., & Emery, G. (1979). *Cognitive therapy for depression*. New York, NY: Guilford Press.

Beck, A. T., Ward, C. H., Mendelson, M., Mock, J., & Erbaugh, J. (1961). An inventory for measuring depression. *Archives of General Psychiatry, 4*, 561-571.

Beidel, D. C., & Turner, S. M. (1997). At risk for anxiety: I. Psychopathology in the offspring of anxious parents. *Journal of the American Academy of Child and Adolescent Psychiatry, 36*, 918-924.

Belsky, J. (1993). Etiology of child maltreatment: A developmental-ecological analysis. *Psychological Bulletin, 114*(3), 413-434.

Bergman, R. L., Piacentini, J., & McCracken, J. T. (2002). Prevalence and description of selective mutism in a school-based sample. *Journal of the American Academy of Child & Adolescent Psychiatry, 41*(8), 938-946.

Biederman, J., Rosenbaum, J. F., Chaloff, J. & Kangan, J. (1995). Behavioral inhibition as a risk factor for anxiety disorders. In J. S. Marsh (Ed.), *Anxiety Disorders in Children and Adolescents*. New York, NY: Guilford Press.

Biederman, J., Wilens, T., Mick, E., Faraone, S. V., Weber, W., Curtis, S., ... Soriano, J. (1997). Is ADHD a risk factor for psychoactive substance use disorder? Findings from a four-year prospective follow-up study. *Journal of the American Academy of Child and Adolescent Psychiatry, 33*, 21-29.

Birleson, P., Hudson, I., Buchanan, D. et al. (1987). Clinical evaluation of a self-rating scale for depressive disorder in childhood (Depression Self-Rating Scale). *Journal of Child Psychology and Psychiatry, 28*, 43-60.

Birmaher, B., Khetarpal, S., Brent, D., Cully, M., Balach, L., Kaufman, J., & McKenzie, N. S. (1997). The Screen for Child Anxiety Related Emotional Disorders (SCARED): Scale construction and psychometric characteristics. *Journal of the American Acade-*

my of Child and Adolescent Psychiatry, 36, 545-553.

Birmaher, B., Ryan, N. D., Williamson, D. E., Brent, D. A., Kaufman, J., Dahl, R. E., ... Nelson, B. (1996). Childhood and adolescent depression: A review of the past 10 years: Part I. *Journal of the American Academy of Child and Adolescent Psychiatry, 35*, 1427-1439.

Black, B., & Uhde, T. W. (1992). Elective mutism as a variant of social phobia. *Journal of the American Academy of Child and Adolescent Psychiatry, 31*, 1090-1094.

Black, K., & McCartney, K. (1998). Adolescent females' security with parents predicts the quality of peer interactions. *Social Development, 6*, 91-110.

Bock, M. A. (2007). The impact of social behavioral learning strategy training on the social interaction skills of four students with Asperger syndrome. *Focus on Autism and Other Developmental Disabilities, 22*, 88-95.

Bondy, A. S., & Frost, L. A. (1994). The picture exchange communication system. *Focus on Autism and Other Developmental Disabilities, 9*(3), 1-19.

Bondy, A. S., & Frost, L.A. (2001). The picture exchange communication system. *Behav Modif, 25*(5), 725-744.

Boos, S. C. (2003). Abuse detection and screening. In M. S. Peterson, M. Durfee, & K. Coulter (Eds.), *Child abuse and neglect: Guidelines for identification, assessment, and case management* (pp. 9-10). CA: Volcano Press.

Bowlby, J. (1969). *Attachment* [Vol. 1 of Attachment and Loss]. New York, NY: Basic Books.

Bowlby, J. (1973). *Separation: Anxiety and anger* [Vol. 2 of Attachment and Loss]. New York, NY: Basic Books.

Bowlby, J. (1997). *Loss: Sadness and depression* [Vol. 3 of Attachment and Loss]. London: Pimlico.

Bowring, M. A., & Kovacs, M. (1992). Difficulties in diagnosing manic disorders among children and adolescents. *Journal of the American Academy of Child and Adolescent Psychiatry, 31*, 611-614.

Bremner, J. D. (2006). Traumatic stress from a multiple-level-of-analysis perspective. In D. Cicchetti & D. J. Cohen (Eds.), *Developmental psychopathology* (2nd ed.)(Vol. 2, pp. 656-676). NJ: John Wiley & Sons.

Brems, C. (2008). *A comprehensive guide to child psychotherapy and counseling* (3rd ed.). Long Grove, Ill.: Waveland Press.

Brent, D. A., Holder, D., Kolko, D., Birmaher, B., Baugher, M., Roth, C., ... Johnson, B. A. (1997). A clinical psychotherapy trial for adolescent depression comparing cognitive, family, and supportive therapy. *Archives of General Psychiatry, 54*, 877-885.

Briere, J. N. (1992). *Child abuse trauma: Theory and treatment of the lasting effects*. Newbury Park, CA: Sage.

Brinch, M., Isager, T., & Tolstrup, K. (1988). Anorexia nervosa and motherhood: Reproduction pattern and mothering behavior of 50 women. *Acta Psychiatrica Scandinavica, 77*, 611-617.

Brook, J., Whiteman, M., Finch, S., & Cohen, P. (2000). Longitudinally foretelling drug-use in the late twenties: Adolescent personality and social-environmental influences. *Journal of Genetic Psychology, 161*, 37-51.

Brown, E., Wilson, V., & Laybourne, P. C. (1963). Diagnosis and treatment of elective mutism in children. *Journal of the American Academy of Child and Adolescent Psychiatry, 2*, 605-617.

Bruch, H. (1973). *Eating disorders: Obesity, anorexia nervosa and the person within*. New York, NY: Basic Books.

Bruch, H. (1986). Anorexia nervosa: The therapeutic task. In K. D. Brownell & J. P. Foreyt (Eds.), *Handbook of eating disorders: Physiology, psychology, and treatment of obesity, anorexia nervosa, and bulimia*. New York, NY: Basic Books.

Butera, G., & Haywood, H. C. (1995). Cognitive education of young children with autism: An application of Bright Start. In E. Schopler & G. Mesibov (Eds.), *Learning and cognition in autism* (pp. 227-256). New York, NY: Plenum Press.

Cahill, C. M., Green, M. J., Jairam, R., & Malhi, G. S. (2007). Bipolar disorder in children and adolescents: Obstacles to early diagnosis and future directions. *Early Intervention in Psychiatry, 1*, 138-149.

Campbell, S. B. (1990). The socialization and social development of hyperactivity children. In M. Lewis & S. M. Miller (Eds.), *Handbook of developmental psychopathology*. New York, NY: Plenum Press.

Campbell, S. B. (1995). Behavior problems in preschool children: A review of recent research. *Journal of Child Psychology and Psychiatry, 36*, 113-149.

Canadian Psychiatric Association [CPA] (2006). Clinical practice guidelines: Management of anxiety disorder. *The Canadian Journal of Psychiatry, 51* (suppl2).

Cantwell, D. P., & Baker, L. (1992). Association between attention deficit-hyperactivity disorder and learning disorders. In S. E. Shaywitz & B. A. Shaywitz (Eds.), *Attention deficit disorder comes of age: Toward the twenty-first century* (pp. 145-164). Austin, TX: Pro-ed.

Carlson, G. A. (1994). Adolescent bipolar disorder: Phenomenology and treatment implications. In W. M. Reynolds & H. F. Johnston (Eds.), *Handbook of depression in children and adolescents* (pp. 41-60). New York, NY: Plenum Press.

Carlson, G. A. (1995). Identifing prepubertal mania. *Journal of the American Academy of Child and Adolescent Psychiatry, 34*, 750-753.

Carr, A., & Afnan, S. (1989). Concurrent individual and family therapy in a case of elective mutism. *Journal of Family Therapy, 11*, 29-44.

Carr, L., Iacoboni, M., Dubeau, M. C., Mazziotta, J. C., & Lenzi, G. L. (2003). Neural mechanisms of empathy in humans: A relay from neural systems for imitation to limbic areas. *Proceeding of National Academic Science, USA, 100*, 5497-5502.

Casey, B. J., Castellanos, F. X., Giedd, J. N., Marsh, W. L., Hamburger, S. D., Schubert, A. B., ... Rapoport, J. L. (1997). Implication of right frontostriatal circuitry in response inhibitiob and attention-deficit/hyperactivity disorder. *Journal of the American Academy of Child and Adolescent Psychiatry, 36*, 374-383.

Casper, R., Hedeker, D., & McClough, J. F. (1992). Personality dimensions in eating disorders and their relevance for subtyping. *Journal of the American Academy of Child and Adolescent Psychiatry, 31*, 830-840.

Castellanos, F. X., Lee, P. P., Sharp, W., Jeffries, N. O., Greenstein, D. K., Clasen, L. S., ... Rapoport, J. L. (2002). Developmental trajectories of brain volume abnormalities in children and adolescents with attention-deficit/hyperactivity disorder. *Journal of the American Medical Association, 288*, 1740-1748.

Centers for Disease Control (1994). Deaths resulting from firearm-and motor-vehicle-related injuries: United States, 1968-1991. *Journal of American Medical Association, 271*, 495-496.

Chao, C. C., & Wu, Y. Y. (2000). Preliminary report of post-traumatic stress reaction in child survivors after the Chi-Chi Earthquake. *Proceedings of International Workshop on Annual Commemoration of Chi-Chi Earthquake, Vol. IV-Social Aspect*, 270-282.

Chorpita, B. F. (2001). Control and the development of negative emotions. In M. W. Vasey & M. R. Dadds (Eds.), *The developmental psychopathology of anxiety* (pp. 112-142). New York, NY: Oxford University Press.

Chorpita, B. F., & Barlow, D. H. (1998). The development of anxiety: The role of control in the early environment. *Psychological Bulletin, 124*, 3-21.

Chorpita, B. F., & Daleiden, E. L. (2002). Tripartite dimensions of emotion in a child clinical sample: Measurement strategies and implications for clinical utility. *Journal of Consulting and Clinical Psychology, 70*, 1150-1160.

Cicchetti, D., & Cohen, D. J. (1995). *Developmental Psychopathology* (Vol. 2, chp.9, pp. 299-331). New York, NY: John Wiley & Sons.

Cicchetti, D. (2006). Development and psychopathology. In D. J. Cohen & D. Cicchetti (Eds.), *Developmental psychopathology: Risk, disorder, and adpatation* (Vol.1). New York, NY: John Wiley & Sons.

Cicchetti, D., & Rogosch, F. A. (2001). The impact of child maltreatment and psychopathology on neuroendocrine functioning. *Development and Psychopathology, 13*, 783-804.

Cicchetti, D., & Toth, S. L. (1988). The development of depression in children and adolescents. *American Psycholoyist, 53*, 221-241.

Cicchetti, D., & Valentino, K. (2006). An ecological-transactional perspective on child maltreatment: Failure of the average expectable environment and its influence on child development. In D. Cicchetti & D. J. C. Hoboken (Eds.), *Developmental Psychopathology* (Vol. 3, pp.129-184). New York, NY: John Wiley & Sons.

Clark, J., Stein, M. D., Sobota, M., Marisi, M., & Hanna, L. (1999). Victims as victimizers-physical aggression by persons with a history of childhood abuse. *Archives of Internal Medicine, 159*(16), 1920-1924.

Clarke, G. N., Lewinsohn, P. M., & Hops, H. (1990). *Adolescent coping with depression course: Leader's manual for adolescent groups*. Eugene, OR: Castalia.

Cogan, J. C., Bhalla, S. K., Sefa-Dedeh, A., & Rothblum, E. D. (1996). A comparison study of United States and African students on perceptions of obesity and thinness. *Journal of Cross Cultural Psychology, 27*, 98-113.

Cohan, S. L., Chavira, D. A., & Stein, M. B. (2006). Practitioner review: Psychosocial interventions for children with selective mutism: A critical evaluation of the literature from 1990-2005. *Journal of Child Psychology and Psychiatry, 47*(11), 1085-1097.

Cohan, S. L., Price, J. M., & Stein, M. B. (2006). Suffering in silence: Why a developmental psychopathology perspective on selective mutism is needed. *Journal of Developmental & Behavioral Pediatrics, 27*(4), 341-355.

Cohen, N. J., Vallance, D. D., Barwick, M., Im, N., Menna, R., Horodezky, N. B., & Isaacson, L. (2000). The interface between ADHD and Language impairment. An examination of language, achievement, and cognitive processing. *Journal of Child Psychology and Psychiatry, 41*, 353-362.

Compas, B. E., & Epping, J. E. (1993). Stress and coping in children and family. In C. F. Saylor (Ed.), *Children and disasters* (pp. 11-28). New York, NY: Plenum Press.

Compas, B. E., Connor-Smith, J. K., Saltzman, H., Thomsen, A. H., & Wadsworth, M. E. (2001). Coping with stress during childhood and adolescence: Problems, progress, and potential in theory and research. *Psychological Bulletin, 127*, 87-127.

Compton, S. N., March, J. S., Brent, D., Albano, A. M., Weersing, V. R., & Curry, J. (2004). Cognitive-behavioral psychotherapy for anxiety and depressive disorders in children and adolescents: An evidence-based medicine review. *Journal of the American Academy of Child and Adolescent Psychiatry, 43*, 930-959.

Conn, B. M., & Coyne, L. W. (2014). Selective mutism in early childhood assessment and treatment of an African American preschool boy. *Clinical Case Studies, 13*(6), 487-500.

Conner, M. (2006). Wilderness and adventure therapy programs. Retrieved from http://adventureprograms.org/Articles/whatisAdventureTherapy.htm

Conners, C. K. (1995). *Conners' Continuous Performance Test.* North Tonawanda, NY: Multi Health Systems.

Conners, C. K., Epstein, J. N., March, J. S., Angold, A., Wells, K. C., Klaric, J., ... Wigal, T. (2001). Multimodel treatment of ADHD in the MTA: An alternative outcome analysis. *Journal of the American Academy of Child and Adolescent Psychiatry, 40*, 159-167.

Conners, C. K., Sitarenios, G., Parker, J. D., & Epstein, J. N. (1998). Revision and Restandardization of the Conners Teacher Rating Scale (CTRS-R): Factor structure, reliability, and criterion validity. *Journal of Abnormal Child Psychology, 26*, 279-291.

Cook, E. H. (1990). Autism: Review of neurochemical investigations. *Synapse, 6*,

292-308.

Cook, E. H., Jr, Courchesne, R. Y., Cox, N. J., Lord, C., Gonen, D., Guter, S. J., et al. (1998). Linkage-disequilibrium mapping of autistic disorder. *American Journal of Human Genetics, 62*, 1077-1083.

Cooper, M. (2005). A developmental vulnerability-stress model of eating disorders: A cognitive approach. In B. L. Hankin & J. R. Z. Abela (Eds.), *Development of psychopathology: A vulnerability-stress perspective*. CA: Sage.

Costello, A. J., Edelbrock, L. S., Dulcan, M. K., Kalas, R., & Klaric, S. H. (1984). *Report on the NIMH Diagnostic Interview Schedule for Children (DISC)*. Washington, DC: National Institute of Mental Health.

Costello, E. J., Egger, H. L., & Angold, A. (2004). Developmental epidemiology of anxiety disorders. In T. H. Ollendick & J. S. March (Eds.), *Phobic and anxiety disorders in children and adolescents*. New York, NY: Oxford University Press.

Cowen, P. J., Anderson, I. M., & Fairburn, C. G. (1992). Neurochemical effects of dieting: Relevance to eating and affective disorders. In G. H. Anderson & S. H. Kennedy (Eds.), *The biology of feast and famine: Relevance to eating disorders* (pp.269-284). New York, NY: Academic Press.

Coyne, J. C., Downey, G., & Boergers, J. (1992). Depression in families: A systems perspective. In D. Cicchetti & S. L. Toth (Eds.), *Rochester symposium on developmental psychopathology* (Vol. 4): Developmental perspectives on depression (pp. 211-249). New York, NY: University of Rochester Press.

Craighead, L.W. (2002). Obesity and eating disorders. In M. M. Antony & D. H. Barlow (Eds.), *Handbook of assessment and treatment planning for psychological disorders*. New York, NY: Guilford Press.

Creak, M., Cameron, K., Cowie, V., Inj, S., Mackeith, R., Mitchell, G. et al. (1961). Schizophrenic syndrome in childhood: Progress report of a working party. *Cerebral Palsy Bulletin, 3*, 501-504.

Crisp, A. H. (1997). Anorexia nervosa as flight from growth: Assessment and treatment based on the model. In D. M. Garner & P. E. Garfinkel (Eds.), *Handbook of treatment for eating disorders* (2nd ed., pp.248-277). New York, NY: Guilford Press.

Croghan, L. M., & Craven, R. (1982). Elective mutism: Learning from analysis of a successful case history. *Journal of Pediatric Psychology, 7*, 85-93.

Crumley, F. E. (1990). The masquerade of mutism. *Journal of the American Academy of Child and Adolescent Psychiatry, 29*, 318-319.

Cummings, R., & Fisher, G. (1991). *The school survival guide for kids with LD (learning differences)*. Minneapolis, MN: Free Spirit Publishing.

Dalgleish, T., Taghavi, R., Neshat-Doost, H., Moradi, A., Yule, W. & Canterbury, R. (1997). Information processing in clinically depressed and anxious children and adolescents. *Journal of Child Psychology and Psychiatry, 38*, 535-541.

Daly, J. M., Biederman, J., Bostic, J. Q., Maraganore, A. M., Lelon, E., Jellinek, M., & Lapey, A. (1996). The relationship between childhood asthma and attention deficit hyperactivity disorder: A review of the literature. *Journal of Attention Disorder, 1*, 31-40.

Davidson, G. C., & Neale, J. M. (2001). *Abnormal psychology* (8th ed.). New York, NY: John Wiley & Sons.

Davidson, L. M., & Baum, A. (1990). Posttraumatic stress in children following natural and human-made trauma. In M. Lewis & S. M. Miller (Eds.), *Handbook of developmental psychopathology: Perspective in developmental psychology* (pp. 251-259). New York, NY: Plenum Press.

Davis, N. O., & Kollins, S. H. (2012). Treatment for co-occurring attention deficit/hyperactivity disorder and austism spectrum disorder. *Neurotherapeutics, 9*, 518-530.

Davis, P. T., & Cummings, M. (2006). Interparental discord, family process, and development psychopathology. In D. J. Cohen & D. Cicchetti (Eds.), *Developmental psychopathology: Risk, disorder, and adaptation* (Vol.3). New York, NY: John Wiley & Sons.

Davis, T. E., & Ollendick, T. H. (2011). Specific phobias. In D. McKay & E. A. Storch (Eds.), *Handbook of child and adolescent anxiety disorders* (pp. 231-244). New York, NY: Springer.

Davison, G. C., & Neale, J. M. (2001). Mood disorders. In *Abnormal psychology* (8th ed., pp. 266-281). New York, NY: John Wiley & Sons.

Dawson, G., & Burner, K. (2011). Behavioral interventions in children and adolescents with autism spectrum disorder: A review of recent findings. *Current Opinion in Pediatrics, 23*, 616-620.

Day, P. (2001). *Reactive attachment disorder*. Retrieved from http://www.unce.unr.edu/

publications/files/hn/2001/fs0180.pdf

De Giacomo, A., & Fombonne, E. (1998). Parental recognition of developmental abnormalities in autism. *Europen Child and Adolescent Psychiatry, 7*, 131-136.

Dobson, K. S., & Dozois, D. J. A. (2001). Historical and philosophical bases of the cognitive-behavioral therapies. In K. S. Dobson (Ed.), *Handbook of cognitive-behavioral therapies* (2nd ed., pp. 3-39). New York, NY: Guilford Press.

Dong, Q., Yang, B., & Ollendick, T. H. (1994). Fears in Chinese children and adolescents and their relations to anxiety and depression. *Journal of Child Psychology and Psychiatry, 35*, 351-358.

Douglas, V. I. (1972). Stop, look, and listen: The problem of sustained attention and impulse control in hyperactive and normal children. *Canadian Journal of Behavioral Science, 4*, 259-282.

Douglas, V. I. (1983). Attention and cognitive problems. In M. Rutter (Ed.), *Developmental neuropsychiatry*. New York, NY: Guilford Press.

Douglas, V. I. (1988). Cognitive deficits in children with attention deficit disorder with hyperactivity. In L. M. Bloomingdale & J. Sergeant (Eds.), *Attention deficit disorder: Criteria, cognitive, intervention*. Elmsford, NY: Pergamon Press.

Douglas, V. I., & Peters, K. G. (1978). Toward a clearer definition of the attentional deficit of hyperactive children. In G. A. Hale & M. Lewis (Eds.), *Attention and the development of cognitive skills*. New York, NY: Plenum Press.

Dow, S. P., Sonies, B. C., Scheib, D., Moss, S. E., & Leonard, H. L. (1999). Practical guidelines for the assessment and treatment of selective mutism. In S. A. Spasaro & C. E. Schaefer (Eds.), *Refusal to speak: Treatment of selective mutism in children* (pp. 19-44). Northvale, NJ: Jason Aronson.

DuPaul, G. J., Anastopoulos, A. D., Power, T. J., Reid, R., Ikeda, M. J., & McGoey, K. E. (1998). Parent ratings of attention-deficit/hyperactivity disorder symptoms: Factor structure and normative data. *Journal of Psychopathology and Behavioral Assessment, 20*, 83-102.

DuPaul, G. L., & Eckert, T. L. (1997). The effects of school-based interventions for attention deficit hyperactivity disorder: A meta-analysis. *School Psychology Digest, 26*, 5-27.

Durand, V. M., & Crimmins, D. B. (1988). Identifying the variables maintaining self-injurious behavior. *Journal of Autism and Developmental Disorders, 18*, 99-117.

Egeland, J. A., Hostetter, A. M., Pauls, D. L., & Sussex, J. N. (2000). Prodromal symptoms before onset of manic-depressive disorder suggested by first hospital admission histories. *Journal of the American Academy of Child and Adolescent Psychiatry, 39*, 1243-1252.

Ehlers, S., & Gillberg, C. (1993). The epidemiology of Asperger syndrome: A total populations study. *Journal of Child Psychology and Psychiatry and Allied Disciplines, 34*, 1327-1350.

Eisen, A. R., Kearney, C. A., & Schaefer, C. E. (1995). *Clinical handbook of anxiety disorders in children and adolescents*. Northvale, NJ: Jason Aronson.

Eisenmajer, R., Prior, M., Leekam, S., Wing, L., Gould, J., Welham, M., & Ong, B. (1996). Comparison of clinical symptoms in autism and Asperger's disorder. *Journal of the American Academy of Child and Adolescent Psychiatry, 35*(11), 1523-1531.

Eley, T. C., & Stevenson, J. (2000). Specific life events and chronic experiences differentially associated with depression and anxiety in young twins. *Journal of Abnormal Child Psychology, 28*, 383-394.

Elson, A., Pearson, C., Jones, C. D., & Schumacher, E. (1965). Follow up study of childhood elective mutism. *Archives of General Psychiatry, 13*, 182-187.

Endler, N. S. (1988). The origins of electroconvulsive therapy ECT. *Convulsive Therapy, 4*(1), 5-23. New York, NY: Raven Press.

Erikson, E. H. (1968). *Identity: Youth and crisis*. New York, NY: Norton.

Essau, C. A., Conradt, J., & Petermann, F. (2000). Frequency, comorbidity, and psychosocial impairment of specific phobia in adolescents. *Journal of Clinical Child Psychology, 29*, 221-231.

Fairburn, C. G., & Beglin, S. J. (1994). Assessment of eating disorders: Interview or self-report questionnaire? *International Journal of Eating Disorders, 16*, 363-370.

Fairburn, C. G., & Beglin, S. J. (2008). Eating Disorder Examination Questionnaire (EDE-Q6.0). In C. G. Fairburn (Ed.), *Cognitive behavior therapy and eating disorders*. New York, NY: Guilford Press.

Fairburn, C. G., & Cooper Z. (1993). The Eating Disorder Examination (12th ed.). In C. G. Fairburn & G. T. Wilson (Eds.), *Binge eating: Nature, assessment, and treatment* (pp. 317-360). New York, NY: Guilford Press.

Fairburn, C. G., Cooper, Z., & O'Conner, M. (2014). Eating Disorder Examination (Edition 17.0D). Retrieved from http://www.credo-oxford.com/pdfs/EDE_17.0D.pdf

Fairburn, C. G., Cooper, Z., Shafran, R., & Wilson, G. T. (2008). Eating disorders: A trans-diagnostic protocol. In D. H. Barlow (Ed.), *Clinical handbook of psychological disorders: A Step-by-step treatment manual* (4th ed.). New York, NY: Guilford Press.

Fairburn, C. G., Marcus, M. D., & Wilson, G. T. (1993). Cognitive-behavioral therapy for binge eating and bulimia nervosa: A comprehensive treatment manual. In C. G. Fairburn & G. T. Wilson (Eds.), *Binge eating: Nature, assessment, and treatment* (pp. 317-360). New York, NY: Guilford Press.

Faraone, S. V., Biederman, J., Kiely, K. (1996). Cognitive functioning, learning disability, and school failure in attention deficit hyperactivity disorder: A family study perspective. In J. H. Beitchman, N. J. Cohen, M. M. Konstantareas & R. Tannock (Eds.), *Language, learning, and behavior disorders*. New York, NY: Cambridge University Press.

Favell, J. E., McGimsey, J., & Shell, R. (1982). Treatment of self-injury by providing alternate sensory activities. *Analysis and Intervention in Developmental Disabilities, 2*, 83-104.

Fein, G. G. (1981). Pretend play: An integrative review. *Cognitive Development, 52*, 1095-1118.

Fichman, L., Koestner, R., & Zuroff, D. C. (1996). Dependency, self-criticism, and perceptions of inferiority at summer camp: I'm even worse than you think. *Journal of Youth and Adolescence, 25*, 113-126.

Fichter, M. M., & Noegel, R. (1990). Concordance for bulimia nervosa in twins. *International Journal of Eating Disorders, 9*, 425-436.

Field, T., Fox, N. A., Pickens, J., & Nawrocki, T. (1995). Relative right frontal EEG activation in 3-to 6-month-old infants of depressed mothers. *Developmental Psychology, 31*, 358-363.

Finkelhor, D. (1990). Early and long-term effects of child sexual abuse: An update. *Professional Psychology: Research and Practice, 21*(5), 325-330.

Fischer, M., Barkley, R. A., Fletcher, K. E., & Smalish, L. (1993). The adolescent outcome of hyperactive children: Predictors of psychiatric, academic, social, and emotional adjustment. *Journal of the American Academy of Child and Adolescent Psychiatry,*

32, 324-332.

Foorman, B. R. (1995). Research on the "Great Debate": Code-oriented versus whole language approaches to reading instruction. *School Psychology Review, 24*, 376-392.

Frank, Y., Lazar, J. W., & Seiden, J. A. (1992). Cognitive event-related potentials in learning-disabled children with or without attention-deficit hyperactivity disorder. *Annals of Neurology, 32*, 478 (abstract).

Fredrickson, B. L., & Roberts, T-A. (1997). Objectification theory: Toward understanding women's lived experiences and mental health risks. *Psychology of Women Quarterly, 21*, 173-206.

Freud (1941). *Analysis of a phobia in a five-year-ole boy*. London: Imago. 【中文版：小漢斯——畏懼症案例分析（2006）。台北市：心靈工坊。】

Friedman, J., & Burley, S. K. (1995). *Leptin helps body regulate fat, links to diet*. Retrieved from http://runews.rockefeller.edu/index.php? page=engine&id=275

Frith, U. (1989). *Autism: Explaining the enigma*. Oxford: Blackwell.

Frost, R. (1998). Toward a strong phonological theory of visual word recognition: True issues and false trails. *Psychological Bulletin, 123*, 71-99.

Furnham, A., & Baguma, P. (1994). Cross-cultural differences in the evaluation of make and female body shapes. *International Journal of Eating Disorders, 15*, 81-89.

Gagnin, M., & Ladouceur, R. (1992). Behavioral treatment of child stutters: Replication and extension. *Behavior Therapy, 23*, 113-129.

Garber, J., Braafladt, N., & Zeman, J. (1991). The regulation of sad affect: An information processing perspective. In J. Garber & K. Dodge (Eds.), *The development of emotion regulation and dysregulation* (pp. 208-240). New York, NY: Cambridge University Press.

Garber, J., & Kaminskey, K. M. (2000). Laboratory and performance based measures of depression in children and adolescents. *Journal of Clinical Child Psychology, 29*, 509-525.

Garfinkel, P. E., Lin, E., Goergin, P., Spegg, C., Goldbloom, D. S., Kennedy, S., Kaplan, A. S., & Woodside, D. B. (1995). Bulimia nervosa in a Canadian community sample: Prevalence and comparison of subgroups. *American Journal of Psychiatry, 152*, 1052-1058.

Garner, D. M. (1991a). *Eating Disorder Inventory-2*. Lutz, FL: Psychological Assessment

Resources.

Garner, D. M. (1991b). *Eating Disorder Inventory-C*. Lutz, FL: Psychological Assessment Resources.

Garner, D. M., & Garfinkel, P. E. (1979). The Eating Attitudes Test: An index of the symptoms of anorexia nervosa. *Psychological Medicine, 9*, 273-279.

Garner, D. M., Garfinkel, P. E., Schwartz, D., & Thompson, M. (1980). Cultural expectation of thinness in women. *Psychological Reports, 47*, 483-491.

Garner, D. M., Olmsted, M., & Polivy, J. (1983). Development and validation of a multidimensional Eating Disorder Inventory for anorexia nervosa and bulimia. *International Journal of Eating Disorders, 2*, 15-34.

Garner, D. M., Olmsted, M., Bohr, Y., & Garfinkel, P. E. (1982). The Eating Attitudes Test: Psychometric features and clinical correlates. *Psychological Medicine, 12*, 871-878.

Garnett, M. S., & Attwood, A. J. (1998). Australian scale for Asperger's syndrome. In Attwood, T. (Ed.), *Asperger's syndrome: A guide for parents and professionals*. London: Jessica Kingsley.

Gau, S. F., & Soong, W. T. (1999). Psychiatric comorbidity of adolescents with sleep terrors or sleepwalking: A case-control study. *The Australian and New Zealand Journal of Psychiatry, 33*, 734-739.

Gau, S. F., Chong, M. Y., Chen, T. H., & Cheng, A. T. (2005). A 3-year panel study of mental disorders among adolescents in Taiwan. *The American Journal of Psychiatry, 162*, 1344-1350.

Geller, B., & Luby, J. (1997). Child and adolescent bipolar disorder: A review of the past 10 years. *Journal of the American Academy of Child and Adolescent Psychiatry, 36*, 1168-1176.

Geller, B., Sun, K., Zimerman, B., Luby, J., Frazier, J., & Williams, M. (1995). Complex and rapid cycling in bipolar children and adolescents. *Journal of Affective Disorders, 34*, 259-268.

Goenjian, A. (1993). A mental health relief programme in Armenia after the 1988 earthquake: Implementation and clinical observations. *British Journal of Psychiatry, 163*, 230-239.

Goenjian, A. K., Pynoos, R. S., Steinberg, A. M., Najarian, L. M., Asarnow, J. R., Karayan, I., Ghurabi, M., & Fairbanks, L. A. (1995). Psychiatric comorbidity in children after the 1988 earthquake in Armenia. *Journal of American Academy of Child and Adolescent Psychiatry, 34*(9), 1174-1184.

Goldberg, S. C., Halmi, K. A., Eckert, E. D, Casper, R. C., Davis, J. M., & Roper, M. J. (1980). Attitudinal dimensions in anorexia nervosa. *Journal of Psychiatric Research, 15*, 239-251.

Goldberger, M. (1995). Enactment and play following medical trauma. *Psychoanalysis Study of Children, 50*, 252-271.

Goll, K. (1979). Role structure and subculture in families of elective mute children. *Family Process, 18*, 55-68.

Golwyn, D. H., & Weinstock, R. C. (1990). Phenelzine treatment of elective mutism: A case report. *Journal of Clinical Psychiatry, 51*(9), 384-385.

Goodman, W. K., Price, L. H., & Rasmussen, S. A. (1991). *Children's Yale-Brown Obsessive-Compulsive Scale* (CY-BOCS). New Haven, CT: Yale University.

Goodman, W. K., Price, L. H., Rasmussen, S. A., et al. (1989). The Yale-Brown Obsessive Compulsive Scale: I. development, use, and reliability. *Arch Gen Psychiatry, 46*, 1006-1011.

Goodsitt, A. (1997). Eating disorders: A self-psychological perspective. In D. M. Garner and P. E. Garfinkel (Eds.), *Handbook of treatment for eating disorders* (2nd ed., pp. 205-228). New York, NY: Guilford Press.

Goodyer, I. M. (1999). The influence of recent life events on the onset and outcome of major depression in young people. In C. Essau & F. Petermamm (Eds.), *Depressive disorders in children and adolescents: Epidemiology, risk factors, and treatment* (pp. 237-260). Northvale, NJ: Jason Aronson.

Goodyer, I. M., Herbert, J., Tamplin, A., Secher, S. M., & Pearson, J. (1997). Short-term outcome of major depression: II. Life events, family dysfunction, and friendship difficulties as predictors of persistent disorder. *Journal of the American Academy of Child and Adolescent Psychiatry, 36*, 474-480.

Gordon, M. (1983). *The Gordon Diagnostic System.* Boulder, CO: Clinical Diagnostic Systems.

Gormally, J., Black, S., Daston, S., & Rardin, D. (1982). The assessment of binge eating severity among obese persons. *Addictive Behaviors, 7*, 47-55.

Gray, J. A., & McNaughton, N. (1996). The neuropsychology of anxiety: Reprise. In D. A.

Hope (Ed.), *Nebraska symposium on motivation, 1995: Perspective on anxiety, panic, and fear* (pp. 61-134). Lincoln, NE: University of Nebraska Press.

Green, A. H. (1997). The impact of physical, sexual, and emotional abuse. In Noshpitz et al. (Eds.), *Handbook of child and adolescent psychiatry* (pp. 202-212). Canada: Wiley & Sons.

Green, B. L., Korol, M., Grace, M. C., Vary, M. G., Leonard, A. C., Gleser, G. C., & Smitson-Cohen, S. (1991). Children and disaster: Age, gender, and parental effects on PTSD symptoms. *Journal of American Academy of Child and Adolescent Psychiatry, 30*(6), 945-951.

Greenberg, J. M., & Waldman, I. D. (1993). Developmental normative data on the Test of Variables of Attention (TOVA). *Journal of Child Psychology and Psychiatry and Allied Disciplines, 34*, 1019-1030.

Greene, R. W., Biederman, J., Faraone, S. V., Ouellette, C. A., Courtney, P., & Griffin, S. M. (1996). Toward a new psychometric definition of social disability in children with attention-deficit hyperactivity disorder. *Journal of the American Academy of Child and Adolescent Psychiatry, 35*, 571-578.

Greene, R. W., Biederman, J., Faraone, S. V., Sienna, M., & Garcia-Jetton, J. (1997). Adolescent outcome of boys with attention-deficit/hyperactivity disorder and social disability: Result from a 4-years longitudinal follow-up study. *Journal of Consulting and Clinical Psychology Review, 2*, 129-148.

Groth-Marnat, G. (1999). *Handbook of psychological assessment* (3rd ed.). New York, NY: John Wiley & Sons.

Gruber, R., Sadeh, A., & Raviv, A. (2000). Instability of sleep patterns in children with attention-deficit/hyperactivity disorder. *Journal of the American Academy of Child and Adolescent Psychiatry, 39*, 495-501.

Gunnar, M. R., & Quevedo, K. M. (2008). Early care experiences and HPA axis regulation in children: A mechanism for later trauma vulnerability. *Progress in Brain Research, 167*, 137-149.

Guralnick, M. J., Connor, R. T., Hammond, M. A., Cottman, J. M., & Kinnish, K. (1996). The peer relations of preschool children with communication disorders. *Child Development, 67*, 471-489.

Halperin, J. M., Newcorn, J. H., Kopstein, I., McKay, K. E., Schwartz, S. T., Siever, L. J.,

& Sharma, V. (1997). Serotonin, aggression, and parental psychopathology in children with attention-deficit hyperactivity disorder. *Journal of the American Academy of Child and Adolescent Psychiatry, 36*, 1391-1398.

Hammen, C. (2000). Interpersonal factors in an emerging developmental model of depression. In S. L. Johnson (Ed.), *Stress, coping, and depression* (pp. 79-80). Mahwah, NJ: Lawrence Erlbaum Associates.

Hammen, C., & Rudolph, K. D. (1996). Childhood depression. In E. J. Mash & R. A. Barkley (Eds.), *Child psychopathology* (pp. 153-195). New York, NY: Guilford Press.

Hammen, C., Rudolph, K. D., Weisz, J., Rao, U., & Burge, D. (1999). The context of depression in clinic-referred youth: Neglected areas in treatment. *Journal of the American Academy of Child and Adolescent Psychiatry, 38*, 64-71.

Hammill, D. D. (1993). A brief look at the learning disabilities movement in the United States. *Journal of Learning Disabilities, 26*, 295-310.

Hancock, L. (1996). Why do schools flunk biology? *Newsweek*, 58-59.

Hankin, B. I., & Abela, J. R. Z. (Eds.) (2005). *Development of psychopathology*. London: Sage.

Hankin, B. L., Abramson, L. Y., Moffitt, T. E., Silva, P. A., McGee, R., & Andell, K. E. (1998). Development of depression from preadolescence to young adulthood: Emerging gender differences in a 10-year longitudinal study. *Journal of Abnormal Psychology, 107*, 128-140.

Hansen, C., Weiss, D., & Last, C. G. (1999). ADHD boys in young adulthood: Psychosocial adjustment. *Journal of the American Academy of Child and Adolescent Psychiatry, 38*, 165-171.

Harty, S. C., Miller, C. J., Newcorn, J. H., & Halperin, J. M. (2009). Adolescents with childhood ADHD and comorbid disruptive behavior disorders: Aggression, anger, and hostility. *Child Psychiatry and Humam Development, 40*, 85-97.

Hawton, K. (1986). *Suicide and attempted suicide among children and adolescents*. Newbury Park, CA: Sage.

Hayden, T. L. (1980). Classification of elective mutism. *Journal of the American Academy of Child and Adolescent Psychiatry, 19*, 118-133.

Hechtman, L. (1991). Developmental, neurobiological, and psychosocial aspects of hyperactivity, impulsivity, and inattention. In M. Lewis (Ed.), *Child and adolescent psy-*

chiatry. A comprehensive textbook. Baltimore, MD: Williams & Wilkins.

Henderson, M., & Freeman, C. P. L. (1987). A self-rating scale for bulimia: The BITE. *British Journal of Psychiatry, 150*, 18-24.

Henry, M. (1996, April 2). *What to do before the diagnostician arrives*. Retrieved from http://pie.org/index.php

Herrenkohl, R. C. (1990). Research directions related to child abuse and neglect. In R. T. Ammerman & M. Hersen (Eds.), *Children at risk: An evaluation of factors contributing to child abuse and neglect* (pp. 85-108). New York, NY: Plenum Press.

Hinshaw, S. P. (2006). Treatment for children and adolescents with attention-deficit/hyperactivity disorder. In P. C. Kendall (Ed.), *Child and adolescent therapy: Cognitive-behavioral procedures* (3rd ed., pp. 82-113). New York, NY: Guilford Press.

Hitchcock, C. H., & Noonan, M. J. (2000). Computer-assisted instruction of early academic skills. *Topics in Early Childhood Special Education, 20*, 145-158.

Hobson, R. P. (1986). The autistic child's appraisal of expressions of emotion. *Journal of Child Psychology and Psychiatry, 27*, 321-342.

Hobson, R. P. (1993). *Autism and the development of mind*. Hillsdle, NJ: Lawrence Erlbaum.

Holland, A. J., Hall, A., Murray, R., Russell, G. F. M., & Crisp, A. H. (1984). Anorexia nervosa: A study of 34 twin pairs and one set of triplets. *British Journal of Psychiatry, 145*, 414-419.

Hooper, S. R., Montgomery, J., Swartz, C., Reed, M., Sandler, A., Levine, M., Watson, T., & Wasileski, T. (1994). Measurement of written language. In G. R. Lyon (Ed.), *Frames of reference for the assessment of learning disabilities: New views on measurement issues* (pp. 375-418). Baltimore, MD: Paul H Brookes.

Howard, J. S., Sparkman, C. R., Cohen, H. G., Green, G., & Stanislaw, H. (2005). A comparison of intensive behavior analytic and eclectic treatments for young children with autism. *Research in Developmental Disabilities, 26*, 359-383.

Howlin, P., Mawhood, L., & Rutter, M. (2000). Autism and developmental receptive language disorder: A follow-up comparison in early adult life. II: Social, behavioral, and psychiatric outcomes. *Journal of Child Psychology and Psychiatry, 41*, 561-578.

Huenemann, R. L., Shapiro, L. R., Hampton, M. C., & Mitchell, B. W. (1996). A longitudinal study of gross body conformation and their association with food and activity in a teenage population. *American Journal of Clinical Nutrition, 18*, 325-338.

Ingersoll, B., & Schreibman, L. (2006). Teaching reciprocal imitation skills to young children with autism using a naturalistic behavioral approach: Effects on language, pretend play, and joint attention. *Journal of Autism and Developmental Disorders, 36*, 487-505.

Izard, C. E., Youngstrom, E. A., Fine, S. E., Mostow, A. J., & Trentacosta, C. J. (2006). Emotions and developmental psychopathology. In D. Cicchetti & D. J. Cohen (Eds.), *Developmental psychopathology* (2nd ed., Vol. 1, pp. 244-292). New York, NJ: John Wiley & Sons.

Jamison, K. R. (1997, January). Manic-depressive illness and creativity. *Scientific American* (Special Issue), *7*(1), 44-49.

Janoff-Bulman, R. (1989). Assumptive worlds and the stress of traumatic events: Applications of the schema construct. *Social Cognition, 7*, 113-136.

Jarrold, C., Boucher, J., & Smith, P. (1993). Symbolic play in autism: A review. *Journal of Autism & Developmental Disorders, 23*, 281-307.

Jensen, S. P., Martin, B. A., & Cantwell, D. P. (1997). Comorbidity in ADHD: Implications for research, practice, and DSM-IV. *Journal of the American Academy of Child and Adolescent Psychiatry, 36*, 1056-1079.

Johnston, C., & Mash, E. J. (2001). Families of children with attention-deficit hyperactivity disorder: A review and recommendations for future research. *Clinical Child and Family Psychology Review, 4*, 183, 207.

Johnston, C., & Ohan, J. L. (1999). Externalizing disorders. In W. K. Silverman & T. H. Ollendick (Eds.), *Developmental issues in the clinical treatment of children*. Boston, MA: Allyn & Bacon.

Joiner, T. E. Jr., Catanzaro, S. J., & Laurent, J. (1996). Tripartite structure of positive and negative affect, depression, and anxiety in child and adolescent psychiatric inpatients. *Journal of Abnormal Psychology, 105*, 401-409.

Kagan, J. (1989). Temperamental contributions to social behavior. *American Psychologist, 44*, 668-674.

Kagan, J. (2012). The biography of behavioral inhibition. In M. Zentner & R. I., Shiner (Eds.), *Handbook of temperament* (pp. 69-82). New York, NY: Guilford Press.

Kagan, J., Reznick, J. S., & Snidman, N. (1987). The physiology and psychology of behavioral inhibition in children. *Child Development, 58*, 1459-1473.

Kagan, J., Snidman, N., & Arcus, D. M. (1992). Initial reactions to unfamiliarity. *Current Directions in Psychological Science, 1*, 171-174.

Kandel, D., & Lesser, G. (1972). *Youth in two worlds*. San Francisco, CA: Jossey-Bass.

Kanner, L. (1943). Autistic disturbances of affective contact. *Nervous Chlid, 2*, 217-250.

Kaplan, H. I., & Sadock, B. J. (1998a). Tic disorder. *Synopsis of psychiatry: Behavioral sciences/clinical psychiatry* (pp.1215-1220). NY: Williams & Wilkins.

Kaplan, H. I., & Sadock, B. J. (1998b). Attention-deficit disorders. *Synopsis of Psychiatry: Behavioral sciences/clinical psychiatry* (pp.1215-1220). NY: Williams & Wilkins.

Kaplan, S. L., & Escoll, P. (1973). Treatment of two silent adolescent girls. *Journal of the American Academy of Child Psychiatry, 12*, 59-72.

Karp, C. L., & Butler, T. L. (1996). *Treatment strategies for abused children: From victim to survivor*. Thousand Oaks, CA: Sage.

Kasari, C., Freeman, S., & Paparella, T. (2006). Joint attention and symbolic play in young children with autism: A randomized controlled intervention study. *Journal of Child Psychology and Psychiatry, 47*, 611-620.

Kashani, J. H., Holcomb, W. R., & Orvaschel, H. (1986). Depression and depressive symptoms in preschool children from the general population. *American Journal of Psychiatry, 143*, 1138-1143.

Katic, A., & Steingard, R. (2001). Pharmacotherapy. In C. E. Walker & M. C. Roberts (Eds.), *Handbook of clinical child psychology*. New York, NY: John Wiley & Sons.

Kazdin, A. E. (1993). Treatment of conduct disorder: Progress and directions in psychotherapy research. *Development and Psychopathology, 5*, 277-230.

Kazdin, A., Esveldt-Dawson, K., Sherick, R., & Colbus, D. (1985). Assessment of overt behaviour and childhood depression among psychiatrically disturbed children. *Journal of Consulting and Clinical Psychology, 53*, 201-210.

Keen, A. G., & Lovegrove, W. J. (2000). Transient deficit hypothesis and dyslexia: Examination of whole-parts relationship, retinal sensitivity, and spatial and temporal frequencies. *Vision Research, 40*, 705-715.

Keenan, K. (2000). Emotion dysregulation as a risk factor for child psychopathology. *Clinical Psychology: Science and Practice, 7*, 418-434.

Kempe, C. H., Silverman, F. N., Steele, B. F., Droegemueller, W., & Silver, H. K. (1962).

The battered-child syndrome. *Journal of the American Medical Association, 181*(1), 17-24. doi:10.1001/jama.1962.03050270019004

Kendall, P. C., & Hedtke, K. A. (2006). *Cognitive-behavioral therapy for anxious children: Therapist manual* (3rd ed.). Temple Unoversity, Child and Adolescent Anxiety Disorders Clinic.

Kendall, P. C. (2006). Guiding theory for therapy with children and adolescents. In P. C. Kendall (Ed.), *Child and adolescent therapy: Cognitive-behavioral procedures* (3rd ed., pp. 3-30). New York, NY: Guilford Press.

Kendall, P. C., & Treadwell, K. R. H. (1996). Cognitive-behavioral treatment for childhood anxiety disorders. In E. D. Hibbs & P. S. Jensen (Eds.), *Psychosocial treatments for child and adolescent disorders: Empirically based strategies* (pp. 23-41). Washington, DC: American Psychological Association.

Kendler, K., Maclean, C., & Kessler, M. (1991). The genetic epidemiology of bulimia nervosa. *American Journal of Psychiatry, 148*, 1627-1637.

Kerrin, B., Jacques, D., & Grad, D. (2003). *Conduct disorder in children and adolescents*. Australia: Behavioural Neurotherapy Clinic.

Kessler, J. W. (1980). History of minimal brain dysfunctions. In H. E. Rie & E. D. Rie (Eds.), *Handbook of minimal brain dysfunctions: A critical review* (pp.18-51). New York, NY: Wiley-Interscience.

Klinger, L., & Dawson, G. (1995). A fresh look at categorization abilities in persons with autism. In E. Schopler & G. Mesibov (Eds.), *Cognition and learning in autism* (pp. 119-136). New York, NY: Plenum Press.

Klump, K., McGue, M., & Iacono, W. (2000). Age differences in genetic and environmental influences on eating attitudes and behaviors in preadolescent and adolescent female twins. *Journal of Abnormal Psychology, 109*, 239-251.

Knight, L. A., Rooney, M., & Chronis-Tuscano, A. (2008). Psychosocial treatments for attention-deficit/hyperactivity disorder. *Current Psychiatry Reports, 10*, 412-418.

Koegel, L. K. (1995). Communication and language intervention. In R. L. Koegel & L. K. Koegel (Eds.), *Teaching children with autism: Strategies for initiating positive interactions and improving learning opportunities* (pp. 17-32). Baltimore, MD: Paul H. Brookes.

Koegel, R. L., & Koegel, L. K. (2006). *Pivotal response treatments for autism: Communi-*

cation, social, and academic development. Baltimore, MD: Brookes Publication.

Koeppen, A. S. (1993). Relaxation training for children. In C. E. Schaefer & D. M. Cangelosi (Eds.), *Play therapy techniques*. Northvale, NJ: Jason Aronson.

Kolvin, I., & Fundudis, T. (1981). Elective mute children: Psychological, development, and background factors. *Journal of Child Psychology and Psychiatry, 22*, 219-232.

Kovacs, M. (1986). A developmental perspective on methods and measures in the assessment of depressive disorder: The clinical interview. In M. Rutter, C. Izard, & R. Read (Eds.), *Depression in young people: Developmental and clinical perspectives*. New York, NY: Guilford Press.

Kovacs, M. (1991). *The Children's Depression Inventory (CDI)*. North Tonawanda, NY: Multi-Health Systems.

Kovacs, M., & Goldston, D. (1991). Cognitive and social cognitive development of depressed children and adolescents. *Journal of the American Academy of Child and Adolescent Psychiatry, 30*, 388-392.

Kovacs, M., Goldston, D., & Gatsonis, C. (1993). Suicidal behaviors and childhood-onset depressive disorders: A longitudinal investigation. *Journal of the American Academy of Child and Adolescent Psychiatry, 32*, 8-20.

Kovacs, M., Obrosky, D. S., Gatsonis, C., & Richard, C. (1997). First-episode major depressive and dysthymic disorder in childhood: Clinical and sociodemographic factors in recovery. *Journal of the American Academy of Child and Adolescent Psychiatry, 36*, 777-784.

Kring, A. M., Davison, G. C., Neale, J. M., & Johnson, S. L. (2007). *Abnormal psychology* (10th ed.). New York, NY: John Wiley & Sons.

Kring, A. M., Johnson, S. L., Davison, G. C., & Neale, J. M. (2013). *Abnormal Psychology* (12th ed.). New York, NY: John Wiley & Sons.

Kristensen, H. (2001). Multiple informants report of emotional and behavioural problems in a nation-wide sample of selective mute children and controls. *European Child & Adolescent Psychiatry, 10*(2), 135-142.

Lampe, A. (2002). The prevalence of childhood sexual abuse, physical abuse and emotional neglect in Europe. *Zeitschrift Fuer Psychosomatische Medizin und Psychotherapie, 48*(4), 370-380.

Landgarten, H. (1975). Art therapy as the primary mode of treatment for an elective mute.

American Journal of Art Therapy, 14, 121-125.

Lansford, J. E., Dodge, K. A., Pettit, G. S., Bates, J. E., Crozier, J., & Kaplow, J. (2002). A 12-Year prospective study of the long-term effects of early child physical maltreatment on psychological, behavioral, and academic problems in adolescence. *Archives of Pediatrics & Adolescent Medicine, 156*(8), 824-830.

Lazarus, R. S. (1966). *Psychological stress and the coping process*. New York, NY: McGraw Hill.

Leibson, C. L., Katusic, S. K., Barbaresi, W. J., Ransom, J., & O'Brien, P. C. (2001). Use and costs of medical care for children and adolescents with and without attention-deficit/hyperactivity disorder. *Journal of the American Medical Association, 285*, 60-66.

Leon, G. R., Fulkerson, J. A., Perry, C. L., & Early-Zald, M. B. (1995). Prospective analysis of personality and behavioral vulnerabilities and gender influences in the later development of disordered eating. *Journal of Abnormal Psychology, 104*, 140-149.

Leslie, A. M. (1987). Pretense and representation: The origins of "theory of mind". *Psychological Review, 94*, 412-426.

Leung, F., Wang, J. P., & Tang, W. Y. (2004). Psychometric properties and normative data of the Eating Disorder Inventory among 12 to 18 year old Chinese girls in Hong Kong. *Journal of Psychosomatic Research, 57*, 59-66.

Lewinsohn, P. M., Klein, D., & Seeley, J. R. (1995). Bipolar disorders in community sample of older adolescents: Prevalence, phenomenology, comorbidity, and course. *Journal of the American Academy of Child and Adolescent Psychiatry, 34*, 454-463.

Lewinsohn, P. M., Rohde, P., Seeley, J. R., & Hops, H. (1991). The comorbidity of unipolar depression: Part I. Major depression with dysthymia. *Journal of Abnormal Psychology, 100*, 205-213.

Lilienfeld, S. O. (2005). Scientifically supported and unsupported treatments for childhood psychopathology. *Pediatrics, 115*, 761-764.

Lillard, A. S. (1993). Young children's conceptualization of pretense: Action or mental representational state? *Child Development, 64*, 372-386.

Lin, J.-D. (2003). Intellectual disability: Definition, diagnosis and classification. *Journal of Medical Science, 23*(2), 83-90.

Loeber, R., Green, S. M., Keenan, K., & Lahey, B. (1995). Which boys will fare worse?

Early predictors of the onset of conduct disorder in a six-year longitudinal study. *Journal of the American Academy of Child and Adolescent Psychiatry, 34*, 499-509.

Lonigan, C. J., & Phillips, B. M. (2001). Temperamental influences on the development of anxiety disorders. In M. W. Vasey & M. R. Dadds (Eds.), *The developmental psychopathology of anxiety* (pp. 60-91). New York, NY: Oxford University Press.

Lonigan, C. J., Carey, M. P., & Finch, A. J. (1994). Anxiety and depression in children and adolescents: Negative affectivity and the utility of self-reports. *Journal of Consulting and Clinical Psychology, 62*, 1000-1008.

Lonigan, C. J., Hooe, E. S., David, C. F., & Kistner, J. A. (1999). Positive and negative affectivity in children: Confirmatory factor analysis of a two-factor model and its relation to symptoms of anxiety and depression. *Journal of Consulting and Clinical Psychology, 67*, 374-386.

Lord, C., & McGee, J. P. (2001). *Educating children with autism*. Washington, DC: National Academy Press.

Lord, C., & Risi, S. (2000). Diagnosis of autism spectrum disorders in young children. In A. Wetherby & B. Prizant (Eds.), *Autism spectrum disorders: A transactional developmental perspective* (pp. 167-190). Baltimore, MD: Paul H. Brookes.

Lord, C., Rutter, M., & Le Couteur, A. (1994). Autism Diagnostic Interview- Revised: A revised version of a diagnostic interview for care-givers of individuals with possible pervasive developmental disorders. *Journal of Autism and Developmental Disorders, 24*, 659-686.

Lord, C., Rutter, M., DiLavore, P. C., & Risi, S. (1999). *Autism Diagnostic Observation Schedule-WPS Edition (ADOS-WPS)*. Los Angeles, CA: Western Psychological Services.

Losier, B. J., McGrath, P. J., & Klein, R. M. (1996). Error patterns on the continuous performance test in non-medicated and medicated samples of children with and without ADHD: A meta-analytic review. *Journal of Child Psychology and Psychiatry, 37*, 971-987.

Lou, H. C., Henriksen, L., Bruhn, P., Borner, H., & Neilson, J. B. (1989). Striatal dysfunction in attention deficit and hyperkinetic disorder. *Archives of Neurology, 46*, 48-52.

Lovaas, O. I. (1987). Behavioral treatment and normal educational and intellectual functioning in autistic children. *The Journal of Consulting and Clinical Psychology, 55*,

3-9.

Luk, S. (1985). Direct observation studies of hyperactive behavior. *Journal of the American Academy of Child Psychiatry, 24*, 338-344.

Lyon, G. R. (1996). Learning disabilities. In E. J. Mash & R. A. Barkley (Eds.), *Child psychopathology* (pp. 390-435). New York, NY: Guilford Press.

Macmillan, H. L., Fleming, J. E., Streiner, D. L., Lin, E., Boyle, M. H., Jamieson, E., ... Beardslee, W. R. (2001). Childhood abuse and lifetime psychopathology in a community sample. *The American Journal of Psychiatry, 158*(11), 1878-1883.

Manjiviona, J., & Prior, M. (1995). Comparison of Asperger syndrome and high-functioning autistic children on a test of motor impairment. *Journal of Autism and Developmental Disorders, 25*, 23-39.

Mannuzza, S., Klein, R. G., Bessler, A., Malloy, P., & La-Padula, M. (1993). Adult outcome of hyperactive boys. *Archive of general Psychiatry, 50*, 565-576.

Mannuzza, S., Klein, R. G., Bessler, A., Malloy, P., & La-Padula, M. (1998). Adult psychiatric status of hyperactive boys grown up. *American Journal of Psychiatry, 155*, 493-498.

March, J. S. (1997). *Multidimensional Anxiety Scale for Children*. North Tonawanda, NY: Multi-Health Systems.

March, J. S. (2002). Combining medication and psychosocial treatments: An evidence-based medicine approach. *International Review of Psychiatry, 14*, 155-163.

March, J., Foa, E., Gammon, P., et al. (2004). Cognitive-behavior therapy, sertraline, and their combination for children and adolescents with obsessive-compulsive disorder: The Pediatric OCD Treatment Study (POTS) randomized controlled trial. *JAMA, 292: 1969-1976.*

Mariani, M. A., & Barkley, R. A. (1997). Neuropsychological and academic functioning in preschool boys with attention deficit hyperactivity disorder. *Developmental Neuropsychology, 13*, 111-129.

Martin, A., Koening, K., Scahill, L., & Bregman, J. (1999). Open-label quetiapine in the treatment of children and adolescents with autistic disorder. *Journal of Child and Adolescent Psychopharmacology, 9*, 99-107.

Mash, E. J., & Wolfe, D. A. (2002). *Abnormal child psychology* (2nd ed.). Belmont, CA: Wadsworth.

Mash, E. J. & Wolfe, D. A. (2007). *Abnormal child psychology* (3rd ed.). Belmont, CA: Wadsworth.

Mash, E. J., & Wolfe, D. A. (2013). *Abnormal child psychology* (5th ed.). Belmont, CA: Wadsworth.

Matson, J. L., & Vollmer, T. (1995). *Questions About Behavioral Function (QABF)*. Baton Rouge, LA: Disability Consultants.

Matthews, L. H., Matthews, J. R., & Leibowitz, J. M. (2001). Tic, stereotypic movements, and habits. In C. E. Walker & M. C. Roberts (Eds.), *Handbook of clinical child psychology*. New York, NY: John Wiley & Sons.

Mayes, S. D. (1992). Rumination disorder: Diagnosis, complications, mediating variables, and treatment. In B. B. Lahey & A. E. Kazdin (Eds.), *Advances in clinical child psychology* (Vol. 14). New York, NY: Plenum Press.

McEvoy, R. E., Rogers, S. J., & Pennington, B. F. (1993). Executive function and social communication deficits in young autistic children. *Journal of Child Psychology and Psychiatry, 34*, 563-578.

McGee, R., Williams, S., & Feehan, M. (1992). Attention deficit disorder and age of onset of problem behaviors. *Journal of Abnormal Child Psychology, 20*, 487-502.

McGee, R. A., Wolfe, D. A., & Wilson, S. K. (1997). Multiple maltreatment experiences and adolescent behavior problems: Adolescents' perspectives. *Development and Psychopathology, 9*, 131-149.

McGehee, R. (2005). Child psychoanalysis and obsessive-compulsive symptoms: The treatment of a ten-year-old boy. *Journal of American Psychoanalysis Association, 53*, 213-237.

McMurchie (1994). *Understanding LD: Learning differences*. Minneapolis, MN: Free Spirit Publishing.

McNally, R. J. (1998). Measures of children's reactions to stressful life events. In T. W. Miller (Ed.), *Children of trauma: Stressful life events and their effects on children and adolescents* (pp. 29-42). Madison, CT: International Universities Press.

Meadow, R. (1982). Munchausen syndrome by proxy. *Archives of Disease in Childhood, 57*(2), 92-98.

Mellin, L. M., Irwin, C. E., & Scully, S. (1992). Prevalence of disordered eating in girls: A survey of middle-class children. *Journal of the American Dietetic Association, 92*,

851-853.

Melnick, S. M., & Hinshaw, S. P. (2000). Emotion regulation and parenting in ADHD and comparison boys: Lonkages with social behaviors and peer preference. *Journal of Abnormal Child Psychology, 28*, 73-86.

Mesibov, G. B. (1994). A comprehensive program for serving people with autism and their families: The TEACCH model. In J. L. Matson (Ed.), *Autism in children and adults: Etiology, assessment and intervention* (pp. 85-97). Belmont, CA: Brooks/ Cole.

Meyer, S. V. (1984). Elective mutism in children: A family systems approach. *American Journal of Family Therapy, 22*(4), 39-45.

Mick, E., Santangelo, S. L., Wypij, D., & Biederman, J. (2000). Impact of maternal depression in adolescents with of attention-deficit/hyperactivity disorder. *Journal of the American Academy of Child and Adolescent Psychiatry, 39*, 314-319.

Milberger, S., Biederman, J., Faraone, S. V., Chen, L., & Jones, J. (1996). Is maternal smoking during pregnancy a risk factor for attention deficit hyperactivity disorder in children? *American Journal of Psychiatry, 153*, 1138-1142.

Milberger, S., Biederman, J., Faraone, S. V., Chen, L., & Jones, J. (1997). ADHD is associated with early inattention of cigarette smoking in children and adolescents. *Journal of the American Academy of Child and Adolescent Psychiatry, 36*, 37-44.

Milberger, S., Biederman, J., Faraone, S. V., Guite, J., & Tsuang, M. T. (1997). Pregnancy, delivery and infancy complications and attention deficit hyperactivity disorder: Issues of gene environment interaction. *Biological Psychiatry, 41*, 65-75.

Milich, R., & Kramer, J. (1984). Reflections on impulsivity: An empirical investigation of impulsivity as a construct. In K. Gadow & I. Bialer (Eds.), *Advances in learning and behavioral disabilities* (Vol. 3). Greenwich, CT: JAI Press.

Miller, S. L., & Tallal, P. (1995). A behavioral neuroscience approach to developmental language disorders: Evidence for a rapid temporal processing deficits. In D. Cicchetti & D. J. Cohen (Eds.), *Developmental psychopathology: Risk, disorder, and adaptation* (Vol.2) (pp. 274-298). New York, NY: John Wiley & Sons.

Milner, J. S. (1989). Applications of the Child Abuse Potential Inventory. *Journal of Clinical Psychology, 45*(3), 450-454.

Minuchin, S. (1974). *Families and family therapy*. Cambridge, MA: Harvard University Press.

Minuchin, S., Rosman, B. L., & Baker, L. (1978). *Psychosomatic family: Anorexia nervosa in context*. Cambridge, MA: Harvard University Press.

Molina, B. S., Hinshaw, S. P., Swanson, J. M., Arnold, L. E., Vitiello, B., Jensen, P. S., ... MTA Cooperative Group. (2009). The MTA at 8 years: Prospective follow-up of children treated for combined-type ADHD in a multisite study. *Journal of the American Academy of Child & Adolescent Psychiatry, 48*, 484-500.

Montague, C. T., Farooqi, I. S., Whitehead, J. P., Soos, M. A., Rau, H., Wareham, N., ... O'Rahilly, S. (1997). Congenital leptin deficiency is associated with severe early-onset obesity in humans. *Nature, 387*, 903-907.

Mowrer, O. H. (1947). On the dual nature of learning: A re-interpretation of "conditioning" and "problem-solving." *Harvard Educational Review, 17*, 102-148.

Mumford, D. B., Whitehouse, A. M., & Choudry, I. Y. (1992). Survey of eating disorders in English-medium schools in Lahore, Pakistan. *International Journal of Eating Disorders, 11*, 173-184.

Muris, P., Merckellbach, H., Ollendick, T., King, N., & Bogie, N. (2002). Three traditional and three new childhood anxiety questionnaires: Their reliability and validity in a normal adolescent sample. *Behaviour Research and Therapy, 40*, 753-775.

Muse, N. (1990). *Depression and suicide in children and adolescents*. Austin, TX: Pro-ed.

Myles, B. S., & Simpson, R. L. (2001). Understanding the hidden curriculum: An essential social skill for children and youth with Asperger syndrome. *Intervention in School & Clinic, 36*, 279-286.

Myles, B. S., & Simpson, R. L. (2002). Asperger syndrome: An overview of characteristics. *Focus on Autism and Other Developmental Studies, 17*, 132-137.

Myles, B. S., & Simpson, R. L. (2003). *Asperger syndrome: A guide for parents and educators* (2nd ed.). Austin, TX: Pro-ed.

Nader, K. (2001). Treatment methods for childhood trauma. In J. P. Wilson, M. J. Friedman & J. D. Lindy (Eds.), *Treating psychological trauma and PTSD* (pp. 278-334). New York, NY: Guilford Press.

Nader, K. O. (1997). Assessing traumatic experience in children. In J. P. Wilson & T. M. Keane (Eds.), *Assessing psychological trauma and PTSD* (pp. 291-348). New York, NY: Guilford Press.

Najarian, L. M., Goenjian, A. K., Pelcovitz, D., Mandel, F., & Najarian, B. (1996). Relocation after a disaster: Posttraumatic stress disorder in Armenia after the earthquake. *Journal of American Academy of Child and Adolescent Psychiatry, 35*(3), 374-383.

Nemeroff, C. B., Bremner, J. D., Foa, E. B., Mayberg, H. S., North, C. S., & Stein, M. B. (2006). Posttraumatic stress disorder: A state-of-the-science review. *Journal of Psychiatric Research, 40*, 1-21.

Newes, S. L. (n.d.). *Adventure-based therapy: Theory, characteristics, ethics, and research*. Retrieved from http://www.wilderdom.com/html/NewesAT3comps.htm

Newman, C. J. (1976). Children of disaster: Clinical observations at Buffalo Creek. *American Journal of Psychiatry, 133*, 306-312.

Nolen-HoeKsema, S., Girgus, J. S., & Seligman, M. E. P. (1992). Predictors and consequences of childhood depressive symptoms: A 5-year longitudinal study. *Journal of Abnormal Psychology, 101*, 405-422.

Nutt, D. J. (2001). *Mood and anxiety disorders in children and adolescents: A psychopharmacological*. Florence, KY: Taylor & Francis.

O'Neill, R. E., Horner, R. H., Albin, R. W., Sprague, J. R., Storey, K., & Newton, J. S. (1997). *Functional assessment and program development for problem behavior: A practical handbook*. Pacific Grove, CA: Brooks/Cole Publishing.

Ollendick, T. H., & March, J. (2004). Integrated psychosocial and pharmacological treatment. In T. H. Ollendick & J. March (Eds.), *Phobic and anxiety disorder in children and adolescents*. New York, NY: Oxford University Press.

Ollendick, T. H. (1983). Reliability and validity of the Revised Fear Survey Schedule for Children (FSSC-R). *Behaviour Research and Therapy, 21*, 685-692.

Ollendick, T. H., Mattis, S. G., & King, N. J. (1994). Panic in children and adolescents: A review. *Journal of Child Psychology and Psychiatry, 35*, 113-134.

Oosterlaan, J., Logan, G. D., & Sergeant, J. A. (1998). Response inhibition in ADHD, CD, comorbid ADHD + CD, anxious, and control children: A meta-analysis of studies with the stop task. *Journal of Child Psychology and Psychiatry, 39*, 411-425.

Orbach, Y., Hershkowitz, I., Lamb, M. E., Sternberg, K. J., Esplin, P. W., & Horowitz, D. (2000). Assessing the value of structured protocols for forensic interviews of alleged child abuse victims. *Child Abuse and Neglect, 24*(6), 733-752.

Ozonoff, S. (1995). Executive functions in autism. In E. Schopler & G. B. Mesibov (Eds.), *Learning and cognition in autism* (pp. 199-219). New York, NY: Plenum Press.

Panigua, F. A., & Saeed, M. A. (1987). Labeling and functional language in a case of psy-
chological mutism. *Journal of Behavior Therapy and Experimental Psychiatry, 18*,
259-267.

Parker, E. B., Olsen, T. F., & Throckmorton, M. C. (1960). Social case work with elemen-
tary school children who do not talk in school. *Social Work, 5*, 64-70.

Pelham, W. E. Jr., Gnagy, E. M., Greiner, A. R., Hoza, B., Hinshaw, S. P., Swanson, J. M.,
... McBurnett, K. (2000). Behavioral versus behavioral and pharmacological treat-
ment in ADHD children attending a summer treatment program. *Journal of Abnormal
Child Psychology, 28*, 507-525.

Pennington, B. F. (1999). Toward an integrated understanding of dyslexia: Genetic, neur-
ological, and cognitive mechanisms. *Development and Psychopathology, 11*, 629-654.

Pennington, B. F., & Ozonoff, S. (1996). Executive functions and developmental psycho-
pathology. *Journal of Child Psychology and Psychiatry, 37*, 51-87.

Perrin, S., Smith, P., & Yule, W. (2000). Practitioner review: The assessment and treatment
of post-traumatic stress disorder in children and adolescents. *Journal of Child Psy-
chology and Psychiatry, 41*(3), 277-289.

Petersen, A. C., Sarigiani, P. A., & Kennedy, R. E. (1991). Adolescent depression: Why
more girls? *Journal of Youth and Adolescence, 20*, 247-271.

Pfeffer, C. (1992). Relationship between depression and suicidal behavior. In M. Shafii &
S. Shafii (Eds.), *Clinical guide to depression in children and adolescents*. Washing-
ton, DC: American Psychiatric Association.

Pfiffner, L. J., & Barkley, R. A. (1998). Treatment of ADHD in school setting. In R. A.
Barkley (Ed.), *Attention-deficit hyperactivity disorder*. New York, NY: Guilford Pre-
ss.

Phares, V. (2014). *Understanding abnormal child psychology* (3rd ed.). NJ: John Wiley &
Sons.

Pihl, R. O., & Nantel-Vivier, A. (2005). Biological vulnerabilities to the development of
psychopathology. In B. L. Hankin & J. R. Abela (Eds.), *Development of psychopath-
ology. A vulnerability-stress perspective*. London: Sage.

Pillow, D. R., Pelham, W. E., Hoza, B., Molina, B. S. G., & Stultz, C. H. (1998). Confirm-
atory factor analyses examining attention deficit hyperactivity disorder symptoms
and other childhood disruptive behaviors. *Journal of Abnormal Child Psychology, 26*,

293-309.

Pine, D. S., Cohen, P., Gurley, D., Brook, J., & Ma, Y. (1998). The risk for early adulthood anxiety and depressive disorders in adolescents with anxiety and depressive disorders. *Arch Gen Psychiatry, 55*, 56-64.

Pliszka, S. R. (1992). Comorbidity of attention-deficit hyperactivity disorder and over-anxious disorder. *Journal of the American Academy of Child and Adolescent Psychiatry, 31*, 197-203.

Pliszka, S. R., Liotti, M., & Woldorff, M. G. (2000). Inhibitory control in children with attention-deficit/hyperactivity disorder: Event-related potentials identify the processing component and timing of an impaired right-frontal response-inhibition mechanism. *Biological Psychiatry, 48*, 238-246.

Pliszka, S. R., McCracken, J. T., & Maas, J. W. (1996). Catecholamines in attention-deficit hyperactivity disorder: Current perspectives. *Journal of the American Academy of Child and Adolescent Psychiatry, 35*, 264-272.

Poznanski, E. O., & Mokros, H. B. (1994). Phenomenology and epidemiology of mood disorders in children and adolescents. In W. M. Reynolds & H. F. Johnston (Eds.), *Handbook of depression in children and adolescents* (pp. 19-39). New York, NY: Plenum Press.

Prins, P. M. (2001). Affective and cognitive processes and the development and maintenance of anxiety and its disorders. In W. K. Silverman & P. D. A. Treffers (Eds.), *Anxiety disorders in children and adolescents: research, assessment and intervention.* Cambridge, MA: Cambridge University Press.

Pynoos, R. S., Goenjian, A., Tashjian, M., Karakashian, M., Manjikian, R., Manoukian, G., Steinberg, A. M., & Fairbanks, L. A. (1993). Post-traumatic stress reactions in children after the 1988 Armenia earthquake. *British Journal of Psychiatry, 163*, 239-247.

Pynoos, R. S., Steinberg, A. M., & Piacentini, J. C. (1999). A developmental psychopathology model of childhood traumatic stress and intersection with anxiety disorders. *Biological Psychiatry, 46*, 1542-1554.

Pynoos, R. S., Steinberg, A. M., & Wraith, R. (1995). A developmental model of childhood traumatic stress. In D. Cicchetti & D. J. Cohen (Eds.), *Developmental psychopathology* (Vol. 2, pp. 72-95). New York, NY: John Wiley & Sons.

Quay, H. C. (1997). Inhibition and attention deficit hyperactivity disorder. *Journal of Abnormal Child Psychology, 25*, 7-13.

Rapoport, J. L. (1998). Child psychopharmacology comes of age. *Journal of the American Medical Association, 280*, 1785.

Reed, G. (1963). Elective mutism in children: A reappraisal. *Journal of Children Psychology and Psychiatry, 4*, 99.

Renouf, A. C., & Kovacs, M. (1995). Dysthymic disorder during childhood and adolescence. In J. H. Kocsis & D. N. Klein (Eds.), *Diagnosis and treatment of chronic depression* (pp. 20-40). New York, NY: Guilford Press.

Research Units on Pediatric Psychopharmacology [RUPP] Autism Network (2005). Randomized, controlled, crossover trial of methylphenidate in pervasive developmental disorders with hyperactivity. *Archives of General Psychiatry, 62*, 1266-1274.

Reynolds, C. R., & Richmond, B. O. (1978). What I think and feel: A revised measure of children's manifest anxiety. *Journal of Abnormal Child Psychology, 6*, 271-280.

Richman, N., & Graham, P. J. (1971). A behavioural screening questionnaire for use with three-year-old children: Preliminary findings. *Journal of Child Psychology and Psychiatry, 12*, 5-33.

Rimland, B. (1994). Facilitaed communication: What's going on? *Autism Research Review, 6*, 2.

Rincover, A., & Devany, J. (1982). The application of sensory extinction procedures to self-injury. *Analysis and Intervention in Developmental Disabilities, 2*, 67-81.

Robin, D., Fein, D., Barton, M., & Green, J. (2001). The modified checklist for autism in toddlers: An initial study investigating the early detection of autism and pervasive developmental disorders. *Journal of Autism and Developmental Disorders, 31*, 131-144.

Robins, P. M. (1992). A comparison of behavioral and attentional functioning in children diagnosed as hyperactive or learning disabled. *Journal of Abnormal Child Psychology, 20*, 65-82.

Rogers, S. J. (1998). Empirically supported comprehensive treatments for young children with autism. *Journal of Clinical Child Psychology, 27*, 168-179.

Rogers, S. J., & Dawson, G. (2010). *Early Start Denver Model for children with autism: Promoting language, learning, and engagement.* New York, NY: Guilford Press.

Roid, G. H., & Miller, L. J. (2013). *Leiter International Performance Scale-Third Edition: Examiner's manual*. Wood Dale, IL: Stoelting.

Rumsey, J. M. (1985). Conceptual problem-solving in highly verbal, nonretarded autistic men. *Journal of Autism and Developmental Disorders, 15*, 23-36.

Runyon, M. K., & Kenny, M. C. (2002). Relationship of attribution style, depression, and posttrauma distress among children who suffered physical or sexual abuse. *Child Maltreatment, 7*(3), 254-264.

Rutter, M. (1978). Diagnosis and definition of childhood autism. *Journal of Autism and Childhood Schizophrenia, 8*, 139-161.

Rutter, M., Le Couteur, A., & Lord, C. (2003). *Autism Diagnostic Interview-Revised (ADI-R)*. Los Angeles: Western Psychological Services.

Ruzek, J. I., Brymer, M. J., Jacobs, A. K., Layne, C. M., Vernberg, E. M., & Watson, P. J. (2007). Psychological first aid. *Journal of Mental Health Counseling, 29*, 17-49.

Safford, P. L. (1978). *Teaching young children with social needs*. Saint Louis, MO: The C. V. Mosby.

Saigh, P. A., Yasik, A. E., Oberfield, R. A., Green, B. L., Halamandaris, P. V., Rubenstein, ... McHugh, M. (2000). The Children's PTSD Inventory: Development and reliability. *Journal of Traumatic Stress, 13*(3), 369-380.

Sallows, G. O., & Graupner, T. D. (2005). Intensive behavioral treatment for children with autism: Four-year outcome and predictors. *American Journal on Mental Retardation, 110*, 417-438.

Sattler, J. M. (1992). *Assessment of children* (Revised and Updated 3rd ed.). San Diego, CA: Jerome M. Sattler Publisher.

Saywitz, K. J., Mannarino, A. P., Berliner, L., & Cohen, J. A. (2000). Treatment for sexually abused children and adolescents. *American Psychologist, 55*(9), 1040-1049.

Scannapieco, M., & Connell-Carrick, K. (2005). Adolescence: Child development and maltreatment. In *Understanding child maltreatment: An ecological and developmental perspective* (pp. 189-207). New York, NY: Oxford University Press.

Schachar, R., & Logan, D. L. (1990). Impulsivity and inhibitory control normal development and childhood psychopathology. *Developmental Psychology, 26*, 710-720.

Schopler, E., Recher, R. J., & Renner, R. (1998). *The Childhood Autism Rating Scale (CARS)*. New York, NY: Irving Publishers.

Schore, A. N. (2002). Dysregulation of the right brain: A fundamental mechanism of traumatic attachment and the psychopathogenesis of posttraumatic stress disorder. *Australian and New Zealand Journal of Psychiatry, 36*, 9-30.

Schothorst, P. F., & van Engeland, H. (1996). Long-term behavioural sequelae of prematurity. *Journal of the American Academy of Child and Adolescent Psychiatry, 35*, 175-183.

Schraedley, P. K., Gotlib, I. H., & Hayward, C. (1999). Gender differences in correlates of depressive symptoms in adolescents. *Journal of Adolescent Health, 25*, 98-108.

Scott, F. J., Baron-Cohen, S., Bolton, P., & Brayne, C. (2002). The CAST (Childhood Asperger Syndrome Test): Preliminary development of a UK screen for mainstream primary-school-age children. *Autism, 6*, 9-31.

Scott, W. D., Winters, R. W., & Beevers, C. G. (2000). Affective distress as a central organizing symptom in depression: Psychological mechanism. In S. L. Johnson (Ed.), *Stress, coping, and depression* (pp. 158-159). Mahwah, NJ: Lawrence Erlbaum Associates.

Semrud-Clikeman, M., Biederman, J., Sprich-Buckminster, S., Lehman, B. K., Faraone, S. V., & Norman, D. (1992). Comorbidity between ADHD and learning disability: A review and report in a clinically referred sample. *Journal of the American Academy of Child and Adolescent Psychiatry, 31*, 439-448.

Shah, A., & Frith, U. (1993). Why do autistic individuals show superior performance on the block design task? *Journal of Child Psychology and Psychiatry, 34*, 1351-1364.

Shaw, M., Hodgkins, P., Caci, H., Young, S., Kahle, J., Woods, A. G., & Arnold, L. E. (2012). A systematic review and analysis of long-term outcomes in attention deficit hyperactivity disorder: Effects of treatment and non-treatment. *BMC Medicine, 10*, 99.

Shaywitz, B. A., & Shaywitz, S. E. (1994). Measuring and analyzing change. In G. R. Lyon (Ed.), *Frames of reference for the assessment of learning disabilities: New views on measurement issues* (pp. 29-58). Baltimore, MD: Paul H Brookes.

Shreeve, D. F. (1991). Elective mutism: Origins in stranger anxiety and selective attention. *Bulletin of the Menninger Clinic, 55*, 491-504.

Siegel, B. (1996). *The world of the autistic child*. New York, NY: Oxford University Press.

Siegel, L. S., & Ryan, E. B. (1989). The development of working memory in normally achieving and subtypes of learning disabled children. *Children Development, 60*, 973-980.

Silverman, W. K., & Albano, A. M. (2004). *The Anxiety Disorders Interview Schedule (ADIS-IV) children/parent versions*. New York, NY: Oxford University Press.

Silverman, W. K., & Berman, S. L. (2001). Psychosocial interventions for anxiety disorders in children: Status and future directions. In W. K. Silverman & P. D. A. Treffers (Eds.), *Anxiety disorders in children and adolescents: Research, assessment and intervention*. Cambridge, MA: Cambridge University Press.

Silverman, W. K., & Kearney, C. A. (1993). Behavioral treatment of childhood anxiety. In V. B. Van Hasselt & M. Hersen (Eds.). *Handbook of behavior therapy and pharmacotherapy for children: A comparative analysis* (pp. 33-53). Boston, MA: Allyn & Bacon.

Silverman, W. K., & Kurtines, W. M. (1996). Transfer of control: A psychosocial intervention model for internalizing disorders in youth. In E. D. Hibbs & P. S. Jensen (Eds.), *Psychosocial treatments for child and adolescent disorders: Empirically based strategies for clinical practice* (pp. 63-81). Washington, DC: American Psychological Association.

Simeon, J. G., & Wiggins, D. M. (1995). Pharmacotherapy. In A. R. Eisen, C. A. Kearney, & C. E. Schaefer (Eds.), *Clinical handbook of anxiety disorders in children and adolescents*. Northvale, NJ: Jason Aronson.

Simmons, M., & Daw, P. (1994). Life style. In *Stress, anxiety, depression: A practical workbook* (p. 41). Bicester: Speechmark.

Simpson, R. J., de Boer-Ott, S. R., Griswold, D. E., Myles, B. S., Byrd, S. E., Ganz, J. B. (2005). *Autism spectrum disorders: Interventions and treatments for children and youth*. Thousand Oaks, CA: Corwin Press.

Slade, P. D. (1973). A short anorexic behavior scale. *British Journal of Psychiatry, 122*, 83-85.

Slomkowski, C., Klein, R., & Mannuzza, S. (1995). Is self-esteem an important outcome in hyperactive children? *Journal of Abnormal Child Psychology, 23*, 303-315.

Smith, M. C., & Thelen, M. H. (1984). Development and validation of a test for bulimia nervosa. *Journal of Consulting and Clinical Psychology, 52*, 863-872.

Smith, T. (1999). Outcome of early intervention for children with autism. *Clinical Psy-*

chology: Science and Practice, 6, 33-48.

Smolak, L., & Levine, M. (1994). Psychometric properties of the Children's Eating Attitudes Test. *International Journal of Eating Disorders, 16*, 275-282.

Sonuga-Barke, E. J. S. (1994). On dysfunction and function in psychological theories of childhood disorder. *Journal of Child Psychology and Psychiatry, 35*, 801-815.

Soong, W. T., Lee, Y. C., Huang, R. R., Liu, Y. S., Yu, W. C. & Chen, Y. S. (2000). A comparative study of post-traumatic symptoms between students living at Yu-Chih and relocating to Kaohsiung after the Chi-Chi Earthquake. *Proceedings of International Workshop on Annual Commemoration of Chi-Chi Earthquake, Vol. Ⅳ-Social Aspect*, 308-317.

Spence, S. H. (1998). A measure of anxiety symptoms among children. *Behaviour Research and Therapy, 36*, 545-566.

Spielberger, C. D. (1973). *Manual for the State-Trait Anxiety Inventory for Children*. Palo Alto, CA: Consulting Psychologists Press.

Stahmer, A., Ingersoll, B., & Carter, C. (2003). Behavioral approaches to promoting play. *Autism, 7*, 401-413.

Stark, K. D. (1990). *Childhood depression: School-based intervention*. New York, NY: Guilford Press.

Stark, K. D., & Kendall, P. C. (1996). *Treating depressed children: Therapist manual for "Taking ACTION"*. Ardmore, PA: Workbook.

Steinhausen, H.-C., Wachter, M., Laimbock, K., & Winkler Metzke, C. (2006). A long-term outcome study of selective mutism in childhood. *Journal of Child Psychology and Psychiatry, 47*(7), 751-756.

Stice, E. (2002). Risk and maintenance factors for eating pathology: A meta-analytic review. *Psychological Bulletin, 128*, 825-848.

Stone, W. L., Coonrod, E. E., Turner, L. M., & Pozdol, S. L. (2004). Psychometric properties of the STAT for early autism screening. *Journal of Autism and Developmental Disorders, 34*, 691-701.

Stone, W. L., Turner, L. M., Pozdol, S. L., & Smoski, M. J. (2003). *Changes in diagnostic and developmental features from age 2 to age 9 in children with autism*. Paper presented at the Biennial Meeting of Society for Research in Child Development, Tampa, FL.

Stovall-McClough, K., & Cloitre, M. (2006). Unresolved attachment, PTSD, and dissocia-
tion in women with childhood abuse histories. *Journal of Consulting and Clinical
Psychology, 74*(2), 219-228.

Strain, P., & Cordisco, K. (1994). The LEAP preschool. In S. Harris & J. Handleman
(Eds.), *Preschool education programs for children with autism* (pp. 115-126). Austin,
TX: Pro-Ed.

Strait, R. (1958). A child was speechless in school and social life. *Journal of Speech and
Hearing Disorders, 23*, 253-254.

Strauss, A. A., & Werner, H. (1943). Comparative psychopathology of the brain-injured
child and the traumatic brain-injured adult. *American Journal of Psychiatry, 19*,
835-838.

Strauss, C. C., Last, C. G., Hersen, M., & Kazdin, A. E. (1988). Association between an-
xiety and depression in children and adolescents with anxiety disorders. *Journal of
Abnormal Child Psychology, 16*(1), 57-68.

Summerfeldt, L., Antony, M. M., Dowine, F., Richter, M. A., & Swinson, R. P. (1997).
Prevalence of particular obsessions and compulsions in a clinical sample. Unpub-
lished manuscript.

Swanson, H. L. (2000). Are working memory deficits in readers with learning disabilities
hard to change? *Journal of Learning Disability, 33*(6), 551-566.

Swanson, J. M., Kraemer, H. C., Hinshaw, S. P., Arnold, L. E., Conners, C. K., Abikoff,
H. B., ... Wu, M. (2001). Clinical relevance of the primary findings of the MTA: Suc-
cess rates based on severity of ADHD and ODD symptoms at the end of treatment.
Journal of the American Academy of Child & Adolescent Psychiatry, 40, 168-179.

Sykes, D. H., Hoy, E. A., Bill, J. M., McClure, B. G., Halliday, H. L., & Reid, M. M.
(1997). Behavioural adjustment in school of very low birth weight children. *Journal
of Child Psychology and Psychiatry, 38*, 315-325.

Szatmari, P., Offord, D. R., & Boyle, M. H. (1989). Correlates, associated impairments,
and patterns of service utilization of children with attention deficit disorders: Find-
ings from the Ontario Child Health Study. *Journal of Child Psychology and Psychia-
try, 30*, 205-217.

Tager-Flusberg, H. (1992). Autistic children's talk about psychological states: Deficits in
the early acquisition of a theory of mind. *Child Development, 63*, 161-172.

Tager-Flusberg, H., Baron-Cohen, S., & Cohen, D. (1993). An introduction to the debate. In S. Baron-Cohen, H. Tager-Flusberg, & D. Cohen (Eds.), *Understanding other minds: Perspectives from autism*. Oxford, England: Oxford University Press.

Tallal, P., Giller, S. L., Bedi, G., Byma, G., Wang, X., Nagarajan, S. S., Mschreiner, C., Jenkins, W. M., & Merzenich, M. M. (1996). Language comprehension in language learning impaired children improved with acoustically modified speech. *Science, 271*, 81-84.

Tannock, R. (1998). Attention deficit hyperactivity disorder: Advances in cognitive, neurobiological, and genetic research. *Journal of Child Psychology and Psychiatry, 39*, 65-69.

Tannock, R. (2000). Attention-deficit/hyperactivity disorder with anxiety disorders. In T. E. Brown (Ed.), *Attention deficit disorders and comorbidities in children, adolescents and adults*. Washington, DC: American Psychiatric Press.

Tannock, R., & Brown, T. E. (2000). Attention deficit disorders with learning isorders in children and adolescents. In T. E. Brown (Ed.), *Attention deficit disorders and comorbidities in children, adolescents and adults*. Washington, DC: American Psychiatric Press.

Tannock, R., Purvis, K., & Schacher, R. (1993). Narrative abilities in children with attention deficit hyperactivity disorder and normal peers. *Journal of Abnormal Child Psychology, 21*, 103-117.

Tasker, S. L., & Schmidt, L. A. (2008). The dual usage problem in the explanations of joint attention and children's socioemotional development: A reconceptualization. *Developmental Review, 28*(3), 263-288.

Taylor, E. (1994). Syndromes of attention deficit and hyperactivity. In M. Rutter, E. Taylor, & L. Hersov (Eds.), *Child and adolescent psychiatry: Modern approaches*. New York, NY: Blackwell Scientific.

Taylor, E. (1995). Dysfunction of attention. In D. Cicchetti & D. J. Cohen (Eds.), *Developmental psychopathology*. New York, NY: John Wiley & Sons.

Terr, L. C. (1981). Forbidden games: Post-traumatic child's play. *Journal of the American Academy of Child Psychiatry, 20*, 741-760.

Terr, L. C. (1983). Play therapy and psychic trauma: A preliminary report. In C. E. Schaefer & K. J. O'Connor (Eds.), *Handbook of play therapy* (pp. 308-319). New

York, NY: John Wiley & Sons.

The MTA Cooperative Group (1999). MTA: A 14-month randomized clinical trial of treatment strategies for attention-deficit/hyperactivity disorder. The MTA Cooperative Group. Multimodal Treatment Study of Children with ADHD. *Archives of General Psychiatry, 56*, 1073-1086.

The Royal College of Psychiatrists (n.d.). *Conduct disorders: An overview*. Retrieved from http://www.rcpsych.ac.uk/files/samplechapter/80_3.pdf

Thelen, M. H., Farmer, J., Wonderlich, S., & Smith, M. C. (1991). A revision of the Bulimia Test: BULIT-R. *Psychological Assessment, 3*, 119-124.

Thomas, A., & Chess, S. (1977). *Temperament and development*. New York, NY: Brunner/ Mazel.

Thomas, N. L. (2005). *When love is not enough: A guide to parenting children with RAD-Reactive attachment disorder*. Colorado: Glenwood Springs, http://www.attachment. org

Thompson, R. A. (1994). Emotion regulation: A theme in search of definition. *Monographs of the Society for Research in Child Development, 59*(2-3), 25-52.

Tiegerman, E. (1993). *Language and communication disorders in children* (3rd ed.). New York, NY: Macmillan.

Toppleberg, C. O., & Shapiro, T. (2000). Language disorders: A 10-year research update rewiew. *Journal of the American Academy of Child and Adolescent Psychiatry, 39*, 143-152.

Torgersen, S. (1983). Genetic factors in anxiety disorders. *Archives of General Psychiatry, 40*, 1085-1089.

Tseng, M. C., Lee, M. B., Lee, Y. J., & Chen, Y. Y. (2004). Long-term outcome of bulimia nervosa in Taiwanese. *Journal of Formosa Medication Association, 103*(9), 701-706.

Turner, S. M., Beidel, D. C., & Wolff, P. L. (1996). Is behavioral inhibition related to anxiety disorders? *Clinical Psychology Review, 16*, 157-172.

U.S. Department of Human Services, Administration on Children, Youth and Families (2006). *Child Maltreatment 2006*. Washington, DC: U.S. Government Printing Office.

Vander Meere, J., & Sergeant, J. (1988). Focused attention in pervasively hyperactive children. *Journal of Abnormal Child Psychology, 16*, 627-639.

Vander Meere, J., Wekking, E., & Sergeant, J. (1991). Sustained attention and pervasive hyperactivity. *Journal of Child Psychology and Psychiatry, 32*, 275-284.

Vernberg, E. M., La Greca, A. M., Silverman, W. K., & Prinstein, M. J. (1996). Prediction of posttraumatic stress symptoms in children after Hurricane Andrew. *Journal of Abnormal Psychology, 105*(2), 237-248.

Visser, S., Danielson, M., Bitsko, R., Holbrook, J. R., Kogan, M. D., Ghandour, R. M., ... Blumberg, S. J. (2014). Trends in the parent-report of health care provider-diagnosis and medication treatment for ADHD disorder: United States, 2003-2011. *Journal of the American Academy of Child & Adolescent Psychiatry, 53*, 34-46.

Wade, T. D., Bulik, C. M., Neale, M., & Kendler, K. S. (2000). Anorexia nervosa and major depression: Shared genetic and environmental risk factors. *American Journal of Psychiatry, 157*, 469-471.

Wahlroos, S. (1974). *Family communication: A guide to emotional health*. New York, NY: MacMillam.

Wang, W. S. Y. (2000). The reaction and adaptation of primary school children toward the 1999 Chi-Chi Earthquake. *Proceedings of International Workshop on Annual Commemoration of Chi-Chi Earthquake, Vol. IV-Social Aspect*, 283-291.

Wang, Y. C., Chong, M. Y., Chou, W. J., & Yang, J. L. (1993). Prevalence of attention deficit hyperactivity disorder in primary school children in Taiwan. *Journal of Formosa Medical Association, 92*, 133-138.

Waterink, J., & Vedder, R. (1936). Some cases of thymogenic mutism among very young children and their treatment. *Zeitschrift für Kinderpsychiatrie, 3*, 101-112.

Watson, D., Clark, L. A., & Carey, G. (1988). Positive and negative affectivity and their relation to anxiety and depressive disorders. *Journal of Abnormal Psychology, 97*, 346-353.

Watson, J. B., & Rayner, R. (1920). Conditioned emotional reactions. *Journal of Experimental Psychology, 3*, 1-14.

Watson, P. J., Brymer, M. J., & Bonanno, G. A. (2011). Postdisaster psychological intervention since 9/11. *American Psychologist, 66*, 482-494.

Watson, R. (1985). Towards a theory of definition. *Journal of Child Language, 12*, 181-197.

Weis, R. (2014). *Introduction to abnormal child and adolescent psychology* (2nd ed.). LA: Sage.

Weissman, M. M., Bland, R. C., Canino, G. J., et al. (1994). The cross national epidemiology of obsessive compulsive disorder. *Journal of Clinical Psychiatry, 55* (Suppl.), 5-10.

Weissman, M. M., Warner, V., Wickramaratne, P., Moreau, D., & Olfson, M. (1997). Offspring of depressed parents: 10 years later. *Archives of General Psychiatry, 54,* 932-940.

Welsh, M. C., & Pennington, B. F. (1988). Assessing frontal lobe functioning in children: Views from developmental psychology. *Developmental Neuropsychology, 4,* 199-230.

Westen, D., & Harnden-Fischer, J. (2001). Personality profiles in eating disorders: Rethinking the distinction between Axis I and Axis II. *American Journal of Psychiatry, 158,* 547-562.

Wetherby, A., & Prizant, B. (1998). *Communication and Symbolic Behavior Scales Developmental Profile-research edition (CSBS DP)*. Baltimore, MD: Paul H. Brookes.

Wetherby, A., & Prizant, B. (2002). *Communication and Symbolic Behavior Scales Developmental Profile-first normed edition (CSBS DP)*. Baltimore, MD: Paul H. Brookes.

Whalen, C. K. (1989). Attention deficit and hyperactivity disorder. In T. H. Ollendick & M. Hersen (Eds.), *Handbook of child psychopathology*. New York, NY: Plenum Press.

Whalen, C. K., & Henker, B. (1999). The child with attention-deficit/hyperactivity disorder in family contexts. In H. C. Quay & A. E. Hogan (Eds.), *Handbook of disruptive disorders*. New York: Kluwer, Academic/Plenum.

Whalen, C., & Schreibman, L. (2003). Joint attention training for children with autism using behavior modification procedures. *Journal of Child Psychology and Psychiatry, 44,* 456-468.

Whalen, C., Schreibman, L., & Ingersoll, B. (2006). The collateral effects of joint attention training on social initiations, positive affect, imitation, and spontaneous speech for young children with autism. *Journal of Autism and Developmental Disorders, 36,* 655-664.

Whitehurst, G. J., Fischel, J. E., Arnold, D. S., & Lonigan, C. J. (1992). Evaluating outcomes with children with expressive language delay. In S. F. Warren & J. Reichle (Eds.), *Causes and effects in communication and language intervention* (pp. 277-313). Baltimore, MD: Paul H Brookes.

Wicks-Nelson, R. & Israel, A. C. (1997). *Behavior disorders of childhood* (3rd ed.). Upper

Saddle River, NJ: Prentice-Hall.

Wicks-Nelson, R., & Israel, A. C. (2000). *Behavior disorders of childhood* (4th ed.). Upper Saddle River, NJ: Prentice-Hall.

Wicks-Nelson, R., & Israel, A. C. (2002). *Behavior disorders of childhood* (5th ed.). Upper Saddle River, NJ: Prentice-Hall.

Wicks-Nelson, R., & Israel, A. C. (2006). *Behavior disorders of childhood* (6th ed). Upper Saddle River, NJ: Prentice-Hall.

Widiger, T. A., & Gore, W. L. (2012). Mental disorders as discrete clinical conditions: Dimensional vs. categorical classification. In M. Hersen & D. C. Beidel (Eds.), *Adult psychopathology and diagnosis* (6th ed.). NJ: John Wiley & Son.

Wilens, T. E., Biederman, J., & Spencer, T. (1994). Clonidine for sleep disturbances associated with attention-deficit hyperactivity disorder. *Journal of the American Academy of Child and Adolescent Psychiatry, 33*, 424-426.

Willcutt, E. G., Pennington, B. F., Chhabildas, N. A., Friedman, M. C., & Alexander, J. (1999). Psychiatric comorbidity associated with DSM-IV ADHD in a nonreferred sample of twins. *Journal of the American Academy of Child and Adolescent Psychiatry, 38*, 1355-1362.

Willians, J., Scott, F., Stott, C., Allison, C., Bolton, P., Baron-Cohen., & Brayne, C. (2005). The CAST (Childhood Asperger Syndrome Test). *Autistic Society, 9*, 45-68.

Wing, L. (1966). *Early childhood autism*. Oxford, England: Pergamon Press.

Wing, L. (1981). Asperger's syndrome: A clinical account. *Psychological Medicine, 11*, 115-129.

Witt, T., & Hansen, R. L. (2003). Developmental issues in abuse and neglected children. In M. S. Peterson, M. Durfee & K. Coulter (Eds.). *Child abuse and neglect: Guidelines for identification, assessment, and case management* (pp.193-194). CA: Volcano Press.

Wong, B. Y. L. (1992). On cognitive process-based instruction. *Journal of Learning Disabilities, 25*, 150-152, 172.

Woodward, L. J., & Fergusson, D. M. (2001). Life course outcomes of young people with anxiety disorders in adolescence. *Journal of the American Academy of Child and Adolescent Psychiatry, 40*, 1086-1093.

Woodward, L., Taylor, E., & Dowdney, L. (1998). The parenting and family functioning of children with hyperactivity. *Journal of Child Psychology and Psychiatry, 39*,

161-169.

World Health Organization [WHO] (1992). *The ICD-10 classification of mental and behavioural disorders: Clinical descriptions and diagnostic guidelines*. Geneva: The Author.

World Health Organization (2003). *Obesity and overweight*. Retrieved from WHO Web Site: http://www.who.int/dietphysicalactivity/media/en/gsfs_obesity.pdf

World Health Organization (2014). *Commission on ending childhood obesity*. Retrieved from WHO Web Site: http://www.who.int/end-childhood-obesity/en/.

Wulff, S. B. (1985). The symbolic and object play of children with autism: A review. *Journal of Autism and Developmental Disorders, 15*, 139-148.

Yairi, E., & Ambrose, N. (1992). Onset of stuttering in preschool children: Selected factors. *Journal of Speech and Hearing Research, 35*, 782-788.

Yates, A. (1989). Current perspectives on the eating disorders. *Journal of the American Academy of Child and Adolescent Psychiatry, 28*, 813-828.

Yehuda, R., Giller, E. L., Southwick, S. M., Lowy, M. T., & Mason, J. W. (1991). Hypothalamic-pituitary-adrenal dysfunction in posttraumatic stress disorder. *Biological Psychiatry, 30*, 1031-1048.

Yokel, R. A., Lasley, S. M., Dorman, D. C. (2006). The speciation of metals in mammals influences their toxicokinetics and toxicodynamics and therefore human health risk assessments. *Journal of Toxicology and Environmental Health, Part B, 9*, 63-85.

Yovetich, W., Leschied, A. W., & Flicht, J. (2000). Self-esteem of school-age children who stutter. *Journal of Fluency Disorders, 25*, 143-153.

Yu, Y. T., Hsieh, W. S., Hsu, C. H., Chen, L. C., Chiu, N. C., Lee, W. T., ... Jeng, S.F. (2013). A Psychometric study of the Bayley Scale of Infant and Toddler Development-3rd Edition for term and preterm Taiwanese infants. *Research in Developmental Disabilities, 34*(11), 3875-3883.

Zahn-Waxler, C., Klimes-Dougan, B., & Slattery, M. J. (2000). Internalizing problems of childhood and adolescence: Prospects, pitfalls, and progress in understanding the development of anxiety and depression. *Development and Psychopathology, 12*, 443-446.

Zametkin, A. J., & Rapport, J. L. (1986). The pathophysiology of attention deficit disorder with hyperactivity: A review. In B. B. Lahey & A. E. Kazdin (Eds.), *Advance in clinical child psychology* (Vol. 9). New York, NY: Plenum Press.

Zeanah, C. H., & Smyke, A. T. (2009). Attachment disorders. In C. H. Zeanah (Ed.), *Handbook of infant mental health* (3rd ed., pp. 421-434). New York, NY: Guilford Press.

Zentall, S. S. (1985). A contex for hyperactivity. In K. Gadow & I. Bialer (Eds.), *Advances in learning and behavioral disabilities*. Greenwich, CT: JAI Press.

三、網站部分

陳淑惠。臨床心理學研究室 https://sites.google.com/a/psychology.org.tw/shchen/scale

PTSD: National Center for PTD http://www.ptsd.va.gov/professional/assessment/child/index.asp

國家圖書館出版品預行編目（CIP）資料

兒童偏差行為 / 梁培勇等著. -- 三版. -- 新北市：心理, 2015.03
　　面；　公分. --（輔導諮商系列；21112）

ISBN 978-986-191-647-7（平裝）

1.心理治療　2.偏差行為　3.兒童心理學

178.3　　　　　　　　　　　　　　　　104002377

輔導諮商系列 21112

兒童偏差行為（第三版）

~~~~~~

策劃主編：梁培勇
作　　者：梁培勇、張如穎、薛惠琪、李筱蓉、陳韻如、吳文娟、鄭欣宜、
　　　　　許美雲、劉美蓉
執行編輯：陳文玲
總 編 輯：林敬堯
發 行 人：洪有義
出 版 者：心理出版社股份有限公司
地　　址：231026 新北市新店區光明街 288 號 7 樓
電　　話：(02)29150566
傳　　真：(02)29152928
郵撥帳號：19293172 心理出版社股份有限公司
網　　址：https://www.psy.com.tw
電子信箱：psychoco@ms15.hinet.net
排 版 者：龍虎電腦排版股份有限公司
印 刷 者：龍虎電腦排版股份有限公司
初版一刷：2004 年 8 月
二版一刷：2009 年 9 月
三版一刷：2015 年 3 月
三版六刷：2022 年 6 月
Ｉ Ｓ Ｂ Ｎ：978-986-191-647-7
定　　價：新台幣 600 元

~~~~~~